滇版精品出版工程资金资助项目

当代著名学者研究资料丛书

周明全　主编

丁帆研究资料

周明全◎编

云南出版集团
云南人民出版社

图书在版编目（CIP）数据

丁帆研究资料 / 周明全编. -- 昆明 : 云南人民出版社, 2022.1

（当代著名学者研究资料丛书 / 周明全主编）

ISBN 978-7-222-14501-6

Ⅰ. ①丁… Ⅱ. ①周… Ⅲ. ①丁帆 – 人物研究 Ⅳ. ①K825.6

中国版本图书馆CIP数据核字(2021)第013975号

当代著名学者研究资料丛书

丁帆研究资料

周明全　主编　　周明全　编

出 品 人：赵石定　　责任编辑：陈浩东　熊　凌

助理编辑：苏　娅　　责任校对：董郎文清

装帧设计：马　滨　　责任印制：马文杰

出版　云南出版集团

　　　云南人民出版社

发行　云南人民出版社

地址　昆明市环城西路609号

邮编　650034

网址　www.ynpph.com.cn

E-mail　ynrms@sina.com

开本　787mm×1092mm　1/16

印张　36.25

字数　500千

版次　2022年1月第1版

印次　2022年1月第1次印刷

印刷　云南出版印刷集团有限责任公司国方分公司

书号　ISBN 978-7-222-14501-6

定价　148.00元

如有图书质量及相关问题请与我社联系：

审校部电话：0871-64164626

印制科电话：0871-64191534

丁　帆

序 言

周明全

“当代著名学者研究资料丛书”第一辑编选了中国现当代文学研究领域极为重要的几位学者——谢冕、钱理群、洪子诚、王富仁、丁帆、陈平原、陈思和、南帆的研究资料。他们不但在各自的研究领域做出了卓越贡献，而且其言说的方式为现当代文学研究、当代文学评论研究提供了范式。

20世纪80年代，他们曾被称为“中青年批评家”，其中大多数属于“第五代批评家”。论者认为和前代学者/批评家相比，他们具有“宏阔的历史眼光；顽强的探索精神；现代的理性自觉；深刻的自由意识”[①]。这四个主要特征，是这代批评家能在新时期开创文学研究/批评新天地的内因。四十年过去了，当年的“青年”已不再年轻，然而从学术生命上讲，直到今天，他们依然是“年轻批评家”，充满探索精神，充满了对文学现场的关注热情。

如果对自“五四”百年来文学批评的发展历程进行梳理辨析，便能清晰地认识到这些学者和批评家在批评史上承上启下的历史地位和精神特征。

1917年初，胡适、陈独秀在《新青年》先后发表了《文学改良刍议》《文学革命论》，开启了中国现代文学批评之门。1918年12月，周作人发表了《人的文学》，“人的文学”代表了“五四”的时代精神，亦上升为中国新文学的传统，遂成为20世纪中国文学的主流。

这一时期，虽然以文学研究会和创造社为代表的各个文学团体提出各自的理论主张，但“人的文学”，新鲜的、立诚的、现实的文学成为时代的“共名”。作为百年来中国文学批评史上的第一代批评家，他们不仅是开创者，也是批评范式的确立者。

① 参见谢昌余《第五代批评家》，《当代文艺思潮》1986年第3期。

1928年后，时代的“共名”被打破，文学批评向更多元和差异方向发展，马克思主义文艺理论批评家、京派批评家以及持个人主义和自由主义的批评家之间有着更多的对话、论争和挑战。1942年5月，随着延安文艺座谈会的召开，马克思主义文艺理论逐渐占上风，这也是现代文学批评史上的一个重要转折点。在座谈会上，毛泽东指出:“在现在的世界上，一切文化或文学艺术都是属于一定阶级的，属于一定的政治路线的。为艺术的艺术，超阶级的艺术，和政治并行或相互独立的艺术，实际上是不存在的。”毛泽东明确提出了“文艺界的主要斗争方法之一，是文艺批评”。毛泽东的讲话为那一时期的文艺批评划定了严格的、不容置疑的批评标准。1949年7月2日至19日，第一次文代会在北平（北京）召开，这是新中国文学理论和批评的起点。周扬在会上发表了影响中国文学创作数十年之久的讲话，这是延安文艺座谈会在新的历史时期的“升级版”。周扬指出：“毛主席的《在延安文艺座谈会上的讲话》规定了新中国的文艺方向，解放区文艺工作者自觉地坚决实践了这个方向，并以自己的全部经验证明了这个方向的完全正确，深信除此之外再没有第二个方向了，如果有，那就是错误的方向。”① 毛泽东在延安文艺座谈会上的讲话给批评指定的标准，一直延续到20世纪80年代。

1984年初，福建批评家林兴宅在《鲁迅研究月刊》发表了《论阿Q性格系统》，成为用自然科学方法研究中国现代文学的滥觞。之后，时任中国社科院文学所所长的刘再复发表了《用系统方法分析文学形象的尝试——读〈论阿Q性格系统〉》等文章加以支持。1985年3月在厦门大学召开的“全国文学评论方法论讨论会”，将刘再复关于“方法论变革”的一系列主张推向高潮。同年底，刘再复的《论文学的主体性》分两期刊发在《文学评论》1985年第6期和1986年第1期。刘再复在《论文学的主体性》中强调作家要超越

① 周扬：《新的人民的文艺》，见中华全国文学艺术工作者代表大会宣传处编《中华全国文学艺术工作者代表大会纪念文集》，新华书店1950年版，第69页。

现实主体，写作时一定要进入艺术主体。这是向“五四”时期“人的文学”主张的回归，也是新时期文学批评步入审美层面的开启。“方法热”直接的后果，一是大量西方的文学理论被介绍进来，对此前单一的政治社会学批评形成了极大冲击；二是各省市作家协会和社科院也纷纷创办了自主性的文学批评刊物。这是在之前没有过的，之后也不再重现的辉煌。如：1984 年 1 月 25 日，《当代作家评论》在辽宁省创刊，9 月《文艺评论》（前身为《文艺评论报》）在哈尔滨创刊，10 月上海比较文学的机关刊物《中国比较文学》出版；1985 年 1 月《小说评论》在西安创刊，4 月《文艺新世纪》在广东创刊，4 月 10 日《批评家》在太原创刊，5 月《文艺评论家》在济南创刊；1986 年 1 月，《文艺争鸣》《文艺理论家》分别在吉林和江西创刊；1988 年 1 月，《南方文坛》在南宁创刊，6 月《理论与创作》在长沙创刊；等等。

1985 年前后，中国当代文学批评迎来了它的黄金时代，文学批评起到了引领时代风潮的作用。时势造英雄，第四代批评家正在披荆斩棘开创思想解放的批评道路，第五代批评家也是在这个时期顺利走入批评领域。如陈思和、丁帆、许子东、黄子平、吴亮、程德培、李洁非、蔡翔、张志忠、季红真、周政保等，就是顺应时代而崛起的一代批评家，被称为第五代批评家。

如果说，以周扬、冯牧为代表的第三代、第四代批评家大多数是党的文艺干部，他们的批评与阐释党的文艺政策是联系在一起的，因此具有较大的权威话语权，对文艺作品也有较大的威慑力，那么第五代批评家（包括一部分第四代批评家），则是依靠对文学的审美构建而成为承上启下的一代批评家。第五代批评家，大都在高校里接受过系统的学术训练，随即留校任教，逐渐形成了学院批评的特点。这是文艺批评最为根本性的变化。批评家转入高校最本质的变化就是批评的性质和功能随之发生了根本变化——它不再具备审查作品、指导作家创作的权力。

可以说，第五代批评家中，从事纯粹的文艺批评者并不多，主要是从史的角度对文学进行系统化研究。钱理群主编了《中国现代文学三十年》《中国现代文学编年史》，洪子诚撰写过《中国当代文学史》，丁帆撰写过《中国乡土小说史论》《中国新时期小说主潮》《中国西部现代文学史》，陈平原撰写过《二十世纪中国小说史》《中国散文小说史》，陈思和主编过《中国当代文学史教程》，等等。所以，称他们为学者化的批评家更为合适。

另外，这代人最大的特征是，他们的文学养料和精神传承主要是从“五四”来的。20世纪80年代，一批在高校或学术机构的著名教授恢复了权威的学术地位，如李何林、王瑶、唐弢、贾植芳、钱谷融、徐中玉等，这些老先生都是“五四”一代学人的弟子，他们也是大多数第五代批评家的授业恩师。钱理群、陈平原的导师王瑶，早年师从朱自清，这一师承使得王瑶身上有鲜明的“五四”传统和鲁迅传统。王瑶“因自己的导师和弟子而声名益著，而弟子们也以他为中介，把‘五四’的文化传统，链接到当代的思潮中”[①]。王富仁是中国第一个现代文学专业的博士，师从鲁迅研究专家李何林先生，王富仁多次说“鲁迅改变了我一生”，他本人的鲁迅研究，开启了鲁迅研究的新天地。

在《陈思和文集》研讨会上，一位思和先生的同代批评家说，陈思和研究巴金、胡风等“五四”一代作家的历程，使他自己逐渐成为他研究对象的那种人格，似乎就是最好的注脚。

20世纪90年代，文学界的分化或者说多元化趋势更趋明显，文学制度也处于相对稳定的状态，无论是文学创作还是文学批评，都摆脱了“思想斗争”陈旧观念的束缚，进入活跃繁荣自由的时期。第六代批评家郜元宝、张新颖、王彬彬、张清华、孟繁华、陈晓明、李敬泽、吴义勤、何向阳等，基本上都是高校毕业的硕士、博士，此后不管在高校从事文学研究和文学批评，还是在作协系统担任一定的领导职位，文艺批评的属性基本没有改变，还是延续了第五代

① 孙郁：《王瑶：拖着历史长影》，见孙郁《百年苦梦——20世纪中国文人心态扫描》，群言出版社1997年版，第233页。

批评家开创的范式。

文学批评最近面临的挑战是从新世纪开始的。此时网络文学开始盛行，发表没有门槛设置，人人皆作家，管你批评不批评，该写的都在热火朝天地写。评论家的阵营也更趋分化，形成了传媒批评圈和学院批评圈两个较大的群体。传媒批评“表面上呈现的往往是商业利益作为推手。媒体批评呼风唤雨，左右了社会的一半舆论导向”。学院派批评家常年避居学院的高墙大院，与当下社会和文学创作有一定的隔膜，但为了坚守学院派知识的纯正性，他们依然在艰难地从事着文学批评。在这一波变化中，批评家内部的分化趋于明显，各个代际的批评家参与到这场角逐中，但在稍后的几年间，“80后”批评家因批评界、学界的焦虑而被迅速地捧了起来，成为一支不可忽视的力量。同时，网络的普及，也相应地带来了文学批评的繁荣。

对近百年的文学批评史做一个粗略的梳理就能发现，自1985年以后的当代文学批评取得了巨大的成绩。然而，与作家研究文集、作品集的出版相比，文学研究领域资料的整理出版却显得相对滞后。对当代文学批评的历史化依旧薄弱，对当代文学研究者、文学批评家进行研究的资料整理和出版这样的基础性工作也没有系统地做起来，这和创作的繁荣，和批评对创作的响应是不相符的。

无论是“五四”一代批评家，还是1985年后的第五代批评家，对整个时代的文学创作，甚至是思想观念的现代化，都起到了至关重要的作用。当然，创作的繁荣，与文学研究、文学批评直接和间接的介入，有着密不可分的关系。只研究作家、作品，不研究批评家和文学史家，对研究整个文学的历史是不全面的。

云南人民出版社一直有着出版优秀学者著作的优良传统，从20世纪90年代以来，先后出版过“名编辑文丛”“文艺学新视角丛书”“文体学丛书”“70后批评家文丛”“80后批评家文丛”等大型学者丛书，产生过积极的影响。当初与赵石定社长谈起编辑“当代著名学者研究资料丛书”的构想，他很支持，并表示要将当代批评研究作为一个重要的出版板块来打造，这显示出优秀出版人对学术和文化的担当与情怀。

“丛书”第一辑共编选谢冕、钱理群、洪子诚、王富仁、丁帆、陈平原、陈思和、南帆八位学者的研究资料。他们是当代思想过渡和变迁重要的见证者、亲历者和参与者，在20世纪80年代中期批评转型的过程中起了重要的作用，做出了特别的贡献。另外，这几位先生又都是新时期非常重要的文学史家，一直笔耕不辍，对当代文学研究发挥着持续的影响。

思和先生认为：“只有传道授业、出版和学术研究三位一体，才是一个知识分子的理想岗位。”这句对现代知识分子的期许之言，对我影响甚大。多年来，虽不能至，但努力践行之。2013年底，延续着先生编辑“火凤凰文库”的理念，与先生共同策划、主编了“80后批评家文丛”；2015年，再度和先生共同主编了“70后批评家文丛”；如今这套“当代著名学者研究资料丛书”的策划编辑，无非想再次通过自己切实的努力，在承传、接续、播撒精神传统方面，做一点自己的工作。对我而言，在这个过程中，作为后学既能亲炙前辈们的风范，同时，也算是努力朝思和先生所言的“理想岗位”靠近了一步吧。

“丛书”能顺利出版，首先要感谢赵石定社长的全力支持，感谢云南省新闻出版局在经费上的扶持，感谢李敬泽、孟繁华两位前辈的支持，同时，亦感谢李浴洋兄的协助。最后，感谢所有为这套丛书付出辛勤劳动的编辑。

目 录

辑一：生平自述

我的少年时代

丁 帆

小学三年级暑假时，父亲为了防止我们出去闯祸，从图书馆借来了许多小说。这是我第一次告别小人书，与长篇文字亲密接触。

现在回忆起来，像《铁道游击队》《敌后武工队》《林海雪原》《太行风云》这样传奇式的作品，无非就是满足了那少年时期的侠客梦。

一个同学家里有一本《三侠五义》，但是他一直不肯借给我看，我只能听他吹得天花乱坠。当然，《三国演义》和《水浒传》更能激发我的江湖义气，但那也只是在祖父的床头偷偷地读上几页。《水浒传》易读，《三国演义》似乎难读一些。祖父常说“少不看水浒，老不看三国”，这句话我始终没有弄懂，直到走上社会，我才慢慢体悟到其中的人生况味。

每个寒暑假，都是我大量阅读小说的时间。

我的床下面铺了一层书籍。可以尽情享受那个精神匮乏时代里的精神食粮，是我少年时期最大的快乐。

整天在床上看书，使我养成了躺着看书的陋习，视力急速下降。当父亲意识到我阅读小说已经到了痴迷的程度，甚至影响学习成绩时，便开始用各种方法来禁止我读“闲书”。

于是，我就想出了各种各样的偷读方式：寒冬腊月，我钻进被窝里用手电筒照着看，炎热酷暑，我拿一个小板凳坐在路灯下面看。印象最深的是在一个风清月白的夜晚，我就着十五的月亮读完了一本《苦菜花》，再好的视力也经不住这样折腾啊！

后来，父亲让我把家里的书籍全部卖到废品收购站去，唯一可以保留下来的是那一本绛红布面精装带头像的20世纪40年代版的繁体字本《毛泽东选集》。

十三岁的我蹬着三轮车去收购站，看着精装本的《歌德诗选》和《普希金诗选》，真的不忍心抛弃它们，尤其是那本小说《牛虻》。考虑良久，我冒着挨打的风险，留下了那本对我人生影响极大的《牛虻》，并把它卡在我的棕绷床下弓形横杠的边缘。我还读过《珍妮姑娘》《茶花女》《红与黑》，被里面的人物和故事情节打动，许多描写都使我流下了眼泪。但是，因为我并不懂得小说的文化背景，所以只是肤浅地阅读，并没有感到有一种人性的力量在感染着我。

我还读过《欧阳海之歌》《金光大道》《武陵山下》。那是一个阅读资源十分匮乏的时代，但幸运的是，我竟然读了这么多世界名著，也因此比那个时代的大多数同龄人在文学阅读上先行了一步。

轰轰烈烈的“上山下乡运动”开始了。十六岁的我站在船头的甲板上，拿着那本《牛虻》，听着船舱里时不时飘出来的悲切的《江河水》二胡声，一种难以名状的心境油然而生。与高玉宝的“我要读书”不同的是，我想自由地读书，读好书，将来成为出名的作家。

在那个时代，能在地下流传的，大多是无头无尾的破旧书籍。每每拿着这样的书籍，大家往往习惯扒开前面数页卷曲的部分，努力从一字一句中去寻觅故事的开头。

看不到作品的开端和导语显然是一件非常遗憾的事。比如，当我阅读那本破烂不堪的狄更斯的《双城记》时，我几乎看不懂小说所要表达的主题内容。当时我读他的《艰难时世》也觉枯燥无味，因为那时我根本不懂哲学。其实，更致命的是，我那时候读书只是追求故事情节的曲折、人物命运的结局和细节描写的精彩，根本就不关心其时代背景，吃不透书中每一个文学描写的细节。

《红与黑》中，于连最终走上了断头台，玛特买下了于连的头颅，按照她仰慕的马嘉瑞特皇后方式，亲自埋葬了自己情人的头颅。而德瑞拉夫人，则抱吻着她的儿子，也离开了这个世界。这样的情节使我们这些不谙世事的年轻人第一次知道了爱这个永恒主题的伟大和美丽。《珍妮姑娘》看得我热泪长流，从此幻想有这样伟大的女性能够出现在我的生活之中。当然，我自己那本翻烂了的《牛虻》中，亚瑟和琼玛的爱情故事更能打动我，因为那是一个崇尚英雄的时代，而亚瑟把革命事业当作人生的第一要义的精神深入我的骨髓，裴多菲“生命诚可贵，爱情价更高。若为自由故，二者皆可抛”的诗句成为我们这一代人追求的最高信仰。至今我还清晰地记得红衣主教蒙泰尼里与亚瑟父子俩的最后对话，更记得亚瑟给琼玛的遗诗：“不管我活着，还是我死去，我都是一只牛虻，快乐地飞来飞去！”

那时，最快乐的日子就是冬闲时节和阴雨天气，因为这样的日子可以不去上工，在家痛痛快快地读书。清晨烧上一锅米饭，可以吃上一天。饿了吃饭，吃完看书，物质与精神都得到了巨大满足，一切都是那样的惬意和闲适。夜读，也是最快乐的事情，当你被小说的情节和人物的命运深深吸引的时候，你会忘却时空的存在，直到雄鸡一唱天下白。你从书中的梦里醒来，发现油灯把两个鼻孔熏得漆黑时，才回到现实生活中。

多少年后，这些都与我的青少年插队经验相去甚远，我有悔恨——那是一个图书荒芜的时代，我在茫茫大海中寻觅着夜航灯，找不到读书的方向，没有一只“夜航船”（后来读到张岱的《夜航船》，忽然就深深领悟到了作者起这个书名的寓意）渡我去真理的彼岸，因为我根本就没有真正进入读书的豁蒙境界。但可喜的是，在这段值得回味的青葱岁月里，我经受住了强劳动的肉体磨难，并在苦难中寻觅到了精神的避风港湾。

原载《金色少年》2016 年第 11 期

“我的大学”和我的文学启蒙老师

丁　帆

当1968年“上山下乡”的狂飙把我这个十六岁的1967届初中生抛到苏北农村时，我真是带着“为有牺牲多壮志，敢教日月换新天”的豪情去改造大自然的。然而，不出半年，那枯燥无味的田间劳作，那因精神空虚而形成的无休止的知青械斗和种种事端，终于使我明白了“狂飙为我从天落”是一个“太虚幻境”，“大有作为”亦不过是一个“真实的谎言”而已。那种生不逢时，不能效命于疆场的深深遗憾困扰着我们这一代满怀一腔热血的知识青年。就是抱着一种不甘堕落的朦胧心境，我调离了离县城只有几里路的知青密集的城郊公社，毅然只身奔赴那个酷似“沙家浜”的穷困水荡公社。

欸乃一声水天阔，小船把我载入了一个少有人迹的世外桃源。那时我已读过《桃花源记》，懵懂中似乎亦初通做隐士的高洁，但远离尘嚣，远离知青群落，单调的日出而作、日落而息的田园生活诗意很快就褪尽。

在极度的无聊和无奈中，我开始了连我也没弄明白的“我的大学”的文学知识自学课程。回首当年，如果说“我的大学”每天白天上的是社会知识课，那么每天夜晚则是我补充文化知识的最好时机。没有计划，没有系统，甚至也没有任何可以切磋的对象，犹如茫茫大海中的一叶孤舟无依无靠。我读完了所有带下乡的书籍，凡是铅字均已“吃”完，甚至有一段时间我每天抱着《辞林》和《康熙字典》读。枯灯黄卷、茅屋鸡鸣伴我度过了六年艰难岁月。也正是那时，在没有书读的困境中，更能体味到“我要读书”的迫切感。

而如今当我拥有几千上万册书籍时，我却“没有时间”读书了，这便是袁枚在《黄生借书说》中道出的读书人的心理怪圈。

也就是在我再无“口粮”可吃时，我那远在北京外文图书出版社任编辑的婶婶开始为我提供了源源不断的“教材”，并自觉地担任了我的文学启蒙导师。

若问我在农村六年中最幸福的时刻是什么，也许我不会以为是获得知青劳模称号的那一刻，也不会以为是在饥寒交迫中获得一次饕餮肥肉炖咸菜的时刻，而是邮递员捎来书籍包裹和信函的那激动人心的瞬间。每天每天，当绿衣信使的身影一出现在村口时，我的心就随之紧张起来。引颈企盼的我，像一个等待大赦令的死囚，似乎把全部青春的赌注交与了这位大个子邮递员，乃至他亦成为我当时最好的朋友之一，因为他为我送来了“我的大学”和我的“导师”。

婶婶生过一场大病，但作为50年代初的北外大学生，她一生恪尽职守，编过一套英文版的熊猫丛书。当年刘绍棠和我谈及婶婶时，就表现出极为钦佩感激的心情。婶婶还担任了杨宪益、戴乃迭翻译的三卷本《红楼梦》的责编，那1978年的套封豪华本，凝聚着婶婶多少心血是可想而知的。

许多人的一生可以有着相近相似的经历，但是每个人一生中的心路历程却是不可能相近相似的，除了本人领悟生活、社会、人生的能量与走向的差距外，那就是你在逆境中所遇到的机缘。我感谢上山下乡为我们提供了一个“我的大学”的社会实践机缘，我更感谢我在“我的大学”中遇到的上帝为我安排的这位“导师”！

收丁帆著《夕阳帆影》，知识出版社2001年版

丁帆谈枕边书

丁　帆

您的枕边书有哪些？您的枕边书会经常变化吗？

丁帆：我的阅读习惯是坐读正书，躺看闲书（枕边书）。对我来说，枕边书皆为“禁书”和“闲书”，那就是漫无目的的趣味性的消遣，这种无为阅读，往往反而会在不经意中悟到许多人生的况味。

读书人一生的枕边书不可能是不变的，随着时间的流逝，你的枕边书是在不断变化的。小时候我的枕头下面藏着的是一本又一本的红色经典小说。到了下乡插队的时候，靠着泥巴墙的枕边堆着的是“偷来”、借来的世界名著和“黄色小说”（如《红楼梦》《茶花女》等），当然还有唐诗宋词，这在那个时代都是禁书，它们却陪伴我走过了两千多个枯寂的长夜。大学时代的枕边除了堆满专业书籍外，晚上十二点就着台灯阅读的是从前没有读到过的“禁书”，那是最惬意的悦心娱目事情，从此便养成了凌晨一点多钟睡眠的习惯，何为“枕书而眠”，夜深人静之时读着引人入胜、扣人心弦的作品而无眠，是最快乐的一种阅读；而捧书读到自然睡眠，那也是读书的一种极致的境界，难怪李清照说出了“枕上诗书闲处好”的妙处。因此，以我的意见，枕边书一定是要选择好玩有趣的“闲书”来读的，先不要预设任何的功利目的。

有人劝我在枕边放上一两本枯燥的理论著作，以此用来治疗失眠症。此法固然有一定道理，但是于我而言，是万万不能实行的：一是读“闲书”本身就是一种读书的享受，去除这一享受，读书人的快乐就减去了大半；二是读理论书籍甚至会加深失眠，因为对一个搞批评和评论工作的人，一旦在理论书籍里寻觅到了批评和评论的义理根据时，他就会通宵达旦地进入专业性的工作状态，那就失去了枕书而眠的快乐意义了。

人生渐入老年后，看世间的人事沉浮本已是风轻云淡，但也不经意地读一些论古史著，以及那些不着边际的传记文学和一些“非虚构”文字，似乎想从字缝里品咂出些许历史的沧桑来。这种貌似闲适的读书，无意间从骨子里却透出了读书人的一种魔怔，非得敲骨吸髓地把历史和人生参透，说好了是漫无目的的读书，却也把枕边书当作家国情怀的大书来读。这种失去了我之枕边书观念的阅读，违背了自己读这本书的初衷，让我不能自已，孰优孰劣，苍天有眼。

这些书为什么会成为您的枕边书？

丁帆：我理解的枕边书是一种满足于精神需求和审美需求的食粮。你说它是一种“文化点心”也好，是一种开袋即食的快餐也好，抑或是可以饕餮的大餐也好，总之，它首先是满足你的精神饥渴，满足的是你的阅读欲望。我以为一个现代人并不止于“食色性也”两种欲望，除去食欲和性欲，还有一种从图文中获得的窥视欲的第三种欲望，那就是从书中去寻觅人世间暗隅里的真相，这成为读书人的一种下意识和无意识的冲动。于是，便在夜深人静之时去读这些具有“隐秘性”的书籍，成为独自观察世界的一个窗口。枕边书之所谓枕边书，其实是一个读书人规避在公共空间里的一种阅读方式，带有私密性。就像在禁锢年代，我们躲在被窝里打着手电筒看《红楼梦》那样，禁忌更能促发人们“恶向胆边生”的窥视欲。

我这样说，你可能就能理解我的枕边书多半是一些私自独享之书的缘由了吧。

能否具体谈谈，您眼下读的枕边书的感受？

丁帆：我的枕边书是取之不尽的，书房里有读之不尽的枕边藏书，许多枕边书积压在那里，不知一生中能否读尽。眼下枕边除去读白银时代的俄书文学史著外，就是闲读南京出版社给我寄来的李渔的《闲情偶寄》，旁及余怀的《板桥杂记》，还有《秦淮画舫录》《扬州画舫录》之类的闲书。读这些书轻松愉快，没有负担，但是你让我写文章就无从下笔了，因为许多心得体会是不能与他人言的，谈剧、谈艺、谈吃、谈古玩、谈装修、谈花草、谈颐养都好说，但是深入地谈灵魂深处的人欲，就无法展开了，这就是读枕边书不与外人言的道理。当然，一些涉及社会敏感神经的枕边书心得也是不能与他人言的，那是一种精神自慰。你懂的。

这些枕边书，给您带来了什么？

丁帆：枕边书带来的是快乐啊，是那种偷偷地乐的快乐，是只能意会而不能言传的私人快乐。当然，也有倾诉的欲望，只有与挚友交流时才能一吐为快。

哪一本书对您有较大影响？有什么书曾激发您的写作欲望吗？

丁帆：每一个阶段都有不同的书籍对我产生不同的影响。小时候看胡万春的《骨肉》，我泪流满面，那是我人性启蒙的枕边书；插队前夕读《牛虻》，那是浪漫英雄主义的枕边书；下乡后《红楼梦》和《茶花女》则是我性启蒙的枕边书；大学读书时，许多禁书成为我窥探世界和人性幽暗处的枕边书；中年后，大量的史书和闲情逸致的书籍成为我在消遣中深悟人世和人性的枕边书。所有这些都是我写散文随笔的素材，寻章摘句，信手拈来。

您有什么样的阅读习惯？

丁帆：哈哈，我的阅读习惯是被人诟病的那种，喜欢躺着看书，或在床上，或在躺椅上，或在沙发上；尤其是看消遣的书籍，天生就是一种享受，身不舒展也对不起心的愉悦啊！不躺着读闲书是对不起枕边书的。年轻的时候我会做笔记和札记，中年以后觉得这有点幼稚，真正好的东西是入脑的，是牢牢地嵌入你的大脑沟回之中的。我的阅读是跳跃性的，无关紧要的地方一目十行，遇到精彩绝伦的地方就一字一句地细读扣读下去。

您最理想的阅读体验是怎样的？

丁帆： 最理想的阅读体验就是躺在那里把一部书从头读到尾，一刻不停，忘却一切时间和空间的存在，当然要有水喝，有吃无吃倒无所谓，这本书（一般都是记叙性质的作品，小说居多）一定是在我的阅读史上占据重要位置的书籍。

您读过最有意思的枕边书是哪一本？

丁帆： 《堂吉诃德》。因为人与风车作战成为世界性的幽默。

哪些枕边书对您的思维影响最深？

丁帆： 十几年前进入我枕边书的以赛亚·伯林的所有论著和随笔回忆录对我近年来的影响最深。这就是我上面说到的将非消遣读物也列入枕边书的特例。

书架上最终留下来的是什么书？您会怎么处理自己的书？

丁帆： 我的观念是：作为一个学者，一切书籍都是有用的，即便是一部劣质的作品，它都带有时代的印记和符码，起码可以作为认识那段历史的样本。所以，我还是在每一次淘汰旧书的时候尽量保存一些比较典型的历史文本，比如20世纪六七十年代的一些文本，郭沫若的《李白与杜甫》和浩然的《西沙儿女》都是我下乡插队的时候跑了八十里水路去县城新华书店购来的，也有敝帚自珍的意思。每一次搬家都会处理掉大量的书籍，尤其是杂志，珍贵的就给需要的弟子，比如《文学评论》和《人民文学》从创刊开始的全套，就送人了。这次搬家有了一个更大的书房，两万多册的书籍杂志仍然不够放，有一间办公室也堆满了，准备让弟子运走一部分；至于这些书的最后去处，我也早已想好了它们的归属。

您常常重温读过的书吗？反复重读的书有哪些？

丁帆： 我一般是不会重温昔日读过的书的，除非是遇到写随笔的时候需要核对内容。好玩有趣的自然就会入心，忘记的部分于我而言都是不重要的，忘记就忘记了吧。

如果请您邀请作家也来谈谈枕边书，您最想请谁来谈？

丁帆: 余华。我觉得他应该把“活着”中更隐秘的东西告诉读者。

主持人：宋庄

原载《中华读书报》2020 年 6 月 8 日

我的自白
——文学批评最难的是什么

丁　帆

“我们的批评不缺少诸多的理论，也不缺少林林总总的方法，但是我们缺少的是批评家的品格，缺少独立的思想和自由的精神。”

批评的标准似乎是一个十分复杂的文艺理论问题，但是梳理一下中外文学史，其实就是一个非常简单的答题。这一命题从中国新文学早期“创造社”和“文学研究会”的“为艺术而艺术”与“为人生而艺术”的争论中，就显现出了两种创作方法各有的片面性，如果将两者合而为一，这恐怕才是全面准确的答案。可是，近百年来，我们的创作和批评就是不能跳出这个各自设定的魔圈，沉湎于一己的创作世界和批评世界之中。

倒是在中国新文学历史的长河中，我们在某一个历史时段实现过两者的统一，即“政治标准第一，艺术标准第二”的时代立马让这两种观点实行了自我阉割，让位于“文艺为政治服务”的大一统本位。无疑，政治正确才是创作与批评的铁律，也是文学批评的唯一标准，以至于在20世纪80年代的“拨乱反正”“向内转”时，人们羞于谈作品的主题思想。其实，“为人生的艺术”是被自20世纪30年代“左翼文学”进行了过度的理论阐释后，才异化了的，以至于在后来仿苏联的文艺理论体系时愈来愈被妖魔化。其实，真正好的文学作品一定是在思想层面和艺术层面高度统一的，而这个“人生”并不是为某种政治服务的摹写，它一定是驻足停留在“人性”的层面上的。不管是“将人生的有价值的东西毁灭给人看”也好，还是“将那无价值的撕破给人看”也好，离开了“人性”，纵然你的技巧玩得再娴熟，那也只是一种匠艺而已。浏览所有的世界名著，无一不是建立在“人性”基石上的灿烂之花。

近来看到同事毕飞宇一篇《想象力的背后是才华，理解力的背后是情怀》的讲话稿，其中谈及自身创作体会的顿悟时说：“人到中年之后，情怀比才华重要得多。”“情怀不是一句空话，它涵盖了你对人的态度，你对生活和世界的态度，更涵盖了你的价值观。……我们不缺才华，但我们缺少情怀。”

毋庸置疑，当一个作家悟出了创作中不可或缺的重要元素——把才华上升到哲思的高度，他才是一个成熟的作家，他才是一个完整的人，一个大写的人。从形而下升华到形而上，将艺术和人生融为一体，让其折射出穿越时空的光芒，那才是一个大作家的手笔。

同理，一个从事抽象思维的批评家只有在拥有独立和自由的思想空间的时候，才能面对自己的批评环境和对象，从而面对自己的人性和良知。我们的批评不缺少诸多的理论，也不缺少林林总总的方法，但是，我们缺少的是批评家的品格，缺少独立的思想和自由的精神。批评家往往成为理论的“搬运工”，成为作家作品的附庸，成为“官”与“商”的使用工具。

百年来，新文学的批评让我们看到的却是更多的“瞒和骗”的批评。当然，也包括我自己在内的文学批评，也往往会不由自主、情不自禁地走进这样的魔圈之中。在“捧”和“棒”之间，我们必须在忏悔中反思，目的是让文学批评真正走上正途。我也深知，这个简单的推理，说起来容易，做起来却是难于上青天。当然，文坛上也不缺一些少数“真的猛士”，但是“真的猛士”却又往往带着个人的恩怨与情绪，也同样有损于文学批评的形象。

无疑，文学批评面临的首先就是你所处的时代语境，一个批评家只有站得比你的时代更高，站得比作家作品更高，你才能占据文学批评的制高点。否则，你只能钻在时代大幕的背后喃喃自语地说出那种不痛不痒的话，这样的批评很快就会被时代的变化所吞没与诟病，虽然这样前车之鉴的历史教训很多，但是“应声虫”式的批评家仍然层出不穷，其繁殖力是愈加强大，这种历史的惯性一方面固然是外部环境的影响，另一方面则是批评家自身人格操守的失位。在一个满是利益诱惑的丰饶土壤里，有几个批评家能够保持住自己的操守和人格呢？亦如鲁迅先生在几十年前概括“京派”与“海派”时说的那样——“从官”与“从商”正是当下批评家们的不二选择。诚然，我们没有办法选择自己所处的时代，但是我们能不能尽量在一个不适合于独立批评的时代里少说一些违心的话，或者面对趋之若鹜的违心“赞歌”评论保持沉默呢？

其实，批评家最难面对的是自己所熟悉的批评对象，一个独立自由的批评家最好的选择就是千万别与作家交朋友，尤其是名作家，否则你就是在自己的脖子上套上了一副枷锁。但是，在中国文坛百年来作家与批评家的关系中，我们寻觅到更多的是亲密关系，鲜有毫无瓜葛关系者。像傅雷当年批评张爱玲作品那样，只顺从自己内心世界好恶，率性而为的批评，早在七八十年前就消失了。当然，当代也不乏职业的“骂派”批评家，但这毕竟是少数，且往往也被边缘化了。尤其这几十年来，“捧”者众，“棒”者少。中国的“人情债”表现在文坛上，一个名作家屁股后面跟着一大群“御用批评家”的情形已然漫漶于批评界，这种几近商业炒作的现象，其实谁都心知肚明，却仍然成为一种批评的常态，这是批评落寞的悲剧。其中的推手，既有作家的意愿，又有批评家的迎合，更有媒体的疯狂蛊惑。所谓批评的乱象由此而构成的一道文坛“阴霾”风景线，让上上下下当作一道绚丽的彩虹，却是批评堕落的悲哀。

杜绝与作家交朋友，这在中国的批评界是难以做到的事情。更难的则是我们不敢直面自己作家朋友作品的缺陷，不敢讲出自己对作家朋友作品的不满之处，这更是批评的另一种悲哀。我们缺乏的就是那种真正敢于面对自己良知的大批评家的胸怀和勇气，像别林斯基那样对待自己捧出来的大作家果戈理违反作家良知的行径的猛烈抨击，在我们的文坛中似乎从来就没有出现过，即便是在中国百年文学史的所谓“黄金时代”，当然，鲁迅先生的批评是有这种风格的，但那多是在文化范畴之列。

反思自己的批评生涯，我当然知道自己为了“挣工分”做过不少无端和无聊吹捧自己作家朋友的不齿评论，当我意识到这种批评行为近于无耻时，也至多只能做到认为作家朋友作品不好就缄默无语，不发言论，甚至拒绝一切约稿。但是，我没有勇气去对自己认为不好的作品进行批判性的批评，成了鲁迅“林中响箭”声中的退却者，成了别林斯基皮袍下的萎靡小人。

我也试着拿自己最亲密的作家朋友开刀，于是我就把苏童的《河岸》和毕飞宇的《推拿》作为批评的对象，论及长篇小说存在的一种潜在的危机，虽然是一孔之见，不见得就正确，仅供参考罢了。我想，他们不至于会当真承受不了吧。果然，作家本人倒无所谓，却是作家的另一些朋友就不能理解了，他们质询我的作家朋友是否最近与我有什么矛盾和过节了。这就是中国文坛作家和批评家关系的真实状况：一俟动了真格的批评，那一定是人际关系发生了变化，这也是许多评论家和批评家不愿说出真话的重要本质原因之一；尽管某些批评家在私底下聊天的时候也承认他为之称颂的作品并不好，但是碍于人情，也只能如此这般了。也有的批评家会用另一种方法为之解脱：我的文章最后不是也说了一两点作品的不足之处了吗？但是，这种不痛不痒的“蛇足”文字，似乎就是在作家的新衣上掸一掸灰尘，与真正的批评相去甚远。

批评家是作家的“擦鞋匠”吗？抑或就是站在犀牛背上的“寄生鸟”？

一个真正的批评家应该是首先面对自己的内心良知，确立了独立自由的批评心态以后，才能获得心灵的解放；只有在解脱了外部环境的压力之后，确立了自我认知的价值理念，才能坦然面对一切批评对象，敢于说出真正的“人话”来；只有把“为艺术”和“为人生”有机融合在你的批评坐标上，无论你是赞颂作家作品，还是批评贬斥作家作品，才能获得自由状态下的真批评。而这种权力的获得首先得从自己的内心做起，不能总是抱怨客观环境的恶劣而放弃了一个批评家应有的品格。

最后，我还是要引用毕飞宇的一段话来作结：

“作家的创作永远应该听自己内心的话，不能听别人的话，哪怕作品被很多人批评也无妨，因为听别人话的作家永远没出息，不具备一个小说家的基本力量。”

同理，一个真正的批评家也应该听从自己内心的呼唤，既不能被作家绑架，又不能被一切来自“官”与“商”的因素挟持，哪怕是被千夫所指，也不改变批评的原则，这才是一个批评家的基本品格！

虽然我也难以完全能够遵循这样的批评操守，但是我心向往之，努力为之奋斗，我坚信，倘使每一个评论家和批评家都能稍稍向前迈出一步，我们的批评也会大有进步的。

原载《文学报》2019 年 3 月 2 日

批评家“再造形象”和“骑士精神”的能力

丁 帆

以新媒体为标志的文学新时代已经到来，文学批评却似乎没来得及做出相应的调整和改变。在新时代背景下，文学批评该如何突破林林总总的陈旧理论模式，激活其本该具有的想象力和表现力？文学批评又该如何打破圈层化，把影响力和观念触及更多读者？值此《新批评》创刊八周年之际，本报编辑部约请相关评论家、作家从各自角度出发做出分析和探讨，以期对改善这个时代的文学批评生态有所助益。

批评家除了具备那种对文学作品进行转换时的“再造形象”的能力外，还要具备一种以赛亚·伯林所说的知识分子阶层中的“骑士精神”。

在文学批评史的长河之中，文学批评的核心内涵就是马克思主义所指的哲学“批判”，而这个“批判”是包含着各种各样方法的，我还是喜欢康德式那种批判方式：“当我们在世界上碰到一个无形式的对象时，我们首先通过自己感性直觉来理解它。换句话说，我们创造了一种对对象的内心表现，这种表现通过在空间和时间中的安排而被赋予了某种形式。在此之后，想象力接了过去，把表现再造成一种形象。”(《文学批评史——从柏拉图到现在》,[美]M.A.R.哈比布著，阎嘉译，南京大学出版社，2017年1月第1版）在“理论之死”的时代里，我们的批评仍然充斥着“学院派”套用理论的方法来制造大量毫无创意的批评文字，背离了文学批评“再造成一种形象”的文学本质特征，康德所提倡的文学批评的“想象力”和“表现力”正是我们当下批评方法的要害问题。我虽然并不十分同意弗兰克·伦特里奇亚在《新批评之后》一书中陈述的《莫瑞·克里格最后的浪漫主义》的一些观点，但是，其中从“主题学”意义上说，通往历史存在的“窗口”说却是有道理的，“理性的解释不能直接告诉我们幻象、存在和话语这些相反的领域是如何连接在一起的”。

无论“后克罗齐式的死胡同”如何，克罗齐的“直觉即表现”的审美理论还是适用的，尤其是在这个工具理性横行、技术至上的时代，我们的批评一定需要有将文学批评拉回到充分体验文学文本后“再造形象”的文学本质的自觉意识。否则，我们的文学批评则是一种无效，也是无意义的乏味文字游戏而已。我们的文学评论和文学批评始终徜徉在林林总总的陈旧理论模式之中不能自拔，往往说出的是与批评对象的文学文本毫无关系的话语，在“鸡同鸭讲”的语境中无法形成“对话”关系，这种各说各的情形已经在中国批评界流行了几十年，在毫无生机的文学土壤中疯长，且不断蔓延，这是理论的悲哀，还是文学的悲哀？抑或就是文学批评自身的悲哀呢？

当然，我也不是一概反对纯理论的分析，但是，在具体的文学文本的解析中，倘若你所运用的理论恰恰与你研究的文本对象，具体来说就是你所面对的作家作品，是在一种恰如其分的对接中完成了一次灵魂的交媾，这无疑是一种有效的文学批评，这种解析虽然没有过多的文学形象的再造和表现，但是，在文学批评最大化的分析中，让文本呈现出多维的意义来，表现出文学作品更多的人文意义，也是可取的。然而，不幸的是，这样的批评家在中国是稀少的，搞文艺学的学者被囚禁在大量的理论术语、范畴的牢狱之中，很少关注和阅读大量的作家作品，而在文艺学与当代文学学科交叉口，我们会遇见许多派生出来的文学批评新人，他们往往成为从理论中抽绎出许多语词的掮客，用术语来包围文学文本，这样便可通吃一切作家作品了，就像我们时常讥笑官场上的套话那样，我们许许多多的评论和批评文章不也是充斥了用理论术语这个“套马杆”去“套评”文学作品的普遍现象吗？

我常常在想，我们在参照西方文学批评的时候，在目迷五色的批评方法中，我们似乎过多迷恋哲学化了的理论话语，被其学理性的学术魅力所左右；尤其是学院派的批评家们，将学问之上的抽象思维提高到了无以复加的地步，而恰恰忽略了文学批评的文学特性，把“再造形象”的感性思维弃之如履，让人们在没有形象的“死水”中永远摸不到那块有温度的“文学化石头”。

我之所以喜欢以赛亚·伯林的文学批评，就是因为他的这些文字是可以当作散文来读的，那些理论观念往往是通过通俗易懂的语言来表达的，同样给人以震撼，而这种震撼则是以文学化的语流而直指人心，没有丝毫的理论炫耀和卖弄，让人在十分舒服的文学形象的表现中获得哲理的沉思，这才是文学批评的高手，其文字不仅有效，而且更具艺术的魅力。

十几年前，我在读《伯林谈话录》时，就被其中分析俄罗斯著名作家和批评家的独到见解所征服。伯林是一个思想家，但是他又是一个文学家，他对许多思想家和理论家进行了否定性的批判，比如对阿伦特的否定性批判就充满了蔑视的口吻。这种非理性的批评让人感觉到这种文字在文学化的过程中似乎不太严谨，但是，当你看到了他的理论分析以后，你不得不为其“再造形象”的“表现”直觉所折服。尤其是当他面对俄罗斯作家作品的时候，更是显现出一个文学家的天赋与才能。他对涅恰耶夫、屠格涅夫、陀思妥耶夫斯基、亚历山大·赫尔岑、普希金、阿赫玛托娃、帕斯捷尔纳克、曼德尔施塔姆等作家作品的分析，既准确又十分独到，更充满着机智的文学表达，将其分类成“刺猬和狐狸”的形象比喻，就充满了文学寓言的表现力。

批评家除了具备那种对文学作品进行转换时的“再造形象”的能力外，还要具备一种伯林所说的知识分子阶层中的“骑士精神”。

伯林对别林斯基、车尔尼雪夫斯基和杜勃罗留波夫的评价也是通过他们的评论思想和风格来进行褒贬的，这就促使我在这十几年中一直思考一个问题：我选择做什么样的批评家呢？是别林斯基，还是车尔尼雪夫斯基，抑或是杜勃罗留波夫式的批评家呢？

无疑，我选择具备“骑士精神”的别林斯基，尽管他的文字尚有不足之处，尽管他只活了三十七岁，但是，作为俄国文学批评和文学理论的奠基者，在他身上充分体现出了那种知识分子批评家的“骑士精神”，正是他的正义感和形象激愤的批评文字让我对这个俄罗斯的大批评家脱帽敬礼！

什么是“骑士精神”呢？我以为这就是一个批评家价值理念中的正义感以及所拥有的真理性。别林斯基之所以欣赏赫尔岑，就是因为赫尔岑是俄国激进主义之父和社会反抗之父，他虽然十分温和，但是他的文字却是尖锐犀利的，他影响了俄罗斯和苏联的几代人，连列宁都认为他是“反君主制的奠基者”。别林斯基读了赫尔岑的小说《谁之罪》后告诉他“不仅要为俄国文学史活着，而且要为俄国的历史活着”。因此，赫尔岑的《往事与随想》才会成为比卢梭的《忏悔录》还要优秀的天才之作。这些都有赖于他的思想始终都是站在人性的、历史的和审美的立场上对整个19世纪俄罗斯进行了全景式的描写与思考，所以他影响了车尔尼雪夫斯基。如果要追问一个知识分子作家或批评家与一个历史写作者和记录者有什么区别的话，那么，那种冷峻的、没有激情的作家和批评家是毫无“骑士精神”的。

赫尔岑与相识的托克维尔偶遇的故事就能说明问题。1848年，赫尔岑在法国参加政治集会时被捕，途中遇上了时任法兰西第二共和国外交部长的托克维尔，便请求托氏说服警察释放他，孰料被冷漠的托克维尔婉言拒绝了。试想，在一个漠视人性的作家或批评家那里，你能指望他的大脑里迸发出真理的思想火花来吗？所以，许多人在读托克维尔的《旧制度与大革命》一书时会陷入一种歧义性的沼泽之中，难以判断作者的价值取向，只有与他的《论美国的民主》进行对读，才能猜测出其所要表达的意思来。这样的历史学家的行为是被赫尔岑和伯林这样的思想家所不齿的，尽管他也反对帝制，但不愿与同道者结盟而伸出援助之手的非骑士精神让人侧目。

从别林斯基与赫尔岑等人的友谊就可以看出俄罗斯文学的强大就在于他们在那个“黄金时代”里有着一个知识分子阶层，这个阶层被伯林称为“骑士阶层”。所谓“骑士精神”并不是指那种尚武的战斗精神，而是一种为荣誉和真理而奋斗的精神，人们对别林斯基“不灭的骑士精神”的赞扬就是对一种文学激情化了的信仰的崇尚。

同样，在1848年的前一年，另一个故事发生在别林斯基和他所激赏的著名作家果戈理身上。由于果戈理写了一本《致友人书信集》的小书，文中拥护家族制、地主制、农奴制，歌颂沙皇统治，面对果戈理的变节行为，万分激动的别林斯基一连伏案三天，慷慨激昂地写就了那封被称为整个19世纪俄国自由主义社会解放运动“圣经”的《致果戈理的公开信》，批评果戈理的“新封建主义”：“你，一个伟大的艺术家，怎么能捍卫这样可恶的制度？”用伯林的话概括，信中充满了“正直、自由、献身正义和真理”的精神，充分表现出了别林斯基这样的批评家的“骑士精神”与风骨。

上文提到的知识分子阶层需要具备一种别林斯基式的“骑士精神”，这种以群体出现的知识分子就是伯林定义的：“是指那些只对观念感兴趣的人，他们希望尽可能有趣些，正如唯美主义者是指那些希望事物尽可能美的人。知识阶层在历史上是指围绕某些社会观念而联合起来的人。他们追求进步，追求理智，反对墨守传统，相信科学方法，相信自由批判，相信个人自由。”从这个意义上说，“知识阶层产生的前提是启蒙运动的信念”。伯林认为法国、意大利、西班牙和俄国有知识阶层，而挪威和英国却没有知识阶层，理由就是这个群体之中有着强大的反教会的意识，以反教会作为阶层的标准，我觉得是不合适的，你让百年来受着启蒙主义熏陶的中国知识阶层往哪儿搁？难道我们只有乌托邦，而没有一个知识阶层，更没有“骑士精神”的知识分子吗？

是的，我们没有像俄罗斯“黄金时代”和“白银时代”那样的知识阶层，没有他们那些文学艺术家有着统一的信仰，以及具有的

“骑士精神”的勇气，甚至在苏联“大屠杀时期”，他们中的一些人仍然保有的一份绅士风度和“骑士精神”，形成了俄罗斯文学精神的“祖国记事”。也许我们的文学世界里产生过具有“骑士精神”的伟大作家和批评家，那就是独一份的鲁迅。但是，鲁迅为什么孤独呢？因为他深知在中国是不可能形成一个知识阶层的，即便是有，也少有“骑士精神”，他在铁屋子里的呐喊就充分说明了他那种与风车作战的悲哀心理。“两间余一卒，荷戟独彷徨”就是无声中国最好的写照，倘若有千万个鲁迅形成了一个知识阶层群体，也就用不着他一个人肩扛着黑暗的闸门了，所以鲁迅才一直抨击着中国人的奴性和劣根性。

“一些作家、评论家、音乐家、美术家相互维系着一种类似于当年的知识阶层中间的亲缘关系，这些人希望抵御反动力量和市侩作风，就像当年沙皇俄国时反抗‘黑白人团’（注：哥萨克军团的名称，后来指称反动的反犹太主义的民粹运动）。”

自我反省一下：在中国，我们这些文学和各个艺术门类的艺术家是老死不相往来的一群人，即便是在文学圈子内，作家与评论家、批评家、理论家也根本不可能为着一个共同的信仰去建立一个哪怕是松散的群体的，相聚在一起，也就是抵御一下寂寞和排解一下孤独而已。我们抵御不了反动力量，也反抗不了市侩作风。所以我以为，在中国当下的文学界和批评界，包括我在内的作家和批评家，眼里只有“江湖”，却少有“义气”（此处的“义气”泛指“正义之气”，就是别林斯基式的“骑士精神”），你又怎么指望我们和他们能够写出那种动之以情的批评文字呢。

我们没有“骑士阶层”，自然也就没有个体的“骑士精神”。

1863年车尔尼雪夫斯基的《怎么办》的回声在我们的时空中飘荡，我们当下有“新人的故事”吗？

2019年11月8日初稿于南京至苏州旅途中

11月9日修改于上海至北京航班上

原载《文学报》2019年11月28日

我的创作梦

——在第三届“雨花文学奖”颁奖仪式上的发言

丁　帆

“龙喷雨花天作瑞”，《雨花》作为江苏的老牌文学期刊，六十多年来秉持自己一贯的文学理念和艺术风格，刊发了大量的好作品，也培养了许多优秀作家，作为一个散文创作的业余写作者，能够获得《雨花》文学奖，是本人意外的惊喜，亦是我创作生涯中的莫大荣幸！

今天很巧，是我六十七岁的生日。半个世纪前，我就跟《雨花》有交往。《雨花》是50年代创刊，一路坎坷走过来的。“文革”时期一度休刊，“文革”后期复刊改名为《江苏文艺》，主编是庞瑞垠。1968年去苏北宝应农村插队时，我就开始做文学梦，在文化生活极度贫乏的时代里，白天劳作后，晚上仿写唐诗宋词，也写过很多的小说、诗歌、散文，一心想做一个作家，能混入公社通讯员行列，去县里文化馆开一次通讯员学习班就是最大的荣幸了。记得那时油印的刊物上还登过后来做《雨花》副主编的梁晴的诗歌，记得最后两句是“绿了大地，绿了田野”。70年代我也投过稿给《雨花》，当然是石沉大海了。

1978年，我投了一篇稿子给《北京文学》，那篇小说叫《英子》。《北京文学》通过了一审、二审，那边的编辑写信告诉我说，你这个稿子我们通过了。我当时很兴奋，觉得我的作家梦终于要实现了，自此要走上作家的道路了。但是过了不到一个星期，我又收到一封信，编辑告诉我，主编说你的小说格调太灰暗了，最终还是把你的那篇稿子枪毙了。一盆冷水浇到我的头上，从此我的文学创作梦就断了，因此走上了文学评论的道路。没有想到的是，文学评论的第一炮就是在最高级别的《文学评论》上发表，这让我感慨万分。仔细想想，这又与我的创作梦有着十分密切的潜在关系，记得初稿给南大中文系的裴显生先生看过，他问了我一句话："你是不是搞过文学创作？"六天前刚刚去世的董健先生当时也说："小丁，你的文笔不错嘛。"至此，我悟出一个道理：评论也是需要艺术支撑的！

半个世纪以后，我又想重回创作梦，用创作来表达我在文学评论中所不能尽情表达的东西，陆陆续续地写了一些散文随笔，从掉书袋式的写作中突围出来，试图进入一种真正的艺术语境中。有了这个创作的打算后，适逢《雨花》新一任主编朱辉上任。他要我开一个专栏，我就答应了。我当时糊里糊涂的，把《雨花》当成了双月刊，想着两个月写一篇不成问题，谁知是单月刊，每个月都得交一篇，这让我很头疼。感谢朱辉和我的责任编辑李冰，他们不断地催促我交稿，鞭策着我的写作，我就这样被鞭打着写成了这个并不满意的系列作品，并且结集成书出版。其实我写得最畅快也最满意的并不是点击率最高的篇什，恰恰就是那个并非虚构文学的《乡村先生素描》，因为其中对人物的白描几近虚构作品中的神来创作，当时黄蓓佳的留言击中了我文学梦想的软肋，让我感动不已。我感谢《雨花》圆了我半个世纪前的创作梦。我过去也相信诗歌是属于青年的、小说是属于中年的、散文是属于老年的说法，但是我现在更相信这三者的创作机制应该是相通的。

前些时候，我的好友吴功正去世了，我很难过。就在六天前，我们院的董健先生也去世了。我跟董健先生相处时间是最长的，1978 年至 1979 年的三百六十五天里，至少有三百天我们每天待在一起十到十四个小时。他是最有故事，也是最有意思的一个人物，我想好好地写写他。虽然现在很艰难，但我还是要写好这篇艰难时文的。先生素描系列的最后一篇早已写完，但我还要接着写下去，一直写到有一天，其他人来写我的素描之时。

再次感谢《雨花》杂志社的抬爱和鼓励，吾当更加努力，不辜负你们的殷切希望，继续驰游在我的创作梦中。

2019 年 5 月 18 日

我走过的四十年的文学道路（上）

丁　帆

引　子

回顾历史，正视历史，是为了更好地面对未来。

我写下的只是我个人四十年来所经历过的文坛风雨，既有理性的思考，也有感性的认识，我所代入的价值观始终是秉持着这样三个元素：马克思主义理论中的精华——批判哲学精神（马克思主义理论本身无一不是对现实世界的批判）；人道主义的立场（这对于文学和文学批评至关重要）；审美主义的态度（不仅仅是对文学作品的鉴赏，同时也是对文学批评、文学评论和文学史构成的基本要求）。

我不想写下应景时宜的文字，仅凭自己内心的良知，用春秋笔法书写这四十年来所经历过的个人文学史，让我内心的历史真相定格凝聚在笔端。倘若这些文字尚能给这个世界留下些许有益的历史借鉴作用，让后来者发现我们这一代人中还有着这样一种心迹之痕，也就十分满足了。因为四十年在历史的长河中只是一瞬间，但是在个人的生存历史中已经是一个漫长的岁月历程了，纵然是一朵小小的浪花，我也想竭尽全力让它绽放出来，试图不让自己的人性坠入黑暗之中，因为我不想做“影的告别”！

于是，我写下了这篇符合自己内心理性与情感的文字，祭奠那些和我一起走过这段历史的天堂中人，就教于活着的同龄人和后来者。

一、从“伤痕文学”到“二次启蒙”思潮

其实，“第二次思想解放运动”这个名词在20世纪的历史进程中是有歧义的，如果是站在改革开放四十年历史的角度来看，那是属于“第一次思想解放运动”，倘若从我们这一代人所经历的“在场”思想史，以及我们所接受的历史与政治的教育来看，无疑，当时我们都是将这次运动与五四新文化运动对应而视的，把它看作是中国民主自由思想的恢复与延续，所以我们一直将它称之为“第二次思想解放运动”。所谓解放，就是从被禁锢的思想桎梏中解脱出来，倘若没有禁锢，何以来的解放？所以，当时“要让思想冲破牢笼”，则是一个莎士比亚笔下的哈姆雷特“是生，还是死”式的哲学命题。

而我却始终认为，促发这次思想解放运动呈燎原之火的火种却是文坛上出现的“伤痕文学”，作为对19世纪批判现实主义思潮的模仿与赓续，正是应验了周扬那句名言：“文艺是政治的晴雨表。”

至今我还清楚地记得1977年11月的那一天，当我拿到订阅的《人民文学》杂志的时候，眼前不觉一亮，一口气读完了《班主任》。我从中似乎看到了春雷来临前的一道闪电，不，更准确地说是看到了中国政治文化的春潮即将到来的讯息。随之而出现的大量“伤痕文学”，并没有让人们陷入苦难的悲剧之中，而是沉浸在挣脱思想囚笼的无比亢奋之中，因为我们在漫长死寂的冬天里经受过了太多的精神磨难。卢新华的《伤痕》甫一问世，人们就毫不犹豫地用它来命名这一大批汹涌喷薄而出的作家作品，其根本原因就是被积压了多年的思想禁锢得到了空前的释放。《在小河那边》《枫》《本次列车终点》《灵与肉》《爬满青藤的木屋》《被爱情遗忘的角落》《我是谁》《大墙下的红玉兰》《乡场上》《将军吟》《芙蓉镇》《许茂和他的女儿们》……当然还包括许多话剧影视剧本作品，比如当年的《于无声处》《在社会档案里》《女贼》《假如我是真的》等等。其中，反响最大的就是话剧《于无声处》。想当年，全国上下，几

乎每一个有条件的单位都自发组织起自己的临时剧组，演出这场戏。说实话，从艺术上来说，这些作品的美学价值并不是上乘的，艺术性也不是精湛的，甚至有些还是很粗糙的，它们之所以能够激发起全民热爱文学的激情，更多的是人们期望通过文学来宣泄多年来的积怨与愤懑，以此来诉求政治上的改革。

这持续了几年之久的舔舐伤痕的文学作品，带来的是重复19世纪西方文学作品中的批判现实主义元素，从那个时代的角度来说，人们都普遍把它们与“五四启蒙主义思潮”衔接，作为20世纪中国思想史上的“二次启蒙”看待，就是期望回到一种文化语境的常态当中去。其实，时过境迁后，冷静地反思这样的启蒙运动，我们不得不考虑其热情澎湃的感性背后究竟有多少理性成分。其实它在历史的进程中屡遭溃败的事实是显而易见的，其根本的原因在哪里，则是一个始终没有深入的话题，这个问题萦绕在我的脑际久久不能消停。直到新世纪来临，当中国面临着几种文化形态并置的情形后，我才有所顿悟：正因为“五四”新文化的“启蒙”是浮游在“智识人”层面的一种学术行为艺术，它始终被“革命”的口号与光环所笼罩和遮蔽，成为一群自诩为现代知识分子的小资产阶级学者试图“自上而下”地改造“国民性”的自言自语，最终只能以失败而告终，一切都恢复庸常，阿Q们依然是那个没有灵魂的附体，亦如行尸走肉。所以，我在21世纪初就提出了改革开放后的“二次启蒙”（也就是自20世纪以来的“第三次启蒙”），其核心要素便是：只有知识分子首先完成自我启蒙以后，才能完成启蒙的普及。虽然我们的高等教育已经达到了相当的普及程度，但是，我们的人文主义的启蒙还是低水平的，甚至在有些领域和地区是归零的。这就是我从“第二次思想解放运动”得到的对五四新文化运动的认识（当然，我认为“五四”是一个充满着悖论的文化运动，也就是说，在对“五四”的认知上，往往有两个不同走向的“五四”文化革命运动，即“启蒙的五四”和“革命的五四”。而最后的结果是：革了封建主义的命，却不彻底，甚至是走了一个圆；革了文化的命，却丢失了人性的价值）。

我对现代启蒙运动之所以溃败原因的寻找，尽管用了二十多年的时光，但也是值得的。以此来观察中国作家作品近四十年来的脉象，我们将它们进行归类，也就会清晰地看出一条革命／启蒙／消费三者分离与重叠的运动曲线。但是，文坛也绝对不会是“这里黎明静悄悄”的风景，随之而来的一场场思想搏击便徐徐地拉开了序幕。

二、在“实践是检验真理的唯一标准”思想运动的河流中

我不知道这个命题是否在哲学范畴内为绝对真理，但是，那一年胡福明先生最初草稿设计的题目是《实践是检验真理的标准》，它的全部意义不是解决哲学领域里的“哥德巴赫猜想”，而是解决整个文化思想领域里的“收”与“放”的问题，解决的是“中国向何处去”的政治路线问题。这个问题的触发媒介应该归功于当时文学思潮的崛起。

正是“伤痕文学”漫溢之时，有一天，南京大学哲学系的胡福明先生来到中文系现代文学教研室（西南大楼的一间大教室），将这篇文章的初稿给董健先生看，并在一起讨论这篇被有些人认为是“砍旗”的文章究竟向何处去的问题。那一刻我正坐在对面的办公桌上写东西，时而停下笔来侧耳窃听，时而装作在书写。待胡福明先生走后，董老师向我叙述了详情，方知其中还有外人一直都无从知晓的骇人内情。

事实上，我并不认为这篇文章写得多么好，而是这篇文章一出来就在中国的思想界引发了核爆炸。“两个凡是”约束了思想解放运动，中国向何处去的困扰始终是每一个知识分子认识那个时代的死穴，此文就是一颗政治转向的信号弹。其点燃的导火索显然是文学火种，却又反过来大大触动了文学的神经末梢，让文学在 80 年代成为引导社会思潮的火炬手。2008 年，南京大学召开纪念《实践是

检验真理的唯一标准》发表三十周年讨论会，我就说了一句并不十分讨喜的话：这个命题其实就是一个哲学的普通常识，而将它作为一个高端的学术问题来研究和探讨，这本身就是我们这个国家和民族在那个时代的一个悲剧，好在我们把这一幕悲剧当成了一场扭转乾坤的喜剧，也算是推动了历史突变的进程。

当然，这个喜剧最先得益者应该还是文学界，其首先引发的就是“新时期文学”的开端。所谓“新”就是建立在破除“旧”的基础上的立，破旧才能立新，所谓“新时期”，就是想与那个旧时代进行切割，与那个时代的思想“断奶”，所以它表现在文学领域内就显得更加敏感，也更加迫切。

1999年，我和我的博士生朱丽丽为《南方文坛》撰写了题为《新时期文学》的文章，追溯这个关键词的来源时是这样描述的：“‘新时期文学’是当代文学批评中使用频率最高的语汇之一，自‘新时期文学’概念出现以来，它的内涵便自动地随着当下文学的进展而不断延伸。当代文学概念尤其是文学史分期概念往往是紧跟政治语境的变迁而变迁的，‘新时期文学’作为一个伴随我们约二十年的熠熠生辉的文学概念，它的浮出海面，从整体上来说也是得力于‘文革’后国家政治语境的剧烈变动。发表于1978年5月11日《光明日报》上的著名的《实践是检验真理的唯一标准》一文最早正式提出了政治意义上的‘新时期’概念。……就文学而言，进入新时期之后理论上的拨乱反正和由此引发的讨论主要有三次。首先是关于文艺与政治关系的讨论。70年代末，中国文学界在思想解放运动的背景上开始对文艺从属于政治的观点重新加以审视。《文艺报》编辑部于1979年3月召开文艺理论批评工作座谈会，率先对此命题进行了大胆的质疑与冲击。会议认为：‘文艺不是一种可以受政治任意摆布的简单工具，也不应该把文艺简单化地仅仅当作阶级斗争的工具。’随后，《上海文学》于1979年4月发表了评论员文章《为文艺正名——驳“文艺是阶级斗争的工具”》，对文艺从属于政治的命题再度质疑。到第四次全国文代会上，邓小平代表中央在《祝辞》中明确指出：‘党对文艺工作的领导，不是发号施令，不是要求文学艺术从属于临时的、具体的、直接的政治任务。’周扬也在报告中提出文艺从属于政治、文艺为政治服务的口号，容易导致政治对文艺的粗暴干涉。1980年7月26日，《人民日报》发表社论，正式提出以‘文艺为人民服务，为社会主义服务’取代‘文艺为政治服务’的口号。这一口号的提出，使长期附庸于政治阴影之下的文学大大解放出来，进入更为自由更具活力的新天地。其次，新时期发轫之初，还进行了关于‘写真实’和‘歌颂与暴露’问题的争论。文学创作如何处理歌颂与暴露的问题是几十年间一直没有得到很好解决的一个问题。在争论中文学界进一步确认：文学固然可以歌功颂德，但它绝不能美化现实、粉饰生活、掩盖矛盾，更不应该回避严重存在的社会问题，不闻不问人民的疾苦。争论在理论上进一步确立了现实主义文学的主流地位，进一步否定了‘文革’时期的‘假大空’文艺。同时文学界对真实性问题也做了严肃的探讨。真实性问题是现实主义的基本原则和理论核心。文学首先应该说真话、抒真情、真实地反映社会生活、真实地表达人民的心声，‘艺术的生命在于真实’，真实性成为这个时期文学的最重要的价值标准。再次，是关于文学与人性、人道主义的讨论。在以往，人性和人道主义问题是创作和研究中的一个禁区。随着新的时代的到来，文学界普遍接受了如下观点：人性既有阶级性的一面，又有共同性的一面，共同人性是在人的自然属性基础上形成的社会属性与阶级属性的辩证统一体；人道主义并不只是资产阶级的意识形态，社会主义的文学也应该有它的一席之地。人们认识到马克思始终是把共产主义与人的价值、人的尊严、人的解放和人的自由等问题联系在一起的，马克思主义实际上是包含了人道主义的；社会主义社会也同样存在着异化现象。这一系列的讨论虽然难以取得统一的认识，但讨论本身却极有力地推动了人们的思考。经过这一系列的讨论，文学走上了一个新的高度。这些讨论拓展了新时期文学发展的道路。正是在这样一个背景上，形成了新时期文学的启蒙潮流。”

毋庸置疑，在整个人文领域内，思想最为活跃的、创作力最为旺盛的就是文学领域内的作家和批评家。难怪如今许许多多的人都还在“怀念 80 年代”，这并非“过去的总是美丽”的逻辑可以阐释的社会学命题，而是这种被“解放”了的自由感觉，是那时饱受了几十年思想禁锢的人们“最宝贵的”精神层面的东西，犹如法国人怀想大革命已经成为一种民族的“集体无意识”那样，那种激情是作为一种精神基因承传下去的。

然而，好戏才刚刚拉开序幕，冬天的严寒又袭面而来。

1979《河北文艺》第 6 期发表了李剑的一篇题为《歌德与缺德》的文章，立刻在文学界引起了轩然大波。

这篇文章充满着戾气，弥漫着浓浓的火药味：“如果人民的作家不为人民大‘歌’其‘德’，那么，要这些人又有何用？在创作队伍中，有些人用阴暗的心理看待人民的伟大事业，对别人满腔热情歌颂‘四化’的创作行为大吹冷风，开口闭口‘你是歌德派’。这里，你不为人民‘歌德’，要为谁‘歌德’？须知，我们的文学，是无产阶级文学，它的党性原则和阶级特色仍然存在。鼓吹文学艺术没有阶级性和党性的人，只应到历史垃圾堆上的修正主义大师们的腐尸中充当虫蛆。……有些人不愿这样做，那是他自己的事，我们也不强求他非这样做不可，阶级感情不一样嘛！向阳的花木展开娉婷的容姿献给金色的太阳，而善于在阴湿的血污中闻腥的动物则只能诅咒红日。那种不‘歌德’的人，倒是有点‘缺德’。”

无疑，这是几十年来把文学只圈定在“颂歌”和“战歌”范围中的观念再现，在那个思想大解放的“二次启蒙”文化大潮流的语境中，当然就会遭遇到普遍的质疑和批评，很快在全国激起了声讨。7 月 16 日的《人民日报》发表了阎钢的批评文章：“以为中央重申四项基本原则就是文艺界反右的信号，因而又操起棍子准备打人了。”7 月 20 日，《光明日报》刊登了《春天里的一股冷风》一文：“只许歌德不许暴露的法则实际上是扼杀文艺创作……”接着，上海文联举行有五十多位著名文艺界人士参加的座谈会，巴金抱病出席。《文艺报》《文学评论》两刊联合召开座谈会。全国各地许多文艺刊物如《星火》《山花》《延河》《四川文学》《思想战线》《湘江文艺》《当代》《诗刊》《边疆文艺》《福建文艺》《安徽文学》《戏剧界》《雨花》《作品》《上海文学》《北方文学》《奔流》《鸭绿江》《长江文艺》等都载文参与对这篇文章的批判。当然，支持李剑的文章也不断出现，为“歌德派”助威壮色，大声疾呼把“歌德”进行到底。直到8月底，河北省委宣传部召集各地市文联主席、宣传部部长共六十余人开会，省委宣传部领导讲话，要求河北文艺界认真补好“实践是检验真理的唯一标准”这一课，继续批“四人帮”的极左思潮，消除阻力，繁荣文艺创作。这才算是平息了这场文坛风波。

三、从为“十七年文学”作品翻案到“中国乡土小说史论”的构建

1978年至1979年是我生命中最重要的年份，那时我在南京大学中文系做进修教师，整整三百六十五个日日夜夜，我像大禹治水一样，路过家门而不入，我家虽然离南京大学并不远，但是我准备大干一场，干脆不回家住，就在现代文学史教研室里搭上一个铺，每天三点一线，教研室—图书馆—资料室食堂，工作十四五个小时。那时董健先生除了公务外，也整天和我一样泡在教研室里读书写作。我时常是作为他的助手，帮他干活，比如校勘《中国当代文学史初稿》，比如在录取戏剧专业研究生时阅读大量的创作手稿（包括李龙云的《有这样一个小院》），并写出初读意见。时而还有一些作家请人来代为阅读的书稿，记得那时有凌力的《星星草》、竹林的《生活的路》等。那是一个百废待兴、思想大解放的时代，文学先行了，然而我们更渴望有那种思想的火炬引导我们前行。

恰恰就在那个时候，南京大学的胡福明先生事先就给我们点燃了火把。就像上文所述，胡福明先生与董健先生的私下谈话，给了我巨大的勇气，让我试图为被“文革”否定的作品做翻案文章。

也就是从1978年开始，我是在思想解放“先破后立”的大潮中，从事了文学评论的工作。当然，也有另外一个因素促使我放弃了文学创作，主攻文学评论了，那就是一个短篇小说《英子》已经给了我用稿通知，最后还是被主编终审枪毙了。因此我便开始了为被在“文革”时期打入冷宫的“十七年文学”作品甄别翻案工作，让自己的文学评论成为破除禁忌的一个突破口。于是，我便撰写了《峻青短篇小说的艺术风格》一文，在编辑杨世伟老师的建议修改后，发表在《文学评论》1979年第5期上。首篇评论文章就能够在中国文学最高学术刊物上发表，那样的心情是无法形容的。接着又写了《中国工人阶级的悲壮史诗——重评〈火种〉》一文，在汤淑敏先生的指教下发表在《钟山》评论集刊上。同时在我的指导老师叶子铭先生的教诲下进行茅盾早期的文学作品和文学理论研究，尤其是对自然主义的思潮的探索。到了1979年底和80年代初，我便开始了学术转型，缘起则是《文学评论》编辑部准备介入当代作家作品的评论工作，他们遴选了一个长长的老中青作家名单，让我选择一两个作家进行跟踪研究。考虑到我有六年插队的农村生活经历，并结合我选定的中国乡土小说研究领域，我毫不犹豫地选择了贾平凹，所以在1980年的《文学评论》第2期上发表了《论贾平凹短篇小说的描写艺术》。从此，开始介入了当下作家作品的前沿评论工作，同时着手于《中国乡土小说史稿》的酝酿与建构。那时的想法十分简单：一个从事人文学科研究的学者，倘若对一个有着千年完形的农耕文明社会没有一个清醒的感性和理性的认识，在这个领域里进行空洞的理论研究，亦如盲人骑瞎马，是一个社会的盲视者。自以为一个从事文学工作的人，倘对中国社会、政治、文化没有深刻的认识，是不可能对文学有着更本质的认识和研究的。鉴于此，我这四十年来的学术眼光便始终没有离开过这一视域。

那个时候，我开始对中国乡土小说进行了史的梳理，在庞杂纷乱的作家作品的阅读中，我试图将它们归纳成几种类型，提取出有规律性的理论框架来。无疑，这是一件十分艰难的工作，但是，我想努力去做。除了大量撰写一些作家作品评论外，我开始在朦朦胧胧中提取乡土小说中一些带有普遍规律的审美特征的文章，为写一部中国乡土小说史论做准备。尤其是想摆脱文学评论依附于政治进行书写的常态，试图从审美的角度突进至中国乡土小说作品的内部，以“三画”，即“风俗画、风景画、风情画”来概括农耕文明、游牧文明的自然生存状态。比如撰写了《风俗画小说谈片》（《钟山》，1983 年第 2 期）、《新时期风俗画小说纵横谈》（《文学评论》1984 年第 6 期）、《论当代中国乡土文学的现状与趋势——兼与日本学者山口守先生对话》（1986 年《新苑》第 1 期）、《新时期乡土小说的递嬗和演进》（《文学评论》1986 年第 5 期）、《新时期乡土小说与市井小说：民族文化心理结构的解构期》（《小说评论》1988 年第 2 期）等。

正因为有了这样零零碎碎的思考和破碎记忆集合，才使我有了一种整合史论的欲望。于是，在 1989 年的一个风和日丽的秋日，当时南大中文系现代文学教研室主任胡若定先生在中文系的小楼（赛珍珠故居）的坡道前让我报一个国家社科基金青年项目。说实话，那个时候没有人对这些东西感兴趣，也不知道它的“重要性”。项目很快就批下来了，万万没有想到的是还有四千元的科研经费，那个时代四千元可是一笔不小的数目，1992 年我就用它出版了我的第一部论著《中国乡土小说史论》。也就是在 80 年代后期，我的乡土小说“三画论”（风俗画、风景画、风情画）开始酝酿成熟，对史论的论述才有了一些底气。所以我在 1991 年就敢于写《乡土小说概念的界定》（《文论月刊》1991 年第 2 期，《新华文摘》第 6 期）和《中国乡土小说新解》（《江海学刊》1991 年第 6 期）这样的文章。这都是我在不断整合理论概念过程中的一些尚不成熟的思考。

1991 至 1993 年间年我集中发表了十几篇乡土小说的系列论文，这是重点整合梳理中国现代文学史上从“五四”前后到 1949 年间乡土小说的理论、思潮、现象、流派和作家作品的过程，其中一些文章是我 80 年代后期就早已写就的文字，也是我收集在 1992 年出版的第一部专著《中国乡土小说史论》中的一些章节雏形。当然，这一时期，我一面梳理中国现代文学，即“五四”前后至1949年间的中国乡土小说的样貌；一面着力于对当下作家作品和思潮的追踪评论。除了对贾平凹的作品进行跟踪评论外，我还对一些一线作家，尤其是写“新乡土小说”的青年作家进行了特别的关注。比如《论李杭育的小说创作》（《中国》1985年第6期）、《人性思索的深层意识》（《钟山》1986年第1期）、《铁凝和她未来的歌——评铁凝小说创作兼谈批评方法的多元化》（《钟山》1986年第5期与杨世伟合作）、《论〈黄泥小屋〉的总体象征》（《当代文艺探索》1987年第1期）；《突破眩惑：创造新的心理世界——读〈眩惑〉断想》（《当代作家评论》1987年第1期）、《叶兆言小说的生命意义》、（《文学自由谈》1988年第5期）、《亵渎的神话：〈红蝗〉的意义》（《文学评论》1989年第1期）……

另外，我还在80年代中期“方法论”的蛊惑下，试图从理论层面来解析这些方法对文学及文学批评的重要作用，同时还试图用新方法来撰写作家作品评论，一共写了几十篇文章，其中有十几篇文章是与我的合伙人徐兆淮共同讨论和撰写的。

四、编辑《茅盾全集》的前前后后

“为他人作嫁衣”的活是一般学者所不情愿的工作，但是，如果一个学者有了这样一种经历，那他的学术生涯就会比较完满了。那种从字缝里抠出来的琢与磨，会让你感受到语言的魅力，同时也会让你认识到思想表达时遣词造句的重要性，更重要的是，它让你体悟到对文字的尊重和敬畏，让你时时对笔下流淌的文字保持一种严谨的书写风格。我虽然心向往之，但是并不能够完全做到，在人民文学出版社的那些日子里却让我觉悟了许多。

1984年冬至1985年夏，我作为叶子铭先生的助手，前往人民文学出版社参加《茅盾全集》的编纂工作，走进了朝内大街166号大院的人民文学出版社那栋显得有些陈旧的楼房。那时各个编辑部就挤在进门右手的那栋在 80 年代尚且不太破旧的大楼里，但那时人文社的人气还是很旺的，往来无白丁，行走的都是有来头的文学家。在二楼的“茅编室”往下看，每一个出入人文社的人都可尽收眼底。我的办公桌就在窗前，头一伸便可看见院子里的一切，于是这里就成为我观看人文社风景的一个窗口。

组建的“茅编室”是由叶子铭担任编辑部主任，早期加入的几位茅盾研究专家和学者是孙中田、邵伯周、查国华、吴福辉、王中忱，后来又调了内蒙古包头师专的丁尔刚。社里后来又调进了张小鼎和瞿勃（瞿秋白侄儿）参与《茅盾全集》的工作，当时还有两个临时帮忙的年轻人，他们专管跑资料，后来因调进了牛汉的女儿史佳和刚从武汉大学中文系毕业的刘拙松，就把跑资料的年轻人给调走了。

那时我们正年轻，也能吃苦，整天没日没夜地看稿一点不觉得辛苦。记得那天才放下行李，就让我突击编辑校勘《走上岗位》，拿到手的稿子是茅公用毛笔写在毛边纸上的手稿。我几乎是三天三夜没有睡觉，在兴奋中完成了校勘与编辑的，因为我的兴奋点都集中在那种无穷的窥探欲之中，就是透过台灯的灯光来琢磨、推敲、甄别、判断手稿所书写的原来的文字。这也成为我校勘所有十卷文论时的癖好，几个版本不同时期的修改，真是可写一部学术专著了。可惜的是，那些校勘稿我没有留下备份，几年后想操刀著述，却无从下笔了。我想，大约所有做编辑工作的人都会有同样的嗜好吧。当年王中忱也是如此做法，就连刚刚踏上工作岗位的刘拙松也常常就着灯光翻来覆去地勘验，大家也就会心一笑了。

我在“茅编室”把文论十卷本校完编好就离京回原单位工作了。吴福辉去了中国现代文学馆。王中忱调往丁玲主编的《中国》杂志社。孙中田和邵伯周先生基本上不驻京，而叶子铭先生则是半年驻在人文社，半年在南大工作。常驻在人文社的是查国华与丁尔刚两位先生，随着《茅盾全集》逐步完成，非社人员逐渐退出，最后退出者大概是丁尔刚先生吧，他最后去了山东省社科院。刘拙松后来也回了湖南老家，供职于湖南文艺出版社。其“茅编室”日常工作和扫尾工作均由张小鼎先生担任，直至“茅编室”撤销。

当时社里抓“茅编”工作的领导是张伯海总编，他是山东大学中文系毕业的，为人厚道，工作勤勉。那时的组织观念甚强，我虽为编外的编辑人员，进社工作时张伯海先生还是找我谈了一次话，大意无非就是这个工作的重要性和勉励年轻人的一些话。直到大半年后我要离开人文社的时候，他又找我谈了一次话，也无非是感谢、表扬、鼓励之类的话，但是给我留下最深刻印象的是，他从书柜里拿出了一套罗曼·罗兰的《约翰·克里斯多夫》和另外几部社里出版的世界名著赠送给我，留作纪念，我便匆匆结束了谈话，兴奋地遛出了办公室翻书去了。后来他调离了人文社，去创办了中国第一个出版印刷的大专院校。

在我一生当中，最害怕接触的就是那种不苟言笑的前辈。起初我见叶子铭老师时也是战战兢兢的，因为他是一个十分严肃的人，一般人是难以亲近的，但是经过长久的交往，你才能感觉出他人格的热度。而王仰晨先生也是我最敬重的资深老编辑，但是他在我的心目中总是有一种距离感，虽然他的勤勉与严谨赢得了人文社上上下下、里里外外的交口称赞，然而，我对他还是有一种莫名的畏惧感。当时他兼顾着三部全集的编纂工作，一是未了的《鲁迅全集》，二是正在编纂中的《巴金全集》，三是上马不久的《茅盾全集》，其精力投入之大是可想而知的，但是他默默地扛下来了，毫无怨言。我每每向他交稿，心中都很忐忑惴惴，生怕出错。他不多言，我也很少与他交谈。偶尔他也下楼来嘱咐几句，总是极简约的三言两语，指出勘误亦似乎是漫不经心，但你仔细回看却会时时惊出一身冷汗，这就是那种不着一句就让你一世谨记的人格力量吧。直到我离开人文社时，他也没有找我谈过一次话，却给我递上了一封信，虽然也是一些表扬勉励的话，但是由于形式的不同，其留在我的脑海里的印象深度也就有所不同。离开人文社以后也就断了音信，但是1991年6月29日他给我来过一封信，主要内容竟然是请我帮助查一下南京师院《文教资料简报》第49期是1976年哪月出版的。接信后我就立即查阅回复了他，我仍然像他的一个下属那样尽量快速圆满地完成任务。我永远记得他在信中写的最后一句话："年轻多么好！愿你永远年轻！"当前些年听到他逝世的噩耗时，想起了他的这句话，不禁热泪长流。是的，一个人在年轻的时候对青春的消费是毫无感觉的，只有他进入暮年时才会体味到年轻的可贵。当我今天走向暮年时，我才能体味到王仰晨先生这句话的分量，我只能祝愿我敬重的前辈们在天堂里青春永驻。

"茅编室"遇到的最大一次危机则是人文社的《新文学史料》发表胡风回忆录时将茅公在1928年脱党后，也就是写完《蚀》三部曲和短篇集《野蔷薇》后坐轮船去日本，在船上与胡风遭遇的情景描写公布于众了。那时最紧张的是叶子铭老师和茅盾之子韦韬，记得是一个有着月光的春夜，在水银泻地的人文社小院里，他俩影影绰绰的身影时隐时现在墙角的拐弯处闪现，一直谈到下半夜。其实，今天看来，那段在"革命加恋爱"的史实当中，正是我们解读茅盾许多作品的钥匙，那"混合物"的创作之所以能够成为左翼文学的开山巨制，谁说不是和这丰富而具有时代特征的文化心理紧密相连呢？而那时却是伟人之讳，今天看来是可笑之事，在那个乍暖还寒的岁月里，人们的道德是没有想象的翅膀的。

那时，我们办公室兼宿舍的对门住着一对小夫妻，男的是一个高大微胖的年轻人，他是一名校对员，我去校对室看了他们的校对工作，陡然就对这种真正的校对产生了无比的敬佩，他们把纸稿折叠成条，一行行地上翻，捕捉每一个错误，速度之快，眼力之锐，堪称绝活。这让我想到一个真谛，从这种枯燥的工作中找到一种技艺的乐趣可能是支撑他们不辞疲惫的动力吧，当然，严谨和认真的工作态度也是很重要的。可惜这样的工作在如今的编辑流程中失去了它的敬业精神。这也是我在人文社受到的一种人生启迪。

五、“清污”与“反对资产阶级自由化”运动

由于对于思想解放的进程过快不适应，1983 年下半年爆发了对周扬、王若水等人关于人道主义和异化理论的批判，开始了“清除精神污染”运动。但是，党中央及时制止了这场不到一个月的政治运动，这让广大知识分子的的确确感到了春天般的温暖，尤其是稳定了文学的大局。

“清除精神污染”运动，目的是抵制人道主义和异化艺术美学的自由主义倾向，所以 1983 年就爆发了对周扬、王若水关于人道主义和异化论的批判。由于一些领导同志认为“清污运动”中有扩大化的倾向，这场“清污运动”，只维持了二十八天就不得不停止了。在这两场思想界的清理运动中，南京大学中文系当然也受到了较大的冲击。那时候，我们现代文学专业的许志英老师，由于发表了关于探讨五四运动领导权的学术文章，受到了当时意识形态的有关领导的批判。一时间，中文系的政治空气十分紧张，大有回到“文革”政治文化语境的势头，因为其时报纸杂志上已经出现了多篇批判许志英先生的文章，中文系也不得不开批判会。但是，不管是真心批判，还是做出不得已的表态，其热烈的程度显然是不能与“文革”时期同日而语了，经过“文革”洗礼的人们，对批判运动已经厌恶。

那时，我在许志英家里谈论这场运动对他个人的后果时，他说出了很悲观的预测，大不了被开除公职，解甲归田，回老家种田去。然而，南京大学党委本着“治病救人”的政治初衷，只让许志英写了一份检查。可见人心所向。多少年后，我专门写了一篇为其补充材料的互证文章刊登在《当代作家评论》上。

不过在那次运动中也看出了一些所谓知识分子的嘴脸，如果仅仅是为了“过关”而不得已写批判文章，倒也罢了，毕竟都是经历过许许多多运动的“老运动员”了，谁是真心，谁是应景，一眼便知晓。可是你架不住那些投机钻营者的可恶行径喷你一身的粪水，

许志英先生生前反反复复说："我原谅一切批判我的人，但是到死都不能原谅那一个人！"那个人当然也是六七十年代某工作单位的，在许志英先生调回南京后才去文学所的后起名人。虽然许志英先生已经作古十余年了，他的这句话却成为窥探一个知识分子良知的标尺：大难临头之时，最能看出一个人的原形。

2018年5月初稿于南京大学文学院317室

2018年12月18日于南京至沈阳航班上

2018年12月19日凌晨修改于辽宁大厦

原载《文艺争鸣》2019年第1期

辑二：研究文选

师　父

樊国宾

小时候认为唐僧不配做师父：他没教过徒弟们半点功夫，反而动不动就念咒责罚，甚至断绝关系驱逐出门。寡恩刻薄至此，孙悟空竟然还能“夜思师父泪滂沱，报恩如此疚心多”，实在匪夷所思。

徐皓峰的电影《师父》则有点日式审美里“物哀”的余味，廖凡扮演的那个既潦倒又灰心的师父，在大激变时代里命运之式微，留与我们的累茵之悲，已然是不可承受之重。

那么，我们拜念的意义究竟又何在呢?

长大后渐渐懂了。“观音在远远的山上，罂粟在罂粟的田里”，师父之所以为师父，因为他是山上那个度众生者。世间之大，茫茫万劫，可能我们很多人最终都会省悟到——一生只享受了“内触妙乐”是残缺的，因为这是罗汉和菩萨、小乘与大乘、享清福还是享洪福、苍生跟渊薮之间的区别。

一

20 世纪 90 年代，正如崔健在同名歌曲里所唱：“生活中有各种感觉 / 其实心中早就明白 / 我只能等待 / 一天从梦中彻底醒来……”那时我正在东北一家出版社的文学编辑室做图书编辑，与翻译《里尔克全集》后来又轰然死去的摇滚歌手陈宁日夜酗酒。我年少轻狂，像一只好斗的小公鸡，文艺批评文章频繁发表于几家行业杂志的头条，名字赫然排列在谢冕等大佬前面，心里不免会疑惑地想：属于我的时代是不是快到来了？！

但，我却并不快乐。我对自己不满，对我的单位、我的城市、我周围的方言、我的交往半径、我淤积已久无法蓬勃炸裂的情感……统统不满！论才量，我该做大事业、负大责任、受大痛苦、逢大绝望。目前这个小道场，轻风拂面而已，牛刀宰鸡而已，游戏而已。

按照存在主义的观点，“被抛”之生和“预判决”之死，都是人生的大规定性，是生存论前提。一生倏忽几十年，人既可变枯草，亦可成乔木；既可若蜉蝣，亦可类王虎，但最终千乘万骑上北邙，统统逃不脱凋零、灭亡和消失。

那还怕什么！想做什么事，就应该立即去做。

作为一个草根 loser，想改变现状，除了考博士还能有别的出路吗？ 1999 年初春搜罗信息，发现北大已经考完了，南大还来得及报名——南大那几年在各类排行榜上正如日中天。

好吧，南大。

我是怎样坐着蜿蜒的绿皮火车，穿越辽东走廊、华北平原、江淮大地去南京赴考的？细节已完全想不起来了，只留下一些影影绰绰的记忆碎片：鼓楼校区湿漉漉的葳蕤大叶子植物、复试间内阅人无数的叶子铭先生面无表情的谜样目光……离宁前，心情惆怅，不知道自己踉踉跄跄到江南跑这一趟会有什么结果。犹豫半晌，在汉口路邮局把一本陋著邮寄给了中国现当代文学名家丁帆，里面夹入一张写满骄纵字句的问候便笺，大意类似唐代朱庆馀“画眉深浅入时无”那首诗。

二十年后，和崔健喝酒，他笑着说：“有很多事你当时想不通，别着急，过段时间再想，就想不起来了。”

据丁帆后来说，我的分数不算很高，但他为一介白衣书生的来日可期而心念一动。

哪有什么小概率逆袭。我们日后如何，那些可喜或乏善可陈的结局，其实都有迹可循。

1999 年暮夏，蝉声聒噪的酷暑中，抱定“闻道”的决心，我只身南下，来到师父身边。

二

幼弱龆年时，丁帆就在祖父膝下悬腕运笔，习书临帖。

他的字风流蕴藉，自成一格，文意丰沛淋漓，在书法界十余年来已成料峭传奇，虽千金而尺寸难求。

因为他定下的规矩异乎冷峻：一不卖，二不允许别人卖。

只送。

他送起字来异常慷慨——前提当然是你这个人能入他眼——完全一派张伯驹、溥侗式的翩翩贵公子习气。倘有机会与他同桌吃酒，便觉其声光电火，庶几可与那两位同日而语。

前不久南大L教授专程来京，邀我在天桥看话剧《繁花》。散戏后去留学路的街边摊子烤串喝酒。聊及丁帆，他沉默了一会儿，半认真半戏谑地感喟道："我们和他不一样……人家是贵族。"丁帆听到这个说法后，不屑地说："狗屁贵族。"

少年时便资性朗悟，博闻强记，读书日诵千余言。但生性顽劣，常率领一干孩童搅得周遭鸡犬不宁，人送外号"丁二爷"。

大学者陈乐素是史学大师陈垣的儿子，五岁即在家里读竹简斋《二十四史》。家庭的代际濡染，从某种程度上说，真是后天努力不可比的。

优渥家境虽使他顺遂度过了那个万户愁苦的短缺时代（他那本趣书《天下美食》中有活色生香的种种记忆），后来的知识青年上山下乡运动却让他吃尽了各类苦头。在苏北农村他曾误将点灯用的煤油当成地瓜干酒一饮而尽，差点见了阎王。"知青文学"里大量文艺作品所描述的"有马好骑，有枪好背，有大森林"的浪漫神话，被充满了"荆棘"和"血雾"的现实戳破了。说到浪漫主义，今天全球范围内的很多现象——民族主义、存在主义、仰慕伟人、推崇非人体制、泛民主、极权主义——其实都深受浪漫主义潮流的影响。

它们的共同表征是“精神状态比结果更重要，进而成为一种道德态度”，但我更愿意认为这态度作为个体生命价值观很好，若成为人类社会激烈实验的指针，结果大多是百罪莫赎之悲剧。

在最好的年华里，他那些自幼名门养成的文明旧规，被凶恶蛮鄙的荒诞现实砸破击碎，直至彻底幻灭。他曾回忆自己的父亲如何从一个豁达开朗、极富个性的辅仁大学毕业生，变成了一个唯唯诺诺、与世无争的“好好先生”。

能走到今天，我想他会认为算是求仁得仁，并不觉委屈。

后来在盛年时，他也曾见过人世间最冷的面孔，最怨毒的攻讦，但仍八风不动，懋德稳重，气定神闲。原因可能有三：其一，得遇良师，境界阔达，祛除了心中的怨愤和执念；其二，立言立功，渐臻善果；其三，义结诸多耿介爽朗的知己朋友，沧海一声笑，滔滔两岸潮，大慰平生。这些禀赋与获得来之不易，足以使一个人睥睨五蕴日常；这些修养与修炼聚沙成塔，最终会郁凝为一种贵重品格。再加上性本爱逍遥，所谓事功洪福，便不再构成束缚。

他后来秉持终生的“启蒙”价值担当，与这几段经历一定有着深刻关联。

汪曾祺回忆起自己惨遭批斗等经历时，说：“我当了一回右派，真是三生有幸。要不然这一生就太平淡了。”记得有次聊起汪老这些没心没肺的话，丁帆突然扯高嗓门说：“当然是这个道理。”

人重要的不是年龄，而是经历。有些人活到一百岁也没经历过什么事。

《世说新语》说：“我与我周旋久，宁作我。”所谓“周旋”，我的理解是：“自己”这个东西是看不见的，只有跟很强的东西、水准很高的东西、可怕的东西狠狠碰撞，反弹回来，才会恍然大悟“自己”是什么。比如面对屈辱时，去和它干一仗，你就获得了玩味它的资格，进而才能成为你自己。

三

古代武馆或戏班子的师徒是性命相托，师父要负责徒弟的人生规范。

电影《霸王别姬》中开场戏就是由于价值认同产生分歧，师父把徒弟绑在条凳上。屁股被打得皮开肉绽，徒弟还得一声接一声高叫“打得好！”。

近年的《雨花》杂志连续发表了丁帆十二篇回忆自己老师的散文，涉及陈瘦竹、程千帆、陈白尘、钱谷融、曾华鹏、范伯群、章培恒、潘旭澜、刘绍棠、叶至诚等中国现当代文学耆宿，篇篇文气皆风雷激荡、屡变星霜，更有推心置腹、披肝沥胆之深意浸润其间。然而，要说到椎心泣血，堪称感念于丁帆笔头更是心头的两位先生：叶子铭与许志英。

20 世纪 80 年代，丁帆在当时本专业最高规格的《文学评论》上连续八年发表文章，引起叶子铭先生关切注目，以普通学历资格由扬州师范学院调入南大。我认为此事不逊色于当年蔡元培延揽梁漱溟、顾颉刚力荐钱穆的佳话。大学办出水平和活力其实并不难，有个重才识而不唯资历的校长即可。有位著名的校长说过，要想办好大学，只有一句话：招徕最好的人才，让他们快乐（Recruit the best people and keep them happy）。这句话放在我们有些校长身上，就变了：招徕最好的奴才，让自己快乐。

南大从张之洞的“三江”到民国最高学府中央大学，从 1952 年被大卸八块到 20 世纪 80 年代的匡亚明气象，命运之颠沛，令人悲酸。然而一个世纪以来，该校始终不激不随，持重有节，形成了风骨深厚、强大清晰的校格。

入南大这样的名校后，凭那几个威赫业师对他的倚重，顺手读个博士“镀镀金”再容易不过了，丁帆却有点矜持，不屑于去谋那顶帽子。现在很多人把博士学位印在名片上，明明是讨饭的花招，不知道那叫寒碜吗？“天赋愚儒自圣狂，读书不肯为人忙”，非不能也，不为也。这一点“狂”，并非傲肆轻狂，而是袁宏道《疏策论》中所谓的“龙德之狂”。他没有像刘半农那样介怀之下发奋去攻取学位，而是如陈寅恪那样专注求索而刻意躲避学位。记得未必晓得，晓得便不必记得，“得鱼忘筌”的古训，大家早就忘了。

1991 年，茅盾研究学会年会在南京大学召开。恰逢叶子铭先生大病骤发，许志英先生以系主任身份代为主持会务，丁帆和他住在南大招待所一间客房里整整聊了三个通宵。他俩半躺在床上，两杆大烟枪从叶子铭的病聊到人生的悲剧，从家庭琐事聊到天下大事，烟抽得昏天黑地，烟屁股堆积如山。早晨送开水的服务员一推开房门，被呛得退后一个大趔趄，差点摔倒在地。

另一次聊天也很雄壮，2002 年的第一场雪，比以往时候来得更晚一些。为了劝丁帆当系主任，二人围着鼓楼半径大约两公里的雪地圆圈，像毛驴拉磨，走了整整五个小时。丁帆一口咬死：枪毙也不当。许却笃信能够劝说成功，最后则以妥协失败而告终。

2007 年 9 月，许志英先生在家中阳台惨烈自缢。

许志英先生自杀前，只留下一封遗书，是给丁帆的。读到最后一句“永别了”的时候，丁帆再难自抑，如雷轰顶，浑身颤抖，厥放悲声。

几年后，他在悼亡文章中丢魂落魄地说：“这个世界上一直称呼我‘小丁’的几位先生，全部走了。”

今天的大学文化体制中，多数导师并不引导情操，当然，从逻辑上讲也没有这个义务。

南大中文系的师生之道，却沿革了史上李瑞清、黄侃、吴梅、方光焘、胡小石、汪辟疆、陈中凡、潘重规、杨晦、唐圭璋、吕叔湘、罗根泽等先贤的毓秀传统，讲究《大学》所谓的“明明德”。学生一进师门，在发愿学术精进的同时，需要建立广布大义于天下的雄心。

丁门也不例外。

丁帆应该已经培养了近百位博士，其中自称“妙人”与“痴人”

者颇多。师门近十年曾在厦门、兰州、杭州有过几次聚会，但见一众人等懒懒散散、松松垮垮，像江户时代之后那些不务正业、吊儿郎当、废物点心式的日本武士，善良的百姓们会觉得这些“妙人”与“痴人”里面其实“坏人”居多。譬如某某吹嘘自己不久前曾目睹过一幅古画，据说是三国时期张飞画的美人，上面有关羽补的竹子，以及刘玄德的题跋——他说得正言厉色，煞有介事。某某某则得意扬扬地向大家炫耀自己翻译叶芝诗歌《当你老了》的最新成果：“当你老了头发白，坐着火炕打瞌睡。五脊六兽翻诗集，回想当年眼神媚……”

“坏人”们在背后叫他“老丁”，甚至“小丁”，近似亲狎。老丁知道后并不恼，还开心地笑。

俱怀逸兴壮思飞，长风万里送秋雁，雍容中正与笃定闲笔，花开的声音与春风的相契，颇有些金庸笔下嘉兴烟雨楼、光明顶、聚贤庄的传奇氛围，不像别人家那样森然有序。

无讲坛华幔，非五彩经幡，却有马过帝陵之萧意。

原因在于，丁门更注重中国传统建筑典籍《营造法式》里那种对精神底座的塑造，折射在学生的普遍气质上，反映为一种共同的“快活中的沉毅”。

是的，修砌再多再宏伟的建筑，都不如“唰”的一声打开扇子，更有统一山河之感。

重大的师生际遇是小概率事件。

谭其骧一生的学术气象，与负笈燕京时顾颉刚的特殊眷顾有莫大关系，职业际遇则和邓之诚的热情推介有着深厚渊源。足见一生遇上个好老师，是三生的幸运（谭竟遇上两个）！

我曾经在博士论文封笔前，谈及与丁帆的师生际遇对人生的深广影响。现在回想起来，点点滴滴，涓流不尽，先生言行，恰如胡颂平那本《胡适之先生晚年谈话录》中的所感所受，智慧如海，谦光挹人，含雄奇于淡远之内。从一部论文起，我懂得了江湖浑浊，必须拿正作根基，用奇作变创，才能使无厚入有间，以神遇代目视。

可惜自己资质平庸，到底未能走上学术研究的康庄大道。这番啼笑皆非的折腾，不啻挑战《辟邪剑谱》或《葵花宝典》，打开扉页发现两行字："若想成功，必先自宫。"待手起刀落咬牙切齿一番苦练后，却在末页发现："若不自宫，也可成功。"

硕士是方法论的确立，博士是学术个性的养成。有的博士一入门就学高手体态里的"沉肩坠肘"，内力不充盈而炫此技，后果是挤压上身的大动脉血管，把肺憋坏后吐血不止，名声还容易污损。老丁只要发觉这种苗头，就会使出金刚霹雳手段进行矫正，遏制"学术小网红"的招摇习气——那些年冒出来一批学术小网红，正如刘瑜讽刺的那样，逢人就问："今天你施密特了吗？"都想模仿青年斯宾格勒在 1920 年 2 月与学术巨人马克斯·韦伯的学术 PK（对决），分明是一只学术蟑螂，却要张牙舞爪，做出一副学术巫师的样子。军体拳还没练熟，就端起重机枪猴急着要去扫荡中国文化。

说实在的，每每被问及"学的什么专业"，我总是心生羞惭。"文学"这种专业，多少意味着恣意、无序和不靠谱！还有由文学滋生出来的新闻学，前不久看到胡舒立提倡"新闻专业主义"，心里不免犯嘀咕，觉得靠"问题意识"和"防火墙"几个取向，似乎还不足以撑出来一门专业学科。在我心中的专业等级制里，人家建筑史学才足够端庄、清正、矫矫不群……难怪林徽因女士改弦更张。

与王尔德一样，少年时代的经历虽然可以铸就我们一生的心智，可那种记忆却是焦灼和迷惘的。只有大学时期——譬如我的南大、他的牛津——才算一生中"最像花朵的时光"（见 1885 年 5 月英国《戏剧评论》）。牛津那种特有的气氛，也就是那种可以自由地关怀智性事物的气氛受到了系统的保障和促成，这系统本身就使人快乐！回想起来，我也侥幸地觉得南大那几年，玩得开心，耍得痛快，狂得任性，配得上白衣飘飘、吴带当风、不羁落拓等肉麻形容词。

2000 年一个广玉兰盛开的午后，丁帆将一项教育部课题交与我，主要学术目标是通过量化统计全部 90 年代现当代文学研究的论文，解析结论背后的规律。

我与项目组的李玫、范伟、傅元峰埋首于文科楼系图书馆汗牛充栋的尺牍间，频繁抬头互相嘲笑对方的“学术民工”气质。来自山东枣庄滕州、放弃复旦录取通知书转投南大、吹嘘幼儿园时代就在《儿童文学》上发表过小说的范伟先生饿了，从书包里摸出半根章丘葱、一块单县饼，左右顾盼发现无人注意，迅速把头埋到膝盖下，窸窸窣窣卷团起来，悄悄啃上两口。我发现后，大骂他“猥琐！”（这几个家伙现在都成了各大名校的“博士生导师”，我经常在微信里严肃提醒他们不忘初心、牢记使命）。博士论文展开后，丁帆对我论据中的饼状／柱状图表颇示嘉许。当时既小有得意，又有几分迷惑——因为他一向的价值主张是义理重于考据，略别于学衡派经中央大学赓续至今的本系风气。2001 年前后我写过一篇文章，比较 80 年代／ 90 年代的学风，对指责 80 年代“空疏”的观点不以为然，我知道思维方式上的逻辑排中律有害，运用于政治还在“文革”期间害死了无数好人，但我毫不讳言自己爱“荆轲刺孔”胜于爱“舞阳读经”，爱观念意义上的上下文格局，不爱兴致盎然地纠正错别字。有人说，理论著作，只有深浅之别，不应有哭笑之声。可是，无情之文与无情之人，定是无价值观之人。价值观都没有的人，还是人吗？退一步讲，即便哭笑之声，也有发自喉管与发自心坎之两造啊。

多年后，渐渐悟出自己后来骤发对“计量史学”的浓烈兴趣，实乃当年种植下的草蛇灰线——人能笃实，自有辉光，老丁是希望我们养成“有一分证据说一分话”的习惯。我通过 Clark 教授对姓氏与社会精英阶层固化关系的数据研究，兴致勃勃地发现了“拼爹”古已有之的科学逻辑；通过龚启圣与嘉瑞雪的计量模型对因果关系的检验，饶有意趣地发现中国 2000 年间任何十年，多一年旱灾都会使游牧民族攻打中原的概率增加 57.6%；哥伦布对美洲的发现（使得玉米经内亚、印度、菲律宾于约 1560 年之后进入甘肃、云南、福建），降低了中国农民起义的频率。从此深感量化史学的结论是稳健的，很遗憾数学好的读书种子都去了计算机之类“变现”快的专业；同时为历史系遗憾，他们如果能适当招些数学系的好苗子，当是史学出新之一途，大可不必让这些“人精”都去做纳什与霍金。

至于自己，半吊子武功已废，属实是彻底来不及了。昏昧余年，忽于电光石火间领悟出老丁当年的苦心，倒也算愚笨有得。

毕业时做职业抉择，我没有像绝大多数同学那样去高校任教——并非想到了“狐狸”和“刺猬”那个著名的区分，只是不满足于一生仅仅以学术思考去感知历史定律及生活世界。我曾做过几年大学教师，对大学校园这个转圈的磨盘已经太熟悉了，而围墙外面未知的世界则充满危险与诱惑。尼采说过，只有危险的生活才值得一过。

当时，我坚信天地玄黄、帝王将相、饮食男女、生老病死与伟大的人生智慧之间，皆有枢机关联。早餐一顿胡辣汤，即可能成为历史的定语。

其间的暗码，谁又说得清楚呢？可能不是在清华园，而是抗战的大时代，是南渡厄居香港的颠沛生活，才让寅恪先生读通了《建炎以来系年要录》。

这次职业选择，类若龚自珍《乙丙之际箸议第七》中所谓的“自改革”：与其赠来者以劲改革，孰若自改革？——我对集中于船头、不许船开、同时禁止到船尾去的科塔萨尔式的命令（助教—讲师—副教授—教授—博导—长江学者……），天生怀有深深的恐惧，相形之下，还不如一头栽入未知中！

也许，更深的恐惧是担心做不成一流的学问，却迫于为稻粱谋，淤在学界沐猴而冠——除非有晚清川籍大学问家廖平那样“推倒一时，开拓万古；光被四表，周流六虚”的底气。1883 年，廖平在太原晋谒张之洞，曾于席间狂言：“苟《谷梁》有成，不羡山西巡抚。”（当时廖平正在著述《谷梁春秋经传古义疏》一书。康有为的《孔子改制考》和《新学伪经考》实质上是受廖平《知圣篇》和《辟刘篇》的启发）。哈哈，这借口都找到廖平身上了。

李光谟曾经回忆他父亲李济与蒋廷黻的一场对话，颇为有趣。1965 年春天，李济赴美国参加学术会议，应蒋廷黻之邀住在他华盛顿的“大使”官邸多日。一次闲谈，李问蒋：“廷黻，照你看，是写历史给你精神上的满足多，还是创造历史给你精神上的满足多？”李济向这位既是历史学家又从事多年外交活动的老友提出的问题，实际上就是学术和政治、学问与事功的关系问题，不过说得委婉了一些而已。蒋廷黻想了一下，做了一个俏皮的反问：“济之，现代人是知道司马迁的人多，还是知道张骞的人多？”

钱穆有一个重要的观点，他说要解决中国社会的积弊，则当使知识分子不再集中到政治一途，应该奖励工商业，让聪明才智转趋此道。但两汉以来却使知识分子竞求做官，仕途充斥，造成政治上的臃肿，读书人成了“政治脂肪”。

现在的博士们拿到学位后，不少人其实又成了“学术脂肪”，只迷恋发表论文，弄不清楚生命的痛点在哪里。这么说略显刻薄，反观自己，其实不也早就成了“社会脂肪”？！——还是那种容易导致不孕不育和肥胖症、充满社会毒素的“反式脂肪”。

但还是给自己圆个场吧：不管干什么，一个摩羯座对自身其实是有要求的，“自虐”（或曰“自强不息”）是摩羯身上的狗皮癣。哼哼，若不自宫，也可成功。

丁帆深谙此道理，他在给《主体的生成》一书所写的序言中，表达了对我未能投身学问的惋惜，但同时并不担心我在凶嚣红尘中会迷失初心，乃至挨饿。

毕业以后告别了学术，二十年来在事上磨炼，数度与流氓土匪蛇鼠小业主惨烈过招，或硬着头皮抡棒上，或打个哈欠赶快躲……不知荒芜了多少学术个性。心中难以释然的，是不曾改掉那些胶柱鼓瑟散漫放旷的毛病，未能抵达我所追慕的师生之道的典范——朱熹与李侗。

我弱是我，但丁帆的洒脱如光风霁月。说句狂妄的话，李侗早年的肥马轻裘、豪迈放达与老年的“颓然如田夫野老”实不似、不及俺们老丁也。

老丁后来在文学院院长岗位上的治院风格，很容易让人联想到他的一个前任伍叔傥先生。伍叔傥七十年前曾在中央大学中文系当了十年主任，他是“五四”时期的北京大学毕业生，思想开明，在他的主持下，罗致了各方面的人才，先后把罗根泽、孙世扬、顾颉刚、朱东润等先生请来中文系任教，老舍也被请来做过演讲。钱谷融当年是伍叔傥的学生，他晚年回忆道：“……他潇洒的风度，豁达的襟怀，淡于名利、不屑与人争胜的飘然不群的气貌，使我无限心醉。我别的没有学到，独独对他的懒散，对于他的随随便便、不以世务经心的无所作为的态度，却深印脑海，刻骨铭心，终于成了我根深蒂固的难以破除的积习，成了我不可改变的性格的一部分了！”

熏风未泯，我何尝不是如此。

老丁有句名言：读书是师生，出门即兄弟。

我写过一篇关于喝酒的狂文，微信朋友圈发出来后，他立即转发并评论道：“作者乃吾徒，亦吾友吾弟也！”

我还写过一篇关于朋友的散文《君子不器》，他又立即转发并评论道：“文字有大气象！传兼游、文及言、典与叙、史至今、露和晦，全融于行云流水般漂亮美妙的叙写与语言之间。散文随笔写到这个份上，吾当以弟子为师也！”

禅宗有语：“见与师齐，减师半德；见过于师，方堪传授。”史上那些真正的大师父，都会希望学生于不佞法外能别有建树，其中深蕴有不尽的情义。正如顾随对叶嘉莹的期望，乃期冀她成为南岳下之马祖，而非孔门之曾参。

在学术上重复老师，是对老师最忠心耿耿的背叛。

如此师生之道，颇有鹅湖、鹿洞遗风。如此遗风将来在师弟师妹中应该能够孕育出近乎神格的英杰，去背负一个门派的全部未来。“师道”一词最重要的含义，应该是精神骨血意义上的砥砺吧。

四

不容何病，不容然后见君子。

“9·11”事件发生当天，丁帆当着我们的面大发雷霆：“应该把这几个没人性的家伙开除掉！”原来有几个本专业的博士拍手称快，对死了一堆美国佬而幸灾乐祸。

意识形态冷血，一百年来伤害了中国文化中最深入人心的人格，即君子气象。这也是丁帆对人性、人道念兹在兹的价值观基础，并因此不容群众的蒙昧，他对“文革”的厌恶也基于此。在校时，他有一次专门和我谈起钱穆读孙嘉淦的《三习一弊疏》，认为凡山呼万岁伟大，“误尽苍生是此声”。是的，群众，群众，坐在赫里阿斯特法庭长凳上的陪审团成员们不是专家。这些人当中老人和伤兵的人数居多，他们把陪审员作为一项额外收入（少于一个体力劳动者的日工资）的来源。正是这些人判处了苏格拉底死刑。

某次酒酣，他曾和我谈起明末史事，从毛文龙死、袁自如剐、推阁党争、温周倾轧，到攘外安内之忧惶、抚剿之两难、杨嗣昌之收拾残局、君臣之相向涕泣，历史大洪水漫灌了多少精彩的生命？！以品望论，那时的士大夫无论风骨峭拔、性情慷慨者，抑或赋性贪鄙、机深柔佞者，放在今天，个个俱是天纵英才……可那又如何呢，武如洪承畴、卢象升、孙传庭，文如黄道周、文震孟、阮之佃，哪个是李自成、张献忠之流堪比的呢？况且思宗身上焉有一丝亡国之君的气象？大明却亡得如此彻底羞败。说崇祯这个人能力有限，性格也有问题，这是事实，但崇祯年间，陕西延安府闹饥荒，小孩和单独行动者一出城门就凭空消失，山东沾化的人们互相交流食人心得，上海大街上老太太抓孩子吃（详见姚廷遴《历年记》）……这个怎么说？

文明不是王八，往往越古老的文明，越残忍愚昧。所谓“读中国史不能有怨妇情绪，要有全球视角”。

几年前去苏州开会，晚饭后，他喊我在宾馆房间烟雾缭绕中神侃。话题聊及当年CC派、复兴社、蓝衣社如何争夺大学教授与学生（中央大学、浙江大学、中山大学），蒋介石又如何让他们之间相互制衡，他们与褐衫党、契卡、盖世太保的区别何在……哭笑不得，又感慨万千。然后又聊到戴雨农的精神资源仅仅是《孙子兵法》与《三国演义》，所以民国政客文化不可能跳出两千年秦政的儒生梦模式，因此也没必要过度美化民国。中国近现代的母胎过于颟顸肥大，辛亥革命与五四新文化运动之鼎革，有点像黑痣被切割后，胎记永远不会消失一样，今天中国诸多要害问题，根源不是十年二十年的问题，实在是一千年两千年的问题啊。从辛亥革命又聊到1453年君士坦丁堡的陷落，与“梁元帝之死”“崖山绝望”一样，都是重要历史时期结束的标志性事件，乃至影响了今天国际格局的生成。与历史的无常相比，这样的历史节点更令人悚惧，它们是因果律，是所罗门裁定，又是新的机会窗口与合法性。历史就是现实的阴鸷诅咒，熟读历史者最大的悲哀，是看着那些没读过历史的人重蹈覆辙却无能为力。

这次聊天促使我毕业多年后，又下决心开始细读王应麟、钱大昕、魏源、冯桂芬、洪亮吉和麦克法兰。

论史犹如秋深闻寒蝉之声，凉意阵阵袭来。这一聊，竟不知不觉发现东方既白。

他一拍大腿，说：记得陆文夫小说《美食家》里那个朱自治吧？走，去怡园对面的朱鸿兴抢“头汤面”去！

姑苏城内清冷的早晨，那一大碗焖肉爆鱼面的浓醇鲜美，永难忘却。

蒙他的教诲，我后来在扛鼎两家国家品牌文艺机构时，坚持认为中国古代的礼乐传统以巫祝色彩为表象，其实最终奠定了一种秩序理性之外的“道统”担当。它萌生并茁壮于三代春秋的世界轴心时代，构筑了一条后来两千年间以“澄清天下之志”（陈蕃）为基调的精神理想脊脉，这才是文化出版组织矗立于天地之间的唯一价值元所在。同时，出版理念应该超越发轫于西方的民族 / 国家二元思维方式，尤其要避免媚趋时风，警惕“EVA（经济增加值）拜物教”——而是要把“天下观”作为出版社生产经营的优先级度量衡单位，先去研习跳高的横杆和世界纪录，再回头看跑道。以身观身，以家观家，以邦观邦，以天下观天下，克服心中兕虎，重建内容本位。凡此种种，皆拜当年“闻道”信念所赐。

十年读书，十年登山，十年检藏。

怎么能不看书呢？！蒋方舟小朋友说，一个人如果不看书，他的价值观就只好由亲朋好友来决定。若论中国现当代散文中有价值观启示意义的篇章，坦率地说，我比较佩服闻一多的《贾岛》、雷海宗的《君子与伪君子》、顾随的《苏辛词说》、俞平伯的《记在清宫所见朱元璋的谕旨》、鲁迅的《雪》和丁帆的《豁蒙楼上话豁蒙》几篇。

读圣贤书，所为何事？因为读书能将困难和悲伤提升到一个更高的、令人尊重的层面吧。

很多人那点可怜的历史知识，都是看电视剧得来的（中国电视剧，请加油！）。《雍正王朝》那首主题歌《得民心者得天下》淋漓雄浑，曾赚取了无数老实人的眼泪。然而历史就是历史，哑黑残忍，自循机杼。

而有一种人，愈是在风雨如晦的时候，心灵愈是宁静。他能穿透所有的混乱和颠倒，找到最核心的价值，然后就笃定地坚持。是非真妄之际的判断是否峻切，是检验人格心性的严重时刻。

从这个意义上说，丁帆属于汉娜·阿伦特所定义的那种苏格拉底型知识分子的代表。

阿伦特在她未完成的著作《精神生活》中，用了一整章篇幅批判她挚爱一生的海德格尔。她认为海德格尔只注重不在场的东西（即“撤回的存在”），而对日常的身边处境不感兴趣。阿伦特特意比较了苏格拉底与海德格尔。作为古典时代的哲学家，苏格拉底自称“精神助产婆”，难能可贵的是，他始终是在雅典的广场上，而不是在远离社会问题的书斋里“冥想”。在这一点上，后世的中国王阳明与法国萨特亦是如此。一流学术导师的理念，是要让思想冲破牢笼，反思和消解一成不变的道德规约，更好地运用自己的主体判断力，在“真实”和“正义”不得不选边的时刻，选择真实。丁帆笃定地坚持：学者的思想一定要与现象世界，即时代的公共世界有密切的关联。而海德格尔刚好相反，其形而上思考导致了判断的死亡。海德格尔（包括卡尔·施密特）后来政治上的失足，究其本源，与价值判断含混有极大关系。

生活世界中的独立判断是艰难的，因为“所有的人把时间花在了互相解释以及庆祝他们意见相同上”。萨特说的就是我们这些早已沉溺于“布热津斯基式奶头乐”之中的现代草履虫。

余世存在《幸存者的精神突围》一文中，认为他的老师钱理群身上发生了“何其芳现象”（晚年“变异”现象），近些年处于一种“吊诡、乌鸦般的异类状态”，以至于把自己铸成了一个“令人为难”的矛盾体。认为“他的关键词属于80年代，他的真诚令人动容，他的言路和思路令人为难”“他的立足点总是游离的，他对自己的定位也是在教员、软弱的知识分子、启蒙者、思想者等等之间游移”“他的观点不是来自现实，他的现实反而更多来自观念……他以寻找真理的方式拥抱了假象”。由于80年代同盟性的启蒙框架已然时过境迁，余世存认为钱理群执着于“国民性”本质论的文化观，大大限制了他自身的创造性研究。他那本《我的精神自传》充其量是一本省思式的不无笨拙的札记，忽视了精神在中国社会演进中的多样收获，同时对“人类的知识总量”缺乏了解。总之，“启蒙主义”这个推动力是悲壮的，但又是无力的，它无法准确解释当下的中国社会。所以钱理群的“告别”（不再著述言说）是正义的，命运、民族和文明社会资源已经给了他二三十年的表达平台和占有空间，无论成功与否，他都该退场了。这个退场的姿态，好比鲁迅笔下的“铸剑师”，铸剑不成，跃身炉中，以血献祭。

与钱理群一样，丁帆追求“独立”和“启蒙”的“五四”姿态，认为如果一个共同体仍在动辄发生人神共愤的各类灾害，知识分子就负有重要责任——因为他们没有去烛照黑暗、唤醒文明，没有如蔡锷所谓“为四万万国民争人格”。进而，他们就对不住这段身处其中的历史。

丁与钱的不同，在于丁同时对启蒙主义又有极深的质疑。他刀刃向内，悲凉地指出他这一代人文知识分子作为“启蒙者”，其实尚未完成“自我启蒙”。类似廖平的念头：在所有读书人都盲目而热烈地追求“开民智”的思想氛围里，他却大声宣称自己的志向在“开士智”。然而，丁与钱更加本质的共同，则在于普通人很难做到的临难不苟和忠贞峥嵘，我私下认为这要比熟知多少个“施密特”“阿甘本”之类重要多了。写几篇文章出几本书不难，到达德行崇劭、流风广被的境界谈何容易。

拒绝是不易的。一世忠奸两重天，相形某校一批教授的七十二变，他深孚众望，却拒绝了某高大上机构聘为总主编的请求：“我知趣，推说没时间……其实我并不硬气，硬气的背后也有私心：规避冲突。因为正面冲突是要付出代价的。所以我非大勇者，只是小智者……还有就是我也不想把余生贡献给这留下骂名的事业。”

想起“中研院”当年打压钱穆入选院士，竟落后于弟子余英时入选。钱穆长时间郁郁难平，说：“我应该是第一届入选的。”

还酸酸地说，四十岁当选院士，未见得一定是好事。

我在严耕望《治史三书》中，也见作者隐晦提起这段往事——严能感觉得到这是钱穆的晚年恨事，以至于不敢明言劝慰。

名利游戏真是一块试金石啊，纵使你是一代宗师。

吕布丧命于白门楼，幕僚陈宫被擒。曹操想让陈宫活命，他淡然拒绝，固请就刑。曹操为之流泪，认为这才配叫壮烈。而祢衡的拒绝方式则是狂，曹操对他，犹如后世袁项城之于章炳麟对勋章的拒绝。

不久前，老丁严词拒绝了某著名杂志继某大佬之后要为他做“年谱别册”的恳求。杂志方认为“您的学问和威望学界有目共睹”，他的回复则是：“说实在话，我觉得自己够不上这样高大上的宣传，我只把自己定位在二流学者的位置上，不敢领受如此之宣扬。恕不能从命了。谢谢！我已关照我的学生都不能做这个别册，实在是抱歉！再次感谢！”

虽小事一桩，我们知道后，还是在内心震动了一小下：如果是我们，可能根本抵御不了这类诱惑——即便是大佬的“江湖名序”，也是需要被不断展览和强化的，否则在圈子里就容易渐渐“脸生”，会由郭德纲所谓的“VIP 中 P”变回为“P”，被凉薄和忘却。伟大是管理自己，而非领导他人，尤其是在小事上需要管理自己，所谓“慎独”。我们这些人做的事情，将来是要上史书的，所以需要养德望。当然，我们更大的可能是上不了史书，因为私德不谨和庸俗。文明在今天最大的问题是粗鄙化，人人在内心养一个“汉奸”，与外在客观世界的不幸里应外合。通过此事，我们这些“小汉奸”学到了一点《史记》里关中樊忠子等人的“逡逡退让君子之风”。

十几年前，校长书记反复找老丁，让他出任刚由中文系升格为文学院的首任院长。再三拒绝后，为让校方死心，他开出了条件。你道他说什么？——如果做院长，前提条件是某上级大领导必须去职。这真把校方噎了好几个跟斗。

趁他人在国外，文学院诸同人偷偷把他选为了院长。丁帆回来后勃然大怒，却又无可奈何。但他不情不愿地上任，真的导致上级领导离职了。

那好吧，《五灯会元》里记载深禅师与明和尚关于挣脱网而出的鱼的辩诘认为，进了网且挣得出，才是正果；不做只顾自己清修的“自了汉”，所以就上任吧。

难啊，雪亮聪明的人不足以担大任，一偏聪明的人不足以任全事。用有阴谋的人完成一事，每到中途必生变。与险诈人共事，更如盲人登阶。顾随的一个戏曲剧本《马郎妇坐化金沙滩》中讲：“云幻波生但微哂，万人海，藏身市隐。你道俺恋红尘，那知俺净土西方坐不得莲台稳。”

本校理科乃全国翘楚，院长们开会，有理科大佬调侃文科整天研究几个鲁迅这样的作家，没啥重要性。由于涉及学科建设和经费分配，为此老丁没少怒发冲冠。他无奈地和我聊过这些事，深感夏虫语冰之愤懑。

山骞不崩，唯石为镇。自古以来，局外之议论，不谅局中之艰难。

老丁做文学院长，乃是道家所谓的“收拾入门”：做不了处，看其脱略（若不经意，疏节阔目）；做了处，看其针线（慎重周密，无有苟且）。生物界经常是牛摇尾巴，但在权力场中，常常是尾巴摇牛。鸡虫之争的嚣嚣名利场上，有定力能把持者能几人。任上，他有数度博弈，包括与青年。鲁迅持进化论，抗闸门放青年出去，但后来在广州厦门看见清党，观念也动摇了，认为青年人坏起来不逊于老头。

他教导我说：衣冠要严谨，外相要庄严，以御倮虫。他把许景澄曾对自己学生陆徵祥说过的话讲给我们：“不要依恋正在没落的事情，更不要去追随它，也不要指责它，而是要尽己责……为此，要学会缄默，不管遭遇怎样的侮辱和欺凌。”

春秋责备贤者，国民党的革命是因为没有“士”，才堕落成了党员。

他有一枚篆刻印章，叫“一帆不顺时”。对他那个章我颇有感触，我更愿意理解为不肯“顺时”。

希腊神话中，伊卡洛斯忘了中庸之道，使用蜡和羽毛造的翅翼逃离，或被太阳烤死了，或掉下来淹死了——但，不会有人关心这件事，大地上一切并无不同。然而，伊卡洛斯真的应该被嘲笑吗？何妨想想佛罗伦萨圣马可修道院北侧宿舍七号房间墙壁上那幅《受侮辱的耶稣与圣母与圣多明我》的油画里的光芒。

南大中文系承续了20世纪20年代本系学衡派的传统，眼光、胆量和断制，价值观与理念上的振衣得领。不做“两脚书橱”，讲究思想的清楚与深锐。

书生自有嶙峋骨。宁可孤独，也不违心；宁可抱憾，也不将就。不入我心者，不屑以敷衍。敬神，如神在。大多数人会这么想：苦逼一辈子／死后被传诵，其吃亏度大体相当于天快亮了／却尿炕了——认为生而为人最重要的能力，应该是让自己在现实社会中时刻快乐的能力，不要为是非烦恼。

但是世界上还有少数人，三尺剑一囊书满腹肝胆。慷慨块垒男子，自有一种倨傲，不像我们有太多的动物性生存智慧。

某次，他愤懑不平，准备第二天在会议上讲述思考已久的观点。闻讯以后，我连夜发微信劝阻。核心意思是“段位越高，弈局越少”“名刀不能随便用，更不能轻易被蚊血玷污”之类，这才使他心意稍平。圆颅党人奋锐党人、春秋时期的死士、《权力的游戏》中的老斯塔克……才是凤凰翔于千仞之气象，这些人像过去的长城一样，在地平线上绵延起伏。但是长城现在没有用了，还被人们刻满了“到此一游”。

莫要看轻了豪杰，能做一番大事业的人，总有一段真挚的精神在其中——王阳明，你说得好。

五

2018 年 4 月，S 教授事件在网上发酵。

老丁向来对这种事情很头疼。大家都知道他的一个习惯，如果有女生找他谈论文，他办公室的门都永远豁然敞开。这种对瓜田李下之嫌的刻意躲避，简直近乎迂腐，但在今天的大学里，似乎并不多余——有些教授连文章逻辑语法都错得一塌糊涂，又岂能管好自己的脐下三寸。

当年该教授从某校被引进时，是南大语言学学科建设的苦心举措，履历清白，并未发现任何污痕，因此与时任院长老丁之间前因后果的关联极为勉强。老丁却在卸任多年后，于朋友圈朗然表态：“全部责任由我个人承担。”

大家讶异之下，认为多此一举。

我却完全在意料之中，丝毫不吃惊。事不避难，义不逃责，素位而行，随适自安。雄山大岳的特点就是不躲闪。一个人肯这么做的前提，是早已不屑于什么人心鬼蜮。你说是老子杀的，便是老子杀的，黄药师不屑与宵小辩诬。《天龙八部》第五回写“莽牯朱蛤”

咬死闪电貂，而大蜈蚣为躲朱蛤又钻进段誉腹中，朱蛤遂跟着进去追逐蜈蚣。两个剧毒物打通了小段的经脉，最终让他任性江湖，百毒无惧。必吞吐过毒燎虐焰，经历过险滩恶浪，方能负大责任，得大快活。丈夫何为？不靠谱的事边界清晰，靠谱的事迸溅华彩，做大事或大决定时肯担当。如此而已。

又一次，他独自驱车六百里北上，亲朋皆不知何故。很久之后方知是去探狱，为一个被构陷的学生。

读《三国演义》，会感慨史册里英雄人头也很拥挤，但是既能成大事的主公，同时又是义薄云天的朋友，则罕少矣。君子陷人危，必同其难，岂可以独生乎？其声光与意义，在于事无大小不苟且。譬如《史记》，老丁性格深处认同更多的，并非开疆拓土的帝王将相们，而是曹沫、专诸、豫让、聂政那些刺客游侠。

在处理棘手事情或者酒桌豪饮时，我和他偶尔都喜欢“挑衅”不堪的人事。我想我们师徒在骨子里或多或少都有几分对武力的欣赏、对固有秩序的藐视、对丈夫义气的追求，甚至潜藏着“侠以武犯禁”的危险潜意识，都推崇一点江湖慷慨：鲁地朱家藏匿救助豪士，“振人不赡”以至“自关以东，莫不延颈愿交焉”；洛阳剧孟家贫，却“以任侠显诸侯”，专趋人之急，甚己之私。这些人的共同特点是其言必信，其行必果，已诺必诚，不爱其躯。

此乃一个“尚武”的大学文科教授。龙生龙，凤生凤，乌龟本是王八种，老鼠儿子会打洞，我从他身上学问没讨到多少，“歪门邪道”倒是学得飞快。2016 年，我在三里屯附近一个名人荟萃的饭局上，路见不平，怒发冲冠，出手痛殴某艺术家。事后，身在现场的著名诗歌评论家唐晓渡回忆说：但见蓝光闪过，国宾临空飞起一脚，将那厮踹倒在地！

晓渡老师诗一般的描绘中，“蓝光”是指我那天穿的一件竖领蓝色夹克，这件事被他生生形容成了当代鲁提辖拳打镇关西。

所谓“入世已拼愁似海，逃禅不借隐为名”。人在名位上，遭遇的阴邪苦痛会更多，因此更容易被来之不易的美弱打动。恶见得多了，就不恼了，反生怜悯。这一点上，我自忖与他有一点共鸣与心契。

傲骨铮铮，却师道热肠。学生开口的事情他从来都不吝一丝力气，乃至一些吃喝拉撒让人听来荒诞无理的世俗请求。我们有时会当面讥讽他“耳根软”，被弱打动时，立刻变成一个“烂好人”。

他曾经借《水浒传》调侃自己：“我做人的原则是宋江的义；李逵的嘴；鲁智深的爽；吴用的谋；卢俊义的忠；林冲的情……哈哈！”

有个J师兄，才华横溢，快毕业了却懒得写学位论文，整天沉溺于电脑游戏。老丁电话追到宿舍，J师兄用手捏着喉管，女里女气地对着话筒说：“哦哦，您好您好，您是丁老师啊，J××不在，他刚才出去了……”

…………

后来师门聚会一见面，大家都会请出J师兄，逼他深情地唱那首《high歌》：“moutain top，就跟着一起来，没有什么阻挡着未来……你不在我不在，谁还会在！”

为这个“总不在”的J师兄，老丁操碎了心。但也终于淬炼出了一部水准高妙、人人叫绝的博士论文。

有个张师兄，毕业后遍游牛津剑桥海德堡哥廷根，发誓要写一本关于尼采的一百五十万字巨著（是的，他长得也像尼采，读书时我们送他外号“张尼采”）。二十年过去，仍未见这本巨著出版。老丁年年不忘，念念不忘，亲自盯着著名设计师周伟伟做封面，前几日还在出差途中向出版社社长激动过问。

“难道要等到我死后，才能看到他的才华显露出来？！”身边的“常随众”们听到老丁这句话，噤声不敢告诉张尼采。

不禁想起陈寅恪一生给陈垣、傅斯年写的少数几封信，都是给学生（吴其昌、孙道升、张荫麟等）谋职位的，他给杨树达写信只是为一位资质平平的肄业生刘世辅求职。王永兴是1990年才知道六十多年前他突然分到房子，是因为陈老给梅贻琦写了一封长信。

有人的地方就有江湖。我读金庸《天龙八部》，觉得乔峰的浩荡博大、虚竹的向死而生、段誉的深情专注，乃是一个大英雄身上的三个影子。

老丁每一枚印章之用处都是有讲究的，其中有一枚闲章赫然叫“仁慈江湖”。此章极少衿用，一旦盖出，必有极深用意。据老丁的说法，仁慈江湖，与血腥江湖相对。

中国的观音只管救人，却不责备人。这是中国人人格精神中缺乏“罪感”的基础，老丁认为这其实也不是慈悲。

六

我曾搞到一瓶江苏汉墓出土的酒，不敢独藏，便起了要与老丁分享之意。此酒庶几近似文物，故讳言其来历。

某年腊月，岁在癸巳，暮冬雪霁，心情萧飒。丁门三弟子临时起意，为饮汉墓酒，自闽南、浙东、燕都同时出发，如林中响箭，疾赴金陵。

吾隐此物于怀中，在风驰电掣的京沪高铁上实时报道，以解闽浙醉鬼消渴之苦：

曰：“文物已过泰安！”

曰：“文物已过蚌埠！”

曰：“文物已过长江！”

曰：“文物已过中央门！”

…………

当然，这是搞笑，否则相当于文物重归出土之处，江苏大地法网恢恢，我这蠢货岂不等于自投罗网。

三鬼甫出机场车站，旋奔国立中央大学西门晶丽酒店二楼。老丁已候在满桌佳肴旁多时！惊见三人须发皆白，乃金陵雪染霜挂之故也，不禁拊掌大笑。请出“文物”后，众皆肃然。但见窗外彤云密布，朔风渐起，雪下得越发紧了。

席间老丁聊及世相时局，古酒中立即有了几分霜重鼓寒之意。苍茫连广宇，寥落对虚牖，说时豪气侵人冷，讲处悲风透骨寒。推杯换盏间，诸位压抑心中激荡，且尽一樽，挽取长江入尊罍，浇胸臆！方我吸酒时，江山入胸中！

秘饮此酒竟至昏醺。

散局，三鬼揖别师尊，分赴车站机场，各归南北东西。火车上收到老丁发来的短信一则，赫赫然七个字："从此天下藐名酒"！

几年后再见老丁，沉吟之余，他津津乐道出当年汉酒欢宴细节种种，竟罕见地夸赞我几人"有林下风"！

林下风并非虚炫，丁门之浩荡酒风早已蜚声在外。以女弟子为例，一位毕业后在西安工作的小师妹，五十度以上的白酒一次能喝两斤，之后看着瞠目结舌的师兄弟们，满脸内疚；另一位个子高挑的师妹，每次喝晕后都会滔滔不绝讲外语，某次竟霍地起身，走过去豪迈地拍着丁帆的肩膀，点点头说："嗯，是的，你是一个好老师！"

毫无疑问，她们中间会诞生中国的弗里达、李·米勒或纽约黑豹组织总部的阿萨塔·莎库尔。

老丁苦笑着说："女人能喝，必有妖法。"是啊，伍尔夫反问："为什么男人喝酒，女人喝水！为什么一个性别神气活现，另一个性别就得可怜巴巴？！"

本门酒风鼎盛，当然都该归因于老丁。他在饭桌上从来都是清浊分明，酒逢知己千杯少，话不投机滚犊子。记得有个人说过："人生没有一点爱恨情仇，真是不配喝酒！"帝里风光好，当年少日，暮宴朝欢。况有狂朋怪侣，遇当歌对酒竞流连。难忘文期酒会，几回狂癫。身后磨盘那么大名气，也不如眼前一杯扎啤。

于是本门男生留下了"鼓楼医院挂过水，紫霞湖里遇见鬼，鼓浪屿上摔断腿，兰州街头被拒载"的不朽传奇。

七

2002年，揖别老丁，孑身进京。

6月30日，袄热的初夏夜晚，同门毕业欢宴。大家边看那年的韩日世界杯德国巴西决赛，边与丁帆抽烟饮酒欢叙。我需要乘晚上21：50的火车告别南京赴北京报到，于是提前离开饭局，背起双肩行李，告别诸位，打了一辆出租车赶往南京火车站。

21：20，到达站前广场。

准备下车去检票时，呆坐在车内动弹不得。眼泪突然夺眶而出。转头问司机:“如果再回上海路那家饭店跑一趟,会不会误了火车？”司机瞬间惊呆，仿佛听错了。

我斩钉截铁地说：“掉头！”

推开房门,深深鞠躬。擦泪,转身,出门,回到出租车上。再见了,南京！我看见马路两边高大的悬铃木，模糊成两行音符，旋转升腾，俨然一部滔滔壮阔、宽广巍峨的布鲁克纳第九交响曲。

气喘吁吁地跳上火车的刹那，铁龙长啸一声，昂首北上。火车驶过沉昏夜色中的长江。我站在咣当作响的车厢连接处，看见浦口的渔火，一簇，一簇，又一簇，明明灭灭。正是传说中的“江湖夜雨十年灯”。

据说那一刻，他也久久垂首，热泪长流。不久前，他与人说临终前，要用毛笔写一批信札给众弟子，第一封会写给我。

业感缘起，却不知所从何起。二十年后，雨一番，凉一番，我也到冬藏的年纪了。世味年来薄似纱，谁令骑马客京华。

八

老丁近来经常谈论死。

红尘嚣嚣浩大，红尘中的“死”被定义为厄难和劫数。厄与劫，在音乐里叫“节”，在中国弹曲里叫“度曲”，度厄如度乐曲。因此在我眼里，周遭一切都是罗马帝国晚期的竞技场，是《华严经》里的烂漫风景。

借由人间的道场，我们修行。但是，我们还应该眺望“观音”吗？

离宁后，我罕少去见他。仅有的几回，罔两问景影，讪讪吸纸烟，二人沉默如深山父兄，迹近尴尬。至礼如至痛。如果爱重一个人，不要说出来。

某次饭桌上，老丁曾经半开玩笑地说：“你们别看我整天精神抖擞的样子，我如果死，可能就是‘嘎嘣’一声寸断。”

不，师父，不是这样的。

即便真有那么一天，我也愿意相信：有一种死亡，就像庄严的入海口！

戊戌深冬

京西天宁寺

原载《大家》2020年第5期

似这般分明响亮

潘向黎

建法大哥当面约我写一篇丁帆先生的印象记，我难免感到几分惶恐，但又觉得还是应该写。建法大哥在文学界素有“敬业的法西斯”之美誉，我不好不从命；但这不是主要的，主要是我觉得丁帆先生是一个很有意思的人，而且最推崇思想自由、个性解放，所以我这个学生不但可以不拘礼数，而且可以“童言无忌”。

最早听到丁帆这个名字，是多年前家父和他的好友曾华鹏伯伯聊天时说起的。当时曾伯伯以一种老师特有的欣慰很是夸奖了他一番，不记得说了些什么，只记得曾伯伯对自己的这位弟子，用闽南话称为“后生家”。后来家父的书橱里就陆续出现了许多“丁帆著”和“丁帆主编”的书。他和曾伯伯，一个复旦一个扬师的两位教授，在电话里也不止一次谈到这个名字。去年曾伯伯来上海，虽然家父已经不可能再陪他喝铁观音，但他还是到我们家来了。说起丁帆，他的评价是：人很好，很正派，有情义，母校的事情他很出力。

几年前，我去南京玩（那一阵子我常去南京，喝茶，和朋友聊天，还有打牌），和贾梦玮、毕飞宇几个人打拖拉机。毕飞宇嫌我牌技太差而且不思进取，又没到可以训斥我的交情，很快就找了个借口走了。然后叫来了王彬彬，教授王属于不打牌的人，而且总说我们打牌是“恶俗”，但是出于无奈也会友情出演。他往往气壮山河地把几张牌拍下来，然后谦虚地反问：“可以这么出吗？”弄得我们啼笑皆非。就这么乱打，居然盲拳打死老师傅，还赢了。梦玮崩溃了，就说：“我们重新来，好好打。叫丁老板来！”得知丁老板就是“丁帆”

时，我很惊讶，这是周末，这些人居然这样随便去打扰他？但是“丁老板”很快就来了。于是我这才有缘识荆。

他两眼特别有神，说话嗓门很大，反应很快。他的眼神不但亮，而且看人是笔直的。可能是我原来见多了斜着看人、从下往上偷溜、飘忽不定的各色眼神，所以对这样光柱一样的眼神微感惊讶。真正让我惊讶的是大家的没有规矩。倒不是因为他的各种“身份”，而是说起来，梦玮是他过去正牌的弟子，其他人不是过去的弟子就是现在的部下。可是大家和他完全是朋友、兄弟的感觉，融洽随便，他也非常自在，一看就是喜欢这种没有规矩的气氛。虽然是初次见面，我也马上自我解放，毫无拘束起来。那天牌打到一半，他学校有事先走了，叫梦玮请大家吃饭。梦玮还和他探讨是否还到上次那一家，他略一思索，说：“那家最近不好吃了，你到这一家，你请，我埋单。”话音刚落，大步流星，人已经在门外了。他给我的第一印象就是：这样的教授，好像是概念以外的。

后来有没有在一起打过牌，记不清楚了。不过，在北京开作代会，我特地在好大的会场里找到“江苏”的地界，找到“丁老板”，约他在京期间有空时再打牌，将上次中断的牌局继续到底。他一口答应，还马上说出了几个备选牌友的名字。但是到了会后，我们才发现，这次的人马是分在两个地方住，上海和江苏不在一起。于是我们只好在短信里发几句牢骚，放弃了。

后来在江苏的几个牌友的怂恿和“激将”下，决定报考他的博士生（在职）。报了名又担心起来，毕竟是南大的博士生，而且我的外语都已经十多年没有好好操练了（因为在日本留学过，我的第一外语已经从英语退化成了日语），能否应付南大出了名的高门槛考试实在难料。考不上博士自然无所谓，但败在一众二十多岁的年轻人手下，却有点伤自尊。丁先生的回答很简单：“考上了就来听听课，考不上照样当牌友！”我不禁大乐，顿时轻松了。也许是天意偏爱我这样的“老童生”吧，考完日语，我一出考场就给丁先生发短信，“似可通过”。我终于能够到一直向往的南大“听听课”。

开学时，丁先生作为文学院院长要训话，他说，他对目前的人文环境感到悲观，非常悲观，在座的各位至少要独善其身，保住清洁的底线。“你们都是自己一路选择走到今天的，是搞人文工作的，如果连你们都没有人文的情怀和知识分子的操守，那么真的是完了。”说到学术风气的败坏，他说：“文章一定要己出，是自己思考出来的、研究得来的，写得差一点都没关系，但不是自己的，再好也不能‘视如己出’，那就出大问题了。”全场的笑声中，他的脸色仍然很凝重。

后来我到他办公室，说起我听说还要上政治课有点头疼，他居然比我还惊讶，反问：“你为什么要上政治课？”我无语。每个博士生都要上政治课，而且是必修的，这位文学院院长居然不清楚。但我赞成丁先生的观点，是啊，为什么要上政治课呢？这些走形式的事，他总有点“不明真相”，也许是因为从来不放在心上吧。这样的导师，真是世外高人。就是从那天起，我开始称他“丁先生”，在我的感觉里，“先生”比“老师”更能表达一种对个体而不是对职业的敬意。

丁先生说话真是快人快语，黑白分明，直接犀利，当面也不留面子。听到什么意见不同意，他马上两眼一瞪，大声反问：“哪个讲的？”然后痛快淋漓地说出自己的观点。有一次问他如何评判一个作家两部作品之优劣，他干脆地说：“某某某怎么写得好小说？”提到某些文坛纠纷，他会叹气道：“权欲害死人啊！”听到一些“知识分子”的厚黑行径，他会很干脆地说：“小人！”在全国各处开会，他也经常“放炮”。据说有时候事先也下过决心不讲，到了最后依然忍无可忍拍案而起，不但大喝一声，而且大讲特讲，然后丢下或喝彩或惊慌或兼而有之的听众自己走了——学校里还有好多事等着他呢！

在学校，他是极忙的，但是他利落，所以不见忙乱。看他处置事情，颇有张岱笔下“交际酬酢，八面应之，耳聆客言，目睹来牍，手书回札，口嘱傒奴，杂沓于前，未尝少错”的风度。只不过“口嘱傒奴”换作“口接电话”。当然，普天之下莫非王土，高等学府也早就不是象牙塔，愤怒总是难免的。有一次按照约定时间去他的办公室，听见他在对面的会议室大声说话，起初以为是会上发言，一听不是，就是在发火，听下来还是对校方或者上面的人。我等了大概半个小时，他就这样大声嚷嚷或者说咆哮了半个小时，中间还夹杂着“简直是岂有此理”之类的话。听说他是清代著名武将的后代，我没有向他当面求证过，不过他那种中气和血性，让人相信他是。文弱、拘谨、懦弱，那种书生身上的常见病态，在他身上连影子也无。当然不会没有压力，但是他会以加倍的力量反弹，照样眼神笔直，嗓门响亮，不平则鸣，大声“喧哗”。

因为我是有工资的人，所以每次去南京，总想请丁先生吃一顿饭，可是临了每次都是热热闹闹的一大桌，然后不由分说地又是他埋了单，怎么也轮不上我。在饭桌上，他反而比在正规场合有所顾忌，因为想喝酒但是医嘱严令禁酒，所以难免对着酒杯面露难色。但是禁不住一众重性情轻科学的“损友”略一鼓噪，他总是很快就放下思想包袱，恢复了豪爽本色，痛饮起来。有一次议论什么酒好，有人说是上等洋酒，又有人说是陈年茅台，他说：“酒厂里那种原浆，才过瘾！”我打听清楚了什么叫“原浆”，才知道这位教授骨子里也是个酒中仙。这么见了好酒就不听医生的话，好像也不太成熟。但是一把年纪了还不成熟，好像又挺好的。

我在南大听课，最享受的就是听两位教授的课，丁先生和莫砺锋先生的。莫先生讲课像他所喜欢的杜甫一样，非常工整严谨，开场是上次我们讲到哪里哪里，这次要讲的是什么什么，然后是详细的讲解和清晰的观点，没有一句题外话，没有一句无出处。最后是：今天就到这里。众人将醒神未醒时，下课铃大作。如果说莫先生的课起承转合，严丝合缝，简直就是一首律诗；那么丁先生的课则是一首交响乐，富有激情，气势磅礴。他一进门就可能情绪激昂地从前天某个会上批驳某人的谬论开始，进入正题后就如万斛泉源，奔涌而出，滔滔汩汩，势不可当。听的人如步山阴道上，目不暇接，不觉下课铃响，讲的人自己也意犹未尽，说：“哎呀，本来想留时间讨论的，今天来不及了，那就下次！”

最后，我想小声说出我的一个很不“靠谱”的疑问：身为学生，如果邀导师一起打扑克，算不算对导师不够尊敬，甚至很不像话？如果是，那么我就死了这条心，坚决将弟子礼“执”到底；如果不是，我还要争取时间和丁先生切磋牌技呢。

原载《当代作家评论》2010年第1期

刺猬的魅力

——毕业之际，写给丁帆老师

刘晓蕾

于这个时代而言，要暴得大名，似乎成了一件容易的事，尽管周围就是以群计的青年学俊、老式愤青，以及鱼龙混杂的各色批评家所汇成的汪洋大海。事实上，上下翻飞时时来个惊险俯冲的花样招式，早就成了聚光灯下的学术圈里名利双收的秘密武器，甚至还博得了很多人居心叵测的喝彩。但是，时尚从来也无法发出真正尖厉的声音，不能触及、撕裂任何真相，早晚会接受意识形态和官方美学的修整，进化成新机器里的螺丝钉，渐渐生锈、变质……所以在某些盛名之下，却是内在的空白。

“批评的真相是应该让我们感受一个精神无限自由的状态。那些功名利禄所捆绑的浅薄，导致一些文学批评者不关心文学的真谛，只关心它带给世俗生活的好处，玷污了自由的含义。”

只有极少数自省的人做着该做的事。老师在他疏落有致的办公室里，说着上面的一段话。面容温和，镜片后的眼睛一如既往地透彻明朗，语速也不快，但内里有一种坚硬的质地抓住了人心，如同他那些质感鲜明的书面语言。在他身后，就是巨大的玻璃窗，没有枝杈的阻隔和婆娑的斑影，阳光长驱直入，任何暧昧不清的事物（包括思想），都变得清晰明了。

听过老师课的学生，都会不由自主地被他学术和人格的双重魅力所感染。没有人会忘记他内在的激情与敏锐的洞察，忘记他深邃的理性与孤独的身影，以及那种来自天性的真正的宽容。我，有幸从山东来到南京投到老师的门下，不敢说从老师的身上已经学到了多少东西，三年来实际的变化与进步，却证实了自己内心深处的感激。一拨拨的学生离开了老师，临走时的举动总是惊人地相似：恋恋不舍，甚至热泪盈眶。去年的这个时候，我的一个师兄，已经去了火车站，又回转来，只是为了给老师鞠个躬。那一刻，我也看到了老师眼里沉默的不舍……今年，又轮到了我们。

总觉得，老师的身上有种独特的东西，但这种感觉一时间又难以恰当地表达出来。就像一个人站在风口，无法准确地描述风的质地，却能感受到风的存在，风的丰富的内心一样。在这个午后时刻，我突然意识到，那种长期以来让我感动不已的品质，其实是一种阳光的品性——兼备热烈与冷静、尖锐与柔和，甚至金戈铁马与温情脉脉。一个人，以这两种截然不同的方式与人类世界发生着关联，有点意思是吗？

试图去了解老师的生活，应该不是一件难事。老师的生活是简单明朗的：远离官场纷扰、庙堂之争，做学问，打理现代文学中心各种不胜其烦的琐事；在家里的时间永远是在学校里的零头，以致师母都懒得去抱怨。但要去了解他的内心，试图去解读他与这个时代的关系以及与命运的契约，涉及这种关乎生命根底的事情，会不会是一次“华丽的冒险”？

每一个诗人面对世界，总会保留一种生命的困惑和诗意的应对。这使得他能穿越表层的经验材料而达到一种更高的审美境界。文学让人敏感，或者说敏感的人注定与文学相遇。老师本质上其实是一个诗人。他的文笔好，曾出过好几本随笔集子，我都喜欢读。大量的抒情文字，恍如“最后一抹古典的夕阳”，感慨悠长、感受锐利。江南的山水士人以及种种的历史片段，久远的，不久远的，带着声音与气味，雄浑的或细小的，清冽的或淡泊的，穿越时空聚集在他的笔端并铺展开来。读他的随笔，你能感受到那种跳跃前行的语言，超出了腐朽的日常感觉习惯，闪烁着随处可见的灵感诗意，还能感受到其心灵的敏感朴实与柔软品质。

在“抒情”的名声日渐没落的时代里，这样的文字和趣味却不会混同于那些绵软无骨的主流之音，也不会变质和腐烂。因为其间自始至终贯穿一个坚硬的内核：理性的、真诚的、建设性的姿态组成了文字的骨架。正由于此，才有某种尖锐质素与温和外表的和睦相处。顽强的价值立场与抒情文字的巧妙结合，并天生具有对“缺钙”流行病症的免疫力。几个弟子常常私下里议论，老师的硬骨头肯定有部分是来自命运的基因，它在老师身上，得到了更人性化、更丰富的展现。在他的《江南文化散步》（2002 年台北版）一书中，有“秦淮风月导览”“江南士子脸谱”“金陵古迹巡礼”三个系列。在阅读中，你能感受到，在水漫金山般遍布字里行间的人文情怀的背后，是这种精锐的风骨在刺刺作响。老师的梦里是否常有“铁马冰河”？或许有人会说，这有什么稀奇，周围有的是林立的姿态与高耸的名号。是啊，哪个时代能避免机智的语法，以及消费性的感情？总有人愿意去相信“谁说没有野兽，壁虎就是虎嘛”之类的话。问题是，那种真正出于本能，发自血性的生命痛感反而变得越来越稀见。1968 年巴黎街头上的一个镜头，一次次在我们这个时代意味深长地重演：左翼教授一边向警察扔墨水瓶，勇敢而狂喜，一边却又小心翼翼地注意不把自己漂亮昂贵的西装给弄脏了。这种小心谨慎、爱惜羽毛的姿态也能称得上是姿态吗？

没有人要你表态，除了你的内心。对于生活、对于现实，老师的姿势永远不会是不假思索地张开双臂，也不会是双目微睁半梦半醒——相反，他剑气凌人的文字，楔入目下学院派老气横秋、左右逢源、滴水不漏的布道之阵，以及占尽传媒风光的新娱乐话语场中，显得尖戾不羁，毫不妥协。他给这个时代带来了什么？

20 世纪 90 年代以来，在某种充满悖论以及不无暧昧的时代语境中，一种批评的新叙事策略逐渐流行开来，它熟练地把弄着语言符号，在中性的技术层面和具有装饰效果的理论外衣下，放逐主体的人格并巧妙地规避了围墙之外繁复的现实场景。由于缺乏生命的光泽，其中的一部分人已经开始散发出腐烂的气息。

当文学批评越来越成为一种脱离批评对象的学者化的语言自娱时，老师的评论文章却很少是高头讲章，也不屑于填充那些叠床架屋的理论术语。相反，种种结论性的文字，都奠基于对具体文学作品的深层阅读和真切感悟之上，流行的学术势利和皮相话语从不会进驻其中。他常常会从文坛上的大家身上，洞察出其隐在的思想或艺术缺憾，从籍籍无名的小辈身上，发现可喜的写作素质。学术的根须牢牢地扎在现实世界的土地上，也不回避复杂的尘世布景，尖锐鲜明的文化立场同时避免了思想的高蹈与空泛。

如果说，曾经有过知识分子的神话，也并不是这个神话背叛了我们，而是我们的软弱与无耻一次次背叛了这个神话。尽管身居高校，埋头于学术，老师却一直在呼唤一种知识分子的“阳光”品性——穿过各种自设的曲曲弯弯的语言围墙，让自己对历史、对现实敞开，在人文知识分子的魅力几乎终结的时代，试图重建其形象并寻获人心。他呼唤文学批评中知识分子主体人格的介入，指出当下重要的事情，就是作为启蒙主体的当代知识分子的自省。在《枕石观云》（2002 年）中，他明确地表达了自己一贯的立场：“作为一个知识分子，……其存在的价值却是一个社会和文化的守护者，是文化精神的‘警察’，是作为社会良心和良知的维护者和布道者而特立独行于俗世的。因此，他不仅仅是个体心灵净化的超度者；同时，他亦是社会群体文化的‘清道夫’。就这一意义来说，我们这个物欲时代需要的是文化抵抗主义姿态的慷慨之士，是积极向上的文化激进主义。”

拨开层层绕口令式的理论话语，老师看到的是最根本的东西：人性。在《夕阳帆影》（2001 年）里，他忠实地记录下了那一段愤怒与饥饿、惊惧与凄凉相互交织的知青生活。面对触目惊心的农村现实场景，他是那么震惊！“灰暗的苍穹下，萧索的寒风吹皱了粼粼的河水，吹弯了新绿的芦苇，吹透了纤夫扭曲的脊骨，更吹凉了一个少年游子的早春之梦。”我想，这种刻骨铭心的记忆应该是最早让他透过种种文化烟雾，看清了普遍的生存现实和内在的人性真实，最终让他回到“人和人性的本位”来思考中国文化和文学的未来。并确立了人文知识分子价值立场的底线。在他看来，“知识分子的人性和人道主义立场”，“为受压制的弱者说话”的原则，“面对强权说出真理”的刃气，是文学与学术亘古不变的内核。

当一次次社会转折的潮汐过去，总有一些对人性的诘问沉淀下来，在思想的暗夜里闪闪发光。在“不得不和小丑与烈士走在同一条道路上”的时代里，正是文化批判和捍卫人性的立场，以及“判断事物和精神守望的良知与骨气”这种文人的“慷慨悲歌”，显示了知识者对其自身所处语境的理解、对话和超越能力，显示了在悖谬情境中永不弯折的价值坚守。这一切精神活动最终或许没有什么切实的结果，却是作为知识分子自身存在意义的唯一的证明方式。

以赛亚·伯林在《狐狸的智慧》一书中，提出了其著名的关于文化和创作类型的分野说——刺猬说和狐狸说。狐狸，是文化和思维方式多样化的借喻；而刺猬，在伯林看来，则是一元化的代表。在他笔下，刺猬的思维向度是一股劲的，以一种深刻但单一的方式来看待世界；而狐狸，想想吧，狐狸的生存智慧是一流的，几乎精通十八般武艺（没有目的，运动就是一切）。伯林则赞同狐狸式的知识分子，他本人就是一个高明的狐仙：不相信什么未来的蛊惑和怂恿，也不会有什么为了斗争而牺牲的壮志多情。当90年代以来的中国知识界流行着对狐狸的颂歌时，我的老师却体现了一种不折不扣的刺猬品性——尖锐、执着，凸显了一种生命的硬度和人性的高贵。也许常常遭人非议，被人扣上各种莫名其妙的“文化保守主义”或“新左派”的“桂冠”。这也难怪，谁让他总毫不犹豫地说破真相，没有一点狐狸的狡黠呢？但刺猬的存在确乎是对这个时代的平衡和补偿，狐狸毕竟太多了。

原载《时代文学》2003年第5期

作为学者和思想者的丁帆

王　尧

一

我带着困惑重新阅读丁帆教授的学术论著。90 年代以降，关于“学问家”和“思想家”的关系及其各自的沉浮，学界一直有不同的看法。但就中国现当代文学研究而言，学术和思想是难以截然分开的。所以，不仅是我，应该有更多的人都会有如何学术、怎样思想的困惑。我觉得丁帆教授本人也是带着这样的困惑去重新讨论新文学史的框架，阅读俄罗斯文学和俄罗斯思想家的著作，在历史与现实的关联中寻找知识分子的幽灵；他的散文随笔写作其实也在拓展他学术研究中关注的一些问题，他在写“先生们”，也在写他自己。

丁帆并不赞成别人研究他，也不赞成以什么专辑的形式讨论他的学术研究。这是《当代作家评论》丁帆专辑和我这篇文章“迟到”的原因。就像从不放弃自己的立场一样，丁帆从不夸大他的学术成就。因此，在写作这篇阅读札记时，我不必说丁帆的学术思想是如何的复杂，或者说已经形成的相对完毕的思想体系；但可以肯定的是，丁帆简洁明了而且始终如一的价值判断，或者说对启蒙思想的坚持，让他直面了文学、文化、历史、现实的许多关键和重大问题，并且突出了他作为一位思想者的操守和风骨。如果将丁帆的学术研究置于文化语境中，并且和许多价值立场模糊甚至没有价值立场的学者相比，他的这一特点和素质便显得难能可贵。尽管我们现在还不能准确定位丁帆的学术意义，但我相信当代学术史上会留下丁帆的印记。在五四新文化运动一百年的前夕，我们讨论作为学者和思想者的丁帆，或许能够从一个侧面探寻到当代知识分子学术道路中的思想脉络。

作为广义的文学研究，丁帆涉及文学批评、文学理论和文学史，尤其是前者和后者著述甚丰。在这两个领域，丁帆的重要著述有《中国乡土小说史论》《中国乡土小说史》《文学的玄览》《重回“五四”起跑线》《文化批评的审美价值坐标》《十七年文学：人与自我的失落》《中国现代西部文学史》《知识分子的幽灵》等。近几年，丁帆以1949—2015年为时间段落，系统整理他的著述，出版了五编《中华人民共和国文学史论》，在新的学术语境中相对完整地反映了他的学术思想。新近出版的《丁帆文学评论选》则收录了丁帆在多个研究领域的代表性成果，可以视为丁帆的简明学术读本。

丁帆的这些著述贯穿了一条基本的线索：作为价值判断的现代启蒙主义思想与马克思主义文艺批评的怀疑和批判精神。从这条线索出发考察，丁帆学术研究的主要轮廓便十分清晰起来，他的涉及多个领域的研究也在差异中呈现了“总体性”的特征。

二

丁帆在检讨文学史的研究状况和写作文学史的过程中，突出了应该用怎样的价值观治史这一问题，他把这个问题上升到文学史研究的“原则”高度。在《关于建构百年文学史的几点意见和设想》一文中，丁帆明确提出了启蒙主义的价值观作为“原则”的重要性：“我并不完全赞同‘一切历史都是当代史’的观点，但是我赞同用发展的马克思主义的历史唯物辩证法来解析一切文学史的问题，那就是必须设置一个有恒久生命力的治史价值原则。我以为被马克思主义肯定过的启蒙主义的价值观应该成为文学史恒定的价值原则，它既然已经成为人类普遍的人文价值共识，我们就没有理由去拒绝它，尤其是中国现代文学史的治史观念和原则更应遵循这个被实践证明了的普遍真理——人、人性和人道主义的历史内涵是其评价体系的核心，审美的和表现的工具层面是其评价体系的第二个原则。'人的文学'仍然适用于我们的治史原则。"[①] 这一认识和丁帆在80年代提出重回"五四"起跑线的主张是一致的。

在这样的思路中，"五四"新文学和"现代性"被置于重要位置。这应该是今天多数学者的共识，我们基本都认为文学的"现代性"促成的古今之变是构成中国现代文学学科的最重要的元素，也认为需要在因"现代性"而造成的文学秩序断裂中重建现代文学与古代文学的关联性。但丁帆如此进入中国现当代文学的路径也显示出他自己的独到之处，即强调"五四"新文学所形成的新传统与古典文学的旧传统的本质差异。丁帆认为，20世纪以前的文学史研究所使用的文化符码是相对统一的，进入现代性文化语境的"五四"以后，由观念、方法、语言等变革带来的文化革命，给中国现代文学与古代文学之间确实带来了具有断裂性的分野。因此，丁帆在确认现代文学和古代文学的血缘关系的前提下，强调要对两者进行"本质性的切割"。

丁帆是在讨论现代文学史研究需要和古代文学重新整合时提出这些观点的，为的是突出中国文学在"现代性"建构过程中遇到的关键问题。他认为要集中研究的问题是："自'五四'以降，中国文学在现代性的建构过程中，所遇到的一切'革命性'问题（包括'改革'问题）是完全可以纳入同一文化语境和同一文化符码的解析之中的，包括国家、民族、阶级与自我等文学已经不由自主介入的各个领域，我们是可以用一种区别于20世纪以前古代文学的治学观念与方法的新语码系统进行'现代性'的统一阐释的（当然，古代文学的治史观在现代语境中也发生了巨大的变化，但是，那是另外一个论题），尽管它还残存着古代文学历史时段文化阐释系统的痕迹。因此，如何区别它们内部的差异性，也就是如何对百年文学史发展

① 丁帆：《关于建构百年文学史的几点意见和设想》，《文学评论》2010年第1期。

的脉络进行新的系统的统一性阐释，也就成为中国现代文学自身必须面临的艰难命题。”①

丁帆这样的理论主张以及相应的文学史研究，重要的学术贡献在于：在重视古典文学和旧传统中的优秀传统时，突出了“五四”新文学和新传统的独特性和重要性，而不赞成让旧传统覆盖新传统；在看似打通现代文学与当代文学，实质上两者仍然处于分而治之的状态中，他持之以恒地以“现代性”对两者进行统一阐释；在这样的统一阐释中，20世纪的“革命性”问题得以在文学史的内在脉络中加以解释，而不是在“现代性”建构之外。

在文学史研究领域，丁帆最具代表性的成果是他对“十七年文学”的研究。在他的论述中，“人”与“自我”既是一种具有普遍意义的符码，同时又关联具体的历史文化语境。一些人误以为在这样的研究中“人”与“自我”只是抽象的概念，其实不然。丁帆并不否定“革命”的合法性，但他关注的问题是“革命”以后会如何、人会如何、文学又如何叙述“革命”、如何面对“革命”后的“人”。在这样的论述中，丁帆坚持的仍然是“启蒙主义”的原则。我当然认为包括对“十七年文学”在内的一些作家作品的“再阐释”也具有学术价值，但我们现在面临的困境是，我们有无在“现代性”建构的脉络中进行统一的价值判断？正是在这个层面上，我肯定丁帆所做的学术努力。

作为“乡土文学”研究的代表性学者，丁帆同样将他的原则和方法贯穿其中。我注意到，丁帆对近百年中国文化结构有其基本判断，如果离开这个判断，我们就无法认识丁帆论述“乡土文学”和“西部文学”的思想方法。丁帆三个基本的判断是：其一，“就中国的社会文化发展形态而言，漫长而强大的封建主义文化体制将一个静态的、田园牧歌式的农业文明修炼和维护得十全十美”；其二，“毫无疑问，20世纪后半叶，我们仍然沉浸在无边的农业文明的社

① 丁帆：《关于建构百年文学史的几点意见和设想》，《文学评论》2010年第1期。

会形态和文化语境中，尽管我们的沿海地区在80年代已经完成了从农业文明向工业文明的转型，那些资本主义原始积累时期的文化矛盾叠映在中国这一沿海地区的时空之中。但是相比之下，中国还有大部分的内陆省份，尤其是西部地区，仍然在充满着试图进入‘现代性’文化语境的希望的田野上耕耘，就此而言，尽管农业文明与工业文明的落差已经形成，但是它还不足以形成使中国完全摆脱农业文明的社会肌理”；其三，“如果把五四到90年代以前仅仅作为‘现代化’与‘现代性’的一个漫长过渡，那么90年代在完成了社会结构转型的最后阵痛后，文学已然脱离了以农业文明为主导内容的封建文化母体。在这一时间的维度上，和西方社会文化结构相似的是，‘现代性’和‘后现代性’同时进入了中国的沿海发达城市，贝尔所描写的‘资本主义的文化矛盾’，以及詹明信、吉登斯们所描写的‘后现代主义的文化矛盾’，也同样在中国的沿海地区与大都市中并存着”。[①] 正是在这样的文化结构中，丁帆对“乡土中国”以及“乡土中国人”做出了多重的研究。

三

如果从1979年在《文学评论》发表《论峻青短篇小说的艺术风格》算起，丁帆从事文学批评的时间长达四十年。在由思潮现象转入乡土文学史、当代文学史和现代文学史，以及整合现当代而治“新文学史”（或“百年文学史”）的过程中，他仍然以相当的精力关注当下的文学创作，并以史家的意识论述文学创作。

在早年的文学批评中，丁帆侧重的是文学的“艺术性”。尽管后来丁帆的文学批评和其他论著以思想的锐利和深刻取胜，但我以为丁帆的另一面是一个“唯美主义者”。作为最早研究贾平凹的批评家，丁帆在80年代对贾平凹作品的研究，重点关注的是艺术问题。

① 丁帆：《中华人民共和国文学史论》（第一册），花木兰文化事业有限公司2017年版，第4—7页。

在其他作家作品论中，他谈《黄泥小屋》的总体象征，谈叶兆言小说叙述模式的转换，谈史铁生小说的艺术变奏。这与80年代文学批评逐渐靠拢文学的“本体性”有很大关系。我留意到，即便在充分肯定作家作品的同时，丁帆对创作中的问题并不回避，这样的特点在后来的文学批评中更加明显，并且成为丁帆理解文学批评的关键点之一，即重视文学批评的批评（或“批判”）功能。或许是从研究新时期文学思潮现象开始，丁帆逐渐将他的批评与思想文化问题的探讨相关联。在许多批评家或者文学史研究者逐渐将学术与思想分离开来时，丁帆的问题意识却越来越强烈。这些问题不仅来自现实，来自延续在现实中的历史，也来自创作文本和批评文本中所呈现和蕴藏的种种现象。

在这样的学术历程中，丁帆始终如一地坚守启蒙思想价值立场，造就了他作为思想者的品格和境界。

丁帆对新世纪十年文学病症和危机的诊断与批判，也集中在“价值立场”的退却层面。他并不否认新世纪文学的成就，也没有脱离新世纪文学的现实语境，但他提出用什么样的价值观去引导大众文化的消费，却是一个值得作家和批评家注意的问题。在谈到90年代以降市场、物欲、娱乐等对文学思想的侵蚀时，丁帆的想法是：“文化可以多元，创作可以多元，然而价值却不可以多元，否则我们将无法辨别人性活动中的真善美与假丑恶。”[①] 也许，丁帆在这里想要表达的意思是在一个价值观日趋多元的社会里，关于文学的基本价值判断应当坚守，我并不认为他反对价值观的多元化，而是排除一切非人性的价值取向，强调基本的价值判断不应当在所谓多元中模糊和放弃。

在《新世纪文学中价值立场的退却与乱象的形成》这篇曾经引发关注的文章中，丁帆揭示的文学创作病症是：有些主流作家对事件和事物的判断力下降，这不仅是思想能力的退化，同时也是审美

① 丁帆：《新世纪文学中价值立场的退却与乱象的形成》，《当代作家评论》2010年第5期。

能力的退化；创作中的反智化倾向越来越突出，作家自绝于“知识分子”的称号，自甘为职业化的写手；作家基本放弃重大题材，而过分注重“一地鸡毛”式的琐碎日常生活题材；创作中的画面感强化了，而矛盾冲突和人物性格相对弱化了，屏幕情结成为作家创作的“集体无意识”；打着“生态写作”的幌子，用“动物中心主义”来否定“人类中心主义”，为弱肉强食的法西斯兽性张目；浪漫主义的创作方法消失了，批判现实主义的传统创作方法也变异了，取而代之的是平面化的写作，满足于快餐式的一次性消费，取消了文学的经典化；作家构思的时间短了，但是作品的长度却在无限延伸，不是“十年磨一剑”，而是“一年磨十剑”；“奔奖”的创作意图明显，原创性的创作冲动缺失了；思潮、流派以及个性化创作严重缺位；网络文学的爆发将改变中国文学的传统格局。[①]

丁帆在对这些问题的剖析中，提出了许多值得我们重视的观点。他认为如通常所说的“生活无处不在”已经成为作家回避现实问题的借口，把握“生活”的本质就是对事物做出判断，如果丧失判断力，就没有能力对“生活”进行审美创造。丁帆对于创作的“生活”的重新理解，可以说抓住了作家与“生活”关系的关键。与如何处理“生活”相关的另一个问题是，如何书写“重大题材”。丁帆并不否定经过特定历史阶段后文学创作曾经出现的解构“宏大叙事”的合法性，但他反对作家躲避“重大题材”，将“历史事件”转为“一地鸡毛”，并在这个过程中模糊“内在的眼睛”而丧失对历史的价值判断。在谈到“文革”题材的创作时，丁帆指出：“我们的作家对于这段历史的描写呈现出了一个明显的倾向，那就是让作品经受轻喜剧化的熏染和漂洗以后，避开历史的沉重，而将娱乐元素和喜剧美学的元素注入其中，再融进消费文化的潮流之中，而非反讽式的对‘文革’历史本质化的揭露与严肃的审视。即使是在间接涉及此类题材的细节描写之中，作家们也很少有那种直抒胸臆的鞭挞和

① 丁帆：《新世纪文学中价值立场的退却与乱象的形成》，《当代作家评论》2010年第5期。

不露痕迹的‘曲笔’表达。”[①] 丁帆这里仍然强调的是把握生活和历史本质的能力，以及作家对生活和历史的价值判断。

丁帆对价值立场混乱的激烈批评充分反映在他对《狼图腾》的否定之中。其实丁帆并不反对“生态写作”，但他不赞成机械地使用西方生态文明话语，并揭示了我们以及文学创作如何陷入了一种困境：“一方面是自觉的生命意识的萌动和解放大自然的合情合理的理性张扬；另一方面是动物主义至上，抵制现代文明和消解人性的反文化偏执。”[②] 丁帆这样的观点和他对“现代性”“后现代性”的理解是一致的。在对20世纪以来中国文学的文化空间论述中，丁帆始终注意到后发性现代化国家和现代化国家的差异，他并不以这种差异来维护与“现代性”相悖的价值观，但他强调在中国文化和现实的脉络中来讨论人与自然的关系；他在肯定“生态后现代主义”的某种合理性的同时，更多地看到了这种主义对在现代文明进程中形成的人本价值立场的颠覆。这是他否定《狼图腾》以及类似创作的根本原因。

因此，丁帆对一切放弃、消解启蒙思想的现象和文本都保持了高度的警惕和批评意识。

四

作为一个批评家，丁帆对文学批评的认识，也同样反映了他一以贯之的怀疑与批判的立场，并且从马克思主义经典作家那里找到了自己的思想资源。讨论这个问题的途径，其一是考察丁帆作为广义的文学批评家在学术研究中如何落实自己的怀疑与批判精神；其二是考察丁帆对当代文学批评的观察、判断和对文学批评基本问题

① 丁帆：《新世纪文学中价值立场的退却与乱象的形成》，《当代作家评论》2010年第5期。

② 丁帆：《新世纪文学中价值立场的退却与乱象的形成》，《当代作家评论》2010年第5期。

的阐释，这是本节的重点。

在谈到文学批评的症结和价值立场的退守与乱象时，丁帆直言他对批评界不良倾向的认识："一种是依附于体制的势力来控制批评的话语权，颐指气使地对文学创作进行着指鹿为马的所谓批评；另一种是拜倒在金钱的足下，把批评作为商品进行交易，做了'资本的乏走狗'；还有一种就是既要体制的话语权力，又要金钱的'双料掮客'，他们成了'权力寻租者'。"[①] 他认为，批评家应该反躬自省价值立场问题。

当丁帆做出上述判断时，其实呈现了他对文学批评的认识。在丁帆近几年的论著中，《中国当代文艺批评生态及批评观念与方法考释》是一篇未引起注意但值得我们重视的论文。他基于两个基本的认识来讨论中国当代文艺批评的基本问题：一是马克思主义文艺批评的精髓是怀疑和批判的精神，如果没有这种批判意识，马克思的思想就不可能成为主义而发扬光大，但马克思主义的批判精神在批评界难以寻觅；二是马泰·卡林内斯库在《现代性的五副面孔》中对詹姆逊等西方马克思主义的评价：詹姆逊的思想和著述风格要松散得多，而且可以说它表明当代西方马克思主义正经历的严重理智问题，晚近马克思主义最明显地丧失了的，是它早先所具有的方法论完整性，以及它能从其他各种社会思维模式中被辨认出来的内在历史主义逻辑……[②] 丁帆认同这一评价，在很大程度上与他担心"西方马克思主义"对马克思主义怀疑与批判精神的解构有关。

在对"批评"词义考辨中，丁帆突出了"批评"一词"挑剔"和"判断"的含义，又由古罗马文艺突出了文艺批评的"争论"性质，再由古罗马文法批评划分出"评论"与"批评"的界限。在这样的考察中，丁帆厘清了一条线索：当"批评"上升到"判断"（即

---

① 丁帆：《新世纪文学中价值立场的退却与乱象的形成》，《当代作家评论》2010 年第 5 期。

② 丁帆：《中国当代文艺批评生态及批评观念与方法考释》，《文艺研究》2015 年第 10 期。

“批判”）层面的时候，它的含义就发生了一种从形而下到形而上的哲学变化过程。在此基础上，丁帆讨论了现代“批判理论”与“现代批评”之间的关系，文学理论、文学批评与文学史之间的关联性，这样的清理既是对文艺批评理论的系统阐释，也是丁帆对自己的文学批评观的一次盘点和整合。在学术上，丁帆确认了他一直主张的那种既有文学史意识，又有独到的价值批评立场的文学批评的重要性。

当丁帆从这样的梳理和阐释中获得了思想资源和方法论，他自然而然地会反观中国当代文学批评。他提出的问题是：我们曾经把文学批评和评论分为“战歌”与“颂歌”两种模式，今天我们的批评是否还是这样的观念与模式呢？和前面他所说的文艺批评的问题大致相同，但他在当代历史的脉络中呈现了批评回到“正常状态”后的平庸状态：“毋庸置疑，几十年来，尤其是这三十年来，‘评论’已经基本代替了‘批评’，亦正是对共和国前三十年‘批评’的政治恐惧心理反抗的表征，人们开始规避和逃离严肃的批评，于是，文学艺术界就充斥着对一切作品的褒扬，亦如‘十七年’与‘文革’时期流行的对领袖形象和‘三突出’英雄人物的‘颂歌’模式，当然也有一个小小的改变，那就是在一片颂扬声后，添上一笔掸灰拂尘似的‘批评’，指出作品中的一个几乎无关痛痒的小瑕疵，就算是功德圆满的‘批评’了。这种风气一遇到适合的生存环境，便会产生巨大的能量，严重危害着文学批评的声誉。”[①] 我要补充的是，“文革”后的文学批评的“颂歌”模式和之前的“颂歌”模式还是有着巨大差异的。

如果联系到丁帆对马克思主义文艺精髓的理解，对西方文艺批评理论的阐释，我们就不会认为丁帆对文学批评的批评（批判）是一时之意气，而是在学理基础上的一种价值判断。在这里，丁帆已经将文艺批评拓展到文化批判的层次上，他所期待的是这样的批评：把人性的诉求和文化的进步作为批评的本意，批判一切阻碍人

① 丁帆：《中国当代文艺批评生态及批评观念与方法考释》，《文艺研究》2015年第10期。

类文化进步的不合理现象，为建构一个理想的文化体系与制度而努力。——如此，文艺批评才能作为文化批判的一部分。

五

作为学者和批评家的丁帆，在他的学术中也完成了他作为知识分子的自我塑造。无论是在日常交往还是在学术研究中，丁帆从不含糊他对事物的价值判断，从不回避对与文学相关的重大问题的思考，而且通常都是以直接的、坦荡的、不加掩饰的方式来表达自己的立场、观点和方法。——我称之为丁帆式的思想表达方式。

确实，“知识分子”是丁帆经常使用的概念。当他以现代知识分子的基本要义来审视当代知识分子时，他毫不掩饰地表达了自己的失望。他在谈到创作中的反智倾向时，坦陈了他的担心：“自20世纪90年代中期的‘断裂’宣言公开发表与知识分子决裂并划清界限以来，十多年来，我们的一些作家已经开始自觉不自觉地与‘知识分子’绝缘了。诚然，我们可以质疑‘灵魂工程师’的称号，但是我们不可以拒绝‘社会良知代言人’的义务。反智化包括了很多种倾向，而我以为最可怕的是，连自我的知识分子身份认同都被彻底颠覆，我们的作家还能够为这个民族贡献出什么呢？”[①] 当然，知识分子角色的缺失以及当代知识分子问题涉及很多方面，形成的原因也极为复杂，但这些可以分析和难以分析的原因不是知识分子放弃社会良知的充足理由。在这个层面上，丁帆在学术研究中不时回望80年代。我们有一个共同的认知，有没有接受80年代的思想启蒙，或者说有没有真正理解80年代，在很大程度上决定了作家以及其他界别的知识分子在90年代以后的思想脉络和参与现实、反思历史的方式与特征。

丁帆对知识分子的理解和对知识分子个案的解读，是我们理解

① 丁帆:《新世纪文学中价值文场的退却与乱象的形成》,《当代作家评论》2010年第5期。

作为知识分子的丁帆的重要参照。2017 年，丁帆结集出版了《知识分子的幽灵》，我觉得这是丁帆作为知识分子的思想自叙传。三十多年来，丁帆一直关注知识分子自身的思想启蒙问题，他的基本判断是知识分子尚未完成自身的思想启蒙。个中缘由自然十分复杂，但我赞成丁帆对知识分子问题的自我拷问。

在丁帆的思想史视域中，“五四”和“80 年代”无疑是最有意义的两个历史段落。作为较早提出“回到五四”和主张“知识分子二次启蒙”的思想者，他当然对“五四”和“80 年代”给予了充分的肯定。但我更关注的是丁帆对这两个历史时期所存问题的反省。丁帆在《知识分子的幽灵》“序言”开篇便从问题入手：“我总是怀疑五四运动是在中国现代知识分子现代性思想尚未发育健全的时候就匆匆忙忙上阵去打扫封建主义的战场，难免会使许多倒地的封建僵尸复活，使一些原本就是彷徨者的战士借封建主义的回潮还魂，而更可怕的却是封建主义的幽灵在那些所谓的启蒙主义者身上附体！百年来的历史一次次地证明着启蒙主义在中国的溃败，其中最最应当承担责任的应该是知识分子。”[①] 我们或许认为丁帆对知识分子的要求过于严苛，但在这样的几乎带有悲壮色彩的论述中，丁帆对知识分子作为思想启蒙者角色的强烈期待也跃然纸上。我曾经认为“80 年代”是一个“未完成”的年代，并没有形成思想再生长的机制，也未产生新的新文化运动。我在此重复自己的观点，以和丁帆相呼应。

《知识分子的幽灵》读伯林、里拉、雅各比、博维、凯里、阿伦特、高尔基、梭罗等，涉及的著作有《当知识分子遇到政治》《知识分子的鸦片》《最后的知识分子》《知识分子与大众》《独抒己见》《俄国思想家》《论革命》等。在阅读这些著作时，丁帆提出和思考的问题是：怎样在现代文化语境中认识人性、知识分子就消失在大学里、文学艺术的暴力与现代乌托邦、以革命的名义去完善人性的理想、寻求文学艺术的灵魂和知识分子的良知等等。在这样的阅

① 丁帆：《知识分子的幽灵》，东方出版中心 2017 年版，第 1 页。

读和思考中，丁帆把百年来中国文学和思想文化问题与现代世界思想史相关联，从而为讨论中国文学与思想问题构建了一个宏大的体系，在这一过程中，丁帆也明确和清晰了自己的思想轮廓、内在逻辑和基本问题。

原载《当代作家评论》2018 年第 6 期

批判的学术如何可能?

何言宏

一

1990年代以来，中国知识界的一个非常重要的动向，便是通过对受挫或中断于1980年代末期的新启蒙运动的检讨，将新启蒙运动的失败简单化地归咎于1980年代的所谓空疏学风，很多知识分子都“有意识地抽身于思想界，进入专业的学术界”①，出现了被称为是“思想家淡出，学问家凸显”的状况。但就在这种状况出现的同时，也出现了对此的批评或不满，在这种批评或不满中，一个相应的倡导就是，知识分子应该追求“有思想的学术和有学术的思想”②，而不应该将“学术”和“思想”予以对立或割裂。在当时的启蒙主义几乎全面溃退的精神氛围和历史语境中，如此“警钟”般的倡导能够被提出已很不易，而要在具体的学术实践中有所贯彻，实际上更加困难。随着后来的消费主义意识形态、民族主义话语、宗教神学话语和后现代主义话语的兴盛或涌入，加之愈益膨胀的学院体制所推崇的“学术意识形态”对于“思想”的排斥和对所谓“学理性”的简单与片面的理解，启蒙主义身陷重围般被解构、围剿和扼杀的境地。在这样的境地中，如何坚持“有思想的学术和有学术的思想”，尤其是，大多数已经身处学院的知识分子如何坚持启蒙主义的话语

① 许纪霖:《启蒙的命运——二十年来的中国思想界》,《二十一世纪》(香港)1998年第12期。

② 王元化:《学术集林(卷一)·编后记》,《学术集林》(卷一),远东出版社1994年版。

立场和学术理路，从而使自己的“学术”具有思想的追求与批判性的活力，便显得相当困难。我以为正是在这样的意义上，丁帆教授的学术实践给了我们相当重要的鼓舞与启示。

在出版于1998年的论文集《文学的玄览（1979—1997）》“自序”中，丁帆教授曾经一再用“自己思想的底片”和“自己的思想产儿”这样的说法来形容他截至当时的文学研究工作，认为“近二十年来，我从一个青年步入了中年，不敢说在理论上有何建树，但窃以为是尽心尽力地为文坛的圣洁而做出努力的，很想在二十世纪末的文学研究领域内留下自己思想的底片。因而，时时处处都想使自己尽量深刻一些、成熟一些。然而，由于自身学识浅薄，回首再看昔日的论述，不免有些汗颜，不过好歹亦都是自己的思想产儿，也就暗暗地‘敝帚自珍’了”[①]。

在这样的文字中，其对自己文学研究之中“思想”的珍视和对“思想”的追求已经显得相当突出。而在后来出版于2004年的论文集《重回“五四”起跑线》的“自序”中，对于这种“思想的追求”，他更是有了相当明确的自我总结：

> 一九七九年，我踏上了文学研究与批评的学术道路，在文学这方精神领地上耕耘了二十多个春秋。其间，随着自身方法论的更新、批评观的递嬗，一条治学轨迹也凸显出来：从作家作品论到文学现象的认知，从探悉文学的内部构成拓展到认识文学生成的外部环境，从文学的微观世界的阐发到宏观世界的把握，从文学境遇的体察到文化命脉的忧思乃至更为深远的人类生存境况的人文追问……都紧扣着“五四”人文精神的母题。[②]

这一总结已很清楚地表明，丁帆教授所一直坚持的，正是“五四”启蒙主义的精神立场与思想原则。毫无疑问，在1990年代以来的历

① 丁帆：《文学的玄览（1979—1997）》“自序”，北京出版社1998年版。

② 丁帆：《重回“五四”起跑线》“自序”，人民文学出版社2004年版。

史语境和精神背景中，这样一种坚持非常明显地属于不合时宜的少数派，其对“五四”启蒙主义话语近乎堂吉诃德式的重申与坚持，具有特别悲壮的意味。

我一直以为，1949 年以来，特别是改革开放以来，自改革开放之初的李泽厚、王元化和刘再复等人开始，中国的人文社会科学领域中出现了不少取得重大成就的著名学者，他们一方面对本学科的学术发展做出了重要贡献；另一方面，他们又能超越学科限制，在卓越而又丰富的学术实践中，自觉承担知识分子的历史责任，并以自己的学术实践介入或参与到时代的历史进程之中。也正是在这种独特的介入和参与中，形成和焕发出了当代中国的知识分子精神，对于他们的研究，实际上已经是当代中国的思想史和知识分子精神史的迫切课题。通过他们，我们正可以更加有效地接近和切入我们这个时代最为深邃的灵魂和精神与思想的核心。毫无疑问的是，我们也应该在这样的意义上来把握丁帆教授的学术世界，考察其在包括文学批评和文学史研究两个方面的学术实践如何贯彻启蒙主义的精神立场，并且承担起知识分子的历史使命，从而进一步探讨在我们这样的时代，批判性的学术是否可能和如何可能这样一个极其重要的问题。

二

文学批评是丁帆教授丰富多彩的学术研究工作中的一个相当重要的方面，在此方面，他一直坚持和奉行着自己独特的批评方法与批评原则。早在 1980 年代中期，他就在《我与批评》《关于批评的断想》《评论家修养琐谈》《批评选择随想》等文字中阐述过自己的批评观念和他对文学批评工作的理想与追求。在当时的文学批评界，正在盛行着形形色色来自西方的文学批评方法，因此还形成了一股被称为“方法热”的批评潮流。但就是在这股热潮中，他很清醒地意识到了新方法的引进和使用所存在的问题，认为一些“批评家们往往对于一种新的方法，尤其是从自然科学领域内新引进的理论，缺乏一种慎重的深入研究的态度。于是，那些用新名词、新概念来阐释、破译文学作品的现象如潮涌而至，难免给人一种仓促的感觉。更有甚者，批评家们对自己引进的新方法估价过高，似有“唯我独尊之嫌”。他指出自己“并不反对各种新方法论的引进，但一是要慎重，二是要深入，使之成为批评洪流中的一支，而不是取代其他批评流派的发展。然而，对那种认为时代已进入新技术革命浪潮，旧有的社会学批评方法已经过时的说法，我却不敢苟同”。正是在这样的认识基础上，他竭力倡导“从社会学的角度来解释文学，通过文学来解释社会”的文学批评的社会学方法，认为“我们不是对文学的社会学强调得太多，而是太少了，况且以前对社会学的理解亦太褊狭武断——仅仅是从属于政治，所以造成了许多人的逆反心理。现在该为其正名了。文学社会学应该深入探讨下去，使它成为中国文学批评的重要一翼”；为此，“中国的文学社会学的批评者们就须采取慎重的态度，深入研究探讨各个学派的理论，并与中国传统的社会学批评模式相对照，力求创造出适合中国国情的文学社会学的新批评流派，丰富马克思主义文艺理论的宝库”[①]。现在看来，在当年的批评时风中提出如此近乎“守旧”的主张，真的需要足够的理论清醒与学术勇气，而经过二十多年时间的检验，这一主张的警示性和预见性意义已经为批评史所充分证明。在自觉吸收和融合多种批评方法之后，文学社会学的批评方法日趋开放，仍然具有非常强大的生命力，仍然是我们文学批评界的主流。我以为在这样的意义上，丁帆教授正是这一批评方法的重要代表，我们也不妨将他所主张的这种批评方法称为“开放的社会学批评”。

在丁帆这里，“开放的社会学批评”重在“超越”，强调“开拓”，指归于“时代”，追求那种“有胆有识，敢于超越作家，超越其他批评者，更重要的是超越自我（这个自我是指自己的过去）”的对“一部作品甚至一个形象中”所隐藏着的“多元世界”的“寻觅”

① 丁帆：《关于批评的断想》，《文学报》1986年4月17日。

和对文学作品“深层结构”的发现[①]；它所念兹在兹和时时自省的，也是“能不能……在社会学、历史学和美学的基础上吸收新方法的思维方式，来努力开拓一种有自己特色的批评模式”。它的精神指归，是要以此来承担知识分子“对于时代所肩负的责任”，以“推动时代车轮的前行”[②]。由此可见，丁帆教授“开放的社会学批评”实际上还有着非常宏大的抱负。在他这里，“方法”已经不只具有基本的“文学意义”，而且还超越文学，“肩负”起了对于时代的责任，具有突出的“社会意义”。我一直以为，在不同的历史时期，不同的文学批评方法往往都有着不同的“文化政治”意义，具有不同的文化政治功能，因此也便形成了文学批评独特的“方法的政治”或“批评的政治”。而具体在丁帆这里，他的“开放的社会学批评”的“方法的政治”或“批评的政治”，则主要是在马克思主义历史的和美学的原则下，以“五四”启蒙主义及人性和人道主义的精神立场进行“社会和人生的文化批判”[③]，积极有力地介入当代中国的文学、社会和现实人生中，以“肩负”起对文学和对时代的双重责任。

也许是因为“国民性批判”及“人性”和“人道主义”是“五四”启蒙主义的核心话语，丁帆教授的文学批评才特别注重在这样的思路下来分析和把握作品中的人物，形成了他自己相当独特的“人物论”模式。比如，在他早期的一篇关于韩少功《西望茅草地》的评论中，他就通过对主人公张种田身上“阿Q式的面影”的辨认，将其作为体现了“那个时代我们‘国民精神’的共通性”的“‘国民性’的典型”，来揭示与批判“中国农民思想的狭隘性、保守性、愚昧性和封建性”[④]。而在后来于80年代中期对贾平凹创作的热情关注中，他也能够独具慧眼，发时人所未发，很敏锐地指出贾平凹的《商州》就是力图通过对“商州历史和风俗的‘远景粗描’，来追溯一种历

① 丁帆：《我与批评》，《文论报》1986年3月1日。

② 丁帆：《批评选择的随想》，《钟山》1987年第1期。

③ 丁帆：《二十一世纪中国文学批评前瞻》，《江海学刊》2002年第3期。

④ 丁帆：《一个“失败的英雄”的艺术形象》，《钟山论丛》1981年第2期。

史的积淀，来寻觅一种民族心理的共同‘原型’，即历史沿革下来的旧伦理道德以及在它影响下所形成的一种共同民族心理意识和它流动着的变化发展。可以说，这种民族心理意识对形成独特的典型人物性格起着根本的作用”。或许，正是得益于这样的“人物观”，他才发现了“这部作品塑造得最成功的不是男女主人公刘成与珍子，而是那个似主角非主角、似配角非配角的秃子，这个‘圆形人物’性格的凝聚力相当可观，他的象征力告诉我们，他是现实和历史交会、冲突中产生出来的‘二重性格组合’的产儿，强烈的传统伦理道德蕴蓄于他那丑陋的体魄之中；而近乎阿Q式的历史惰性（国民劣根性）又稳固地根植在他的灵魂之中。他坚韧地执着追求着那种根本不可能实现的爱情，可卑、可笑、可哀、可怜，甚至还有点可敬，那种堂吉诃德式的精神既凝集着民族韧性下的道德观，又体现着嫉妒、狭隘、冥顽、愚昧的民族痼疾”[①]。如果说，在80年代启蒙主义的文化语境中，“国民性批判”的人物论模式和批评思路尚不少见的话，那么在21世纪的精神背景下，仍然坚持这样的批评，则肯定属于特立独行了。就在2003年，丁帆教授发表了一篇以阎连科的《黑猪毛白猪毛》和鬼子《瓦城上空的麦田》为考察对象的题为《论近期小说中乡土与都市的精神蜕变》的文章。在这篇文章里，他认为“鲁迅塑造的阿Q形象给二十世纪的中国精神史提供了丰富的内涵。近九十年过去了，阿Q在中国没有死去，他作为前现代农业社会的人性特征依然存在。但是，阿Q的性格内容在历史进程中的延伸与扩展却没有得到应有的凸显——作为承载文化意蕴的文学符号，他的精神内涵在这个越来越物质化的时代已经发生了裂变！对此，作家的哲学洞见和体察生活的艺术感悟力，是创造具有时代意义的人物形象的关键所在”。也正是在这样的意义上，他才高度评价了阎连科的《黑猪毛白猪毛》对刘根宝这一“二十一世纪广袤的乡土社群里”的“阿Q的子孙”的形象塑造，认为“阎连科在农村的日常生活里，敏锐地捕捉到了时代巨变中那未变的部分，用一

① 丁帆：《浅论贾平凹的四部新作》，《当代文艺探索》1986年第1期。

个变形故事作载体，再现了现代知识分子的启蒙传统，用黑色幽默的笔触又一次掀起了‘鲁迅风’”[①]。在三十来年的文学批评实践中，丁帆教授以其特有的精神关切和批评眼光，从我们的文学中发现了形形色色的“阿Q的子孙”，足以组成一个阵容不小的“阿Q的精神家族”。

有一点我们应该很清楚，丁帆经常敏感地注意到并且几乎是同步地努力从行进着的当代文学实践中寻绎和发掘出形形色色的“阿Q的子孙”，其意义及深远的用心绝不仅仅止于一般的“文学人物论”，而是想循此进行及时的和广泛的社会文化批判，这是他进行社会文化批判的独特方式。他对每一个“阿Q的子孙”的形象分析，都能够在准确把握其“劣根性”的同时，深入挖掘他们身上所积淀着的丰富的社会历史及文化内容，人物形象的“国民性批判”因此也深入和导向了更加广阔的社会历史和文化时空。这使他的“开放的社会学批评”不仅很切实地深入了作品的深层与细部，还有了更加有效的社会文化批判的功能。

当然，丁帆以文学批评的方式进行社会文化批判，还表现在他对很多文学问题的及时发现和对很多文学思潮与文学现象的追踪与反思中。这么多年来，丁帆一直活跃在文学现场，几乎在当代文学的每一个重要问题上，我们都能听到他铿锵有力的声音和旗帜鲜明的观点。他的发言，往往都慷慨激昂、立场坚定，具有“吾道一以贯之”的严正与坚决。比如在80年代中后期，当新时期文学已经走过近十年的时间，先后经历了“伤痕文学”“反思文学”“改革文学”“寻根文学”的更迭，特别是经过1985年的历史性转折后，丁帆连续发表了《论当代中国乡土文学的现状与趋势》《论新时期乡土小说的递嬗和演进》《民族文化心理嬗变之我见》《新时期小说中人物主体性的二度显现》《新时期乡土小说与市井小说：民族文化心理结构的解构期》等一系列很有分量的论文，引人注目地聚焦于乡土小说和与此相关

① 丁帆：《论近期小说中乡土与都市的精神蜕变——以〈黑猪毛白猪毛〉和〈瓦城上空的麦田〉为考察对象》，《文学评论》2003年第3期。

的人物塑造特别是民族文化心理结构问题。这些具有很强“学术性”的论文其学术意义和文学现实的意义自不待言，但在根本上，之所以会选择这样一些问题，我个人以为，还是由于他独特的精神关怀。在《论新时期乡土小说的递嬗和演进》一文中，丁帆曾经这样说过：“深厚的历史积淀包孕着中国民族性的两极，而这种积淀的‘历史性’只有在乡土文学这只躯壳中才能得以深刻地体现。”[①] 这就很明确地告诉我们，他在当时和到今天为止一直都以很高的热情致力于对中国现当代乡土小说的批评与研究，实际上是有着非常严肃的考虑和相当深刻的启蒙主义关怀的。之所以锁定乡土文学这一被他称为“躯壳”的文学类型，他其实是要进一步研究只有它“才能得以深刻地体现”着的“中国的民族性”，进行启蒙主义的“国民性批判”；至于他在上述论文中所着力探讨的民族文化心理结构，则更是1980年代启蒙主义话语中的“关键词”，是“国民性批判”的重要议题。

启蒙主义的精神立场，使得丁帆对新时期以来的很多文学思潮和文学现象都做出了启蒙主义的价值判断。在“寻根文学”兴盛不久并且还饱受争议的时候，他就明确指出它“无疑是一次对民族传统文化心理的否定和一种重新建构的愿望与探索”“基本上是以鲁迅的批判精神为价值取向的”[②]，认为“寻根文学”的兴起使“乡土小说不再是把焦点放在表现一种新旧思想冲突的表面主题意蕴上了，而更多的是带着一种批判的精神去发掘民族传统文化心理的‘集体无意识’对于民族文化整体进化的戕害”，从而使乡土小说进入了一个更高的层次[③]。不仅如此，他还在这样的基础上充满激情地对“寻根文学”提出了很高的希望，认为“‘寻根’派们并不囿于民族文化心理纵向的开掘，更重要的是外来文化的横向借鉴，以致使两种文化在冲突和消长中达到交融，升华成为新的文化心理重新

① 丁帆：《论新时期乡土小说的递嬗和演进》，《文学评论》1986年第5期。

② 丁帆：《民族文化心理嬗变之我见》，《文论报》1987年4月21日。

③ 丁帆：《新时期乡土小说与市井小说：民族文化心理结构的解构期》，《小说评论》1988年第2期。

组合建构的新鲜活跃的再生细胞组织，也就是完成人们从‘五四’以来就梦寐以求的国民性改造大计”[①]。从这样的激情畅想中，我们能很强烈地感受到他所念念不忘的精神关切无疑就是改造国民性的启蒙“大计”。

80年代后期，文坛上曾兴起以刘恒为代表的“新现实主义小说”，丁帆很敏锐地发现：“这两年的‘新现实主义小说’的创作除在形式技巧上改变了现实主义的旧有规范，更重要的是，它们又恢复了鲁迅的现代悲剧精神”[②]，“毫无二致地继承了鲁迅的现实主义精神”[③]。丁帆认为：“五四新文学运动作为一次新文化的启蒙，其主导思想乃以西方先进文艺思潮为本，向陈腐的民族文化心理做了第一次有力的进攻”，而这种“进攻”的一个重要方面，就是以鲁迅小说为代表的现代悲剧意识对我国传统的民族文化土壤的冲击与植入[④]，这一在当时被称为“新现实主义小说”的潮流，因此也在启蒙主义的精神传统中被丁帆所高度肯定。

对于文学界所兴起的每一种重要的小说潮流，丁帆都有着高度的热情，但这种热情，并不意味着他都将毫无保留地予以肯定。他对它们的价值判断，从来都建立于启蒙主义的价值立场之上。比如对女性主义。在我国的女权主义批评出现不久的1990年代初，丁帆就很有预见性地提出这样的警告，认为“我们不能重蹈西方女权主

① 丁帆:《论新时期乡土小说的递嬗和演进》,《文学评论》1986年第5期。丁帆后来对“寻根文学”仍然在启蒙主义的价值立场上做了重新评价，对此，我不仅视为是其学术思考的进一步深入,也看成是他对“寻根文学”的深刻失望。见丁帆《“现代性”与“后现代性”同步渗透中的文学》(《文学评论》2001 年第 3 期)和《八十年代：文学思潮中的启蒙与反启蒙再思考》(《当代作家评论》2010 年第 1 期)。

② 丁帆：《向现代悲剧逼近的新现实主义小说》，《文学自由谈》1989年第6期。

③ 丁帆：《新现实主义小说的挣扎》,《上海文论》1990 年第 1 期。

④ 丁帆：《向现代悲剧逼近的新现实主义小说》，《文学自由谈》1989年第6期。

义批评所犯下的致命错误，这就是过分强调性的意识和两性对立，从而忽略了阶级、种族、文化价值等方面的差异和障碍，把性别绝对化……女权主义的历史重任不仅仅是消除强加于自身的男性文化视域的影响，更重要的是与男性文化视域共同承担起摧毁旧封建文化体系的重任”[①]。而当女权主义盛行有年并且作为1990年代“个人化写作”的重要一脉而被很多人所竭力推崇的时候，丁帆仍很清醒地指出了它们的问题。他说：“当‘个人化’成为90年代小说的时尚时，女性小说则更体现出了它的这种类型风范。我以为90年代小说的‘个人化’与‘五四’时期的个性解放是有相交之处的，那就是对于生命本体的讴歌和对人的大写，体现出了人性和人道主义的原则。而值得注意的是，90年代部分先锋女性小说的‘个人化’特征与‘五四’文学中的个性解放不相交之处就在于过分夸大个人的潜能，而忽视了生存环境的影响。”“缺乏那种环境的铺陈，这是继陈染之后的许多就性描写而性描写的先锋女性小说的误区。”[②]丁帆在这里所依据的价值尺度，仍然是很明确的“五四原则”。这样的“原则”，在他对“晚生代小说”“现实主义冲击波小说”和90年代的小说潮流存在问题的批评中，表现得也非常突出。对于差异较大、成分复杂的“晚生代小说”，丁帆在指出其“给几十年一贯制的意识形态型的叙事予以重创，为小说的多向度选择做出了贡献”的同时，也批评了其“删除”“消解”“出让”小说的“人文价值判断”及“人性和人道内涵”的严重问题。在“晚生代小说”广被鼓吹的当时，这样的批评倒真的是冒犯了这一潮流中的个别作家和鼓吹者们。实际上，在对“五四”立场的坚持上，丁帆从来都是坚定、严正和不徇私情的。这也是他为文学创作界和批评界的很多人所尊敬的重要原因。比如对“现实主义冲击波小说”。这一潮流中的重要作家刘醒龙是他相交多年的朋友。丁帆对刘醒龙的《凤凰琴》等作品曾经给予很高的评价，但当刘醒龙因为他的《分享艰难》

① 丁帆：《男性文化视阈的终结》，《小说评论》1991年第4期。

② 丁帆：《女性小说的诱惑力》，《重回“五四”起跑线》。

等作品成为“现实主义冲击波小说”的代表性作家而被很多人所推崇的时候，他仍很严肃地批评刘醒龙的小说所倡导的“和解”违背了作为鲁迅精神即“五四”精神之核心内容的文化批判精神，“是文化批判缺失的表现”。在丁帆看来，“现实主义必须具备文化批判精神”，文化批判和基于这种批判的基础上的悲剧感的“匮乏”，正是“现实主义冲击波小说”的最大问题，由此，他也对在当时很有影响的这一潮流提出了明确批评①。

在丁帆的文学批评中，无论是具体的对作品中人物形象的切实把握，还是对文学思潮和文学现象的分析与判断；无论是对批评对象的褒扬与肯定，还是对其的批评与否定，一个一以贯之的恒定准则，就是“五四”启蒙主义的价值立场。或者说，我们也不妨认为，“五四”启蒙主义不仅构成了丁帆文学批评工作的精神与话语资源，同时，它也借由丁帆的工作而不断释放出自己的能量，在由种种话语交织和充斥着的批评空间和批评历史中，证明着自己生生不息的生命与活力。

三

在丁帆教授的学术世界中，文学史研究一直是其中的重要内容。早在 1992 年，他就出版了《中国乡土小说史》，后来又先后撰著和主编了《中国大陆和台湾乡土小说比较史论》《“十七年文学”：“人”与“自我”的失落》《中国新时期小说主潮》《中国当代文学史新稿》《中国西部现代文学史》等多部文学史著作。可以说，如何对现代以来特别是 1949 年以来的中国文学进行“文学史叙述”，一直是其非常重要的学术关切。

和他的文学批评一样，丁帆的文学史研究同样有着旗帜鲜明的价值立场。在《二十世纪后半叶中国文学研究的价值立场》一文中，

① 丁帆：《论文化批判的使命——与刘醒龙的通信》，《文艺报》1997 年 10 月 4 日。

他认为“历史作为叙述主体价值立场渗透的产物，要求完全客观中性的描述”实际上是一种无法实现的“苛求”，“文学史治史中的人文价值判断将是一个毋庸回避的问题，也无法回避”[①]。而他在这里所强调的“价值判断”与“价值立场”，在他和董健、王彬彬教授共同主编的《中国当代文学史新稿》“绪论”中，就是被概括为“五四启蒙主义与五四新文化运动的基本精神”的“人、社会和文学的现代化”——“人的现代化，主要指人的个性解放与思想解放，也就是人的自觉的现代意识的树立；社会的现代化，主要指现代公民社会即民主社会的建立，实现一系列与人的现代化要求相联系的社会制约；文学的现代化则是指脱离‘文以载道’的‘工具论’的束缚，实现文学的自觉，创造出以人性与人道主义为本的‘人的文学’”，而“以这样的价值判断来估量‘五四’以来的中国文学，关键问题就在于，看它是继承、发展‘五四’传统，还是背离、消解这一传统”[②]，这就是丁帆文学史研究坚定不移的价值立场和治史标准。和中国现当代文学研究领域中不多的几位学者一样，丁帆教授的文学史研究现、当代兼修，打破了通常以 1949 年为界的现、当代藩篱，一直都以很高的热情致力于他所主张的贯通百年的“大文学史”。这几年来，除他以往的文学史著述以及他和董健教授、王彬彬教授共同主编出版的《中国当代文学史新稿》外，他又先后发表了《“现代性”与“后现代性”同步渗透中的文学》《一九四九：在“十七年文学”的转型节点上：〈中国现当代文学史与思想史的关联性〉论纲》《八十年代：文学思潮中启蒙与反启蒙的再思考》《关于建构百年文学史的几点意见和设想》等论文，就中国现当代文学史特别是当代文学史的很多问题提出了新的思考。在这些论文中，丁帆非常注重在世界性的背景和中国本土的社会、政治、经济、文化

① 丁帆：《二十世纪后半叶中国文学研究的价值立场》，《粤海风》2001 年第 4 期。

② 董健、丁帆、王彬彬主编：《中国当代文学史新稿》“绪论”，人民文学出版社 2005 年版。

及思想史的深刻关联中，继续以其坚定的“五四”启蒙主义的价值立场清理和反思中国现当代文学史上不同文学史时期的文学思潮、文学现象和作家作品，得出了很多令人击节和耳目一新的结论。其实我认为，在本质上，这样的学术思路仍然是他所一直奉行的马克思主义的“历史的和美学的”原则。对于在这个原则基础上的对“五四”启蒙主义立场的坚持，丁帆曾有过明确的表述。他说：“我赞同用发展的马克思主义的历史唯物辩证法来解析一切文学史的问题，那就必须设置一个有恒久生命力的治史价值原则。我以为被马克思主义肯定过了的启蒙主义的价值观应该成为文学史恒定的价值原则，它既然已经成为人类普遍的人文价值共识，我们就没有理由去拒绝它，尤其是中国现代文学的治史观念和原则更应遵循这个被实践证明了的普遍真理——人、人性和人道主义的历史内涵是其评价体系的核心；审美的和表现的工具层面是其评价体系的第二原则。‘人的文学’仍然适用于我们的治史原则。”①也许，正因为有了这样的理论自信，他对自己治史原则的坚持才不仅坚定，而且十分勇敢。

丁帆曾说过：“唯物主义的马恩所提出的‘历史的和美学的’治史标准应该成为我们的座右铭。”②这里所说的“历史的”标准所意味着的对于文学史与社会、政治、经济、文化及思想史之间深刻关联的注重，在丁帆的治史实践中有着相当切实的体现。比如对于 1990 年代的文学，他就是在对这一时期中国的社会文化结构进行了认真深入分析的基础上，才进一步把握其历史特征的。他认为就中国的社会文化结构而言，20 世纪 90 年代的中国“已经走出了农业文明的羁绊，在现代化的‘补课’中，逐渐完成工业文明的全面覆盖，而且，随着后工业文明的提前进入，社会文化结构的某些部

① 丁帆：《关于建构百年文学史的几点意见和设想》，《文学评论》2010 年第 1 期。

② 丁帆：《关于建构百年文学史的几点意见和设想》，《文学评论》2010 年第 1 期。

分在某种程度上已经提前与西方社会一同进入了人类新的文化困境命题的讨论之中。因此，与之相对应的文学艺术在 90 年代以后所发生的质的裂变，也正是其在摆脱农业文明和封建文化体制过程中的症候反应”①。正是因为充分注意了这一时期的中国文学相应于社会文化结构的变革所发生的“质的裂变”，所以他才将 1990 年代作为一个独立的文学史断代与分期，并且用“‘现代性’与‘后现代性’同步渗透中的文学”来概括和把握。丁帆对文学史与社会、政治、经济、文化及思想史之内在关联的注重，使其对文学史的基本格局与走向提出了很多非常准确而又深刻的“历史洞见”。再比如他对 1980 年代的文学，就曾有过这样的“文学史叙述”：“我以为只要论及上一世纪八十年代文学，首先就得描述社会政治文化背景与文学思潮的关联，这两者之间是一对很难分离的连体婴儿，舍其背景就难以把握文学发展的脉络。八十年代文化思潮实际上有三个转折节点：一个是它的‘序幕’，那就是七十年代末的真理标准大讨论；另一个就是八十年代中期的‘清除精神污染’和‘反对资产阶级自由化’运动；再一个就是八十年代末的那场政治风波。显然，历史的环链是环环相扣的，没有七十年代后期的政治动荡就产生不了八十年代文学；没有八十年代中期的‘清污’与‘反自由化’，就没有八十年代后期文学的‘向内转’‘寻根运动’‘视点下沉’，没有八十年代后期的政治风波，也就没有九十年代文学进入消费时代的大潮。从中我们可以看出，社会政治文化思潮的演进是与文学发展同步的，它们是人文历史前行与后退的两翼，是在同一根车轴上平行转动的车轮。”②这样的“叙述”对于 80 年代文学的发生与终结以及在其发展中的“向内转”、“寻根运动”和“视点下沉”等现象的“历史阐释”无疑是直抵本质，澄清和拨除了以往的研究中形形色色“顾左右而

① 丁帆：《“现代性”与“后现代性”同步渗透中的文学》，《文学评论》2001 年第 3 期。

② 丁帆：《八十年代：文学思潮中启蒙与反启蒙的再思考》，《当代作家评论》2010 年第 1 期。

言他”和“犹抱琵琶半遮面”式的学术迷雾，起到了力拔千钧和正本清源的作用。

正是以马克思主义“历史的”标准为前提，丁帆基于启蒙主义价值立场而对文学史中很多问题的清理与判断才非常可靠，特别是其中的很多批判性思考也才很有力量。在我们前面所说的《一九四九：在“十七年文学”的转型节点上》等几篇论文中，丁帆已经初步构建和形成了其关于中国当代文学史的独特叙述，架构了一部已见雏形的启蒙主义的“中国当代文学史”。在这部“文学史”中，不同的“文学时代”得到了他立场鲜明的总体上的把握，众多的文学思潮、文学现象和作家作品都得到了新的价值判断和文学史定位，无疑是一次非常有力的“文学史重写”。

近些年来，对于“十七年文学”的研究成了中国当代文学研究界的一个热点与“显学”，但随着研究的深入与展开，这门“显学”也日益暴露出很多值得重视的问题，其中最重要的，就是我们对这一时期的文学是否应该有必要的价值判断？特别是，这样的判断又应该基于怎样的立场？在这些问题上，丁帆不仅多次强调“十七年文学”研究中价值立场的必要性，更是很明确地指出“十七年文学”的“工具性”处境，认为“‘十七年文学’创作是在文学必须直接配合政治运动和宣传任务的前提下，也就是一定要在‘写中心’‘画中心’‘唱中心’的口号下进行创作，否则就是反对无产阶级文学”[①]。指出这种“工具性”，对丁帆来说，依据的显然是其启蒙主义的价值观，因为在他看来，“十七年文学”的“工具性”处境显然背离了“文学的现代化”和“文学的自觉”这一“五四”启蒙主义的基本精神。实际上从作家的角度来看，创作主体的“工具性”处境还意味着对“人的自觉”和“个性解放”“思想解放”的严重背离，无疑也是对“五四”启蒙主义的反动。以启蒙主义的价值立场来在总体上把握一个“文学时代”，还表现于丁帆对1980年代文学的基

① 丁帆：《一九四九：在“十七年文学”的转型节点上》，《当代作家评论》2009年第3期。

本判断。在《八十年代：文学思潮中启蒙与反启蒙的再思考》一文中，丁帆在文学史与社会政治和思想文化史的深刻关联中，以其深切而又急迫的启蒙关怀，梳理出了1980年代“在文学史进程中所贯穿着的隐在而深层的启蒙与反启蒙交锋过程”[①]。近几年来，“重返八十年代”是中国的思想文化界和中国当代文学研究界的一个非常重要的动向，因此也产生了很多颇有影响的成果，丁帆以启蒙和反启蒙的思路来清理1980年代的文学，显然是一种姿态鲜明和相当有力的加入。

当然，丁帆的文学史研究绝不会仅仅停留在对一个或几个“文学时代”的宏观把握上，他对其中具体的文学思潮、文学现象和作家作品及文学史细部问题，其实都有深入的思考。或者说，他对不同的“文学时代”的宏观把握甚至其整个“重写文学史”的努力，都包含着或依赖于这些丰富的思考。对于“十七年文学”，他在揭示其“工具性”地“配合”政治意识形态之本质的同时，也指出了不同的作家“配合”的方式与程度有所不同，为了廓清他们间的区别，他将这些“配合”分成了“主动性配合”“消极性配合”“反动性配合”“抵抗配合”四种不同的类型，并且特别对当时“占绝大多数”的“无论小说、诗歌、散文、戏剧，各种文学样式都竞相争做政治的奴仆”的“主动性配合”做了激烈的批判[②]。对于80年代的文学，一方面，他对“伤痕文学”“反思文学”“朦胧诗”“现代派文学”“女性小说”等文学潮流的启蒙主义价值做了深入挖掘和很恰当的评价；另一方面，他又深刻揭示与批判了“改革文学”“先锋文学”“寻根文学”“新写实小说”和后期的“女权主义小说”及“清污”运动的“反启蒙”性。这样，80年代文学中的“启蒙与反启蒙的交锋过程”便很清晰地得到了呈现。不过，虽然如此，丁

① 丁帆：《八十年代：文学思潮中启蒙与反启蒙的再思考》，《当代作家评论》2010年第1期。

② 丁帆：《一九四九：在“十七年文学”的转型节点上》，《当代作家评论》2009年第3期。

帆并未以二元对立的思路将这一过程做简单化的切割，而是充分注意到了其中的复杂性。我以为在此方面，尤其显示了丁帆的很多深刻和精辟的“文学史洞见”。比如对“反思文学”，虽然他在总体上将其纳入了启蒙主义的范畴，但又明确指出它在启蒙问题上的局限，认为在曾经获得很高的文学史评价的诸多“右派作家”所写的“反思文学”作品中，“我们看到的仍然是在苦难的倾诉背后的对‘第二种忠诚’的深刻眷恋！而这种情愫恰恰又是把‘反思文学’推向‘五四’启蒙文学反面的动力”，而对这一点，“无论是当时的批评家，还是后来的文学史家，都忽略了这个皈依反启蒙意识形态的历史细节”[①]。正是基于这样的认识，他才对“反思文学”的基本构成及“反思文学”经典进行了他所倡导的“二次经典化”[②]，不仅将“朦胧诗”明确纳入其中，更是提出了靳凡的《公开的情书》、礼平的《晚霞消失的时候》、方之的《内奸》和林斤澜的《哆嗦》《白儿》《五分》等“名副其实的‘反思文学’代表作”[③]。这也意味着，丁帆启蒙主义的“文学史重写”实际上已经落实到了很具体的作品中，必将对以往俨然堂正的“正典结构”重构与改写，这一点，在他对刘索拉的《你别无选择》、徐星的《无主题变奏》、王安忆的《岗上的世纪》和铁凝的《玫瑰门》等作品启蒙价值的重新发掘和评价上，表现得同样明显。

丁帆的包括其“开放的社会学批评”和文学史研究在内的学术实践具有非常强烈的启蒙精神，无疑是“五四”启蒙传统的当代赓续和极为可贵的坚持。1980年代，中国思想文化界的总体情境无疑是启蒙主义的。启蒙和反启蒙，不仅如丁帆所梳理的，是当时文学

① 丁帆：《八十年代：文学思潮中启蒙与反启蒙的再思考》，《当代作家评论》2010年第1期。

② 丁帆：《关于建构百年文学史的几点意见和设想》，《文学评论》2010年第1期。

③ 丁帆：《八十年代：文学思潮中启蒙与反启蒙的再思考》，《当代作家评论》2010年第1期。

思潮中的基本冲突，也是当时思想文化界的两股主要力量，而且很明显，在精神与思想上，启蒙主义无疑占据了非常强势的地位。但是出于众所周知的原因，它却在后来遭到了挫败，并且在1990年代以后的体制性规约、消费主义狂潮、文化保守主义和“后学”话语等种种力量的围剿和夹击下走向了“衰落”。这也正如丁帆所指出的，是“大兵压境”[①]！但就在这种“大兵压境”的“紧急状态”下，知识者何为？是加入这些围剿启蒙的话语合唱，还是勇敢地坚持与抵抗？尤其是，身处学院的知识分子如何在自己的学术实践中坚持启蒙主义的价值立场，为价值而“学术”？这无疑是每一个知识者所必然面对的相当迫切的问题。在这样的问题面前，很多“聪明的”知识者选择了退却，以机会主义混迹于世，混迹于知识界，甚至出现了丁帆所批评的那些为了“蝇头小利却已经可以使知识分子任意改变学术观点”[②]的丑恶状况。但是丁帆——以及他的一些也许不多的同道——却选择了坚持，选择了在这盛行着背叛和同流合污及犬儒主义的时代中愈益困难的启蒙主义。这无疑是孤独的坚持，但也是可能的坚持。即使是在我们这样的时代，他——以及和他一样的学院中的我们，仍然应该和能够在自己的学术中坚持价值，使我们的学术具有批判性的力量。萨义德——这一西方世界的批判性知识分子和批判性学术的著名实践者，在他的《知识分子论》中，曾很明确地指出：“今天对于知识分子特别的威胁，不论在西方还是非西方世界，都不是来自学院、郊区，也不是新闻业和出版业惊人的商业化，而是我所称的专业态度（professionalism）。”[③]这一点，其实正如丁帆所一直警惕的一样，“不能把批评（我以为当然也包括他的

① 丁帆：《文化批判的审美价值坐标·代序》,《文化批判的审美价值坐标》,北京师范大学出版社2009年版。

② 丁帆：《二十世纪后半叶中国文学研究的价值立场》,《粤海风》2001年第4期。

③ ［美］爱德华·W.萨义德：《知识分子论》，单德兴译，三联书店2002年版，第65页。

文学史研究——笔者）过分学理化和学术化”，不能以所谓“做学问”的方式抽空和“阉割”批评家和研究者的价值与激情。[1]只有这样，只有超越那些被一些人甚至是故意做出片面理解的所谓“专业态度”和“学理性”，不再像丁帆所揭露的那样刻意奉行“丧失了人文价值判断和背离启蒙立场的‘蜗牛主义’策略”而企图钻进所谓学理性的“技术”外壳[2]，并且抵抗住威逼利诱，英勇无畏地坚持理想，伸张价值，批判的学术才有可能。

原载《当代作家评论》2010年第1期

① 丁帆：《文化批判的审美价值坐标》。

② 丁帆：《八十年代：文学思潮中启蒙与反启蒙的再思考》，《当代作家评论》2010年第1期。

丁帆：在现代与传统之间

孟繁华

丁帆有诸多显赫的头衔，最重要的大概是国务院学科评议组成员、中国现代文学研究会会长。这两个头衔在当下大学体制中的重要性自不待言。毋庸讳言，这是一种学术权力。这一权力，可以在现行的大学体制中畅行无阻。能够在这种权力结构中保持一个学者的本色，一定不是一件容易的事情。但是，丁帆首先是一位在现当代文学领域有重要影响的学者和批评家，这是他安身立命的基础。他诸多成果如《中国乡土小说史论》、《文学的玄览》、《中国新时期小说主潮》（与许志英合作）、《重回“五四”起跑线》、《中国西部现代文学史》、《中国乡土小说史》、《中国新文学史》等专著，以及数量庞大的论文和评论，成为这个时代本学科重要成果的一部分。特别是《中国乡土小说史》和《中国新文学史》，是本学科相关研究以及博士、硕士论文引用率较高的两本著作。如果说这些专著材料扎实、言必有据、持论合宜，显示了一个学者在学术层面真实地展开人生的话，那么，他的部分评论、演讲等则表现了丁帆作为一个现代知识分子的风骨和个性。比如他的《消逝的知识分子就消逝在大学里？——〈最后的知识分子〉读札》、《没有几个真正的知识分子，更不要谈知识阶层了》（在华中科技大学的讲座）、《批评观念与方法考释及中国当下文艺批评生态素描》等文章中，丁帆一直在拷问一个关键词：良知，特别是知识分子的良知。

任何问题的提出，都是不同学者对现实社会关注方式的一种表征。在丁帆看来，当下中国已“没有几个知识分子，更不要谈知识阶层了”[①]。知识分子的全面沦陷早已不是危言耸听的惊人之语。知识分子不仅让这个阶层全面沦陷，而且有意无意地培养他们的继承者。他援引拉塞尔·雅各比的话说：“当论文完成时，它便不容忽视，论文成为他们的一部分。研究风格、专业术语、对特定‘学科’的认识，以及自己在学科中的位置：这些标明了他们的心智。还有，完成的论文要由自己的博士生导师和专家委员会评定，为此不知又要付出多少长期的、常常是羞辱人的努力。这就形成了一个他们不得不服从的密集的关系网——一种服从——这同他们的人生及未来的事业紧密关联。即使他们希望——而通常他们是不希望——年轻的知识分子也不能把自己从这种经历中解放出来了。”他进一步发挥说：

> 这是雅各比描述的美国60年代后的大学里的知识分子情形，这俨然也成了新世纪以来中国大学里知识分子的真实写照。针对中国学院派知识分子的种种行状，包括自我的反躬叩问，我以为大学里的知识分子基本上是丧失了对社会的正确价值观念的引导，在许许多多重大事件中“缺场”，造成大众对重大事件缺乏提供一种有批判深度的价值参照；即使“不缺场”，也只能是做一些趋炎附势的、期期艾艾的、闪烁其词的、语焉不详的发言，绝少有那种犀利批判锋芒的文章和言论出现。与美国不一样的是，中国大学里被体制和文化豢养的一群知识分子就连仅存的一点乌托邦的精神也被自我阉割了。所以，你就别指望他们会喊出连封建遗老还能吼上一嗓子的“二十年后又是一条好汉”的豪言壮语，他们只能像阿Q临刑前那样憋屈到死，就连堂吉诃德那样与风车作战的勇气和浪漫精神都丧失殆尽。[②]

① 丁帆：《没有几个真正的知识分子，更不要谈知识阶层了》，在华中科技大学的演讲，2016年4月11日。

② 丁帆：《消逝的知识分子就消逝在大学里？——〈最后的知识分子〉读札》，《东吴学术》2010年第2期。

知识分子的这一状况，与自身没有建立起伟大的传统——或者与这个传统的极其脆弱有关；另外，现实也确实没有提供培育知识分子独立思想空间的环境和可能。这也诚如丁帆所说："我们不反对对国家民族的歌功颂德，也不反对给英雄唱赞歌。六十多年来，我们给作家的待遇让全世界羡慕和瞩目，它在体制上，甚至在法律层面就规约了作家和艺术家享有的至高的荣誉和权力……问题的关键则是，在中国，这些荣誉和特权基本上是授予'歌德派'的。在几十年的训导下，我们不得不承认，只有'歌德派'才能在这个体制中获取更大利益。反躬自问，包括我在内的绝大多数的所谓作家和艺术家，没有谁一直敢于直面惨淡的人生和面对鲜血淋漓的现实发出良知的呐喊，因为几十年来的由文学这个政治风云的晴雨表记录下来的痛苦经历，已然将奴性植入了作家和艺术家的血脉之中了。我们没有苏联时期'白银时代'留下的文学传统，所以我们不能产生像索尔仁尼琴那样站在一个作家良知的立场上去抨击斯大林时代的残暴行为，同时也不为美国的意识形态所左右。"[①] 丁帆对知识分子群体的这一判断所言不虚。在我们的当下经验中，这一群体，特别是学院的教授们，谈论最多的是又拿到了什么重大项目，有多少科研经费，如何争取了一级学科，如何应对了评估；接着是抱怨科研经费如何难以使用，财务的脸色多么难看，教授如何斯文扫地、尊严如何受挫等。这样的场景在不同的大学屡见不鲜。我们得承认，体制的力量是巨大的，很少有人能够抵御体制对我们的规训。同时，一个巨大的悖反形成了难以超越的怪圈：一方面，他们是这个学术体制的既得利益者，他们占有了各种学术资源，他们无形地在维护这个学术体制；另一方面，他们又牢骚满腹意气难平。他们拿到了体制的好处，同时，又在下属或同行那里获得义正词严的口碑。因此，就知识分子群体而言，他们真是遭遇了"内忧外患"。

① 丁帆：《中国当代文艺批评生态及批评观念与方法考释》，《文艺研究》2015 年第 10 期。

丁帆在不同的场合批判了这个群体的价值取向和精神面貌，这里显然也隐含了他的自我批判。在批判这个群体的同时，他也对当下的文学批评深怀不满。他认为当下的文学批评“缺骨少血”。他在接受《中华读书报》著名记者舒晋瑜的采访时说：“我认为马克思主义的批判哲学就是所有人文知识分子所应该秉持的价值立场，这是一个十分高的标准和要求，正因为我们太缺失了，所以，有坚守者就十分不容易了。对，作为一个批评家就应该面对一切文学现象做出最公正的独立判断，包括你身边最亲近的人，别林斯基对果戈理的严厉抨击就是知识分子良知的显现，他以公正的价值观彰显了一个文学批评家应有的立场。”①

读过丁帆的著述，我们对他的学术背景有大致如下的理解：他是一个受马克思主义文学理论和俄苏文化，以及以鲁迅为代表的中国 20 世纪知识分子文化传统哺育的批评家。这是丁帆从事学术研究和文学批评的思想文化背景。在理论批评方面，丁帆或许不那么新潮，当然，这不是说丁帆对新潮理论不了解、不接受。我们从他的《批评观念与方法考释及中国当下文艺批评生态素描》等文章中，大致可以了解他的西方文学批评理论背景。他的价值观和方法论，是经过学术训练、学术实践，特别是对当下中国现实观察、了解、体悟后的一种自觉选择。如果从学术实践的批判性、开放性和家国关怀的角度来理解，他无疑有现代知识分子的文化血脉，正是这样的情怀，也使他成为一个具有浓厚的“传统”意义的知识分子。时至今日，还有多少这样的学者和批评家，我们可能并不乐观。因此，丁帆是“50后”一代很有代表性和典型性的学者和批评家。

丁帆还是散文随笔写作的一把好手。他曾先后出版过《江南悲歌》《夕阳帆影》《枕石观云》《江南文化散步》《人间风景》《天下美食》等散文随笔作品。由这些作品可以更直观地了解丁帆作为现代文人的一面。通过这些作品，我们可以联想到“五四”一代知

---

① 舒晋瑜：《关注乡土就是关注中国——访中国现代文学研究会会长、南京大学文学院教授丁帆》，《中华读书报》2017 年 6 月 14 日。

识分子的日常生活和个人性情。他们是新文化的先锋、新文学的闯将；他们也是个人生活的缔造者，他们的从容、自信和随心所欲，昭示了那是得天独厚的一代。他们的风采至今仍令人向往不已。

谢冕先生说，现在的文人最大的缺憾是无趣，没有故事。一个文人、一个教授、一所大学，怎么能没有故事呢？现在的文人群体确实是一个了无趣味的群体，但丁帆的散文随笔和日常生活，有文人的趣味。他的《天下美食》，是一本谈论喝酒和美食的散文集。其中有一篇《士子暮年尚能酒否》，谈了他的饮酒史：

> 第一次喝酒是在六十年代的少年时期，偷喝了父亲放在碗橱上的一瓶四两装的金奖白兰地。先是偷抿一口，觉得辣中有甜；再喝一口，便觉得甜中藏怡。于是乎，一口一口喝将下去，可谓痛快淋漓，兴奋不已，不知不觉一瓶酒全部下了肚。人说酒是壮胆之物，当我喝第一口时，还生怕被父亲发觉要受罚，然而几口下肚，就顾不了那么多了，一口一口把自己十三岁的“少年愁滋味”全然吞咽了下去。第一次酒后的感觉甚好，那是一种微醺的境界，理智很清楚，只是兴奋，更有胆气。

喝酒人的少年时期大概都有这种体验，偷父亲酒喝的那个过程，恐慌、忙乱又不能自已，惟妙惟肖。丁帆的这本散文集，有八篇专事写喝酒，他写在国外和同行喝酒，写插队时喝酒，写古今文人雅士与酒的关系，写师生雅居等，篇篇有趣；特别是他那一声“断酒如断魂”，一个饮者的形象一览无余、八面威风。

散文随笔新著《人间风景》，是丁帆因访问、会议、讲学等到各地游历的见闻和思绪文章。这些风景既有自然的也有人文的。自柄谷行人在《日本现代文学的起源》中讨论了“风景的发现”后，一段时间里“风景”旋风骤起。任何风景书写的背后，都隐含着一个观察或“眺望”的主体，这个主体对风景有选择或“构建”的权力。因此，他看到了什么并不重要，重要的是他要通过这些风景表达什么。

梭罗写于1854年的《瓦尔登湖》，被誉为美国散文作品最早的典范之一。它平铺直叙、简洁和独到的观点，完全不像维多利亚中期散文那样散漫、用词精细、矫情和具体，也没有朦胧和抽象的气息。丁帆有幸去过瓦尔登湖。这水面不大，森林和土地都很有限的区域，只因梭罗而声名远播。但是，透过眼前的景致，丁帆想到的却是另外一个问题：

> 为何梭罗当年也没有能够坚持不懈地在瓦尔登湖上过着原始人的生活，两年后他又回到了城市和人群中。无疑，人类对大自然的破坏是一种罪孽，不过人类要发展，就必须付出一定的代价，但是，如何将代价降低到最低值，让现代文明去除污秽和血，以美好的姿态还自然和原始予人类生活，这才是梭罗作品的全部意义所在。[①]

《豁蒙楼上》应该是丁帆随笔的名篇，甫一发表，便被《新华文摘》转载。豁蒙楼位于南京玄武区鸡鸣寺内、鸡笼山东北端，是两江总督张之洞为了纪念其门生戊戌六君子之一的杨锐而修建的建筑。作者工作在这座城市，“几乎每天路过鸡鸣山脚下”，几十年后的重新登临，生出的却是别一番感慨。他写到了杨锐，写到了梁武帝，关键是触景生情，他写到了现代的两位大文人。一位是“生不见人、死不见尸”的“五大右派”之一的储安平。这位迷恋“新月派”诗人气质的学者、政治活动家和报人，在30年代初写过《豁蒙楼暮色》。在字里行间，丁帆看到的是“仿佛知识分子生的就是一副忧郁面孔”；十余年过后，另一个大文豪郭沫若也到过豁蒙楼。这时丁帆写道：同为文人，郭先生的豁蒙却是另一种状态，“难得糊涂”、见风使舵，可谓文人的另一种生存形态。据说郭沫若抽签抽中的是

① 丁帆：《瓦尔登湖旋舞曲》，《人间风景》，译林出版社2017年版，第5—6页。

第三十五签，为上中签，内云：“衣冠重整旧家风，道是无功却有功。扫却当途荆棘碍，三人共议事和同。”……而郭沫若却似乎看不懂，连声对身旁的《南京人报》记者说：“没意思，没意思。”作为游弋在国共两党之间的文人，郭先生当然不便说什么。联想到他老人家1949年后的种种表现，尤其是“文革”初期的焚书之举，真是令人感到先生在政治上的豁蒙是那样经不起历史的推敲和检验。丁帆的这类随笔，是游记也是学术随笔。无论怎样的景致，他总会触景生情，“心事浩茫”，浮想联翩，自然与人文相互交织自成一格。能有这样两副笔墨的学者，现在已经不多了。

原载《当代作家评论》2018年第6期

丁帆："历史一美学"批评及其启蒙性

梁 鸿

托马斯·库恩(Thomas S. Kuhn)在《科学革命的结构》中，通过对科学历史的发展进行考察，提出了"范式"这一概念(有时也译作"规范""典范")，它指一门学科既定的，已经成为信仰的、常识的价值体系与技术方式。这些"范式"不仅为科学家、学者与技术人员解决学科中具体的疑难问题，同时，也培养了一整套学科特定的思维方法与观念系统。但是，这一"范式"会经常遭遇到挑战。当常规范式无法解决许多新问题，处于不断增长的危机状态时，对范式的破坏、对常规科学的反对及建构新的"范式"便成为必要，这就导致"科学革命"的发生。库恩特别强调，在新理论、新范式出现之前，会出现危机时期，"危机的意义就在于，它指出更换工具的时机已经到来了"①。

对于20世纪中国文学批评而言，在"范式"的建构上，经历了三次库恩所说的科学革命的危机时刻。一次是"五四"文学革命，通过白话文运动，西方思想和思维方式的引入，完成中国文学的话语革命和思想文化上的总体革命，并成为思想界、学术界思考中国文学问题的"新范式"。这一"新范式"使得古典文学批评变得不科学、不清晰，那些"感悟式""印象式"的批评作为缺点而被遗弃。整个现代文学批评话语都是在这一"范式"基础上进行总结与梳理，各自建立自己的文学史与文学批评体系，胡适从进化论的角度对文

① ［美］托马斯·库恩：《科学革命的结构》，金吾伦、胡新和译，北京大学出版社2003年版，第71页。

学史的发展进行想象，周作人从文学源流追溯文学史的循环发生，茅盾、李长之、李健吾、沈从文等人以“作家论”建构自己的文学批评观与文学观。第二次危机即50年代“社会主义现实主义”新文学批评范式的建构，它是马克思主义与民族革命结合在一起的产物，并且，通过一系列政治改造运动化解并完成了可能出现的内部精神冲突。丁易《中国现代文学史略》的“苏联模式”，刘绶松《中国新文学史初稿》的“政治标准化”都可以看作是对“社会主义现实主义”范式的彰显与深化。这一套新的知识体系通过政治体制、高校教育、文学文本等渠道迅速渗透进大众与学术后来者的思想，并且成为其学术思维的基本依据。以此“范式”回望现代文学的作品，“阴暗”“小资产阶级化”“政治立场错误”等评价是一种自然的结果。第三次危机即80年代后新的“启蒙”话语与“文学性”范式的建构，它的最大推动力来自对“社会主义现实主义”文学范式和背后政治意识形态话语的反动，“从一种处于危机的范式，转变到一个常规科学的新传统能从其中产生出来的新范式，远不是一个积累的过程，即远不是一个可以经由对旧范式的修改或扩展所能达到的过程。宁可说，它是一个在新的基础上重建该研究领域的过程，这种重建改变了研究领域中某些最基本的理论概括，也改变了该研究领域中许多范式的方法和应用”[①]。80年代以来的“重写文学史”思潮及文学批评体系的不断推陈出新正是对原来的“规范方法和应用的重建”，是建立“新传统”的企图。如何以一种新的话语方式及思维体系，重建“学科范式”，重建一套行之有效的价值体系与技术方式，是当代文学史家和批评家面临的重要课题。也正在此一背景下，当代文学批评呈现出多种路径与多种可能性。本文以及在未来几篇文章中，将以几位当代文学研究者为个案，分析在重建当代文学批评话语和学术体系的过程中，研究者以什么样的方法与视野建构自己的“范式”，这一“范式”为当代文学研究打开了怎样的历史空间，在何种意义上扩大或改变了当代文学批评的图景与面

---

① ［美］托马斯·库恩：《科学革命的结构》，第78页。

貌，同时，这一“范式”又会遮蔽什么，这些遮蔽显示了这一“范式”怎样的缺陷与必须面对的问题，等等。

在当代文学批评界，丁帆是少有的仍然保持着一种激愤情怀的文学史家和批评家。这种“激愤”在当代知识分子中已经被看作是“不合时宜”的气质，在学科内部，它也暗指学术思想的非科学性和非理智性。但也恰恰是这样一种气质，使得丁帆保持着自己独特的入场方式与思维方式。

在出版论文集《重回“五四”起跑线》时，丁帆对自己的学术思路进行了这样的总结：“从侧重于微观批评的作家作品论起步，到追求一种建立在微观细察之上的对中国当代文学乃至文学本体的更高远更全面的整体观照，我逐步做到了微观批评与宏观批评的合一，并在此基础上才力求立足高远、深入浅出地解析社会人生、文学文化。我追求美学历史批评与本体批评的统一：试图在艺术细节上深入把握作品、对作品进行精辟的分析，也将批评对象置于其特定时代文化背景下，以‘知人论世’的原则进行考察，使作家作品不但体现出其美学上的意义，亦显示出其历史的、社会的价值。作为一个有良知的现代知识分子，在学术研究中，一直不曾泯灭的是我强烈的现实参与精神与社会责任感。文学绝对不是自足的，它的意义应与现实社会、道德理想乃至人类终极关怀密切相关。所以，我的文学批评有强烈的社会批判色彩，直至渗入文化批评领域。”[①] 从这段话不难看出，丁帆着意强调一种“历史—美学”的批评方法与“批判性”的思想立场，这也是他在许多地方都反复论述与强调的观点。其实，“历史—美学”批评并不是丁帆的独创，在某种意义上，它与马克思恩格斯的文艺观有着相通的地方，但是，在当代语境下，马克思所言的文学中所应该包含的“意识到的历史的内容”早已被置换为“政治的、阶级的内容”，因此，作为一种方法论的“历史—美学”批评，在当代文学批评中，必须经过“祛魅”的过程，才能够回到其本源的意义。在本文中，我将重点分析其“历史批评”

① 丁帆：《重回“五四”起跑线》，人民文学出版社 2004 年版，第 2 页。

这一层面，因为“历史”一词，在当代文学批评话语中，最具有可辨析性，也最能体现批评者的文学观和方法论。

在丁帆这里，“历史批评”并非以政治或社会的角度去考察文学的价值与功能，而是把文学作为一种具有思想功能和传达功能的事物，作为社会生产中的一个元素，探索其所具备的历史的时间感和空间感。它意味着，所有的问题，无论是文学的、思想的，还是社会的、现实的，都必须放在民族的与中国的统一视域下考察，在一种强烈的“在场感”中寻找“历史”和“历史感”，并且认为，只有这样，对文学的考察才具有内在扩张的可能性。同时，必须加以辨析的是，在丁帆的“历史—美学”批评中，“历史”不只是知识、资料与事件的综合，也是在社会史与政治史背景下的一些具有思想倾向的总体生活状态，蕴含着价值立场和具体的判断。这一点，与洪子诚、程光炜等人研究中的“历史”是截然不同的，在后者这里，“历史”本身正是要考察的对象。在谈及“中国当代文学”这一时段命名时，丁帆和《中国当代文学史新稿》的编者们认为，“这样的‘史段命名’并不重要，重要的是我们不失历史感，准确地把握住了这一史段的根本特征与历史定位。这种‘历史感’就是认为‘历史中有一种发展、有一种内在联系’，能够历史地、在同历史的一定的联系中来处理材料——把近半个世纪的中国当代文学放在整个中国社会与中国文学现代化的历史进程中进行考察与评述，并把这种历史感渗透到作家、作品、思潮的具体评价当中”[①]。《中国当代文学史新稿》改变了通常文学史对当代文学的“三分法”，而是以“五分法”进入，其中最明显的理念就是抛弃了“以社会政治转型为本位的政治优先原则，同时，也抛弃了‘去政治化’的‘庸俗技术主义’原则”，更加注重将研究对象还原到具体的历史语境与政治语境中，进而考察作品及文学现象的内在产生机制。这一思维起点与切入角度在当前的“重写文学史”思潮中，具有某种启发性。

① 董健、丁帆、王彬彬主编：《中国当代文学史新稿》，人民文学出版社 2007 年版，第 3—4 页。

在其代表论著《中国乡土小说史》的长篇绪论中，丁帆从“乡土小说的世界性发展轮廓”角度论述了“地域性”之于乡土小说的意义，“在世纪的转折点上，所必然会引起的两种不同文明的对立和冲突，这种冲突应该是整个国家和民族的，但它必须用乡土小说及其‘地方色彩’作为艺术的象征和载体来完成二十世纪人的情感(包括审美、道德、伦理等在内的大文化情感)转换……一切具有人文主义启蒙思想的价值判断在乡土文学领域内得到最形象的体现”[①]。如果我们阅读这部论著，并且试图在其中寻找论者的基本理论思路的话，就会发现，无论是论述乡土文学的“地域性”，“三画四彩”的审美特性，还是对20世纪乡土文学的具体发展进行史的梳理，作者有一个基本的意图在里面，即文学必须回到民族思维深处，回到中国语境内部，才能够具备真正的“历史内容”；作为一位人文知识分子或思想者，也必须将自己的思维放置于民族生活内部，才能够对西方话语、对中国纷呈的杂流有所辨别。在这背后，暗含着丁帆作为一位当代思想者对中国“现代性”的反思，及对在这一“现代性”语境下“启蒙话语”的反思。

“五四”乡土小说为什么最能够体现“启蒙”思想？恰是因为“在‘土气息、泥滋味’里最能寻觅到揭示民族文化劣根性的描写点，亦最能张扬五四的‘个性解放’之精神”；而延安文学以后乡土文学的启蒙色彩逐渐淡化，也是因为作家放弃了“地方色彩”和“风俗画面”，尤其是，把政治问题作为文学的首要条件放置于地方性之上。“地域性”并非只是乡土文学的一个要素，而是乡土文学的概念存在的阈限，只有植根于此，乡土文学才能够真正体现民族之思维与存在状态，也才能达到“启蒙”的目的。从这个意义上，丁帆认为“《创业史》是一部向乡土小说风俗画美学特征告别的宣判书，这种美学特征的失落，严重地损害了乡土小说的审美效应，消弭了乡土小说与农村题材小说的区别……柳青则是在庄严的主题情结笼罩下，有意排拒了这种看似装饰性很强的审美内容，以全部

① 丁帆：《中国乡土小说史》，北京大学出版社2007年版，第6页。

的笔墨倾注于人物的描写和对既定主题的阐发”[①]。丁帆试图把启蒙“本土化”和“历史化”。“启蒙”，作为一个概念，有其抽象的、大统一意义，但就每一种文明状态和一个个文学文本而言，意味着作家必须从本民族的生活出发，书写生活、场景与人生，而非受政治话语或“现代”话语支配，这样，“启蒙”才能内化为本民族适用的一种具体的思维方式与技术能力。西方“现代性”话语和“启蒙”话语如果只是一些凌驾于中国现实的概念，而没有经过本土思维，进入中国具体的历史语境的话，那么，它们也只是一个概念，无法对理解中国生活及中国思想产生作用。也因此，丁帆认为 90 年代以来文学出现了一个“无法忽略的空洞”，“风景画面逐渐消亡”，他认为这“预示着人类在‘后现代’的历史过程中忽略了它的延伸性与成长性”，其实，也指此一时期的文学忽略了在全球化共通背景下依然存在的民族个性与自我存在样态。

“启蒙”既是一种思想，同时，更是一种方法，它需要使用者进入文本的历史和文本所叙述的历史。这也是所谓“历史批评”的必要前提。在《近代文学批评史》中，韦勒克认为，除了“分析、细读、解释”这些常规步骤之外，批评还应该有另外两个步骤：纯粹批评和历史批评。纯粹批评“不是对作品的研究，而是对本质的研究：对精神特质、对体裁、对全书的研究”，在阐释历史批评时，他特别认同蒂博岱的观点，认为历史批评的主要任务在于“确定作家的前承后继，构成思想的学派，辨认纷呈的流派，他们在一国文学中各居其位而且彼此抗衡。一部作品可以归类于一个系列，论者可以将其置于一个文学序次中、置于一个流派中加以考虑，要兼顾它的来龙去脉”[②]。从《十七年文学：“人”与“自我”的失落》、《中国乡土小说史》及《中国当代文学史新稿》等论著可以看出，“历史批评”始终贯穿于丁帆对作家、文学现象的考察中，尤其是在对

① 丁帆：《中国乡土小说史》，231—232 页。

② ［美］雷纳·韦勒克：《近代文学批评史》第 8 卷，杨自伍译，上海译文出版社 2006 年版，第 88 页。

思潮的变迁、作品所处“文学序次”的考察中。丁帆特别强调历史时间所塑造的空间形态，强调历史发展、社会变迁、政治更替与文学创作之间内在的互生关系。他进行论述的基本单位是文本，是一个象征性点位，但这一点位却建构在以社会历史、政治经济及作家相互冲突而形成的坐标系上，从而使得文本所处的历史空间被揭示出来。

“八十年代文化思潮实际上有三个转折节点：一个是它的‘序幕’，那就是七十年代末的真理标准大讨论；另一个就是八十年代中期的‘清除精神污染’和‘反资产阶级自由化’运动；再一个就是八十年代末的那场政治风波。显然，历史的环链是环环相扣的，没有七十年代后期的政治动荡就产生不了八十年代文学；没有八十年代中期的‘清污’与‘反自由化’，就没有八十年代后期文学的‘向内转’、‘寻根运动’和‘视点下沉’；没有八十年代后期的政治风波，也就没有九十年代文学进入消费时代的大潮。从中我们可以看出，社会政治文化思潮的演进是与文学发展同步的，它们是人文历史前行与后退的两翼，是在同一根车轴上平行转动的车轮。”[①] 从一般意义上看，这些论断有过于鲜明的“历史决定论”的色彩，它忽略，或弱化了文学自身嬗变所产生的作用，但是，如果把中国当代文学的面貌与社会政治文化思潮放在一起来考察的话，它们又的确具有共生性和互文性，这也与中国当代特殊的政治环境相关。在这个意义上，丁帆呼吁当代文学的“社会性批评”，“在二十世纪的中国却从来就没有实行过真正意义上的社会性批评，而俄国‘知识阶层’在世界文化与文学的范畴里所创造出的这个产生过巨大思想影响的批评学派，似乎是更适合于我们这个时代的一种批评方式”[②]。这与他的启蒙“本土化”和“历史化”的主张是相一致的，“社会性批评”并非弱化了文学本身的审美与自足的存在价值，相反，它能够更深

① 丁帆：《八十年代：文学思潮中启蒙与反启蒙的再思考》，《当代作家评论》2010 年第 1 期。

② 丁帆：《二十一世纪中国文学批评前瞻》，《江海学刊》2002 年第 3 期。

刻地研究文学存在的本质性。文学与社会、历史、政治之间的关系在我们这个时代尤为紧张，更具有可阐释性，也更能探索人文知识分子存在的矛盾与问题。

也是在这个意义上，丁帆把思考的范围从文学文本扩大到与之相关系的中国文化状态上，并做出自己的判断：“就中国的社会文化结构而言，它已经走出了农业文明的羁绊，在现代化的‘补课’中，逐渐完成工业文明的全面覆盖，而且，随着后工业文明的提前进入，社会文化结构的某些部分在某种程度上已经提前与西方社会一同进入了人类新的文化困境命题的讨论之中。因此，与之相对应的文学艺术在90年代以后所发生的质的裂变，也正是其在摆脱农业文明和封建文化体制过程中的症候反应。如果把‘五四’到90年代以前仅仅作为‘现代化’与‘现代性’的一个漫长过渡，那么，90年代在完成了社会结构转型的最后阵痛后，文学已然脱离了以农业文明为主导内容的封建文化母体。”[①] 他认为，正是因为这种“现代性与后现代性互渗”的社会结构，使90年代的中国出现“文化滞差”现象和文学多元杂生的状态[②]。而当代乡土叙事的多元化也正是因为转型时期中国乡土的多重结构所导致。

在“反思现代性”视野的贯穿下，当代文学“启蒙”与“反启蒙”的内在律动被观照出来。“十七年”以后的各种文学思潮，从“伤痕文学”、“反思文学”到“寻根文学”，甚至“女性小说”的兴起，有了一种统一的视野。它们彼此的属性，所处的历史空间，历史位置被有机的、逻辑地联系在一起，从而使文学史获得一种整体的、同空间的评价的可能性。由此，丁帆对“寻根文学”做出独特的判断，“从世界文学的比较格局来看，‘寻根文学’又是一次试图借鉴和模仿拉美文学运动的失败性尝试，它不但隔断了中国文学历史的现

① 丁帆：《“现代性”与“后现代性”同步渗透中的文学》，《文学评论》2001年第3期。

② 丁帆、傅元峰：《现代性—后现代性中互渗的文化问题——丁帆教授访谈录》，《黄河》2002年第5期。

代化进程，而且也阻隔了作家对世界文学格局的深入了解，是对西方文明、文化和文学的无知。这种无知，就决定了这场运动是一个文学上的反现代性的运动。虽然这批作家的价值理念是混乱的，但是他们对‘五四’文学精神盲目无知的批判助推了反‘五四’精神的逆流”[①]。

从文学到历史，再由历史反观文学、文化与思想，经过这样的“正、反、合”过程，当代文学所存在的问题，当代思想的缺陷被折射出来。丁帆从对茅盾的《子夜》和“晚生代”的“个人化写作”解读入手，分析了两次资本主义语境中文学的错位与盲视，指出现当代文学在面对社会现实时的失语与启蒙思想的匮乏：“我们的文学家在整个文化语境中‘失明’了，‘失声’了，看不到这个阶级对社会肌体的侵蚀，看不到它对中国社会乃至整个时代观念的制约力，恐怕也是作家有意无意地回避尖锐的社会矛盾，躲避一个作家应有的人性和人道主义的批判立场和观察视线的结果……随着时下对现代知识分子建构的‘现代启蒙话语’的解构，人们已对‘书记员’的写作角色嗤之以鼻了。所谓‘多元写作’一定程度上则是消解现实本质，消解人性和人道主义立场，用‘多元’来掩饰创作进入另外的‘一元化’写作——物质主义时代的‘欲望化写作’。”[②]丁帆强调作家对宏大历史与社会现实的构筑，但这与“十七年文学”中那种政治前提下的“宏大叙事”又有着本质的区别。其中，“知识分子主体性”是决定文本思想倾向和面貌的根本原因，正是当代“知识分子主体性”的复杂使得中国当代文学的面貌变得暧昧、混杂。

丁帆对“八十年代文学”中的许多概念持一种质疑态度，这也是进入他的批评体系的关键。“八十年代文学”，尤其是进入90年代以后，文学有一个非常大的潮流，即对“宏大叙事”的解构，尤其是对有关民族的、集体的、总体社会生活方式的叙事，作家很少

① 丁帆：《八十年代：文学思潮中启蒙与反启蒙的再思考》，《当代作家评论》2010年第1期。

② 丁帆：《不可忽视的官僚资产阶级形象描写——二十世纪两次资本主义语境中的文学状况》，《南方文坛》1999年第1期。

触及。这背后并非仅仅是作家能力问题，而是整个时代文学潮流及某些正在形成的“范式”所致，“解构”、“个人性”和“小叙事”正在成为20世纪中晚期的文学“范式”，身在其中的作家自然会受这一“范式”的影响与牵制，因为脱离它，便意味着作品的“主体性”与“经典性”不被承认。而丁帆所强调的恰恰是作家所应具备的时代“书记员”的角色，这一角色也不同于“十七年文学”或“现实主义冲击波”那种整体的强化政治合理性的意图，而是致力于书写社会、时代的“尖锐矛盾”，进行一种文化批判。

从这一角度，丁帆对80年代“文学回到自身”“文学向内转”等话语进行反思：“思想史滞后的行进轨迹改变了文学史的进程。到1985年前后，也就是‘清除精神污染’之后，文学发生了根本的转向。有很多知识分子吸取了历次政治斗争的负面教训，尤其是反右斗争的教训，开始寻找新的出路，抛弃了人文内涵的叩问与追求，这就是所谓人文学界普遍‘向内转’的思想倾向占主导地位的缘由，而这尤其表现在文学创作上的先锋文学思潮之中。”[①]丁帆认为“先锋文学”的兴起实际上是“钻进‘技术’外壳的一次行为艺术，是典型的丧失了人文价值判断和背离启蒙立场的‘蜗牛主义’策略”，这一论断是否过于武断还值得进一步推敲，但是，它揭示了“先锋文学”在它所属的年代所代表的社会声音及自身的社会属性。这是之前文学史思考所忽略的地方。用所谓“科学”的话语去强调文学的形式与自我自足的存在，“科学至上论”，这其实也是人文知识分子走向溃败的象征。它也使我们意识到，当我们转换一种思维去重新打量所谓的文学主流及其“正确性”时，会发现其中的误区与所存在的问题，这也正是“历史—美学”批评视野带来的启发。

在丁帆这里，启蒙也是一种情怀，是人文知识分子所必须具备的人文性。它不仅是一种思想，还是一种情感；它不仅表现在面对具体的社会生活，现实时的态度，也应该成为考察文学文本和政治

① 丁帆：《八十年代：文学思潮中启蒙与反启蒙的再思考》，《当代作家评论》2010年第1期。

思潮的价值起点。这也是丁帆“激愤”的基本根源。它既是一种良心，也是一种立论基础。当以“历史—美学”的方法去考察文学时，其背后的价值立场与人文情怀必须同时并存，这样，“历史”才不至于是纯然客观的、空洞的历史，同时，“历史”也必须被容纳入一个大的立场之中，进行有边界的考察。这在90年代以来的文学及文学批评框架中特别重要，因为我们所处的是一个不断分化，精神上不断萎缩的时代，文学正在不可避免地走向“涣散”。文学批评，文学研究也在冷漠化，这种冷漠化往往以学科、科学、技术化、文学自主化等名义出现。让文学回到历史的视野中，其实，也是让文学回到思想与情感的视野。由此，丁帆对当前文学史研究的路径与方法表现出自己的担忧：“目前研究文学史有三种路径：一是在‘政治祛魅’的过程中对文学史上的作家作品重新排座次；二是以‘空白论’回避历史；三是从纯粹的美学标准出发把一些曾被遮蔽的小作家从历史的暗陬重新翻出。当然，其中也有一些现在很走红的研究者只是把西方后现代理论一知半解地移植过来进行伪‘知识考古’。纯技术的自然科学研究方法正是这个技术官僚时代对人文知识分子的治学品格的挑战，‘经世致用’，‘用’彻底地被庸俗化以后，人文知识分子势必被逼上背叛之途。在文学研究中，一个合格的拓荒者必须警惕线性的、理科式的思维方式，警惕技术官僚风气所造成的人文精神匮乏。”从本质意义上讲，这些新的进入文学史的途径恰恰是近几年文学研究具有开拓性的成果；就方法而言，它们带来很大的启发性。但是，也出现了诸多需要警惕的问题，“主观上中性的描述欲求如果导致了客观价值立场的迷失，就没有根本上从思想史和文化史背景上解决问题；而在某种先入为主的‘客观’构架里进行作家作品的重新组合排列，所达到的治史高度已经在此层次之下。因此，必须强调历史的和美学的标准”[①]。

① 丁帆、黄轶：《以文化批判者的独立精神面对历史和未来》，见丁帆《文化批判的审美价值坐标——中国现当代文学思潮、流派与文本分析》，北京师范大学出版社2009年版。

丁帆所倡导的“启蒙的批判性”，对于当代人文知识分子与文学研究者来说，并非一个陌生的名词，几乎人人都在使用它，问题在于，当归结到具体问题时，以什么的思维与路径进入批判，批判的基点与背景在什么地方。毫无疑问，在丁帆这里，“启蒙的批判性”，并非意味着对“十七年文学”或“文革文学”的否定，也并不意味着对“先锋文学”的否定，而是在美学的前提下，把这一思想引申为一种具有意识形态意味的框架。其中，“历史”的视野，对文学的民族性、社会性的重新厘定，对人道主义和人类精神的超越性使用是其核心，它们在一起形成一套具有可阐释性的思想。“人道主义是什么？我们的左派理论家们首先把它定义为资产阶级的理论。的确，这个理论是资产阶级启蒙主义的重要内涵和武器，但是它已然成为人类共同的人文价值遗产，已不属于资产阶级的专利。然而，当时有谁敢于承认这个人类文化进化的事实呢？即使是到了开明政治的今天，还有人批判这种恒定的普遍价值，可见人道主义的成长在中国的道路还很漫长，启蒙也是任重道远……一旦某种理论被历史证明了它所具有的普遍真理性，它就具有了超阶级、超国家和超民族的价值功能。虽然这是一个常识性的问题，但是在中国要说清楚它的道理却是一件很不容易的事情。”①

这最后一句话道出丁帆所处的某种困境，在极易政治化的中国思维方式中，“历史—美学”批评通常会被等同于“庸俗社会学”批评，这需要论者摆脱自己的，甚至是一个民族共通的思维惯性。这是非常艰难的事情，因为它存在于我们的每一具体思考中。正如我在前面所言，当代文学批评的话语重建背后有一个基本的危机意识，即“十七年文学”及“社会主义现实主义”批评理论所建构起来的范式已经无法解释新的文学现象及其新的社会变革，也因此，对“十七年文学”的反动始终是一个潜在的对立面，这会造成研究者的一些盲区。遮蔽一些微观层面的问题，这是当代文学研究一直以来存在

① 丁帆：《八十年代：文学思潮中启蒙与反启蒙的再思考》，《当代作家评论》2010年第1期。

的问题。就“历史—美学”批评而言，它会过于强调与思想、意识形态相关的“历史”，而忽略个体的、偶然的“历史”，过于强调文学与大历史、政治思潮之间的共生性与互动性，而忽视文学超越于历史的层面。这一点，在分析具体文学文本时特别明显。

但是，恰如钱穆所言：“若使治史者没有先决定一番意义，专一注重在方法上，专用一套方法来驾驭此无穷之材料，将使历史研究漫无止境，而亦更无意义可言。”[①] 作为一种方法论，丁帆的“历史—美学”式批评为我们研究当代文学提供了一个可供参考的范式。在这一范式中，“政治”“社会”“历史”被成功地“祛魅”，重新成为具有活力的学术词源；文学史不仅仅是文学作品的不断更新，而且是与生活流、历史流及个人的思想、价值立场相互纠缠，相互影响，具有深刻的、可供思辨的同构性。韦勒克在评价法国文学批评家蒂博岱时，这样说道：“蒂博岱成功地结合了历史主义的两个方面：对于个别性、特殊性、独特性有一种强烈的意识，同时对于时间长河之重大的历史进程又始终有所感知。蒂博岱的思想体现了一种文学观和世界观，它对于我们理解文学和世界依然成效卓著，尽管它可能与我们时代的各种狂热思想、带有局限的偏重方面以及可能更加深奥的形而上学背道而驰。”[②] 从整体的思想倾向来看，丁帆的文学批评也具有此一特性。

原载《当代作家评论》2010 年第 1 期

① 钱穆：《中国历史研究法》，三联书店 2001 年版，第 1 页。

② ［美］雷纳 · 韦勒克：《近代文学批评史》第 8 卷，第 104 页。

丁帆学术思想论略

刘卫东

新时期以来，丁帆先生在“中国新文学”研究领域深耕多年，著述丰赡，影响甚大。[①] 另外，还发表了大量随笔散文，结集为《枕石观云》《江南悲歌》等；主编了以南京为主题的《金陵旧颜》等，在文学研究的“主业”外亦有建树。因此，他兼具学者、作家、编辑、学术活动家多重身份，在建构当前中国现当代文学研究秩序中，具有举足轻重的地位。此前已有学者从不同视角阐述、研究了丁帆先生的学术成果。[②] 本文不揣浅陋，拟在“中国新文学”研究学术发展的视野中，综论丁帆的学术思想。

一

文学史书写在文学研究中居于重要位置，写作者容易获得学术地位，但这项工作难度大，容易受诟病，常常“出力不讨好”。新时期以来，虽受多方面掣肘，但出于教学和学科建构的需要，还是

① 2014 年，在中国现代文学研究会第 11 届年会上，丁帆当选为会长。此外，他还曾或正担任国务院学位委员会中文学科组成员、南京大学新文学研究中心主任、《扬子江评论》主编、江苏作家协会副主席等职务。

② 学界对丁帆学术的研究成果有：王达敏《世界文学视域中的中国乡土小说研究——丁帆学术成就之一》，《文艺争鸣》2013 年第 3 期；傅元峰《当思想穿越历史的雾霭——丁帆启蒙文学史观论析》,《文艺争鸣》2013 年第 3 期；王宇《文化研究的文学指向——评丁帆〈文化批判的审美价值坐标〉》，《福建论坛》2011 年第 4 期；姜玉琴《启蒙、批判与诗性——丁帆〈中国乡土小说史〉》,《学术研究论》2009 年第 3 期。

不可避免地出现了大量良莠不齐的文学史。“怎么才能写出一部好的文学史”是学界不断讨论的难题。美国学者韦勒克、沃伦提出“必须精心制定一个新的文学史理想和使这一理想可能得以实现的新方法”[①]，显然是希望找到一个一劳永逸的方法，写出一部永久流传的文学史。但从现实来看，此说带有一定的“规定性”，并不能实现。文学史的写作和文学史理论的发展，本来就是“流动的”，将某个定论定为一尊，反而不符合该项工作的“书写”特征。应该说，文学史的写作是“竞争”的，处于不断被“重写”的境地，已经不可能出现“统一”“权威”的文学史了。每一位编丁帆学术思想论略纂者，都会站在自己和时代的角度，看取文学发展，给予安排和评价。无疑，这使文学史写作有了更多的“个性”空间。在此背景下，作为文学史家的丁帆对“中国新文学”学史的思考和书写，就值得关注，因为他不仅建立了属于“个人”的“文学史哲学”，还以此为指导，进行了探索和实践。

考察丁帆对“中国新文学”研究的贡献，可以从他新近主编的一部文学史入手。2013 年，丁帆主编的《中国新文学史》在高等教育出版社出版，这部著作集中体现了丁帆对“中国新文学”本质、叙述框架和美学特征的思考，也可以看作他文学史书写实践的总结。在为此著所做的阐述中，丁帆明确提出了将“1912 年民国元年作为新文学的起点”[②] 的论断。这是当前唯一将 1912 年作为新文学叙述开端的文学史，其“创新”也正在于此。文学史出版前，丁帆已经从不同角度撰文，论述过这个观点，做了充分的理论阐释。[③] 对于

① [美]雷·韦勒克、奥·沃伦：《文学理论》，刘象愚等译，三联书店 1984 年版，第 311 页。

② 丁帆：《写在〈中国新文学史〉的前面》，《中国现代文学丛刊》2013 第 5 期。

③ 丁帆有关“中国新文学史”断代的研究成果主要有：《关于建构百年来文学史的几点意见和构想》，《文学评论》2010 年第 1 期；《中国现当代文学史断代谈片》，《当代作家评论》2010 年第 3 期；《新旧文学的分水岭——寻找被中国现当代文学遗忘和遮蔽了的七年(1912—1919)》，《江苏社会科学》2011 年第 1 期；《给新文学史重新断代的理由》，《中国现代文学研究丛刊》2011 年第 3 期。

文学史来说，“断代”是一步，最为基础，此后所有的工作都与之紧密相关。“断代”的背后，通常隐含了对历史分期的“本质”认识，绝非小事，因此，每位学史家都不得不对此问题做出回应。[①] 丁帆提出的“新文学起点”说，与历来的文学史不同，尤其与以 1919 年“五四”为起点的传统说法有很大差异。为什么将“新文学”的起点时间提前到 1912 年民国成立？丁帆如此说明：“无论是从推翻封建王朝和孙中山倡导的民国核心人文理念与价值内涵看，还是从‘白话文运动’、通俗文学和‘文明戏’的发生发展看，中国现代文学史的开端都应该开始于 1911 年辛亥革命后的民国元年 1912 年。”[②] 这个划分方式，此前也有人提出，但是丁帆在这里进行了明确强调，并且给出了充分的理由，解决了长期困扰“中国现代文学”建设的一个问题。丁帆的这一做法，有摆脱旧权力对学术的介入，“回归”“文学研究本体”的意味。以五四新文化运动为起点的“断代”，与此前以朝代更迭为阶段书写文学史的“惯例”不同，内在贬低了民国成立的意义，带有“党派对文学本身的争夺和利用，从而欲使本属于国族的文学也有效地被纳入党派的意识形态统治之中”[③] 的倾向。本身这个结构就蕴藏着权力之手对文学史书写的操弄，虽然几经摆脱，[④] 但效果都不理想。丁帆将 1912 年民国成立作为新文学的开端，

① 洪子诚《中国当代文学史》“前言”（北京大学出版社，1999）：“对于 20 世纪的中国文学，目前已经有多种概括方法，在文学分期上也提出了多种方式。”陈思和《中国当代文学史教程》（复旦大学出版社，1999）：“无论是‘五四’以来的新文学，还是 1949 年以来的当代文学，时间上都缺乏明确的下限界定。”

② 丁帆：《新旧文学的分水岭——寻找被中国现代文学史遗忘和遮蔽了的七年（1912—1919）》，《江苏社会科学》2011 第 1 期。

③ 丁帆：《关于构建民国文学史中难以回避的几个问题》，《当代作家评论》，2012 年第 5 期。

④ “现代文学”“当代文学”需要打通的想法和实践从 20 世纪 80 年代就开始了，比如用“现代文学”（将“当代”纳入“现代”）、“20 世纪文学”等来命名，但是在“起点”上一直模糊不清，“1919 说”“1917 说”“1912 说”都有。

有拨开历史迷雾之感。

能够做出这一选择和论断，不仅需要史家洞见，还需要抛却历史因袭的勇气。1919 年五四运动“表现中国反帝反封建的资产阶级民主革命应发展到了一个新阶段”[①]，为中国现代文学的图腾，得到高度评价，而将其视为新文学开端，成为习惯性表述。同样，1917 年开端说，影响也很大。[②]但是，丁帆却从中发现了不符合史学研究规范之处：为什么此前文学史断代根据朝代更迭，而这次却改变了惯例？如果说“文学革命”是断代理由，也不成立，因为该活动并不是从 1919 年开始，而是从晚清就开始了。[③]焦点于是集中在：1912 年民国成立，是否成了文学史书写中需要避开的原罪性事件？在当前的语境下，重写文学史，能不能正面面对这个问题？很清楚，这已经不是一个学术研究的问题了。此前研究的“症结”所在，就在这里。一旦 1912 年的开端得到承认，整个文学史的面貌的梳理都会随之产生变化。丁帆反复强调，提出 1912 年开端不是承认“民国”，而是出于对《中华民国临时约法》所建立的规范的肯定。正是《中华民国临时约法》，才给了“五四”较为自由的言说空间，呈现出思想繁荣的景观。[④]显然，丁帆很清楚，这里碰触到了一个

① 毛泽东：《五四运动》，《毛泽东选集》，人民出版社 1966 年版，第 522 页。

② 钱理群、温儒敏、吴福辉：《中国现代文学三十年》，北京大学出版社 1998 年版，第 3 页。

③ 丁帆：《我们应该怎样书写文学史》：“新文学被凸显的同时，也正是民国文学源头被压抑的开始，我们除考虑新旧雅俗之外，还应考虑民国文学的真正源头，也就是清末民初的文学。新文学的产生不是一蹴而就的，确切地说，它是从清末民初的古典文学、通俗文学的内部孕育出来的，梁启超、黄遵宪、严复、林纾乃至李伯元、吴趼人、包天笑、李涵秋等人的实践均是新文学的前奏。”《名作欣赏》2013 年第 22 期。

④ 曹三明：《试论〈中华民国临时约法〉的历史功绩》，《山西大学学报》1982 年第 2 期。

会被误解的问题，这也是“新文学源头”迟迟难以确定的原因，“本应该是一个学术性的问题探讨，却无形中成为一个政治禁忌而令人噤若寒蝉、无人问津”[①]。可以说，提出这个问题，不仅需要洞察力，还需要坚持学术立场、不惧压力的胆识。丁帆在《中国新文学史》中直接从1912年开始讲“新文学”的叙事方式，令人耳目一新。

丁帆对“中国新文学史”起点的重新界定，背后体现着他的文学史哲学，或者说，是他文学史哲学的必然结果。在四十多年的文学研究中，丁帆从未停止过对文学史哲学的思考，逐渐形成了独特的文学史哲学。他多次著文阐释自己的治史理念，显示出高度的理论自觉性。关于丁帆的文学史哲学的内容，本文试归纳为如下三点。

一是建立了文学史选择的“价值尺度”。什么作品可以入史？丁帆提出了“人性的，审美的，历史的”三个文学评价维度，“考量每一部作品经典品质的时候，都看其是否关注了深切独特的人性状貌，是否有语言形式、趣味、风格的独到之处，是否从富有意味的角度以个性化的方式表达了一种历史、现实和未来相交织的中国经验”[②]。每位治史者都会有自己关于价值观的思考，即所谓“史识”。丁帆提出的价值观，明确而便于操作。试看，“人性”维度是“五四”启蒙的重要遗产，“审美”维度是文学之所以为文学的根，“历史”维度是治史的方法论。丁帆在汲取先贤经验基础上，淬炼出几个维度的标准，明确提出自己的文学史观，就带有了个人治史的个性。

二是提倡“简化”文学史，去掉非文学化的因素。随着研究成果的增多，文学史书写的趋势是越来越“厚”。但是，丁帆却以为，文学史应该“简化”。他不是说减少字数，而是试图把此前被非文学因素控制的内容毫不可惜地删去。丁帆提出：“中国新文学史到了一百年的时候，我们对文学史的重写已经到了一个需要深度考量

① 丁帆：《关于构建民国文学史中难以回避的几个问题》，《当代作家评论》2012年第5期。

② 丁帆：《中国新文学史》“绪论”，高等教育出版社2013年版。

的关键时刻。不能再像过去那样，舍不得丢弃那些坛坛罐罐，而应该有治史者的大气魄，切割掉那些不宜入史和勉强入史的材料，抛弃历史遗留给我们的沉重包袱。唯有这样，我们才能真正对历史负责，对文学的未来负责。”[①] 丁帆提及的“沉重包袱”值得关注。一代人有一代人之文学史。此前文学史写作者也力求客观，但难免受到非文学因素的干扰。被写进文学史的作品，往往有其历史原因，有时是因为政治背景得到了不切实际的肯定。对此，丁帆坚持以自己的入史标准考量，主张“瘦身”，将其从文学史中清除出去。理念往往说的时候容易做起来难，但是，检查丁帆对关键人物和关键问题的处理，就能看到他的“简化”的勇气。比如关于鲁迅的杂文，丁帆就主张“大量删节”，因为其中有“几十年来沿袭政治标准的弊端”[②]。以鲁迅文学史之地位，丁帆都敢于删削，其他就更不用说了。

三是建立完整的文学史结构，纳入其他地域和形式的文学现象。丁帆提倡“精简”文学史，是为了淘汰一批非文学的作家作品，还文学史以“文学”，但是，对于文学研究的脉络，却不故步自封，反而有所“增广”。在丁帆看来，“新文学史就是民国成立以来以白话文为主干但绝不排斥其他语言形式（如文言、方言）和表现方法（如说唱）的具有现代美学意味的汉语创作史”[③]。这样，文学史就有更为宏阔的视野，所涉猎的作品不局限在“纯文学”和中国大陆的范畴内，因此，海外华文文学、通俗文学、民族文学学术思想论略学、儿童文学、网络写作等其他文学史较少或不予讨论的内容，在《中国新文学史》中都有呈现。由此，丁帆建立了一个“新文学”的话语场，各个文学史单元“互文”，共同形成了一个历史时代的文学面貌。对比其他当代文学史的写作可知，

① 丁帆：《关于百年文学史入史标准的思考》，《文艺研究》2011 第 8 期。

② 丁帆：《关于百年文学史入史标准的思考》，《文艺研究》2011 第 8 期。

③ 丁帆：《我们需要用什么样的文学史观治史》，《山东师范大学学报》2013 年第 2 期。

丁帆的文学史哲学独立、完备，随着他的不断阐释和实践，逐步形成体系。

新时期以来，在“重写文学史”热潮的背景下，“走出‘文革’思维，对‘20世纪中国文学’重新建构”的课题至今仍在延续。不过，这个说法可以修正一下，文学史“重写”不是“一次性”的，而是需要在认识水平不断改变的条件下，“反复”书写。对“文学观念”“时间哲学”“空间哲学”“常变之道”等有关文学的哲学理解的不同，可以推导出不同的文学史。[①] 丁帆参与编撰过的文学史种类之多，可能在当代文学史家中名列前茅，这使他积累了丰富的经验。[②] 作为收官之作的《中国新文学史》，无疑是其中最重要的、能带来启发的成果之一，也成为当前最具个性和代表性的文学史之一。[③]

① 周保欣、荆亚平：《现当代文学史编写的文学史哲学反思》，《人文杂志》2013年第6期。

② 丁帆参与过多部文学史的编撰工作，主要有：《中国乡土小说史论》（江苏文艺出版社，1992）、《中国乡土小说史论》（修订版，北京大学出版社，2007）、《中国现代西部文学史》（人民文学出版社，2004）、《中国大陆与台湾乡土小说比较史论》（南京大学出版社，2001）、《中国新时期小说主潮》（丁帆、许志英合著，人民文学出版社，2002）、《中国当代文学史新稿》（董健、丁帆、王彬彬合著，人民文学出版社，2005）、《中国现代文学史》（朱栋霖、丁帆、朱晓进合著，高等教育出版社，1999）、《中国现当代文学讲稿》（南京大学出版社，2013）。

③ 《中国新文学史》出版后，成为不少高校文学院指定的教材。短时间内，已经得到了不少同行的认同和回应，主要有：何锡章、王婷《评丁帆主编的〈中国新文学史〉兼及新文学写作的思考》，《中国现代文学研究丛刊》2013年第12期；王尧、张蕾《评丁帆主编的〈中国新文学史〉》，《中国现代文学研究丛刊》2013年第12期；吴义勤、王秀涛《回到文学自身——评丁帆主编的〈中国新文学史〉》，《南方文坛》2014年第3期；杨洪承《“新文学史”的百年反思和不懈探求——以丁帆近来主编的〈中国新文学史〉为例》，《中国现代文学研究丛刊》2014年第8期；陈晓明、丛治辰《启蒙理念与文学史叙述——评丁帆主编〈中国新文学史〉》，《当代作家评论》2014年第4期。

文学史写作既带有创世纪的恢宏气势，同时又伴随各种责难，被指“有利益的驱动，以及莫名其妙的虚荣心”[①]。受到嘲讽，早就不是一件新鲜事，但是，姚斯的批评值得重视。姚斯在《文学史作为向文学理论的挑战》（1967 年）的开头就说：“在我们时代文学史日益落入声名狼藉的境地，这绝不是毫无缘由的。”[②]这个说法显然是策略性夸张，当然有他想引出建立文学史学科的考虑，但是也侧面说明文学史弊病很多、引来非议的事实。他说得有道理，文学史条分缕析的书写方式，过于“霸权”，伤害了读者对作品的理解，应该是不争的事实。但是，在文学史内部能不能在一定限度内进行自我拯救呢？回答是“能”。丁帆用他的文学研究与批评，弥补了文学史带来的把作品抽象为“思潮”“现象”的问题。

二

丁帆的文学研究中，对有“世界性母题”[③]之称的“乡土小说”用力最勤，成就最突出。《中国乡土小说史论》（1992 年，后经过修订于 2007 年再版，更名为《中国乡土小说史》）和《中国大陆和台湾乡土小说比较史论》（2001 年）及一系列关于“乡土小说”的论文，奠定了他在这个研究领域的学术地位。在“乡土小说”研究中，丁帆将“阅读文本”和“阅读现实”相互激活，因此他往往能够去除陈见，洞穿文本。

“乡土小说”本身寄寓着百年来中国现代转型的诸多问题，值得关注。有论者认为：“回顾一个世纪以来的中国文学，乡土既是文学表述的核心，又是文学经验、意识形态发生的主要领地，也是

① 陈平原：《重建“文学史”》，北京大学出版社 2011 年版，第 4 页。

② [德]姚斯：《文学史作为向文学理论的挑战》，周宁、金元浦译，辽宁人民出版社 1987 年版，第 3 页。

③ 丁帆：《作为世界性母题的“乡土小说”》，《南京社会科学》1994 年第 1 期。

理解我们自身的历史，进入本土性与现代性、诗学与政治、共同体想象与文化实践等等复杂关系的重要切入口。”[①]这个判断大致不错。需要注意的一点是，“乡土小说”的发展，与“启蒙”“革命”“翻身”“寻根”等关键词互为表里，不断构建“现代中国”的历史叙事，并且成为“中国经验”的主要组成部分。这个过程并未停止，而且仍在不断对此前内容进行修正和颠覆，因此，如果没有独立的对历史变迁的观察视角，就很容易迷失。丁帆在“乡土小说”理论建设方面，形成了较为完备的理论体系，是“乡土小说”研究者中较为少见的。在对“乡土小说”的界定方面，丁帆快刀斩乱麻，表现出明确的态度。“乡土小说”的概念本身就是一个问题，带有一定的宽泛性。新文学初期，作为不折不扣的农业国，中国所有的文学作品都不免带有乡土特征。因此，在“什么是乡土小说”上，很多文学大师都谈过意见，但并无定论。鲁迅、周作人率先关注了“乡土小说”，但当时“乡土小说”只是现象，发展并不充分，因此他们更多强调“地方色彩”和“风俗画面”[②]。茅盾指出，如果仅停留在这一层面，“乡土”就成了小说中的点缀和噱头，而从中不能看到更为深刻的“人”的问题。20世纪80年代初，孙犁认为，中国文学都是乡土文学，对于“乡土文学”的概念，“可以不必这样说，也可以不必这样标榜的”[③]。丁帆在检查了此前论者对“乡土小说”的界定之后，提出了自己的看法。在讨论“乡土小说”的“题材阈限”时，丁帆认为，“乡土小说”“通常有三个不同的书写侧重点：一是揭示乡村文化的氛围，二是描写农民文化性格，三是深刻地揭示民族文化心理结构的本质特征，达到改造国民性的高度”[④]。可以看出，丁帆综合了此前各家的看法，既立足“乡土”，又将文学的纵深展开，直指国民性，

① 王光东：《中国现当代乡土文学研究》“前言”，东方出版中心2011年版，第13页。

② 丁帆：《中国乡土小说史》，北京大学出版社2007年版，第15页。

③ 孙犁：《关于“乡土文学”》，《北京文学》1981年第5期。

④ 丁帆：《中国乡土小说史》，第20页。

极大地提升了“乡土小说”的学术品格。由此，相较其他类型小说，“乡土小说”获得了得天独厚的研究纵深。与此同时，丁帆还坚决反对“农村题材小说”的提法，认为这类作品（写于20世纪50—70年代）是“为意识形态服务的伪命题”[①]，不属于“乡土小说”。对“农村题材小说”问题的讨论，表明丁帆有很强的边界意识，这显然出自他对“乡土小说”的独特理解。

当下，现实农村面临的许多亟待解决的问题在文学中都有触及。[②]粗略分来，对待乡土文化，一般有三种模式：一是立足于乡村，抵制现代化带来的冲击，希望回到农耕审美的过去，“强烈地、不屈不挠地维护着我的故地”[③]；二是呼唤现代化，期望改变乡村落后面貌；三是对已经必然逝去的乡土文化的挽歌式回顾。[④]面对纷繁复杂的创作景观，“乡土小说”的研究受到了严峻考验。该如何评论？隐含在文学研究中的，其实是研究者的参照系。对当下现实的“诊断”，从某种程度上就是“社会分析”，也是考验一个批评家能力的试金石。实际上，对此前批评家曾经的论断稍加检点，就能看出“把握现实问题”的脉络有多么不容易。丁帆在研究“乡土小说”时，提出了一个对当代社会认识的判断：“前现代”“现代”“后现代”三种文化模态“共时性”[⑤]。2001年，丁帆就明确提出此说[⑥]，后来，他在不同场合都运用过，形成了独特的观察当下问题

① 丁帆：《中国知识分子的责任——答“腾讯文化”记者问》，《粤海风》2014年第3期。

② 徐勇等：《中国农村与农民问题前沿研究》，经济科学出版社2009年版。

③ 参见张炜《我跋涉的莽野——我的文学与故地的关系》，《作家》2001年第1期。该文对现代文化进行了批判：“从那一场开垦开始，我的那个真实的世界被破坏了。现在它已经不成样子，树木稀少，尘土飞扬，人比树多得多。还有，大多数楼房比树高得多。海也变浑了。”

④ 徐肖楠、施军：《乡土文学的挽歌情调》，《文艺评论》2008年第3期。

⑤ 丁帆：《中国乡土小说生存的特殊背景与价值的失范》，《文艺研究》2005年第8期。

⑥ 丁帆：《“现代性”与“后现代性”同步渗透中的文学》，《文学评论》2001年第3期。

的视角。这个论断的提出无疑是有重要意义的，为思考当代思想中的问题提供了思路。多年来，论断的准确性已经能够看清楚了。

在对当代中国现实理解和判断时，多数思想者的视角过于简化，往往用一个“现代性”或“全球化”的概念，忽略了我国由于地域庞大、经济发展参差不齐带来的“文化落差”。丁帆从文学研究的角度提出“三种文化模态共时性”，既出自常见概念，又摆脱了“舶来性”，直接切中了当下中国思想中的问题，显示出他深刻的洞察力。只有从“体验”而来，质疑生搬硬套的“理论”，才能有如此发现。循此思路，就可以厘定当前乡土文学的不同位置。当乡土文学遭遇到工业文明和后工业文明的诱惑和压迫时，作家主体就会表现出明显的双重性：一方面是对物质文明的向往，另一方面是对千年秩序的失范痛心疾首。所有这些，不能不说是乡土文学在三种文明冲突中的尴尬。[①] 由此，乡土文学创作的文本各归其位，体现了综合研究的价值。相反，不认识到这一点，对于文学作品中思想倾向的复杂性，就只能采取一刀切的方式，无法把握作品的价值，甚至会发生“误读”。丁帆在面对当下文学现场时，运用了这一理论资源，发出了独立的批评声音。比如面对“生态小说”，很多论者都从“环保”这一政治正确的视角予以肯定，但是丁帆通过考察不同语境，做出如下判断：“我们的乡土还是在一个与兽类争夺资源的弱肉强食的文化语境中，与后现代的理论家们一同去呼喊生态保护的口号，是一种奢侈的思维观念，起码是一种不在一个物质层面和文明层面上的不平等的对话。”[②] 将西方“后现代”的理论资源嫁接在我国“前现代”的当下自然环境中，肯定会发生水土不服。这个批评，对于欲将“生态小说”打造为“本土化”的研究者来说是个善意且重要

① 丁帆：《中国乡土小说生存的特殊背景与价值的失范》，《文艺研究》2005 年第 8 期。

② 丁帆：《中国乡土小说生存的特殊背景与价值的失范》，《文艺研究》2005 年第 8 期。

的提醒。[①]

当前乡土小说需要处理的问题，是对进城农民工群体的关照和解读。有论者通过一定范围的调查，认为这类题材是“亚主流叙述”[②]。农民工群体身上，集中体现着当代社会的矛盾，涉及“正义”和“伦理”的基本问题，是“乡土中国”变迁的“症候”。当然，这个问题也进入丁帆的视野，究其原因，虽然“乡土小说”课题的延续占一定成分，但更应重视赵园所说的“知识者自觉的、主动的文化姿态”[③]的趋向。从丁帆对“农民工”问题的论述中可以看到，他敏锐把握住了这个“关节点”，并且表明了自己的态度。他说：“我们看到的是一群既离乡又离土的无名者，他们想择良栖而息，但是谁又给他们选择的权力呢？显然，90年代以来，尤其是进入21世纪后，离乡背井进入城市的农民愈来愈多，他们不仅需要身份的确认，更需要灵魂的安妥。”[④]丁帆在“乡土小说”的视野中纳入农民工群体，是他随着当代中国城乡问题变迁做出的调整，这也使他的“乡土小说”研究带有更大的包容性。与此同时，也为乡土小说的研究带来了更大难度。在此前的乡土小说研究中，有一定的规范可循，因为最早鲁迅、茅盾都为“乡土小说”做出定义，开辟了研究的路向。如今，这个静态的“乡土”被打破了，小说中出现了流动在城乡之间的“农民工”。于是，丁帆随之做出了一个跟踪，将“乡土小说”研究的重心转移到了这批“无名者”的身上，关注了他们的命运变迁。“乡土小说”的这个转向带有“问题小说”的意味，而丁帆对“乡土小说”的阐述，集中在“农民工”的困境与出路上。

① 纪秀明:《传播与本书书写：比较视域下的中国当代小说生态叙事研究》，社会科学文献出版社2016年版。

② 许德明：《“乡下人进城”的文学叙述》，《文学评论》2005年第1期。

③ 赵园:《回归与漂泊——关于中国现当代作家的乡土意识》,《文艺研究》1989年第4期。

④ 丁帆：《中国乡土小说生存的特殊背景与价值的失范》，《文艺研究》2005年第8期。

乡土小说的研究重心集中在“农民工”上，但是怎么研究，应该用什么视角，不同者可能有不同答案。普遍的做法是展现对他们的同情。但丁帆并非如此，他保持同情，但强调另一个维度：“从众多的反映这一群体生活的作品来看，我们的作家仅仅站在感性的人性和人道主义立场上，自上而下地同情和怜悯农民工群体是远远不够的，还缺乏那种强烈的批判意识，那种欧洲 18 世纪批判现实主义作家清晰的理性批判眼光和锋芒。更重要的还是需要乡土小说作家们在农耕文明与城市文明的交战中，用历史的、辩证的理性思考去观察一切人和事，才不至于陷入文化悖论的两难怪圈之中不能自拔。”[①] 丁帆在这里显示出一种“热”中“冷”。面对“政治正确”的“同情”，丁帆提出“理性的批判眼光和锋芒”，表现出清醒的意识。21 世纪以来的“底层文学”裹挟着当代现实的种种冲突，具有强烈的“现实主义”气息，而左翼思潮下对苦难的咀嚼和展示，一直带有“同情劳动人民”的正当性。在此背景下，丁帆从启蒙主义视角指出其中隐藏着的“国民性”问题，就是一个洞见。

由此，不难理解丁帆对“乡土小说”具体作品的解析和判断。在《论近期小说中乡土与都市的精神蜕变——以〈白猪毛黑猪毛〉和〈瓦城上空的麦田〉为考察对象》（2003 年）中，丁帆从两部作品入手，提出了自己对“乡土小说”转型的意见。丁帆认为，“90 年代虽有大量的农民进城的题材出现，但是，作家多是写出了两种文明冲突下生活在底层农民的生存痛苦与精神两难，写出了他们作为都市‘边缘人’的愤怒和作为乡村局外人的尴尬，而没有真正地写出他们灵魂深处‘自我’精神家园的悲剧性失落”[②]。从这个角度来说，丁帆视野中的“农民工”问题并未成为社会学的附庸，而是进入他们“灵魂深处”的层面。显然，丁帆没有看到自己想要的

① 丁帆：《“城市异乡者”的梦想与现实——关于文明冲突中乡土描写的转型》，《文学评论》2005 第 4 期。

② 丁帆：《论近期小说中乡土与都市的精神蜕变——以〈白猪毛黑猪毛〉〈瓦片上的麦田〉为考察对象》，《文学评论》2003 第 3 期。

作品，他的批评也一如既往地严厉。[①]丁帆的不满源于他作为评论家特有的“高眼光”，还有就是作家的思考确实没有跟上他的节奏。再回到丁帆说的“灵魂深处‘自我’精神家园的悲剧性失落”，尤其是通过对“精神家园”的追问可以发现，其中包含着“失乐园”的人类精神上的悲剧因素。丁帆把城市里的“农民工”问题上升到了隐喻的层面：作为人类，还能“复乐园”吗？他的家园／乐园，曾经有过吗？又在何方呢？无疑，这已经不是“乡土小说”，而是文学作为象征的艺术，如何解释现代人的“存在”的问题了。

从丁帆对作家研究的个案中，能够看出他的“常”与“变”。比如对贾平凹就是如此。丁帆在三十多年里写了多篇文章，进行了跟踪研究，基本与贾平凹创作“同步”。回溯丁帆对贾平凹的研究史可以看到，在每一个阶段，丁帆都站在文学史的高度，指出了贾平凹创作中的得失。1980年，贾平凹出道不久，丁帆就发表了《谈贾平凹作品的描写艺术》，认为把小说当作诗来写，让作品释出意境的美，是贾平凹在艺术上进行的大胆尝试和探求。[②]在当时“伤痕文学”的语境下，丁帆着意指出贾平凹在叙事上的长处，显示了他以文学性为基本立场的观察视角，这也是丁帆此后的一贯追求。在此后长达三十多年的时间内，丁帆一直关注贾平凹的创作，写了多篇研究文章，他们二人也成为作家和批评家共同成长的例证。贾平凹的《带灯》于2013年发表后，文本中用“短信”叙述的方式遭到了质疑，丁帆则对这种“新的形式”表示了支持，认为这是适应“商业文化”的。[③]贾平凹的《废都》发表后引起轩然大波，受到批评，却得到了丁帆的声援。多年后，丁帆又著文阐释这部作品的意义。[④]

① 在1994年《乡土小说的多元与无序格局》里，丁帆就批评乡土小说作家不能对“20世纪的中国乡土社会带来历史性的总结”。

② 丁帆：《谈贾平凹作品的描写艺术》，《文学评论》1980年第4期。

③ 丁帆、陈思和、陆建德等：《贾平凹长篇小说〈带灯〉学术研讨会纪要》，《当代作家评论》2013第6期。

④ 丁帆：《动荡年代里知识分子的“文化休克”——从新文学史重构的视角重读〈废都〉》，《文学评论》2014年第3期。

在对贾平凹作品“回护”的同时，丁帆也从来不忌讳在评论中直陈其缺点。对于《极花》，丁帆就批评道：“作品被反反复复、絮絮叨叨的风俗与琐碎的细节所淹没了”，“作者明明已经意识到了主题内涵的重要性，但又忽略了对它更加深刻的发掘”。[①]对于一部好评如潮的作品，丁帆从更高的水平着眼，提出了尖锐的甚至苛刻的批评，发出了不同的声音。这表明，丁帆具有独立的批评立场，也为自己对批评氛围的批评做了注释。只看作品不看人，“好处说好，坏处说坏”是他一贯的批评理念，而具有这样风格的批评家，当下批评界能有几人？作为新时期以来最重要的作家之一，贾平凹的创作中，贯穿了新时期以来“乡土小说”的发展，隐藏着乡土巨大变迁中的“秘史”。丁帆堪称贾平凹的“理想读者”，他们的相互砥砺和照亮，共同促进了“乡土小说”的丰富和发展。至于说到为什么丁帆在众多乡土小说作家中“选中”贾平凹，可能还有另外的因素：贾平凹的身上，体现着知识分子“精神还乡”[②]的困境，这是丁帆追踪贾平凹创作的基点。我是谁？乡关何在？路在何处？丁帆自觉的知识分子立场，使他很自然地接续“五四”，塑造了当下一位自我反诘、追索、批判、搏斗的知识分子形象。

三

读丁帆的文学评论，很容易受到激情的感染，能够从掷地有声的论述“口气”中体验出其中的凛然之气。相对于学界普遍的“一

① 丁帆：《贾平凹长篇小说〈极花〉：中国城乡“红与黑”的水墨风俗画》，《文艺报》2015 年 2 月 3 日。

② 接受采访时，贾平凹说：“在社会巨变时期，城市如果出现不好的东西，我还能回到家乡去，那里好像是一块净土；但现在我不能回去了，回去后发现农村里发生的事情还不如城市。我的心情非常矛盾。”参见贾平凹、郜元宝《关于〈秦腔〉和乡土文化的对话》，见《贾平凹研究资料》，天津人民出版社 2005 年版。

团和气”，丁帆显然不追求中正平和的表达方式。原因何在？从学理出发，坚决地捍卫自己的观点和批评其他，仅仅是其中的一个解释。更多的还是来自经过独立思考后，对于言说对象的绝对把握和理论自信。所以，才会说出“我的这个论调可能会引起一批人的不满，但是，我不得不说出历史的真相来，不能让‘皇帝的新装’永远招摇下去”[①]这样义正词严的话。丁帆文学研究和批评的“底气”，建立在他浑厚的“知识分子”元气之上。黄平曾说当代中国知识分子曾经经历了一个“非知识分子化”[②]过程，我以为不够确切，应该说是建立在“改造”话语基础上的“去知识分子化”。因此，在当下的文化语境中，具有“知识分子”情结的学者为数并不多。盖因为“告别革命”之后，没有人愿意充当“知识分子”了。在很多人看来，“思想淡出，学问凸显”是趋势，而动辄提知识分子，很容易把人架在高处——毕竟知识分子的存在是依靠自己的践行。而说到践行，就要面对现实进行“批判”，拿出“有机”的姿态来，而这恰是中国知识分子无力回应的问题。在如此复杂的背景下，丁帆的知识分子立场、态度和方法，超越了学界界限，成为当前思想史中值得关注的“个案”。

丁帆对知识分子的认识，首先体现在对当下知识分子的批评上。他说：“最近几十年来，西方对知识分子的反思已经进入了一个很深的思想哲学与实践的层面，而中国思想界还处于‘这里的黎明静悄悄’的阶段，偶有学者涉及，也不过是‘死水微澜’而已。面对前现代落后的思想毒害和后现代商品文化的侵蚀，没有知识分子乌

① 丁帆:《新世纪文学中价值立场的退却与乱象的形成》,《当代作家评论》2010 年第 5 期。

② 黄平认为：“由于制度规范与话语转换的双重作用，中国知识分子在毛泽东时代经历了一个较为深刻的非知识分子化过程。”见氏著《当代中国大陆知识分子的非知识分子化》，载《九十年代思想文选》，广西人民出版社 2000 年版。

托邦精神的中国学界是不可能掀起讨论和践学热潮的。”[①]此外，在其他多种场合，丁帆都表示了类似的意思。这表明，丁帆对此问题的观照由来已久，并非随意作秀。再没有比宏观批评更简单的事情了，“中国知识分子最缺乏的就是对绝对真理价值观与生命信仰的捍卫”[②]之类的说法，随处可见，但对其内弊的分析，丁帆要深刻得多。丁帆曾经插队的生活让他体验到了更多民情，因此他思考的出发点更多是“事实”而不是书斋中的“概念”。深感乏力的丁帆，首先审视自身的环境，因此将自身的启蒙作为思考的起点。

丁帆不仅指出了中国知识分子在当下的“乏力”和无奈，还从更高的视角指出了形成这一现状的原因。举目20世纪，在我国范围内，竟然很难举出对自身使命有清晰认识而又愿意践行的知识分子，对照俄罗斯知识分子前赴后继的壮观场面，中国知识分子的表现确实令人失望。原因何在？“前现代落后思想毒害”，体现在现代知识分子着重考虑为国家社稷奉献忠心，而忽略了自身批评性建设，以至于成为没有思考力的“忠臣”、“良师”、帝王驯服的工具。“学成文武艺，售与帝王家”，中国知识分子被称为“士”，就带有为“王”服务的内在判断，因而，“帝王师”是他们的追求梦想。[③]这一点，此前的知识分子问题研究者很少注意到。正是出自对中国基层熟悉的基础上的人性洞透和人情练达，才使丁帆能够有此发现。在对邓拓的评价中，丁帆认为，“我们应该看到的是，‘五四’以降，一批饱吸了西方人文思潮的现代知识分子在大革命的洪流中并没有洗尽旧有的封建思想”，因此，邓拓最终也“不能反思自己思想中

① 丁帆：《中国知识分子的责任——答“腾讯文化”记者问》，《粤海风》2014年第3期。

② 贺雄飞：《在功名和自由之间的挣扎——序周非新作〈中国知识分子沦亡史〉》，见周非《中国知识分子沦亡史》，上海三联书店2012年版，第2页。

③ 度阴山、刘伯温：《帝王师》，江苏文艺出版社2014年版；熊召政：《明朝帝王师》，陕西师范大学出版社2016年版。

的领袖崇拜盲点”，“他在临终时写下的绝笔中四呼万岁，绝对不是黑色幽默的反讽，而是要在冤屈的心境中以死为谏。后人总是以忠贞歌颂士大夫，殊不知，正是这种忠贞阻碍了他们向现代公共知识分子的转化”[①]。比较典型的类似例子还有赵树理[②]。对现代知识分子的“改造”自析已经很多，尤其对“十七年”期间知识分子的“软骨”诟病甚多，但是很少有论者从“忠贞”视角切入，而由此也能发现知识分子身上理想主义的色彩，多少为他们找回一点颜面。虽然这层意思不是丁帆论述的重点，但从中还是可以发现他独特的视野，以及对一代知识分子复杂境遇的深刻理解。

在丁帆的批评语境中，经常拿自己为例，对自我的反思和批评极为严厉。在对雅各比《最后的知识分子》的阅读中，丁帆注意到了该著对知识分子的批评，联系自身，进行了阐释和发挥。丁帆说：“针对中国学院派知识分子的种种形状，包括自我的反躬叩问，我以为大学里的知识分子基本上是丧失了对社会的正确价值观念的引导，在‘许许多多’重大事件中缺场，造成大众对重大事件缺乏提供一种有批判深度的价值参照。”[③]丁帆将批判的视野转向了大学，本身就意味着一种严酷的自我审判，因为他本身就是其中一员。时刻直面自身，并不将自己“择”出来，这种审判继承了鲁迅“抉心自食”的勇气和创痛，展现了一个思想家不屈不挠的批判意识。作为生产知识的“学院”，却缺失知识分子，足够令人警醒，并

① 丁帆：《何以对将来青史》，见李玲《书生邓拓》，福建教育出版社2015年版，第2页。

② 赵树理女儿赵广建《回忆我的父亲赵树理》记录：赵树理1970年被囚禁中，还抄写了毛泽东诗词《卜算子·咏梅》，“看到这个情景，我积悲难禁，一下子哭出声来。父亲回头一看是我，叫我靠到桌前，双手捧着那首刚刚写好的《咏梅》递给我，庄重严肃地对我说：‘小鬼，如果将来有一天你能见到党的领导，就替我把它交给党，党会明白我的……’”见《山西日报》1978年10月22日。

③ 丁帆：《消逝的知识分子就消逝在大学里？——〈最后的知识分子〉读札》，《东吴学术》2010年第2期。

非一句“你懂得”可以解释。就知识分子生存的大学环境来说，我国远比西方复杂，而丁帆对自己和同行保持批判态度，不见任何开脱，也并不用“国情”搪塞，以敷衍过关，可见他的彻底和绝不姑息。

丁帆对中国知识分子批评的内在理路，来自对俄罗斯思想的援引和解读，这是丁帆理论谱系的重要支撑。丁帆在一系列对俄罗斯（尤其是苏联）知识分子的解读中，形成了自己独特的“接受”，体现着个人对俄罗斯思想的独特“编码”。在解析伯林《苏联的心灵》时，丁帆展现出他对“俄罗斯文学传统中最富于活力的元素——真诚的人性和自由”[①]的由衷赞美。以“白银时代”的文学为中心，丁帆写了一系列随笔，可见他的兴趣点。丁帆当然对整个俄罗斯文学都有观照，但是为什么对“白银时代”的文学情有独钟呢？推算一下不难知道，“白银时代”文学的背景正是苏联极权主义时期，而俄罗斯知识分子的表现，正与中国现代知识分子产生了对比。情况就明朗了：关注自身问题，反思知识分子文化，才是丁帆的真实目的。丁帆说：“‘五四’这么多的文化群体、思想群体，为什么就没有形成一个知识阶层？为什么俄罗斯有，而我们没有？就是俄罗斯有大量的思想家。即使在苏联时期，也出现了帕斯捷尔纳克、阿赫玛托娃、肖洛霍夫、索尔仁尼琴这样的作家，得诺贝尔奖的就有好几个。为什么中国没有呢？就是因为中国没有一个知识阶层。从延安整风一直到1949年后的历次运动，知识分子不仅是内部精英的分化，从外部来看，对它分化是造成中国知识分子疲软、没有独立思想和自由意志的一个根本点，中国知识分子完成了自我阉割。”[②]在丁帆看来，缺乏“独立之精神”和“自由之思想”，无法形成知识分子阶层，是中国思想界的主要病症。我国知识分子没有批判精

① 丁帆：《“白银时代文学”的最后回望者（二）——解读〈苏联的心灵〉并与中国现当代文学之比较》，《读书》2012年第2期。

② 丁帆：《中国知识分子的责任——答“腾讯文化”记者问》，《粤海风》2014年第3期。

神，不产生体系性的否定思想，已经是痼疾，但如何救赎？能否立足自我进行些许推动？

很多人可能无计可施，而丁帆提出的主张值得思考。他认为，“营造一个可以诗意栖居的人文环境是我们无可推卸的责任”，因此“以俄为师”是一个办法，因为其文学中藏着“俄罗斯良心”[①]。从丁帆对俄罗斯“白银时代”知识分子的研究中，能够看到他奔走呼号的身影及因“理想主义”而被“灼伤”[②]的一面，而他喜欢引用“荷戟独彷徨”，恐怕也是因为这个形象切近自己的体验。

在丁帆“人性”与“审美”的烛火的照耀之下，俄罗斯文学也暴露出有问题的另一面，这说明丁帆对俄罗斯思想也带有批判和反思。《钢铁是怎样炼成的》在中国影响巨大，也曾经影响了丁帆的青少年时代，但是他却能够抛弃“恋旧情结”，指出保尔·柯察金“缺少独立的人格魅力的美感，因为他的思想深处始终认为‘没有比掉队更可怕的事情了’‘只要能归队就行’。怕‘掉队’，欲‘归队’，亦正是一个英雄人格失落的表现”[③]。在对保尔·柯察金将自己的生命献给“人类历史上最壮丽的事业”的崇敬目光中，丁帆发现了这个人物精神被抽空的现象，这无疑是鲁迅“于浩歌狂热之际中寒”的冷峻视角，从根本上切中了以保尔为典型的一批社会主义现实创作方法塑造出来的“英雄”的软肋。尤其是，丁帆本来也是受到这种文化的浸染，但是他却没有对自己的历史怀旧乃至流连忘返，反而能够咬断“脐带”，挣脱时代的“规定性”。丁帆正是通过寻找参照，建立了对俄罗斯（苏联）思想的接受，并以此为资源，深刻

① 王昉：《在历史的喧嚣中坚守学者的精神立场——文学史家丁帆访谈》，《文艺报》2014年5月30日。

② 董晓的研究认为，“理想主义”固然美好，但是也会在“某些特殊的历史时刻”带来“灼伤”。见董晓《理想主义：激励与灼伤——苏联文学七十年》，上海人民出版社2009年版。

③ 丁帆：《怎样确定历史的和美学的坐标——重读〈钢铁是怎样炼成的〉札记》，《文艺争鸣》2000年第5期。

地反思了当下语境中的知识分子问题。

中国知识分子是否形成了自身的传统？无疑，这是一个难以回答的问题。按照余英时的说法，“‘士’作为一个承担着文化使命的特殊阶层，自始便在中国史上发挥着‘知识分子’的功用”[①]，因此是有传统可循的。那么，这个传统是什么？当代知识分子是否可以接续这个传统？这是摆在面前的问题。但是，出于各方面的原因，这个问题被屏蔽了。放在这个背景下，丁帆对知识分子问题探索的意义就显示出来了，而且出于当代中国的复杂情况，这个问题更有解读的必要。近来不少学者开始涉足20世纪知识分子的心路历程研究，但是尚缺乏整体层面的观照。对此，丁帆提出了知识分子“二次启蒙”的问题。他说：“我这二十年来思考最深的一个问题”是“知识分子从一次启蒙——新文化运动开始，在没有完成知识分子的自我启蒙的情况下，就开始自上而下地启蒙大众，那肯定是要失败的。二次启蒙仍然重蹈覆辙！”[②]我们能够看到，很多评论者批评起知识分子来头头是道，但是落脚点即该怎么做却付之阙如。这也是当下几乎不存在知识分子研究的原因。知识分子应该怎么办的问题，无疑是知识分子问题研究的核心。

丁帆提出的这个“二次启蒙”非常震撼，这让知识分子除了自省之外，更意识到责任和使命。

在对当前文学的观察中，丁帆直接用了“乱象”这样的说法，直陈积弊，表达了一个从业者的“愤怒”。原因则是知识分子的使命感消逝：“近十多年来，我们的一些作家已经开始自觉或不自觉地与‘知识分子’绝缘了。诚然，我们可以质疑‘灵魂工程师’的称号，但是我们不可以拒绝‘社会代言人’的义务。反智化包括了很多倾向，而我以为最可怕的是，连自我的知识分子认同都进行了彻底的颠覆，

① 余英时：《〈士与中国文化〉自序》，见汤学智、杨匡汉编《台港暨海外学界论中国知识分子》，河南人民出版社1994年版，第91页。

② 丁帆：《中国知识分子的责任——答“腾讯文化”记者问》，《粤海风》2014年第3期。

我们的作家还能够为这个民族贡献出什么呢？”[①]20世纪90年代初期“人文精神讨论”之后，知识分子之间的共识已经破裂，甚至“知识分子”这个名称都受到了质疑。文学、文化也在商业化的道路上越滑越远，很多文人（不能称其为知识分子了）参与其中，并为之辩护，形成了强大的“反智”力量。丁帆对知识分子身份的强调，批判“乱象”，本身就是对上述现象的反拨，发出了时代的“异见”。考虑到丁帆就属于他批评的这个学术圈，以及他在这个“圈子”的地位和影响，更能知道这样的姿态殊为不易。

丁帆于1952年出生，经历了“红卫兵”大串联、知青下乡、新时期文化热和20世纪90年代的知识界转型，本身就是“当代历史”的缩影；而他又是“学院派”，从事文学研究和创作，因此具有了为自己和一代人“立言”的可能性。通过梳理丁帆的学术思想可知，他的思考和行动画出了一条超越同时代50后的轨迹，对接“五四”提出的问题，抵达了20世纪中国人文知识分子奋力攀爬的高峰。高处不胜寒，他的一段话颇为苍凉：“在我从事文化与文学批评近四十年的道路上，我始终坚信的是马克思的那种文化批评的怀疑与批判的精神，如果没有这种批判的意识，马克思的思想也就不可能成为主义而发扬光大。但是这就是马克思主义的精华，如今在我们的批评界却很难寻觅了，这是一个时代的悲哀，也是几代批评家的悲哀。谁来打捞这样的批判精神呢？”[②]丁帆的散文集《夕阳帆影》曾名为“孤帆远影”，出版时改过来了，因为他觉得自己并非一个“孤独者”[③]。我却以为，离人群越远越孤独，丁帆可能在潜意识中觉得自己是一只“孤帆”吧。伯林评价1945年到1956年俄国知识分子时说，在“看似黎明就要到来了，但对俄罗斯知识分子来说，太阳还是没有升起来”的时代，他们因为“捍卫人的价值”而做到了“免

① 丁帆:《新世纪文学中价值立场的退却与乱象的形成》,《当代作家评论》2010年第5期。

② 丁帆：《文化批评的风骨与风格》，《文汇报》2015年5月25日。

③ 丁帆：《夕阳帆影》“自序”，知识出版社2001年版，第2页。

于被腐蚀”[①]。丁帆是把“人”和“人性”作为“上帝”的[②]，他的信仰和坚持是孤独的吗？

原载《中国语言文学研究》2018年第1期

① ［英］以赛亚·伯林：《1945年到1956年与俄罗斯作家的会面》，见《个人印象》，林振义、王洁译，译林出版社2013年版，第244页。

② 丁帆、傅元峰：《当我们把“人”和“人性”化为上帝之时——丁帆先生访谈录》，《中文自学指导》2005年第6期。

建构批评的自主性

——丁帆的《扬子江评论·卷首语》及其批评理念

邢丽凤

2006年深秋，《扬子江评论》在南京创刊。主编丁帆在“卷首语”中指出：“针对90年代以来文学评论的种种弊端，我们力图本着不媚俗、讲真话的办刊原则，为改变消费时代的不良评论风气而做出努力。”在九年的办刊历程中，这份杂志不改初衷，以“不媚俗、讲真话”为原则，逐渐形成了鲜明的特色。伴随着《扬子江评论》的成长，其“卷首语”每期必有，一步一个脚印，成为杂志醒目的标志。从2013年第5期开始，丁帆教授开始用毛笔书写“卷首语”，由此可见他对这个栏目的重视。

一

《扬子江评论·卷首语》篇幅不长，长时上千字，短时不到五百字，有话则长，无话则短。在看多了洋洋洒洒数万言的长篇大论后，读这些言简意赅的文字，真是提神醒脑。在某种意义上，“卷首语”是《扬子江评论》每期的“文眼”，颇有画龙点睛的妙趣。读现在的评论，总感觉缠缠绕绕，说话藏藏掖掖，观点模棱两可，找来找去也找不到一句痛快话，让人如坠云里雾里，骨鲠在喉。丁帆的“卷首语”总是一针见血，三言两语就把一些人花了上万字也没说清楚的问题，给掀了个底朝天。丁帆在“卷首语”中从来不摆花架子，就像一个返璞归真的武林高手，轻易不出手，一出手就抓住敌人的软肋，点了对手的死穴。对于刊物的追求和风格，“卷首语”的表达也是立场鲜明：“本刊主张那种犀利的批评文章，有锋芒，即使有所偏激，也比那种平庸的文章好；我们主张批判，是定位在学理层面上的讨论，是特指在哲学层面上的思辨，而非道德伦理层面的人身攻击。所以，我们欢迎一切不同观点的文章！包括那些与本刊同人意见相左的来稿，但不希望看到那些辱骂性的文字出现。”[①]

读当前的一些评论，感觉大多数都是说好话，刻意拔高，给作家的新作做广告。十多年前常见的文学评论，比较通用的模式是“大表扬小批评”，评论家在说了一堆好话后，觉得有点不好意思，于是就费尽心思，挑一些无关紧要的缺点说一说，既保住自己的职业底线，又给被评论的作家留足面子。有趣的是，这些年的文学评论唱起赞歌来，那是无比高亢、无比嘹亮，不打任何折扣。从那些发表在报刊上的研讨会发言纪要中，不难找到“里程碑”“绝作”“大师”等肉麻字眼。偶尔看见一些批评作品缺点的文章，那是阴阳怪气，一损到底，典型的“酷评”风格。这种文字也不能让人服气，首先那种冲冲杀杀的文风就让人汗毛倒竖，产生一些不好的联想。同样值得重视的是，很多文学评论故意写得让人看不懂，通篇佶屈聱牙的概念与术语，把简单的问题搞得异常复杂。就像那些京剧没学好的半桶水，挤着嗓子唱，对听的人来说简直就是折磨。也正是在这样的背景下，丁帆的“卷首语”彰显出其独特的价值。首先是“好处说好，坏处说坏”。丁帆在评论他特别熟悉的一些作家时，也是秉笔直书，不溢美，不隐讳。在他评说刘醒龙的文字中，有这样一段话：“刘醒龙的成功之处，就在于他的作品始终将关注人性和关注生命价值置于自己创作的最高位置。无疑，在90年代后期和新世纪初，我对刘醒龙‘分享艰难’式的作品表示过怀疑，以为这是为某种观念张目，是一种不顾人性书写的献媚姿态。然而，读完《圣天门口》后，我才又重新认识了刘醒龙，才真正体味到他作品的人

① 丁帆：“卷首语”，《扬子江评论》2007年第2期。

性深度和看待生命的力度！”[①]他在“卷首语”中还有这样的表达：“对中国一流作家的新作，尤其是对好朋友的作品，应该以更加苛刻的眼光来挑剔，这才是真正的批评。所以，我曾经对苏童的《河岸》和毕飞宇的《推拿》提出过批评，但并不是全盘否定这些在中国还排在创作前列的作品，只是说苏童在《河岸》中过分轻视了价值观对长篇的作用，过度使用那种苏童式的想象技巧；而毕飞宇则是在《推拿》中过分显现了价值理念，而轻忽了以往的文学想象力的扩张，正如他在本期的文章中所言：‘想象力的背后是才华，理解力的背后是情怀。’显然，毕飞宇所说的‘情怀’就是作家的价值理念，而我们这个时代的作家恰恰就是忽略了创作中最最本质的人文元素——价值观的定位和定性问题，从这个意义上来说，毕飞宇是对的：‘小说家的使命是什么？写出好作品。这句话只说对了一半。小说家也有提升自身生命质量的义务。在我看来，生命的质量取决于一件事，作为一个人所拥有的情怀。我渴望自己有质量，虽不能至，心向往之。’作家的生命取决于作品，而作品的生命则取决于价值观和艺术的想象力，前者最重要，后者也是不可或缺的，倘若《推拿》在想象力上更进一步，那就会更有恒久的生命力，这就是艺术的辩证法。”[②]用更加苛刻的眼光挑剔好朋友的作品，而不是一团和气地“和稀泥”，这样的诤言有利于艺术的真正提升。对于文学创作中的一些不良倾向，丁帆更是不留情面地予以针砭。2011年第2期，《扬子江评论》刊发了《大秦帝国》的评论专辑，旗帜鲜明地批评了《大秦帝国》的常识性错误和价值观的悖谬。丁帆在“卷首语”中坦言：“三十多年来，长篇历史小说的创作可谓如火如荼，但是能有几部像样的作品呢？无疑，许多刚刚出版的皇皇巨著就重新回到造纸厂化为纸浆的厄运，时常是它们的最后归属，这已经成为人们司空见惯的现象了，不足为奇。而奇怪的是，像《大秦帝国》这样一部粗制滥造、水平低下，且在史识、史实和常识上都存在着许

① 丁帆：“卷首语”，《扬子江评论》2011年第6期。

② 丁帆：“卷首语”，《扬子江评论》2011年第5期。

多错误的不入流的所谓‘长篇历史小说’，竟然受到了许多人的吹捧，乃至花巨资拍摄成长篇电视剧。”并倡言“真理只有在激辩中才能获得重生”[①]。他颇为激赏吴功正对《大秦帝国》在“历史文化价值观”“历史真实”“历史小说的审美方式”[②]等方面所存在的谬误的犀利剖析；并高度赞同董健的观点：“在今天的中国，鼓吹‘秦家店’的那些核心价值，恰恰是站到中国人民所努力从事着的真正改革的对立面了。”[③]

其次，“卷首语”在文体上独具一格。丁帆在2008年第4期的“卷首语”中评价：“在本期的《作家作品论》栏目中，我们看到了两种不同的批评视角：一种是抽取和提炼一个作家最有代表性的精神特质内涵来进行深入细致的分析；另一种是就一部作品来总结其内在特征。这其实都是评论的套路，一般是很难超越的，但是，我们还是期待着一种具有文体创新意义的写法诞生，当然，也绝不是学院派的掉书袋式的写法。”[④]其实，“卷首语”本身就有一种文体创新意义。坚持了九年的“卷首语”，自由活泼，不拘一格。最为关键的是，这些篇章的道理很深，有很强的学术内涵，但文字的意思，读者并不难懂。说到底，就是用简单的表达阐述复杂的问题。还有，“卷首语”总是有感而发，饱含真情，有很强的感染力。不妨看看下面这一段文字！

> 秋天到了！我就想起了我在小学一年级语文课本上学到的第一篇“诗歌”：“秋天到了／天气凉了……一群大雁往南飞／一会儿排成‘人’字／一会儿排成‘一’字。”多好的诗歌啊！

① 丁帆：“卷首语”，《扬子江评论》2011年第2期。

② 吴功正：《史识扭曲·史实硬伤·史诗缺失——评长篇历史小说〈大秦帝国〉》，《扬子江评论》2011年第2期。

③ 董健：《再谈〈大秦帝国〉的“反动性”》，《扬子江评论》2011年第2期。

④ 丁帆：“卷首语”，《扬子江评论》2008年第4期。

> 虽是启蒙课文，但是我读了一辈子。就把这首并非诗歌的诗献给彭燕郊先生吧，但愿这个“七月派”诗人在天堂不寂寞。[①]

文字通俗易懂，但寄意深刻。在看了朱天文的创作谈后，他认为“用朱天文叙述的那个佛陀重生的美丽故事来诠释审美的本质特征是最准确不过的了”：“他要去找回他的嗅觉！最后他骨枯形销昏死在河边。村中牧羊女喂以乳糜，悉达多醒来，闻见乳香，如此甘美，如此确凿。他感谢牧羊女说：‘一切有情，依食而住。’他渡河进城，坐在菩提树下悟道，成了佛陀。”[②]在此基础上，丁帆感叹：“这就是文学的誓言！就新世纪的大陆作家而言，更多的人是被消费文化熏染得失却了文学的‘嗅觉’，所以他们根本就没有立下文学的誓言，因此，‘失情’俨然成为文学创作的通病。一部作品倘若没有情感的支撑，它当然是一具形容枯槁的僵尸。”[③]我们再来看另一段文字：“读了毕飞宇的创作谈，我突然间看到的是毕飞宇性格的另一种境界：既非‘少年气’的率真，亦非‘生不逢时’的落寞，而是平添了许多‘英雄气’的悲怆。他的创作过程的转变契机使我想起的是震动美国几代人心灵的那部英雄落寞的反战影片《生逢七月四日》，同样是越战，它对每一个人生命重量的拷问是不同的，而作为一个作家，毕飞宇对战争后的人的思维状态的发掘深度，却是与他作品的审美宽度和深度息息相关的。从这个意义来讲，这样的价值思考将是毕飞宇终生受用的宝贵财富。”[④]这些文字中的情感流动，和思想的轨迹形成有机的互动，就像船和水的关系，船搅动流水，流水推动航船。正如蒂博代所言，批评家的创造“是通过感情交流来孕育的”，“创造对他来说，就是感情交流，这种创造，有三种形式：同一个艺术家的感情交流、同一部作品的感情交流、

① 丁帆：“卷首语”，《扬子江评论》2009 年第 4 期。
② 朱天文：《我的台湾书写》，《扬子江评论》2010 年第 3 期。
③ 丁帆：“卷首语”，《扬子江评论》2010 年第 3 期。
④ 丁帆：“卷首语”，《扬子江评论》2010 年第 1 期。

同一种流派的感情交流。从这里产生了创造性批评的三种形式”[1]。

二

布尔迪厄在《自由交流》一书中对丧失了自主性的知识分子深表忧虑，他认为“这些人只保留了知识分子的外部表象，看得见的表象”，他们轻易放弃了批判精神，“这种精神的基础在于对世俗的要求与诱惑表现出独立性，在于尊重文艺本身的价值，而这些人既无批判意识也无专业才能和道德信念，却在现时的一切问题上表态，因此几乎总是与现存秩序合拍”[2]。正是对于自主性的自觉追求，使得《扬子江评论》形成了自己的鲜明特色。这份杂志有自己独立的价值追求，一方面，大力推举佳作，尤其重视发掘那些被遮蔽和被忽略的好作家、好作品，给孤独的探索者以精神支持；另一方面，敢于对文学中的一些不良现象提出尖锐的批评，激浊扬清，坚守独立的人文品格。对于马原的《牛鬼蛇神》，徐刚的评论颇为犀利：“他幻想着从先锋文学的余烬中‘死灰复燃’，去写作一部旷古未有的大书。然而，这终究只是一次‘借尸还魂’的表演，召唤出的或许只有先锋的虚假魂魄。在这‘小说已死’的时代，即便神奇如马原也无力回天，去期待‘纯文学’的‘转世重生’。”[3]对于这场“虚幻的表演”的症结，丁帆教授一语中的：“倘若不让小说死去，还是多在其中注入作家自身的人文思考吧。”[4]在精神文化领域，人格的自主性是保持独立的质疑精神的基础，直抒己见的争鸣则是文学批评的活力之源。丁帆教授认为：“当下中国的文学批评亟须解

① ［法］蒂博代：《六说文学批评》，赵坚译，三联书店2002年版，第208页。

② ［法］皮埃尔·布尔迪厄、［美］汉斯·哈克：《自由交流》，桂裕芳译，三联书店1996年版，第51页。

③ 徐刚：《先锋记忆的缅怀与溃散》，《扬子江评论》2012年第3期。

④ 丁帆：“卷首语”，《扬子江评论》2012年第3期。

决的问题是批评的真谛何在，殊不知，作为学理性的批判，我们最缺乏的是对学术真理追求的勇气和真问题的探究。弘扬批评直面谬误的发现和指陈本是批评的常态，而这种常态却往往被斥为谩骂，显然这是非正常的，所以我们主张文学批评激烈辩论之文章，唯此才能推动批评的正常发展。本刊本着内不避亲、外不拒贤的宗旨，欢迎那种有激扬风格的文章，为振兴批评做出贡献。”[①]

“卷首语”篇幅虽短，但价值立场鲜明，体现出一种执着的启蒙情怀。阎连科在《文学的愧疚》中的一段文字给丁帆教授留下了深刻印象：“在陀思妥耶夫斯基的《罪与罚》和《卡拉马佐夫兄弟》这两部小说中，读到拉思科里涅珂夫和阿辽沙都在故事的最后，怀着忏悔和拥抱苦难的心情去亲吻俄罗斯的大地时，我总是忍不住会掉下眼泪，感叹自己的写作，面对土地，面对那块土地上芸芸众生的人生与命运，我为什么不能像托尔斯泰和陀思妥耶夫斯基一样去爱一切、理解一切、拥抱一切，而这一切中，最重要的就是热爱苦难、拥抱苦难。”[②]他在“卷首语”中认为：“这个世界上的文学就是因为爱而产生了对苦难的揭示和超越，一个好的作家并不一定需要这样的情怀，而一个伟大的作家却一定会具备这样的情怀。只有在这样的情怀感召下，文学才能在人类丰沃的精神土壤中生根。为什么阎连科会对陀思妥耶夫斯基和托尔斯泰那样面向灵魂忏悔的作家如此敬畏呢？”“这不是浪漫的矫情，这是一个有良知的作家发自肺腑的真诚感受，一个切中中国文坛要害的世纪之问。”[③]他由此呼吁作家以敢于担当的勇气审视现实，找回文学的灵魂。

通读九年的“卷首语”，常常能感受到作者对消费文化野蛮生长的警惕。要让精神文化健康生长，必须营造一种多元并存的自由空间。因此，那些与潮流保持距离的独行侠一样的作家，也就有了一种独特的价值。面对张炜所说的“即便作为一个极为孤单无力的

① 丁帆：“卷首语”，《扬子江评论》2014 年第 2 期。

② 阎连科：《文学的愧疚》，《扬子江评论》2011 年第 3 期。

③ 丁帆：“卷首语”，《扬子江评论》2011 年第 3 期。

个体，也仍然需要具备抵挡整个文学潮流的雄心”[①]，丁帆教授深有同感：我总以为在这个消费文化的时代是没有浪漫主义，尤其是古代浪漫主义的一席之地的，我们往往像嘲笑堂吉诃德那样去嘲笑当今的浪漫主义，对“诗性”写作予以耻笑，可能已经成为我们这个被大量现代和后现代主义思潮复制时代的一种傲慢与偏见。然而，文学的精髓恰恰就在于此，一个没有“诗性”的写作，那是行尸走肉的僵化书写；一个没有“诗性”的文学创作时代，就是一个文学堕落与悲哀的时代！我以为张炜这二十多年来的创作是一直坚守着“诗性”这一天条般的信念的，同样的观点，我们在王尧的评论当中也可以读到这般况味。我以为从80年代至今，能够始终坚守浪漫主义情怀的作家就是“二张”（张炜、张承志），虽然二人的主题指向不同，一个是传统儒家情结，一个是宗教情结，但是不变的人文情怀始终是他们一以贯之的目标，其韧性是令人敬佩的。虽然我并不完全赞同他们在其形象和意象背后所表现出的主题内涵，但是，作为一种文学终极的表达方式，我对他们的这种创作姿态与信念的持守表示最崇高的敬意。他们手执长矛（古典的冷兵器）冲向风车（巨大的时代思潮的合力）的时候，我们是否能够像桑丘那样再次与之同行呢？！[②]

在一个消费文化盛行的年代里，越来越边缘化的文学之所以还有不可替代的价值，绝不在于它可以通过和商业的结盟，催生极富商业价值的流行文化。相反，丁帆教授和《扬子江评论》颇为欣赏那些“在边缘处守望”的作家和作品。也就是说，文学要在一个追逐实利的时代，保留最后的梦想。刘亮程在创作谈中倡言：“梦启迪了文学，文学又教会更多的人做梦。优秀的文学都是一场梦。人们遗忘的梦，习以为常却从未说出的梦，未做过的梦，呈现在文学中。文学艺术是造梦术。写作是一件繁复却有意思的修梦工程。用现实材料，修复破损的梦。又用梦中材料，修复破损的现实。不厌

① 张炜：《写作：八十年代以来》，《扬子江评论》2010年第2期。

② 丁帆：“卷首语”，《扬子江评论》2010年第2期。

其烦地把现实带进梦境，又把梦带回现实。”[①] 丁帆教授为刘亮程“向梦学习”的姿态鼓与呼，他认为刘亮程的生态散文“不仅镌刻在中国散文史的里程碑上，同时，也成为中国文学在世纪转型中的一道亮丽的风景线。刘亮程说创作是在‘向梦学习’，一点不错，如果一个作家失去了自己的‘梦’，他也就失去了创作的原动力，正是这个‘梦’推动着优秀的作家创作出优秀的作品，一个作家能够理解这一点却是很不容易的，可是这个‘梦’中的理想主义的场景在无情的现实世界当中却是不堪一击的，但是，人类没有这样的‘梦’，就会变成没有生命细胞的机器人，同时作家存在的意义也就消失了”。而且，丁帆教授还将“文学的梦想”理解为面向未来、保护未来的人文情怀，他对生态文学深怀厚望：“倘若‘人与自然’之梦能够在作家的笔下得以‘修复’，人类就会有希望地活下去！”[②]

“卷首语”内容丰富，既有对历史的反省，也有对未来的展望。值得肯定的是，作者以极大的包容性，突破以名气、影响来衡量作家作品和文学现象的等级观念，平等看待研究对象，体现出一种兼容并包的大地伦理和生态意识。譬如“西部文学”，就常常被研究者所忽略，被看作一种衬托中心地区文学的重要性的边缘性存在。在 2012 年第 5 期的“西部文学研究专号”中，“卷首语”有这样的话：“我们对西部的关注应该消除的偏见首先是文学创作观念的改变，不要以为在技术手法上有所模仿（而非化境式的吸纳）就是最好的作品；其次，不要以为只要求得市场的份额，就是文学的赢家。只有去除这种偏见，我们才能在同一起跑线上平等看待西部文学。”[③] 在作者的选择上，《扬子江评论》是开放的、多元的。2007 年第 4 期的“卷首语”中就有这样的文字：“本期发表了老、中、青三代批评家的文章，从中我们看到了不同时代的写作风格，作为海纳百川、兼容并包的刊物，我们希望看到更多不同风格的有见地的评论

① 刘亮程：《向梦学习》，《扬子江评论》2011 年第 1 期。

② 丁帆：“卷首语”，《扬子江评论》2011 年第 1 期。

③ 丁帆：“卷首语”，《扬子江评论》2012 年第 5 期。

文章。”[①]在文学研究领域中，“打工文学”因其作者的卑微和艺术水平的欠缺，也常被熟视无睹。至于“打工文学”的批评家，那更是寂寞的耕耘者。2009 年第 3 期的“卷首语”高度肯定了柳冬妩的努力：“柳冬妩是一个坚守文化批判立场的打工文学的批评家，虽然他原是一个诗人，但是其文字表述中所透露出来的那份坚韧与执着，以及具有震撼力的价值立场的表白与激情使人敬佩，同时，其文章的逻辑力量也并不输给专业批评家。”[②]英雄不问出处，《扬子江评论》拆除篱笆的动作，拓展了文学批评的空间，避免让文学评论成为小圈子内的游戏，使得文学批评成为多元碰撞、自由交流的平台。正如丁帆教授所言：“作为一个编辑，一个批评者，我们首先须得尊重的是那些有独特见地的批评声音。”[③]“我们会坚定自己的办刊宗旨：为文学史正名，为文学创作证明，翻开文学批评新的一页。”[④]顾名思义，“卷首语”是每期杂志的导读，是读者的路标。通过“卷首语”，我们可以明白刊物的设想和追求。对于每一个栏目的设置和进展，“卷首语”中都有简明扼要的说明。《扬子江评论》一直很重视文本细读，并倡导在严谨扎实中自由创造的文风。2009年第6期的“卷首语”认为:“作为文学评论的主要领域,《作家作品论》是不可或缺的主打栏目，而国内学界与评论界恰恰缺少能够坐冷板凳来潜心研究这一块的好评论家，我们在慨叹消费时代评论堕落与评论家后继乏人的同时，又不得不面对现实！呼吁评论家多为中国文学的作家作品评论写靠实的好稿子。我们期望着。”[⑤]关于《扬子江评论》产生广泛影响的《名家三棱镜》栏目，在其开办时丁帆于“卷首语”中说：“本期刊发的《名家三棱镜》是我们设立的一个长期的栏目，通过这个窗口，我们试图检阅中国当下有

① 丁帆：“卷首语”，《扬子江评论》2007 年第 4 期。

② 丁帆：“卷首语”，《扬子江评论》2009 年第 3 期。

③ 丁帆：“卷首语”，《扬子江评论》2015 年第 2 期。

④ 丁帆：“卷首语”，《扬子江评论》2015 年第 3 期。

⑤ 丁帆：“卷首语”，《扬子江评论》2009 年第 6 期。

实力的中青年作家。我们衷心地期望各位同人关心、支持与呵护她，给文学史留下一道深深的痕迹。”[①] 对于《名刊观察》栏目的阐述寥寥数语，情怀尽显：“《名刊观察》栏目对几个名刊从不同角度的切入剖析，不仅是对在商业背景下刊物生存的相对解码，同时也是对纯文学运行机制内在规律的一种解读，更是对作家与刊物的血肉关系的深层次的解剖！所有这些评析将有助于纯文学在新的运行轨迹中克服困难，走向中兴。”[②] 对于《文学制度研究》栏目的描述，十分生动：“对文学史上的许多细节进行理性的爬梳与分析是一件十分有意义的事情，你会从中听到一声‘原来如此’之际，我们才真正回到了文学历史的现场，才真正回到了历史真实的原点上，这就是我们不断刊发《文学制度研究》栏目的初衷——掀开历史的一角，你就足以窥见舞台大幕后的大戏与风景。”[③] 也就是说，“卷首语”以浓缩的形式，记录了《扬子江评论》的发展轨迹，并且是这份杂志与当下文学、时代精神进行对话的一个窗口。

原载《文艺争鸣》2015 年第 12 期

① 丁帆：“卷首语”，《扬子江评论》2009 年第 1 期。
② 丁帆：“卷首语”，《扬子江评论》2008 年第 1 期。
③ 丁帆：“卷首语”，《扬子江评论》2015 年第 3 期。

从价值维度的重构谈丁帆的百年文学史观

黄　轶

"文学史既是文艺科学，也是一门历史科学"，"讲重要文学现象的上下左右的联系，讲文学发展的规律"[①]。文学史建构中，纯文学观和文学"国情"、文学审美功能与历史功利性或历史效应之间的冲突从未间断，正是这些冲突的"消"与"长"成就了文学史波澜壮阔的多元格局，也成就了文学史作为文化史之重要组成部分的复杂深景。从一定意义上说，一定的文化空间机制促成一定的文学史观，作为一门学科，现代文学自20世纪50年代初建立以来，其史学观念范式经历了从"革命"范式到"现代性"范式再到"现代性反思"范式的嬗变。

20世纪50—70年代末的中国文学创作，曾经在政治意识形态的笼罩下成为"革命文学""国家文学"，相应地，文学史书写也被"统合"在这一观念之下，面世的是各大学和研究机构人员集体编写的"中国现代文学史"，贯彻始终的是"新民主主义论"的思想纲领。新时期伊始，文学史观的问题成为现代文学研究界普遍关注的关键问题。随着20世纪80年代思想界的"开禁"，现代文学的研究和意识形态度过了短暂的"蜜月期"[②]，京海学界所提出的

① 王瑶：《关于现代文学研究工作的随想》，《中国现代文学史论集》，北京大学出版社1998年版，第276页。

② 见温儒敏等《中国现当代文学学科概要》，北京大学出版社2005年版，第119页。

“二十世纪中国文学”[①]和“重写文学史”[②]，可谓文学史家一次集体性的激情突围，这不仅是研究界对“政治祛魅”的热切呼唤，也是纯文学观与文学“国情”调适的有效结果。在“价值重建”与“文学史重构”的口号下，现代文学史的书写进入了一个“百家争鸣”的“百花”时代，可谓“乱花渐欲迷人眼”。纷繁热闹的表象下，富有探索性或建设性的文学史建构理念有几类，它们的“关键词”分别是现代性、启蒙主义、多元共生、新人文主义、民间形态、潜在写作、新国学或新儒学，等等。

这些文学史建构理念都开阔了20世纪中国文学研究的新视野，推动了现代、当代文学研究的新格局的形成。其间，能形成深层对话关系的是“现代性”观念下的“二十世纪中国文学”和“现代性反思”思潮下“多元共生”的文学史体系。“二十世纪中国文学”的重构模式将“走向现代”作为民族—国家的最为重要甚至唯一的选择，也作为文学史重写的重要维度，是“当代”以来文学史观嬗变中影响卓越的一环，成为90年代以后文学史重写的重要范型，也成为现代文学研究的重要推动力。“现代性反思”思潮中所形成的还原文学史多元形态的研究范式无疑也富有新的学术开创意义，标志着现当代文学研究范型的新的转移。这种“重写文学史”的思路延伸了传统文化体认与复兴的文化想象，是对历史线性发展观的悲壮抗拒，也是为陷入了文明怪圈的民族进行精神“寻根”的行为，或许可以说，这里边体现着一代知识者在对现代化未来的无限忧虑中文化守成主义的姿态和现实批判的意图。

当然，另外，二十多年来的中国现代文学研究和史学理论在对“主流”话语的逃离中，越来越“中性”“独立”“审美”“边缘”，也越来越丧失了“思想性”和“历史化”眼光，这一点被一些有卓

① 黄子平、陈平原、钱理群：《论“二十世纪中国文学”》，《文学评论》1985年第5期。

② 最早见于《上海文论》1988年第4期，陈思和、王晓明主持的《重写文学史》专栏。

见的学者所认识。王瑶曾经质疑：“你们讲二十世纪为什么不讲殖民帝国的瓦解，第三世界的兴起，不讲（或少讲，或只从消极方面讲）马克思主义、共产主义运动、俄国与俄国的影响？”[①]在他看来，以“现代性”为标杆的文学史建构使文学“不再做社会政治史依附”，这是良好的愿望，但其“进化”的线性叙述有可能忽略了中国历史进程的复杂性和多元性尝试。“多元”现代性对抗传统“主流”一元的文学史视野，其“还原历史”的思路又不可避免地将“现代”作为无所不包的大容器，“现代”成了一个“时间范畴”，包容其间的似乎都是“现代性”的结构性存在，在一定程度上使得现代文学史书写和学科建构失去了价值理据。对此，温儒敏认为：“对现代的不断扩容，是否也意味着研究的价值前提的缺失？由此而来的问题是，学科自身的合法性与边界，是否随之被动摇……多元的现代性是否也会成为模式化的一元，同样简化了历史的复杂性和特殊性？”[②]本于现当代文学学科发展的困境，丁帆则提出了文学研究的“危机论”。他认为，作为一个较为成熟的学科领域，当前的现代文学史学观念和研究视野的建构呈现出了新的矛盾和危机，例如：“研究资源业已枯竭，资源的供给已经远远不能满足和支撑如此众多研究者的需求”，学科的“经典化”面临诸多困境；而当代文学史（1949—2009）的研究却面临着价值混乱，许多作家作品、文学刊物、文学现象和文学思潮亟待重新定位定性的重大难题。[③]

客观地讲，现代文学研究领域的“前移后拉”并非仅仅因为资源“枯竭”，更有整个文化环境的恶化（包括不良的学术评价体系）的因素在内。“当代”部分的开放性既可成其优势，又会成为局限，例如文学史建构中以“评论”代“史论”的特征即是其一，把作家作品的批评作为文学史写作的“规范”，以致不少当代文学史不能

① 见钱理群《矛盾与困惑中的写作》，《文学评论》1999年第1期。

② 温儒敏等：《中国现当代文学学科概要》，第133页。

③ 丁帆：《关于建构百年文学史的几点意见和设想》，《文学评论》2010年第1期。

贯彻理论统一性原则，缺乏开阔的历史视野下的整合，缺乏“史”的厚重。其实，对“危机论”的认识源于对现代文学研究领域中一些看似花样翻新，实则“换汤不换药”的套路的认知：“其一，就是用西方的各种各样的研究方法对作家作品、文学现象和文学思潮进行反复重新阐释，有的甚至是过度阐释”，使得文学史的建构陷入了怪圈；“其二，研究的路径向着边缘拓展，不断发掘边缘作家作品和边缘史料（包括一些与作家作品有关的非文学性材料）”；“其三，是近几年来逐渐走热的刊物研究，除去一些有一定价值的深度研究之外，如对通俗文学中的报刊研究应视为有意义的研究，而更多的研究却是针对无甚学术意义的盲目无效研究，尤其是一些小报小刊的研究，一旦成为风气，那只能说是对文学史研究生态的破坏”[①]。更为深刻的原因，乃当下的中国文学创作以及研究所面对的是迥异于20世纪80年代的文化语境。丁帆在《文化批判的审美价值坐标》一书“代序”中曾经分析道：相对于80年代，目前中国在整个文化体制没有发生突变的情况下，已迅速与世界文化对接，深刻地融汇于西方现代文化，乃至西方的后现代文化，前现代、现代、后现代的文明形态并置，“文化滞差”并没有因为消费文化的“后现代”而稍减。而在这个物质化的时代里，随着主流话语控制的逐渐解压，商品经济、后现代文化的挤压实现了50—70年代的政治禁锢所没有达到的结果，很多知识分子产生了身在边缘的幻觉，甚至基本上被淘汰出局。这种表象促成了一种知识分子梦寐以求的对话立足点，促成了“知识分子本身应在边缘”的意识暗流，知识分子阵营大溃败、大分裂。“在边缘”与价值判断消弭的等式使现代化中的学术研究误入迷途，文学研究和批评的功能已经开始退化，成为一种商业性的炒作。那么，在这样复杂而光怪陆离的文化和学术背景下，80年代以来所提出的学科建构视野其合法性是否还有效？

① 丁帆：《关于建构百年文学史的几点意见和设想》，《文学评论》2010年第1期。

我们究竟应该用什么样的标准来判断文学的历史构成和临界？[①]或许，这才是现代文学研究的危机所在。现代知识分子应有的价值观念立场未能渗透在文学史的治史过程中，文学史书写成为“现象”的搜罗杂陈，成为没有价值取向的中性叙述，零度情感的客观主义历史观成为时尚，“历史化”眼光和思想性的缺失已成为当前现代文学研究和史学重构中的大问题。

正是出于对“危机论”的认识，丁帆教授提出了“建构百年文学史的几点意见和设想”，“呼唤‘大文学史’和‘大文学史观’”，希望彻底打破现代、当代的学科分界，“用一个中国现代文学的整体观来进行百年文学史的整合”[②]。老实说，“百年文学”的构想并非一个新话题，“二十世纪中国文学”和“多元共生”的现代文学体系建构已经是“百年文学”的概念范畴；在 1998 年，谢冕已推出“百年中国文学总系”。丁帆在这里“旧事重提”自有其立意所在：20 世纪 80 年代以来，我们一直处在将二十多年前的理论和方法“经典化”的过程中，但文化语境发生巨变已是“黑云压城”般的现实。在后现代文化抢滩登陆与前现代、现代文化混杂并置的当下，“重写文学史”必须面对“走向何处”的老话题！历史不能继续局限在一个狭隘的政治化的时段格局之内，文学史重写应该打破两岸在不同的政治区域区隔下的文学壁垒，“自‘五四’以降，中国文学在现代性的建构过程中，所遇到的一切‘革命性’问题（包括‘改革’问题）是完全可以纳入同一文化语境和同一文化符码的解析之中的，包括国家、民族、阶级与自我等等文学已经不由自主介入的各个领域，可以用一种区别于 20 世纪以前古代文学的治学观念与方法的新语码系统进行‘现代性’的统一阐释”，以一种“内在的人类”的思想视域来照临研究对象。

① 见丁帆《论近二十年文学与文学史断代之关系》，《复旦学报》2001 年第 2 期。

② 丁帆：《关于建构百年文学史的几点意见和设想》，《文学评论》2010 年第 1 期。

如果说“二十世纪中国文学”是以拨乱反正的姿态打通“近代文学”、“现代文学”与“当代文学”研究状态的人为分割，使“文学史从社会政治史的简单比附中独立出来”[①]，以一个预设的“五四”文学价值坐标重新体认和强调“五四”启蒙文学立场，“多元共生”的学术体系将新文学的起点确定在19世纪末到20世纪初的时空范畴，在关注历史现代性、启蒙现代性的同时，把审美的现代转换纳入评价体系，将雅俗文学形态拉回文学史视野，为20世纪中国文学研究提供了共时性多元空间对象。谢冕的“百年中国文学”视野则立意反驳“尊群体而斥个性；重功利而轻审美；扬理念而抑性情”[②]的传统文学史书写模式，为文学“现代性”的另一维重建尊严。那么，丁帆的“百年文学”着意在于现代、当代的交接处以及“当代”部分的分界，不再以现代、当代命名，而整体命名为“现代百年文学”，以“五四”为起点，以下分为“三个三十年”：第一个三十年即1919—1949年，因为自“五四”至今的一条政治文化与文学关联线索，亦即思想史与文学史的关联性，“在尊重历史事实的逻辑前提下，我们必须承认1949年的划分是有学术和学理的科学依据的，它既照应了大的政治文化的变迁给文学带来的历史性的转型，同时又兼顾了文学发展的自身规律——这一时期的文学的确形成了一种新的‘颂歌’与‘战歌’之风格”；第二个三十年即1949—1979年，“这是一个新的共和国文学仪式的宣告，其实它的精神模式早在延安文艺座谈会上就业已诞生，直到1978年‘实践是检验真理的唯一标准’的大讨论时，邓小平在第四次文代会上提出了新的文艺口号后，这个模式才有所转型”；第三个三十年是1979—2009（或2019）年，属于文学史的最近历史时段，这个时期是中国政治文化社会结构发生大裂变的时段，文学也同样经受了天翻地覆的变化，“它经历了

① 黄子平、陈平原、钱理群：《论“二十世纪中国文学”》，《文学评论》1985年第5期。

② 谢冕：《辉煌而悲壮的历程》，即“百年中国文学总系”总序，山东教育出版社1998年版。

思想解放、经济繁荣和消费文化等各个阶段与层面曲折复杂的历史演进，其千变万化的文学思潮、文学现象和文学作品也成为文学史最为热闹的论域”。

显然，具体细致地进行历史分界并非丁帆教授所特别用心的地方，《关于建构百年文学史的几点意见和设想》一文把“百年文学”的前端标在“1919”，并注明“亦可前推”。前推至1895、1898、1912，抑或1915、1917？并没有明确阐释。在《静态传统与动态现代文化之冲突》（《上海文论》1992年第4期）和《中国乡土小说史·绪论》（北京大学出版社，2007年）中，丁帆教授曾经谈到严复、梁启超等对“五四”新文学的影响，认为不能忽视晚清一代在中国一败涂地的事实面前所体悟到的须得注重自然科学发展对中国现代文化的启迪；但也强调，最终是“五四”的各种文化思潮给文学带来了无限生机。自然，“百年”在这里已不是“物理”时间，而是“文化”概念，“重提”是意欲发掘90年代以来文化转型中文学史书写的新格局以及现代文学研究的新意义，再次提示文学史与思想史的密切关联之无法忽略不计，并由此提出现代启蒙价值理念和“历史的和美学的”治史标准。

虽然“启蒙”是现代开端百年来的老话题，但纵观20世纪30年代开始的“新文学史”书写，启蒙主义文学史价值观其实一直处于现代文学“学科建制”的外缘，并没有真正成为文学史写作的核心词。80年代以来文学史观念建构在逃离政治的过程中虽然也提出了“改造民族灵魂的启蒙立场”，但启蒙主义价值理念不可能作为统领。因为作为新时期文学开端的是标志思想解放运动之滥觞的“伤痕文学”，其“呼唤人性和人道主义只不过是回到‘五四’反封建思想原点的表征而已”。随后的“反思文学”“不但抒写了一代人的精神创伤，而且还深刻反思了造成精神创伤的原因，具有浓厚的启蒙意识，它是80年代文学启蒙运动的先声”。但是，这些文化思潮很快被“肤浅化、歧义化了，它的不彻底性使它很快就被所谓的

‘改革文学’所覆盖与遮蔽、同化与异化”[①]。自此以后，文学中的启蒙追求更遭逢思想文化领域的“清除精神污染”和“反自由化”，启蒙的声音渐次虚弱甚至被“消声”。进入开明政治的今天，重彰启蒙才成为可能。

其实，围绕“启蒙”的是非纠葛自90年代以来从未中断。其中广被质疑的问题可能是，在现当代社会发展史上，五四运动被推向历史顶峰恰恰是《新民主主义论》的果实：《新民主主义论》这一出产于1940年的党的理论学说对整个中华人民共和国文艺的影响怎么说都不为过，它以1914年第一次“帝国主义大战”和1917年俄国的“十月革命”来划定世界历史的开端，以无产阶级及其政党作为历史主体，把五四运动作为中国走出旧民主主义，走向新民主主义即现代化的开端。现代文学研究也以此为端点正好和政治的宏大叙事不谋而合，这也是有不少学者在80年代末以来的文化反思热中认为“五四”逻辑性导向“文革”的内在原因之一。文学史家在对“政治史”的逃离中一方面批判“五四”绝对化的“反传统”立场所造成的“文化断裂”，提出“缝合”历史与现实，重新体认中国传统的思路；一方面是强调晚清文化—文学变革作为“五四”的预演，突出晚清的近现代转型作用，通过对晚清各种社会思潮和变革思路的“还原”，来探索中国现代化转化的多元特征，冲淡“五四”的新旧文化、中西文化的二元对立。

不可否认，世界范围内的共产主义运动、帝国主义殖民的瓦解当然是20世纪“现代”的一部分，但显然，启蒙主义历史观和《新民主主义论》指认“五四”作为“现代”的开端是完全不同的两个思维路径，或者说两者言说的是完全不同性质的“五四”。在《文学批评与知识分子的精神建构》一文中，我曾经谈到丁帆教授对于“反思五四”的认识。“五四”“文革”两者同样是将文学的价值诉诸历史功利性追求，这种思考或许有其自身的逻辑，但是，“五四”

---

① 丁帆：《80年代文学思潮中启蒙与反启蒙的再思考》，《当代作家评论》2010年第1期。

与“文革”的连线忽略了两者在“反传统”上本质的不同。丁帆教授认为，反思“五四”绝非一个“伪命题”，但20世纪初的思想革命到20世纪中叶变成了一场人类文明史上的浩劫，并不是“五四”文化批判精神所导致的恶果，而恰恰是文化批判的“不彻底”所造成的封建主义思想毒瘤恶性膨胀的结果。“五四”的核心价值观念与“文化大革命”相反，是以人与自我为本体的人性解放的文化运动[①]，是近现代中国知识分子精英思潮的一个突出的高峰。今日之新保守主义全盘否定“五四”文化批判精神的新锐理论等于抽掉了中国文化的现代性内涵，它的直接后果是导致20世纪初以来几代知识分子所创建的现代文化精神毁于一旦。[②]

我们看到，对五四新文化运动持批评意见的一方和主张“重回五四起跑线”的一方，都是站在思考“文化断裂”这一理论基点来面对“五四”的问题，但前者所说的“文化断裂”是指“五四”“打倒孔家店”等激进主义文化观所造成的传统文化的破毁；后者所指是“文革”十年期间封建专制主义的“复辟”造成了刚刚建起的“现代”文化传统的断裂。在我看来，这两种看似截然相反的观念都是对历史发展现实的悲壮抗拒。旧的业已毁坏，而新的并未建起，可能是双方共同的隐痛。

启蒙主义价值观和“二十世纪中国文学”概念同样以“现代性”为出发点，坚持“封建”—“现代”的矛盾对立。但前者把新民主主义和社会主义所“论定”的“封建主义终结”作为批驳对象，将封建主义视作一个20世纪远远未被清算而且在“新民主主义”下无法清算的“历时性”问题，所以，也有学者认为，西方思想史经历了一个蒙蔽—启蒙—去蔽的过程。因此，启蒙主义理应被理解为一个确定的历史阶段的概念，即指欧洲18世纪的文化启蒙思潮。从这一论断出发，当下的启蒙主义的主张被视作“泛启蒙”并非妄

① 丁帆:《80年代文学思潮中启蒙与反启蒙的再思考》,《当代作家评论》2010年第1期。

② 丁帆:《五四文化批判精神可以取消吗》,《上海文化》1996年第3期。

言。但讨论启蒙哲学本身的二元对立思维和悖论性特征并非本文之主旨。从中国历史发展的现实而言，启蒙似乎还不是一个“过时”的概念，甚至在人类发展过程中，启蒙并非一个历史阶段性概念，而是一个永恒的话题——因为精神自由和科学民主是永恒的追求；而且，只要文学史和思想史不能隔离，文学史要从政治史的比附中超拔而出自然是勉为其难的，特别是，当知识精英即“思想”的产出者混同在“日常世俗情调”中并以此为“底层关怀”的标榜时，可能正是在参与塑造另一种更加强大的意识形态，就使得“启蒙”具有了不同于80年代的现实迫切性——“大众文化”一词作为一个概念被引进中国是在1980年代，如果缺乏对“大众文化”本质的警觉，那么原本为了去除文学研究的政治标准的“重写文学史”可能再次坠入另一个“法网恢恢”。

“尽管超时空的永恒价值观念十分可疑，探讨问题的时候，问题的真伪仍然要在具有价值尺度的相对永恒之间游走。”社会文化开始急剧转型的世纪之交，丁帆教授曾经提出文学史的史学标准问题：“无论文学史的断代是一个什么样的状态，而衡量其文学作品却有一个永恒不变的价值判断——人性的和美学的标准。因此，我十分钦佩章培恒先生在‘重写文学史’的过程中，采用的这种人性化的治史眼光。文学史家和批评家的文化批判功能只有永远朝着人性健康发展的轨迹前行，其学术和学理才能有价值体现。”[①]如果我们承认“现代性”的核心是人、人性，那么文学研究面临的是“二次经典化”的历程。经典秩序的重构是文学史建构的分内之意，“经典意味着一种稳定的秩序，某些作品被合法化地接受，并奉为价值的尺度，在其背后自然还有一套复杂的控制体系和权力关系，在社会思潮、文化秩序发生变动的时期，‘经典’的秩序本身也在改写之中”[②]。面对百年的文学现象、文学思潮、文学社团和作家作品，

① 丁帆：《论近二十年文学与文学史断代之关系》，《复旦学报》2001年第2期。

② 温儒敏等：《中国现当代文学学科概要》，北京大学出版社2005年版，第128页。

重写文学史需要的不是“加法”，而是“减法”，目标就是要二次筛选入史对象。由于某种政治原因，一些在艺术上乏善可陈的作家作品过去混进了文学史书写序列，这些应该成为今天筛选的首要目标，甚至也需淘汰那些过去认为重要的某些作家作品，起码将之做“弱化”或“降格”处理，同时也必然将另一些选择对象“强化”或“升级”。

与“二十世纪中国文学”相比，启蒙主义文学史观同样是强调现代文学的“现代性”特征，但择取“思想的现代”为价值核心，对于某一时期文学现象、文学思潮、创作实绩的认识并非出于“文学经典”的遴选，而注重其在思想史演化中的结构意义。正是从这样的观察点来看问题，在对“十七年文学”和“文革文学”的看法上，丁帆教授极力强调其在整个“现代”到“当代”的历史转换中“思想标本”的作用。“十七年文学”和“文革文学”落入了以阶级斗争为纲和“为政治服务”的魔圈，它们是以反人性、反人道、反文化为基础的“遵命文学”为荣，舍弃文学的艺术准则，更舍弃作家主体的思想观照的结果，但一段时期文学的研究价值并不取决于研究对象文本质量的优劣，而是研究对象历史内涵的多少。“‘文革文学’包括‘十七年文学’的‘活化石’意义并不亚于那些文学史中内在现象和精品文本研究的意义，我们可以从中寻觅到进一步推动文学史向更深层次突进的宝贵历史经验。我还想强调的是，当前的研究删除了这段文学史与当时整个世界文化格局的关联性，将它与世界文学强势的反差和落差屏蔽起来，这样就很难从一个更新的高度来看清楚这段文学史的真实面貌和本质特征。只有冷峻地从文化与文学结构层面入手，从思想史和文学史的关联性入手，在世界文化的进步趋向进程格局中细心地考察和体验各种文本与文学现象，才能看出它们之间的优劣。”① 很明显，就像在文学批评中体现的那样，在文学史史观的建构上，丁帆教授依然强调的是知识分子“文化批判”的“介入”精神。

① 丁帆：《研究“十七年文学”的悖论》，《江汉论坛》2002 第 3 期。

当然，历经岁月淘洗后，或许会发现任何文学史史观都非尽善尽美，无可挑剔，启蒙主义的“百年文学史”史观建构可能也会面临一些问题：明确提出启蒙主义作为文学史建构的价值维度，打破“重写文学史”中出现的“无价值立场”弊症时，新—旧对立的进化思维对历史功利性的迫切追求是否会淹没文学流变中的纷繁形态，遮蔽掉在某些历史阶段看似相对“弱势”却具有史学生成意义的文学现象和创作？清末民初文学变革和通俗文学以怎样的叙事形态和角度纳入“百年文学”，使之最大限度体现文学发展的本相？启蒙史观的价值预设强调文学梳理内在的统一性，拒绝非理性参与建构文化现场，就当下中国的文化发展阶段来讲，需不需要“非理性”史学观念参与建构文化空间？而且，如果文学的最终目的在于对生命的关怀，那么启蒙的文学理念是否能够体恤生命最细节处那些疼痛、无力以及美的悲哀？由此说来，重彰思想启蒙的百年现代文学研究格局的重构能否最终成为现代文学研究的新范型，无法定论也无须定论，丁帆教授首先立意强调的是，文学史的建构需要的不仅是文学史家清醒的历史观念、广阔的人文视野、辩证的审美眼光，也需要富有理性的价值立场和客观评价历史、臧否人物的勇气——这有待于“重写”中的实践智慧。

原载《当代作家评论》2011 年第 3 期

当思想穿越历史的雾霭

——丁帆启蒙文学史观论析

傅元峰

当代大陆学者为自身所处的文学治史，是充满悖谬感的学术经历：文学史的权力并不完全握在自己手中，这需要研究者不断强化主体意识，对文学历史和现实进行思想和文化介入，以实现言说空间和言说效果的最大化；同时，现代文学经验都不具备充足的历史间距，这又需要研究者依靠理论素养和文学判断力对史料进行艰难的变焦，才能获得清晰的历史认知。尽管现代文学经历了文学研究者不断的历史爬梳，但百年新文学的历史依然像晦暗的雾霭，很多领域仍处于混沌不明的蒙蔽状态。丁帆数十年来致力于用思想唤醒历史。他不但参与治史实践，编著或参与编著了十数种文学史①，其中包括现代文学的各种专门史、地域史、通史和断代史，更连续不断地撰文论述自己的文学史观，逐渐形成一个有思想脉络可循的学术体系。这个体系以围绕乡土、自然、女性等文学论域形成的审美文化史观与围绕文学语境研究和历史断代研究形成的启蒙思想史

① 据不完全统计，这些编著计十四种之多，包括《中国乡土小说史论》（1992）、《现代文学观念发展史》（1992）、《中国现代文学史》（分别于1992、1999、2011年出版三种）、《十七年文学：人与“自我”的失落》（1999）、《中国现当代文学》（2000）、《20世纪中国文学史》（2000）、《中国大陆与台湾乡土小说比较史论》（2001）、《中国新时期小说主潮》（2002）、《中国西部现代文学史》（2004）、《中国当代文学史新稿》（2005，2006年修订）、《中国乡土小说史》（2007）、《中国新文学史》（2013）等。

观为主体，形成了丁帆文学史研究的特色。丁帆近期撰写的系列文学史观的论文[①]再次显示出美学趣味与启蒙思想的深度融合。

一、启蒙文学史观

由著名的《中国新文学大系》系列导言始，新文学的第一个十年过去以后就立即得到了有效的历史描述。尔后从胡适、钱基博的个人文学史到 1949 年后的国家文学史，再回到 20 世纪 80 年代末“重写文学史”之后的个人文学史，文学史的撰写一直密切伴随各个时代的文学发展，背后拖曳着一条思想史的关键线索。文学史著作层出不穷，但有认知价值、有审美眼光、体现出独到文学史观的文学史少之又少。学界繁复治史和百年新文学历史的荒芜形成明显差，主要原因在于，大多史家虽然不乏学识，但缺少史识。正如丁帆指出的那样，很多人“缺‘骨’少‘血’”，既无对文学的忠诚，又无对真理的坚守。[②]丁帆在当代大陆文学史历史主义的幽灵中寻找自己的治史方向。他对文学史的兴趣萌发于酝酿“重写文学史”的 20 世纪 80 年代，由早期的现实主义的乡土美学建构，到富有启蒙精神的历史和现实语境勘探，再到知识分子立场的不懈追问；他逐渐形成了历史主义的文学史观，选择了一条看似老套的启蒙主义的文学史路线图。自觉的启蒙意识使他秉承思想先行的文学史理念——文学史首先应是智识史，其次才是文学史。丁帆的文学史观存在历史与美学两大精神要素，与他文学史研究中的启蒙思想有密

① 这些文章主要包括：《中国现当代文学史断代谈片》《新旧文学的分水岭——寻找被中国现代文学史遗忘和遮蔽了的七年（1912—1919）》《关于建构百年文学史的几点意见和设想》《新世纪文学中价值立场的退却与乱象的形成》《“民国文学风范”的再思考》《关于百年文学史入史标准的思考》《关于建构民国文学史过程中难以回避的几个问题》等，分见《文学评论》《文艺争鸣》《当代作家评论》等刊。

② 丁帆：《缺“骨”少“血”的中国文学批评》，《文学报》2012 年 7 月 19 日第 18 版。

切关系："我赞同用发展的马克思主义的历史唯物辩证法来解析一切文学史的问题，那就必须设置一个有恒久生命力的治史价值原则。我以为被马克思主义肯定过了的启蒙主义的价值观应该成为文学史恒定的价值原则，它既然已经成为人类普遍的人文价值共识，我们就没有理由去拒绝它，尤其是中国现代文学的治史观念和原则更应遵循这个被实践证明了的普遍真理——人、人性和人道主义的历史内涵是其评价体系的核心；审美的和表现的工具层面是其评价体系的第二原则。'人的文学'仍然适用于我们的治史原则。"①曾有两位西方学者系统表述过对历史主义思想谱系的不同看法，他们分别是英国的卡尔·波普尔和德国的弗里德里希·梅尼克。波普尔将历史主义看成极权主义的前奏，看成了"个体零星工程"的敌人。无论是亚里士多德的历史主义，还是卡尔·马克思的历史主义，都受到了波普尔的激烈质问。②梅尼克则令人信服地阐明，启蒙运动作为历史主义兴起的重要条件，二者之间存有很多共同点，启蒙历史学中的"精神力量和渴望历史知识的力量"在历史主义的起源中扮演重要角色。③而"历史主义的核心"并非有可能俘虏人类的精神和灵魂的"普遍化的观察"，而是一种"把崭新的生命原则应用于历史世界"的"个体化的观察"④。

丁帆显然采取了梅尼克的历史认知方式。虽然他也激烈地抨击极权政治对文学个性的扼杀，但他一直在自己的话语可能性之内认可历史主义，甚至为某些现象援引马克思的历史美学："如果用一种传统文化的中庸方法来解析这种现象（保尔形象的经典化，引者

① 丁帆：《关于建构百年文学史的几点意见和设想》，《文学评论》2010年第1期。

② [英]卡尔·波普尔：《开放社会及其敌人》，郑一明等译，中国社会科学版社1999年版。

③ [德]弗里德里希·梅尼克：《历史主义的兴起》，陆月宏译，译林出版社2010年版，第210页。

④ [德]弗里德里希·梅尼克：《历史主义的兴起》，第2—3页。

注），便可以‘历史的和美学的’一次二律背反作答。”[①]丁帆刻意要在历史主义真正到来之前，在文学史中嵌入启蒙精神。一些发生在中国大陆的历史事实也证明，未经启蒙精神熏陶的历史主义是行之不远的。1960年代初翦伯赞的历史校正，1970年代末热血青年们短暂溢出政策边界的历史纠偏，1980年代末的“重写文学史”的众声喧哗，都成为历史求真精神的昙花一现。在历史蒙蔽还未破除的当代中国，放弃启蒙，片面追求历史主义，只能更加快速地“逼良为娼”，将文学史捆绑在专制的历史权力秩序内。

很多启蒙斗士已经在各种“后学”中改弦易辙，但丁帆从未放弃过对历史言说权力的争夺。作为一名对文学制度保持醒觉的学者，丁帆对在制度中发生变形的文学史逐一勘察和校正。他以历史与美学为双翼，以文学中丰富多变的人性为人文依据，也能兼及文学的形式问题。他以乡土文学、女性文学、自然文学等文学门类的研究表达美学见解，对文学史研究领域则投注了启蒙者持久的思想注意力。他预言了一个文学的病态语境“思潮”消失的可怕：“思潮、流派以及个性化创作的严重缺位，这种样式的文学将消失于二十一世纪的文学史之中。”[②]这是一位启蒙主义文学家的思之惑。早在1980年代中期，丁帆就提醒自己规避有“术”无“学”的学术研究，称颂文学批评的独立品格[③]，并恪守至今。唯其如此，才能在治史中客观求实，拂去文学的专制尘埃，还文学史以自由本真的面目，也为文学的现实问题找到历史根源或形成历史镜像。

这种启蒙主义的文学史观，注重历史认知的祛魅、祛蔽，让历史主体在思想光照中走出无名之境。比如，丁帆提出“民国文学”的概念，并对“民国文学风范”的文学史认知价值进行了初步阐述。他大刀阔斧地将缠绕百年文学的藤蔓斩断，以“民国文学”为经线，

① 丁帆：《怎样确定历史的和美学的坐标》，《文艺争鸣》2000年第5期。

② 丁帆：《新世纪文学中价值立场的退却与乱象的形成》，《当代作家评论》2010年第5期。

③ 丁帆：《走向独立的批评》，《读书》1986年第11期。

重新拉起汉语文学发展的复线结构。这等于他已经为大陆文学的美学困局找到了颇有价值的现实参照：大陆文学的一部分历史正在以让人亲切的现实面目走在不远的对面。尽管他为自己“闪烁其词、词不达意、欲言又止”的文风深感自责，但还是成功揭示出，“从1912年肇始的‘民国文学’一直延伸到1949年，进入台湾后，开始从一个正统的地位逐步进入一个被边缘化的过程，乃至最后被林林总总的文学潮流和现象所遮蔽和覆盖”[①]。丁帆认为，文学史家故意将新文学开启时间提前与延后的治史行为与“国体”和“政体”为参照的惯常做法相悖，这种“无视或贬抑辛亥革命历史价值”的错讹举动，与20世纪思想界的“五四”权属风波有相似之处——人们的历史意识在这一点上似乎并无半点进步。[②]在丁帆看来，对1912年至1919年这七年的遗漏，与对“十七年”文学与“文革”文学历史内容的删减，就史家而言都是对真相的故意遮蔽，属于同一治史误区。“今为辛卯，何为辛亥？”正是一个启蒙主义文学史家典型的历史追问，其含义深刻，精神史在历史惯性中的蜕变也不言自明。

这种洞见是在长期思想铺垫的基础上实现的。

1990年代末，对知识分子身份认同、价值立场问题的研究曾是丁帆文化研究的主要内容。在这个学术行程中，他对知识分子的身份、批判精神和道德立场的崭新认知也刷新了他的文学史观。社会转型期知识分子的文化选择投射出他们的精神史。用思想唤醒历史，利用地域文化的他者反观自身，更全面和清醒的文学省察意识开始形成。而后，对“文革”的认知促使他发现极权文化的暗影，并对文学史进行了更加全面的思想清点和审美审视，与此同时，民

① 丁帆：《“民国文学风范”的再思考》，《文艺争鸣》2011年第7期。

② 丁帆：《关于建构民国文学史过程中难以回避的几个问题》，《当代作家评论》2012年第5期；《新旧文学的分水岭——寻找被中国现代文学史遗忘和遮蔽了的七年（1912—1919）》，《江苏社会科学》2011年第1期。

间话语立场作为独立思想的价值得到了关注。这同时也得益于丁帆对“十七年”文学和“文革”文学研究的成果——他从这样的研究中获取的成果并不是历史知识，而是重叠的问题和精神悖谬，是有待阐明的思想原相。《中国当代文学史新稿》《中国新文学史》等文学史的治史实践，也锤炼和升华了这种启蒙文学史观。

二、以断代作为治史的结构要素

对丁帆在中国百年新文学研究中形成的启蒙文学史观进行结构分析,可以发现一些与这个学科密切相关的、结构性的思维元素,“断代”即是其中之一。与断代相关的“节点”“语境”“转型”等概念，在丁帆的启蒙文学史观中是不可或缺的历史语素。“断代”，这个历史描述中的一个相对独立的单位是作为动词使用的，指治史者对历史客体在一定历史观念下的区分。考察一位当代文学史家的史识，可以通过分析他的断代观念来完成。

在晦暗的文学史面前，充当启蒙者的文学史家要行使个体主动权，他面对体现出时间特性的历史客体，要进行重新分区和整理，以确定文学史描述的对象和单位。一切当代史的断代都会对治史者形成治史品格的考验。中国新文学史的断代更让人觉得棘手，种种因素导致这一问题不能安然作为纯粹的学术课题加以探讨。文学史因政体问题形成了文化分野，对大陆学者而言，治史有制度藩篱，包含一定程度的禁忌。像丁帆这样以启蒙为历史之眼的文学史家，对文学史断代问题体现出浓厚的兴趣，构成他文学史观的基本要素。与大多学者规避政体和文化分野、将文学史纳入客观编年的做法不同，丁帆对百年新文学断代问题的思考较多。他认为，“文学史的断代不能依据当代人的好恶来随意进行时间的放大和拉伸”，他主张选择朝代更迭和社会转型作为新文学的断代依据。这种选择体现出一种直面的品质。特别是他基于“朝代”的断代意识，对乖张的规避行为提出种种质疑，打开了一个类似于阿伦特所言的“黑色大陆的幻影世界”[①]：一切伪饰都被还原，那种类似于上流社会制造的“罪孽周围”的“高尚气氛”将在这样的文学史行动面前烟消云散。

文学史断代思维的重中之重是对历史节点的把握。百年中国新文学中的重要历史节点被他一个一个找出来：“辛亥”是一个被人为遮蔽的文学断代盲点；1949 年作为“十七年”文学的转折点，其史学意义也被阐明；由对“文革”的关注前探到 1949 年，再反观当下，再闪回到辛亥革命——这种节点意识表现出他对文学史经线的反复寻找，寻找在文学史中起关键作用的“文学风范”的前因后果。这种文学史断代意识在丁帆的启蒙文学史观中，有时体现为割裂和舍弃，如他对两岸乡土小说异质话语的解剖与拆分，但更多时候则体现为文学的整合和归纳。文学史发展的不均衡性与历史整一性在断代的两种策略中凸显出来。

这种断代观念对应的历史建筑行为十分清晰：治史者不但对文学演进中审美特征作历时勾连，也对文学意识形态差异进行共时区分。丁帆主张在历史描述中打通古今文学隔膜，对“现代”和“当代”的人为割裂做了史家的自省。他善于描述文学在转型期的状貌，中国乡土小说于世纪之交的转型、新旧文学的分化，都进入了他文学分析和历史描述的视野。尤其值得称道的是，基于现代性与后现代性互渗理论，他对新世纪文学语境和存在本质做了准确的历史分析。[②]在文学史研究中，类似的理论探索和现实勘察经常出现，没有清醒的文学史观是无法做到的。丁帆还是较早看到“十七年”文学历史实质的学者，他打通“十七年”与“文革”的历史割裂，破坏了这个一向安全的文学史单元。进而，他用现代文化理论解析“文革”文学的错位，展示“十七年”文学与“文革”文学紧密的历史关联，为进一步论述文学三个三十年断代创造了理论策动点。丁帆

① ［美］汉娜·阿伦特：《极权主义的起源》，林骧华译，三联书店 2008 年版，第 265 页。

② 丁帆：《“现代性”与“后现代性”同步渗透中的文学》，《文学评论》2001 年第 3 期。

连续对当代文学史的关键点进行审察，形成多元化、多视角的文学史观。断代的共时区分则促成了丁帆文学史观中独特的比照史学，比如，对中国大陆与台湾乡土小说的历史比照为身居文化分野中的汉语文学研究提供了成功范例。另外，对文学现实文化语境的分析则进一步形成深刻的历史醒觉，其中，知识分子的价值立场得以不断重申，思想和审美在历史观念中的存在格局也在不断调整中。

一座新文学的历史建筑，从断代方法可以看出它的建筑法则和建筑者的魄力。丁帆比平庸的建筑师们更愿意背着当代文学史结构中“一个重重的问号”前行，并愿意为此付出“十分沉重的非学术性代价”[①]。

三、浪漫主义情怀与文学史活性

丁帆的文学史观充满人性关怀，人性思索的深层意识贯穿于他的治史过程。历史主体的觉醒，可贵的自由精神和现代审美意识，这些品质使他能够“正视理想主义与浪漫主义这一不可逾越的人类精神标高”[②]，并把它们作为启蒙史学的原动力。由于丁帆把浪漫主义作为启蒙文学史观的精神支撑，他的文学史描述往往充满人文活性。

在丁帆的历史视域中，分布着一些游离于历史时间之外的存在物：永远能获得审美眷顾的那些乡土美学、男性文化视域无法抵达的一部分女性写作、能带来生命炫丽图景的都市欲望，都一遍遍帮助他在历史权力的较量中保持恒定的美学立场，保持恒定的文学史整体观。因存在审美和人性的多视角，他的启蒙主义的文学史对历史本文保持敏锐的观察力，历史并不为思想性而削弱文学性。他对乡土小说多元与无序格局的历史描述，正是以人性在都市欲望中的痛感为着眼点的。浪漫主义情怀与启蒙思想者的立场催生了丁帆富

① 丁帆:《中国现当代文学史断代谈片》,《当代作家评论》2010年第3期。
② 丁帆：《21世纪中国文学批评前瞻》，《江海学刊》2002年第3期。

有特色的女性文学、乡土文学与自然文学的研究，它们是文化批判与浪漫主义的美学趣味充分融合后产生的文学史景观。丁帆对浪漫主义的终结和女性话语的困惑一直忧心忡忡，在文学与历史中寻觅美的和人性的存在，并因此不惮于思想的裸奔。因此，他能够将乡土文学的历史考察拓展到文化形态比照的领域，也能考量现代西部文学的美学价值。21 世纪第一个十年的文学研究，可以看到启蒙文学史观对丁帆学术和精神的回馈：他对乡土文学研究的再度介入，对新的论域的拓展，都显示出一位具有理想主义情怀和较高审美能力的文学史家的学术活力。他对人性与生态、人性与文明之间的悖论在文学史中的呈现了如指掌，不断从容回答着怎样以文化批判者的独立精神面对历史和审美之类的文学难题。

丁帆也许已经意识到，只有保持类似于以赛亚·伯林那样的对专制和艺术的双重敏感，才不至于在历史描述中错过专制体制下的艺术繁荣，或错失对一种艺术繁荣的可能性的培育。启蒙史观这种梅尼克式的作为前奏的“中庸”的历史主义，在伯林那里又成为关于浪漫主义和自由主义的自由概念[①]，历史理性和自由精神中包含的艺术的“必然性”相混合，形成启蒙意识与浪漫主义相反相成的“历史意识”——也许只有这样，文学的历史才真正能成为一场风味悲壮的音乐会。

因此，丁帆的文学史往往是既有强壮的思想骨架，也有丰满的艺术血肉的活体。在《中国乡土文学史》中，我们看到的正是启蒙视域中乡土浪漫主义的一次美学延伸，作家作品妥帖安居于这个至今依然有生长点的历史有机体内；在《中国新时期小说主潮》中，思想之潮与人性之潮、审美之潮共同奔涌，让这部断代史具有历史理性与个体激情共生的风格；《中国当代文学新稿》在同期同类编著中的历史活性也十分明显，清醒的洞见和审美的片刻迷醉都能从中觅得。如今，启蒙揭橥与浪漫情怀共同支撑的文学研究还在丁帆

① ［英］以赛亚·伯林：《浪漫主义时代的政治观念》，王崇兴、张蓉译，新星出版社 2011 年版，第 155 页。

的学术生命中延伸：对中国现代文学制度史的专门研究，对乡土文学学术史的整理，对系列中国新文学史观的重新践行，都是值得期待的学术研究进程。

思想史观与文学审美史观在丁帆的文学研究中得到了启蒙情怀和理想主义的营养，从未偏废，他因此能够看到思想史与文学史的互动，能在文学史断代中对乖戾的历史封建保持清醒，在维护文学史生长根基的同时把握纷繁多变的文学现实。民国文学作为重要的文学资源，也必将在知性与审美中对这些研究进程做双重渗透。丁帆对文化制度的不懈质询是以历史的整体观为前提的，民国文学史观对中国现代文学制度史研究的影响将在他的新著中不断呈现出来。与此同时，乡土文学的衍生研究领域也必将继续承担对历史痼疾的美学撬动，人性史观也保证了中国新文学史中薄弱的人性意识被充分陈述和镀亮。

在当下，一位文学史家要做一个清醒的历史见证者，在某种意义上说就是思想革新者。对于沉陷在“小文学史”中的各种研究误区，丁帆直谏不讳。他探索并洞悉文学史观中的软骨病，拒绝对西方历史策略的简单对接，但他与先进的文学史观之间并无难以逾越的隔阂。这些已经被理论眩惑的青年学者抛弃的启蒙话语，帮助丁帆找到了属于自己的历久弥新的历史标点。他并非蚕食他人的文学史据地，而是对沉浸在文学的其他历史兴味中的蒙蔽之态和封建力量深感痛心，进行了不断的棒喝与警策。他因此清点出被庸俗历史学埋葬的很多文学史进程的关键节点，尤其对于民国文学史源点的考证几乎到了锱铢必较的地步。对于那些关于历史主义，甚至新历史主义的散漫常识，他的态度尖锐而直接。启蒙使他从不离开现实理性，但他的启蒙史观又充满理想主义色彩。

在启蒙史观的急促表达中，丁帆在复杂的历史雾霭中透露出一名当代知识分子清醒的见证力。当然，任何一名当代治史者，都不可能对整个百年文学进行在场的细描——丁帆需要同行者，在多种文化力量拉锯战式的混乱格局中，一起为蛰伏在不远处的历史主义文学史观补启蒙这一课。虽然他以中国当代启蒙者的满腔诚意向以赛亚·伯林等学者致敬，体会到了浪漫主义的真正用途：一个较真的启蒙主义文学史家往往满目疮痍，但他们却可能怀有完美的理想主义。这不影响他看到那些文过饰非的文学史中还有一些留待校正的错讹、必须揭橥的真相。

当然，丁帆的启蒙史观在当代庞大的新文学历史构建中也只是探索了一个思想前提。他至少提示人们，如果当代学者对百年文学史见证力有所缺失，这并非因为他们缺少历史理论，或没有占据文学史料，而是因为治史者的历史意识出了问题。

原载《文艺争鸣》2013年第3期

启蒙理念与文学史叙述

——评丁帆主编《中国新文学史》

陈晓明、丛治辰

2013年，由丁帆主编，南京大学文学院多位学者参与撰写的上下两册、洋洋上百万字的《中国新文学史》在高等教育出版社出版，当然是学界值得关注的一件大事。这部著作可以说是丁帆把现代启蒙理念与文学史发展变异内在化结合的思考成果，意味着丁帆试图更为系统和明确地提出自家对百余年来中国文学发展的独到见解。当然，从中隐然可见南京大学现当代文学专业共同的精神氛围与文学史趣味。这样一部承载了学术总结和学术抱负的文学史著作，无疑值得认真对待。

1903年清政府颁布《奏定大学堂章程》，其中对“中国文学门”科目所作指导特别提出可以仿效日本的《中国文学史》进行编纂讲授，这是中国首次将文学史作为文学学科之重要组成部分纳入现代学科体系之中。此后百余年来，文学史在中文学科建设中之地位日益重要，所引起的关注远远超过其他课程，俨然成为中文系学科之核心，这当然与文学史的学科特征及其强大影响有关，对那些怀抱着对文学美感的朴素热爱而进入中文系课堂的青年学子而言，首先是文学史课程将之引入学术门庭，文学史乃中文系学生建立知识谱系，构造学术脉络，形成思考范式的基础。然而文学史又不仅仅是一套关于文学的知识系统，更是由文学通向历史乃至现实的门径，相当程度上起到了塑造人文价值取向的意识形态功能。在纷纭的文学事件与作家作品中，选择讲述什么而忽略什么，哪些删繁就简，而哪些渲染铺陈，在具体分析时又做何褒贬，这当中都一定贯穿着文学以外的眼光。在中文学科之中，恐怕没有任何其他课程可以像文学史这样，将文学趣味、理论洞见、美学分析甚至历史思索熔为一炉，构造出一个庞大而丰富的体系。

文学史之重要，同时也意味着写作文学史之难度。当代治文学研究的学者中，有自家独到文学趣味，或具备系统理论训练，或对某一具体文学问题、作家作品有深入研究者夥矣，但是能够架构较为系统的文学史叙述者却并不多见。盖因文学史绝非文学事件与作家作品的简单罗列与介绍，其关键在于以明确有力之逻辑重构历史，确立规范。这就要求写作者不但要有扎实的学术基础，更需有宏大的文学视野和独到的历史洞察力。自 20 世纪 80 年代以来，学界对此前统编教材的文学史便颇多质疑，认为单一的文学史叙述容易造成知识的垄断和思想的宰制，因而重新撰写文学史成为一时风尚。然而于既有的价值框架之外另起炉灶又谈何容易？自 20 世纪 90 年代以来，文学史研究领域可谓生机蓬勃，然雄心勃勃、各自为战的文学史写作，虽然看起来热闹，却往往因为史观之单薄而难以实现宏图壮志。迄今为止，究竟有几部中国现当代文学史有比较深厚可靠的自成一格的文学史观，倒是值得我们深思。

《中国新文学史》的编写者显然对这样的文学史写作现状是有深入反思的。主编丁帆教授在“后记”中自陈心曲，明确表示对那些用“大兵团作战的方法”“编”出来的文学史感到不能满意，因此决心“带两三个自己的学生一同来撰写一部新文学史，其目标就是在内容和体例框架上有较大的突破，在书写风格上力求统一”，以期“在以史代论中彰显治史者的个性”[①]。以如此期许写史，当然会令写作面临挑战之难度。《中国新文学史》中确实也不乏与常规旧例相左的意见，有些分析论述因其立场之独特甚至难免令人读来有错愕之感，笔者也并非全都赞同。但学术正因不同立场与见解

① 丁帆主编：《中国新文学史》(下册)，高等教育出版社 2013 年版，第 445 页。

的阐发与辩难才得以存在发展，这部文学史也因此而独具价值。

一、新的文学史分期与启蒙的文学史观

《中国新文学史》从开篇即表现出以史带论、凸显立场、张扬自家文学史观的抱负，这一抱负首先表现为其对文学史分期的独特理解。经典的文学史分期，将 1919 年作为现代文学史的开端，至 1949 年进入当代文学史的范畴。众所周知，如此分野乃是以毛泽东《新民主主义论》关于中国革命的经典论述作为依据和出发点的。晚清之后的中国，文学从来未能真正与政治脱开关系，因此以政治分期作为文学史断代的参照，其实并非完全没有道理。但新时期之后，随着文学界和学术界日益去政治化，对历史的探讨愈加深入细致，如此分期日益遭受各家质疑与反思，种种新的历史分期方法层出不穷，各有理据，又各有缺憾。对此，《中国新文学史》有十分精当的评述：

> 中国新文学的边界划分有多种不同的切分法。“1919 说”是以五四运动为起点的正统切分法，此说至今仍然是在教科书中广泛沿用的断代说；“1917 说”以“文学革命”为发轫点，此说表面上是遵循了文学的内在规律，实质上却更多地反映了左翼的文化和文学观；“1915 说”是以《新青年》杂志的诞生来划界的，它包含着对一个杂志断代作用的夸张与放大，不是一种历史主义的划分；“1900 说”是一种新切分法，虽简单明了，但终不能解决历史链环的许多问题；“1898 说”强调戊戌变法的“现代性”，它力图将改良主义的历史作用提升到一个新的高度，但以此作为断代，显得有些牵强；“1892 说”以《海上花列传》的发表为界，这是从文学的本体进行考察，其合理性是无可置疑的，但是从文学史与文化史的关联性上来看，就

缺乏理论支持了。[①]

对既有分期的不满当然也隐隐标榜了自家分期的依据：不遵循经典旧说，并拒绝认同左翼的文学史观；亦不因盲目放大某一特定文化现象的历史作用而束缚视野；期待以新的分期解决历史链环的诸多问题，探求一个无论是在文化史还是在文学史都可立足的时间点。《中国新文学史》所找到的这个时间点，是1912年："本教材将中国新文学分为两大部分，即民国文学和共和国文学，并将1912年的民国元年作为中国新文学的起点。"[②]

平心而论，笔者并不认为1912年这一选择令人十分满意：民国元年这一政治纪年何以比《新民主主义论》中对于中国革命的认识更具文化意义？何况，尽管确定了这一开创时刻，然而在该书论述当中，1902年《新小说》创办、1904年《红楼梦评论》初稿刊印、1905年《新青年》创刊、1917年《文学改良刍议》和《文学革命论》发表，乃至1920年《新诗集》出版，都因牵连相应文化与文学风潮，得到一定篇幅的论述与关注；唯独1912年，准确地说，应该是1912年前后十年之内，什么都没有发生。显然，选择民国元年，同样并非完全出于文学史的考量。正如多年前王德威那本引起学界轰动的名著《被压抑的现代性——晚清小说新论》，以钩沉晚清小说中的现代性因素，来反抗以"五四"为现代中国开端的定说。后来诸多学者质疑其对中国现代性之分析的合理性，其实这样的质疑从某种程度而言反倒落入迂腐：文学中的现代性究竟肇始于何时，自然可以在学理上反复推敲考证，而对王德威而言，更重要的乃是于"五四"之外另有怀抱罢了。《中国新文学史》对于新文学起点之选择，应作如是观。

《中国新文学史》给出选择1912年的理由如下。

① 丁帆主编：《中国新文学史》（上册），第1页。

② 丁帆主编：《中国新文学史》（上册），第1页。

一、中国新文学史的断代应参照政体分期的客观事实。1912年作为中华民国元年，是一个重要历史节点。

二、以孙中山为代表的资产阶级将民主核心价值理念渗透在国体和政体纲领中，在民族精神层面倡导了对“大写的人”的尊重，才有了后来“五四”的“人的文学”的诞生。

三、共和政府创建了第一部具有民主意识的《临时约法》，在制度、政策和法规的层面为新文学运动奠定了基础，从此开始了一种新的文学审美跋涉。[①]

尽管声称“以国体和政体的更迭来切分文学的历史边界，已成为文学史断代的基本方法”，似乎要依循“唐代文学史”“清代文学史”的划分方式，将被遮蔽的前七年民国文学重新安置在文学史的版图当中，不论其是否真的在文学层面具有意义。但既然以“新文学”之新定义（“这里需要强调的是，新文学原指‘文学革命’以来的白话文学，本教材指称的‘新文学’有所不同，所指的是民国以来以白话为主干但绝不完全排斥其他语言形式的具有现代意义的汉语文学创作”[②]）将所谓“民国文学”和“共和国文学”都归拢其中，而拒绝此前“现代文学”与“当代文学”的命名与区分方法，则《中国新文学史》何尝真的认为以国体和政体更迭切分文学史边界为合理？《中华民国临时约法》当然具有民主意识，渗透着中华民国“自由、民主、平等、博爱”的核心价值理念，但民国伊始即大权旁落，《中华民国临时约法》沦为一纸空文，亦是不争的历史事实。所谓从国家意识形态层面对“大写的人”的尊重无非是空洞的象征而已。无疑，三点理由之中，第二点理由才是真正的点题之笔：并非1912年孙中山为代表的资产阶级对“大写的人”的尊重真正具有历史意义，而是百年之后的今天，《中国新文学史》的编写者们希望借古喻今，以当年的纸面象征作为当下重塑精神的号召。

① 丁帆主编：《中国新文学史》（上册），第1页。

② 丁帆主编：《中国新文学史》（上册），第1页。

在全书绪论部分不惜花费大篇论述来改旗易帜，将1912年树立为新的历史界碑，对于《中国新文学史》诸位编写者来说，并非不知选择这一政治意味饱满而文学内涵尚显欠缺的年份有其尴尬之处，然而非如此不足以突出其对百余年来文化、文学与政治复杂关系的立场与态度，不足以明确彰显其文学史观，这史观便是启蒙的史观。以1912年为开端，既意味着认同现代性作为中国新文学的本质，又意味着回避以新文化运动乃至“五四”为中国现代性的唯一解释，也就是说，拒绝左翼威权赋予现代的起源性的解释，而回到中国现代肇始时文化精英们普遍秉持的启蒙立场。《中国新文学史》的作者们将以此立场，不断与后来的种种变故与思想进行对话。

启蒙的文学史观，具体而言，是将“人的文学”作为烛照百年新文学的主要理念，以此贯穿，重组历史。而何谓“人的文学”？《中国新文学史》以周作人的意见为“最集中的理论表述”。

周作人在“新文学的要求”的演讲中强调：“所以现代觉醒的新人的主见，大抵是如此：‘我只承认大的方面有人类，小的方面有我，是真实的。’”“大的方面有人类”指向普泛的人性，是人道主义；“小的方面有我”则强调个体的独一无二，是个人主义。人道主义与个人主义实为“人的文学”之两翼，所以可以说，“人的文学”的内核是对人的自由的追寻与表现。[①]

因此，在百余万字的论述当中，我们将不断看到论者以人道主义和个人主义的文学观念作为终极评价标准，不时提及。在谈到白话诗歌时，书中即引胡适关于白话诗应“有我”并“有人”的主张，再次强调这里的“‘有我’指向个人主义，‘有人’则指向人道主义，二者仿佛新文学这一历史新一页的两面，前者鼓励作家发挥个性，后者注重文学与社会的互动，肯定的也是文学启蒙主义倾向”[②]。而在谈及共和国文学时，同样以“人的文学”为标杆衡量文学工作的得失，强调“百花文学”的主要价值即在于发扬了“人的文学”精神，

① 丁帆主编：《中国新文学史》（上册），第52页。
② 丁帆主编：《中国新文学史》（上册），第56页。

表现出丰富的人性，代表着对“人的生活”的肯定与呼吁。[1]

或许因为在80年代以来的文学史反思当中，人道主义的文学观早已成为常识，因而《中国新文学史》对“人的文学”两重内涵的强调其实隐隐有所侧重，更突出“个人主义”这一翼。论及郭沫若《牧羊哀话》时，在肯定其艺术上的成就之后，论者尤其强调“小说处处显示‘我’的在场，通过‘我’的感怀加深了作品感染人心的力量——‘创造社’的抒情小说，‘我’的即兴抒发正是其浪漫风情中不可或缺的一笔”[2]。在讨论丁玲的创作时，亦将她的日记体小说《莎菲女士的日记》视为其创作的最高峰，而对她后来创作中“对大人类主义、集体主义的情感依附”表示遗憾，认为“丁玲从《韦护》开始向左转，到《水》彻底完成从‘个人的心理的分析’到‘集体的行动的开展’的创作转变，已经失去了令人瞩目的创作个性与特色”[3]，至于《太阳照在桑干河上》，则更不足论了[4]。大概还没有一部文学史，对于文学创作中的第一人称“我”的价值如此关注。

或许还必须加以辨析的是，《中国新文学史》所标榜的人道主义和个人主义，绝非一般对于平民的同情，绝非民粹主义。唯此才更加突出其启蒙史观的历史主体究竟是谁。书中对沈从文和老舍的评价都颇有保留，原因很耐人寻味：“他（沈从文）太钟情于脱胎于湘西世界的那种虚构的完满的‘人生的形式’了，只愿从人性的角度寻求重造民族灵魂的路径，正如他所谓的‘人性的治疗者’，

① 丁帆主编：《中国新文学史》（下册），第12页。

② 丁帆主编：《中国新文学史》（上册），第89页。

③ 丁帆主编：《中国新文学史》（上册），第112—113页。

④ 对《太阳照在桑干河上》的讨论仅有1页，尚不及周立波的《暴风骤雨》，尽管一般认为前者的重要性大过后者。且在《太阳照在桑干河上》中，《暴风骤雨》里那种“以意识形态为前提，在阶级分析的框架中填充地方风习、塑造典型人物，在成为日后相当一段时间的写作范本之后，逐步走向极端而僵化，从而不复具有艺术感染力”的流弊更少一些。见丁帆主编：《中国新文学史》（上册），356—358页。

而难以完全站到一个现代知识分子的立场，对之做毫不留情的揭露与批判。这一点不足，虽然无损于他在文学艺术上所达到的成就，却也让后人为之深深叹息。”[①] 这一点也可见丁帆先生的学理洞悉和胆略，现在批评沈从文和老舍也几乎要冒学术政治的风险，同样标榜自由价值的丁帆在这一问题上，倒是保持了学理的冷静与客观。关于《骆驼祥子》，著者指出：“这一个‘人’（祥子）的毁灭的悲剧，是病态的城市文明对纯良的人性犯下的罪行，不过作者（老舍）对所有这一切的批判，主要出自一种自幼习得的单纯的道德律令，而不是一个现代知识分子自觉的文化审视，比如他认为祥子是一个‘个人主义的末路鬼’，其实不过批评了带着传统小农意识的个人奋斗，就与真正的个人主义无关。”[②] 如果说拒绝承认祥子是个人主义者，多少与老舍暗暗表露出的集体主义主张有关，那么对沈从文的叹息则十足说明，《中国新文学史》所彰显的“人”，乃是具现代意识之个人，而本书所期待的作家格局亦是一个现代知识分子的启蒙情怀。更进一步言之，本书所谈之人道主义与个人主义，乃是由精英知识分子加以规定内涵的人道主义与个人主义，在“人的文学”的口号之下，更为重要的是隐藏着论者挥之不去的个人立场与文化趣味，那是作为启蒙主体之知识分子的自我想象与历史投射。这也能说明，为何在这部文学史背后，史家的声音如此强大，压抑不住，呼之欲出，正如在那些以第一人称叙述的小说背后，仍有一个作者“我”，不时要挣扎闯入已经设定的情节人物之中，争相发言，相映成趣。

文学史观必然牵连审美标准，由此又必然造成对文学典律的认定与选择发生变化。《中国新文学史》的目录中，于章节之下又立小纲目，多直接以具体的作家作品为标题，可见其对确立经典之重视。哪部作品被特别讨论，哪部作品被一笔带过，在详略取舍之间，自然反映褒贬态度。正如当年夏志清先生的《中国现代小说史》，

---

① 丁帆主编：《中国新文学史》（上册），第 204 页。

② 丁帆主编：《中国新文学史》（上册），第 239 页。

给予张爱玲以远重于鲁迅的笔墨，正是其文学情趣和价值立场的体现。与其他文学史著作参详对照，不难发现《中国新文学史》入史篇目和对具体篇目的论述繁简，都与他作有所不同。如给予凌叔华、师陀和无名氏的笔墨之多，为其他文学史少见，而一般文学史都认为对新时期伤痕文学有开创之功的刘心武的《班主任》，竟只作为历史背景被提及一次，无只言片语加以分析。

更能彰显问题意识的例子是《中国新文学史》中第一个被介绍的文本：王国维的《红楼梦评论》。对于这部其他文学史很少提及的作品，《中国新文学史》以长达五页的篇幅加以讨论，固然因其一改中国传统评点式文学评论方法，首次以西学为观照对文学做系统之评价；更重要的是这部作品“纯以审美眼光评论《红楼梦》，直接肯定了文学的美学本质”，而与晚清“持文学改良社会风俗之论者”对文学审美本质的忽视不同[①]，并且“所有论述的基础是‘人’以及‘人的生活’”[②]。《中国新文学史》在此如此肯定文学的审美本质，并非要倡导为艺术而艺术，而只是站在启蒙的立场，已然清楚看到新文学是如何步步偏离最初的轨道：文学一旦与社会改良建立联系，势必将在文学工具化的道路上越走越远，最后沦为政治的附庸，启蒙的理想因此失落。以《红楼梦评论》为最初的标杆，借以发挥，强调在更为宏大的社会改良目标之外，文学自有不能替代的价值，进而坚持人道主义和个人主义的审美标准，毋宁说是早早为启蒙视野下文学的自失发出警告。这正是《中国新文学史》特别挑选《红楼梦评论》开篇，并作为后来篇目典范的原因所在；如此便不难理解何以编写者们会认为“文学革命提倡‘人的文学’，延续的正是晚清王国维等人的文学观”，而胡适关于“人的道德”的文学的主张，较之王国维的文学审美立场，反有退步了。[③]

① 丁帆主编：《中国新文学史》（上册），第29页。

② 丁帆主编：《中国新文学史》（上册），第32页。

③ 丁帆主编：《中国新文学史》（上册），第32页。

二、以“论”理“史”：耐人寻味的形式创新

《中国新文学史》中始终贯彻的启蒙的文学史观，落实在文学史的具体形式层面上，则表现为其别出心裁的章节设计。

一般而言，既然名之以“史”，文学史的写作大致是依照时间线索编排章节的。如钱理群、温儒敏和吴福辉所编写的《中国现代文学三十年》，在书题中即对时间加以突出；在具体论述中，又大致以十年为一阶段，提炼特点，梳理脉络，依照文学体裁和重要作家划分章节；为避免各章节的深入探讨模糊了历史感，造成碎片化，更在每章的结束附有“本章年表”，务必使读者清楚历史事件与作家作品的先后次序。在当前高校中文系教学中被广泛使用，且富有极高学术声誉的洪子诚先生所著的《中国当代文学史》同样循时间线索展开论述，全书分为上、下两编，上编名为“50—70 年代的文学”，而下编名为“80 年代以来的文学”；上编当中，洪先生致力于探讨文学体制对文学之影响，章节命名更多凸显问题意识，但所论及的文学现象，大致上时间不乱，而下编更是多以年代作为章目名称。陈思和主编的《中国当代文学史教程》与《中国新文学史》一样，于写史之中贯彻学者理念，致力于钩沉被历史遮蔽的民间写作，但同样大致不脱历史脉络，是从历史既有面貌当中去努力总结概括，获得问题意识，提炼阶段意义。

相比之下，《中国新文学史》的章节设计更为耐人寻味，也更为大胆。全书分为上、下两册，上册大致讨论一般所谓现代文学，下册则讨论一般所谓当代文学，只不过《中国新文学史》更强调以“新文学”概念消弭两者之间的截然分野。上册列有“新文学三十年的晚清因素”“新文学潮”“鲁迅与‘五四文学’”“‘京派’与‘海派’”“传统与现代的审美融合”“智识阶层形象谱系”“左翼文学”等章节；而下册列有“十七年文学”“‘文革’文学”“共和国三十年的民族文学与儿童文学”“‘文革’后的诗歌美学建构”“‘文革’后小说的审美复苏”“文化意识与审美意识的深化”“眩惑的

文学形式”“叙事新潮”“女性写作”“新的文学态势”章节。这当中，真正以时间命名者，其实只有“十七年文学”一章。但在书中，“十七年文学”乃放置在引号之中，是作为一种专有名词来对待的，甚至有一种姑妄如此称呼的意思在其中，与其说是时间标记，不如说是要凸显其价值特征。将各章节下的作家作品拎出依次排列，更可清楚看到，《中国新文学史》绝对无意遵守时间秩序：上册第二章中讨论郭沫若《女神》，晚于第三章所论鲁迅《摩罗诗力说》四年；丁玲发表处女作时，鲁迅的《呐喊》出版亦已四年，而对丁玲之讨论仍先于《呐喊》。历史上文学作品与文学现象出现的时间次序与书中论述次序相左之处所在多有，非止一端。而更为有趣的是，对同篇作品的讨论会在不同章节反复出现，如上册当中，鲁迅的《在酒楼上》与《伤逝》既在第三章被提及，又在第六章作为智识阶层形象的主要代表被详加讨论。

概言之，《中国新文学史》在章节设计方面虽然并非完全无视时间脉络，但更多的是以主题来归拢作家作品，建立论述。这当然与一般认为的文学史教材编写路数大异其趣，而更强调其基于启蒙史观的立论角度。丁帆先生说是用“以史代论”的办法来写作此书，显然还是谦虚了。《中国新文学史》对文学史观的张扬要比其他文学史自信得多，那并非要让历史自我表达和自我呈现，而是强劲地让文学史观刺破历史。在相当程度上，这样强有力的史观贯彻，也的确造成了崭新的气象：如采用一般的文学史写法，紧贴历史阐述规律，难免会遭遇历史当中那些无法归并的诡异偶然，使立论显得勉强疲惫；而比较之下，《中国新文学史》的编写者们显然更倾向于以史家之见重组历史，回避历史当中枝节横生的芜蔓，而清晰明确地突出问题意识。全书当中，最能体现这种专家视角的莫过于上册“智识阶层形象谱系”与下册“历史病症的文学呈现”两章。

上册第六章“智识阶层形象谱系”以文学作品中某一特定形象为枢纽，将不同时期的作家作品整合于一章，从鲁迅发表于1924年的《在酒楼上》，到钱锺书出版于1947年的《围城》，跨度二十五年之久。篇幅极短，却又与其他诸章多有重叠贯通。如此从文学文本内部寻找共性构造章节，不仅在本书当中显得特异，即放在整个文学史写作的谱系之中，也堪称独创。这已经不像是文学史中的一章，而更像是插入文学史叙述中的一篇独立论文。但对上册各章节论述详加考察则不难发现，这篇专论的插入其实蓄谋已久，早有草蛇灰线。早在讨论新文学三十年的晚清因素时，《中国新文学史》即指出，此时“中国的社会结构发生重大变化，士人从‘居庙堂之高’变为‘处江湖之远’，逐步在政治上边缘化，而与商品市场的关系日益密切”[①]。在对《海上花列传》加以分析时更指出，这部小说“反映了上海在迅速商业化的过程中的部分社会面貌。此时，商人已经取代达官贵人、文人墨客成为都市生活的主角，小说中的官僚如齐韵叟、方蓬壶，名士如高亚白、尹痴鸳等，已经退居次要位置，甚且沦为商人身边的清客”[②]。可以说，在“清廷一九〇五年废除科举，彻底堵塞了读书人上进的机会”，迫使“中下层士人亦纷纷加入新闻出版业，与新式知识人共同促进了民营报刊业的兴盛”[③]，尤其是新文化运动之后，现代知识分子如何重新确立自己的社会地位和文化身份，如何应对纷纭的世乱变迁和文化思潮，如何处置传统与现代、个人与集体、文化与政治的关系，始终是《中国新文学史》的编写者们关注的焦点，也是关乎启蒙主体如何自我确立的大关目。由此出发，《中国新文学史》特别关注郁达夫如何将自身传统士大夫的文人气涤荡升华成为现代知识分子[④]，尤其强调《小说月报》的最大价值在于“不是古代士大夫关心民生疾苦的恻隐之心，而是初步具有现代知识分子的文化批判意识以及作为社会分子的社会参与意识”[⑤]也就不足为奇。的确，在晚清以后直到20世纪中期的文

① 丁帆主编：《中国新文学史》（上册），第28页。
② 丁帆主编：《中国新文学史》（上册），第39页。
③ 丁帆主编：《中国新文学史》（上册），第43页。
④ 丁帆主编：《中国新文学史》（上册），第97页。
⑤ 丁帆主编：《中国新文学史》（上册），第104页。

学创作当中，作为创作者和主要阅读者的知识分子自身的焦虑，始终是萦绕不去的文学主题，并牵连起重要的文化与社会命题。无论晚清、“五四”，还是延安，对社会历史最重要的影响，都可看作首先作用于知识分子，并由知识分子投射到更广阔的领域。由是观之，尽管在体例上略显突兀，但以专论形式插入的这一章关于“智识阶层形象谱系”的讨论，确实有其学理上的合法性和连贯性，如同条线索，将散落在其他章节当中的问题串联起来。

而下册设“历史病症的文学呈现”一章，同样以文学作品共同的书写对象——“文革”经验——为归拢作家作品的依据，亦同样篇幅短小，与其他章节重叠贯通，正与上册对“智识阶层形象谱系”的探讨有异曲同工之妙。不可否认的是，在中华人民共和国成立之后的历史中，无论是从政治层面还是从文化层面，“文革”都是一个极为重要、难以回避的存在。“文革”是中华人民共和国成立后十七年中革命现代性不断激进化的必然结果，同时又是新时期文化形态暗流涌动、酝酿肇始的容器；它使从延安开始的对左翼文艺形式的探索得以实现其最饱满、纯粹、极端、夸张的实验，同时又以吊诡的方式为全新文艺形式的出现做了文化资源与创作心态的准备；它以群众运动的方式使十七年中已趋成熟的文学与文化体制陷于瘫痪，同时也就为新时期文学挣脱带有浓重意识形态色彩的体制束缚提供了可能。“文革”结束之后，无论是承受苦难载誉归来的“右派”老作家，还是在上山下乡当中度过青春岁月的知青一代，都对“文革”经验的书写乐此不疲。对“文革”的反思不仅是理解历史的最好门径，也成为开启未来的阀门，贯穿于知青文学、寻根文学、先锋小说乃至更后来的创作当中。因此，仅仅将“文革”作为一个创作时期探讨其间创作的文学作品显然不够，《中国新文学史》立此专章讨论文学中作为题材的“文革”极为必要，亦是启蒙的文学史观之最好体现。也唯有以启蒙的价值诉求来看待《中国新文学史》，才能够理解编写者们处理“台港文学与离散写作”的手法。迄今为止，中国现当代文学史写作，大致都有一个共同的缺憾，就是很少或很难将同为汉语写作的台湾文学、港澳文学与海外华人写作囊括其中。《中国新文学史》在这方面无疑有补缺之功：上册在主要论述中国新文学的“民国时期”之余，又另立三章，专门讨论台湾文学、香港文学和离散写作。且其讨论作家作品的范围较其他文学史甚至专门的台港文学史都更广，不仅在台湾文学中论及50后的朱天文，更在香港文学中论及1967年出生的董启章。然而，与对大陆文学的介绍相比，这三章仍有让人不能满足之感：以短短一章篇幅讨论一个相对独立的文化圈在一百年之内的文学流变，当然显得粗疏和捉襟见肘，许多重要作家作品未被提及，而对一些已论及作家的认识也不无可商榷之处。但在“绪论”当中，《中国新文学史》其实早已提出对台湾文学的理解，以此作为其处理大陆以外汉语写作的解释：

> 1949年以后，国民党政权迁徙至台湾以后在国体和政体上仍然保留着中华民国国号，其民国主体文学思潮和创作在相当一段时间里压制了台湾本土的创作，并成为主流。民国文学正、反两方面的文学元素——自由的、人性的、科学的文学观和禁锢的、党性的、工具的文学观，在台湾都有延续。而随着政治制度对“人的文学”的压制，后者得到了强化。但“新文学”的传统之根尚未断裂，它随着一大批去台的文学作家的创作而香火绵延。从这个意义上说，新文学的下限不应该只停滞在1949年这个节点上。①

即是说，《中国新文学史》之所以涉及台湾，恐怕并不是为台湾文学，而是为以启蒙为价值核心的新文学。因而，台湾文学史作为新文学史的一部分，是否得到完整的论述和介绍就不甚重要，重要的乃是将台湾文学中与新文学有关之部分纳入文学史论述之中，成为后者的有机组件。由此观之，《中国新文学史》对台湾文学、香港文学与离散文学的裁剪与选择，以及评价的角度，其主旨与依

① 丁帆主编：《中国新文学史》（下册），第2页。

据何在，便清楚明白了。

更多以价值倾向划分章节段落，归并作家作品，而不完全服从历史的先定次序，除了标榜史家自身立场外，确实也在相当程度上能够使论述避开历史中固有的种种歧义纷争，轻巧地解决一些在传统文学史叙述框架中难以辨析的问题。如“寻根文学”，作为文学史上有文化事件、有理论主张、有作家作品的一股创作潮流，传统文学史叙述都基本认同这一概念，在此定义之下展开对相应作家作品的分析。然而，历史的面目是复杂的，催生寻根文学的历史资源来路多端，作用各异，使寻根文学从来不像任何一部文学史所概括的那样简单纯粹，而是包容了多种可能。由于对寻根文学内涵理解之不同，必然使在此旗帜下创作的作品呈现出不同意义。何况文学作品的生产本就有赖于具体作者的个人经验与情怀，何尝能够完全以某种主张行事？更兼在寻根文学成为潮流之后，诸多原本并不相干的作家，乃至在“寻根文学”口号提出之前即已发表扬名的作品，都被拉入这一概念当中，更使概念的外延模糊不清。这种种情状，都使得传统文学史讨论寻根文学时充满了暧昧与分歧，难以用肯定的语气对这一概念及其下作家作品加以概括总结，异质性的因素总是会顽强地跳出来，对既有框架构成挑战。

而《中国新文学史》却似乎并不打算特别尊重这一确有事实可据的文学史概念，而将原本收容归纳于这一概念之下的作家作品放置在不同主题下分别讨论：汪曾祺、贾平凹被作为乡土叙事的代表；冯骥才则更多体现世俗生活的回归；对张炜和郑义的讨论，更注重其关于家族与村落的叙事；讨论莫言重其狂放的美学素质；而韩少功则因其对语词和乡土文化的双重关注得到重视；唯李杭育和郑万隆的创作被冠以“寻根小说”的名号，却与阿城的《遍地风流》一同并入“‘地方性’叙事”一节，凸显区域经验，而消弭“寻根”意义。如此操作方式，看似将一完整的文学史事件完全肢解，但是在肢解的同时也是一种辨析，是对概念复杂内涵的细致梳理。读者尽可以不同意《中国新文学史》编写者的见解与观点，却不能不承认，如此处理确实击碎了原本僵化的文学史框架，提供了崭新的认识角度，建设性的启发大过其改写带来的不安。

三、“史”与“论”的平衡与矛盾

以启蒙的文学史观重新看待与整理百余年来中国新文学的发展历程，显然是《中国新文学史》最值得称道之处，也是其最重要的价值所在。《中国新文学史》关于历史分期的新认识及在章节布局上的创新，都有赖于启蒙文学史观的内在驱动。在“史”与“论”的独特权衡当中，我们才能够理解《中国新文学史》编写者们的野心与诉求。但是这同时也为我们提出一系列关于文学史写作的问题：到底文学史应该如何撰写？又可以如何撰写？是否既有的文学史叙述框架还留有空间，为全然不同的文学史写作提供可能？而过分张扬文学史观，用一家之言重写历史是否亦于召唤之中有遮蔽，造成新的见与不见？诚然，从来没有什么完全客观的历史叙述，任何被讲述的历史都在讲述者的视野限制当中。但是当讲述者非常自觉地秉持某种历史态度进行讲述的时候，最大的难度可能还不在于以新的史观重起炉灶、重立经典、重写史实，而在于如何带有理解之同情地讲述那些与自家史观相龃龉的历史事实，将这些异质性的客观历史存在纳入叙述中。对于《中国新文学史》来说，如何认识和处理共和国时期，尤其是50—70年代的文学理念与文学实践，是其最值得关注之处，但也恰恰在这一部分，《中国新文学史》有令笔者以为可以商榷之处。

在下编综述当中，编写者是这样谈及共和国文学的：

> 1949年以来的共和国文学依傍着政治与社会的发展轨迹前行，体现出与政治水乳交融的关联性。这种关联状态在每个政治时期都有其特性，决定了这个时期文学的经典品质的强弱。在半个多世纪的文学运演中，政治性的文学“经典化”和基于

> 文学品质的经典化同时进行，不同的文学评价体系和标准导致各种文学史对这一阶段文学的描述差异很大。[①]

在这段论述当中可以看到，编写者清楚地知道，关于共和国文学存在着至少两套完全不同的文学评价体系和标准。而政治性的文学标准既然自成体系，当然有其历史渊源和运行机制，有其必须回应的历史命题和造成的历史影响。具体而言，这样一套政治性的文学标准究竟如何从晚清以来的启蒙语境中生成？它与所谓基于文学品质的标准之间存在着怎样的对话关系？它是否确实已经形成一套独特的审美趣味，这种趣味又在多大程度上堪称一种“文学品质”？这都是秉持启蒙文学史观的论者，不能不回答的问题。但显然编写者并不打算对政治与文学之间的互动机制做同情深入之理解，而在政治性的文学经典与基于文学品质的经典之间，轻易地倾向后者；也不打算对不同的文学评价体系和标准，以及其所导致的不同描述之间做学理分析与反思，而仍旧简单地沿用人道主义和个人主义作为评价共和国文学的审美标尺。这至少造成了两方面的缺憾：1. 文学发展的某些社会、历史动因被掩盖，仅仅挑选几本文学作品加以介绍评述，并不能揭示出50—70年代独特的文学实践方式和文学生产机制；2. 因此造成了对彼一时期文学趣味和审美标准的武断的价值判断，具体到文本则更不能在历史当中去体察作品的价值。在《中国新文学史》论及“红色经典”的时候，尽管努力寻找其文学上值得肯定之处，但因为对当时的文学审美观念有抵牾，所以所有的评价和论述都是以外在之标准强行切入，评论因此显得碎片化，不能体贴文本自身的诉求。

我们当然理解，《中国新文学史》关于50—70年代文学实践的论述有其立场态度上一以贯之的坚守。但是价值上的不赞同，不应简单变为学理上的不理解。当面对一个时代的文学万象时，预先将其中的主流作品都认定是政治性过强而不做更深入的探讨，与这

① 丁帆主编：《中国新文学史》（下册），第3页。

些作品预先以政治理念来构造文本，又有何区别呢？而且从另一角度言之，关于50—70年代文学的研究和讨论其实学界早有诸多积累，作为一部集学术之大成的文学史著作，对这些讨论不做任何回应，是否也是种缺失？

在《中国新文学史》中，因过分坚持启蒙立场而造成的盲点，虽属白璧微瑕，但以丁帆先生的学识功力当可以在立场与学理之间做出更为恰当的调整。这当然涉及如何兼顾“史观”与“史实”的问题，也是从来文学史写作令人踌躇不定的。尊重历史事实，努力从诸多偶然之中爬梳必然之逻辑，自然不免受到史实之掣肘；而以自家见解烛照历史，修剪取舍，也难免有粗暴武断之嫌。两者自然皆有利弊，如何选择取决于治史者的见识、诉求与立场。作为教育部规划的教科书，如何在具体教学使用过程中，通过教师讲授弥补历史脉络模糊的不足，矫正过于个人化的观念，固然是一个问题，但作为一部颇具学术含量和专家洞见的文学史著作，《中国新文学史》毕竟以其莫大勇气为文学史写作开拓了一种新的可能。视角、观点与方法的分歧多元永远应该是健康学术场域的应有状态，坚持独立的学术姿态并敢于对陈规惯例表达不同见解也是值得敬佩的学人风范，《中国新文学史》因此尤其应该得到肯定。

原载《当代作家评论》2014年第4期

回到文学自身

——评丁帆主编的《中国新文学史》

吴义勤、王秀涛

20世纪中国文学史的研究和著述可谓汗牛充栋，形成了一套相对固定的学科知识谱系。与此同时，学科在知识生产上的故步自封，也制约了文学史研究的观念和方法、价值体系、资料体系的创新。问题表现为：一方面，很多文学史著作面目雷同，从断代、分期到章节、体例再到作家、作品的选择，基本上如出一辙，尤其是以阶级斗争为指导的文学史观念，在很长时间内主导了文学史的著述，导致了文学史成为政治史和革命史的一部分；文学自身的独立性被取消，对文学史的解释成为对革命合法性证明的一部分。另一方面，那些追求重写和突破的文学史，又往往陷入另一种误区，即或者极力回避文学与政治、时代的关联，或者破坏、颠覆以往的文学史秩序，试图确立另外一套知识体系和文学经典，这种尝试对于打破多年来所建构的文学史“神话”具有毋庸置疑的意义，至少暗示了文学史写作的多种可能性，但问题在于矫枉过正，往往又陷入另一种极端和新的文学史尴尬。

可以说，文学史研究长期以来存在的关键问题就在于缺乏一种恒定的、更接近文学自身的文学史观，以及相应的价值体系和叙述方法。近年来，“回到文学自身”成为文学史写作更为普遍的追求，就像严家炎所说的，“让文学史真正成为文学自身的历史”[①]。“回

① 严家炎：《让文学史真正成为文学自身的历史》，《中国现代文学研究丛刊》2011年第9期。

到文学自身”的含义与80年代的口号并不一致，它不是要叙述一种“纯文学”的历史，而是意味着真正回到文学发展的真实场域，努力去接近文学在20世纪的生存形态。近年来，关于文学史观的反思已经成为学科的共识，寻求新的史观、观念和方法在某种意义上已经成为新的学科话语。就如丁帆所说的，“中国现代文学史到了一百年的时候，对文学史的重写已经到了一个需要深度考量的关键时刻，治史者应有大气魄，抛弃历史遗留的沉重包袱”。这种观念在丁帆主编的《中国新文学史》（高等教育出版社2013年4月出版）中有着充分的体现，他“试图用一种新的理念、方法、体例和风格去改变以往文学史教材的格局，以谋求中国现代文学史教材研发的最大效应”[①]。

《中国新文学史》在叙述什么样的文学史，以及怎样叙述文学史两方面突破了以往的文学史写作的“成规”和“惯例”。编者力图以更加符合中国新文学发展形态的历史观念和更加恰当的方式去接近20世纪的中国文学：“1912—1949年这段近四十年的文学经过六十多年的淘洗，已经充分经典化了，然而，一部文学史的确立，绝不可以只站在一个狭隘的时空来遴选。本书在人性和审美的坐标之下，从文学性本身来考察，坚持了自己的学术选择，对中国新文学进行了重新的历史考量。”

一

文学史的起点与断代向来都不是简单的时间问题，而是与文学史观密切相关的。起点与整个新文学史时段的性质相关，起点意味着新的文学特质的产生，以及与古代文学的根本性的差异，因此起点的选择背后意味着对文学史的整体判断。在起点的选择上，《中国新文学史》并不回避政体变革的起始性意义。以1912年中华民国

① 丁帆：《写在〈中国新文学史〉的前面》，《中国现代文学研究丛刊》2013年第5期。

的建立为起点，在很多人看来是“犯忌”的，它是否会隐藏着“政治文学”的陷阱？其实，判断起点的关键在于能否在更加普遍性的意义上看待文学与政治的关系，所以起点的选择不在于是文学性事件，还是政治性事件，而在于新的起点是否带来文学发展的新的契机和空间，能否在根本上改变文学发展的方向。《中国新文学史》以民国元年 1912 年作为文学史的起点，看重的恰恰是中华民国的建立对文学发展所带来的影响。虽然这一起点的确立和新的政体的建立相关，但并非走的是以政治社会史进行阶段划分的老路，因为编者所看重的是社会变革给文学带来的新的时空和发展的可能性。编者之所以选择 1912 年作为中国新文学的起点，原因在于“以孙中山为代表的资产阶级民主核心价值理念渗透在国体和政体纲领中，在民族精神层面倡导了对‘大写的人’的尊重，才有了后来‘五四’的‘人的文学’的诞生”，以及“共和政府创建了第一部具有民主意识的《临时约法》，在政策和法规的层面为新文学奠定了基础，从此开始了一种新文学的审美跋涉”①。这种判断凸显的是政治事件的“文学意义”，也意味着文学是本书叙述文学史的“起点”。更值得注意的是，《中国新文学史》对起点的确立并非为了强调完全的断裂，编者对文学发展形态的连续性有清晰的认识，对以政体更迭作为新文学起点所蕴含的政治意味也有足够的警惕。书中第一章即阐述“新文学三十年的晚清因素”，强调晚清文学中所萌发的新文学的因素，充分考虑了文学发展的历史性。这样，通过分别确立“起点”与“萌芽”，并明确二者的关联和差异，本书很好地解决了关于新文学起点的争议。

以 1912 年作为起点，也反映了《中国新文学史》对新文学的整体性认识。对新文学之所以“新”之意义所在的发现与阐释也正是本书所体现的文学史观和史识之所在。在丁帆看来，“民国文学”“即是以民国成立为外在标志、以现代民主观念为价值基准、

① 丁帆：《写在〈中国新文学史〉的前面》，《中国现代文学研究丛刊》2013 年第 5 期。

以人的解放和自由为内涵且以新的审美形式为表现方法的文学”。“现代”可以说是新文学与古典文学的根本性差异，“人的文学”是新文学“现代”品质的重要内容，而“中华民国核心价值理念——‘自由、民主、平等、博爱’从一开始就试图渗透在这个新生的文化和文学之中。这种价值观念是引进西方启蒙时代以来普遍的民主自由理念，它不仅是从国家政治的层面确定了对公民人权的承诺，同时也是在民族精神的层面倡导了对大写的人的尊重，所以才有了后来的所谓五四‘人的文学’的诞生，进而才有了中国现代文学史上二三十年代文学的大繁荣，才有了左翼文学成长的土壤”[①]。可以说，民国建立为“现代”的文学在“意识形态设定了一个可以依据的法律和制度的保障”，为“人的文学”提供了可能的空间。这也体现了主编丁帆一直所坚持的文学史观，“我赞同用发展的马克思主义的历史唯物辩证法来解析一切文学史的问题，那就必须设置一个有恒久生命力的治史价值原则。我以为被马克思主义肯定过了的启蒙主义的价值观应该成为文学史恒定的价值原则，它既然已经成为人类普遍的人文价值共识，我们就没有理由去拒绝它，尤其是中国现代文学的治史观念和原则更应遵循这个被实践证明了的普遍真理——人、人性和人道主义的历史内涵是其评价体系的核心；审美的和表现的工具层面是其评价体系的第二原则。‘人的文学’仍然适用于我们的治史原则”[②]。

虽然强调民国建立在政治、法律、思想文化等方面的“历史分水岭的意义”，但《中国新文学史》更加强调因此而带来的文学意义上的突破，以及由此带来的与旧文学“断裂”之后新的文学传统，即文学现代品质的建立。因此在作家作品的选择上，本书更加注重在文学发展的这种“新”的框架下进行，以“人性的，审美的，历

① 丁帆：《写在〈中国新文学史〉的前面》，《中国现代文学研究丛刊》2013年第5期。

② 丁帆：《关于建构百年文学史的几点意见和设想》，《文学评论》2010第1期。

史的”标准进行考量，“看其是否关注了深切独特的人性状貌，是否有语言形式、趣味、风格的独到之处，是否从富有意味的角度以个性化的方式表达了一种历史、现实和未来相交织的中国经验”[①]，以此对中国新文学进行重新的经典化。

二

关于入史的标准，《中国新文学史》也打破了以往的作家作品的秩序，主要看其“在文学史的长河里所应该占有的位置”，“倘若某位作家的作品在当时的文化环境中迎合了时尚的需求，而在与文学史上许多作家作品的比对中不够分量，我们就应该毫不犹豫地进行切割”[②]。相比此前很多文学史著作，本书对很多“经典”作家作品进行了重新筛选，书中淡化了“鲁郭茅巴老曹”等大家，也对左翼文学等作品进行了压缩，一切遵循“文学”的标准。只有鲁迅设专章，但整章并不是只论鲁迅，而是与受其影响的作品一起论述；对郭沫若、茅盾等人只设一节，所涉及的作品也是有所选择的，而且篇幅与其他作家的差异并不大。这种“消解大家”的做法，曾是陈平原撰写《二十世纪中国小说史》时采用的方法：“承上启下，中西合璧，注重进程，消解大家。”他认为“这路子接近鲁迅拟想中抓住主要文学现象展开论述的文学史，但更注重形式特征的演变。消解大家不是不考虑作家的特征和贡献，而是在文学进程中把握作家的创作，不再列专章专节论述”，“说白了，就是嫌以往的文学史太啰唆，纠缠于众多人所共知的常识，不得要领，淹没了史家独有的洞见”[③]。有学者认为“消解大家”“提供了打破旧经典的可能性，

① 丁帆：《写在〈中国新文学史〉的前面》，《中国现代文学研究丛刊》2013 年第 5 期。

② 丁帆：《关于百年文学史入史标准的思考》，《文艺研究》2011 年第 8 期。

③ 陈平原：《史识、体例与趣味：文学史编写断想》，《南京师大学报》2007 年第 3 期。

应该可以是文学史论述的一个新的方向”，因为“大家地位的确立，受制于意识形态，配合国家论述以及政治教化的需要，很可疑。而‘注重进程，消解大家’之所以值得重视，在于它实际上是指出了一个打破政治论述的可能性：不突出大家，便没有排座次的烦恼，也没有树碑立传的问题，更不须注视个别作家为党为国而做的贡献”[①]。可见作家作品的选择、篇幅的大小，在根本上还是由治史者的文学观决定，所以《中国新文学史》的编者格外强调“选择”的重要性，就像丁帆所一再强调的：“研究是没有任何边界可以约束的，但作为一个治史者，在汗牛充栋的大量史料当中必须舍弃许多不该和不能进入文学史的东西，否则，其撰写的未经筛选的文学史是不能称其为文学史的，那只是资料的堆砌而已。”[②]

以作品为中心，也是《中国新文学史》回到文学自身的体现。有学者曾经对“文学史是什么史”进行发问，针对的就是文学史这种知识生产方式存在的问题，文学史中充斥的是叠床架屋的文学知识，缺乏的恰恰是文学作品。“我们需要对文学周边的诸多力量加以分析认识，包括思想、社群、体制、文化等等，但是所有这些认识最终都是因为出现了独特的文学作品才发生了意义，文学作品可以承受这些文学周边的影响，但是只有文学作品事实上的存在，才最终形成了代代相继的所谓文学的历史，文学作品不断变化所形成的效果史可以包含思想史的烙印，也自然与特殊的社会政治制度发生种种的联系。一个作家作为某一社群的成员会在相当的程度上影响他的精神创造，所有这一切最终能够加以证明并被研究者挖掘和阐述的只有一个最可靠的依据——文学的产品，如果我们脱离了文学的作品，所有这些或宏大或精微的理论都失去了存在的基础，也

① 王宏志：《“注重进程，消解大家”——二十世纪中国文学史重要作家的评价问题》，见《中国现代文学论集：研究方法与评价》，香港中文大学出版社1999年版。转引自陈平原《史识、体例与趣味：文学史编写断想》，《南京师大学报》2007年第3期。

② 丁帆：《关于百年文学史入史标准的思考》，《文艺研究》2011年第8期。

就是失去了存在的意义。”[①]

文学史作为学科建制需要，虽然确实需要知识的传承，但更重要的，作为文学教育的教材，文学史著作最重要的任务无疑是对于受众在文学素养提高方面的价值。因此，仅仅以知识积累为目的，显然会偏离文学教育的初衷，导致文学教育丧失“文学”的特性，进而引发文学作品阅读和鉴赏能力的下降。有学者认为，“新的文学史最根本的核心便是文学，也就是说，我们可以有意识地省略掉众多的社会历史讲述（并不是说这些讲述没有价值，而是我们今天有必要避开写作的热门领域，探索文学的单纯可能带来什么），将理解、阐述、引导读者阅读中国现代文学原典作为最重要的目标。入选的原典也主要体现我们今天的文学鉴赏的结果”。“追求知识体系的完整不再是历史叙述的重要目的，更重要的是以种种鲜活的思想击碎读者思维的障碍，引导每一位现代文学的读者充满勇气地讲述自己的文学感受，或者尝试建立自己的文学史观念。”[②]《中国新文学史》的编者当然也充分意识到作品之于文学史的价值，十分重视审美教育在文学教育中的意义，“作为教科书，我们试图将文学史纳入文学教育和审美教育的高校人文培养目标之中，因此，我们尤其是将撰写的重心放在作品的分析中。出乎其外，入乎其中，就是要在充分把握宏观的历史背景和史料的基础上，做到对重要作家作品的细致审美分析”[③]。慎重选择作品，并进行审美层面的分析，保证了《中国新文学史》的“文学”品质与“史”的品质。

① 李怡：《文学史是什么史？——关于中国现代文学史的新思考》，《陕西师范大学学报》2010年第5期。

② 李怡：《文学史是什么史？——关于中国现代文学史的新思考》，《陕西师范大学学报》2010年第5期。

③ 丁帆：《写在〈中国新文学史〉的前面》，《中国现代文学研究丛刊》2013年第5期。

三

“凡写史，不能不考虑著述体例。所谓著述体例，不仅仅是章节安排等技术性问题，牵涉到史家的眼光、学养、趣味、功力，以及背后的文化立场等，不能等闲视之。”[①]《中国新文学史》独特的编写体例，也能够体现编者新的文学史观。雷·韦勒克认为：“在文学史中，简直就没有完全属于中性‘事实’的材料。材料的取舍，更显示对价值的判断；初步简单地从一般著作中选出文学作品，分配不同的篇幅去讨论这个或那个作家，都是一种取舍与判断。甚至在确定一个年份或一个书名时都表现了某种已经形成的判断，这就是在千百万本书或事件之中何以要选取这一本书或这一个事件来论述的判断。”[②]可以说，体例同样表现史观。通过弱化文学大家的地位，打破文体和时间的限制，通过不同于以往的叙述方式，《中国新文学史》也表达了对文学史的不同认识。

叙述文学史的方式和方法在一定程度上也决定了叙述的效果，“怎样叙述”和“叙述什么”同样重要。在很长时间里，不但文学史知识和观念形成了一套固有的秩序，而且在叙述的方法和体例上也存在同样的问题。以文学史发展为主线，以文体为板块，分述各时代的重要作家作品，几乎是文学史著作惯用的体例。这种体例的问题在于内部的分裂，文学发展的内部关联被削弱，尤其是长时段的文学主题或潮流往往被切割成不同的部分，尤其是以文体进行章节的安排，合理性不足。但找到一种恰当的叙述方式并非易事，尤其是面对中国新文学丰富的历史，史家往往会顾此失彼。陈平原曾说：“文学史确实属于专史，但在具体的撰述中，有无通识，能否在史料的精细甄别以及事件的精彩叙述中，很好地凸现史家特有的

① 陈平原：《史识、体例与趣味：文学史编写断想》，《南京师大学报》2007 年第 3 期。

② ［美］雷·韦勒克、奥·沃伦：《文学理论》，刘象愚等译，三联书店 1984 年版，第 32 页。

见地，以至‘通古今之变，成一家之言’将是至关重要的。撰写文学史，无法完全抛开具体的作家作品，否则，再精微的论辩，都成了七宝楼台。可在具体的撰述中，如何协调具体的作家作品与普泛的文体、风格、流派、思潮等，是个难题。有各种解套的办法，其中之一便是：在文学史撰述中兼容纪传、编年与通论，让这三驾马车相得益彰。”[①]

《中国新文学史》在某种程度上就集合了编年、纪传和通论三种撰史方法的优长，对每一时段的文学发展史做总体的概述，然后以相同的文学主题进行叙述，打破了文体之间的划分和时间的限制，有效地避免了因文体、体例问题而造成的文学史内部的割裂。编年体注重时间的络脉，逐年、逐月甚至逐日记载历史事件，但往往缺乏判断和分析，无法重现事件之间的联系，容易沦为资料汇编，纪传体“空间意识和时间意识以若干个焦点（作家）为坐标，对文学史流程的把握注重大体判断。其优势在于，常能略其玄黄而取其隽逸，对时代风云的描述言简意赅，达到以少许胜多许的境界”[②]。但缺陷在于作家、作品、事件之间缺乏联系，导致历史的碎片化。因此，综合运营就显得格外重要。

在体例设计上，《中国新文学史》打破了诸多文学史叙述的惯例，这种打破为运营多种撰史方法提供了可能。一方面，本书总体上按照文学发展的线性历史进程进行叙述，按照恒定的文学史观勾勒了近百年新文学的发展历程；另一方面，本书打破了“以往用文体进行分类而设章节的惯例，以同一时段中主题内容或审美形式相同或相近的作家作品进行分类”。采用纪传体的形式，有效地把繁杂、丰富的作品联系起来，并抓住某一时段的文学发展的主要特征，避免了不得要领的铺陈。而每一部分、每一章节前面的“概述”对文

① 陈平原：《史识、体例与趣味：文学史编写断想》，《南京师大学报》2007 年第 3 期。

② 陈文新：《编年史：“狐狸”与“刺猬”如何共处》，《南京师大学报》2007 年第 3 期。

学阶段性特征宏观总体的认知，十分巧妙地建立起了长时段历史的整体性认识与短时段历史的阶段性认识之间的关联，既使得纪传体形式的主题型论述获得了更为清晰的时代性和整体性的历史背景，又避免了纯粹的时间性叙述可能带来的断裂和碎片化。这种高度概括而又把握精准的概括性“通论”，已不单纯是技术操作的问题，而是对编者历史穿透能力和文学史叙述能力的极大考验。可以说，《中国新文学史》在重视文学史发展络脉的同时，更加看重文学史内部的整体性和统一性。编者在总体的文学史观的关照下，发现事件、作家、作品、思潮、流派、社团之间的内在关联，使“进程”和“主题”相得益彰，在消除“烦琐”的同时，突出了文学发展的主要内涵，使得文学史成为一个有机的体系，凸显了历史史实的文学意义及其关联性。

“我们不可能完全还原历史，但是我们应该更加接近历史。”主编丁帆力图更加接近历史的努力在《中国新文学史》中得到很好的实践，而这在很大程度上得益于本书在文学史观的选择以及对“文学史意识”的强调，“一部文学史如果没有系统性的价值理念统摄，不仅在逻辑上违反同一律，而且还会成为抽取了灵魂的材料堆砌。翻开现行的林林总总的文学史教科书，我们不难发现，许许多多价值观念尚停留在20世纪的七八十年代，甚至其中还有阶级斗争观念的影子在游荡着，尤其是近距离的文学史描述，明显带有即时性的评论色彩——文学史家和评论家的最大不同点就在于他不是平面地分析作家作品，而是站在历史的高度，将其置于文学史的长河之中进行考察，这就是我们通常所说的‘文学史意识’”[①]，正是因为有着对当下文学史研究中存在问题尤其是文学史观存在问题的洞察，《中国新文学史》才能在文学史叙述方面打破惯例，在方法和观念上独辟蹊径，代表了近年来中国现当代文学史编撰的最新水平。

原载《南方文坛》2014年第3期

① 丁帆：《关于建构百年文学史的几点意见和设想》，《文学评论》2010第1期。

评丁帆主编的《中国新文学史》

王　尧、张　蕾

丁帆教授主编的《中国新文学史》（上下册，高等教育出版社2013年出版），作为教育部中文学科教学指导委员会组织编撰的高校中文学科课程教材之一种，这部文学史著无疑是为适应现今高校教学改革和教学实际而作，对中文专业基础课程中国现当代文学的教学当有具体的指导意义。

与其他文学史教材不同之处在于，这部教材能够充分彰显出编撰者的个性。丁帆在此书“后记”中就特别谈到了这点：“要想撰写一部真正能够表达自己内心世界感受的新文学史真不容易！三十多年来，我参加和主编过的中国现当代文学史已经不下七八种，除了内容和体例大同小异外，其写作风格也是千差万别，难以统一，这都是因为多年来我们的文学史写作采用的多为大兵团作战的方法，很难在以史带论中彰显治史者的个性。于是，我就构想带两三个自己的学生一同来撰写一部新文学史，其目标就是在内容和体例框架上有较大的突破，在书写风格上力求统一。这样的想法现在初步得以实现”；“这样一部教材也与现有的文学史教材有所不同”[①]。与其他文学史教材不同的地方，除了“内容和体例框架上有较大的突破”和“书写风格上力求统一”之外，《中国新文学史》处处都贯注着主编和编写者对文学史的新思考和新观念，呈现出文学史研究的严肃态度。所以丁帆教授主编的这部文学史不仅仅是一部高校中文学科专业基

① 丁帆：“后记”，见丁帆主编《中国新文学史》（下册），高等教育出版社2013年版，第445页。

础课的教材，更是一部文学史研究的大著。在具体的叙史过程中，此书显示出作者在平衡学术研究和教材编写之间所做的努力。如何既彰显文学史研究的个性思考又不失文学史教材的普适价值，是这部文学史新著的着力所在。在文学史观的呈现、文学史叙述框架的建构、文学史论述方法和具体问题的评判等方面，《中国新文学史》都以其独特的思考力度展示出新的气象。

一

史观的建立是文学史叙述的前提。《中国新文学史》在开启具体的文学史图景之前，十分清晰地阐述了所持的文学史观念。这一观念主要包括三个方面的内容：新文学史的起止时间、“新文学”的定义和作家作品入史的衡量标准。

中国现代文学从何时开始，一直是史家十分关注的问题，不同的文学史书因其视点不同形成了不同的时间划分方法。学界一般以1910年代后期的“文学革命”作为新文学的发端，而自80年代中期“重写文学史”以来，晚清文学也被纳入多数现代文学史书的叙史框架之中。与这两种时间划分不同的是，《中国新文学史》把1912年民国成立作为新文学开始的标志，即把政治史与文学史相映照，这是为之前的文学史书所回避的，其间涉及文学与政治之关系的看法。“重写文学史”提出之后，文学史应是文学自身的历史，不应以政治来衡定文学，这一观念基本为学界所认可。《中国新文学史》提出的新的历史分期可以看成是对之前现代文学史观的一种纠偏。书中认为：“从古到今，以国体和政体的更迭来切分文学的历史边界，已成为文学史断代的基本方法。”[①] 作为中国文学史一部分的新文学史也应遵循这样的历史断代法。同时，“中华民国的成立是中国社会进入‘现代’的开始，只有自民国文化始，中国文化才进入了真正的‘现代性’语境当中，民国的文学也才有了‘现代文学’的

① 丁帆主编：《中国新文学史》（上册），第1页。

自觉意识”[①]。民国成立为现代观念的确立提供了制度和法律上的保障，由此中国文化和文学才“真正”有了现代性的“自觉”意识。新的政治制度是新的精神文化产生的基础，循此思路，《中国新文学史》把政治和政权变更纳入文学史的思考范畴是合理的，进而把1949年新中国的成立视为新文学发展的又一阶段也就顺理成章了。

“新文学”概念在此书“绪论”中分三处被界定：一是“民国以来以白话为主干但绝不完全排斥其他语言形式（如文言、方言）的具有现代意义的汉语文学创作”[②]。这一界定主要着眼于文学语言，现代白话是新文学的首要语言载体，而“汉语文学”则包括了台、港、澳及海外华文文学。第二处界定是：“以中华民国成立为外在标志，以现代民主观念为价值基准、以人的解放和自由为内涵且以新的审美形式为表现方法的文学。”[③]这一定义从内外两方面对新文学发端的时间标志、表现形式和内在精神价值做出了评定。现代民主观念及个人自由解放意识是以民国成立所确立的政治制度为基础的，而文学具有的新的审美形式又是新生成的现代观念意识的外在体现。第三处“新文学准确的表述应该是：1912—1949年为新文学第一阶段（含大陆与台港地区，以及海外华文文学）。1949年后为中国新文学的第二阶段，形成了三种不同的表述：大陆是‘共和国文学’的表述（而非什么‘当代文学’）；台湾仍是‘民国文学’的表述（它延续到何时，也是一个需要讨论的学术问题）；港澳就是‘港澳文学’的表述（因为它的政治文化的特殊性，所以它的文学既有中华传统文化的元素，同时又有殖民文化的色彩。因此，我们只能用地区名称来表述）。此外，尚有一支海外华文文学，就一并归入‘港澳文学’，应为‘港澳暨海外华文文学’”[④]。此处大体是从时空角度来界定新文学。时间上，新文学被分成两个阶段，

① 丁帆主编：《中国新文学史》（上册），第2页。
② 丁帆主编：《中国新文学史》（上册），第1页。
③ 丁帆主编：《中国新文学史》（上册），第2页。
④ 丁帆主编：《中国新文学史》（上册），第3页。

民国时期为第一阶段，新中国成立后为第二阶段。故新文学开始于1912年，直至当下的文学创作依然属于“新文学”范畴。关于新文学的下限，书中认为：90年代的“许多作家作品目前已经可以定性和定论了”“是文学史必须采掘的‘活标本’”。而“‘新世纪文学’尚处在发展之中，固然还没有形成足够入史的条件，目前的研究和评论、批评工作，也正是为将来文学史的二次成熟筛选提供第一次进入和淘汰的理性支持”[①]。这就与大多数文学史书把叙史线索终止于90年代不同，《中国新文学史》不仅把90年代文学和80年代文学贯穿起来，做精神脉络的类型梳理，同时还专门评析了80后作家及杨键、蓝蓝等活跃于21世纪的诗人。这些以往文学史中少有的内容，足以体现出史家新的文学史观念和文学史研究的态度。另外在空间上，《中国新文学史》把新文学分成“共和国文学”“民国文学”“港澳暨海外华文文学”等几部分，既是基于地理区域的划分，也是文学性质的划分，带有明显的政治色彩。在叙述海外华文文学时，书中用“离散写作”一词来表述，亦显示出了目前学界的研究态势。

尽管在为新文学及其起止时间做界定时，充分考虑到现代文学和政治之间密不可分的联系，但在遴选具体作家作品时却抛开了政治标准，而以“人性的，审美的，历史的”为衡量尺度。书中具体解释道：“考量每一部作品经典品质的时候，都看其是否关注了深切独特的人性状貌，是否有语言形式、趣味、风格的独到之处，是否从富有意味的角度以个性化的方式表达了一种历史、现实和未来相交织的中国经验。”[②]这一衡量尺度是以文学自身品质为归依的，也反映出史家的眼光。史家眼光是依据治史者个人的观念趣味而定，是史书独特性的表现所在。而对研究对象及其发生时间的界定，则应以历史情形为标准。故政治当进入概念范畴的考量中，选择叙史的标准却可依照今人观点弃政治而不顾。在这点上，丁帆等《中国

① 丁帆主编：《中国新文学史》（上册），第4页。

② 丁帆主编：《中国新文学史》（上册），第3页。

新文学史》的叙写者的思路是十分清晰的。唯其清晰，才能让作为教材的文学史书显得平易畅达。

二

《中国新文学史》首先论及的作家作品是王国维的《红楼梦评论》。之所以从此开端，是因为王国维在《红楼梦评论》中表达出的文学观念和“文学革命”时期倡导的新文学之间存在多种牵连。同时，《红楼梦评论》“纯以审美眼光评论《红楼梦》，直接肯定了文学的美学本质”①，这就为往后的作家作品入史定了标准。

以作家作品论析来结构文学史叙述框架，是这部书在构思体例上的重要特色。如上编第二章第一节谈新诗，即以《新诗集》、湖畔诗人及《湖畔》、冰心《繁星》、冯至《昨日之歌》和《北游及其他》、李金发《食客与凶年》、徐志摩《翡冷翠的一夜》、闻一多《红烛》与《死水》、新月派和《新月诗选》、朱湘《采莲曲》、戴望舒《望舒草》、废名的诗为论述对象，以数位突出作家和数部经典作品描画出了新诗诞生到二三十年代新诗坛发展的基本面貌。而在谈论具体作家作品时，又会适当地对相关文学史知识做出解释。如在谈李金发诗作的时候，评论了中国象征派诗歌的创作情况，在评析《新月诗选》的时候，评价了前后期新月派的代表作家和创作特点。加上此节开头归纳介绍的白话诗创作的基本主张，和每章开篇部分阐明文学思潮的“概述”，作家作品便被镶嵌在了文学历史的清晰背景中。这样的文学史叙述既能突显经典作家作品的历史地位，又不失史实及其脉络的梳理，确实符合了现当代文学教学的实际需求。

现今高校的教学改革，对人文学科较注重学生基础学养的积淀和整体素质的提高，对专业学习不做精深要求。所以就现当代文学教学而言，专家提出要“淡化‘史’的线索，突出作家作品与文学

① 丁帆主编：《中国新文学史》（上册），第 29 页。

现象的分析，使教学内容更集中，更基础，不能那么专”[①]。可以说，《中国新文学史》的叙史格局正契合高校中文学科教学改革的需求，突出作家作品的教学与学生审美素质的培养相得益彰。而在突显作家作品重要性的同时，突破作品文体限制和创作时间先后的顺序，充分显现作品之间的精神理路，则是这部文学史结构历史的又一特色。

《中国新文学史》没有像其他文学史那样以体裁类别来分述某一时段的文学创作情况。诗歌、小说、散文、戏剧在这部文学史中是被纳入同类倾向的创作中一起论述的。例如，下编第一章第一节即把胡风、郭小川的诗歌，老舍、田汉的戏剧和萧也牧《我们夫妇之间》、茹志鹃《百合花》等小说列放在一起，讨论新中国成立初期的这些作品所表现出的个人性写作与集体话语之间的冲突。不以文体来划分章节，淡化文体之于创作的区别，即意味着不认为文体在文学史构成中具有重要作用。事实上，其他借文体差别来分章叙述的文学史书，并不就认为文体在促成文学史过程中起到重要作用，而在很大程度上是由于分类叙述的便利。《中国新文学史》的分章原则，除了大体以时间顺序为经外，还以创作倾向的类同为纬，不再以文体区别来勾勒一时代的创作情形。这样，书中没有了“第一个十年”“第二个十年”“新时期文学”“90年代文学”等传统的分章表述，而代之以“传统与现代的审美融合”“智识阶层形象谱系”“历史病症的文学呈现”“眩惑的文学形式”等创作倾向的归类。只要创作倾向基本一致，无论是诗歌、小说，还是散文、戏剧，都可被归入同一章节进行论述。突出创作倾向，实是在探寻文学创作观念的承接和文学价值谱系的连续。这就比简单地以文体分章的叙史结构更有阐发意义。

依据创作倾向来分章分类，带来了文学史叙述格局上的两点变化。一是同一作家的创作在不同章节中被分开论述；二是不严格以

① 温儒敏:《现代文学基础课教学的几点体会》,《中国现代文学研究丛刊》2006年第3期。

创作时间先后来编排作家作品在书中出现的次序。如对冰心的论述，就分别在“新诗”一节谈她的《繁星》，在“人的文学”一节谈她的问题小说，在“儿童文学”一节谈她的散文《寄小读者》。这样一来，作家在文学史中的存在就不显得孤立，而是参与到了文学纷繁的活动中，作家及其创作呈现出了立体面貌。以创作倾向的类同来归纳作家作品，也使得文学史不可能完全按照创作时间的先后顺序来叙述。例如上编第四章谈京海派文学，论述了40年代的张爱玲、苏青，而第六章谈智识阶层形象谱系，又论述了20年代的鲁迅、郁达夫。下编第五章讨论了90年代的小说《务虚笔记》《白鹿原》，而第八章依然在讨论80年代的小说《冈底斯的诱惑》《西藏：系在皮绳扣上的魂》。时间不是《中国新文学史》十分重要的结构因素，在“民国文学”“共和国文学”的整体区分下，创作倾向的重要程度成为分章先后的有力依据。新文学思潮和“五四”文学促成了现代文学传统的形成，当然应被放在前面叙述，而左翼文学被放在民国文学的最后部分，足以见出编写者心目中的衡量尺度。共和国文学时期，汪曾祺、贾平凹、阿城、莫言等文化审美意识突出的作家放置在前，格非、余华、朱文、东西等趋向叙事形式革新的作家放置在后，亦可见出编写者的审美选择。文学史不应像进化论指出的那样沿着时间的推移而不断进展，不同文学现象对文学史的推进程度和对日后精神生活的影响是不同的。在以今人的体验和研究眼光来衡定文学史上各种创作倾向的重要性时，梳理每种创作倾向内在的承接联系，也是《中国新文学史》的编写者之用心所在。他们在打破时间对文学史叙写限制的同时，也充分考虑到时间在文学精神理路的整理过程中所能发挥的作用。

如果说《中国新文学史》的叙述格局体现出编写者文学史研究的新思路，那么作为此书重要构成部分的插入性文字和图画则增进了教材的直观性和生动性。在正文中插入与所述内容相关的文字是这部文学史书的一大特色。这些插入文字包括：作家生平和创作简介，作品段落摘抄，对正文的具体论述所做的说明或总结，对典籍或相关研究论著的引用，对文学史脉络的精要梳理，对概念理论或文学史实所做的知识性介绍，等等。例如，在谈左翼文学时，有这样一段插入文字："1930年前后，西方发达国家因为自身的困境而将目光投向苏联，形成社会思潮的普遍左倾。这一世界范围内的共产主义运动潮流，史称'红色的30年代'。文学乃其中一支。"[①]这段文字即是对正文内容所做的说明，说明左翼文学产生的国际思潮背景。这些文字不仅能方便阅读者了解和理解中国新文学史，也能开阔读者视野，把现当代文学和文学理论、古典文化、西方思潮及学界相关重要研究联系到一起，在知识面的拓展以至学习者素养的提高等方面都能起到作用，从而达到高校中文学科教学改革的目的。

书中插图也能达到同样的目的。插图内容包括：作者相片或画像、书影、手稿、图片、画作、剧照、电影海报、印章等等。例如，上编"'开明'文人散文"谈丰子恺时，插入了其画作《人散后，一钩新月天如水》，清幽的气氛很能映衬出作家散文的风尚。下编谈"文革"文学的"民间存在"时，又论及丰子恺的散文。其中也有一幅作家的画作《草草杯盘供语笑，昏昏灯火话平生》，画作的意境和境界同丰子恺其时写作的《缘缘堂续笔》正相契合。为学术书或文学史书插图似乎成为目前出版业的一种流行，其目的除了为学术著作或文学史增添生动图景外，并非不是一种行销手段。《中国新文学史》插图的不同处在于，不仅提供了作家肖像和书影图片，还借助插图把其他艺术形式，例如绘画、电影、书法等，带入文学史叙写之中，使文学史超出了文学本身的界限，与其他艺术一起成为审美的艺术。这对于人文学科的教学来说是极为有益的。

三

在具体论述方面，《中国新文学史》也表现出诸多新意。它提

① 丁帆主编：《中国新文学史》（上册），第299页。

出和追踪了一些概念，如“舆情小说”“离散写作”“生态文学”，等等。它具体分析了一些文学史书中不太提及的作品，如李健吾的长篇小说《心病》、张枣的诗歌《镜中》。它还对一些作家创作给出了自己的评析。如以“狂放的美学”来概括莫言的创作，并对他评价道：“莫言在小说文体方面有较高造诣，在叙事话语与叙事视角相融合之后，小说叙事的景观就更加扑朔迷离、富有可读性。但这些不足以掩饰其自我重复的困境：基于某一创意之上，小说的语言不断地铺陈、放纵、无节制。匮乏的想象力与臃肿的语言形成反差，尽管有诸多精彩的创意，但依然不能避免重复。”“‘千言万语’的莫言如何继续保持精神的深掘和审美的拓展，已经成为他的文学发展的首要问题。”[①] 对中国第一位诺贝尔文学奖得主，《中国新文学史》并不讳言其创作上的病症。纵然这样的批评出于自家观点，但讨论的严肃性使评判结论令人不得轻视。

《中国新文学史》的诸多论断都具有浓重的学术意味，富有研究的启示性。在评论冯骥才等小说家的民俗化写作之后，得出了这样的结论：“市井小说显见的成绩在于，它抢救了鲜活的民间话语。90 年代以后通俗小说的勃兴是其文学成绩的延展，它们开创了一种介乎雅俗之间的叙事模式。但就其写作特点而言，它们依然具有中国白话小说以故事为主线的叙事传统。中国当代文学以此为契机，呼唤着被当代文学长期抛弃的类似鸳蝴派与黑幕小说的传统，文学开始展现民间趣味。”[②] 类似这样的启示性论断在书中比比皆是，它们不仅把作家作品的解读放置在广延的文学史背景中，更以其学术性的探究启发着学科研究的生长点。好的文学史著往往能推进学科研究的进程，这也是其自身具备的品质。

在《中国新文学史》对大量作家作品的阐述中，有一类创作尤受关注，很少有文学史书特别论及于此，也很值得现当代文学研究界做更深入的探讨。这类创作即儿童文学。上编第二章第五节、

① 丁帆主编：《中国新文学史》（下册），第 238—239 页。
② 丁帆主编：《中国新文学史》（下册），第 192 页。

下编第三章第二节和第八章第五节都专门论述了儿童文学的创作情况。叶圣陶、冰心、张天翼、叶君健、郑渊洁、曹文轩、秦文君等人的创作令人瞩目，而《儿童世界》《小朋友》《童话大王》等刊物对童话的翻译、改写、创作及对时世的影响也是值得讨论的。把儿童文学纳入“新文学”的叙述中，有史家的识见在。“像文艺复兴以后的欧洲一样”，新文化运动的“中心在于依次发现了‘人’、‘妇女’与‘儿童’”。“‘人的文学’及相应的‘平民文学’关注普通人，其中特别重要的组成部分是几千年来作为男人附属品存在的妇女和备受误解的儿童。”“对儿童作为‘完全的个人’和儿童文学‘儿童本位’的肯定，正是‘五四’‘狂人’呼吁‘救救孩子’的前提和归依，也只有在‘人的发现’完成之后，儿童才逐渐成为社会关注的一个重点。”[①]无论是从思想变革还是从文学革命的角度来看，儿童文学都应是新文学的重要组成部分。一般的文学史书和研究著述都给予女作家和女性写作以分外关注，而忽视了与女性解放一起受惠于新文化运动的儿童。《中国新文学史》特别辟出专门章节来论述儿童文学，足以见出其深入解读文学史的独到眼光。

新文学史上，较早“发现”儿童的是周作人。周作人对儿童的发现可以归入他“人的文学”的思想理路中。上编第三章第四节分析论述了周作人“人的文学”观念和他的文学创作。这一章的前三节则谈论了鲁迅及其影响下的创作。把周氏兄弟归入同一章做比较论述，也为其他文学史书所少见。书中论道：“如果说鲁迅是以创作实践影响了‘五四’一代青年作者，那么周作人则以‘人的文学’理论塑造了‘五四文学’气质。虽然周氏兄弟的起点较为一致，但毕竟又是有所区别的，比如对弱小民族文学，鲁迅比较关注其间的反抗精神，而周作人则相对倾心于其中有关人类学、民俗学的文化内容。当然，他们后来各自的发展更表明两人之间的差异。概括说来，周氏兄弟分别代表近现代中国文艺发展的两种风格或曰路径。”“周作人提倡的‘美文’与鲁迅开创的‘杂文’大致可以看作这种分野

① 丁帆主编：《中国新文学史》（上册），第162、115、116页。

在文体上的表现。”“这两种不同的文学风格，其实也是两种不同的人格。周氏兄弟或近乎狂，如鲁迅，终生保持进取，生命不息，反抗不止；或类于狷，如周作人，眼光高超，性情温润而实际睥睨一切。”[①] 周氏兄弟的异同，通过分析《文化偏至论》《摩罗诗力说》和《人的文学》《美文》等得到进一步呈现，而对这些文论的专门分析，在其他文学史书中也不多见。对周氏兄弟其文其人的比较，可以清楚展示两者文学史地位及对文学史贡献的不同。这种比较的方法为《中国新文学史》谈论不同作家作品时所常用。如谈柳青《创业史》时，比较了它与《三里湾》《山乡巨变》的不同之处，谈苏童的创作时又与王安忆进行比较。现代文学部分，较倾向于纵向脉络的比较梳理；当代文学部分，则对横向联系颇多关注。在比较周氏兄弟的那一章，即纵向梳理了乡土小说、“鲁迅风”杂文和周作人一派散文的创作流变。对历时梳理和共时比较方法的区别运用，体现出了《中国新文学史》在书写现代和当代文学时的权衡与拿捏。现代文学适合历史性叙述，当代文学则宜于批评性研究。

在《中国新文学史》中，比较的论述方法不仅被运用于新文学作家作品自身，也运用在了新文学作家作品和古代、国外作家作品之间。如评周作人散文，用到唐诗“行至水穷处，坐看云起时”来比照。讲钱锺书《围城》提到了“流浪汉小说”，论杨绛《洗澡》谈及了《堂吉诃德》。这类比较论述，不仅像书中的插话、插图那样能够拓展阅读者的思想空间，也能帮助读者更好地掌握新文学作家和作品各自的艺术特征，实现其作为教材的功能。

作为一部充分体现撰写者个性的文学史教材，丁帆教授主编的《中国新文学史》表现出了与以往集体编撰文学史的不同面貌。如果说集体编撰的文学史能够集结诸多专家在各自领域的研究专长，那么个人性的文学史则表达出了著作者个人的文学史眼光；如果说集体编撰的文学史需要协调撰写者各自的研究风格，那么个人性的文学史则可较多发挥研究者的性情好尚。比较高等教育出版社近年

① 丁帆主编：《中国新文学史》（上册），第123页。

来出版的文学史，如严家炎教授主编、诸多学者专家撰稿的《二十世纪中国文学史》（普通高等教育“十一五”国家级规划教材，2010年出版），即可明显见出《中国新文学史》的不同风貌。

“文学史研究要求相对的稳定性和连续性（包括研究对象的选择、理论框架的设定，乃至某些作家作品的评价），是一种规范化的常规作业，需要学识与才情、广博与精深、新颖与通达等的平衡与调适。因此，在文学研究总体布局中，文学史家往往偏于保守，‘持重厚实’是其基本的学术品格。讲求‘通观’，立论不能不有所顾忌，很难像文学理论家那样长驱直入，攻其一点不及其余；也很难像文学批评家那样注重感受和品位，打一枪换一个地方。但如果因此断言文学研究中评价标准和理论框架恒定不变，只见功力，难显学识，则未免言过其实。”① 文学史教材的编写也是如此，专业基础知识的传授是“常规作业”，专业研究内容的拓展和思考能力、审美意识的培养也是不可或缺的。把文学史研究成果积淀为教材的专业知识，把在教材编写中的思考激发文学史研究的活力，是两者相得益彰的表现。在文学史研究和教材编写之间，在“持重厚实”和变革创新之间，丁帆教授主编的《中国新文学史》既做到了平衡兼顾，又各有深化促进。对于中国现当代文学史研究和教学而言，《中国新文学史》都可谓一个新的开端。

原载《中国现代文学研究丛刊》2013年第12期

① 陈平原：《小说史：理论与实践》，北京大学出版社1993年版，第5页。

评丁帆主编的《中国新文学史》兼及新文学史写作的思考

何锡章、王　婷

中国新文学已经走过了百年的历程。在其历史的流变中，认识理解、描述总结新文学的历史性著述可谓汗牛充栋，难以计数，尤其是自上世纪“重写文学史”的口号提出以来，新文学研究者，或出于教学需要，或基于学术目的，以不同的角度，不同的命名方式，创作出了大量文学史的著作和教材，充分体现了新文学“显学”的历史地位。成绩是非常明显的，在新文学史写作范式方面，有着不少的进展，对作家作品的认识与评价，也达到了一个新的水平。然而，遗憾不可避免。由于受固有的写作范式尤其是治史观念的束缚，不论是思想与价值立场，还是入史标准选择与体例安排，整体上仍是大同而小异，集体写作和教材形态居于主要地位；在学术认知、审美把握、历史定位、价值评价诸方面，具有独立学术个性和鲜明述史品格，真正能激发读者兴趣、启迪人们深入思考的著作，还属凤毛麟角，像钱理群、吴福辉、温儒敏、洪子诚等先生的有关新文学那样的著作，实在鲜见。在这样的新文学史写作的语境下，2013 年 4 月由高等教育出版社出版的丁帆主编的《中国新文学史》，就具有了个性化写作的标志性意义。从整体上看，此书仍属教材类著作，撰写者也并非丁帆个人，但与一般教材有所不同的是，强化了学者的主体学术认识，几位主要执笔青年学者皆出于丁门，深得其师思想和审美取向之要义，因而在思想评价、艺术把握乃至语言方式上，具有相对的同一性。正是从这个意义上讲，此书是教材，又是学术个性鲜明的著作；既是集体合作之成果，更是丁帆学术个性的具体实践和投射。一言之，个性化是贯穿此书写作的最显性的特征。

起点界定与价值坚守

开宗明义，此书把中国新文学的时间起点界定在 1912 年中华民国的成立。

从文学史书写的常识来讲，任何断代文学史的写作都必须确立一个时间的起点。平心而论，断代文学史时间起点的界定，实在是一个难题，难在任何文学史的时间起点都只是相对的，绝对的时间起点根本难以找到。文学的发生发展具有历时性，任何新的文学形态的发展都是历史的产物，因而本身就具有时间起点的无限延伸和历史追溯的可能性。近年来，一些学者将新文学的时间起点延伸到 19 世纪末，其基础和存在的前提皆出于这种思想或文学史认识理论。但是，历史的联系并不能证明断代性历史写作不能确立相对合理、能为常识所接受的时间起点。事实上，时至当下，有关中国文学史的写作，无论是古代的，还是现当代的，都具有相对明晰的时间起点，这已经成为文学史写作的一个共识和标准。从现有的断代文学史著述来看，无论用什么样的方式划分历史的阶段，都不能回避时间起点这一重大关节，因为这是断代性文学史写作的必要而充分的前提。界定断代文学史时间起点的标准可以多元，不过，任何标准都应来自文学的自律或他律，必须和普遍接受并遵循的治史原则相一致，也就是与公认的常识保持一致。

应当承认，目前对新文学时间起点界定的多种观点都有其存在的合理性。“1919”的“五四”说、“1917”的文学革命发起说、“1915”的《新青年》说、“1900”的新纪元说、“1898”的戊戌变法的“现代性”说、“1892”的文学自律说，其中“五四”说是最通行的新文学与传统文学的时间分野。值得深思的是，在众多的说法里，唯独没有“1912”中华民国成立说，而国体或政体的变更理应是历史断代也是文学史断代的一种主要方式。显然，这不是简单的疏忽，可以说是人为的躲避，至少是潜意识里存在的保持“政治正确”的“避祸”心理的反映。直接讲，是政治及其意识形态干扰的结果，是避讳“中华民国”名号出现的动机的产物。事实上，中国古代文学的文学断代方式都是以政体的变更，用通俗的话说就是依据改朝换代来划分文学历史阶段的。在保持这一政体或朝代更迭作为文学史断代的时间基础，并视为文学史分期的时间前提和普遍性原则方面，中国古代文学史做得相当彻底。在中国新文学史写作领域，情况则大为不同。可以肯定的是，所有中国新文学史的写作都内含了时间的起点和历史的阶段分割。中国新文学的断代历史起点之所以没能按照中国古代文学史的断代时间标准，就是为了直接回避可能出现的代表某种政体国体的名号。于是，用“中国现代”“中国当代文学”“20 世纪中国文学”“百年中国文学”“百年现代汉语文学”“中国现当代文学”等带有模糊性的时间概念来处理文学史的写作，便成为基本方式。新文学回避国体政体变更这一重大问题，从而模糊了新文学时间的政体国体变更起点，且直接取消了“中华民国文学”“中华人民共和国文学”的文学断代史命名的可能。因此，将中国新文学的起点确定在 1912 年中华民国的成立，不仅表现出了著者的学术勇气和历史识见，而且表现出了作者对历史尊重的客观态度，维护了中国文学断代史时间起点界定的同一性原则，保持了和中国古代文学断代方式的一致。同时也可避免中国新文学起点的提前或延后的诸多争执，更可防止将“现代”或“当代”，“20 世纪中国文学”或“百年中国文学”等断代方式所引起的、取消新文学内部“民国文学”“共和国文学”界限的弊端，使新文学的历史回到不同国体政体下的独立存在的地位。

该书在“绪论”中对此有过非常清楚的阐述。

> 本教材将中国新文学分为两大部分，即民国文学和共和国文学，并将 1912 年的民国元年作为中国新文学的起点，主要

理由在于：

一、中国新文学史的断代应参照政体分期的客观事实。1912年作为中华民国元年，是一个重要历史节点。

二、以孙中山为代表的资产阶级民主核心价值理念渗透在国体和政体纲领中，在民族精神层面倡导了对“大写的人”的尊重，才有了后来“五四”的“人的文学”的诞生。

三、共和政府创建了第一部具有民主意识的《临时约法》，在制度、政策和法规的层面为新文学运动奠定了基础，从此开始了一种新的文学审美跋涉。

从古到今，以国体和政体的更迭来切分文学的历史边界，已成为文学史断代的基本方法。将新文学发生的开端提前或延后的做法，将民国的前七年文学淡化于晚清文学之下，消遁在中国现代文学的版图之中，都忽视或贬抑了辛亥革命的文学史断代价值，也忽略了民国国体、政体与文化、文学的巨大历史关联作用。从1912年到1919年，这七年形成了新旧文学的分水岭。中华民国的创立，为意识形态提供了法律和制度的保障，唯此，才有可能萌发、孕育和产生出五四新文化运动，才有辉煌的“人的文学”。没有民国新文学与几千年封建帝制下的旧文学彻底切割，就无法分清中国古代文学与中国现代文学史的边界，而最终模糊民国文学的历史存在，因此，民国文学才是新旧文学的分水岭。（《中国新文学史》上册，高等教育出版社2013年版，第1、2页，以下引文皆出此书，只注明册序和页码。）

著者之所以做出这样的起点时间界定，既是新文学自身的发生历史事实的还原，也是新文学史写作价值立场之必需。文学内含着思想文化等种种价值是客观的存在，文学史书写也不是对一种文学形态的简单总结和静态客观的描述与归纳，而是渗透着书写者立场和价值观的复合体。作为新文学，其内含的思想文化等价值无疑主要是“现代性”的。虽然新文学因政体和国体的变化分成了“民国文学”和“共和国文学”两个阶段，但在现代化追求方向上，具有一致性；因此，在现代性价值的主体方面，也就有着内在的同一性。当然，在社会性质上前者是资产阶级领导的资本主义的社会，后者则是无产阶级领导的人民大众的社会主义社会。从价值论来讲，无论是资本主义思想还是社会主义思想，整体上都应是现代性价值系统的组成部分，只是实现现代化的路径和现代价值观选择的重点有所不同罢了。但追求与坚持民主自由、独立平等的社会理想，都是它们的共性目标。基于此，书写新文学史，其中的重要目的就是要去发现认识、总结新文学的现代性价值；如果没有与新文学相一致的价值立场，新文学的思想观念的现代价值意义就不可能得到发现。因此，为“现代性”价值的形成寻找合理合法的社会基础，确立现代性价值成长的政体和国体及其法律的基础，正是将新文学起点定为1912年民国成立的内在逻辑基础，正是认识把握新文学自身思想价值的内在必然；只有这样，新文学的价值内涵才具有别于传统文学价值观的合理合法性。一般来讲，观念性的价值在历史上能找到发生的源头，但是，这种源头往往只具备后起新观念的某些因素，而不是一个新的价值系统的完形形态。一种完形的新的观念形态价值系统，在人类历史社会中，往往是与一种新的政体和国体结合在一起的，只有这样的结合，才具有合法性和普遍接受的可能性和现实性，不借助国体和政体力量存在，普及和深入人心从根本上难以实现。所以，从政体国体的变更确定相应的观念价值系统发生发展和存在的合理合法性，应当说是普遍的规律。所以，新文学的现代性价值必然是与国体政体共存在的。该书著者正是这样认识的：

中华民国核心价值理念——“自由、民主、平等、博爱”从一开始就试图渗透在新生的文化和文学之中，它不仅是从国家政治的层面确定了对公民人权的承诺，同时也是在民族精神的层面倡导了对“大写的人”的尊重，所以才有了后来的所谓“五四”“人的文学”的诞生，进而才有了中国现代文学史上

> 二三十年代文学的大繁荣，才有了左翼文学成长的土壤。中华民国诞生的《临时约法》从法律和制度上保证了新文化与新文学运动沿着资产阶级民主共和的理念向前发展。中华民国的成立是中国社会进入“现代”的开始，只有自民国文化始，中国才进入了真正的“现代性”语境当中，民国的文学也才有了“现代文学”的自觉意识。因此，“民国文学”即是以中华民国成立为外在标志，以现代民主观念为价值基准，以人的解放和自由为内涵且以新的审美形式为表现方法的文学。（上册，第2页）

于是，丁帆主编的《中国新文学史》，努力发掘归纳其内含的现代性价值并以现代性价值去烛照认识、评价作家作品就构成了著者鲜明的价值立场和价值准则，成为个性化文学史写作的重要基础。

入史标准和文学本体回归

中国新文学时间虽然不长，可作家作品众多，因此，以什么样的标准对众多作家作品进行取舍，是修史者必须做出的选择。和任何历史一样，记忆和遗忘也是文学史书写的基本特征，所谓大浪淘沙、披沙拣金大抵就是记忆或遗忘的另一种表述。

从新文学修史以来，特别是中华人民共和国成立后，新文学史所通行的入史标准是以政治为主及其相应的艺术成就为主要标准的；从20世纪80年代开始，出现了以现代化、现代性及其相适应的现代审美艺术的标准。自后一种标准成为主导以来，前一种标准的政治标准的第一性甚至独断的地位逐渐衰减，几乎已退出文学史书写的舞台；而后一种标准至今仍在普遍沿用，在可预计的时间内，整体上还将继续。客观来讲，现代性及其相应的审美艺术标准，体现了文学时代与历史的准确性，入史标准的相对宽容性和符合新文学发生发展规律的客观性，是必须坚持的新文学历史书写的正确原则。以这样的标准去阐释，理解民国时期的“现代文学”是合理的，以此去描述把握共和国时期的“当代文学”也是有效的基本准则。

丁帆主编的《中国新文学史》，在基本标准上与钱理群等先生在《中国现代文学三十年》中确定的现代化现代性标准是一致的。从这个意义上讲，作者没有别出心裁故意标新立异，而是从历史自身的特点及其近百年中国社会、中国人以及新文学的理想目标等方面，和钱等人的文学史著作形成了历史的共识。

然而，《中国新文学史》在入史标准的确立上有其自身的特点和贡献，那就是将“现代性”标准细化为“人性的，审美的，历史的”三个维度，使偏于文化意识形态的整体的“现代性”“现代化”作家作品入史的标准，获得了文学自身标准的具体性；鲜明地把三个标准统一并作为文学史书写的标准，虽非独创，确系卓识。

作者旗帜鲜明地指出：“本书的标准是：人性的，审美的，历史的。这就是说，考量每一部作品经典品质的时候，都看其是否关注了深切独特的人性状貌，是否有语言形式、趣味、风格的独到之处，是否从富有意味的角度以个性化的方式表达了一种历史、现实和未来相交织的中国经验。”（上册，第 3 页）

将“人性的”作为文学入史标准，就中国文学史书写的历史来看，章培恒等先生的《中国文学史》率先垂范，取得了显著的成绩，影响甚大，但问题可能在于：在强调人性具有普遍性永恒的一面时，很容易忽视人性具有时代性的一面。不可否认，现代人和传统人在人性的特点及其具体呈现等方面有着显著的差异。所以，就中国现代而言，人性应当也必须和“现代人”“现代社会”结合，直接说，应与“现代性”的人性结合起来；只有赋予“现代性”人性的准度，文学“人性的”标准才具有具体的指向性，其能指和所指才能得到真实统一。

“人性的”标准基于“文学是人学”这一本质。从广义上讲，人类的所有“学”皆是“人学”，都是为人这一最高目的服务的“学”。那么，为什么只有文学才被广泛接受为“人学”呢？就在于文学所反映表现思考的对象，主要是人的情感、心灵、精神及其生存的所有领域，是人的过去、现实与未来的全方位的呈现；人的所有活动，所有的历史的、现实的及其通向未来的种种欲望，都能在这里得到有深度和广度的描写，全部的存在及其可能存在都会在审美文学中得到揭示，这就是“文学是人学”的依据。将“人性的”及其内含的历时与共时的内容，作为作家作品入史的标准显然最能反映文学自身的目的与存在的意义，是文学作为人类世界中独立之“学”的价值规定。

“审美的”标准，同样基于文学的本质。文学表现和思考的方式是“审美”的方式，是人类审美经验的集中性的显现，文学更是人类追求和形成新的审美经验的主要路径；进一步来看，更准确地讲，文学应是通过审美方式实现的“人学”。所以，用“审美的”作为治史的标准，更是文学独立性回归的坚持，让文学史回到文学本体的思想实践。

毋庸讳言，新文学自诞生到今日，始终存在社会文化思想意义与审美价值不平衡的严重现实，而真正具有二者高度平衡的作家作品相对不多；再者，新文学作家作品或简单接受西方文学经验或固守传统，或将二者简单嫁接，真正具有独特的审美经验，并能启示和促进中国文学审美经验建构和形成的，可谓屈指可数，能在文学历史上留下一席之地，实在少见。在这个意义上讲，坚持审美标准，是实现文学历史记忆与遗忘的不二法门。近年来，学术界不断从史料发掘、整理的角度，获得了一些新文学作家作品的新的信息，也许在学术上不能否定这种发现发掘的意义，但从文学史的角度来看，真正有重要价值的又有多少？如将其植入文学历史之中去衡量，价值是深可怀疑的。该记忆的不会被遗忘，该遗忘的不应被再记忆。当然，除了在历史书写过程中，人为的、外在的政治意识形态权力干预形成的故意遗忘，理应重新记忆和评价，还其作家作品应有的历史位置；反之，那些被人为抬高地位的作家、作品，是不是也应在审美的标准下接受重新审视，而置入历史的应被遗忘的行列呢？

显然，接着提出“历史的”标准，就具有了必然性。任何作家作品都必须接受历史的检验，只有那些能在文学发展的过程中，在人性表现、审美经验的创造等方面，超越前人启迪后世的作家作品才能在文学史上留下美名，成为文学史的经典。也许这种标准过于严格，但作为文学史而言，又必须这样才能保证历史的严肃与公正。无论是中国古代文学，还是新文学，真正经得住历史考验，为后世不断接受、阐释、传颂，具有难以替代性的作家作品，才会进入历史的神圣殿堂，为后人所铭记。

如果说，坚持“人性的，审美的，历史的”入史标准，体现了著者回归文学本体，强化了文学特殊的人性功能和艺术魅力，真正注重了文学之所以是文学的独立品质，那么，在体例安排上，也应以上述三个标准，作为体例设计的基础，这样，《中国新文学史》从内容到形式的选择，就真正实现了回归文学本体的治史思路的统一。

该书回到文学创作自身的意识非常突出，淡化文学史知识的梳理，文学运动、事件在书中的比重大大下降，“在体例设计上，我们打破了以往用文体进行分类而设计章节的惯例，以同一时段中主体内容或审美形式相同或相近的作家作品进行分类”，目的就是“将撰写的中心放在作品的分析中”（上册，第 5 页）。体例上该书是按编、章、节的方式安排的，而节下又以有代表性的具有相当影响的作家或作品出现在目录上，在整体上形成了从文学的板块，到重点作家作品为主线的体例安排；至于在文学史上也具有一定成就，又具有入史资格，但影响相对有限的作家作品则被放在概述之中。这种安排，看起来和通行的文学史差别不大，可实质上又有很大不同，即强化了作家作品的经典性。而以作家作品为中心的体例，淡化了新文学史普遍存在的重文学思想、文学论争的书写范式，改变了一些文学史的突出文学思想与论争的某种偏向，重视的是作家文学创作本身的价值。该书对章、节的命名，在形式方面也能充分体现出这一内容追求。章与节不仅仅是一般性的姓名或作品名的登台，而是具有作家或相近风格作家群体的文学特点的画龙点睛式的概括和把握。如对一批作家作品拟定的章名：民国文学时期的“传统与现代的审美融合”“知识阶层形象谱系”等；对共和国文学的“‘文革’后小说的审美复苏”“文化意识与审美意识的深化”“历史病症的文学呈现”“眩惑的文学形式”等，就显示出了从文学创作自身提炼其品格意义的特征，并以具体方式落实了作者“人性的，审美的，历史的”标准。最能显示该书文学回归意图的是对“节”的命名，如“鲁迅与现代文学审美选择”、“美文”、“异中趋同的‘京派’‘海派’现代叙事”、“感时而动的文学”（指左翼文学）、“带有政治创伤的写作”、“世俗生活的回归”、“灵魂与信仰的文学映象”、“诡异格调”等，不一而足，恕不多列，读者可自行品鉴。这种章节的命名方式，既显示了文学创作的基本特征和意义，使文学主题与文学风格、流派得到集中呈现，又体现出了命名自身的文学性，从而在形式和内容的双重意义上，使文学史的书写回归到了文学自身。另外，把作者生平、文学事件、重要文学现象或概念等知识性的内容，用非正文的方式加以介绍处理，也可说是匠心独具，使读者可直接进入文学史自身的场域，细节的处理具有了显示治史之思之志的暗示意味，成了真正的“有意味的形式”。

史家品格与艺术叙述

文学史自然属于历史的范畴，其治史的一般普遍要求和治其他门类的历史一样，史实、史识、史才都是必须具备的条件和能力；“成一家之言”，秉笔直书，不溢美也不抑美，不讳恶，不饰丑，使所治之史成为“信史”，是共同的史学理想。

但是，文学史和其他专门史也有自己的特殊性。文学作为艺术之一种，其创作自身就带有极强的作者自身的主体的生命体验，因而，文学或艺术的鉴赏也就具有非常鲜明的主观特性。所以，治文学史者，除具有史学家的共同品格外，还需要较强的审美能力和较高的艺术批评鉴赏的能力。在这个意义上讲，带有深刻而独特的治史者的主体价值立场、审美理想、艺术情趣，实在是正常不过的现象，这恰恰是治文学史者的品格之所在。

“成一家之言”，在《中国新文学史》中，表现出来的是杰出的史识和对对象的艺术穿透力。在“对百年中国新文学作家作品进行了严格的遴选”的思想指导下，从板块选择和设置，到对重大文学问题的认识，都体现出了这一治史目标和史家理想。著者以宏大的气魄，站在历史和文学的高度，对整个新文学进行了新的认识和把握，提出了具有真知灼见启发丰富的观点，形成了带有系统性的新文学史观：

> 1912年至1949年这段近四十年的文学经过六十多年的淘洗，已经充分经典化了，然而，一部文学史的确立，绝不可以只站在一个狭隘的时空来遴选。本书在人性的和审美的坐标之下，从文学性本身来考察，坚持了自己的学术选择，对中国新文学进行了重新的历史考量。……本书努力发掘在以往文学史中被淹没的辉煌，从理念上更新过去的文学史观。
>
> 本书认为，“十七年文学”的主要问题不仅是为政治服务的创作机制问题，更重要的是文学运动和文学斗争都破坏了文学赖以存在的审美底线；“文革”文学一直被作为文学史的空白时期搁置起来，而随着近年来对“地下文学”和“潜在文本”的不断发掘，这个时期的文学史面目逐渐清晰起来。对于这一逐渐“繁荣”的景象，本书认为，其入史是需要经过严格的甄别和筛选的。史料的提供首先就是“信”，不能随心所欲地将没有经过严格考证的史料作为文学史使用的材料。
>
> 本书没有把自70年代末到90年代的文学表述为“新时期文学”，是因为这些称谓只是一个暂时性的表述而已，在将来大时段的文学史切割中，肯定是需要重新命名的。“80年代文学”的称谓也是不合适的，对当下许多学者在深深回忆和眷恋80年代文学，并将此段文学称为文学创作的“黄金时代”的现

象，本书持谨慎态度。（上册，第 3、4 页）

正是在对诸如上述新文学重大而又基本问题的独特认识基点上，提炼出自己的新文学史观：

需要强调的是，研究是无疆域的，而入史却是有限制的。本书的文学史描述仅是通过对中国新文学的历史行程的考察，初步探讨了如下问题：

一、中国现代文学史到了一百年的时候，对文学史的重写已经到了一个需要深度考量的关键时刻，治史者应有大气魄，抛弃历史遗留的沉重包袱。

二、入史无标准问题。只有价值观的相对一致，才有可能达成入史标准的相统一。

三、现代文学学科自身发展离不开对当下的“发言”，也离不开对传统资源的发掘、认识与阐释。对现代文学研究领域在内涵上的深化，须采取介入的态度。（上册，第 4、5 页）

我之所以引了较多的文字，是想请大家认真品读文中提出的观念及其内涵，引起治新文学史同行的注意，其治新文学史的方法和目的实在值得认真思考。应当说，这是真正的现代史家品格，史识史见可见一斑。

根据著者的治史理想与具体的入史标准，“秉笔直书”，既能充分与肯定入史者的文学成就，又能对其在观念价值、审美经验、艺术才情方面之不足给予一针见血的批评，从具体的作家作品的评价中显示出史家的独立品格。大家知道，说好听的赞美之词和肯定性评价相对容易，也不会引起麻烦，而批评和带有某些否定性的意见相对较难，特别是对那些健在的作家更是如此。《中国新文学史》的作者极力打破了这种治史困境，表现出了史家的风范与学者的个性和学术尊严。请看下面的例证。

对老舍的评价：“老舍对传统文化、民间文化的审视与批判，多数情形都出自一种本能的亲近、同情或反感、厌恶，并没有太多的价值理性，仿佛出身旧家庭的人留恋成长过程中的记忆，但又因身受其害而痛恨其中的罪恶，他对底层市民社会的态度也是这样。因此，老舍的写作态度表现为一种源于生活、限于生活的朴素的伦理观，即对民间社会对是与非、善与恶的一分为二的评判准则的肯定。唯其如此，他在许多小说中特意创设的理想型人物，不过传统的民间人格的理想化，因为缺乏现代价值理念的内涵，其实并没有太大光彩。在这一点上，老舍的'下里巴人'与子曰诗云的另一派的'阳春白雪'其实在某种意义上是相似的，都是入乎其内而不能出乎其外。"（上册，第235、236页）

对沈从文的评价："对中华民族优秀品德衰亡、失落的忧患意识，促使沈从文思考，并以小说、散文的文学形式探讨这一近现代以来知识界最严肃的话题。然而也应该看到，一方面，沈从文局限于自身经验，过于迷恋那种与时代脱节的文化所塑造的人格力量；另一方面，沈从文其实缺乏一个真正的现代知识分子所应具备的理性的清明与睿智，所以难以公允地对待他所身处的那个现实所发生的若干变化——这变化姑且不论是非好坏，不过是现实的一种反响，正所谓一切历史都是当代史。"（上册，第181页）

"沈从文用清淡的文字叙述化外世界里的残酷，突出生活于其中的人们的愚昧，延续了'五四'时期'人的文学'精神，接近改造国民性的文学主题，然而他太钟情于脱胎于湘西世界的那种虚构的完满的'人生的形式'了，只愿从人性的角度寻求重造民族灵魂的路径，正如他所谓的'人性的治疗者'了，而难以完全站到一个现代知识分子的立场，对之做毫不留情的揭露与批判。这一点不足，虽然无损于他在文学艺术上所达到的成就，却也让后人为之深深叹息。"（上册，第204页）

关于茅盾："可以说，'科学家'的理性（以及政治家的意识形态）遮蔽住'文艺家'的感性，导致了《子夜》艺术上的失败，可惜的是，此后除了偶尔的例外，茅盾却沿着这条路愈走愈远，包括《腐蚀》，以及没有完篇的《霜叶红似二月花》。"（上册，第317、318页）

对贾平凹："经过三十多年坚持不懈的文学探寻，贾平凹几乎穷尽了只有传统趣味而没有信仰的当代作家所能达到的最高美学限度。"（下册，第 175 页）

对"先锋小说"的评价："'先锋小说'在形式试验的同时，也初步表现出怀疑与反思倾向，它们展现的现实和历史的扭曲和变形，形成了奇特的氛围，能够最大限度地表现历史与现实的荒谬感。但究其实质，作家们的前卫姿态并非有文化的前导，而是遵循于一种形态探索的激情。思想革新的意图明显弱于艺术创新的意图，导致许多作家在先锋试验之后无路可走，回归于更加平庸的现实主义轨道。"（下册，第 300、301 页）

坚持史家的独立品格，崇尚个性治史，是本书一以贯之的思想，其中在语言叙述方面所表现出来的风格，也能充分证明这一追求。其实，在上面引用的文字里，读者是不是已感受到了和通常的文学史书写某些不一样的风格呢？新文学的叙述范式在观念上经历了政治意识形态叙述到现代性叙述的转变，我还希望出现一种艺术叙述的范式（以文学的艺术发展为主线并用艺术化的语言来书写）。通行的文学史，往往是理性化的描述叙述相结合的文字，以分析性见长，追求逻辑的清晰和表述的准确。这固然是合理的流行语言形式，但往往表现出来的是缺乏语言文字的生动性，其自身缺少文学的语言美。该书作者力图改变这种状态，在本书中进行了文学史叙述语言的探索，"注重对自身审美情趣和语言风格的锤炼，在平实简洁的文字表达背后，尽量追求有意味、有韵味和有诗意的激情奔突的语言表达"（上册，第 5 页）。

斯言甚是。这里仅举有关戴望舒《望舒草》述评的一段文字为证："《望舒草》中的诗完全散文化，句式舒卷自如，调子幽幽而不乏如歌的行板那样的轻快，遣词质朴无华，功力深湛且带着理性节制情感的潇洒。《印象》是其中最优美、最纯粹的一首诗，它调动各种感官，将珍贵然而稍纵即逝的记忆比喻成深谷里的铃声、浩渺烟波中的渔船、林梢残阳的微光等无限优美同时又极为短暂的自然景观，使之实体化，可听、可见。末节描述记忆其实深藏在心灵的某一角落，虽然偶一露面，但命运还是归于孤寂，又使全诗带上一丝哲理色彩。美好的事物短暂如斯，不由人不产生不绝如缕的轻烟般的惆怅之情。”（上册，第81页）简洁的语言，钩玄而提要；文字理性与灵动相结合，具有文学自身的语言美的效果，能激发起读者的阅读兴趣，无论是现象描述还是作品内容的复述，平实而有韵味，富有散文的形与神；即使是概括性评价性的文字，也能形成进一步引发读者阐释欲望的文字张力。

这确实是一部文学史观念、入史标准、体例设计、书写语言极具个性的著作，称其为新文学史个性化写作的新的范式绝不为过。但由于对象的复杂性，有些方面还给人言犹未尽的感受，对港澳和海外华文文学的处理还有些捉襟见肘，章节的命名也未能完全统一。提出这些未必一定是问题的问题，没有苛求的意思，不过供作者们参考而已，亦希望更多的能超越此书的新作问世。如是，本文的写作就多少有了点实质性的意义。

原载《中国现代文学研究丛刊》2013年第12期

“新文学史”的百年反思和不懈探求

——以丁帆新近主编《中国新文学史》为例

杨洪承

作为一直在关注中国现当代文学教学与研究的同人，2013 年由教育部中文学科教学指导委员会组编教材之一、丁帆主编的《中国新文学史》[①]（以下简称为“丁编文学史”）上、下两册逾百万字的出版，无疑是近年在高等教育教材编写上有着新探索的成果，十分令人兴奋鼓舞。而关于文学史重写的新尝试、新经验的某些学术话题，也将会引发学界之广泛讨论。

中华人民共和国成立后，中国现代文学作为高等教育课程设置而成为一个独立的学科，已过了六十余年一个花甲了，我们开始感叹“现代文学，‘拥挤’的学科”[②]，也有了近三十年时间。而这百年的文学史究竟如何描述，就 20 世纪 70 年代末以来，也经历了不下四次之多的关于“重写文学史”[③]的大讨论。正是面对这段已逾“双百”历史（文学史百年与学术史百年）的史实，“丁编文学史”开篇“绪论”直言作为各种版本的中国当代文学史的分期，中

① 丁帆主编：《中国新文学史》，高等教育出版社 2013 年版。

② 许子东：《现代文学，“拥挤”的学科？》，《中国现代文学研究丛刊》1984 年第 3 期。

③ 第一次 1978 年随着“拨乱反正、思想解放”历史反思中的文学史重写；第二次 1989 年前后，理论观念方法的革新带来重写文学史讨论；第三次 1999 年世纪之交，受到历史转型与现代性、新史学等影响的又一轮文学史重写；第四次 2009 年至今，海外学人大文学史观、文化研究的冲击下文学史重写再提。

国新文学的边界划分已有了“1919说”“1917说”等近十种“切分法”的断代。这既是在尊重前人的研究，对学术研究基础的客观陈述，又是迎接学术挑战的、一次新起点的飞跃。文学史的分期决定了一切文学史写作不可回避的形式构架问题，也最能够反映史家观念的思想原则。这并不是说“丁编文学史”就因为提出了“1912民国说”切分历史边界，就一定是对过往中国新文学史的改写和文学史叙述的超越。通读完这部文学史给你最强烈的印象和冲击——“丁编文学史”确定“民国说”切分新文学的起源点，是这些年现代文学研究深入后的积淀之回应，是文学史多样化的一种。更重要的是，通过“民国说”的切入口，找寻自己写作文学史的中心话语，力求回答文学史叙述方式方法，文学史承载内容和媒介的途径等究竟是什么以及其为什么的问题。尤其，面对的是20世纪中国这段十分特殊复杂而又极为生动丰富的文学史的书写，史家一方面小心翼翼地敬畏历史和真诚地尊重历史，另一方面满腔热情地坚守理性的历史批判精神，面对已经过去的文学演进变革有着深切的反省。这两种思维意识交织的写作姿态，又裹挟着一种强烈的历史责任感和文学想象的激情，从而形成了这部新文学史在积极探索中的许多值得我们思考的问题，以及其文学史写作个性特征的突出显现。

一

文学史的分期问题，表面上看只是一个治史框架设计的形式问题，实际上历史分期的背后是被一种思想观念所决定的。百年来已经有蔚为壮观的五百余部[①]中国现当代文学史著作。自然，“丁编文学史”是离不开这样的学术背景和文学史编写基础的。这也是读者阅读一部新问世的史著，一般都会有比较高的期待之原因，即编者的新文学史的视角发生了什么样的调整和新变化？超越前人文学

① 据洪亮博士在《中国现代文学研究丛刊》2012年第7期发表文章的最新统计。

史观何在？编者在“绪论”里以新文学起点“民国”分期的划分，并且跟进民国价值观“自由、民主、平等、博爱”国体约法的实证和“现代”社会形态的分析，不过是“五四”新文学“人的文学”文学史观的前移，“五四”新文化的民主科学的溯源。民国核心价值观是人的本体的“个性独立”和人的精神取向的“自由和爱”之整合，它构成新文学“人的文学”观之基点。究竟时限边界确定为1912年还是1915年呢？实际上并不重要。关键是落实这一观念，丰富生态新文学史的具体现象究竟是如何形成的。“丁编文学史”恰恰在这些方面做出了自己的努力和积极的探索。

第一，强化文学史生态个性化的呈现，文学史的倾向性、主观性寓于材料的选择和产生的条件之中。“丁编文学史”打开以后，没有上述诸种预设性的进化、循环、阶级、人民等文学史观的特别强调，也没有过往文学史那种长篇大论的“绪论”或“前言”。而是以立足20世纪以来中国文学存在的三大区域——大陆文学、港台文学、（海外）离散侨民文学——为板块，立体而形象地凸显文学进程中的有特色有意味的文学生态现象。以诸如晚清因素、新文学潮、“京派”与“海派”、知识阶层形象谱系、离散写作、民族文学与儿童文学、历史病症的文学呈现、眩惑的文学形式、新的文学态势等构成的每章标题。这里已经不再是我们习惯的“五四”、30年代、40年代、“十七年”、“文革”、“新时期”时间断代的文学发展标识，也不是不同时期小说、诗歌、散文、戏剧，加“鲁郭茅巴老曹”等重要作家，或“文研会”、创造社等社团流派思潮的文学体式和运动编排。甚至也不是“百年忧患”“天地玄黄”“世纪末的喧哗”[①]，“迎接新的时代到来”“来自民间的天地之歌”“对时代的多层面思考”[②]等诗意的文学史描绘。如果从文学史的个性化写作角度来说，每个文学史家选择自己的方式叙述文学历史并没有什么奇怪的。文学史家“所描绘的历史发展归根到底是他所运用

① 谢冕主编：“百年中国文学史总系”丛书，山东教育出版社1997年版。

② 陈思和主编：《中国当代文学史教程》，复旦大学出版社1999年版。

的叙述技巧，特别是他所选择的材料的产物”[①]。“丁编文学史”将百年中国文学历史的考量重心放在了文学主体作家作品的“严格甄别和筛选”上。作家作品在文学史的主导地位是不言而喻的。习惯性文学史著名作家的重点评述与一般作家的概述之区分，以及由文学思潮统领的作家社团流派介绍，或者作家某一突出成就的创作类型说明。这些在编者确定“经过严格考证的史料作为文学史使用的材料”原则下，“丁编文学史”个性化的选择是上册民国现代文学部分目录上可见一百零二个现代作家的名字，下册共和国文学部分目录上列出一百部当代文学作品的名字。前者，在历史积淀的河流中现代作家有了一定相对的稳定性、客观性，遴选代表性作家呈现文学完整面貌和多样生态，寻踪文学脉络找到了至关重要的内在本源。而后者当代文学的延续性，精选具有影响性的文本不只是反映编者的眼光，以重要作品存在应对当代作家的进行时态，更能清晰地展现文学本体演变的内在细致纹理和鲜活。有意义的尝试是，这样的处理方式是一种回归和尊重文学自身历史形态描述的积极践行，努力贴近接受者文学史学习的阅读习惯和心理。它超越和突破了传统现代文学史设立重点作家专章的惯性，当代文学史多侧重整体文学创作现象引领作家的概述之体例。“丁编文学史”拒绝历史永恒规律的设定，或者一定要证明什么文学某些深远的真实性和意义。它只是注意在文学已经发生的过程中，在每位有自己特点个性的作家，每一部能够留下印迹的作品之间，扮演历史勘探者、甄别者和组织整合者的角色，从而建立起了一种新型的文学关系结构。

二

坚持文学史作家作品的中心原则和“人性与审美”的解读标准，既是“丁编文学史”的编写理念，又是其一大特色。正是由于上述

① ［英］凯·贝尔塞等：《重解伟大的传统》，黄伟等译，社会科学文献出版社 1999 年版，第 104、73 页。

强化文学史生态个性化的表现方式，这部新文学史可贵地尝试了文学史不一定非要写成与精神史、思想史、社会文化史相联系的作品，即便立足文本也不一定就是作品史。而是在作家作品主体下，一是由作家作品的叙述而勾勒出文学历史的脉络和线索，二是在作家作品的简洁而精当点评中引导读者兴趣和激发思考问题的可能。翻阅“丁编文学史”，不仅作家影照、作品书影等丰富的图片和辑要的核心概念、关键词及作家介绍给读者一目了然的提示和图文并茂的兴趣，而且对所选作品纳入类型或同一创作现象、风格中提纲挈领的评述、新的编排暗含着一定的文学史重写的意味。如过去分为两个时期的女作家庐隐《丽石的日记》与丁玲《莎菲女士的日记》作品评述，现在将她们放在一起通过作品中人物活动找到了她们的心理流程：“如果说庐隐笔下的丽石等人退守内心是一种无奈，那么莎菲的孤独显然更多是自主选择的结果。”同时，也没有脱离文本和时代的联系，客观地指出“庐隐与丁玲虽然存在这种差别，但从前者发展到后者原是顺理成章的事，而中国的政治、社会的系列变动不过加速了这一过程”[①]。文学史视野更多坐实于作品相关联的思想内涵的分析中。类似的例子在该文学史中较为普遍的，如叶圣陶的《潘先生在难中》与师陀的《结婚》、萧红的《马伯乐》连接着现代文学的不同时段，旨在揭示文学史中“尘世生活的灰色调”里投机取巧潘先生、不择手段胡去恶、随波逐流马伯乐三种虽不同期但为社会缩影的人物类型。这对读者了解作品的文学史意义很有启发。这同样体现于作品分析上，如对贾平凹长篇小说《废都》既不着重于作品整体故事介绍，也不是以庄之蝶人物形象解剖为重点。“贾平凹的创作以 1993 年出版的《废都》为界。”“从金狗到庄之蝶的变化，体现了一个知识者的叙述主体复苏的过程：贾平凹已不满足于对客观文化困厄的有限表述。”作品叙述方式和作品中的人物内涵，乃至“西京的文化乱象”[②]描写的背后，均通过对作家创

① 丁帆主编：《中国新文学史》（上册），第 112 页。

② 丁帆主编：《中国新文学史》（下册），第 173 页。

作道路的整体观照，获得了准确的文学史意义揭示。这样的评述方式对于正在进行时的当代作家作品的文学史考察，是较为契合实际的。尼采说："守护历史，使它所讲述的仅仅是故事，而不是事件的发生，看来的确是一项任务！"[①]"丁编文学史"书写作家作品的中心主旨，多少正是这一回归"故事"的历史守护，更是对过往我们较多渲染中国现代文学史"事件""运动"的反驳。但是，史家清楚真正能够进入文学史的作品绝不仅仅是以"故事"的叙述来确定的。许多作品在历史与现实之间建立了一种独特的张力关系。文学作品也蕴含着一种在生活表层"故事"的背后，超越时代的丰富而复杂的巨大潜能。"人性、审美、历史"的作品考察标尺，形成了"丁编文学史"全书的魂灵。如叙述钱锺书的《围城》不是以讲述一个通俗言情故事开始的。"比喻的诙谐幽默是《围城》经久不衰的一个重要因素，然而其主题则非常严肃，表达的是人生的也是人性的一种矛盾和困局。"即便是面对当代"十七年文学"中《红岩》这样一部革命纪实性的作品，该史也打破了现代革命史注释的写法，而是重点谈由《烈火中永生》革命回忆录的"故事"如何改编为小说，谈小说在人物塑造的美学追求上的努力，发掘出小说"与传统叙事，五四新文学都存在许多潜在联系"；一些细节"不经意间与孟姜女寻夫的故事暗合"，以及随后"改编成歌剧、话剧、电影、京剧、地方戏曲等"[②]产生的巨大影响。

这一部文学史对于读者的吸引和兴趣，或者应该具有的学术反响，可能正是编写者力求在那些熟悉与不熟悉的文本中，用心在寻找每部作品自己的"人性、审美、历史"的个性，以及可能的激发人们思考的美学张力。显然，"丁编文学史"的文本中心和人性、审美标准，本身就是一种新的文学史视域的设想和尝试。它是对传统文学史思想论历史图像框架和历史总体意识强调的反省，甚至也不是形式主义批评文本论的作品解构。为此，该文学史重建自己的

① 转引自［英］凯·贝尔塞等：《重解伟大的传统》，黄伟等译，第73页。
② 丁帆主编：《中国新文学史》（下册），第44页。

历史观和文学话语之追求，给我们更多现当代文学史编写具体问题的思考和启发。

三

首先，关于中国现代文学史命名的问题。“丁编文学史”再次确定用“新文学史”的名称。暗合的是，百年历史的积淀，经过了一个世纪多种文学史观的交替后，文学史写作如何在观念（史识）的建构和文学史叙述方式的实践中再有所新突破，关键是入史视角的时空边界的不断调整，即在一个长的历史时段里建立整体的文学人类学精神史的视域。“五四”以来的“新”的阐释，即是反封建呐喊的“新人”，新民主主义的革命大众，无产阶级新政权的人民，乃至“文革”后一个新时期新人民的涅槃。这些本质上的差异并不是什么大的偏移，因为“新”的认知并没有脱离20世纪以来中国社会历史生活的变动。百年过去了，人们对20世纪中国文学的基本共识还是“人的文学”。史家通常从两个方面看待文学：一是文学本体的人，二是文学与现实的联系。无论20世纪中国文学的本身还是文学史家，都与20世纪中国社会生活的发生比较贴近。在这个基点上，任何文学史的出新，实质都是史料的发掘和对史的认识、理解和阐释的“新”。这是一个动态的、永恒现代和先锋的“新”概念。由此，有了克罗奇的“一切历史都是当代史”，布洛赫的“理解才是研究历史的指路明灯”[①]。“丁编文学史”以强烈的使命意识来观照中国现代文学史的一百年，认为今天书写文学史需要“深度考量”，“研究内涵上的深化”都须采用“介入的态度”。这实际凸显了历史主体意识的姿态，也是推进历史“新”的动力源。史家重写“新文学史”名称的重复已经并不主要了，如何在更为宽广的视野里，写出不悖历史真实的自己心中理解的新文学史，才是最为重

① ［法］马克·布洛赫：《历史学家的技艺》，张和声、程郁译，上海社会科学出版社1992年版，第105页。

要的。在今天文学史的时空视域，要立足中国社会历史长河和中国文学传统的变迁之长线周期，看这20世纪百年中国文学的演变，要放眼晚清以来的世界文学中的中国文学，“全球化”下的当下文学进程。同时，伴随人类生存的文学又是人的活动空间里的文化关系。文学史在某种意义上是人类发展中物质文明史和精神史的诗意记录。百年中文学演变即人的变化，一是地域变动（实体的），二是交流方式的变更（公共的），两个空间维度上影响最大。它们不仅带来了丰富的文学想象，而且勾连了文学与诸多文化的丰富联系。中国现代文学史或新文学史的命名，不同于传统的古典中国文学的命名，就在于名称的“现代”和“古典”并不完全是一个时间概念，其中的“新”也不是与“旧”对立而言的。作为中国“现代”或曰“新”的文学，它的动态性、当下性，乃至先锋性，是文学史编写中最应该关注的鲜活元素，而不能够作为某种观念先入为主而事先设定好的。“丁编文学史”置于三大区域——大陆文学、港台文学、（海外）离散侨民文学的构史框架，尤其是列为专章的全球空间“离散写作”的考察和直逼当下“新的文学态势”的预测。史家开阔的视域对已有的中国现代文学史创新做出了自己的尝试性实践，也是“新文学史”新的当代性之所在。可以说，理解20世纪中国文学史的“新”，今天就是在考量史家面对当下的知识、理论、文化三大视野在历史的进程中所拓展的程度。不断寻找现代中国文学发展在社会文化横向关系上的增长点，才可能有常写常新的“新文学史”。

其次，关于文学史作家作品的问题。文学“片段”的作家作品和历史发展“总体”的过程，形成了交叉悖论的文学史形态。百年来，中国文学史编写的基本路向，先是20世纪中八十余年偏重文学时代总体的描述和社会历史演进过程的记录，后是世纪之交三十余年对文学类型史、体式史、思潮史的写作较为热衷和青睐。这个大的时间段先后也有交叉和流变及循环，20世纪上半叶不乏文学“片段”的分类文学史，如30年代的作家论热，四五十年代蓝海的《中国抗战文艺史》、张庚的《中国话剧运动史初稿》等的问世。而新时期以来也有“总体”的文学史，如谢冕主编的“百年中国文学史总系”（十二册），张炯、邓绍基、樊骏主编的“中华文学通史”（十二卷）等成果。但是，文学史编写面临的实际问题，还不在这种整体写作取向的概括。一部文学史中如何处理总的文学时代潮流和具体的作家作品之关系？如何总体勾勒作家作品和个体解剖文本？“丁编文学史”虽重视作家作品但并不局限于传统的文体分类和作品罗列，而探索“以同一时段中的主题内容或审美形式相同或相近的作家作品进行分类”。自然，这一体例与史家的编写原则是相关的。表面文学史的总体性消失了，时代演变的历史线索感淡化了，可是文学内在本体的价值系统却得到了较好的彰显。韦勒克说：“历史只能参照不断变化的价值系统来写，这些价值系统则应当从历史本身中抽象出来。”[①]无疑，作家作品应该是文学史最有说服力的“价值系统”。但是很长时期里，我们对作品在文学史中的主导地位是以程式化的背景、思想内容、艺术特点来规约的，不是呈现“历史本身中抽象出来”的“片段”。对作家也是统一在观念指导下进行生平与创作道路的介绍，而非以“作家之间的文学关系”为主要任务。“丁编文学史”对历史与审美的结合，文学作品的历史有机性与价值评判学理性的统一均做出了新的努力。该史的下册在评述当代作家作品时最为明显。比如“郭小川的阅历决定了他始终以一个革命战士的身份介入诗歌”的开头语的作家基本定位，接续了以往文学史的认知，也契合作家的历史。但是，编者并没有选择诗人代表性的《致青年公民》组诗和人们熟悉的《团泊洼的秋天》，而是选择了其抒情诗《望星空》，抓住了“诗人在集体姿态与个人立场之间的矛盾、挣扎”[②]的真实创作心理予以切入。同时，又通过其与诗人一贯的抒情主人公塑造和同代政治抒情诗人贺敬之差异的比较，

① ［美］雷·韦勒克、奥·沃伦：《文学理论》，刘象愚等译，三联书店 1984 年版，第 296—297 页。

② 丁帆主编：《中国新文学史》（下册），第 18 页。

由《望星空》透视出诗人最为真实的心路历程，以及较为客观地重述了作家在文学史上的意义。类似的例子还有对北村《施洗的河》宗教信仰得失的评述，都是竭力在探寻“作品渊源和相互影响的关系”之内在美学张力。为此，当代作家作品入史的经纬关系的处理，是收缩还是放开的争论，不无能够获得一些可操作性的学术提示。

最后，文学史的个人独立著史和集体编撰教材的关系问题。“丁编文学史”是“本世纪初，为了更好应对高等教育将要发生的诸多变化，教育部中文学科教学指导委员会（以下简称‘教指委’）”组织编写的系列教材之一种，具体是由丁帆、傅元峰等四位作者共同著述完成的。中国现代文学作为课程的教科书，早在1929年就有清华大学朱自清的《中国新文学研究纲要》讲义，其后正式列入体制执行“教育部教学大纲”的是1951年北京大学王瑶的《中国新文学史稿》。后现代文学史的教科书编写绵绵不断，数量之多可谓壮观。而其中关于个人著史和集体编撰，教材的知识工具的实用性和文学史的审美学术性，教材的稳定性、客观性和独立史著的探索性、主观性等问题多有争论。应该说，这两类文学史的联系和区别是很明显的。除了明显的著者人数带来的一些差异性问题外，著史内容和写作方式受到面向的读者和接受群体的影响最为重要。文学史的类型定位是容易的，但是能够吸收其他类型之长补其之短，是最能够显示史家的眼光和学术风范的。王瑶的《中国新文学史稿》是教材，但是能够流传至今，变换了不同时代的读者仍然得到学界认可，正是因其坚守严肃公允而客观的态度面对历史，在他那个特定时代表现出的难能可贵的治史姿态，言简意赅的评述，收集到的如此丰富的文学现场史料构成了最鲜明的特色。三十余年里，影响最大、高校使用范围最广的一部教材，要数1987年上海文艺出版社和北京大学出版社先后出版的钱理群等人合著的《中国现代文学三十年》了。该书是四位作者集体合著，也力求注意“文学史教材应有的相对稳定性与可接受性”[1]。它以崭新的“20世纪中国文学史观”为

① 钱理群等:《中国现代文学三十年》“后记”，上海文艺出版社1987年版，第664页。

统领，强化20世纪中国文学与世界文学的整体联系，提出以“改造国民性”忧患主题和苍凉风格，重新审视这段文学史的史实。在彰显新论的同时又在每章节之后加了年表，注意到史料和知识点的补充。它以恢宏的学术视野和理论重大突破推动了文学史教材编写的变革，也是中国现代文学史编写开始转向个性化、多元化写作的开端，之后陈思和主编的《中国当代文学史教程》提出“以文学作品为主型”的教材又有所推进。21世纪以来，“中国高等教育经过多年改革与发展，已经进入了一个新的非常重要的历史发展阶段”[①]。“丁编文学史”正是在这样的学术史和教育史的背景下，对处理个人和集体编写文学史，学术型文学史与教材型文学史等的关系上做出了新的探索，更是对文学作品中心的文学史理念认同中的进一步深化，明确“在人性的和审美的坐标之下，从文学性本身来考察，坚持自己的学术选择，对中国新文学进行了重新的历史考量”。诚如上述我们的分析，可否概括这部文学史的亮点是精选作家作品、把脉典范性的文学现象、准确显示文学史丰富生态原貌、重点立足于文本解析、找寻文学作品的复杂性与其他不同层面的多横向联系之间文学史达到的内在统一性、注意重要的作家和文学关联的知识点板块提示、图文结合、追求文学史叙述风格的简约和可读性。这些努力将可能对文学史写作回归文学内在审美形式提供宝贵的经验，也必会对高等教育中国现当代文学史教材编写的内涵提升有新的重大突破。

原载《中国现代文学研究丛刊》2014年第8期

① 丁帆主编：《中国新文学史》（上册）“前言”，第1页。

“坚守独立之精神与自由之思想”[①]

——丁帆主编的《中国新文学史》

刘　巍

文学史的编撰是漫长的心血打磨过程，它不仅是文献资料的排序与综合，更是文学在某一历史时期的精神形态印证，是叙史者与文学权力、文学流变、文学话语博弈的过程。不仅叙史者文学史观的确立与坚执是极为不易的，而且文学史料的取舍、史书体例的建构、评判语言的分寸都是难以拿捏及表述的。他要聆听自我的心音，又要尊重固有的范式，在“从来如此”的常规与“陌生化”的个体性之间权衡，尽可能地还原历史的真迹，拂去已然的尘埃，追随一个一个的实证，然后让文学的原生场域落地生花，为人接受，得到认可和流传。尽管文学史的写作如此艰难，可迄今为止，中国大陆以及全世界范围内有多少本合体的或分体的中国现代文学史、中国当代文学史呢？似乎很难给出具体的数字，因为这个数字仍然处于持续更新的状态。文学史著一部部问世而又存有或多或少的缺憾，可否说明这样一个事实：我们对文学史的书写仍存有更高的期许。丁帆主编的《中国新文学史》或许是达成这期许的答案之一种。

新文学史的“起点”和“秩序”

从某种角度说，文学史的书写就是选择一个恰到好处的起点和

① 丁帆：《我们应该怎样书写文学史》，《名作欣赏》2013 年第 22 期，第 40 页。

终端，在这两者间设置或独辟蹊径或中规中矩的体例框架，然后让作家作品各就其位，安放在相应的场域里，对其进行介绍评说。总之，叙史者在研究过程中要按照符合自身价值标准的视角、观点和方法操纵书写，所以文学史是被整合过的历史“另写”。它总是顺应、适应着变化的社会时代环境和历史学术环境，已然被接纳的文学史研究定论往往被其新的阐释功能，即在新的研究范围中的位置和作用所决定。如上所述，学术界对文学史的立场、观点、方法等都质疑已久，即使是写出了思想史、癫狂史乃至性史的福柯也认为自己撰写的所有“史”都是“杜撰”。他这样指出了“起点”的不可靠但又难以逾越的诱惑性：“我想很多人都有类似规避开端的欲望……体制之于这一常有愿望的答复却是讽刺性的，因为它将开端神圣化，用关注和静默将其围绕，并强加仪式化的形式于其上……”[①]足见“开端”的神圣性。我们以往的研究或将新文学的起点定在 1919 年（这是比较普遍的）；或将其向前推两年，从 1917 年开始算起；或直接推到了 1840 年，将整个晚清囊括进来……可见，为文学史写作确立一个适当的起点是众说纷纭且各有各理的。丁帆将“新文学史”的开端定在了 1912 年：“将 1912 年作为中华民国元年，是一个重要历史节点。”这一年，不论是在意识形态国家机器的制度、政策、法律层面上，还是在民族精神、价值理念等未可见层面上，都开始了“一种新的文学审美跋涉”[②]。这“起点”的确定，不只重拾了 1912—1919 那被略过的七年，不只是历史缝隙的简单弥合，更是为新文学的发生寻找到了有力的生态机缘。正因为“新”是不同于“古”

① [法]米歇尔·福柯：《话语的秩序》，该文原题“The Order of Discourse”, by M.Foucault, trans Ian McLeod, in Robert Young (ed.) *Untying the Text: A Post-Structuralist Reader*, Routledge & Kegan Paul, 1981.pp.51-76。本译文选自许宝强、袁伟选编《语言与翻译的政治》，中央编译出版社 2001 年版，第 2 页。

② 丁帆主编：《中国新文学史》“绪论”，高等教育出版社 2013 年版，第 1 页。

的，所以这本书的第一章以“新文学三十年的晚清因素”为题，并将王国维、刘鹗、韩邦庆等列专节讲述。找出“新文学”同过去文学的联系，是何原因使其与旧传统隔绝，它又于“古”中汲取了什么，等等。这在当下的文学史中，即使不是独一无二的，也是并不多见的。

起点确立之后就是文学秩序的问题了，怎样才能有条不紊地描述出新文学在这一百年自然进程和社会进程中的延续性和阶段整体性、确定性呢？《中国新文学史》基本按照通行的文学史写作体例，“纵向的时代顺序 + 局部的文体阐说”，又非常策略地“以同一时段中主题内容或审美形式相同或相近的作家作品进行分类”[①]，这样写显得横平竖直，又坚守了“好作品主义”的原则。本书纵向的时代顺序是依政治变更而定的，对此丁帆表态：“文学的存在永远离不开政治文化背景的制约，所以，这既是文学的表述，也是政治的表述，两者并不矛盾。”“在中国，有哪个朝代的文学突破了政治文化所给定的范畴呢？！”[②]因此，就中国古代文学，乃至世界文学约定俗成的断代方法而言，朝代更迭和社会转型乃是文学史断代的重要依据，甚至为唯一依据。认可政治对文学的制约与缠绕，在此基础上，文学史的时间秩序和空间格局就容易把握了。本书的上编分为“大陆文学”“台港文学与离散写作”两大部分，前七章是中国大陆 1912—1949 年的“民国文学”，第八章的台湾文学仍是“民国文学”的表述，书中从日据时期的张我军、赖和一直写到了“世纪末”的朱天文。关于香港，由于特定的地理位置和政治状况，它的文学“在五方杂处中逐渐形成中外古今交融而以市民通俗文化为主的特点”[③]，书中从 30 年代的侣伦一直写到了施叔青、黄碧云；除此，书中最具特色的部分是第十章的“离散写作”，将海外华人的创作收入文学史，像聂华苓、严歌苓等的作品，书中都做了较为

① 丁帆主编：《中国新文学史》“绪论”，第 5 页。

② 丁帆：《给文学史重新断代的理由——关于“民国文学”构想及其他的几点补充意见》，《中国现代文学研究丛刊》2011 年第 3 期，第 25 页。

③ 丁帆主编：《中国新文学史》上册，第 396 页。

详尽的评述。所有这些都出现在上编中，这与惯常的文学史思维（上编是新中国成立前，下编是新中国成立后）是相异的。本书的下编专注于大陆新中国成立后的文学形态，较上编细致、全面。著者将“文革”文学独立成章，将“民族文学与儿童文学”合成后独立成章，“文革”后的分章则依作家作品各自的“典型”特征而定，有“审美复苏”“审美深化”“文学形式”“女性写作”等，有主流文坛的佳作，也有“80后”作家、网络写手的通俗流行之作，涉及新文学的方方面面。

著者在“后记”中说：“要想撰写一部真正能够表达自己内心世界感受的新文学史真不容易！”这也是许多文学史著者的共同感叹，文学史始终要寻找表达历史的途径，它意欲揭示的是那段文学的过往，并尽可能本真地探寻文学的本质。我们仅以“起点”和“秩序”便可见作者全知式地编撰态度（上册四十八万八千字、下册五十三万字），在以史带论中彰显治史者个性的实践理路。于是我们不禁要问：有没有一部文学史可以涵盖那一段文学的整个空间和整段时间？如果有，《中国新文学史》已非常接近。好在，这部书并没有因为它的广度和长度牺牲它的深度。

新文学史的立场和写作

既然文学史的写作出版层出不穷，在众多版本的史作中如何建立“这一个”独特的书写立场呢？大致有这样两个原则：其一，它是否提供了水平或垂直的文学史上没有提供的文献语料、理论观点；其二，它能否经得起当世和岁月的说长道短。一般来说，著史者要有个性化的审美态度、知识结构和阐释能力，可这些都不足以撑起优质文学史的脊梁。成就一部优质的文学史，使其经受住各方的质疑，著史者的文学史立场应该是首要因素。著者要树立并坚守专属于个体异质性的文学史立场，才有资格对思潮流派、作家作品做出自己个性化的评判。丁帆常直言不讳地将自己的文学史立场以学术论文、会议发言等方式发表出来，关于文学与政治、人性的关系，关于新文学的起点和分期，关于作家作品的遴选，等等，他都在自己的文章或著作中做了明确表态，这在文学史家的行列里是不多见的（多数著者是将自己的立场隐藏在文字背后，以著作本身来彰显不同）。也正是有这样明确的文学史观，才能促成他的一家之言。文学史立场即著者在阅读、论述进而编撰文学史时所处的地位和所抱的态度。研究者的思维、话语总是有一定立场的，是高屋建瓴地宏观把握文学史全貌还是比较另类地从“重写”的角度完成对历史的叙述，都是由“立场”来统摄的。《中国新文学史》对百年来中国文学的发展历程进行了梳理，什么样的作家，什么样的作品，以什么样的姿态进入文学史呢？丁帆的立场是，“本书的标准是：人性的，审美的，历史的。这就是说，考量每一部作品经典品质的时候，都看其是否关注了深切独特的人性状貌，是否有语言形式、趣味、风格的独到之处，是否从富有意味的角度以个性化的方式表达了一种历史、现实和未来相交织的中国经验”[①]。将“人性”放在首位，是因为“当我们把人和人性化为上帝之时，我们的文学批评就有了价值的灵魂，我们也就能够游刃有余地去把握客体的对象，对文学思潮、文学现象、文学作家和文学作品做出自主而合理的批评与价值判断”[②]。文学有着对人性深刻洞察的能力，既然它是人自觉生命活动的实现方式之一，文学史家以此品评文学的历史，让文学的审美价值、历史意义都紧贴着生命的温度进入文学史，这无疑是文学史观的进步。

在明晰了文学史立场，确立了这段历史的起点，构建了坐标之后，著者仍然面临如何写作的问题。应当承认，文学史也是一种写作，是笔端渗透着灵性又沐浴着智慧之光的写作。它在理论上要严谨，在评说上要平实，在炼字上要精彩，它是以文学为基础模本又超越了一般的人生故事、艺术理论的更高层次上的人文社会科学综

① 丁帆主编：《中国新文学史》“绪论”，第 3 页。

② 丁帆、傅元峰：《当我们把人和人性化为上帝之时——丁帆教授访谈录》，《中文自学指导》2005 年第 6 期。

合。《中国新文学史》在文学史的写作上有着图文并茂、实事求是、多元并举等优长。

首先，这是一部有图像的文学史。近年来，图像已越来越多地浸入文学史的编撰之中。杨义的《中国新文学图志》，程光炜、孟繁华的《中国当代文学发展史》（第二版），贺绍俊的《中国当代文学图志》等文学史著作都选编了作家作品的原始图像资料，将其印在文字阐述的边侧，直观而富有质感。《中国新文学史》也采纳了同类方式，作者的照片、书籍杂志的封面、插图的书影等与文字评说同时出现，图文并茂、相得益彰。封面、插图是纸质文学作品的有机组成部分，它不仅是读者对作品的第一印象，而且也参与了作品意义的生成。它并非只是书籍出版形式上的外包装，还是读者阅读与阐释作品的导引与灵感，为整部作品奠定了某种基调与视界。在民国、在现代……图像的不同风格也昭示了作品的内在旨意。鲁迅、张爱玲、萧红、闻一多等作家的作品封面有些是他们亲力而为之作，既是作品主旨的高度提炼，也是作者个性的集中展示。法国文论家热奈特曾提出“副文本”的概念，用以指称封面、插图、标题、副标题、序、跋等“正文本”之外的文字内容和图像内容。现今的文学史将这些“副文本”正式纳入进来，既体现了文学史对文学历史样貌的尊重，又能使文学研究向着全面、多维、立体的方向发展。

其次，这是一部以文学事实来说话的文学史。文学史立场决定了这部书是写“文学”史而非文学“史”；是探索作为艺术门类分支的文学而非探索作为历史进程之一的文学。丁帆在承认历史、政治与文学相互缠绕的前提下，将文学的外部规约退成背景交代，专心致力于对多姿多彩、有血有肉的作品本身的研读。因此，本书是以“作家：作品”为标题，以“语词—事件”为证明来完成对“世界的揭示”的，著者通过对作品本身的解说实践了向着文本回归的编史之路。关于作家，“新文学史”给我们一种新的倾向感。书中不仅沿袭性地收入了经典的文学巨匠或大家，还较为创新地收入了安妮宝贝、李碧华、二月河、周晓枫等网络写手或通俗作家。文学经典化容易把文学史变成文学英雄的集锦，可这部文学史告诉我们，有些入史的作家可以不经典、不英雄，但他们是曾经的、已然的文学的事实，所以他们也是文学史的一部分，也有被历史记住的资格。本书既将作家还原到历史场域，又在时间的流传中考察其文学特征。但作家也只是著者考察文学历史的线索，作品本身才是中心。“序列”将巴金不同时代的创作统一在了“左翼文学”旗下，却让沈从文在不同格局中（“鲁迅风”杂文、“田园牧歌”乡土小说、人性与现实的双重围困）出现了三次。著者也并未将作家和作品一起论述，而是将作家生平单列出来，以文本框的方式介绍作家生平、代表作品、获奖、任职等文学成就，既游离又融合于整体叙述，可见著者对作品的重视。通读全书可见，这应该是较多引用原文的文学史了。很显然，书中并未特意列出“文学会议”“文学论争”等政治政策权力干预文学文化的历史事件，却大篇幅地将作品的原始文字列出，让读者切实感到“文学”的味道。

最后，这是一部在积累的基础上寻找新的生发点的文学史。编撰一部文学史，著史者不可能对他以前的文学史“既往不咎”，他总是要受着“前理解”的影响，同时也要追随着他所生活的时代和所处的立场去书写文学史，这是理所当然的。现当代文学史（1900—2000）的写作已经有数十年的时间跨度、数百部的鸿篇巨作，几代文史家的潜心努力。唐弢、洪子诚、陈思和、严家炎、范伯群、周锦、刘心皇都出现在丁帆“文学史观”的论述中，他们角度不一、特色各异，共同建构起中国新文学的学科基础。可对文学作品的研究不是静止的，它的出版完成只是以印刷品的方式固定下来的意向性实体，随着时间流动，研究者会给出多维诠释。马克思说：“只有当对象对人来说成为人的对象，或者说成为对象性的人的时候，人才不至于在自己的对象里面丧失自身。”[①] 现当代文学越到晚近越不好把握，既要继承以往的研究基础，又要考虑不断问世的较新的、较科学的研究成果。如何使自己不被“对象”淹没？这就更需要著

① 《马克思恩格斯全集》第 42 卷，人民出版社 1979 年版，第 125 页。

史者坚守自己的学术立场和研究理念。比如在写《红旗谱》的时候，著者就下了这样的结论：“小说真正精彩的是对北方民间日常生活场景和农民人物形象的描绘”，“《红旗谱》虽然以当时的创作规范为前提，但作为个人创作，对之又有所游离，而《红岩》作为集体创作的产物就大为不同了”。[①]这样的结论考虑到了以往对《红旗谱》研究中“民族色彩”的成果，又接受了现今研究中关于该书的“日常”“个人创作”等观点。作为文学史观建构的需要及对这一建构的实证需要是同一的，这就要求著者不仅要清醒地敬重传统的研究范式，也要密切地追踪学科的研究现状。

文学史建设性的意义生成

文学史的撰写带动了文学研究的发展，可我们似乎一直以来都对“文学史”存有偏见，认为它固执于话语的权力而遑论文学史实。在“文学史”的公正与偏颇尚未有定论之前，我们是否可以以公正和不抱有偏见之心来对待每一部文学史的建设性意义及它对现有文学的贡献呢？从“文学史”在整个文学系统中的角色和功能来说，文学史的意义大致有这样几点。

作家作品区别性、相关性的集合，提供了文学之“史”。这类文学史最显著的贡献是它为某一时间段的作家作品提供了一个场域，让他们以一定的方式组合在一起，为他们的身份确认和后世流传提供可能，有助于文学史的学科化和体制化，也有助于文学的历史构成。像黄修己的《中国新文学史编撰史》，既是文学史又是史学史。著者在书的“导论”中说：“新文学的研究、编撰，与作家作品评论是有区别的。后者属文学批评，而新文学史研究、编撰却是跨学科的，是文学研究与历史研究的交叉学科。”[②]对“史”的强调也是对文学史的信度和效度的强调，力图做到真实、全面、客

① 丁帆主编：《中国新文学史》下册，第43页。

② 黄修己：《中国新文学史编撰史》“导论”，北京大学出版社1995年版。

观地记录文学可追寻的历史。“文学史者，科学也。文学之职志，则在纪实传信”[①]。但文学史叙述的本质却像赫拉克利特的“一切皆流”一样，不是固定的。“像一切历史一样，文学史也是‘流’，所谓‘流’意味着它既像流水一样是流动的、潮涨潮落的，又像时间一样是绵延的、缜密细腻的。”[②]时间在变，观念在变，对历史的发掘和界定在变，创作主体和接受主体也在变，文学史的潮涨潮落和绵延也在变，想要确立永恒的文学史意义是不现实的。

著史者的一家之言，呈现了个体性的文学思想。史家有独树一帜的文学史观和学术立场，文学史是他整体文学思想的副产品，史著中的每一个角落都散发着著者文学史研究的个性气息。勃兰兑斯的《十九世纪文学主流》、王国维的《人间词话》、鲁迅的《中国小说史略》等都是解读他们思想的“潜文本”。这样的文学史既体现了作者的文学价值标准，又映衬了作者的人文思想力度。“我们必须承认，这里有一个逻辑上的循环：历史的过程得由价值来判断，而价值本身却又是从历史中取得的”[③]。著史者便是在这循环互证中实现文学及自身的判断与表达。遗憾的是，并不是每一位史家都可以直抒胸臆，将自己的观点和盘托出。大多数著史者常常是掌握了写作权力却掌握不了话语权力，在说与不说之间进退维谷。说，则太易将自我陷入妄自菲薄的孤局；不说，则规避了著史的初衷，愧对本真的理念，可见个人著史的艰难与词不达意。

意识形态腹语术的文学实践，是某一时期主流价值观、社会思潮、官方话语的文学注脚。这类文学史是作为一种特殊的文本、特殊的文类而存在的，带有意识形态剪裁、选择、判断的痕迹。意识

① 钱基博：《现代中国文学史》“绪论”，中国人民大学出版社2004年版，第5页。

② 张光芒：《“流动的”文学史与范式价值》，《天津社会科学》2002年第6期。

③ ［美］勒内·韦勒克、奥斯汀·沃伦：《文学理论》，刘象愚等译，江苏教育出版社2005年版，第308页。

形态腹语术的提法来自让-路易·鲍德里的论文《基本电影机器的意识形态效果》，他认为意识形态成功地隐藏了自己的机制和行为，并不直接言说或强制别人信服自己的观点，它权威的确立是在不知不觉的情形下进行的。在政治干预文学较强制、较具体的时期，这种文学史的意识形态写作是比较明显的。“每经过一段时期，尤其每经过一段政治上的波动，适应文化理论与社会实践的新的要求，必会涌现出一批新的中国文学史教材。”[①]王瑶的《中国新文学史稿》、郭志刚的《中国当代文学史初稿》等便是顺应时代要求的急就章。后者在每一版的“说明”中都有“急需”的字样，可见“文学史”时势之约的急切性。但文学史的编撰一旦与意识形态合拍，知识与体制的权力势必在赋予它合理性、权威性的同时桎梏它的“春秋笔法”。

丁帆的《中国新文学史》是应着“教育部中文学科教学指导委员会”的组编而生的，它既要科学、真实地记录这一百年来作家作品的区别性和相关性，又要展现著史者的个性思想理念，同时还要兼顾高等教育的发展需求——简明扼要、注重实用、增强趣味、体现创新、立体组合（见“前言”）。本书的“重写”有着这样几个意义：第一，给予作品本身应有的尊严，不放大也不缩小作品的文学价值。对于在某个时期被夸大艺术价值的作品，比如《班主任》《伤痕》等，著者并未专门论述，不将思想价值、政治意义与文学价值混为一谈。第二，给予作家公正的评价，不虚美也不隐恶，不由作家的历史定位决定其文学排位。著者在“十七年文学”中专门列出了“胡风：《时间开始了》”“无名氏：《无名书》”，叙述作品的精神及艺术特色，显出了著者的客观立场。第三，在一些正在进行时的问题上，给予问题本身开放的答案。这部文学史中也包容了“当代民谣”、孟京辉的剧作等较为宽泛的“文学性”作品，这些文学现象最大的特点就是它们的延展性。在未来的时空里它们的文学意义尚待观察，姑且就留给以后吧。所以本书既可以作为文学学科的基础，又可以成为进一步研究的根据，著者在人文理想和时代

① 戴燕：《文学史的权力》，北京大学出版社2002年版，第88页。

精神的合力作用下调整、丰富和拓展着文学史学科的发展。当然，对文学史的质疑和挑战会永远存在下去的，如果一部教材只因循一己范式，严守一己之规，势必难以站稳脚跟。

按照韦伯的说法，一个以学术为志业的人，“在他表明自己的价值判断之时，也就是对事实充分理解的终结之时”[①]。可丁帆表明了判断，却并未终结对事实的理解。他这样说：“从某种意义上说，我们今天的删减并非终极定论，未来的历史会无情地告诉我们：今天我们的历史教科书中的大部分内容将会被压缩和筛去。”[②]他在讲清楚这个事实，不仅对文学本身的评说难以“达诂”，就连对各版文学史的评判也难以厘定。所以真正的客观不是想方设法地去克服历史的局限，而是承认并能正确地对待这一历史性，并在此基础上臻于至善。如果我们按照如上的标准判定一部文学史的成就：它是否提供了别家未提供的历史文献？它是否确立了独有的研究立场、入史准则和评判标准？它是否“在指出文学是什么之外”，还“指出文学背后的为什么”[③]？若“我”的文学史与“他人”无异，则我之实存有何因由？就此而言，《中国新文学史》是部成功之作。

原载《东吴学术》2014年第6期

① [德]马克斯·韦伯：《学术与政治》，冯克利译，三联书店1998年版，第38页。

② 丁帆：《关于百年文学史入史标准的思考》，《文艺研究》2011年第8期。

③ 丁帆：《我们应当怎样书写文学史》，《名作欣赏》2013年第22期，第39页。

世界文学视域中的中国乡土小说研究

王达敏

检索丁帆的学术成果，结合我对他的了解，可以看出丁帆的学术研究的三个特点。其一，在我们这代人中，丁帆的学术研究起步早、起点高，1979年他开始发表论文，前两篇论文《论峻青小说的艺术风格》《谈贾平凹的描写艺术》均发表在文学研究的最高刊物《文学评论》上。其二，丁帆治学勤奋精进，成果丰富，三十多年来共发表论文三百余篇，出版学术专著十余部，主编中国现当代文学史多部。其三，丁帆学术视野开阔，立足于学科前沿，所论所作常领风气之先，但他的研究重点始终不落二项，首在中国乡土小说研究，次在中国现当代文学史研究。为他的学术研究把脉，我的判断是：他关于文学史、文学现象、文学流派、文学思潮的研究，都是从乡土小说研究伸展开去的。乡土小说研究已经成为他学术研究的中心、重中之重。

丁帆的学术生涯始于乡土小说研究，亦成名于乡土小说研究。他是乡土小说理论和中国乡土小说史研究的开创者，他于1992年出版的《中国乡土小说史论》（2007年修订出版时，更名为《中国乡土小说史》，被列为普通高等教育“十一五”国家规划教材），是中国乡土小说史的第一部系统专深的学术著作，属于开创性的奠基之作。2001年他又出版了《中国大陆与台湾乡土小说比较史论》（内容删增修改达60%的修订版即将出版），此著意在比较两岸乡土小说的异同，却在更大意义上——共时性意义上智慧地完善了“地域中国”乡土小说史的内容。近期，由他主持，黄轶和李兴阳参与的国家社科基金项目“新世纪中国乡土小说的转型”通过结项，其成果被评为优秀等级并列入国家社科文库待出版。此著是《中国乡土小说史》的“续篇”，在历时性的视野中追踪当下中国乡土小说的嬗变发展。至此，三部著作系统完整地构建了中国乡土小说“从萌生、繁盛、蜕变、断裂、复归到再度新变”的发展史。

一、乡土小说理论的建构

在人们的观念里，“乡土小说”是一个不言自明的概念。多年来它一直被人们以各种不同的理解在使用着，人人心中都有一个自己认定的“乡土小说”概念，一些人认为乡土小说是在广义上泛指一切叙写“乡土”的小说，另一些人则认为是狭义上专指描写风土人情的小说。显而易见，大家都在不证自明、不言自明的情况下使用“乡土小说”概念。因为这个概念太浅白平直了，浅白得让人感觉它已经没有任何内涵而只剩下淡淡的外表了。

而误区正在这里。按照通常的直观理解，作为在乡土中国土壤上产生的文学，注定也是乡土性的。据此，可以说乡土文学／乡土小说与中国文学／中国小说是共生互为的关系。果真如此吗？丁帆答曰：非也！他认为，乡土文学／乡土小说是农业文明与工业文明相冲突的产物，伴随现代性的步伐而产生，在世界文学史上，它始于19世纪二三十年代。在这里，一个学者过人的眼光及其优秀的学术品质就充分体现出来了，他对于一个文学概念的厘定竟然改写了一种文学的性质和存在方式。

就我所知，丁帆是一个充满着学术热情和探索精神且富有创造智慧的学者，他是第一个从文明演进、社会转型和世界文学视域给乡土小说下定义的人，也是从这一重大理论发现出发，根据乡土小说的发展建构了乡土小说理论的第一人。这是他最重要的学术贡献，其成果（包括中国乡土小说史研究成果）已经对学术界产生了广泛而深刻的影响，他的影响甚至超出了他的学术本身而带有一种标志性意义。

丁帆建构的乡土小说理论是逻辑体系化的，由一系列分辨原则、概念、术语和理论阐释组成的逻辑体系。其理论的基点即原点成为首要目标，丁帆运用知识考古学的观点，回溯历史，首先对何谓“乡土小说”，即乡土小说何以产生及其分辨原则做了科学的界定：“乡土文学”作为农业社会的文化标记，或许可以追溯到初民文化时期，整个世界农业时代的古典文学也因此都带有“乡土文学”的胎记。然而，这却是没有任何参照系的凝固静态的文学现象。只有当社会向工业时代迈进，整个世界和人类的思维发生了革命性变化时，“乡土文学”（包括“乡土小说”）才能在两种文明的现代性冲突中凸显其本质的意义。[①] 作为文学的一种样式和类型，乡土文学/乡土小说最早出现于19世纪二三十年代，遂形成创作潮流，在美国、意大利、法国、英国、俄罗斯等国家兴起，代表作家有库珀、欧文、哈特、马克·吐温、哈代、巴尔扎克、莫泊桑、屠格涅夫、契诃夫、托尔斯泰等。到20世纪，乡土小说创作形成了世界性热潮，拉丁美洲和中国的乡土小说以其别样风格也融入其中。作为一种世界性的文学现象，乡土小说创作不再是指18世纪以前那种描写恬静乡村生活的“田园牧歌”式的作品，它是在工业革命冲击下，在两种文明的激烈冲突中所表现出的人类生存的共同人性意识，是作家，尤其是有着乡土经验的作家在现代性选择中的必然选择。

丁帆对乡土小说的界定，第一个分辨原则是：乡土小说是工业化、现代性的产物，以工业文明和城市作为参照系的文学现象；只有在“工业化”和“城市”的整体观照、反衬下，“乡土”才能成为一个独立的意象被凸现出来。

乡土小说的第二个分辨原则是边界的阈定和题材阈定。作为与城市相对应而存在的中国广袤的乡村原野，是乡土小说描写的对象，因此，新文学运动以来的中国乡土小说一开始就从题材上阈定了它必然是以地域乡土为边界的。这种基于社会结构和叙事视域的区分

① 丁帆：《中国乡土小说史》，北京大学出版社2007年版，第1页。

早已成为一种约定俗成的原则，1992 年版的《中国乡土小说史论》明确将乡土小说的边界限定为不能离乡离土的地域特色鲜明的农村题材作品，其地域范围至多扩大到县一级的小镇。但 1990 年以来，中国社会现代转型加速演进，全球化与现代化的步履改变着城市和乡村固有的边界，前现代、现代和后现代奇异地并置在大致相同的历史时段，导致城市和乡村都发生了质的变化。中国作家面对新的现实，重新整合陌生的“乡土经验”，拓展出新的乡土叙事疆域，从而突破了中国乡土小说既有的边界阈定和题材阈定。具有学术前瞻性的丁帆迅速跟进，将世纪末至新世纪中国乡土小说的转型作为一个新的课题来研究，他在 2007 年出版的《中国乡土小说史》、即将出版的修订版《中国大陆与台湾乡土小说比较史论》、国家社科基金项目成果“新世纪中国乡土小说的转型”等，以及《中国大陆与台湾乡土小说比较论纲》《中国乡土小说：世纪之交的转型》等多篇论文中，对乡土小说的边界重新做了界定，将以“农民进城”及其作为“他者”的“所进之城”为叙事对象的小说归入新世纪乡土小说之中。其叙事视域及题材大致对应三大范围：一是以乡村、乡镇为题材，书写农耕文明和游牧文明生活；二是以“进城农民”及其流寓的城市为书写对象，乡土小说的边界自然而然地扩展到“都市里的村庄”，笔纳“城市里的异乡者”的生存现实和精神状态；三是以“乡土生态”为题材，面对现代化强势推进而导致人对自然过度伤害的现状，书写人与自然的关系，其价值取向是充分肯定人与乡土关系的原初性、自然性和精神性。

以上是丁帆构建的乡土小说理论的第一层级理论，在此之上生成的第二层级理论，是界定乡土小说的内涵。

丁帆从世界乡土文学（包括 20 世纪中国乡土小说）中概括出乡土小说的世界性母题，即“风俗画面”和“地方特色”，认为“乡土小说的重要特征就在于工业文明参照下的‘风俗画描写’和‘地方特色’”。这是构成乡土小说内涵 / 内容的两大要素，也是世界各国各民族乡土小说共同遵循的世界性母题阈定。丁帆没有确指“风俗画面”和“地方特色”就是乡土小说的内涵，虽然他也用“内涵”来指称过它们，但更多的时候，他习惯取其要义，用“重要特征”“基本特征”“基本风格以及最基本要求”“基本手段和风格”“两大要素”等表述来定义二者之于乡土小说的性质。这所有的表述似乎都是在不经意中做出的理论性阐释，但我相信，它们在丁帆的理论世界里是等值的。既然如此，我们索性跟随丁帆的表述和阐释，进入乡土小说理论。

丁帆特别强调要廓清概念的混乱。有人以为只要写本民族的生活，对于世界文学来说，它就是“本土文学”，就自然具有“地方特色”。然而，将这样的作品放到本国的文学中，它的“地方色彩”就完全消失了，看不出其“异域情调”来。他的观点是：作为乡土小说家，并不要求你表现民族的“共性”，而是要求你表现某一地域的民族“个性”来，这与本国本民族的其他生存群体相异，当然也就更与别国别民族的其他生存群体相异了。乡土小说作家应该面对的是“两个世界”：一是异于他国他土的世界；另一个就是异于他地他民族（特指一个生存的“群落”）的世界。忽视了后者，将不能称其为乡土小说。[①]由此而确认：乡土小说的内涵或重要特征是“风俗画面”和“地方特色”两大要素的呈现。

具体到中国乡土小说，其概念内涵的界定，丁帆首先援引20世纪二三十年代的鲁迅、周作人、茅盾等作家关于乡土小说的理论阐释，给出了中国乡土小说概念内涵的表达式：“风俗画面”和“地方特色”外加“思想内容”。换言之，就是在恒定的“风俗画面”和“地方特色”二项之中加上变动不居的“思想内容”，才是中国乡土小说概念内涵的完整结构。早在1984年的一篇论文中，丁帆就明确地提出了这种看法：一部成功的风俗画小说，并不在于风俗画描写在作品中所占的比例，而是要看它能否与作品所表现的主题和人物性格交融渗透，形成一种和谐贯通的气势。单纯地描写风景画、风俗画并不难，“只有把深邃的主题和鲜明的人物个性与风俗画面

① 丁帆：《中国乡土小说史》，第9页。

有机地糅合在一起，使其透露出时代的气息、民族的精神，方才堪称杰作”[①]。它的经典性表述，由茅盾于1936年首次给出：“关于‘乡土文学’，我以为单有了特殊的风土人情的描写，只不过像看一幅异域的图画，虽能引起我们的惊异，然而给我们的，只是好奇心的餍足。因此在特殊的风土人情而外，应当还有普遍性的与我们共同的对于命运的挣扎。”[②]这里的“世界性”和“人生观”即“思想内容”的表现形式。在中国乡土小说的演进过程中，“思想内容”的表现形式随时代和文学观念的变化而变化，当它与“风俗画面”和“地方特色”有机一体时，必然是乡土小说审美化的体现；当它被极左政治绑架而独自称大时，就造成了乡土小说深重的灾难。中国乡土小说的发展，在很大程度上取决于“风俗画面”和“地方特色”与“思想内容”水乳交融，共生互为。比如20世纪40年代的解放区文学在过分强调作品的思想内容时，忽略了风情画和风景画的描写，尤其是取消了风景画的描写，导致了以赵树理为代表的“山药蛋派”乡土小说乃至1950年代至1970年代整个乡土小说陷入了故事的叙写，艺术审美严重缺失，从而取消了乡土小说之为乡土小说的审美规定性。而从1980年代的“寻根小说”开始的新时期乡土小说，标志着乡土小说进入了一个更高的审美层次，呈现出新的思想特征：“除‘地方色彩’和‘风俗画面’外，首先，它恢复了‘鲁迅风’式的悲剧美学特征；其次是历史的使然，它的‘哲学文化’意念在不断强化，而返归大自然与现代文明之间的冲突，则成为‘乡土小说’描写焦点的眩惑。”[③]

最后是第三层级理论，即乡土小说的审美特征。丁帆将乡土小

① 丁帆、徐兆淮：《新时期风俗画小说纵横谈》，《文学评论》1984年第6期，第26页。

② 茅盾：《关于乡土小说》，《茅盾全集》第21卷，人民文学出版社1991年版，第89页。

③ 丁帆：《五四以来“乡土小说”的阈定与蜕变》，《学术研究》1992年第5期，第111页。

说的审美特征概括为“三画四彩”。他对其做了非常精彩的阐释：“地方色彩”与“异域情调”交融一体的“风土人情”，可以展开为差异与魅力共存的风景画、风俗画和风情画，简称“三画”。风景画是进入乡土小说叙事空间的风景，它在被撷取、被描绘中融入了创作主体烙着地域文化印痕的主观情愫，从而构成乡土小说的文体形象，凸现为乡土小说所有的审美特征。风俗画是指对乡风民俗的描写所构成的艺术画面，其功能一是突出其“地方色彩”，二是突出其审美特征。风情画较风景画和风俗画更带有“人事”与“地域风格”等方面的内涵，是带有浓郁的地域纹印的风景画和风俗画，以及在这一背景之下的生活场景、生活方式、文化习俗、民族情感及人的性情的呈现。这一审美要素在乡土小说中显得特别突出，成为乡土小说最醒目的文体形象。

“三画”是现代乡土小说赖以存在的底色，体现为乡土小说的外部审美要求，而作为“三画”内核的“四彩”，即自然色彩、神性色彩、流寓色彩和悲情色彩，便是现代乡土小说的精神和灵魂之所在。自然色彩与“三画”构成密切关系，一是它与“三画”完美结合，将物化的自然与人化的自然和谐统一；二是其中呈现出地域特有的生产方式、文化生态背景下的自然的人的存在，以及与之紧密相关的人的情感、思维方式、价值立场和世界观等内容。神性色彩的功能在于它能够使乡土小说充满着浓郁的史诗性、寓言性和神秘性。流寓色彩与作家及其书写对象的存在状态密切相关。具体而言，乡土小说家往往都是故土的逃离者与异域他乡的流寓者；以流寓者为书写对象的乡土小说，大都具有浓郁的流寓色彩。悲情色彩与作家及其书写对象的存在状态及相应的情感体验密切相关，作为农业文明与工业文明相冲突的产物，乡土小说随着工业文明力量的持续上升、农业文明力量的不断下降而带有悲情色彩，其“悲情底蕴就是对地域乡土日常生活的不幸、苦难、毁灭及痛苦生命的最为集中的艺术化表现”，体现为自由的生命欲求与钳制这种欲求的外在力量之间的对立，[①] 这是乡土小说悲情色彩的内在根源。

“三画四彩”已经成为中国乡土小说比较恒定的审美形态，随着时代、社会和文学的发展，乡土小说的审美因素会更加多元丰富。这是丁帆无比自信的判断，而我们正是在这个曲终之处，看到了一个逻辑推进有序、层次分明、结构严整然而开放的乡土小说理论构架。

二、中国乡土小说研究

追问何谓乡土小说，确定乡土小说的界域和概念，乃至最终建构乡土小说理论，全是为了一部中国乡土小说史得到“逼真度”最高的呈现。从经济省力的立场出发，完全可以不去追问何谓乡土小说，照样可以理直气壮地研究中国乡土小说史，因为多数学者就是这么做的。可求真求实的学者，面对出生特殊的乡土小说，他必须首先确认乡土小说生成的原点，只有找到了这个原点，乡土小说理论和中国乡土小说的研究工程才能启动，因为乡土小说的萌生、界域、概念及构成要素、审美特征全在原点生成。丁帆在原点上用力之大、入题之深，并在启航之初就首建乡土小说理论，其奥秘应该在此不在他。认真研读丁帆专论中国乡土小说的三部著作及几十篇论文后，就会发现他建构的乡土小说理论与中国乡土小说构成了相互阐释、相互丰富、相互包容的双向同构关系。

神助丁帆。新时期之初，学术破土复苏，多数青年学者都没有什么课题意识，相信丁帆也不例外。大约从 1979 年到 1985 年，丁帆的审美兴趣引导着他关注当代作家尤其是当下小说家的创作，他评论茅盾、峻青、贾平凹、刘绍棠、李杭育、何士光、铁凝等人的创作，近乎随性随意地采摘，不在一个作家身上深掘。但有一点却是越发鲜明，那就是他所评论的这些作家和作品，均是“乡土性”的，我视其是天意之所为，有意要把丁帆一步一步地引向乡土小说。

① 丁帆：《中国乡土小说史》，第 21—28 页。

而天智秀出的他及时地领悟了神的暗示，从这些小说中提升了“风俗画”概念，并将它们定义为“风俗画小说”，于是有了《新时期风俗画小说纵横谈》（《文学评论》1984 年第 6 期）一文。在这篇文章中，丁帆不仅从文学史视角综论了新时期文学中出现的三种类型的风俗画小说，而且在不经意间给出了乡土小说概念的要义，即一部优秀的风俗画小说，是深邃的主题和鲜明的人物个性与“风俗画面”的有机融合。明眼人一看便知，这里所论的“风俗画小说”其实就是“乡土小说”。

1985 年，“寻根小说”形成文学大潮，丁帆惊喜地从中发现了一个奇迹，宣称这是“中国乡土文学面临着一个向世界文学挑战的新起点！”中国乡土文学“通过‘寻根’的运动，把自己送进了一个更高的审美层次”。较中国乡土文学的前两个阶段——“五四”时期至 1930 年代，1950 年代至 1980 年代，有着突破性发展。这种突破主要是“思想内容”的突破：“寻根派”作家并不囿于民族文化心理纵向的开掘，“更重要的是对于外来文化的横向借鉴，以至使两种文化在冲突和消长中达到交融，升华成为新的文化心理重新组合建构的新鲜活跃的再生细胞组织”，也就是完成人们从“五四”以来就梦寐以求的国民性改造大计。进而“把中国文化放在世界文化的参照系中进行平衡，使两者在演化中互渗、互补、互融而成为一个崭新的有机的整体文化系统”[①]。

“寻根派”乡土小说几乎都充满着浓郁的具有地域性的风俗画描写。丁帆充分肯定寻根小说不仅在描写风俗画的同时融进了“深邃鲜美的思想内容和哲学观念”，更重要的是它们之中还灌注着生气勃勃的“当代意识气韵”。

这些精彩的论述其实就是对乡土小说概念的界定。在这篇文章中，丁帆终于将“风俗画小说”置换为“乡土小说”，并且顺理成章地推导出乡土小说概念，我认为这是丁帆学术之路上一个了不起

① 丁帆：《新时期乡土小说的递嬗演进》，《文学评论》1986 年第 5 期，第 11—12 页。

的登高远眺。由此，他进入中国乡土小说研究之境，并使之成为他学术生涯的主要内容。

丁帆的中国乡土小说研究独标高格，至少得益于三种思想资源的支持。第一，整体性的文学史观念。在丁帆的乡土小说研究中，它体现为一种动态开放的系统观，其学术要义有二：一是乡土小说作为一种世界性文学现象，在特定时代和特殊背景下产生；二是中国乡土小说是一部不断展开的文学史。第二，二元并置的审美观念。丁帆立论：优秀的乡土小说是“风俗画面”和“地方色彩”与“思想内容”的有机融合、完美体现，一部中国乡土小说史，就是“风俗画面”和“地方色彩”与“思想内容”此消彼长、起伏、盛衰，从融合到分裂再到复归的嬗变历史。遵循这一审美观念，丁帆对每一时期的乡土小说、每一种乡土小说流派和文学现象、每一个乡土小说家和每一部乡土小说作品，都给出了审美的价值判断。第三，现代性的思想立场。有学者指出：丁帆的学术思想和学术立场始于“五四”精神——丁帆曾一次又一次地呼吁当今的文化、思想、文学重回“五四”起跑线。但他的思想又远远溢出了“五四”的精神内涵，其文化批判立场指向人性和文化本质。[①]究其质，丁帆的思想立场体现为“现代性”的播撒。其“现代性”之“现代”，正是马泰·卡林内斯库给出的定义：“现代”主要指的是“新”，更重要的是，它指的是“求新意识”——基于对传统的彻底批判来进行革新和提高的计划，以及以一种较过去更严格有效的方式来满足审美需求的雄心。[②]现代性作为一种思想观念，赋予了人们改变世界的力量。而现代性赋予丁帆的，则是对乡土小说“思想内容”做出符合“现代性”的价值判断。丁帆就是在这些思想观念的支持下展开对中国乡土小说的研究的。

① 傅元峰：《风格独具的学术行旅——评丁帆〈文化批判的审美价值坐标〉》，《当代文坛》2010 年第 5 期，第 43—44 页。

② ［美］马泰·卡林内斯库：《现代性的五副面孔·中译本序言》，顾爱彬、李瑞华译，商务印书馆 2002 年版。

“五四”时期的乡土小说，以乡土小说的开创者鲁迅和“乡土写实派作家群”“乡土浪漫派作家群”的创作为代表。鲁迅是“五四”新文化的先驱者，同时也是中国现代乡土小说的开创者。他在对稳态的中国乡土社会结构和文化心理进行批判的基础上，“开创了拯救国人魂灵的主题疆域”，以一种超越悲剧、超越哀愁的现代理性精神去烛照传统乡土社会结构和“乡土人”的国民劣根性。在艺术上，鲁迅是第一个在小说中竭力表现地方色彩和风俗人情这种审美特征的作家，开创了风土人情的异域情调的疆域。鲁迅开创的乡土小说模式已经成为传统，深刻地影响着“五四”乡土小说家及其后至今的绝大多数乡土小说家的创作。在鲁迅影响下形成的“乡土写实小说流派”，以人道主义的悲悯同情关注“不幸的社会下层”特别是穷苦农民的不幸命运，呈现出峻急而强烈的文化批判精神。在“五四”以来的中国乡土小说史上，如果说以鲁迅为代表的乡土小说形成了“启蒙主义”之一脉，那么，废名、沈从文、萧乾、汪曾祺等京派作家以崇尚原始的文明形态、歌颂乡土人情、美化风景为特征的小说，则形成了“田园浪漫主义”的另一脉。这是一个疏离政治的自由主义作家群体，以文化重造的保守主义姿态，规避激进的时代主流话语，高蹈于现实功利之上；以自身不同流俗的生命感悟与取向别致的现代意识，从容平和地融会中国传统文化的深厚底蕴与西方现代主义思潮的审美特质；以“和谐、圆融、精美的境地”为美学理性，创造出具有写意特征的独具美感的抒情小说。但他们偏于古典审美的“田园牧歌”风格的浪漫主义小说，其意义在“启蒙的文学”之外，赓续了虽不那么彰显却意义深远的“文学的启蒙”。

20 世纪三四十年代向“左”发展的乡土小说，呈现出多种历史形态和审美形式。“革命 + 恋爱”式的乡土小说是 1928 年前后对革命文学主题和写作方式的一次大胆探索。这种创作模式在一定程度上造成了文学创作上审美效果的负面化，使小说流于公式化、概念化、脸谱化乃至口号化，损害了左翼文学的艺术价值。但也有成功之作，如柔石、叶紫等作家的“革命的乡土小说”，不仅含有丰富的政治和历史文化内涵，而且也是一种源于生命内在体验的青春书写。“社会剖析派”以茅盾、吴组缃、沙汀、艾芜等作家为代表，他们以科学的理性精神，追寻历史的真实与艺术的真实，剖析复杂的历史事态和激越的时代风云，真实地反映了当时中国农村的现实状况。这一流派的小说在“思想内容”的书写之中融入了浓郁的具有“地方色彩”及“异域情调”的风景画和风俗画描写，既是对早期“乡土写实小说流派”的回应，又开创了新的乡土小说范式。“东北作家群”的主要成员有萧红、萧军、端木蕻良、骆宾基等青年作家，他们把浓得化不开的乡土情结、炽热的民族情感、北国的血泪，还有不屈的剑与火，凝聚于笔端，写出了既富有东北地域色彩又具有粗狂甚至充满野性力量的乡土小说，是中国现代乡土小说史上的重要收获。“七月派”是以胡风为中心，以《七月》和《希望》等刊物为阵地而形成的文学群体。路翎、丘东平、彭柏山等“七月派”作家在胡风“主观战斗精神”的影响下，深入生活底层和人物心灵深处，感受战争年代苍茫大地的战栗与农民灵魂的痛苦撕裂及其“原始强力”的爆发，从而形成了深刻凝重的历史沧桑感与浓郁悲怆的艺术格调。

20 世纪 40 年代至 50 年代初的乡土小说“跨时代”，由赵树理、孙犁分别代表的“山药蛋派”和“荷花淀派”，标志着中国乡土小说的“继承”与“转型”。“山药蛋派”作家坚持“革命现实主义”的创作方法，关注农村尖锐复杂的现实生活，积极反映时代的新变及农民阶级的革命要求。在叙事艺术上，他们以中国古典小说和说唱艺术为资源，以叙述故事为主，将风景画、风俗画描写消融在“革命话语”主导的故事之中，造成了艺术审美的缺失，从而改变了中国乡土小说发展的历史路径。“荷花淀派”上承废名、沈从文的乡土抒情小说传统，诗情画意的描写中蕴含着人性之美和人情之美，形成了清新明丽、优美婉约的艺术风格。这样的审美形态在政治意识形态主导的时代处于边缘，却在文学史上保有持久的生命力。

20 世纪 50 年代至 70 年代乡土小说谨遵意识形态观念，书写中国乡村在新的权力体系中的生活情状，新的叙事主题和表现内容的主流化及其排他性，使得乡土小说迥异于“五四”以来所形成的乡土小说传统。“政治”和“阶级”规约着乡土小说，“思想内容”向“左”演变，愈来愈明显地疏离进而排斥艺术审美的描写。“文革”时期的乡土小说彻底地沦为“政治的传声筒”“阶级斗争的工具”，作为乡土小说必备的两大要素和审美特征，遭到了弃置或畸变，乡土小说蜕变为农村题材小说。

20 世纪 80 年代是乡土小说狂欢繁荣的年代，被中断已久的现代乡土小说传统回归，高涨的现代性思想和地域文化意识丰富了“风俗画面”和“地方色彩”与“思想内容”的内涵。“乡土伤痕小说”旨在揭露伤痕、反思历史，是“严峻的乡村牧歌”和“鲁迅风”的变奏。“乡土寻根小说”是乡土小说三大要素在更高美学层次上的创造，意在开辟乡土文学新领域。“乡土新写实小说”取民间视角、平民立场，以生命的悲剧意识叙写底层百姓的灰色人生。承续乡土浪漫小说传统并吸纳现代主义文学要义而形成的“乡土先锋小说”对个人化的乡土经验的皈依，使其变成对个人经验的发掘与表达，对普遍经验及其表达方式的反映。比较而言，1980 年代乡土小说代表了中国乡土小说的一个全新阶段、更高水平的发展阶段。

世纪之交（20 世纪末至 21 世纪初）乡土小说是中国乡土小说的最新发展阶段，其叙事视域、叙事空间、书写对象、题材范围、创作现象、文本类型等方面都发生了新变，呈多元并存互进的发展态势。

前文概述了世纪之交乡土小说创作出现的新内容，而从文学宏观的嬗变演进来辨析，可以看出其中的六种近乎“乡土小说思潮”（准文学思潮、准文学流派）的乡土小说最为突出。一是乡土现实主义叙写，它是乡土新写实小说的延续，意在对现实“去蔽”或“祛魅”。二是乡土浪漫主义抒写，它是“京派乡土小说”的承续，同时又是应对时代的历史变奏。三是乡土现代主义叙写，它内含现代主义精神气质而外显传统现实主义形象，呈现出多种美学元素杂糅的怪异特征。四是乡土历史叙事中的“新历史主义”倾向，它是1980年代“新历史主义”思潮的延伸，更是社会转型期各种现实矛盾与社会思潮影响下的新历史意识与新创作模式相结合的产物。五是“乡土生态”小说思潮及其“生态主义”倾向，它从文学和美学的立场重新审视人与自然的关系。六是“宗教文化精神”的乡土表现，它为乡土小说提供了新的思想维度，提升了乡土小说的精神品格，促进了新的乡土美学风格的生成。

随着“新世纪中国乡土小说的转型”课题及其专著的完成，丁帆的中国乡土小说研究的主体工程全部落成。2011 年，他开始进入又一宏阔的学术领域，研究“中国现当代文学制度史”（获国家社科基金重大项目立项）。我相信，丁帆今后无论研究什么，乡土小说都会成为他新的研究对象的参照系和理论资源。对于这个与他相伴三十年，而他对其付出了最多的情感、心智和精力的乡土小说，他又怎能舍弃呢！

原载《文艺争鸣》2013 年第 3 期

绘制乡土中国的全景图
——读丁帆《中国乡土小说史》

毕新伟

丁帆先生无疑是对中国乡土小说研究做出了开拓贡献的学者。如果说《中国乡土小说史论》（江苏文艺出版社1992年版）、《中国大陆与台湾乡土小说比较史论》（南京大学出版社2001年版）是他阶段性的研究成果，那么，新著《中国乡土小说史》（北京大学出版社2007年版）便是多年研究的总汇集。这部沉甸甸的、凝聚着作者智慧和理性之光的大书，全方位地探讨中国乡土小说，立论严谨、新见迭出，对中国乡土小说的研究质量和研究品位进行了多方面的提升，是中国乡土小说研究的重要收获。

一、对乡土小说世界性因素的开掘

丁帆先生开篇把中国乡土小说放在世界乡土小说的生成与发展中予以定位，对“20世纪中国文学的世界性因素”问题做出了开拓性证明。乡土小说的兴起是一个世界性的文学现象，在农业文明向工业文明的转换过程中，聚合着人类的复杂情态，乡土小说因此成为现代性的一种文学体验。19世纪上半期，欧美在现代文明的烛照下开始了乡土记忆的书写，从此一发不可收。进入20世纪，世界性乡土文学画廊里添加上中国乡土小说的身影。“五四”新文化运动的反封建意识使农业文明成为被批判的焦点，在周氏兄弟创作理论的引导下，“1920年代的中国文学创作几乎和世界性的乡土小说创作热同步，形成了具有浓郁民族特色的‘乡土小说流派’”（《中国乡土小说史》第 6 页，以下不注明出处的皆引自该书）。

经受着两种文明的激烈冲突，世界性乡土小说的家族特征甚为明显，其“地方色彩”和“风俗画面”成为基本的创作风格和创作追求。对此，周作人在《地方与文艺》中阐述道：“风土与住民有密切的关系，大家都是知道的：所以各国文学各有特色，就是一国之中也可以因了地域显示出一种不同的风格。”周作人重视“风土的影响”，把“土气息泥滋味”表现出来，呼吁创作者做“忠于地”的“地之子”。作为一种普适性的创作原则，茅盾对“地方色”的解释是：“地方色就是地方底特色。一处的习惯风俗不相同，就一处有一处底特色，一处有一处底性格，即个性。”（《民国日报·觉悟》1921 年 5 月 31 日）丁帆先生重读鲁迅的乡土文学概念，认为鲁迅提出了乡土文学的两个创作规范，“乡愁”即博大的人道主义胸怀和“异域情调”，随后他总结到，中国最初对乡土小说概念的阈定，“基本上认同于乡土小说世界性母题的理论概括，即把‘地方色彩’（‘异域情调’）和‘风俗画面’作为最基本的手段和风格”（第 14、15 页）。世界性乡土小说是现代性的一种“震惊”体验，显示出现代社会中乡土的尴尬处境，一种在而不属于的无所适从的姿态。代表了进步和科学的工业化浪潮打破了田园世界的宁静和古朴，悖论式的发展给人们带来难以抚平的焦灼，身在城市而眷顾乡土于是成为乡土作家普遍的身份定位，从这个意义上说，乡土是现代文明到来以后才被发现出来的。这既是中国乡土小说也是世界乡土小说生成的原因，在世界范围内，各民族乡土小说便具备了同质性。

中国乡土小说在顺应世界乡土小说潮流的同时，也显示出自身的特性。基于启迪民众的急切心情，乡土书写与国民性批判被整合在一起。这种思想有迹可循，是晚清“新民”“觉民”的政治思想向文化领域的转变。“五四”新文化运动催生了新文学，在“人国”理想的期待视野下，拯救麻木的灵魂，不能不是创作者恰当的选择。

二、建构乡土小说学

乡土小说作家萧红曾经说过："有一种小说学，小说有一定的写法，一定要具备某几种东西，一定写得像巴尔扎克或契诃夫的作品那样。我不相信这一套，有各式各样的作家，有各式各样的小说。"（转引自聂绀弩《〈萧红选集〉序》，人民文学出版社 1981 年版）萧红是要在宏大叙事之外阐述其小说的存在价值，在她之前，沈从文同样表达过小说不被理解的焦虑："你们能欣赏我故事的清新，照例那作品背后蕴藏的热情却忽略了，你们能欣赏我文字的朴实，照例那作品背后隐伏的悲痛也忽略了。"（《〈从文小说习作选〉代序》，《沈从文文集》第 11 卷，花城出版社、香港三联书店 1984 年版）二人的创作旨趣表明，其小说不论在叙述形态上还是在思想意蕴上，都有作者特别的思考。这说明乡土小说有自己的小说学，丁帆先生在总结世界乡土小说理论和创作经验的基础上，便提出了乡土小说的小说学。

乡土小说是面向传统生活世界的叙事作品。"现代"到来之后，作为对现代文明的对抗和超越，传统文明被赋予恒常、古朴、优雅、宁静的文化形态，呈现出天人合一、其乐融融的和谐境界。无论怎么描绘乡土，这都是最深层的底子。在这个底子上，乡土小说具有了外形内质上的"三画四彩"。

风景画、风俗画、风情画，即"三画"，"既是乡土存在的具体形象，同时也是描绘乡土存在形象的乡土小说的文体特征"（第 21 页）。柄谷行人在谈到日本现代文学中的风景时认为，"风景之发现"是一个现代事件，风景是"一种认识性的装置"（《日本现代文学的起源》第 12 页，三联书店 2003 年版），被现代人"看"出来后才获得了存在的意义。自然风景被创作主体采撷到作品中生成风景画，承担起多种叙事功能。地方色彩、人物的活动空间、风格特征等对此有不同程度的依赖，并且风景本身便是作品意义的承载部分，渗透着创作主题的情感态度。风俗画是由乡风民俗构成的文学画面，这是正宗的传统，具有明显的地方性，这种纯粹的人文景观规定着人物的生活形态和道德伦理。笼罩着风景画和风俗画的是风情画，由地域自然形态和风俗共同铸造的生活形态所弥漫的人性和人情便是风情画的基本内容。

乡土小说不仅有“三画”这样鲜明的美学品格，还有突出的内在灵魂。“四彩”，即自然色彩、神性色彩、流寓色彩和悲情色彩，是乡土小说的精神价值。自然色彩与神性色彩具有一定的客观性，凭着对这些地方性知识的熟稔，创作主体得以灌注对乡土的满腔热忱。流寓色彩和悲情色彩曾被鲁迅感知到，是对鲁迅“侨寓”性和“乡愁”的理性概括。乡土小说创作主体无一不是离开乡土以后，经受了现代城市文明的“震惊”体验，才反观、回视乡土中国的。与乡土社会拉开了时空距离，物质性的乡土逐渐变形为精神的乡土。乡土不仅在身外，而且正在一步步地从历史中淡出，这种历史的悲哀是造就乡土小说悲情色彩的最根本原因。

乡土小说学的建立，预示着乡土小说研究的学科化、科学化、知识化、资源化，对于反思文明问题和现代化问题有着重要的意义。

三、绘制乡土中国的全景图

《中国乡土小说史》勾勒了20世纪中国乡土小说的生命历程，脉络清晰、条理分明，字里行间透露出丁帆先生叙史的自信和评价的到位。品读之间，常沉浸其中而不能自返。

一般认为鲁迅的乡土小说揭示了乡土中国的破败和农民的愚昧麻木，鲁迅对传统持拒绝的态度。其实鲁迅的乡土小说并不单一，《故乡》《社戏》一类的小说就蕴含了“乡恋”，固然，按照丁帆先生的启蒙理性，“其批判锋芒之削弱是显而易见的”（第33页）。也许我们可以这样理解，鲁迅对乡土社会破败的揭示，正说明他无法忘怀乡土中国，在《故乡》中我们看到，闰土的麻木化由一系列现实问题造成，这些问题是“现代”到来之后社会混乱而引发出来的，它们导致了乡土社会的崩溃和农民精神的荒漠化。而“现代”未到之前的乡土社会也因此让鲁迅留恋起来。丁帆先生谈到的鲁迅意识结构中的“理性精神与文化情感”的共在，便是客观合理的论断，实则现代中国的乡土小说创作主体都是如此，或是二者相对应，或是二者相背反。

与鲁迅作品中凋零的乡土相对照，废名展现了生机盎然的乡土世界。开启现代田园诗风的废名，回避了鲁迅式的峻急情怀，以散文化、诗化的笔触描绘乡风民俗中民众的怡然之乐，自然、风俗、人伦的洁净任谁都会爱之有加。沈从文便以此建构了他的“希腊小庙”，里面储存了大量优美健康的人性因子，被称为“‘写意派’乡土小说的扛鼎人物”（第82页）。沈从文在乡下人与城里人两种身份碰撞的焦虑中，一手批判城市，一手讴歌乡土，使他成为一个现代忧郁的浪漫主义者，对两种文明的检视给我们留下丰富的思考。

现代乡土小说从“五四”开始形成了上述两条叙述乡土生活的路径。鲁迅开启的“乡土写实小说流派”在20年代的一度辉煌，历历可数的有王鲁彦、许钦文、台静农、蹇先艾、彭家煌、许杰等，其创作弥漫着乡土的悲哀。丁帆先生敏锐地观察到，“‘五四’乡土小说更偏重社会权力结构中两大阵营的正面冲突，‘阶级斗争’已逐渐成为他们结构小说的骨架，中国现代乡土小说创作的主旨就此开始由指向‘思想革命’的文化批判向指向‘社会革命’的社会批判转换”（第65页）。进入30年代出现的“丰收成灾”小说实际上已经完成了这样的转换，乡土小说向“左”转了，并左右着其后多种多样的乡土小说类型：“革命+恋爱”式的乡土小说、“社会剖析派”的乡土小说、“东北作家群”的乡土小说、“七月派”的乡土小说，以及“山药蛋派”“荷花淀派”的乡土小说。社会主义国家成立以后，乡土小说的变调趋于极端化，接续着“土改”的农村叙事，50年代的农村叙事被一体化的“农业合作化”叙述所包揽，“文革”期间农村的阶级斗争叙事则把现代乡土小说送上了不归路。

新时期乡土小说接续了现代的两个传统，高晓声走鲁迅一路，汪曾祺走沈从文一路，更多的人在二者之间游走，如古华及知青群体、寻根作家群。而在新写实小说中，对乡土的触及显然是较早的底层叙述了。

乡土中国的一个世纪如一幅长卷，一轴轴被拉开，作为丹青妙手，我们分明看到丁帆先生泼墨挥洒的英姿，做巴尔扎克式“书记官”的努力。

结语：对当下的介入与人文关怀

中国的现代化由于历史的原因而间歇化、阶段化，20 世纪末的中国加速了现代化的进程，乡土社会遭遇到来自城市文明的地毯式冲击，“三农”问题于是成为文明的症候，20 世纪末以及 21 世纪的小说，大量书写着城乡之间激烈的冲突。诚然，这显示出作家的良知和入世的热忱，是值得我们嘉许的，但是，也不可避免地存在这样那样的问题，令人深思。

丁帆先生认为，在当今时代，乡土社会正遭到触目惊心的挤压，乡土小说作家肩负的人文重担是巨大的，如何面对这一具有合法性的变化，如何安置作家的道德情感，是不容回避的问题。“对 21 世纪的乡土小说家来说，就是要深刻把握市场经济中农民内在心灵的变化，不能轻率地以农业文明来批判城市工业文明，或者简单化地以现在的城市文明取代乡村文明，这会使我们不得不面对双重的文化压迫。”（第 369 页）这种充分显示出批评功能的人文话语，反映了丁帆先生作为知识分子的社会承担精神，指出当下乡土小说问题的症结所在，不仅是为了解决文学问题，更大的企愿在于文明的演进与传承。

原载《小说评论》2008 年第 4 期

在城市疆域中拓展的乡土小说

——对丁帆先生乡土小说研究之研究

姜玉琴

作为一位在中国当代文学批评舞台上活跃了三十多个春秋的著名学者，丁帆的批评风格无疑代表了学院派的另一种价值取向：不以烦琐的考据和旁征博引见长，但在更为接近诗性化、生命化的言说中，处处透出对学术根基与承传的倾心。在其大半生的学术生涯中，他不但勤奋、多产，而且所涉猎的内容极为广泛，有知识分子的价值立场、女性主义，还有文学史的价值标准、“五四”精神的承传以及“文革”文学的评价等问题。然而，不管其研究触角分布得如何广泛，他的学术根基始终是盘踞在乡土小说领域之中的。其实，这也不奇怪。溯本求源，他研究生涯的起点就是从乡土小说开始的。1979 年和 1980 年，丁帆在《文学评论》上一连发表了两篇引人注目的学术论文，即《论峻青小说的艺术风格》[①] 和《谈贾平凹的描写艺术》[②]。他所论述的两位作家都是以“乡土”见长的。这两篇论文的出现不但表明了丁帆本人早期学术研究的关注点，更意味着他是新时期以来最早在乡土小说领域中耕耘的学者之一。持之以恒的钻研精神、敏锐的思想以及坚持对文本跟踪式的阅读，使丁帆在乡土小说研究领域中始终走在前沿地带，先后取得了不少重要的研究成果。

① 丁帆：《论峻青小说的艺术风格》，《文学评论》1979 年第 5 期。
② 丁帆：《谈贾平凹的描写艺术》，《文学评论》1980 年第 4 期。

一

顾名思义，乡土小说是以“乡土”为载体的小说。在相当长的一段时间内，对“乡土”一词有不同的理解，如20世纪80年代初期，著名乡土小说家孙犁先生还在否定用“乡土”来命名流派的做法。他说：“就文学艺术来说，微观言之，则所有文学作品，皆可称为‘乡土文学’；而宏观言之，则‘所谓乡土文学’，实不存在。文学形态，包括内容和形式，不能长久不变，历史流传的文学作品，并没有一种可以永远称之为‘乡土文学’。”[①]不过孙犁先生这里所说的“乡土”并不是特指与“家乡”“根”等有关的地理区域，而是泛指整个中华民族的版图，即具有“本土”的意思。这种意义上的乡土文学、乡土小说与中国流派史中的乡土文学、乡土小说显然不是同一语境中的问题。这种见解无疑有着深远的影响，时至今日还时不时有人质疑乡土小说的合理性、有效性。[②]但是，一般说来，对何谓乡土小说，学术界还是在如下几个方面达成了共识：在叙事方面，乡土小说的叙事资源主要采掘于乡村与其活动主体——村民；在精神向度上，乡土小说主要体现的是一种背向城市的创作；在审美意识上，乡土小说要求有浓郁、芬芳，甚至诡异的乡村地方情调。用周作人的话来说，就是要体现出那种“土气息泥滋味”[③]。以上三点揭示了乡土小说的特征，并决定了乡土小说只能是一种生长在农业社会中的文学样式。乡土小说等同于农业社会，这种观念似乎自乡土小说诞生以来就作为一条定律——尽管谁也没有明说——被悄悄地播种了下来。

然而，面对20世纪90年代出现的“城市包围农村”的强劲风潮，

① 孙犁：《关于乡土文学》，《北京文学》1981年第5期。

② 那些把凡是在作品中涉及本土文化、本土意识的小说，甚至连市井小说、城市小说都统统视为是乡土小说的做法，也是没有把乡土小说与民族文学、本土文学区分开来的表现。

③ 周作人：《地方与文艺》，《谈龙集》，开明书店1930年版，第15页。

不少研究者发出了乡土小说将成为工业文明殉葬品的哀叹——乡土小说将被城市小说所取代。乡村、村民数量大规模减少，甚或最后将不复存在；建立在此基础上的乡土小说也将不断萎缩、消失。二者间似乎是一个顺理成章、不证自明的逻辑真理。然而，曾对中国乡土小说的肇始、发展以及不同时期的历史转型做过细致梳理的丁帆，却并不认同这种简单的逻辑关系。他说："无视乡土文学的存在，以为城市文学就可以取而代之的言辞就有些过激了。"[①]毫无疑问，他对城市化进程会给乡土小说带来灭顶之灾的看法并不认可。当然，这也并不表明他对乡土小说在这一浪潮中所发生的变化采取视而不见的策略。相反，他坦言，乡土小说在20世纪90年代后发生了"实质性的变化"[②]，"从90年代开始，乡村向城市迁徙和漂移的现象决定了中国乡土小说创作视点的转移"[③]。可见，丁帆不是不承认乡土小说创作领域中出现的若干显著的变化，只是认为这种变化并不意味着乡土小说作为一个流派即将消失，相反，他认为这种变化标志着其已走出了单一化的发展空间，步入了一个与现代性相联系的特殊文化生存背景之中。他说："君不见西方那么多先锋文学流派把笔触伸进了乡土领域，何况我们这个有着几千年农业文明历史的泱泱大国呢。"[④]

需要注意的是，丁帆在此是把乡土小说与后工业时代相联系的。具体说，一方面，他看到"后工业时代"会给乡土小说的创作、发展带来不可估量的影响（其实，对这种影响他早在1994年发表的《作为世界性母题的"乡土小说"》一文中就给予了充分的估计。在该

① 丁帆、傅元峰：《当我们把人和人性化为上帝之时——丁帆教授访谈录》，《中文自学指导》，2005年第6期。

② 丁帆、傅元峰：《当我们把人和人性化为上帝之时——丁帆教授访谈录》，《中文自学指导》2005年第6期。

③ 丁帆：《"城市异乡者"的梦想与现实——关于文明冲突中乡土描写的转型》，《文学评论》2005年第4期。

④ 丁帆：《漫论当前乡土小说走向》，《小说评论》1996年第6期。

篇文章中，他指出了承载着两种文明的文学——乡土文学与城市文学将不可避免地在“后工业时代”的背景下展开一番惊心动魄的搏杀），另一方面，他又清醒地认识到，一种文学形式与社会形态、文明程度也并不总是成正比的。西方已在精神和物质等方面全方位地进入了后工业时代，可是原本与农业文明相连的乡土文学并没有因此被斩草除根。相反，有许多作家，而且是先锋派作家还返回身来在“乡土”这片领域中执着地耕种。何况，广义的乡土并不单纯指与城市相对立的农村。在城市与农村之外，还有一个相对独立、超脱的第三者，那就是“自然”。丁帆曾在题材上给乡土小说以明确的定位：第一，以乡村、乡镇为描写对象的；第二，以乡村流亡到城市的打工者为题材的；第三，书写人与自然的，即以“生态”关系为题材的。[①]最后的一种乡土小说，即以“生态”关系为题材的乡土小说将是超越社会、文化形态，伴随人类终生的一种小说形式。这诚如他对乡土小说的终极断言：“我认为外部的力量是不能瓦解乡土文学的，它的消解能量完全来自乡土作家的自我，换句话说，如果乡土文学要消亡，那它一定是死于乡土作家自身之手，只有他们自己才有足够的能量来扼杀自己。”[②]

丁帆这种萌生于90年代初期的宽阔、辩证视野是值得赞许的。他把中国最民族化的小说表现形式——乡土小说置放到全球化文化语境下，并以此为参照得出一些与众不同的观点与结论，与此同时，他又没有用西方的社会、文化语境来简单地套用中国的问题。更进一步说，他在充分认识中西方当下的社会语境给乡土小说带来的冲击的同时，更警觉地意识到中国社会的发展和文学的发展都不是平铺直叙的，而是处于一种前现代、现代和后现代多重语境互为交织、混杂，甚至悖论的状态中，正如他所说的：“在前现代、现代、后现代呈现在同一时空（指20世纪90年代以后，笔者注）的时候，中国的乡土小说的外延和内涵都发生了巨大的变化，如何对它的概

① 参见丁帆《中国乡土小说史》，北京大学出版社2007年版，第19页。
② 丁帆：《漫论当前乡土小说走向》，《小说评论》1996年第6期。

念与边界进行重新厘定是中国乡土小说亟待解决的问题。”①

总之，面对90年代崛起的城市以迅雷不及掩耳之势吞噬乡村与农民的复杂情况，丁帆没有从农业文明的衰落而简单地得出乡土小说走向绝路的预言，相反他认为这时期的乡土小说仍在汹涌澎湃，只不过已有的概念、范畴难以对其进行规范罢了。于是，他提出了“重新厘定”说，对乡土小说的内涵与外延给予新的廓清与规范。需要再次强调的是，这种“厘定”不是单维度的厘定，而是从特殊的文化语境以及三种文化模态，即“农耕文明和游牧文明、工业文明和商业文明、后工业文明和信息文明”②的夹缠中来厘定90年代的乡土小说。

二

“重新厘定”意味着对乡土小说领域中出现的情况进行新的整合与架构，而这一过程又离不开与传统乡土小说的创作模态相比附。事实上，对丁帆而言，他对90年代后乡土小说的认识，也是从自我反思、总结开始的：“过去，我一直把乡土文学归为不能离‘乡’离‘土’的狭义的农村题材作品，当然，这也是为‘做学问’的便利而为。但是，近年来，由于中国的社会转型使得亿万失去了土地的农民进入了城市，乡土的主体已经迁徙到了都市，我们就不能不面对这一批巨大数字的‘城市异乡者’面朝大厦背朝黄土的生存现实！”③显然，与传统乡土小说相比，90年代后的乡土小说在创作模态上发生了重大转变，丁帆把这种转变在理论上定位为“乡土描写的转型”。

① 丁帆、傅元峰：《当我们把人和人性化为上帝之时——丁帆教授访谈录》，《中文自学指导》2005年第6期。

② 丁帆：《中国乡土小说生存的特殊背景与价值的失范》，《文艺研究》2005年第8期。

③ 丁帆、林宁：《知识分子的自我启蒙是匡正文学批评的“本钱”——关于新时期文学批评与当下文学批评的访谈》，《西湖》2006年第12期。

所谓“转型”即意味着对以往题材、主题等创作形态的突破。这种突破在创作中主要表现为，涌现出了大量描写农民进城打工的小说，即“打工潮”在作家的笔下得到了淋漓尽致的展现。小说中的场景由过去主要对乡村的描摹转向了对城市生活的描写，或者城市与乡村两个不同的生活场景——前者为主后者为辅交替、穿插在同一部作品中。其次，小说中的主人公也都是弃农从工人员，即原本以耕种为生的农民变成了城市中的“打工者”。上述两个转变都意味着对“乡村”的摈弃，即打工小说的主要人物与场景都与城市有关。这也是曾一度引起人们对其属性是乡土小说还是都市小说——猜疑的原因。不过，由于丁帆早在20世纪90年代初期就摆脱了乡土小说必须对应于农业文明的认知方式，所以他肯定这类与城市有关的小说不但是乡土小说，而且还是非常有意义的乡土小说。他说：“‘乡土文学’作为农业社会的文化标记，或许可以追溯到初民文化时期。那么，整个世界农业社会的古典文学都带有‘乡土文化’的胎记。然而这却是没有任何参照系的凝固静态的文学现象，只有社会向工业社会迈进时，整个世界和人类的思维发生了革命性变化后，在两种文明的冲突中，‘乡土文学’才显示出其意义。”[①] 在工业社会这一价值参照物出现之前，无所谓“乡土”不“乡土”，一切文学都可称为乡土文学。也就是说，真正意义上的乡土小说并不是纯粹农业社会的产物，它必须要经受现代工业社会以及大文明生产的洗礼。唯有经过这一环节，其所承担的价值才能全方位地呈现出来。正是基于这样的一种认识，丁帆才得出了如下结论：“面对滚滚而来的社会变革大潮，乡土文学的表现领域非但没有缩小，反而更加广阔无垠了，在社会思潮的撞击下，必将产生出乡土文学的更多新的生长点。”[②]

乡土文学的表现领域不“小”反“大”的判断，无疑是建立在

① 丁帆：《作为世界性母题的“乡土小说”》，《南京社会科学》1994年第2期。

② 丁帆：《漫论当前乡土小说走向》，《小说评论》1996年第6期。

工业文明与城市文化必将促进乡土文学发展的基础上的，即乡土文学与工业文明、城市文化处于一种互动的关系之中。换句话说，城市与乡村开始出现了你中有我、我中有你的态势。与此相一致，“乡土”所承担的价值语码也变得复杂、多元化了。这或许也是丁帆在近几年的乡土小说研究中，格外强调“现代性”的原因。

“现代性”一词，是文学研究中出现频率最高的词语之一。但是在乡土小说的研究中，或许由于该流派更为靠近民族化、本土性，人们通常对“现代性”这类的词语采取回避的态度。丁帆则逆道而行，提出了一个旗帜鲜明的主张，不管是作家的创作还是批评，都要坚持以“现代性”为中心，而不是把城市与乡村的对立作为中心。[①]“现代性”的尺度不好把握，但在此指出城市与乡村长期以来处于对立状态，而且这种“对立”的思维定式不但影响了作家的创作，而且还严重妨碍了学者的研究，则是颇有理性眼光的。毋庸讳言，在乡土小说的创作和研究中一直存在把乡村与城市对立起来的情结：当站位于古典主义立场，也就是乡村立场来审视都市时，会感觉田园牧歌式的逍遥远远胜于都市中的灯红酒绿；而当站位于现代主义立场，即城市的立场来审视乡村时，又会对乡村的落后与愚昧感到痛心疾首。隐喻着传统文化审美理想的乡村与代表着现代文明发展高度的城市，就像一对互不妥协的矛盾体，诚如有研究者所指出的那样：“五四新文化运动以来，文学卷入了乡村与现代性之间复杂的历史纠葛，卷入了二者的疏离、格格不入甚至激烈的冲突”[②]之中。深陷其中的作家与研究者只能在二者之间奔来走去，即作家或研究者为了倡明其身份，都必须在这两大文化系统前面做出一个抉择。因为常言道：名不正，言不顺。从这个意义上说，“京派”与“海派”在新文学史上始终以对立营垒的姿态出现并不是偶然的。

在这样的一种人文背景之下，丁帆主张用“现代性”来取代“对立性”的意义也就凸显了出来：用一种兼容并蓄的“现代性”理念

① 参见丁帆《中国乡土小说史》，第369—370页。

② 南帆：《启蒙与大地崇拜：文学的乡村》，《文学评论》2005年第1期。

重新估量都市文化与乡村文化的意义，从而打破二者互不通约、各自为政的局面，进而把二者在交融中的冲突推向了创作的前台。正如他所指出的那样：“在相当一个时期内，反映这样的文明冲突，就成为许多作家所关注的焦点……是在这一漫长的转型期里最有冲突性的文学艺术表现内容。”[①] 这里所说的“文明冲突”就是指农业文明与工业文明，也就是乡村文化与城市文化的冲突。应该注意的是，他强调的是“冲突”，而不是“对立”。这两个词的意思并不相同，前者重在“互动”，后者重在“分裂”。这说明，在丁帆看来，现阶段的乡土小说最有价值和最有意义的表现领域并不是纯粹的单一化乡村生活。换一种表达方式是，传统的乡土小说表达模式仍有意义，但更有开掘意义的却是那些能把从乡村往城市转换过程中的矛盾阵痛、精神嬗变揭示出来的新乡土小说。他的一段话也恰能证明这一点：“从乡村流入城市的大量人口正是历史阶段中不可忽视的乡土存在，描写他们的生活和精神的变化，才是乡土小说最富有表现力的描写领域。”[②] 当下乡土小说最有表现力的领域，就是“从乡村流入城市的大量人口”。在一篇《关于新时期文学批评与当下文学批评的访谈》中，他再次肯定地说：“‘新世纪文学’最大的变异就是我上面所提到的乡土文学的变异，由此而派生出来的‘移民文学’才是它的最大书写题材。”[③] 他在此所言的“乡土文学的变异”就是指“乡土的主体”的转移；“移民文学”是丁帆对 90 年代后乡土小说的一种称谓，即指 90 年代后所出现的反映进城打工人员生活的小说。可见，他把“乡土描写的转型”视为“新世纪文学”中的大事件。

① 丁帆、傅元峰:《当我们把人和人性化为上帝之时——丁帆教授访谈录》,《中文自学指导》2005 年第 6 期。

② 丁帆：《“城市异乡者”的梦想与现实——关于文明冲突中乡土描写的转型》，《文学评论》2005 年第 4 期。

③ 丁帆、林宁：《知识分子的自我启蒙是匡正文学批评的“本钱”——关于新时期文学批评与当下文学批评的访谈》,《西湖》2006 年第 12 期。

丁帆之所以要坚持重新“厘定”乡土小说的内涵与外延，其目的就是扩大乡土小说的视域范围，在理论上为乡土小说在90年代后的“越位”予以合法性。至此，乡土小说的发展步入了双重轨道的运行轨迹中，它既可以继续沿着“传统乡土”题材前行，又可以转向“新乡土”题材的开采。但不管是哪一种意义上的写作，都应尽量避免非此即彼的价值判断，这正如他所说：“‘乡土’和‘现代’的激战，其意义所在并不在于谁胜谁负。”[①]“乡土”与“现代”的交锋是不可避免的，这是由它们的本性所决定的。但是90年代后的乡土小说，或者“移民文学”重点关注的并不是二者的对立，而是二者的交融。当然，这种交融是冲突中的交融。

这一转变非常重要，标志着乡土小说发展史上的一次观念变革。著名学者李欧梵在对比了西方作家的创作状况后曾说：“城市从来没有为中国现代作家提供像陀思妥耶夫斯基在彼得堡或乔依斯在都柏林所找到的哲学体系，从来没有像支配西方现代派文学那样支配中国文学的想象力。”[②]中国文学习惯在乡村经验中谋求发展，而对包蕴在城市文化中的现代性力量则长久地漠视。如果代表着中国现代文学审美高度的乡土小说，能在城市这座宝藏中发掘出诸如李欧梵所说的“哲学体系”，更新、丰富其乡土经验，无疑会使乡土小说登上一个新的台阶。就此而言，20世纪90年代以后所出现的城乡一体化思潮，不但不会使乡土小说走向陨落，反而能给其提供新的历史机遇与发展前景。

三

丁帆主张重新厘定乡土小说的内涵与外延，把在题材上横跨城

① 丁帆：《两岸乡土小说的共同文化背景及异质话语的解剖》,《重回“五四”起跑线》，人民文学出版社2004版，第151页。

② 李欧梵：《论中国现代小说》,《中国现代文学研究丛刊》1985年第3期。

市与乡村两个文化区域，并且在学界还颇有争议的打工题材小说收编到乡土小说的版图中，并不是单纯扩大文学流派的范围问题，而是乡土小说史，乃至文学史上的一次突破，显示出了其勇于逾越学术樊篱的胆魄。但我认为，他对20世纪90年代以后乡土小说研究的贡献不仅仅体现在题材的归类方面，更值得关注的是，他的研究并没有到此止步，而是在此基础上还进一步探讨了作为乡土小说的一个分支——打工小说，在创作中是如何保留其乡土性的。这个问题非常有意义。因为，打工小说倘若完全失去了乡土小说的特征，也就不能称其为乡土小说了，而应归类为另一种意义上的小说，或者干脆与城市小说混为一谈。

打工题材小说的场景和故事主要展开于城市之中，可这也并不表明该类小说就丧失了其原有的一些“乡土”特征。丁帆在谈到乡土文学的内涵与外延时，曾说要把其“扩展到‘都市里的村庄’中去”[①]。这句话颇有意味，概括出了当下乡土小说生存土壤的“二元化”问题：于传统乡土小说而言，打工小说与城市的关系很近，甚至就是发生在城市中的，但对城市小说而言，打工小说又是发生在“村庄”中的故事。尽管是“都市里的村庄”，可村庄毕竟是村庄，是有别于都市的。也就是说，打工小说在题材上仍然没有完全与“村庄”脱离干系，只不过这个村庄不再是农耕意义上的“村庄”，而是出现、流动在以大工业生产为特征的现代化社会中的。问题是，这个以城市生活为背景的“村庄”是以什么样的生存形态存在下来的呢？

对这个问题，丁帆主要从农民在社会转型过程中遭遇到“空前的身份认同的困境”[②]来论述的。正如前文所述，90年代后的乡土小说能从传统乡土小说中脱颖而出，主要凭借的是对旧有题材突破

① 丁帆：《中国乡土小说生存的特殊背景与价值的失范》，《文艺研究》2005年第8期。

② 丁帆：《中国乡土小说生存的特殊背景与价值的失范》，《文艺研究》2005年第8期。

的优势。如果说传统乡土小说的审美理念是建立在农民与土地的合一基础上的，那么90年代后的乡土小说则是以农民与土地的分离为前提的。这样一来，就面临一个问题，那些离开土地进入到城市中，并靠四处“打工”来维持生活的人群到底应该归属为哪个群体呢？与土地脱离了关系的人还能算是农民吗？显然，这些从耕种生涯中分离出来的人群已不再是传统意义上的“农民”了。可如果就此把其归类为“市民”，户籍制度又是当下难以逾越的门槛——城市需要他们贡献劳动力，但却不可能从根本上收留他们。正是由于这样的一个尴尬困境，不少研究者都对该类问题采取不置可否，只是笼统谈论或罗列创作状况的策略。由于丁帆的研究目标是锁定在对本源的追溯与梳理上，故而对90年代后乡土小说中的人物身份没有采取回避的态度。而且，他毫不迂回地说：“‘农民工’或‘打工者’这一特殊的命名就决定了他们是寄身在都市里的觅食的‘另类’。”[①] 毋庸置疑，他认为失去土地进驻到城市中的“人群”仍然不属于城市，他们只是“寄身”于都市的“过客”或“客民”，他们像“是一群既离乡又离土的无名身份者”[②]。

应该说，这一判断是实事求是的。为了生存，农民工们离开了农村进入了都市，但这并不表明他就随之变成了都市人。自身的文化程度不高，就决定了他们在城市中只能靠出卖廉价的劳动力来维持日常生活。繁重的劳动和低劣的生存环境使他们无暇、也无力接受到最新的现代化信息。况且，长期以来在农村所养成的生活习惯、思维方式，乃至穿着打扮、地方口音等也不是在短时期内就可以改变的。他们虽然身处都市，但“乡村”的背景却顽强地延续着。再加之，为了生活的便利，他们经常以家庭为单位，或习惯老乡群体的方式居住在一起，这样就造成了他们虽然人在都市，但在生活方

① 丁帆：《中国乡土小说生存的特殊背景与价值的失范》，《文艺研究》2005年第8期。

② 丁帆、傅元峰：《当我们把人和人性化为上帝之时——丁帆教授访谈录》，《中文自学指导》2005年第6期。

式和精神上却仍然停留在乡下的窘况。不过，这类“农民”毕竟是脱离了土地的“农民”，不能与旧形态中的“农民”相提并论。因此，丁帆把他们命名为“新的‘农民’”。他说：“在生产形式上已经不是耕作形态的新的‘农民’群体的生存现实，实际成为当前乡土文学不可或缺的有机组成部分。”[①]占据“当前乡土文学”，也就是新乡土文学主导地位的人物依旧是“农民”，抑或说“新农民”。

丁帆在研究中不但把上述在城市中直接出卖苦力的“打工者”隶属于农民的行列，就连那些在职业、外表上看上去与城里人似乎没有太大差别的，如小商小贩、中介销售商、自由职业者、代课教师、理发师、按摩师、妓女等也被其视为归属处于广义的“农民工”范畴。[②]他们生活在社会转型和几种文明交锋的夹缝之间，经受着什么都不是的考验，在农业文明与工业文明、后工业文明的对撞和挤压下，那些进城的农民——城市的异乡者们必须付出肉体和精神的双重代价，他（她）们甚至要用几代人的努力才能获得进入城市的“精神绿卡”[③]。

正是在这个意义上，我们说丁帆对乡土小说的贡献之二，是在理论上丰富、扩大了乡土小说的人物画廊，即在传统人物画廊之外贡献出一批游动在都市中的“新农民”形象。

对中国90年代后的乡土小说自然也可以有另外的规范方法，但不得不承认丁帆在这个领域中耕耘的深度和广度却是他人难以达到的，这既可以从他对复杂现象从容不迫的梳理中反映出来，也能从他在全球化文化语境中寻求中国乡土小说突围之路的宽阔视野中凸显出现。倘若说丁帆在90年代乡土小说转型问题上还留有什么缺

① 丁帆、傅元峰：《当我们把人和人性化为上帝之时——丁帆教授访谈录》，《中文自学指导》2005年第6期。

② 丁帆：《“城市异乡者”的梦想与现实——关于文明冲突中乡土描写的转型》，《文学评论》2005年第4期。

③ 丁帆：《文明冲突下的寻找与逃逸——论农民工生存境遇描写的两难选择》，《江海学刊》第2005年第6期。

憾，我想或许还应该在其审美特色上做些文章。具体说，丁帆曾把“地方色彩”和“风俗画面”视为传统乡土小说的突出特色，那么90年代后乡土小说的大本营由“乡村”转移到了“都市”，其审美特色是否还继续适用于此呢？无疑，这是一个有探讨价值的大课题。

原载《福建论坛》（人文社会科学版）2010年第6期

水积深者其流远

——读丁帆主编《中国西部现代文学史》

胡光波

长期以来，中国现当代文学的研究对象，集中于中原地区与东南沿海的作家作品，而以奇谲灵诡为突出特点的西部文学备受冷落，有些文学史虽辟出一角，但未能惬人心意。其因有三：对西部多民族文化形态和风土人情知之不详，难以深究；对西部文学作品读之不多，感悟浮泛；对西部作家的审美观念与创作方式体之不深，识见窘困。为了改变这种研究格局，以乡土地域文学探索见长的丁帆教授，试图把西部文学纳入全球化境遇审察，揭示文明冲突与地域文化的内蕴。为此，他联络八位学人，经五年劬劳，撰写出五十万字的《中国西部现代文学史》（人民文学出版社2004年10月第1版）。

这是中国第一本西部文学史，其学术视角之新颖，可在与两部当代文学史杰作的比较中见出：洪子诚《中国当代文学史》重视文学的外围因素，以史料的判断把握文学的机制，把文学自身放在特定历史文化情境中评判，废除当代文学曾被“体制化”的“传统”，更为接近文学史本相，又顾及文本的文化内涵，显出著者独到的美学批评；陈思和《中国当代文学史教程》打破一元化文学史的写作模式，通过分析创作显露文学史背景，从共时性的层面构建新的文学观，以对作品意义的诠释，使文学史观达到内在的统一性，又强调“潜在写作”下民间的文化形态、隐形结构和理想主义；丁帆所著则是循从百年文学史之逻辑，从文化形态和人类意识之嬗变，来划分西部文学发展历程，把翔实精当的史料纳入宏观的理论视角，以揭橥西部文学的总体特质，并希望确立相对稳定的价值理念，作为论衡一切西部文学的基点。“文学的西部”和“地理的西部”一向印象模糊，作者首先予以界定：“一个由自然环境、生产方式以及民族、宗教、文化等因素构成的文明形态，以游牧文明为背景和主体的文明范畴”，包括新、藏、蒙、宁、青、甘等地区，并力图把审美意识与文化精神有机结合，充分展示西部文学的“三画”（风俗画、风景画、风情画）和“四彩”（自然色彩、神性色彩、流寓色彩、悲情色彩）。

基于大文化的审视立场，作者联系西部迥异的地理环境，揭示西部民族在与贫瘠荒凉的自然抗争中，所积累的睿智的生存经验、多元的文化心理和虔诚的宗教情结，从而为西部文学的产生提供坚实的理论基础。西部游牧民族地处边陲，独特的地域民情，使民间传说、说唱文学、民族史诗自然成其源头，一出场就呈现异彩灵音，与中原农耕文化与东南沿海都市文化下的文学旨趣相异，或刚健朴茂，或酷烈雄强，或诙谐幽默，或哀婉凄艳……真实表现了多民族在融合的过程中，文化艺术精神的多元共存，其不仅对中国古典文学的造就是不可或缺的助缘，而且其苍凉悲壮、豁达明朗的美学风格与中原文明和而不伤、怨而不怒的韵致拉开距离，并与现代都市文化的繁忙快捷、利益机心形成对立。出于对这种审美文化的究诘，本书不把论说视野限于文本，而是试图寻求西部文学潜在的现代价值，因为它们远离喧嚣的工业文明，在雪域戈壁顽强求生，形成坚固的思想钙质，具有较强的免疫力和自洁性，保持了远古先民的原始野性，蕴蓄着无限的生机，其所展现的与万灵共存的亲善，对畸形的现代文明是强效解毒剂。因此，研究西部文学不仅是清理文学遗产，而且是寻求历史与现实的切合，把被人为放逐的西部迎归中华民族文学家园，使之融入整体世界的文化格局，以其强健的生命意识挽拯都市文化的衰颓萎靡，消除物欲膨胀后信仰缺失的生存空虚，找回现代人久已散失的自信，这也许正是这部文学史超逸于纯文学，时时究诘中华文化命运与归宿的用意。

本书论述西部现代文学史，逻辑定位于与游牧民族生活方式相关的口头文学，从异常发达的民族史诗、神话传说等寻其发展源头。在稍做史实的钩沉后，作者把目光注于西方探险者对西部文化价值的发掘，分析斯文·赫定、兰登·华尔纳等域外人士初与西部接触涌起的复杂心态：一方面，考古有所发现，获得难以言表的精神愉悦，对人间至宝惨遭损毁担忧；另一方面，由于根深蒂固的民族偏见，无法与西部民众的心灵契合，产生情感的鄙夷隔膜。西部就是这样被人揭去遮盖已久的纱幕，露出她的精彩与绝艳，探险者的记游把“西部镜像”传到域外，并影响其游记文学的价值取向和审美判断，而它们也与边疆少数民族文学、陇右汉族文学一道，成为萌动期的西部现代文学三大块。西部虽远离祖国政治文化中心，但绝非与内地完全阻隔，各民族历史上虽屡屡兵戎相见，但民族文化的心脏一齐律动，尤其是19世纪与20世纪之交，内地的思想启蒙也辐射到广袤辽阔的草原沙滩，西部的进步人士也发出时代强音：女权先锋邓春兰的《建议男女同校书》，成为中国高校废除女禁的最早呼声；任其昌等虽是旧学出身，文体崇古，但莫不心系民瘼，情牵世变；依希·丹金吉拉等人的作品，揭露暴政下人民的屈辱，对黑暗王国予以批判，也饱含超越宗教仁慈的人道关怀；库特鲁克阿吉·舍吾克等人的著作，则尽力开启民智，传播文明，与当时内地新文化运动遥相呼应，洋溢着浓郁的民主气息。继其踵，许多杰出的文人相继登上文坛，成为20世纪初西部文学先驱，用其笔记录了西部现实的真貌，以其行促成了文化救亡的勃兴。由于他们长期置身于西部，知晓民族的精神需求，熟谙当地的风土人情，其所揭示的边地生活带有浓郁的地方特色，那一幅幅生动优美的风俗画，展现出边疆各民族的心灵骚动与情感渴求，即使今天读来，仍感受到一种强大的内在冲力。

新中国成立二十年西部文学的论述，作者通过对高平、王星火等“西进热潮”中涌现的作家分析，指出人们在欢呼新政权、憧憬未来之中，人身的自由激发了个体意识的觉醒，对幸福生活的渴望，强化了他们的主人翁精神，豪迈乐观的精神表现为对工作全身心的投入，因此这时的创作呈现昂扬激奋倾向。与此同时，由于受当时主流意识形态影响，创作中也出现偏差：过度的浪漫激情掩饰了生存条件的恶劣，至上的集体利益消灭了独立的自我，创作的程式化导致艺术手法的单一。在这一时期，少数民族作家伊丹才让、饶阶巴桑等控诉民族苦难，表达解放后的感恩意识，对新生活纵情讴歌，则是发自内心的真情，是长期受压抑的主体意识的流露，其作表达了民族团结和认同，并具有鲜明的地域风俗色彩。尤其是赵雁冀长期身处民族混杂区，备尝生活的酸甜苦辣，把人民精神的变化真实再现，较少受极左思想的约束，是在一个价值指归单向度的特殊时期，呈放出的一朵奇葩。本书作者依据还原历史的治学精神，表现了西部文学的崭新姿态，反映了历经世变后各族人民的精神风貌，也把异态的政治风气给文学造成的不良影响予以揭露。值得注意的是，作者关注到一些少数民族作家，由于与社会底层民众血肉相连，其作品能冲破重重思想禁忌，把自己所体验的现实生活真实揭示出来，表现了一个人文精神创造者独立的情操和良知。新中国成立后的三十年作为西部文学发展的重要时段，辉煌与荒凉并存，文学的迂回曲折、起伏不定，反映了中华民族寻求人生真谛的艰难，历史的经验亟待人们总结，本书各位作者虽多方搜集材料，毕竟因时间、条件所限，从全书的论述“配额”来看，这部分略显单薄。

毫无疑问，本书的重心放在西部文学的繁荣期——20 世纪 70 年代末到 90 年代初。当时，改革开放在阵痛中推进，新的价值观念在逐渐形成。这一阶段，消除了极左思潮对文学的挤压，悬在作家头上的达摩克利斯剑不复存在，他们焕发了前所未有的创作激情，获得了令人惊异的成就，因此作者以三章十二节，占全书三分之一的篇幅来论述。这一时期由于内容复杂多样，为了眉目清晰，突出重点，所以按文学主题、样式分类，基本涵盖了重要论题。论述反思小说、崛起的诗群、现代主义小说、盲流小说的作者管卫中，20 世纪 80 年代曾参与主持《当代文艺思潮》，积极投身于当时的西部文学大讨论，并与当地作家结下深情厚谊，洞悉西部文学的起伏涨落，今天以一个“过来人”的身份，现身说法，可谓笔笔含情，句句切理。如对周涛的评论，作者简述其生平，认为虽屡遭时代浊流的冲蚀，并未磨平他尖锐的思想棱角，“一匹未曾被社会与命运驯化的野马”，逼真刻画出周涛桀骜不驯的性格，指出由于长期生活在大西北，他的“血质中杂糅了边地底层百姓式的豪野，维吾尔人式的幽默，蒙古民族式的苍凉与豪情，兼有孩童式的顽皮、率真与机敏，岩石式的骨质，和哲人式的睿智与犀利，而保存了一种像随意散步一样的自由、放松的心态”。这些极富激情的语言，把周涛的精神风貌与人格力量和盘托出。如此，周涛作品“散”的特质，就不难理解：因为命运多舛，加之他对人生的体悟，所以立言发语，并未刻意要传达某种既定的思想意识，而任其洒脱不羁的天性，凭着天赋的直觉感悟力，借着对边地生活的烂熟于心，把那里惊人视听的凄绝壮烈之美“抉出”，把人与生俱来的强倔生命力激扬。难能可贵的是，他屡屡在自然与战争题材中穿插往来，做九死一生的精神探险，但始终保持可贵的平民视角，对被政治异化的社会动物极端鄙视，虽遭戏弄蹂躏但仍童心不泯，表现了一个吸吮过多民族精神乳汁的哲人返璞归真的热望。周涛的诗文，发自至性，情注高原沙滩，不拘泥于具体人事，不卖弄雕虫小技，不吟唱小情调，心雄万夫，气势超拔，雄浑劲健，极具思想的穿透力，表现了中国传统文化中“虽百死吾犹未悔”的决绝气节。同样，作者对昌耀、章德益等作家的分析，莫不知人论世，把西部作家不甘于平庸，以文学求精神自立的艰难，活生生地刻画出来。这一部分的其他合作者如李兴阳、贾艳艳等人，也都能深入辨析丰富的文学史料，对其做出深入的思考，从中引发出切实的史论，把西部文学繁荣期的汹涌浪涛，一波又一波地展现在读者面前。

作为西部文学的一大宗，少数民族文学在20世纪的最后二十年里发展迅猛。作者分析藏族、蒙古族、维吾尔族、回族等民族文学，注意联系各民族的生产生活方式、文化传统和民族心理，尤其是紧扣各民族的宗教信仰，分析各民族文学倾向的思想根源。我们知道，对于那些崇尚宗教信仰的民族来说，宗教除了在他们现实要求不能得到满足时给予精神以慰藉外，还使他们在对神灵的敬畏中，净化自己的心灵，寻求支撑精神的伟力。费尔巴哈曾说：“只有信者才祈祷，只有信者的祈祷才有力量。”在西部少数民族的形成过程中，宗教信仰的威力难以估量：在太平岁月，它是人们习以为常的功课，求得精神的自足，缓解现实生存的巨大压力；一旦民族处境险恶，它能迅速抟聚民众的精神，使他们在濒临危机时，迸发义无反顾的抗争精神。抓住宗教信仰，就抓住了西部少数民族的灵魂，也就能真正体味到各民族精神的实质。本书作者分析少数民族作家，善于从他们的宗教意识和态度切入，从其作品的宗教精神来分析他们思想的内质。这部分撰写者马永强，早年生活于西部，到过许多藏族聚居区，对藏传佛教、民俗、史诗等兴趣盎然，通过交游与学术研究结交了不少藏人，在他看来，藏人勤劳善良，富有哲思，而藏族文化则幽深博奥。正因为他对藏人生活了如指掌，所以在论述藏族作家时，避免隔靴搔痒，更不面壁虚构，而能设身处地，能联系平素的亲身体验，故所论常能回避人云亦云，而单刀直入，直中肯綮。如论扎西达娃，一些评论者在分析其作品时，认为他在思想深处已成了藏传宗教的叛徒，而马永强则通过对作家作品的精细感受，指出：“扎西达娃所极力追求并在作品中实现了的，只不过是对民族历史文化与宗教的一种深刻反思而已。与80年代的其他第二代藏族作家一样，只是他比别人走得更远、更深刻一些。这一方面缘于他自身对母族历史文化的深刻顿悟，另一方面，是他始终用辩证的眼光看待宗教与科学、精神与物质、人类与自然的关系，并对雪域西藏倾注了浓郁的人道主义情怀。从这一点来看，扎西达娃的反思与批判是一种发自内心深处的忧思和走向未来的超越，而不是简单的‘宗教叛逆’所能概括得了的。”正因为扎西达娃具有藏人挥之不去的宗教情结，而灵山圣水又赋予他独有的洞察力，他在作品中所用的象征、隐语、荒诞等手法，既源于他自幼受到熏陶的藏族神秘文化，又对马尔克斯的魔幻现实主义加以改造，从而形成扎西达娃式的魔幻现实主义，即在对传统现实主义过于写实的创作扬弃之后，大胆运用变形夸张的手法，使其作品笼罩着真幻难辨的诡秘玄机，但有一条思想的线索贯穿其作始终——严厉批判宗教对人性的忽视后，认识到人类仍需真诚的信仰，只有参透世情，对生存有透彻之悟，才能明白人类究竟“为何生”“如何生”“去何处”。显然，对扎西达娃等少数民族作家作品的剖析，评论者由于切近生活，面向真实，自然表现了不俗的艺术审视力。

本书的末两章把西部口传文学的现代传播、西部现代文学评论作为附录，具有特别重要的意义：因为口传文学是西部民族司空见惯的文学样式，简直是流动递增的“活形态”艺术，最便于表现游牧民族逐草木而生的迁徙流浪生活，最集中体现他们叱咤风云的尚武情结，也最能把他们漂泊无定、孤苦无告的忧伤，借凄婉哀伤的曲调吟唱而出。正像书中所引用的那句哈萨克族谚语：“哈萨克伴随歌声来到人世，伴随歌声死去。”口传文学是少数民族集体记忆的仓储，过去一直靠民族先知口耳相传，随时变更，未得到有意识的整理，历代的吟唱材料驳杂，随时有可能散逸，亟须今人收集编撰，研究其传播方式，本身就是研究民族精神如何借艺术形式外化，因此这部分论述与前述内容写法不同，时时插入扎实的史料，对一些悬而未解的疑案，也做了必要的考证。西部文学评论部分，由当事人管卫中执笔。他围绕《当代文艺思潮》的创立及其引发的学术讨论，回顾西部文学评论的兴衰升降，对其历史功过精辟分析，使人们认识到新时期文学的起步，始于西部评论家的出现，因为他们较早弃绝当时腐朽僵硬的艺术观，对新的文学现象如“朦胧诗”、方法论等重新评价，注意拓展批评空间，热心扶持文学新人，在评论界产生了强烈的冲击波。虽然出于种种因素，20 世纪 90 年代后西部文学评论力量有所削弱，但一批年轻批评家的崛起，显示西部文学批评方兴未艾，大有作为。由于体例限制，作者论说只能点到为止，但作为全书的收束，等于对西部文学的整体成就，做了理论总括。

丁帆先生主编的《中国西部现代文学史》，基于各撰写者对所论专题的深究，其在新世纪之初问世，是学术研究方向转变的征兆，标志着实绩赫赫的西部文学，终于为评论家所瞩目，赢得了应有的史学地位。阅读这部体系较为完善的文学史，我们真切感受到西部民族纯真质朴的人性，这将给屡遭创伤的我们以温情的慰藉，而深蕴其中的胡杨精神，更能激发我们生的意志。

原载《中国文学研究》2005年第3期

小说潮汐的感应与解析

——评《新时期小说读解》

郑　有

评判一个时期的文学成就，批评与创作应同日而语。如果列数十余年来的文学批评家，徐兆淮和丁帆无疑榜上有名。他俩计约挥洒一百三十万言，数量未必惊人，但由其中六分之一组成的《新时期小说读解》评论集，却示人以相当厚实的质感。

当今中国是世界的中国，当今世界是中国参与的世界。在面向全球化势所必然的情形下，能否真切地感应中西文化撞击融会的时代氛围，常常决定一个批评家的批评生命。徐兆淮和丁帆曾潜心研究中国现代文学，尤其深谙中国现代小说的运行轨迹与发展规律。这样，在转入主攻新时期小说以来，他们便善于自觉地将新时期小说置诸中国新文学的广袤背景下，进行历时的动态观瞻，牢牢树立中国现当代小说的全局观，而不是就当代谈当代，就新时期论新时期，人为地割裂现当代小说的历史联系。

随着国门大开，新时期小说从写什么到怎么写，几乎浓缩了欧美一个世纪的历程。为了准确中肯地论断纷纭繁复的文学现象、文学思潮，他们一面贪婪地研读欧美、拉美现代作家作品，一面审慎地承受容纳域外批评理论，以沟通新时期小说与世界文学的姻缘。

立足本土文化与外来文化的对流更迭，使他们得以在一个制高点上，高屋建瓴地驭握新时期小说。诸如《新时期风俗画小说纵横谈》《新时期乡土小说的递嬗演进》《中国乡土小说创作中审美观念蜕变的描述》《论当代中国乡土小说的现状与趋势》《论史铁生小说的艺术变奏》《在中西文化交融点上寻觅自我》《叙述模态的转换》《努力探索传统文化向现代的转换》等，无论是上篇“现象论”，还是下篇“作家论”，他们频频使用“纵横”“递嬗”“演进”“蜕变”“变奏”“交融”“转换”“现状与趋势”等语词，屡屡回眸鲁迅、茅盾、老舍、沈从文等大师林立的小说丰碑，或洞幽察微，或宏观览识，都显得气度恢宏，文势放达，显别于一抔黄土一抔黄土画地为牢的沙丘堆垒。他们所投入的，是波澜壮阔的新时期小说大潮；他们所倾心的，是在中外小说的比较中，给新时期小说在20世纪人类文化史尤其是小说史上定位；他们所进行的，虽然是“断代”的批评活动，却充盈着深邃的历史意识。于是，整体观、比较观和历史观，便成为《新时期小说读解》的醒目特征。一代有一代文学，一代有一代批评家，徐兆淮和丁帆文学批评这种特征的形成，既是时代使然，蒙受了人文氛围的惠泽，更反映了他们这一代批评家沛然跃动的批评生机。这与其说是知识结构、研究方法、价值观念、思维习惯的调整，毋宁说是认知方式的新变。

面对目迷五色的文学景观，《新时期小说读解》在“现象”篇中，侧重探究风俗画小说、乡土小说、新现实主义小说、小说悲剧观念以及文学精神；在“作家”篇里，紧紧跟踪贾平凹、王安忆、史铁生、李杭育、何士光、叶兆言、周梅森等。看似随意，而与不失时机地扫描新人新作、以短、平、快著称的一类评论家不同；其实，他们之所以做出如此选择，又深潜着一种植根于批评使命的必然。这种必然，只有把现象论与作家论综合一体，互为关联贯通一气，才能领会理喻。在他们看来，当今之时，谈中国文学，论新时期小说，不可须臾离开民族性和世界性，一切都得围绕这两者的关系去思忖。如《新时期风俗画小说纵横谈》开宗明义反复强调的那样，“一部伟大作品的构成，无不渗透着具有强烈的民族风格的风俗画描写”。“一部伟大的杰作，除表现出思想的深邃、技巧的圆熟外，还在很大程度上取决于整个作品是否能强烈地体现出具有民族风格和地方特色的风俗画面来……其实，愈是举世闻名，具有永恒生命力的作品，其风俗画的艺术描写就愈显得突出生动。一个有艺术眼力的作家总是以他最宽阔的胸怀去拥抱那具有民族性的风俗生活，使自己的作品挣脱平庸的羁绊，成为自立于民族之林的佼佼者。”近八十年以来，许多有作为的作家都逐渐致力于风俗画小说的创作，“愈来愈深切地认识到风俗画对于作品的民族风格的至关重要，谁能设想一部没有风俗旨趣的作品能够获得强大的民族风格的生命力呢？而失却民族性，作品便不可能成为世界性的杰作”。我们之所以不惮冗长地引述这些文字，意在证明徐兆淮和丁帆正是着眼于民族性与世界性的辩证关系，去关注风俗画小说，以及基于同样的原因，去探乡土小说、新现实主义小说等文学现象的。而《论新时期文学精神的蜕变》《近期小说悲剧观念的蜕变》《新时期小说中人物主体性的二度显现》等篇则反映了他们认识的进一步深化。风俗画小说也好，乡土小说也好，新现实主义小说也好，都与文学精神相关；至于文学精神，又渊源于民族精神。民族精神制约着文学精神，左右着民族风格。“无论你采取什么样的技法，但万不能缺乏民族的精神和气质，正如鲁迅先生所说：‘他以新的形，尤其是新的色来写出他自己的世界，而其中仍有中国向来的魂灵——要字面免得流于玄虚，则就是：民族性。’”两位“凭着十二分的对文学的钟情挚爱，凭着那虔诚执着的惶惶之心，步入小说的论坛，用欢乐的痛苦和痛苦的欢乐去构筑并非堂皇的艺术理论世界”的批评家，情系民族的兴衰沉浮，他们所能所为的就是如何繁荣呈现民族精神的文学，用呈现民族精神的小说去发现、影响和弘扬、重铸新时代的民族灵魂。找到这把钥匙，我们也就不难理解他们在“作家论”中，为什么特别选择贾平凹、史铁生、李杭育、周梅森、徐朝夫，而解读叶兆言时，一组三篇也因取民族文化更新，尽快与世界衔接的视角，一下子便把握住了作家“在中西文化交融点上寻觅自我”“努力探索传统文化向现代转换”的特色。可以讲，突出民族性与世界性关系的思索，贯穿于《新时期小说读解》的始终。它虽为单篇论集，按论题范围大小分为上下篇，实质集束了徐兆淮和丁帆文学批评的内核是一个体现“民族文学负载民族灵魂”精神的有机整体。“文艺是国民精神所发的火光，同时也是引导国民精神前途的灯火”（鲁迅语），这是任何生于斯长于斯歌哭于斯的文学批评家应该具备的、必须具备的批评品性。缺乏这种品性，当然也能进行例如形式技法之类的批评，但终究难免小家碧玉之气而难臻深邃博大之境。犹如气象学，关注局部地区的天象是必须的，但只有胸怀全天候的风云脉向，方能更加稳准地测报大海的潮汐。

批评介于创作与理论之间。脱离创作，批评势必凌虚蹈空，云里雾里；而无理论的升腾，批评又将拘谨局促，黯然失色。徐兆淮和丁帆深明个中奥秘，非常重视文本阐释。不过他们阐释的文本，既包括通常所谓的作家作品，又包括文学现象、文学思潮，它们合为批评之本，同为批评的缘起。有趣的是，《新时期小说读解》共收入两篇文章，其中“现象论”和“作家论”各占一半。这里，我们绝对无意于夸大意象的巧合而深究什么，只想彰明他们读文本具有优良独到的审美感觉，解文本又长于缜密的逻辑思辨。一个作家一部作品，只要他们一打开，就会做出第一次的审美判断，哪怕是三言两语的提示，亦每每生辉，直捣精义。他们那支灵动的笔，从不大段大段地摘引原作、复述故事梗概、介绍大量情节，而善以自己的五脏六腑去感知客体对象。感知以后，或者说在感知过程中，他们理性的细胞又异常活跃。那些诉诸纸面的文字，时时散发着哲学思辨的理性气息。谈周梅森小说，他们写下《从历史的悲剧到人性的悲剧》，由其“军人”系列、“煤矿”系列，提升到历史观、悲剧观、人性观；谈李杭育“葛川江系列小说”，他们感受到或者说他们赋予了其说小“交响乐”特质，故写下《历史和时代的交响乐》；谈叶兆言，他们发现了其写作特点并写下《叙述模态的转换》；等等。均一一从形而下上升到形而上，进行科学的分析，客观的思考，从而不断由具象切入，又不断穿越个体具象，使所论具有更广阔的涵盖和更高的层次，显得厚实不致轻浮而有益于普遍的创作实践。哲学是人类对整个世界的总体认识，是人类对于自然、社会、人与人之间关系以及思维规律的探索求解。作家读解广义的现实世界，创造出审美的艺术世界；批评家当然首先触及艺术世界，但要真正读懂这个世界，最终必须穿透艺术世界，进入现实世界：一方面破译作家创造艺术世界之谜，另一方面表现批评家自身对艺术世界和现实世界双重构造的沉思，反映批评家对人类活动的认识与理解，并鲜明地著有我色。从这种意义上说，批评既是一种“再现”（相对于创作而言），又是一种“表现”（相对于批评而言），批评家也在进行文学创造。这种创造，在徐兆淮和丁帆那里，并不敢因为是创造活动，就任意将繁杂的文学现象、作家作品一股脑儿地纳入某一抽象的概念、定义之中，玩弄玄乎的推演求证，滥用令人莫名的名词术语。同时，他们也不愿充当艺术世界拆零、组合的装卸工，不愿再扮演某些现成理念与作家作品、文学现象之间串联者的角色。他们要从创作实践出发，奔向理论的殿堂，再由理论殿堂重回，当作家的同志和朋友。也就是说，他们所进行的哲学思辨，不是纯科学哲学，而是艺术哲学，是充满情感和憧憬的浪漫哲学。逻辑的力量显示不了艺术哲学特有的美感，因此，感性审美与理性思辨的结合，便构成了《新时期小说读解》或徐兆淮、丁帆文学批评的另一特征。

徐兆淮与丁帆是一对真挚的朋友。他们一位长期从事文学编辑工作，一位长期担任文学教学工作。前者文学信息量大，善于宏观思维，熟悉当前文学走向和作家创作状况，每有新鲜选题，但苦于无暇深究；后者思维敏捷，智力过人，理论素养文化素质较强，以前却又苦于偏居一隅，消息闭塞。这样，便产生了相互合作的吸引力、凝聚力。而合作能够冠以精诚，使他们俨如联袂星辰，在新时期小说批评领域获得广大读者的关注，更重要的是两人都重情尚义。作为文学批评家，固然要有文品，但批评家是人，故首先要有人品。处理两者关系，他们始终贯一地抱定人品重于文品，信奉只有人品高尚，文品才会出色。徐兆淮和丁帆用自己的实践再次印证了歌德所言：“一般说来，作者个人的人格，比他作为艺术家的才能，对听众要有更大的影响。”

原载《当代作家评论》1992 年第 4 期

文本阐释　哲学思辨

——丁帆新时期小说批评论略

王菊延

读罢丁帆新时期小说评论集《文学的玄览（1979—1997）》，不禁百感交集。二十年前，当丁帆闷声不响地在《文学评论》上亮出处女作《论峻青短篇小说的艺术风格》时，我们一帮酷喜舞文弄墨的“哥们”虽为他的高起点喝彩、惊叹、艳羡不已，却未必能预测到他日后的发展势头竟会如此强劲且恒持不衰。岁月流逝，沧桑演变，而今的丁帆宛如一匹扬鬃奋蹄的神驹，早已夺路飞驰，只在身后留下一团令人追之不及的烟尘……粗略地统计一下，这二十个笔耕不辍的春秋带给丁帆的学术成果是蔚为可观的：撇开现代文学方面数十万字的研究论文及参编教材不说，也不把由其主编的几套颇受好评的当代小说丛书计算在内，单就专著《乡土文学史论》和数十万字业已付梓的有关小说理论、小说批评的文章而言，就足以让人估量出这位学者型评论家对新时期小说论坛的杰出贡献。

一

1978 年，作为一名师范院校的专职教师，丁帆曾有幸去南京大学中文系进修中国现当代文学。这一时期，用“饿蚕食桑”“渴鹿奔泉”来形容丁帆对专业理论知识的广泛涉猎和潜心研读是再恰当不过的。追溯起来，这或许便是他在高起点之后又不断超越自己，始终显得活力充盈的源头所在吧。

丁帆曾坦率地表白过，步入小说论坛之初，他尚不能冷静地摆脱作家的感情统摄，突破其原有的艺术思维空间，以站在更高的层次上去把握众多的形象——这显然是他不乏自知之明的内省之词。客观地说，他早期的一系列作家作品论，虽难以攀抵尽善尽美的至高境界，却分明从整体上显示出学术视野的开阔，审美“直觉”的敏锐，逻辑推断的严谨和文字表达的洗练。因此，凡熟悉丁帆的读者，均能明晰地感受到那带着自己独特印记、不甘堕入平庸的评论特色。

80 年代前、中期，丁帆的评论视角和审美意识发生了新的变化，研究重心明显地由微观转向宏观。其时，他开始更多地关注各类文学现象的来龙去脉和各种文艺思潮的嬗变态势。面临美学、文艺学方法论的迅猛变革，他亢奋、敏感，但不失沉稳——依然十分珍视前人长期惨淡经营并取得了成功经验的马克思主义文艺批评基础，并没有舍本逐末地单纯从形式上去追求理论的更新。为了科学、准确地阐释新时期日益丰富复杂的创作活动，他一方面以开放的胸怀、“拿来”的姿态，最大限度地撷取西方诸多新观念的合理内核；另一方面，又决不轻率地割断本土“传统”的脐带，以搬弄几条新概念、几个新术语为满足。在他的不少论文中，虽常常跳荡着一些令人感觉陌生的“舶来”语汇，但这些突破了思维定式的新名词，经过他“中国胃”的反刍消化，已不再显得牵强附会、朦胧费解而能够熨帖地为“我”所用了。

事实上，评论目光由微观转为宏观谈何容易！从局部向全局飞跃，需付出多么艰辛的劳动！一部分评论家之所以笔力日趋羸弱，自怨赶不上遽变的时代潮流而渐渐落伍，其间很重要的原因，便是在巨大的阅读量面前望洋兴叹。丁帆相当清醒地意识到了这一点。无论是执教于扬州教育学院期间，还是调入南大中文系以后，他都努力做到眼观六路、耳听八方，在精细地咀嚼一部部中外理论专著的同时，还大口地吞食形态各异的当代小说。林林总总的报纸杂志和大大小小的学术活动，更是及时地向他提供了各方面的前沿信息。于是，面对新时期诸多众说纷纭的热点问题，他便从未体验过视界逼仄、理屈词穷的窘迫，亦从未显露出似是而非、捉襟见肘的尴尬。不少圈内同人均对他行文时那种洞若观火、从容评说的大将风度表示由衷赞赏。

纵观丁帆的新时期小说评论，可谓主体意识鲜明，广度深度兼具。他关注的作家作品及理论争鸣现象固然不少，但亦同时深知：任何批评家均无法全知全能地包评一切。因此，他做出了明智的选择：凡能够与自己的“审美音叉”产生共振，有利于发挥自己本文阐释与哲学思辨特长的命题，他便聚焦审视、深入探赜，通过若干“点”的剖析而渐次组合成不同的“系列”。这样，在文学精神的蜕变、民族文化心理的解构、人物主体性的显现、叙述模态的转换、乡土市井小说的演进以及新现实主义的挣扎等领域，他的系列研究每每能占据论坛的领先地位，他那些自出机杼的灼见自然分外引人瞩目。

二

新时期小说的作家作品，曾是丁帆早期评论的重点。贾平凹、赵本夫、周梅森、韩少功、史铁生、张承志、莫言、叶兆言等一直是丁帆跟踪研究的客体对象。不难推断，这些青年作家之所以能吸引丁帆专注的审美目光，主要是因为其创作上不满现状、强烈的居安思危意识——几乎每隔一个时段，他们便在各自的作品中亮出令人眩惑的新观念、新技法，向读者展示其成长如蜕的新面貌。事实上，艺术思维特别活跃的作家，最具备“破译”的价值，而作为“运动学”的小说评论，也只有在对这些艺海“弄潮儿”不断解读、阐释的过程中，方能显示自身独特的魅力。

曾被戏称为“文学怪侠”的贾平凹，80年代初便因其小说中出色的诗意描写而屡获丁帆青睐。此后，他几乎每产生一次蜕变，便引发丁帆的一番思考与评述。两人频繁地书来信往，真正体现了创作与批评的和谐联系、对等交流。在关于贾平凹小说创作的系列论文中，丁帆依凭自己对研究对象的烂熟于心而有理有据地将中篇《鸡窝洼的人家》视为作者“创作历程中的一个新起点”[①]，同时，肯定了该作“把深邃的人生哲理用现实主义艺术外衣严实地包裹着，把一腔炽烈的情感深深埋藏在冷峻客观的描写之中”[②]的艺术表现方法。时隔不久，丁帆又为长篇《商州》“不断追求新的具有生命力的形式技巧”[③]而击节赞赏，并一语中的地指出，这部作品奇妙诡谲的构思，导源于讲究“立体交叉法”的拉美结构现实主义；作者旨在增大艺术张力的“实验”意图主要表现为：通过对商州风俗人物、地理状况和趣闻轶事的叙写，来追溯一种历史的积淀，寻觅一种民族心理的共同“原型”，使其与现实画面形成十分默契的呼应，让读者窥见改革时代新旧意识撞击下不可调和的矛盾冲突……这些评析，无疑超越了作品的具象而切入了更能启人心智的理性审美范畴。从《关于〈九叶树〉与贾平凹的通信》中亦可看出，贾平凹不仅坦率承认自己正如丁帆所指出的那样，在写法上“反来复去地变动着”，“不停地试验着”，而且由衷感激丁帆敏锐地捕捉了这些信息，将自己的蜕变初衷评析得准确而精当。针对贾平凹的蜕变现象，丁帆还做过如下总结性的描述：“他的作品是‘变’中有不变，不变中有‘变’。我以为他的‘再现’的那个部分是固定不变的，即中国古典笔记体小说的传统神韵；而‘表现’的那个部分却时常变幻着，一会儿插入结构现实主义的表现方法，一会儿抹上魔幻的色彩……他永远在折腾着，似乎任何一种‘表现’色彩都需要把玩一下，而任何一种‘表现’色彩都不甚满意，他就是在这不断的追求中寻觅自我，不知何日终结。正是这种文体的不固定性，才带来了他艺术的活力。”[④]这段形象、概括的阐述，不仅高屋建瓴地对创作主体做出了一种富有渗透性、建设性且充满辩证思维的评价，

---

① 丁帆：《贾平凹近作探幽》，《文艺论丛》1984年第5期。

② 丁帆：《贾平凹近作探幽》，《文艺论丛》1984年第5期。

③ 丁帆：《浅论贾平凹的四部新作》，《当代文艺探索》1986年第1期。

④ 丁帆、徐兆淮：《关于作家的蜕变和文学的嬗变》，《天津文学》1988年第9期。

而且还由“点”及“面”地道出了若干不易从文艺理论教材中直接寻得的创作真谛。比如，恒中求“变”意味着作家思维空间的拓展、审美观念的更新、艺术风格的趋于完善，“再现”与“表现”的有机融合则标志着本土小说的冲破封闭，从善如流——势必进一步激活自身的艺术生命力，等等。应该说，这样的批评文字，全无空洞玄盛、矫揉造作的弊端，而具备底蕴丰赡、增殖扩容的效应。读之，怎能不使创作主体顿生如逢知音之感？

与贾平凹一样，赵本夫也是一位躁动不宁、苦苦寻觅艺术“自我”的作家。他曾在给丁帆的信中感慨道：“世界在变，生活在变，文学在变。我不能不变。”[①]其自觉的蝉蜕意识跃然纸上。然而，殊不知艺术的蜕变，乃是一个挣脱自己铸就的内容与形式“硬壳”的过程，毕竟不像伸个懒腰那般简单轻松！它意味着否定陈规、改弦易辙、接纳新质，直至重塑自我。其间，必然伴随着心理上和精神上的巨大阵痛。对此，意志薄弱者常会畏途知返、功亏一篑（这类现象或许并不鲜见）。我们发现，赵本夫不间断的蜕变足以令文坛惊讶、喜悦。这固然应归功于他在北大作家班攻读时接触了大量哲学新思潮和“现代”新形式，但丁帆那诚挚坦率的“诤友”式批评，也曾如一束束理性强光，照亮过他文学观念、审美旨趣、艺术手法等方面的“盲点”，使其革故如新之举得以步步深入、走向成功。众所周知，赵本夫因《卖驴》一炮而红、跻身文坛。本来，他大可以按此套路写下去而毫不费力，但创作实践告诉他，“表现形式的贫乏已经直接影响作品的力度”[②]。为不致落庸坠俗，赵本夫变革出了短篇《“狐仙”择偶记》。素来实话实说的丁帆认为，此作虽然“明朗中透着凝重的灰暗，给人以哲理的警策与思考”，但基本

① 丁帆、赵本夫：《作为一次痛苦蜕变的艺术尝试》，《文学自由谈》1988年第1期。

② 丁帆、赵本夫：《作为一次痛苦蜕变的艺术尝试》，《文学自由谈》1988年第1期。

上仍“停滞在《卖驴》的艺术休止符上”[1]。继而，赵本夫又折腾出了《绝药》《绝唱》等短篇。丁帆在对其做出“表现了人性的无常”“蒙上了一层浓厚的象征色彩”[2]的解读以后，亦未多加褒扬。直至读罢使不少读者颇感困惑的《那——原始的音符》，丁帆才有些“吝啬”地对赵本夫的蜕变幅度和蜕变走向表示首肯。该作的主题深邃多义，哲理包蕴无痕，较之早期的《卖驴》，委实已产生了质的飞跃。此后，赵本夫竟憋了十个多月没写东西，并坦言，“我知道不是憋死，就是憋出一声新音”[3]。于是，堪称“十月怀胎，一朝分娩”的中篇《涸辙》，便不啻他蜕变后迸出的嘹亮的“新音”，立即触发了丁帆身上并不多见的褒赞热情。在关于《涸辙》的通信中，丁帆先是谈及自己的总体印象：“你以自己目前最大的艺术张力完成了你从前一直不能如愿的整体蜕变，达到了一个我们这一代知识青年作家不易达到的新的艺术境界。”[4]然后，便用大段大段的精美语言去阐释作者的匠心所在，并将其升华到更具涵盖力、更加深入本质的理论高度。且看以下两段“随机抽样”的文字：“文学作品永远是象征的、隐喻的。我发现《涸辙》处处都设起了‘象征的森林’……你的所有的实体性描写都是一种本体象征，它与时时出现在作品中的性描写相交触，把本体象征与虚拟性描写的总体象征愈向融合成一个非实非虚、似实似虚的空灵境界，把人物的塑造与虚拟的影像推进同一个框架结构内，使之形成两种手法水乳交融的极致，让‘象

① 丁帆：《主题：变奏 1→变奏 2→变奏 3……》，《文论报》1986 年 5 月 1 日。

② 丁帆：《主题：变奏 1→变奏 2→变奏 3……》，《文论报》1986 年 5 月 1 日。

③ 丁帆、赵本夫：《作为一次痛苦蜕变的艺术尝试》，《文学自由谈》1988 年第 1 期。

④ 丁帆、赵本夫：《作为一次痛苦蜕变的艺术尝试》，《文学自由谈》1988 年第 1 期。

征唤起灵魂的音乐’。”[①]“你将故事打碎，将情节分解，用时空的错位来阻隔小说创作的有序性，使读者在你的艺术感觉中得到一种神秘的情绪，在支离破碎的情节和细节的组合中，在历史和现实的交错叠印中，从残缺的艺术描写中获得自身的圆满创造，这才是大家的风范。”[②]倘若我们读过《涸辙》，掩卷之余或被其间神秘复杂的意象组合拽入云里雾中，那么，上述精辟的见解便恰似穿越雾障，导引方向的指南针，将读者领到以理性目光勘测、审视“玄机”的艺术制高点，使之在作品的深层结构中获得一种美感的享受。同时，丁帆那种擅长活用中外小说理论、具备超凡脱俗艺术鉴赏力的评论风貌，由此亦可见一斑。

三

如果说撰写作家作品论时，丁帆的注意力主要集中在创作主体艺术风格的蜕变方面，那么，在对新时期小说进行整体扫描时，他的“兴奋点”便始终未跳离过“体现着我们这个民族创作水准”[③]的乡土小说。前后约有十年光景，丁帆执着地在他所钟爱的这方“乡土”之上精耕细耘，以大量心血换取了除专著而外的十余篇佳作。那么，丁帆在他的“乡土小说系列”论文中，究竟向我们提供了哪些有价值的理论批评？给予了广大读者什么样的启悟呢？概言之，主要有以下几个方面。

首先，对“乡土文学”概念的界定。

自20世纪二三十年代以来，理论界、批评界似乎从未对“乡土文学”做出过较为准确、清晰的理论概括。即便像鲁迅、茅盾这

---

① 丁帆、赵本夫：《作为一次痛苦蜕变的艺术尝试》，《文学自由谈》1988年第1期。

② 丁帆、赵本夫：《作为一次痛苦蜕变的艺术尝试》，《文学自由谈》1988年第1期。

③ 丁帆：《乡土小说和“乡土意识”》，《文论月刊》1991年第2期。

样的大师，也仅是以只言片语局部地解释过它的内涵和外延。老作家孙犁干脆极端地认为："微观言之，则所有的文学作品，皆可称为乡土文学；而宏观言之，则所谓乡土文学，实不存在。"① 处在前人语焉不详的背景下，丁帆自然意识到，给这一复杂的文学现象下理论性定义未必是明智之举——往往会遭到不同角度的反驳。但为了使评论界能"约定俗成"地消弭概念上的分歧，采用同一尺度对话、交流，他还是率先地为"乡土文学"规定了几个要素，并做了精要阐述：第一，鲜明的地域性。鲁迅先生所说的"异域情调"应在作品中占有突出位置。第二，深刻的民族性。应表现出民族的共同心理特征，使民族性格的历史衍变在流动的艺术画面中得以活跃表现。第三，性格的立体性。人物的性格描写应是多层次、"立交型"的，还须追溯性格的本源，表现其与现实生活、时代要求的撞击，从而折射出历史发展的必然。第四，题材的局限性，必须以农村、土地题材为创作的主体内容，这一特定限制至多亦只能放宽到城乡的交叉地带——乡镇。客观地看，这些界定虽不属构架俨然、无懈可击的系统理论，但也绝非评论主体心血来潮、灵机一动的观念产物，无论是对异域情调、民族精神的突出，还是对立体性格、取材范围的强调，基本上都能体现不同时代大量作品的共性。较之乡土文学必须"表现故乡童年""回忆过去悲哀"等实被误解的流行观点，这一界说显然因其所列几个要素之间具备着必然的逻辑联系而从整体上规避了概括的片面性，增添了时空的涵盖力。因此，它或许更能贴近创作的实际状况，自然亦更容易为人们所理解和接受。

其次，对乡土小说发展态势的勾画。

凭借洞悉中国现代文学史的优长，丁帆将"乡土小说创作的第一个伟大实践者"鲁迅的思想、艺术高度作为一种审美参照系，对"五四"以来乡土小说诸多的作家作品及地方流派做了精细甄别和客观评述。在他心目中，中国的乡土小说不啻一条波浪相逐、嬗变

---

① 转引自丁帆：《论当代中国乡土文学的现状与趋势》，《新苑》1986年第2期。

不辍的艺术河流，评论者只有以宏观的历史眼光把握其整体流向，才能在有所“发现”的基础上将研究引向纵深。事实上，丁帆正是这样做的。他在《中国乡土小说创作审美观念的蜕变》等文中所做的历时性述评，可以概括、提炼如下。

鲁迅具备深邃的哲学意识，故能站在思想家的历史高度俯视笔下的芸芸众生，揭示出国民劣根性以引起疗救的注意。相比之下，蹇先艾、裴文中、许钦文、王鲁彦等一拨乡土作家则因高层次哲学主体意识的匮乏或朦胧而未能完全获得“俯视”姿态，跻身大家行列。从解放区走出来的一批乡土小说家，尽管在“异域情调”的再现和语言风格的独特方面几近炉火纯青的地步，但仍因缺乏以超前的、强烈的哲学意识为标志的“鲁迅风”，而只能处在一个向作品描写对象平视的角度，始终无法超越自身的二流水准。当“乡土”接力棒传至浩然手上，现实主义遂发生畸变，作家只能采取对作品形象仰视的角度，这便完全丧失了哲学主体意识，沦为“高、大、全”英雄形象的奴隶……如果说“五四”以后乡土小说创作走的是一条俯视→平视→仰视的日渐狭窄的现实主义之路的话，那么，新时期乡土小说结构的开放，则将作家的主体性与作品中人物的主体性交混成一个俯视、平视、仰视错综变幻的多视角艺术世界，作品亦因之而变得多义难解、底蕴丰厚……由此，我们不无惊讶地发现：中国乡土小说大半个世纪的历史进程，竟如许简单、合理、完整、清晰地展现在眼前。

实际上，面对大半个世纪里众多的作家作品和艺术流派，丁帆之所以没有陷入困惑而能够在一堆“乱麻”中清理出头绪，并举重若轻、游刃有余地勾画出一条延绵起伏的发展轨迹，其主要原因便是他在筚路蓝缕、自创其说的过程中，始终标尺如一地抓住了创作主体“视角转换”这一关键。细思之，“俯视”，系具备了哲学高度；“平视”，便难以超越客体对象；“仰视”，则导致审美主体意识的丧失。这本是相当朴素的道理——以此来阐释看似规律难寻的复杂现象，委实取得了纲举目张、化繁为简的奇效。然而，成如容易却艰辛，设若缺乏独立思考的钻研精神和取精用宏的理论功力，要想把握这一“视角转换”的关键，岂非天方夜谭！

再次，对新时期乡土小说创作的评析。在一系列论文中，丁帆对新时期乡土小说创作的斐然实绩、多元格局、潜在危机等均做了详尽的阐述。作为批评主体，他那时而热情洋溢，时而冷静客观，时而忧心忡忡的“表情”变化，也给读者留下了深刻的印象。

1985年，“寻根文学”异军突起，丁帆立即予以鼓吹，认为这场“寻根”运动的积极意义不可低估：作家们并不囿于民族文化心理的纵向开掘，而是自觉地对外来文化做了横向借鉴。两种文化在冲突、消长的过程中，势必互渗互补，两相交融——显然是把中国的乡土文学送入一个更高审美层次的标志。同时，丁帆亦敏感地意识到，新时期脱颖而出的一批年轻作家，虽同属“乡土”一族，却无不注重个体精神的凸现，这便导致艺术风格的异彩纷呈，地方“流派”的分化、解体……凡对当时小说创作状况比较熟悉的读者，大抵均会认为上述解析、评价和预测是切中肯綮而令人信服的。值得注意的是，理论批评界对这场颇具声势的“寻根”运动，却从未有过“舆论一律”的价值判断。在“贬抑派”批评家面前，丁帆慷慨陈词，据理力争，决不表现出貌似“公允”的中庸状，他之所以旗帜鲜明地为“寻根”小说呐喊助威，是因为他不仅相信自己对乡土小说嬗变态势的宏观考察，而且着准了中国文化继“五四”之后再度融入世界文化潮流的时代要求，至于作家主体意识觉醒、创作个性张扬带来的分道扬镳局面，在他眼中又何尝不是呼唤“巨人”意识的一种契机呢？

为了适时地对研究对象做出准确的评判，丁帆总是不断调整自己的理性审美目光。可以说，从开始接触乡土小说之日起，他便自觉地防范着将“赞歌”一路唱到底的思维定式。因此，每隔一段时间，他的理论观点。就会产生一次新的飞跃——既与往昔的论断一脉相承，又楔入更高的哲学、文化层次，而且常能与创作主体的视点相交合。比如，在热情地为“寻根”运动推波助澜后，相隔数年，他又冷静地返身观照“寻根”小说的内在特征，认为乡土作家的创作心态大致可分为两类：“一是向传统的儒释道文化精神皈依，试图找寻失落的‘精神家园’，以获取文化心理的自足；一是不由自主地反叛传统文化精神，表现出一种‘精神失落’和‘无家可归’的思想内涵。”[①]另外，在对一批批作家表现乡土精神的不同视角进行了精细的梳理、归整后，他又提出：就“这一个”小说家而言，地理位置上的“生存故乡”和创作思维中的“精神故乡”原是不应混为一谈的——只有理解和把握了这一要点，才不致对许多作品中所表现出的“逃离故土”、“回归家园”或“仇恨故乡”的情绪产生误解……这些评述，其鸟瞰“全景”的文化、哲学高度自不待言。更重要的是，丁帆所采用的是一种尽量抹去主观感情色泽的“中性”语言。唯其如此，它才更加逼近现象的本质，呈示纯客观的真实。今后，倘有研究者在钩沉这一段文学史时，不妨将其当作“化石”来看待。

时至90年代，一直在乡土小说领域聚焦审视的丁帆逐渐觉察到一些反常现象中所隐伏的“危机”：身处“转型”期的小说家们，有的被金钱异化，贪婪地追求商业利润，有的热衷于作品主题内容的消解，沉溺在纯技术性话语中自得其乐；有的在“私人化”写作的幌子下。将小说视如自我的即时性消费和个体灵魂的洗涤；有的则放弃了对乡土社会的深刻解剖而将刺激感官的性描写当成不可或缺的添加剂……凡此种种，均属文化虚无主义的病态表现，它对“五四”以来奠定的人文主义精神大厦已构成了不容忽视的逆向冲击。意识到上述危机的存在，并指出其消极影响，这正说明丁帆对乡土小说创作现状始终保持着清醒的认识，且坚守着鲁迅先生所倡导的“坏处说坏，好处说好”的批评原则。自然，忧心如焚的描述，也十分清晰地折射出他对乡土小说的那份深情挚爱和殷切希望。

① 丁帆：《乡土——寻找与逃离》，《文学评论》1992年第3期。

四

丁帆从事小说批评有二十余年，曾零星发表过一些关于批评的断想。倘若将这些文字连缀在一起，便可窥斑知豹地了解和认识丁帆的文学批评观。

丁帆认为，审美反映论决定了文学批评的两大支脉：一脉是注重客观阐释的“本体论批评”，另一脉则是注重主观创造的“主体论批评”。它们各有利弊，却并无高下之分，“永远是批评的两个不可缺少的层次”[①]。应该说，这一观点恰恰是丁帆崇尚辩证思维、不屑走极端的明证，他既看到了“第二性”的本体论批评对读者所起的客观定向、导引作用，也没有疏忽其不能对创作主体产生多向思维影响力的局限。同样，“第一性”的主体论批评，在丁帆心目中亦可谓得失参半，它固然可以超越作家思维的阈限，显示批评自身的独立价值，但若是将“自我”扩张到远离文本的地步，也难免钻入另一种单一的窄巷。于是，丁帆设想，不妨“两种批评模式互为参照系，以此相加去建构一种新的批评模式”[②]。通览丁帆所有的批评文字就不难发现：他正是这一设想的积极而富有成效的实践者——我们不仅可以感受到那客观、准确、科学、严谨的文本阐释，而且，从大量流光溢彩的创造性描述与论证中，仿佛见到丁帆那扬起个性风帆在审美海域逐浪戏波的鲜活形象。

“哲学意识的匮乏造成了批评的贫弱”，“哲学观念的更断是当前批评家的当务之急”[③]。丁帆不止一次地申述道。正如他在对此观点做阐述时所指出的那样，哲学虽曾经扮演过并不光彩的角色，但那只能归咎于形而上学的思维方式，而不是哲学本身。哲学的形象是永恒的、光辉的，它对文学的影响和渗透历史有之，现在有之，将来亦必定有之。因此，他主张：在这主客体双向对流的新的批评

① 丁帆：《批评选择的随想》，《钟山》1987 年第 1 期。

② 丁帆：《批评选择的随想》，《钟山》1987 年第 1 期。

③ 丁帆：《批评选择的随想》，《钟山》1987 年第 1 期。

时代里，我们应努力成为那种既有敏锐形象思维的艺术感觉、又有深邃逻辑思维的哲学思辨能力的“两栖”专家，而不能充当缺乏哲学功底的、苟且偷生的“残疾批评家”。难能可贵的是，丁帆不仅如是说，而且如是做。对于西方近现代各种哲学思潮，特别是对于尼采、弗洛伊德、柏格森、荣格、萨特、海德格尔等先哲的学术理论，他的研读速度之快，理解程度之深，鉴别水准之高，运用方法之活，均在其论著中得到了真切的反映。如果说丁帆的早期批评尚带有些许“直觉”痕迹的话，那么，愈到后期、他那业经修炼的笔端便愈是放射出高层次“哲学批评”的光彩。只需通读一下《文学的玄览》，此种印象定会相当深刻，我们殷切地期待着丁帆以“更上一层楼”的姿态步入新世纪。

原载《当代文坛》1998年第6期

21 世纪怎样做人文知识分子？

——从丁帆的《江南悲歌》说开去

董　健

《江南悲歌》（岳麓书社 1999 年 4 月版）议论的重点是知识分子气节和人格问题。这悲歌既为知识分子的卓然良知与浩然正气而唱，又为知识分子中那些失去了灵魂的变节者与摇摆、矛盾、苦恼的彷徨者而悲。我曾为此书作序，也对中国知识分子在当代现实中的人格变异发过一番感慨。事隔一年多，又有了一些想法，于是写成此文，以就教于学术界的朋友们。

丁帆写的是历史人物和事件，但他却是分明在塑造着他理想中的知识分子的形象。这写法颇像出自当代法国哲人福柯的“知识考古学”（archaeology of knowledge）。福柯并不把历史记载当作死材料，也不把历史文献当作已经逝去的历史的“遗存物”并据此考证历史事实的真伪。恰恰相反，他要用今天的眼光烛照历史、“复活”历史，从中找出规律——社会是怎样发生这些事件、“生产”出这些史料的。丁帆在写到明清之际的学者顾炎武、钱谦益等人之时，说：“顾炎武所撰的那幅东林书院的对联‘风声雨声读书声声声入耳，家事国事天下事事事关心’，不仅是东林党人立人的标志，而且几乎成为三百多年来中国知识分子难以挥去的政治文化情结……知识分子生存的意义和本能，就在于学以致用，就在于守护正义和道德，就在于站在人性和人道主义的立场上，对他所处的那个时代进行文化的批判。”在丁帆看来，一个知识分子的“政治文化情结”与他对自己所处时代“进行文化的批判”这二者是统一在一起的。显然，这样的“政治文化情结”绝非指知识分子对当权者的简单认同与服从，也绝非指精通为官之道、一味阿世媚上的那种我们常见的知识分子的“政治热情”，而是指一种对国家、民族、社会政治文化命运的关怀并愿意为之奉献自己的知识、智慧乃至生命的情怀。正是带着对知识分子的这样一种要求，丁帆以带情之笔为虽有大学问但灵魂猥琐卑下的变节文人钱谦益画像。而在谈到郭沫若“被新中国隆隆的礼炮声震落了诗魂”，从而“凤凰”折翅、“女神”歌歇、“天狗”呜咽，开始了“侍臣文学”之时，他十分痛切地追问道：“诗人的个性和人性到哪里去了？诗人的诗魂和胆魄到哪里去了？诗人的技巧和意境到哪里去了？”同样，丁帆在分析了茅盾于政治转折关头的人格分裂之后说：“从茅盾的身上我们不是可以看到 20 世纪许多作家的面影吗？我不知道这人格的矛盾，矛盾的人格会不会在下一个世纪的作家中遗传下去。”读着这些话，我不由思考起下一个世纪应该怎么做知识分子的问题。我想，在看清了即将过去的 20 世纪知识分子的种种表现及其历史教训之后，21 世纪的知识分子尤其是人文知识分子应该怎么做的问题，就不难回答了。近读沈致远先生《二十一世纪将是什么世纪》一文（1999 年 8 月 1 日《文汇报》）颇受启发。沈文说：“新世纪迫切需要的不仅是社会科学，还有人文、艺术等与人有关的学科。归根到底我们是人，我们所做的都应该为人服务。20 世纪的物质文明在某种意义上将人类社会物化了。一位哲学家说：‘人变成了人的工具的工具。’这是本末倒置，应该正过来以人为本。从这个意义上说，21 世纪应该是人的世纪。”这里说的“为人服务”与 20 世纪下半叶在中国最流行的口号之一“为人民服务”只有一字之差，其内涵却有天壤之别，因为后者带有强烈的政治性。

下一个世纪的人文知识分子，应该而且必将摆脱作为“工具的工具”的命运，真正建立起自身的“人文主体性”，即作为人类理性与社会良知之代表的对现实社会的超越意识与批判意识。

丁帆在《江南悲歌》中一再唱出的“主旋律”——诸如“信仰”

啦，“豁蒙”啦，“救治心灵”啦，“精神文化阳光”啦，“文化人格”与“文化批判”啦，“言说真理的权力”与“守护文化”的责任啦，等等，大抵均包括在这种对21世纪“人文主体性”的殷切企盼之中吧。应该承认，在20世纪这一百年当中，中国人文知识分子在推动艰难而曲折的中国现代化进程方面是做出了巨大贡献的。正是他们守护并革新了本土文化，又以积极的态度与创造的精神迎接了西方异质文化的挑战。但是，在这一百年当中，由于中国的政治斗争太频繁、太激烈了，也由于受儒家文化中“学而优则仕”“修身齐家治国平天下”等意识的潜在影响，中国现代知识分子眷恋政治的情结太重了。知识分子高度政治化的结果，是他们当中的不少优秀分子扮演了一种悲剧角色——当以高度的政治热情把基于文化批判而编织出的美丽的理想付诸社会实践之后，预想不到的政治因素（如“文化大革命”）便会将知识分子原先编织理想的“手”用来编织对付知识分子的绞索。这种“社会自戕”现象遏制了社会的发展与文化的进步。所以20世纪中国社会的变化表面上看是十分激烈的，但整体的发展进步并不快，以致到了世纪末人们关注的一些热点问题大都是世纪初早就提出过的，“又回到了原来的起点上”（鲁迅语）。1907年鲁迅提出创建“人国”的理想，到了1999年，人们不还在呼唤“人的世纪”？我想，“人国”与“人的世纪”的完全实现将是下一个世纪的事。那时的知识分子尤其是人文知识分子，为了摆脱“工具性”与“依附性”，加强自身的“人文主体性”，将会实现三个根本的转变。第一个根本的转变是知识分子社会定位的转变。在20世纪不断的政治斗争之中，知识分子的社会定位是“为××阶级服务”“为××政治路线服务”。这是一种“工具性”定位。××阶级是“皮”，知识分子则被说成是必须附在这张“皮”上的“毛”。这样一来，司马迁早在两千多年前所揭示的“文史星历，近乎卜祝之间，固主上所戏弄，倡优所畜”的文化奴隶处境便在现代得以延续。于是，在社会作用的天平上，知识与权力严重失衡甚至完全颠倒——启蒙者变成了“受教育者”，文盲可以指挥知识者，小知识分子可以领导大知识分子，等等。这种颠倒古已有之。丁帆在《江南悲歌》中写道，在明朝天启年间，皇帝腐败，由“千夫所指，一丁不识”的大宦官魏忠贤和皇帝的乳母容氏掌权，而那些饱读诗书、满腹经纶的前后“六君子”们则一个也没有逃过“文盲+权力”者的残酷镇压。官至“左副都御史”的杨大洪可说是一位大知识分子了，但他刚一显示自己的“文化批判”立场就被抓进狱中，活活折磨死了。据说他在大堂上被拷打之时曾对家丁说了这么一句话：“汝辈归，吩咐各位相公，不要读书！”这位杨大洪先生至死才认识到在权力与知识严重失衡的年代里，读书明理便会惹祸。

于光远说，知识分子问题“在中国存在了许多年，直到现在还存在，不过不会永远存在下去，特别在知识经济时代正在到来的时候。知识分子本身就是皮，再说他们是必须附在别的阶级皮上的毛，说什么‘皮之不存，毛将焉附’就完全不合适了”。（《“五四”笔谈》，载《随笔》1999年第5期）我想，在下一个世纪，随着我国经济的大发展与政治体制改革的实施，随着教育的普及与全民思想文化水准的提高，知识分子的“依附性”与“工具性”会弱下去，其“人文主体性”会大大加强。那时，权力与知识的不平衡现象将会逐渐被消解而代之以新的矛盾，如新知识与旧知识，这一学派与那一学派的矛盾，等等。

第二个根本的转变是知识分子社会功能的转变。20世纪的中国知识分子，由于其“依附性”与“工具性”，他们除少数如鲁迅等始终坚持着“人文主体性”之外，大部分总是为政治家、当权者扮演着“帮闲”或“帮忙”的角色。中国历代封建皇帝所要的知识分子的社会功能基本上就是这两种。江山坐得稳时，要知识分子做“花瓶”，用以粉饰太平，充当清客、弄臣（所谓“固主上所戏弄，倡优所畜”）；江山坐不稳时，要知识分子出谋划策、献出“治国平天下”的招数。这种社会地位形成了知识分子的奴隶的语言和奴隶的思维模式、言说习惯。他们很容易被收买和豢养，很容易昧其良知，放弃了言谈真理的权力。斯大林在一个批示中偶然把“爱情”一字写漏了一个字母，于是便有专家教授特意撰文“考证”出领袖无错而是别有深意。在中国1958年“大跃进”的狂热中，一位大知识分子居然提供了亩产万斤的“理论”根据。当人们在1967年6月6日《人民日报》上读到大诗人郭沫若的诗句“亲爱的江青同志，你是我们学习的好榜样”时，能不哀叹中国知识分子之精神的悲惨的萎缩吗？在下一个世纪，知识分子尤其是人文知识分子，应该坚决拒绝20世纪“知识分子的奴化”或曰“知识分子的非知识分子化”这份“遗产”，真正担当起对现实社会的超越与文化批判的历史责任。“花瓶”情结应该摒弃，奴隶的语言应该废止，代之以鲁迅所谈的“真性情”：“真的知识阶级是不顾利害的，如想到种种利害，就是假的，冒充的知识阶级。”“（真的知识阶级）对于社会永不会满意的，所感受的永远是痛苦，所看到的永远是缺点。”（《关于知识阶级》）美国当代学者萨义德（Said）也说过与鲁迅类似的话：“（知识分子是）一个与众不同的人，敢于向权威说真话的人，执着、善辩，具有非凡的勇气和反抗精神的人，对他来说，即使再强大再有威权的权力都可以被他斥责。”21世纪的中国知识分子，其脊梁骨里的“钙质”大抵会大大增加的吧。

第三个根本的转变是知识分子治学心态的转变。知识分子“人文主体性”的有无与强弱，直接决定着、影响着他们的治学心态是积极的还是消极的，是主人状态的还是奴隶状态的。其实这种治学心态的区别古已有之。孔子说过：“古之一学者为己，今之学者为人。”孔子是托古改制者，在他的话语中，戴上“古”的帽子的总是他所提倡他所向往的东西。显然，孔老夫子所鼓吹与呼唤的治学心态是“为己”，而他所拒斥与批评的治学心态一则是“为人”。什么是“为己”之学呢？就是求诸“内”、求诸“己”、求诸“主体”之学。什么是“为人”之学呢？就是求诸“外”、求诸“人”、求诸“客体”之学。宋代程氏注曰：“为己，欲得之于己也；为人，欲见知于人也。‘古之学者为己’，其终至于成物；‘今之学者为人’，其终至于丧己。”这里说的“丧己”真是切中要害！用今天的话说，就是丧失了主体性。一个人治学，如果不是为了修养提高自己的学问与道德，从而去做成几件于社会有益的大事，而是为了“见知于人”，装饰包装自己给别人看，从而求得人家给点什么，那不就是完全“丧己”了吗？20世纪的知识分子中的不少人可以说一直处于“为人”“丧己”的治学心态之中。像鲁迅在批评那种“假知识阶级”时所说，“今天发表这个主张，明天发表那个意见的人，思想似乎天天在进步；只是真的知识阶级的进步，决不能如此快的”。所谓“丧己”，就是泯灭了知识分子的个体人格，他们“天天在进步”的过程，也就是天天在丧失着个体人格的过程。他们真的相信了自己是“毛”，只有老老实实地附在一张“皮”上才能生存下去。因而他们治学，就是要学会怎么附到“皮”上去。他们学会了撒谎，学会了“演戏”，学会了阿世媚上。他们失去了创造精神，失去了生产新观念的能力，只会按照别人的思想去思想。在“政治高于一切”“以阶级斗争为纲”的年月里，他们学会了政治实用主义与“左”倾教条主义；在改革开放、发展社会主义市场经济的“新的转型期”里，他们又学会了经济实用主义与文化市侩主义。这两者的表现形式各不相同，但治学心态——“为人”“丧己”是一样的。他们今天这么说，明天那么说，“思想似乎天天在进步”，但这种“为人”“丧己”的治学心态则一成不变。

下个世纪的知识分子尤其是人文知识分子，其为学心态将会来一次根本性的转变。在这一转变中，20世纪知识分子中鲁迅、陈寅恪、钱锺书这一类型的“独立”学者的治学心态值得我们继承与发扬。陈寅恪在清华大学《海宁王先生（王国维）之碑铭》中说：“士之读书治学，盖将以脱心志于俗谛之桎梏，真理因得以发扬。”陈先生在赠给学生的一首诗中说：“天赋迂儒自圣狂，读书不肯为人忙。平生所学宁堪赠，独此区区是秘方。”所谓“脱心志于俗谛是桎梏”，所谓“读书不肯为人忙”，都是孔夫子说的“古之学者为己”之意。陈先生一生是实践了这种高尚的为学之风的。这几年学术界风气之所以越来越坏，虚假浮躁之学、哗众取宠之论、欺世盗名之书借着广告的包装炒作纷纷抛向社会，抄袭剽窃之风更是屡禁不止，其根本原因就是士子治学心态为“俗谛”——物欲、名利所桎梏。在一个社会中当知识分子都忙着骗饭吃而不再去思考整个社会文化的命运，没有人对既定的“文化秩序”进行超越性的批判，这个社会就成了一个没有脑袋的巨人。这种现象难道还要叫它延续到下一个世纪吗？美国学者萨义德对资本主义社会的知识分子提出的要求，我看对我们也有某种启发。他认为，对知识分子的独立性构成最大威胁的不是商品意识，也不是学术限制，而是“专业主义”（professionalism），即把工作作为谋生手段（这就是“为人”“丧己”之学），不敢越雷池一步，奉公守法，不介入政治和客观现实，这是资本主义意识形态的压力造成的。他提出要用“业余主义”（amateurism）与之相对抗：“不为利益、奖赏所动，对下列这些不可遏制的兴趣怀有深深的爱：视野更开阔一些，在界限、障碍之间建起联系，破除专业限制去探索新观念和新价值。”（转引自朱刚：《萨义德》，台湾扬智文化事业股份有限公司，1998 年出版）眼下中国的知识分子“不为利益、奖赏所动”，而能对“探索新观念和新价值”保持着浓厚兴趣的，能有几人呢？

原载《粤海风》1999 年第 6 期

人格审美、忧伤情怀与悖论式思维

——丁帆随笔审美意义的探寻

张王飞、林道立、吴周文

作为评论家和文学史家的丁帆，从 1979 年第 5 期《文学评论》上发表《论峻青短篇小说的艺术风格》之后，三十年来先后出版了《中国乡土小说史论》《新时期小说读解》《文学的玄览》《十七年文学：人与自我的失落》《中国大陆与台湾乡土小说比较史论》《中国乡土小说史》等著作，成为现当代文学研究的著名学者。另外，在教学、科研的同时他还坚持散文创作，至今已出版《江南悲歌》《夕阳帆影》《枕石观云》三部散文集；然而作为散文家的丁帆却似乎被人们所漠视。我们以为，认识散文家的丁帆与认识评论家的丁帆同样重要。因为他的随笔体散文在当前散文创作中有着特别重要的价值可以探寻，这正是我们写作此文以进行探寻的缘由。

20 世纪 90 年代起，出现了持续至今的“散文热”。仅就概念来说，出现了“大散文”“文化散文”“历史散文”“艺术散文”“女性散文”“小女人散文”“荒诞散文”“学者散文”“新媒体散文”等等，品名繁多，难以计数。

个中原因，除了改革开放的深入和商品经济的急剧发展而外，还有一个主要的原因：中国知识分子在经过了新时期初期的思想解放运动、80 年代的思想启蒙以及观念嬗变、方法论更新之后，他们回到自我的内心，进行远比“反思文学”阶段更为深刻的反思。随笔，成为他们反思的最好的文化港湾和内心言说的最好形式。从这个意义上说，“散文热”就是“随笔热”。就在随笔创作中间，出现了“读书随笔”“思想随笔”“哲理随笔”“学术随笔”“文化随笔”“艺术随笔”“生活随笔”等等；而在诸多的随笔创作中间，有老中青的作家和很多文化人，值得我们注意的是，还出现了很多学者组成的作家群。除了被热捧的余秋雨外，可以列出很多名字：林非、潘旭澜、梁衡、卞毓方、王充闾、赵园、雷达、周国平、吴方、李辉、孙绍振、南帆、陈平原、蔡翔、刘小枫、夏坚勇、张振金……而在他们中间，丁帆是应该给予特别关注的一位。他认为散文进入 90 年代以后，是“人们在视觉的信息时代里，唯一可以驻足审美的文学样式”①。这是丁帆致力于随笔创作外在的背景缘由。

对于这个时期的随笔创作，有人批评说：“仅一‘随’字，就足以代表和准确地体现这些退守者们此时此地的人生况味和悲剧心绪——随意、随世、随大流甚或随便，以及与之相随的‘荒诞感’‘虚无感’‘无聊感’……”②这是一种信口雌黄、很不负责任的治学态度。

如果我们以丁帆散文进行个案的分析，就可以反驳批评者不符实际的奇谈怪论。

收在《江南悲歌》里的很多篇章，是关于明清、民国及中国现代史上“江南士子”和秦淮名媛的随笔，是丁帆整个随笔创作中极有分量的作品。把历史人物作为题材与载体，抒发作家自己个人的感想、感念与感悟，是很多随笔作家书写、言说自己思想的方法和途径。如果说，卞毓方之于蔡元培（《煌煌上庠》）、毛泽东（《韶峰郁郁　湘水汤汤》）、鲁迅（《凝望那道横眉》）、马寅初（《思想的第三种造型》）等，是重新感受先哲们的心路历程；如果说，李辉之于赵树理、老舍、吴晗、邓拓等（见《人生扫描》《风雨中的塑像》等集），是从他们的个人遭遇中寻找为后人留下的历史扭曲命运的车辙；如果说，梁衡之于瞿秋白、周恩来、邓小平（见《觅

① 丁帆：《世纪末启航·序言》，《夕阳帆影》，知识出版社 2001 年版，第 335 页。

② 王聚敏：《论抒情散文——兼论上世纪九十年代的学者散文》，《海南师范学院学报》2005 年第 4 期。

渡，觅渡，渡何处？》《大无大有的周恩来》《一座小院和一条小路》)，是以“思想解放”的观念重新评说共产党的领袖人物；那么，丁帆区别他人、另辟蹊径，则是反复考量、审视其笔下钱谦益等历史人物的人格——作为“士子”的人格。而这种人格审美，成为他散文最能够让我们读者感动并引起深深思考的思想价值所在。

人物品藻起源于“魏晋风度”。它是以“竹林七贤”的阮籍、嵇康、山涛等为代表的士族意识形态的一种表现；对抗那时由曹丕刚刚建立起来的“九品中正”制度，提出对人物品评鉴别的标准不再是官本位的政治理想与建功立业，而是人自身所具有的内在的智慧、个性、胸襟、性情、品质以及由此表现出来的气度做派；后来整合儒家“文质彬彬”的君子理想，发展成为文艺创作的美学标准和人格主体的审美理想。随着改革开放和市场经济的急剧发展及其价值观念的嬗变，文学创作与批评正在消解与悖失这一审美传统。丁帆的可贵不仅在文学批评中把握人性的基本价值，而且在创作中一如既往地坚持着研究人性的价值理念。他对江南士子进行人格的审视与考量，正是如此，让读者在他的文本中见证“这一个”丁帆的价值不群。

首先，在丁帆的人格价值观里，把是守节还是变节，看作人格审美的第一价值。在他的笔下，大体写了四类士子：第一类，在仕变节降“敌”的贰臣，如钱谦益、侯朝宗、吴梅村、刘师培、冒辟疆等；第二类，与“敌”对抗或与奸党斗争或坚持真理信仰的“大丈夫”，如金圣叹、方孝孺、张溥、高攀龙、杨涟、顾炎武、夏完淳、胡风等；第三类，对清朝皇帝愚忠，最终实现道德自我完成的“忠臣”，如王国维、翁同龢等；第四类，心忧天下、独善其身的民间“精神贵族”，如吴敬梓、袁枚、归庄等。在这四类士子的书写中，都无一例外地突出他们的精神节操。尤其对第一类士子，作者站在历史主义的立场上，批判他们在人格上背叛历史背叛民族的变节与失节。作为东林党魁首的钱谦益“创下了文人变节的历史记录”，背叛东林党、卖身投靠南明朝廷，后又举白幡投降清军，这些都是“认贼作父”的变节。侯朝宗归顺清朝后失节参加乡试，中了“榜眼”；曾经激烈批判吴三桂降清的吴梅村，自己也经不起诱惑而“出仕清廷”；刘师培出仕清廷，又绝意仕途参加“革命”加入“光复会”，后又被清政府收买“骤然变节”，反过来充当“告密者”出卖了革命党人王金发等人……他们虽有高深的学问，但他们的变节与失节永远是人格的耻辱。正是由此出发，作者对第二类英雄士子人格的褒扬，是通过与异族统治者、皇权、奸党等邪恶势力的抗争中不惜身家性命的壮举的书写，感悟他们坚守人格节操的无私无畏与“硬骨头”的精神。即使对第三类士子人格的品评，作者还是看他们是否守节。对“头脑是近代式的，感情是封建式的”，以一种悲壮的形式来完成自己信仰的“最后仪式”（自沉昆明湖）的王国维，对晚年被“开缺回籍”后，仍然关切朝政动态，怀抱着有朝一日光绪皇帝重掌朝政之心灵“悲剧死结”的翁同龢，丁帆就有了自己不同于一般人对“愚忠”人格的理解——“愚忠”也是对自我节操的坚守，也是对自我人格的最终完善，因此也就具有美的意义。

首先，丁帆的人格价值观认为，信仰与理想执着如一的追求，永远是士子人格价值内涵的核心。其次，丁帆的人格审美把士子的思想行为衡定在对国家、对民族、对历史的道德责任之上，认为出于此良知道义并为此坚持抗争、舍生取义的，才是“大丈夫”的人格。唯其如此，他的人格审视中把明代东林党中与魏忠贤奸党不共戴天的士子高攀龙、杨涟当作人杰予以讴歌：他们为社稷黎民而除暴安良，不怕坐牢杀头，视死如归。同样，他把顾炎武当作东林党的精神领袖予以书写，其“家事国事天下事事事关心”的道德良知，始终不渝地伴随他走完了“人格的楷模”的一生。丁帆把忧国忧民的良知道义，看作至高无上的人格境界；在他看来，人总是有缺点和局限的，但只要有了忧国忧民的道德责任感，那他的道德情操就可圈可点。故此，尽管续范亭是国民党的将军，但他为了抗日拯救国家和民族的命运、为了警醒腐败当局和四万万同胞，而在中山陵前拔剑剖腹自尽，不失为一名铮铮铁骨的爱国志士。尽管吴敬梓向往明代的名士、放浪形骸做“精神贵族”，但他“在无为而治中来达到兼济天下的目的”，以《儒林外史》来解“胸中块垒”，就是其心忧天下的见证。

丁帆在其人格审美中尤其强调个人的特立独行，也就是强调自我人格的主体性。坚持信仰与理想的如一追求，忧国忧民的道德责任，这些都是人格审美的共性。作者在把握士子们的共性的同时，更注意到因人而异地抓住他们各自的个性——人生经历的特殊和思想境界的差异进行审视剖析，这就使他笔下士子的人格画廊丰富多样、各呈异彩。有伟丈夫，有谦谦君子，有独善其身者，有作为人格侏儒的变色龙、失节者、卖国贼、叛徒、告密者……就成仁来说，有金圣叹“与妻书”的慷慨，有方孝孺披麻戴孝的“死谏”，有夏完淳少年英雄路的“赴死”，有高攀龙笑对生死的“从容”，有杨涟的“割喉酷刑”的惨烈，有陈布雷的幡然自尽的“耿狷”……

总之，作者凸显了江南士子人格的个性，也就凸显了他们不同的人格魅力；进而使作者的人格审美，对今天知识分子的精神建构有着发人深思的普泛性启示。

二

我们认为，“散文的……一切艺术形式所表现的是人本真的精神生活的真实，形式本身传达着题材的真实、思想的真率、情感的真挚、人格的真诚等这些自我本真的内容，对此读者阅读时并不存在着审美阻隔与心理距离，无须像解读虚构性的现代小说与戏剧那样，进行从‘真’到‘假’的心理还原和从‘假’到‘真’的认识还原，就能够直接感受作者的‘真我’，与之进行心灵的碰撞与对话”[①]。丁帆用他的随笔与读者对话，坦率地吐露自己的真情实感，让我们深切地感受到他的那种挥之不去的“悲歌”的忧伤。还是先

① 林道立、张王飞、吴周文：《论“五四”散文形式审美的价值建构》，《扬子江评论》2010年第2期。

从他的士子人格审美说起。丁帆谈到这些作品的写作时说过："这些文章的写就，除却查阅一些资料外，还依赖平时读书的积累，目的不在考据，而在于史实之外的一些感触，所谓'借题发挥'是也。"[①]所谓"感触"，就是有感于"中国现代文人……自身人格力量的极度萎缩"，有感于"弘扬那种毫无媚骨的文化人格，恐怕是当今知识分子亟待的文化前提"[②]。董健教授则把丁帆的"借题发挥"做了如此的描述与概括："他学着鲁迅'救救孩子'的呼喊，喊出了两个声音：一曰为士子招魂，二曰为全民启蒙。他痛切地看到与感到'文化转型期'里物欲横流、斯文扫地、精神萎缩、士子无魂的可悲事实，于是他来呼喊'招魂'与'启蒙'。"[③]董先生的概括无疑切中肯綮。不过，丁帆的"招魂"与"启蒙"不仅在人格审美和人格审视的层面予以展开，而且连同自己一起审视，表现着自己的忧伤情怀。诚然，丁帆所描写的士子以及秦淮名媛都是悲剧性的题材，之所以选取这些悲剧题材，是源于他满腔的悲剧文化情结；是为了更方便他的"借题发挥"罢了。借古鉴今成为他随笔的理性思维定式。

我们发现，他每篇言说士子生平事迹和人格亮点的时候，都让自己关于人格的议论一处接一处地盘空而生，那种源于现实的感触忧愤，让他情不自禁地喷薄而出。如感怀方孝孺时，作者感叹："告诉下一代……告诉未来吧……告诉当代文人吧，作为一个文化监护人，少了方孝孺的正气和骨气，他将成为一个精神的瘫痪者，一个媚俗的'言说人'，一个文化的侏儒。"如写到李香君时，说："作为现代文人，我们不仅不能被物化了的世界所征服，也不能被异化了的人格所压倒。李香君尚且能保持自己的精神操守，而吾辈非得在臣服淫威时低下高贵的头颅吗？！"诸如此类针对当今知识分子人格的议论随处可见。他为现代文化人人格的"软骨""奴化""萎

① 丁帆：《江南悲歌》"后记"，岳麓书社1999年版，第249页。

② 丁帆：《江南悲歌》，第149、148页。

③ 丁帆：《江南悲歌》"序"，第3页。

缩”，而焦虑而痛心而忧伤而愤慨。这种情感的抒发，不仅贯穿于整个“秦淮文化”的历史反思之中，不仅曲包在人物品格的言说之中，不仅见之于他作品的盘空议论之中；同时从技术上看，作者还擅长创造悲剧性的叙事情境，即在游览历史人物生死行踪的现实场景时，创造着贯通古今、情景交融的境界。举例说，《豁蒙楼上话豁蒙》写作者行吟于豁蒙楼，一方面写耳闻目睹的沧桑之感；另一方面由豁蒙楼抚今追昔，生发关于戊戌变法中殉难的“六君子”之一的杨锐、“大右派”储安平写作《豁蒙楼暮色》所自述的“默念自己……罪人”的谶语、“难得糊涂”“见风使舵”的郭沫若也曾来此等联想，这就把悲剧性的人、事、景、物会通交叠、浑然一体，从而淋漓痛快地把借古鉴今、怀古伤今的情愫抒发了出来。这里，我们可以借斑见豹，大致管窥丁帆随笔中忧伤情怀所创造的文本风格，它一方面是直抒胸臆的奔放，可另一方面又因深切的忧伤，常常使情感的表现变得沉郁顿挫起来。

从丁帆评论峻青的短篇小说的悲壮风格起，就让我们感到他带着悲剧美的理想研究文学创作的审美。在文学批评中养成的这种理性的悲剧审美经验，也自然会带到他的随笔创作中来，从而整合成为其审美创造的情感机制。然而，忧伤因疼痛而起，最终还是源于个人对社会人生的责任而生成的焦虑。而这种焦虑，早在丁帆青少年时期就开始形成。“插队故事”的系列随笔，是写他到苏北落后穷困的宝应县农村插队的往事。表面上看，也许如他所说，“写出一些亲情、友情和乡情来”[①]。其实从实质来看，有着他更为深切的文化情结。对知青生活的回首与一般知青作家不同。不是去发泄对插队与回城遭遇的“文革”怨恨（如梁晓声等），不是去进行文化“寻根”（如王安忆等），不是去感激“贫下中农”给予的“温馨”和重温民风民情（如王英琦等），而是写自己在成长中所经历、所感觉、所体验的刻骨铭心的“灾难”和疼痛的感受。他怀着太多的忧伤，来写今天依然感悟着的那种心灵的震颤。这里，穷得“每个

① 丁帆：《夕阳帆影》“自序”，第 2 页。

工分值（10 工分）也就二三角钱”，每户社员“只许养 2—3 只鸡”，他们的日常生活的必需品煤油、盐、酱、火柴、肥皂等，“都得从鸡屁眼里抠”（《进队》）；这里，让他“没齿难忘的事”，是一名社员下田拉犁时“把唯一剩下的裤头也奋然褪下”，“甚至他和老婆及孩子每晚睡觉都是赤条条的”（《犁田》）；这里，人们穷得吃不上猪肉，只有猪得“二号病”（霍乱）死后才等到全男人的“盛大的宴席”（《打平伙》）；在这里，他患病昏睡昏死了七天，与死神擦肩而过，“整整掉了 20 斤膘，形销骨立，瘦骨嶙峋”，后来回城养病连母亲也认不出自己的儿子（《濒死》）……作者把他的这段“成长”中的人生经历，看作“精神的炼狱”；他忧伤地抒写它，是因为他在这里获得了心忧天下的良知与道义。他在《苦难——人生航程的风帆》中写道：

> 我不想奢谈我与第二故乡父老乡亲的“亲情”——确实，我在他们身上汲取过苦难生命的精髓；同时亦看到过一个个阿 Q 式的面影。但我要永远礼赞我那 16 岁青春停泊地上的第一次生命的起航——它载着生命苦难的风帆，让我用苦难的眼光去寻觅人生征途中的每一次幸福——从这个意义上说，一个历史的错误反而造就了一代人……而今我们拥抱这苦难，咀嚼这苦难，直到永远。[①]

独特的个人感悟，让读者感到忧伤中的悲壮，悲壮中的忧伤。

我们阅读丁帆的随笔，感觉他在审视士子人格的同时，也在进行着自我人格的裸露与审视。我们认为，如果要读懂丁帆的“悲剧文化情结”，就要读懂他人生中的宝典——《插队故事》系列。

我们感受丁帆全部随笔中所表现出来的忧伤情怀与悲剧痛感，仿佛读出了范仲淹、欧阳修那种“宋儒”精神。借用鲁迅的话说：“好

① 丁帆：《夕阳帆影》，第 37 页。

像全世界的苦恼，萃于一身，在替大众受罪似的。”[①]

是的，他写历史人物、写往事回忆、写日常见闻、写即兴的文化文学随笔，其实是写自我襟怀的表现和自我身份的认知。表现忧伤，仅是他文学书写表现的情感形态；其实忧伤表达的背后，抒写的却正是他自己的品格操行的坚守和道德责任的担当。

三

丁帆这样说自己的随笔:“这些不成文的东西漫溢着一种‘古典’的情愫,往往与‘现代’与‘后现代’的时尚思想不合拍,被人指为‘文化保守主义的思潮’。”[②]对此，我们不以为然。诚然他的文本的技术操作是偏于传统，故而还有几分古典的儒雅，但是，他的思维的方式和表达的思想却与时俱进，而且殊于他人。

随笔的品格的高下，取决于作者的思想境界、美学理想、社会阅历、情感深度以及艺术形式的表现。然而在评论作家作品时，研究者却常常无视或忽视了对作家个性思维方式的研究。如果说丁帆的文本操作是非“现代”非“后现代”的，那么，他的悖论式思维的支撑，就使其随笔在思想上有了“现代”和“后现代”的生机。

三卷本《辞海》（上海辞书出版社 1979 年版）对“悖论”做这样的解释：悖论，逻辑学名词。一命题 B，如果承认 B，可推得 B（非 B）；反之，如果承认 B，又可推得 B，就称命题 B 为一悖论。自 1902 年罗素发现了集合论中的一个论之后，对数理逻辑学产生了积极的推动作用，同时也在认识论上对思维方式产生了广远的影响。所谓悖论式思维，大体包含两层意思：第一，抓住事物中互相对立的矛盾，把握复杂矛盾中的异常、错乱与错谬；第二，从矛盾的异常、错乱与错谬中，寻找并得出与普泛事理相悖的反论。我们觉得，

① 鲁迅：《二心集·序》，见《鲁迅全集》（第 4 卷），人民文学出版社 1982 版，第 191 页。

② 丁帆：《夕阳帆影》“自序”，第 1 页。

丁帆擅长于逆向求异思维，在逆向求异思维中更擅长他的悖论式思维。从其作品的一些题目《悲剧的理性　理性的悲剧》《殉情的浪漫　浪漫的殉情》《人格的矛盾　矛盾的人格》《抗争的猛士　猛士的抗争》等，就有强烈的思辨意味，不得不引起读者的注意，从而进一步想解读他的特殊的思维方式了。

悖论式思维是对传统思维方式的反动。长期以来，“矛盾对立的两个方面”和“一分为二”这种简单化的思维模式，把本来鲜活的辩证法僵化为“非此即彼”“非左即右”“有一无多”“以一盖多”的形而上学；而这种先入为主的简单定向思维，带着先验的框框条条，束缚着我们对很多事物的正确认识并做出正确的判断。丁帆告别传统思维，以其人物随笔和很多文化文学随笔告诉我们，必须突破简单化思维的模式与定式，必须逆向求异、一分为多、多元思考，才能抓住症候、解开死结，得出符合事物本质的结论。这也就使他的作品有了敢说真话的根据，有了自己的发现和走近真理的思想。对此，只要走进丁帆的文本就可明白了然。《悲剧的理性　理性的悲剧——鲁迅》，抓住了鲁迅在作品里所必表现的悖逆、含混、反常、佯谬等疑难现象，用感觉印象式的素描，对鲁迅进行了辩证的悖论思维。如对《阿Q正传》，作者指出，一切“非逻辑、反逻辑”的人物设计，使得小说“滑稽可笑”，疯狂的背后蕴藏的是“对那种死寂的呐喊与控诉，大‘佯谬’之下冷峻地阐释出理性的哲理”；其悲剧因素“并不是同情和怜悯”——“哀其不幸，怒其不争”，而是尼采张扬的“酒神精神”；作家借此裸露的“是对旧秩序的破坏欲望而达不到时的宣泄愤懑”。——一般研究者指出《过客》等散文诗里抒写鲁迅的“绝望反抗”；而在这里，丁帆又在其小说中发现了一个“绝望反抗”的经典文本。如，通过《故乡》和《社戏》的对照，指出鲁迅的“悲剧情感”和其理性主体“格格不入、呈游离和悖反状态”，则是对“酒神精神”的剥离。再如，对作为“思想的巨子”的鲁迅为何“最终选择了直接表述的杂文来向旧世界营垒进攻的情感宣泄形式”，作者解释其“主要动因”，是“那种来自对‘再现’或‘表现’艺术的一种本能的审美疲倦和排拒”。——作者在这里指出，“遵命文学”与“一切文艺是宣传”的理念制约着鲁迅的创作心理机制，不能不是理性的悲剧。这些独特的感悟与独特的见解，是解读鲁迅身上诸多“二律背反”的矛盾现象所做的悖论思考的结果。黑格尔说：“多样性的东西，只有相互被推到尖端，才是活泼生动的，才会在矛盾中获得否定性，而否定性则是自己运动和生命力的内在肉搏。”[①]写出《女神》《屈原》的郭沫若为何变成了“侍臣文学”的郭沫若，甚至作诗称“亲爱的江青同志，你是我们学习的好榜样”？早年入党又脱党、临终却致信党中央要求“追认”的茅盾，为何在其“人格分裂进入不可解脱的高潮时”，他的创作却“达到了顶峰”？丁帆抓住人生经历、思想情感与创作机制之间诸多“症候”，用他的B即非B、非B即B的悖论，并且用康德“二律背反”的哲学原理，在包括政治功利的眷念、自身身份的认同、道德节操的坚守等的人格审视中，给他笔下的郭沫若、茅盾等等现代作家、各类历史人物以及秦淮妓女身上的种种“症候”、盲点，做出了自己不同于他人的评论与解释。他的评论与解释黑格尔式的“否定性”，往往是新颖辩证的，也是令人信服的。于是，读丁帆的随笔你会受到思想的启迪，相信思想的解放源于认识论和方法论的嬗变与观念的彻底解放。

丁帆对士子人格审美的一个方面的价值杠杆，就是文化批判精神的品鉴，进而表现自己的文化批判品格。他与友人讨论“东林悲风”时充分肯定东林党人对抗朝廷与奸党的无畏，他多次赞颂鲁迅、朱自清的“硬骨头”精神，认为：“知识分子……文化批判功能则是读书人从历史的故纸堆里找到的属于自己本性的独特素养。”[②]丁帆出于这种理性的自觉，于是就把文化批判当作自己的使命，正如他所表白的：“我以十二分的热忱去关注文化和文学现状的变化，坚守一个知识分子的文化底线，向人类文化的倒行逆施现象做

① 黑格尔:《逻辑学》(下卷)，杨一之译，商务印书馆1976年版，第69页。

② 丁帆：《江南悲歌》，第49页。

不疲倦的抗争。”[①]悖论式思维，让丁帆有了说真话的勇气和胆识，给他随笔带来的是激烈而充沛的文化批评精神。应该说，悖论式思维是其随笔的一种深层次的智能结构，它使丁帆建立起犀利敏锐的认识力、洞察力和判断力，这具体表现为在错综复杂文化现象中发现和捕捉对象本质的能力，使多元阐释、悖反认识完全成为一种可能。如人们一直把顾炎武当作“知识分子人格气节的楷模”，可从他晚年的“流亡苟活”，发现了他“忠贞不贰的道德掩盖之下，删除的是知识分子对统治阶级的文化批判功能”，以至于这成了后期东林党钱谦益等人投降清廷的“答案”。再如，从一生作为蒋介石“御用文人”的陈布雷吞食安眠药自杀的事象中，发现“在江山社稷与人伦道德之间不能调和时”，他的自杀不是为即将覆灭蒋家王朝“成仁”，而是为自身的“富贵不能淫”人格做一个“最后归属”。这里还有必要提及送别许志英教授的近作《直面人生的果敢与坦然》[②]。自杀在常人眼里是性格的懦弱和对人生消极悲观的逃离，但作者以哀伤痛惜之情、以许先生去世前的两个电话、留下遗嘱等举动的反复渲染，演绎成了先生的“果敢”、“坦然”、坚强、从容与智慧……他的自我选择，并且演绎成了一个跨世纪老年“公共知识分子”人格的坚守。无须罗列赘言，经过丁帆“文化批判”的审视，顾炎武、陈布雷、许志英等士子，自身就是一个个令人深思的悖论。

当破除简单化思维模式与定式之后，悖论式思维使丁帆的文本有了归一而灵动的深度张力。它使丁帆的文本有了反常的、多维度的智能整合秩序，即材料的组织与结构的安排，叙述方式的运用以及文章体制的选取与艺术手法的调配等，一切都服从于悖论式思维而呈“反形式”的状态。于是，文本的一切形式都因丁帆的悖论式思维而变成了“有意味的形式”。于是，大体形成了悖反传统、理胜于辞的写作风格：叙述方式“太随笔”，结构形态“太自由”，

① 丁帆：《枕石观云》“自序”，经济日报出版社 2002 年版，第 1 页。

② 《钟山》2008 年第 4 期。

技巧手法“太自我”……不成文章的方圆，却成了丁帆文章的规矩。而这个形式表现的问题，则是应该专门予以讨论的。

总之，人格审美的传承与坚持、自我人格的裸露与审视、思维方式的破立与嬗变、文体形式的解放与创新等，丁帆在这些方面为当前随笔创作提供了可供研究和借鉴的审美价值。而作家反复讨论的知识分子人格精神重建的理念与理想，则超出了其随笔自身的文学价值。

原载《南方文坛》2011 年第 2 期

提灯夜巡人

——读丁帆《先生素描》系列散文

李　冰

追忆“恩师”的文章很多。鲁迅先生有一篇著名的散文《藤野先生》，他写道：“不知怎地，我总还时时记起他，在我所认为我师的之中，他是最使我感激，给我鼓励的一个。”[①]源于这样一份相似的心情，丁帆老师有了《先生素描》系列散文的构思和书写。他说：“我常想，倘若将一生当中给我授业传道过的正式和非正式的‘先生’一一进行素描，恐怕也得写成一本书了，于是便萌生了慢慢写来的念头。”[②]

在当下社会，“先生”一词的含义，与过去已不可同日而语，甚至由于过度而普泛的使用，连那点郑重的意味也很淡薄了。而曾经，它是一个叫人肃然起敬的词汇，叫出来时，是要揣着一颗惴惴之心的。它特指传道授业解惑的老师以及那些饱读诗书、胸怀天下的知识分子。范仲淹就曾以“云山苍苍，江水泱泱，先生之风，山高水长”来追念严子陵的高洁风骨。

丁帆《先生素描》系列散文是《雨花》2018年度专栏文章，按月刊发。其中，记章培恒先生一文因篇幅较长，分为上、下两篇刊发，其余篇目各自独立，共十一篇。这十一篇文章，或为某一人物的特写，如潘旭澜、章培恒、何西来、刘绍棠、叶至诚；或为两三个人物的

① 鲁迅：《藤野先生》，《朝花夕拾》，四川人民出版社2017年版，第66页。

② 丁帆：《先生素描（一）——扬州师院的先生们》，《雨花》2018年第1期。

描摹，如南京大学文学院的三“陈（程）”（程千帆、陈瘦竹、陈白尘），现当代文学的“三驾马车”（叶子铭、许志英、邹恬），文学评论“双星”（曾华鹏、范伯群）；抑或是人物群像的陈列，例如系列的开篇《扬州师院的先生们》，追忆年少时师长的《我的初中老师》，以及写自己年轻时插队所在地老师的《乡村先生素描》。作者用一年的时间，精心勾勒、描摹他脑海中记忆深刻的“先生”们，为我们展现了一幅神色各异的人物画卷。

一

既然是先生素描，自然是以文字为笔，为这些人物描形、摹神。画人物，首先画形貌。鲁迅先生是画人的好手，他笔下“眼睛间或一轮”的祥林嫂，“正像一个画图仪器里细脚伶仃的圆规”的杨二嫂，“项戴银圈，手捏一柄钢叉”的少年闰土，都是文学史上的经典人物形象。他以为，写人最俭省的办法就是“写眼睛”。眼睛最能展现一个人的相貌特点。《先生素描》系列里，作者追忆的师长众多，然一一道来，各具特色。叶子铭先生“大眼，有神”；章培恒先生“不大的眼睛藏在金丝眼镜后面，有一种漫不经心的倦意”；何西来先生“目光咄咄逼人”；写到扬州师院图书馆里的一位先生时：“镜片里面的眼睛白多黑少，尚有睨斜，间或一轮，也判断不出他的聚焦点在哪里。”数笔白描，几位先生截然不同的性格特质已可略窥一二。这是用工笔白描的写法来写人，也有采取印象派写法的。在《乡村先生素描》一篇中，写到一位虽生活在乡下，却十分讲究，裤子必熨出一道中缝，遇到文化人必伸出右手进行长时间文明握手礼的教书先生。作者在写这个人物时，未详述相貌，只写了他的头发：“那油光水亮的二八分头发每天都用刨花水梳得一丝不苟，远远望去，犹如一口漆黑的小锅扣在头上。”[①] 通过对人物特点的聚焦和放大，将一个过于考究以至有几分可笑的教书先生形象传神地表现出来。

① 丁帆：《先生素描（十）——乡村先生素描》，《雨花》2018年第10期。

外貌勾勒好了，人物是平面的。想令其活起来，从画纸上走出来，还须赋予其丰富立体的人物性格。记人类散文，不同于作书立传的人物传记，篇幅常常是有限的，难以事无巨细，只能对素材进行精心筛选，截取最能表现人物性格特征的事件。《先生素描》十一篇，篇幅长则万字，短则几千字，很多篇还写了不止一个人物。在相对紧凑的篇幅中，融会素材，杂糅一生，展现出生动、立体、复杂的人物形象来，需要作者独到而精准的眼光。《刘绍棠先生侧记》一篇，写了少年成名的天才式人物刘绍棠。作者追忆同刘绍棠先生初次见面时的情景："我"登门拜访，先生手拿一双筷子来开门，微笑寒暄之后，竟留"我"独自待在客厅，自己关上门，回饭厅吃饭去了。行文至此，不知者以为先生傲慢，恃才傲物，看不上这些前来拜访的晚辈，这似乎与他的天才气质很相符。但他回到客厅后，却兴致盎然，与"我"大聊特聊，全然没有结束话题的意思。此后的再一次接触，先生又是同"我"兴致勃勃地聊了一通，还邀请"我"参加他组织的研究工作会。我这才"渐渐地悟出来，刘绍棠先生那些不拘小节的行为举止乃是性格使然，对人并无恶意，也无设防，是一种本色性情"[①]。正是通过前后印象的转变，揭开这天才印象背后的率真乃至不通人情世故的性格，刘绍棠先生才从传奇的光晕中走出，作为真实而丰满的人物形象，立于读者面前。

细节，是塑造人物的重要手段，是点睛之笔，是肖像画里眼眸中的光彩。选一二细事，以质朴的语调娓娓道来，往往能不言情而含情，使人欲泣。《中文系"三陈（程）"》一篇，写到著名的学者陈瘦竹先生。先生学富五车，才情过人。好读书，亦好饮食。作者回忆说："陈瘦老其实并不瘦，他的胖也许是和他善饮能吃有关吧。"[②]80年代末的一次工作会议，与会者在食堂里吃工作餐，其

① 丁帆：《先生素描（十一）——刘绍棠先生素描》，《雨花》2018年第11期。

② 丁帆：《先生素描（二）——中文系"三陈（程）"》，《雨花》2018年第2期。

中有一份红烧肉，一个青年教师看到了，想到“陈先生最爱吃这个菜，便连搛了好几块在他碗里，孰料有一块大肥肉滑掉在饭桌上了，大家都说算了，陈先生则不以为然，直接就用手摸摸索索地去寻觅那块肥肉，捕捉到后，便一口塞进嘴里……”[①]其时，先生目力不济，视力只有0.03。这一饭桌上的举动，初读之下，只觉先生为人不拘小节，性情洒脱。然而联系到先生生平，早年经历大风大浪，多遭批判，在困顿岁月里，自身难保之下还不忘竭力庇护自己的学生。这样一个学识风骨皆叫人敬仰的大学者，晚年竟连一顿红烧肉的口腹之欲都难以满足，实在令人心酸。先生摸摸索索寻起那块掉在桌上的肥肉的情景，蕴含了巨大的情感力量，读之令人不禁落泪。

这样的细节描绘，文中比比皆是。它们之所以动人，是因为饱含写作者本人真挚的情感。一篇优秀的作品，在所有技巧层面的书写背后，必然有真挚的情感做支撑。写出“纯从至情至性中流出”的《祭妹文》的袁枚，主张为文需含真情，应出于意之所诚。“情之至者，自然流为至文。”《先生素描》十一篇，篇篇都浸透了作者饱满的情感。这些至情，让那些面貌各异的先生脱离画卷，栩栩如生。

二

《先生素描》开篇的引子里写道：“打我刚上小学起，就已经开始废除‘先生’的称谓了，在我们的脑海里，那已然成为旧社会的隐喻。”[②]作者上小学时，大约是60年代初，在此后的近二十年中，随着“先生”这个称谓一起成为不可言及的隐喻的，还有这个称谓喻指的整个群体。《先生素描》十一篇，追忆的先生们可谓这个群

① 丁帆：《先生素描（二）——中文系“三陈（程）”》，《雨花》2018年第2期。

② 丁帆：《先生素描（一）——扬州师院的先生们》，《雨花》2018年第1期。

体的一个缩影，从初中老师到乡村教师，再到高校的教授，他们多舛的人生经历背后，折射的是整个现代知识分子群体在动荡年代里的命运沉浮。

《扬州师院的先生们》一篇中，有个让人印象深刻的老者，他“略矮而臃肿”，“走起路来鞋子拖着地面，摩擦出踢踢拓拓的声响。他拿书给你时嘴里总是在嘟嘟囔囔地叽咕着什么，那并不连贯的吴语往往使许多苏北学生难以捉摸其语义”[①]。他是作者笔下出现的第一位人物，却不是老师，只是扬州师院图书馆借书处的工作人员。这么一个邋里邋遢、形似卡西莫多的老头，“我”在与其交往中，竟十分惊讶地发现，“他是一个饱读诗书、满腹经纶的先生”，后来听闻他因在1957年的运动中发表了不当的言论，被发配此间做了资料员。这样的遭际，几乎是那个年代知识分子的共同宿命——程千帆错失了十八年的学术青春，刘绍棠有二十多年的时间都被剥夺创作的权利，曾华鹏、范伯群正当意气风发时被发配至学术荒地……沉重的历史带走的不仅是一去不回的学术青春，还有鲜活的生命——许志英先生以自戕的方式离开这个世界。剩下的人，或是主动地噤声，或被动地失声，像影子一般融于浓厚的暗夜中。这些沉痛的记忆让《先生素描》系列的文字充满不可抑制的疼痛感和激愤之情。“亦哀、亦怜、亦痛、亦敬”是笔者读到程千帆先生《闲堂书简》里文字时的心情，我想，这也是作者在书写这一群人物时始终怀有的心情，更是我们在阅读《先生素描》时内心翻涌出的真切感受。

为了真实地再现人物，作者除回忆自己与先生们交往时的细节外，还援引了大量资料作为佐证，包括先生们自己的自叙性散文，如上文提到的程千帆先生的《闲堂书简》，以及他人的口述及文字资料，如最后一篇《叶至诚先生》中，援引了叶先生的儿子叶兆言回忆父亲的文字。这些资料的大量补充，一方面让人物更加真实可

① 丁帆：《先生素描（一）——扬州师院的先生们》，《雨花》2018年第1期。

信，另一方面也让《先生素描》系列极富史料价值。《先生素描》第二篇《中文系“三陈（程）”》、第三篇《现当代文学的“三驾马车”》写的是南京大学中文系的六位教授，将这六位教授的追忆性文字放在一起，几乎可以成为南京大学的简史。写史，是为了写人，又不止于写人。司马迁写《史记》，为“究天人之际，通古今之变，成一家之言”。丁帆老师的这十一篇文章，意在悼念这些高风亮节的先生，亦在追寻知识分子的风骨在今日的承继。

知识分子，《辞海》解释为具备相当知识学问，并对政治、社会等具有影响力的人物。远在这个专有名词出现之前，这个群体是以一个个具体的面孔留在历史中的。他是“安得广厦千万间，大庇天下寒士俱欢颜”的杜甫，是“先天下之忧而忧，后天下之乐而乐”的范仲淹，是“人生自古谁无死，留取丹心照汗青”的文天祥。到了现代，他是鲁迅先生笔下的真正的勇士，也是丁帆老师笔下这些虽身陷囹圄，仍狷介耿直、激浊扬清的先生。但不知从何时起，知识分子这一称谓似乎已被污名化了，国人羞以知识分子自称，“铁肩担道义，妙手著文章”的形象已成为惹人嗤笑的对象。这在《先生素描》里的老知识分子们看来，是无论如何也不可想象的。

“从王国维到陈寅恪，从蒋天枢到章培恒，中国知识分子从古代文人士子嬗变到现代知识分子，经历了多少风风雨雨，许多人在大浪淘沙中沉沦了、折戟了，而仅有极少数的人还在坚持着、肩扛着。因为他们相信未来。”[①] 然而“今天，我们能够从前辈的身后望见他们的脊梁吗？”

知识分子，本应成为火炬，照彻黑夜，即便力不能逮，至少要成为这暗夜中提灯夜巡的人，为萤火虫般的青年们导航指路。《先生素描》系列里，作者不断追问，大声疾呼，对当下知识分子精神的堕落而痛惜，对真正担得起知识分子这一称谓的群体的回归的热切渴望，贯穿始终。

---

① 丁帆：《先生素描（七）——章培恒先生素描》（下），《雨花》2018年第7期。

三

现在，让我为丁帆老师画一幅素描。一头鬈曲的黑发，目光异常清亮，眼睛看向人时，似有光。画里应当是他在夜里伏案疾书的样子，这是因为他在十二期稿件的撰写过程中，几易其稿，反复修改，常常晚间十一点发来修改了一次次的文章，第二天醒来，发现他在凌晨四点发来了再次修改过的稿件。在感慨他精力充沛的同时，不禁联想到写《夜颂》的鲁迅先生。鲁迅说："只有夜还算是诚实的。""爱夜的人要有听夜的耳朵和看夜的眼睛，自在暗中，看一切暗。"[①]而看到了一切暗之后，还要敢于正视，与之搏斗。

丁帆老师作为学者、批评家，主要研究的领域在文学史，如《中国乡土小说史论》《文化批判的审美价值坐标》，亦著有多部散文集，如《枕石观云》《江南悲歌》等。无论读其文论，还是散文，都常感到有凛然之气。他在《社会转型期知识分子的文化选择》《人文精神的失落与重新选择》等多篇文章中，不断议及当代中国知识分子这一话题，言辞锋利，毫不讳言。《先生素描》这个系列的书写，可看作他对传统知识分子精神的再一次呼唤和回望。

在评价潘旭澜先生的散文创作时，作者写道："这种在知识分子良知下的写作风格，成为潘先生散文随笔中的骨架，它肩扛和支撑着的是'闸门'还是'星空'呢？"[②]潘先生的文字，更像鲁迅所说的荧荧之光，它们汇聚成火炬，在黑夜中照彻去路，正如《先生素描》系列一样。

原载《当代作家评论》2019年第4期

① 鲁迅：《夜颂》，《鲁迅自编文集：准风月谈》，译林出版社2014版，第5页。

② 丁帆：《先生素描（五）——潘旭澜先生素描》，《雨花》2018年第5期。

知识分子的批判立场与人文情怀
——读丁帆的文化随笔

贺仲明

丁帆先生是治中国现代文学的著名专家。但也许因为更契合于现代文学的“现代”精神气质，丁帆虽然有严谨的治学风格，却不是将现代文学作为没有生命的学问来研究，而是时常在其中融入强烈的主体思想意识。换句话说，丁帆既是一名学者，也是一名思想者。正因为这样，他在写作、出版多部学术专著的同时，还创作了许多精彩的文化随笔。随笔文体的相对自由，让丁帆能够更充分地表达自己的主体思想，我们也更能从中体会到丁帆作为一个思想者的精神气质，丁帆的文化随笔，主要有《江南悲歌》（台湾版名为《江南文化散步》）、《夕阳帆影》、《枕石观云》三部，此外还有多篇未结集的单篇文章。这些作品内容涉及历史、个人、文化等多个话题，其思想精神自然难以用一言蔽之，但我以为，辉耀于其中的中心思想，无疑是强烈的现代知识分子精神。

一

丁帆的知识分子精神最典型地体现在其批判意识上。关于究竟什么是“知识分子”，学术界存在多种解读，对知识分子职责的界定也有不同见解。丁帆明确地将知识分子内涵定位为以“批判”为中心，在他看来，“知识分子的精神就是坚守文化批判，唯有此，他才能算得知识分子，否则一切所谓学问只是一堆文字符号而已……”[①] 以批判本质来认识知识分子，决定了丁帆审视社会和人物时最基本的批判立场。

也许是因为自身的知识分子身份，当然更因为认识到知识分子立场要以自身的批判为前提，丁帆的批判目标较多地集中在知识分子领域，锋芒直指知识分子的精神和心灵世界。他的第一部随笔集《江南悲歌》就鲜明地体现出这一点。该随笔集以江南文化为中心，重点梳理了明清以来江南社会中的文化人物和文化事件，可以看作是一部从明清以来江南知识分子文化心灵的解剖史。其中既有对钱谦益、顾炎武、王国维等历史人物气节的考量，也有对方孝孺、储安平等知识分子刚强个性的赞慕讴歌及对其命运的深情慨叹，更借李香君、柳如是、董小宛等明清之际诸多女性的道路选择和精神追求，比照出同时期许多知识分子精神的怯弱和猥琐。此后的《夕阳帆影》和《枕石观云》更着力于对现代知识分子的精神审视。其一部分内容深入到鲁迅、郭沫若、茅盾、老舍、胡风等现代作家的心灵世界，既褒扬了鲁迅、胡风等人的独立精神个性，更探析了郭沫若等人软弱个性背后的文化原因。其心灵的拷问虽然是针对具体的历史人物，却也可以看作是对一代知识分子精神的全面反思。另一部分内容则是对现实社会知识分子问题的思考。1990 年代以来，中国社会进入到剧烈的社会转型期，知识分子的生存状况变得更复杂，道路选择也更多元。对此，丁帆的态度非常明确，他对正走向颓败和萎靡的知识分子文化进行了尖锐批判，发出了对真正知识分子“你在哪里”的急切呼唤。最近几年中，丁帆还对许多苏俄知识分子问题进行了反思。从托尔斯泰、陀思妥耶夫斯基、高尔基、索尔仁尼琴以及“白银时代”作家，到别林斯基、车尔尼雪夫斯基等思想家，丁帆都写了专门的文章，揭示和批判了专制制度下某些心灵的扭曲与堕落，赞颂了坚韧独立精神对权力的顽强抗击。相比于“文革”中的中国知识分子，灾难中的苏联知识分子表现出了更多的精神独

① 丁帆、傅元峰:《当我们把人和人性化为上帝之时——丁帆教授访谈录》,《中文自学指导》2005 年第 6 期。

立和反抗勇气，显然，丁帆探寻那些果敢勇毅的“俄罗斯良心”，目的在于针砭现实中国的知识分子。此外，丁帆还借阅读伯林《苏联的心灵》、拉塞尔·雅各比《最后的知识分子》、马克·里拉《当知识分子遇到政治》和阿伦特《论革命》等论知识分子和政治制度的理论著作，试图从更高的理性视野来思考知识分子问题，审视和批判是这些文章最基本的思想内容。

对知识分子精神的解剖和批判构成丁帆文化随笔的一个重要内容，但是，他的批判不局限于此。因为我们任何一个人都知道，中国知识分子文化的许多陋习，都与中国历史长期的专制统治有关。知识分子文化与专制政治是不可分割的密切整体，对知识分子精神的批判必然要追究到专制政治体制。如果将批判目光只限制在知识分子，却忽略了更深层的政治文化背景，无疑有“拣软柿子捏”的嫌疑（当然在其背后还存在冒犯某些禁忌的风险）。所以，丁帆在批判知识分子精神之外，还将批判的锋芒鲜明而尖锐地指向了专制政治，以及与之相伴生的政治文化。

《江南悲歌》就是如此。它对每一个知识分子心灵和命运的钩沉，都密切与当时严酷而复杂的政治环境相关联。《夕阳帆影》和《枕石观云》所关注的是现实世界。对当下现实，丁帆的笔墨主要集中在文化批判上。他从人性的立场来反思现实的物欲文化，剖析其对人类主体异化的本质，并将之与当前中国社会文化相关联。因此，他主张文学更多地“介入当下”，张扬英雄主义和理想精神，也希望文学更多地承担守护和打捞“人格”“正义”“道德”“乌托邦”的责任，并发出“救救中国文学”的热切呼唤。

丁帆近期关注苏联知识分子命运的文章，同样表达了类似的批判主题。整个苏联时期，斯大林的残酷政治是任何人都难以逃避的严酷命运，它制造了众多知识分子的悲惨命运，更对人的心灵世界构成了巨大的摧残。丁帆对之进行了毫不犹豫地揭露和抨击，更进行了具有理性深度的思想探究。比如《谁以革命的名义绑架了法律、制度、自由与人性？！》一文，借对阿伦特《论革命》一书的评述，立足于“民主的法制和人性的自由”角度，在回顾法国大革命、俄国十月革命历史的同时，密切关联中国的革命历史和“革命”，探讨其背后存在的复杂因素。再如《高尔基告诉作家：“一切在于人，一切为了人！”》一文，在汪介之专著《伏尔加河的呻吟——高尔基的最后二十年》还原晚年高尔基思想和生活真相的基础上，重新辨析了苏联的“二月革命”和“十月革命”，典型而深刻地揭示出专制制度对知识分子心灵的巨大戕害，其思考颇让人深省。

二

人文情怀与批判意识是知识分子精神的两面。坚持人文的立场，必然会与各种专制社会与文化构成冲突，也就必然会萌生批判的思想意识。丁帆的文化随笔就是如此。批判意识与人文情怀构成其思想主旨的两翼，既相互关联，又互为表里。具体来说，这种人文情怀主要有以下表现。一是以人为中心的基本立场。在丁帆的随笔中，时刻可以看到和感受到“人”这个字眼，可以说，在其思想中，人是最基本的出发点，也是归结点。丁帆谈论知识分子，关注的是其有没有作为真正独立人的基本精神，有没有让更多人获得人的独立生存权利的责任意识。独立、人文、责任，是丁帆品评知识分子精神的最基本准则；同样，丁帆谈论政治制度，关注的也是它是否给予了人以基本的权利和公正，是否给予了人以基本的尊重和自由，对人的态度，是丁帆衡量政治制度是否合理的基本准则。这一点，与丁帆的学术批评有完全的一致性。早几年，小说《狼图腾》流行一时，好评如潮。但丁帆却坚持以人的立场，对小说中的反人类因素进行了清晰的辨析和严厉的批评。对于正如火如荼的生态文学评论界来说，这无疑是一剂难得的清醒剂。因为生态文学思想确实有其合理性，但在中国，它的发展却远不充分和成熟，其中包孕着不少的肤浅、片面和极端。丁帆的批评敢于逆时代大潮而行，既是其思想勇气的体现，也是其所拥有的人文精神的价值力量。二是充溢着人文精神的批判方式。丁帆的随笔富有批判精神，但它绝不是批判的武器，其批判方式中蕴藏着深厚的人文情怀。比如《江南悲歌》，虽然批判是其品评人事时的基本立场，但丁帆不是将这一立场简单化，而是将人物充分安置在其具体的时代环境中；细致入微地辨析其生存境遇和复杂心态，对其委婉处、无奈处、艰难处，批判中颇多理解，亦多同情。《夕阳帆影》更是如此。其对作者过往生活以及家人亲朋生活的记叙，充满人情味，更多心灵的温情和豁达宽容。比如谈到“文革”时期那段充满艰辛和困苦的知青生活时，完全没有激烈的怨怼之词，而是充溢着对农民生活的同情。特别是作品中那些对求学生涯中师友的怀念篇什，更是充满着真诚的感激，深情的记叙中洋溢着浓郁的人文之情。

人文式的批判方式还体现在另一方面，那就是丁帆的批判不只是针对别人，而是经常将自己作为剖析对象，不留情面地进行自我批判和反思。比如《夕阳帆影》中回忆自己青春时期的“文革”生涯，丝毫没有诿过于人，而是将自己和大的历史一起做严厉的审视，历史批判与自我剖析紧密结合在一起。其《苦难——人生航程的风景》一文，记叙的虽是生活的困厄，却无自怨自艾，而是充满着达观和感恩的态度，其看淡人生悲喜的睿智中，更有难得的清醒和冷峻。《一个亲历者的自白书》一文，以“一个从红卫兵到知识青年全部精神裂变过程”的亲历者身份，回顾和思考红卫兵和知青运动。其结论中有不留情面的自我剖析和反思精神：“如果真正‘从灵魂深处爆发革命’，我们每一个人（即使当年不是红卫兵和造反派），只要是经过‘文化大革命’‘思想洗礼’的人，恐怕都逃脱不了行为和思想的清理。”既沉痛又发人深思。

这些特点，使丁帆的批判不是那种居高临下的俯视，更不是那种教条式的酷评，也使他明显地区别于那种高高在上、俨然以精神救世主或者道德楷模、文学标杆自命的学者。更主要的是，这还使他的批判更具穿透力和感染力。只有深刻的、敢于直面自己的批判，才能使思考更具高度和深度，也才能真正实现批判的力量。

三是强烈个性化的艺术品格。丁帆的随笔不只具有思想冲击力，在艺术上也颇具功底。一方面，它们体现出很强的叙事能力和语言文采。如《江南悲歌》对晚明文人的复杂心迹剖析细致真切，其写景抒情也都立意高远。典型如《豁蒙楼上话豁蒙》一文，以叙述南京鸡鸣寺一处名胜为起点，但意图却远不只是风景，而是钩沉背后的历史文化，慨叹它所寄寓的现代思想内涵，将它写成了一部现代启蒙历史的缩影，是一篇寓意深远，兼具思想和艺术魅力的优秀散文。同样，《夕阳帆影》中记叙知青生活的部分篇章，细节和景物的描摹也颇为生动，不少篇章颇具美文气质[①]。另一方面，这些作品都蕴含着真诚的感情。无论是记叙抒情还是品评人事，从中都可以体会到作者心灵的投入，可以感受到作者的鲜明思想个性和充沛的情感。其真实坦率、自然亲切，绝对区别于许多随笔作品情感上的虚假造作，也拥有了特别的感染力。特别是早期的一些记叙性作品，感情真挚而用笔细腻，性情中颇具叙述功力，艺术性颇高。我以为，丁帆若能在这方面多多用力，完全可以在散文艺术方面获得更大的成就。略感遗憾的是，他近年来的随笔较多关注思想，记叙性的文章写得少了。思想的魅力与艺术的魅力无法兼具，也许也是一种无奈吧。

正因为能够将批判立场与人文情怀融合在一起，丁帆的许多思考远远超越了批判姿态本身，具备了思想的深度穿透力。如《江南悲歌》中对江南历史人物的思考，尽管不是一个全新的话题，但其立足于客观的、人性的视野，超越了简单的兴亡和民族立场，很有新意。再如《夕阳帆影》中《沾血的灵魂》《寻找激情的火花》等文章，以过来人、亲历者的身份回顾共和国历史，剖析历史对这一代人心灵的影响，分析他们的遭遇、经历、责任和命运，既有亲历者的沉重感受，又能超出情感的范围，客观冷静，较之同时期乃至今天的许多评述，高度和启迪性都不可同日而语。

---

① 张王飞、林道立、吴周文：《人格审美、忧伤情怀与悖论式思维——丁帆随笔审美意义的探寻》，《南方文坛》2011 年第 2 期。

三

透视丁帆文化随笔的创作历史，我们可以把握到作者思想的基本渊源，也可以感受到作者思想的发展性。就思想主体来说，丁帆随笔最重要的精神资源显然是“五四”启蒙文化。其知识分子批判意识、责任意识和人文情怀背后，都可以看到现代启蒙思想的影子，可以看到“五四”知识分子的精英意识，以及他们对自由个性、独立精神的倡扬和追求。对这一点，丁帆从来都不避讳。即使是近年来对“五四”的反思与批判声音甚嚣尘上，他也依然故我。在文章中，他多次明确将“五四”文化作为自己的精神圭臬，还将一本论文著作以“重回‘五四’起跑线”来命名。客观地说，尽管“五四”的思想文化并不完美（事实上也不可能存在完美无缺的思想），但它对中国社会从传统跨入现代有着不可否定的巨大贡献。而且，“五四”的许多任务在今天尚未完成，当前中国的许多问题与“五四”的文化语境也有密切相通之点，所以，对“五四”文化的坚持，并非没有现实针砭意义。典型如在政治层面，“五四”一代人所追求的民主自由距离今天依然遥远，今天的知识分子显然应该尽最大的力量去争取。同样，人的解放是“五四”文化的一个中心，在今天也依然有充分的意义。因为当前虽然已经进入现代工业社会，但人并没有得到解放，相反，物质文化与权力体制共同构成对人的强大压迫力量，或者说，它在今天的表现方式虽然有别于“五四”时期，但都是对人类自由精神的严重异化，所以，人道主义精神和人的解放思想，始终是应该积极关注和思考的话题。

当然，丁帆的思想并不是局限于“五四”，而是在此基础上有不断的发展和超越。这典型地表现在丁帆近年的文化随笔中（此外，丁帆近年来大力倡导“民国文学”，也可以看作这种思想发展的结果）。比如他对文学的基本认识，对伯林关于真正伟大文学作品标准的认同："保持着人性、内在的良知和是非感。"[①]可以看到"五四"文化的某些影子，却又不能完全为其所囿限。这也正是丁帆整个思想的体现：他源于"五四"，却不终止于"五四"。这一点，在丁帆对中国现代启蒙运动的深刻反思中体现得最为充分。

长期以来，中国的启蒙运动都是针对普通大众，知识分子高居于启蒙者位置上，以知识精英的身份承担启蒙他人的职责，但事实上，就目前来说，知识分子还远没有完成自我的启蒙任务。一方面，由于长期的专制统治，知识分子文化中存在许多惰性和劣根性，需要漫长而艰难的清理过程，特别是在近几十年的社会政治变迁中，知识分子的心灵在政治挤压下发生了许多扭曲和变异，滋生了相当多的精神缺陷，已经失去了在社会大众中曾经的文化精英和思想先驱形象。因此，知识分子的自我批判和自我发展是非常迫切的任务。另一方面，在任何时候，知识群体的内涵和外延都是变动不居的，"知识分子"这一概念，随着时代的变化有着复杂而多样的演变。特别是在进入现代工业社会以后，到底谁是知识分子，什么是知识分子精神，有着丰富的歧义。而不可否认的是，对于任何一个民族来说，知识群体都是其文化的先锋和典型，它创造、引领和影响时代的文化精神，在很大程度上决定着时代的文化素质和精神走向。在知识分子分化非常严重的现实背景下，如何厘清自身的概念、特点、职责和任务，如何与社会大众构成良好的互助共进关系，应对复杂的社会变化，需要知识分子深刻而丰富的思考。

对此，丁帆的认识深刻而睿智。早在1990年代后期，他就提出知识分子的自我启蒙问题，认为它的意义比启蒙更重要："目前中国知识分子应承担的最大责任是'二次启蒙'：不仅承担启蒙群众的责任，还要不间断地自我启蒙，唤醒自己的社会良心，促成人性的敏感和自知，从而避免启蒙的再次溃败。"[②]丁帆多年来始终

① 丁帆：《"白银时代文学"的最后回望者》(一)，《读书》2012年第11期。

② 丁帆、傅元峰：《当我们把人和人性化为上帝之时——丁帆教授访谈录》，《中文自学指导》2005年第6期。

将批判的重心放在知识分子身上，对知识分子问题进行长期而深入的批判性反思，显然都源于这一思考。在中国文化现实中，这一思考具有充分的现实意义，也颇具前沿性。

丁帆的文化随笔还有一个突出的意义，就是其鲜明的价值立场和果敢的精神勇气。经历了“文革”后这么多年的开放和发展，中国思想界的深度显然有较大的发展，对许多问题的认识也更复杂多元。但是，与认识的深入多元相对应的，是知识界盛行游移和暧昧，是知识分子精神勇气的普遍匮乏。知识分子们变得越来越聪明，越来越犹疑，越来越没有明确的价值立场，也越来越不敢直面现实，越来越远离知识分子的担当、批判和责任意识。而且，与这种犹疑相伴随的，是知识分子普遍失去了行动和实践的能力（甚至失去了这样的要求和愿望），失去了表达自己批判思想的勇气。我们当然不应该也不可能再回到思想的简单化，但是，缺乏明晰的价值观和力量，同样是知识分子一个巨大的损失。甚至可以说，在当下中国，思想的明晰、坚定和勇气甚至比完备复杂更为重要。

所以，正如任何事情都有两面性，态度鲜明也许意味着缺少周全，坚定果断似乎联系着缺少圆通，丁帆所持鲜明而坚定的知识分子立场似乎也有不完美处，比较那些左右摇摆、貌似中庸的思想来说缺少了点世故融通。但这正是丁帆最突出的精神个性，而且，它也是我们这时代知识分子精神的典型体现，是我们这个时代最需要也是最有价值的精神。

原载《文艺争鸣》2013年第3期

味之于民间，心之于自然

——读丁帆的随笔集《天下美食》与《人间风景》

何家欢

贺仲明在评价丁帆时曾说：“丁帆既是一名学者，也是一名思想者。”[①]如果说学术著作以系统化的架构呈现了他的理论学识，那么散文随笔就像是他思想的碎片化的剪辑，让我们更能体会到丁帆作为思想者的精神气质。在此前出版的《江南悲歌》《夕阳帆影》等随笔集中，丁帆对中国古今知识分子的精神世界与人格品质进行了较为集中的探索和审视，而《人间风景》和《天下美食》则将更多的笔墨放在对饮食与风景的欣赏与书写上，在彰显文人闲情逸趣的同时，也尽显知识分子的人文情怀。

一

文学中的饮食与风景，从某个方面来说，是文人闲情逸趣的一种体现。在中国古代，文人是由士大夫阶层衍生出来的一种身份，它无关于主体所处的社会政治经济地位，而是以情趣、爱好为核心取向来界定的，“所谓‘文人’就是有文才与文采之人，亦即诗词歌赋、棋琴书画样样精通之人”[②]。正如李春青所言，“‘文人’不是一

① 贺仲明：《知识分子的批判立场与人文情怀——读丁帆的文化随笔》，《文艺争鸣》2013 年第 3 期。

② 李春青：《“文人”身份的历史生成及其对文人观念之影响》，《文艺争鸣》2012 年第 3 期。

个社会阶层，而是一种文化身份”，他们本质上是一种“精神的贵族”①。既然是精神的贵族，那么对他们而言，生活的意义就不再只是求得温饱，物质上的富足，或是官场上的名利，而是追求一种精神上的自由和愉悦之感。这种对精神世界的高度追求不仅体现在他们风雅的兴趣爱好中，同时也体现为一种心闲意适的状态——通过身体的休息和放松获得精神的平和与宁静，其中休闲是一种手段，精神上的自由感和愉悦感才是目的。所以在古代的诗词文章中常常能够感受到文人对这种“闲适”之感的寻觅，登高、游历、饮酒一直是文人墨客笔下不败的主题，这种陶醉于美酒、寻兴于山林间的态度，体现的是文人心灵深处对自由之感的追寻，让心灵驰骋于天地之间，从而使自我得到最大的放逐，抛却世间一切的烦恼与俗务，而文学正是文人墨客用以抒发其自由之情的一个载体。中国古典文学素来有文以载道的传统，“道”所强调的是文学的社会作用，而这些个人化的文人趣味的融入则在一定程度上将中国文学从“道”的苑囿中解放出来，让文学成为远离身心羁绊的自由之作。

进入现代社会以来，古代文人的这种“闲适”精神在一些作家的散文创作中依然有所继承，如周作人、林语堂、汪曾祺等，他们的散文中常常流露出对日常化生活体验的关注。在他们的笔下，饮酒、美食与品茶都是生活中必不可少的快乐体验，所以每每写起总是文笔诙谐，兴致盎然，显现出一种平和冲淡的趣味。相较于旧时文人对心灵的自由之感的追求，现代作家的“闲适”之情更多包含着他们对生活品质的一种审美性的要求与期待。或许于作家们而言，生活本身就是一门艺术，要不断佐以情调方能让它变得更加适意和美好，才能感受到它带来的精神上的愉悦感。正如龚鹏程所言：“体验、体会、体味都是情感的投入、性情的陶冶，同时也伴随着认识，其结果就会得到一种‘乐’。这是自我内在的体验，不是一般的情

① 李春青：《“文人”身份的历史生成及其对文人观念之影响》，《文艺争鸣》2012 年第 3 期。

绪感受。”①

丁帆是一个拥有文人气韵，又对生活有着作家般的敏锐感知力的人，他笔下的饮食与风景，无一不渗透着自己对生活的理解与体验，那种对各种饮食的直觉，以及对风景的感受力，都是极富灵性的，饱含着作家对外部世界的敏感和好奇。但是个人体验并不是丁帆随笔中唯一要表达的内容，他在书写体验的同时，更注重的是去探求这种体验存在的人文性与时空性。在丁帆看来，无论是饮食还是风景，都附着了大量人类的欲望与想象，正是因为如此，同样的食物在不同的时代会带给人不同的味觉体验，同样的风景在不同的人群中也会呈现出不同的感觉。这种差别本身就是耐人寻味的，丁帆常常会在随笔中把自己的个人体验和自己所身处的历史文化语境联通起来，为各种体验去寻找其存在的文化之根。所以在他的随笔中，我们总是能够感受到一种独特的历史纵深感和深厚的文化积淀：一方面，他以作家般诗性而直觉式的感知力去触碰外部世界；另一方面，他又以学者式的反思与自省不断对感受到的一切加以剖析。在理性思维的烛照下，感性世界得到了最大的纵深和延展，进而造就了丁帆随笔的厚度与深度，同时也是其文章的精髓所在。

二

《天下美食》顾名思义是一部文学的美食之旅。在这部随笔集中，丁帆将探寻美食的笔触伸向了民间，同时也伸向了旧时的味觉记忆。

丁帆是一位民间美食坚定的追随者与探索者。在丁帆看来，现代人的味蕾已经被工业化流水线制作出来的食物折磨得疲惫不堪，变得日益迟钝，唯有重返民间才能寻回饕餮的欲望和味蕾的快感。在《天下美食》《天下红烧肉》《寻觅旧时味蕾上的南京美食》等多篇随笔中，丁帆写到了民间美食令人难忘的味觉体验，无论是最

① 龚鹏程:《中国传统文化十五讲》，北京大学出版社2006年版，第176页。

普通又最能带来饕餮快感的红烧肉，还是那些令“亲者痛仇者快”的异味美食，都在现代人的舌尖上散发着迷人魅力。同时，他也对民间的一些稀奇古怪的“美食”保持着强烈的拒斥，如流传在广东地区的小老鼠蘸酱、贵州地区用牛胃里未消化的食物汁液做汤料的“牛瘪火锅”，还有世界上最惨无人道的“美食”活吃猴脑等，这些茹毛饮血的行径在作者看来都是应该被文明社会和现代人类所遗弃的。民间美食虽然刺激着人的味蕾，但是也在某些方面存在和人情人性相冲突的地方。如何在寻求美味的同时，坚守住人性的底线，是丁帆提醒人们在寻味民间的过程中要去思考和注意的问题。

在丁帆的笔下，最令人难以忘怀的还是那些深深镌刻在记忆里的味道。台湾有一个词叫作“古早味”，专门用来形容那些古旧的令人怀念的味道。旧时的味道之所以令人怀恋，是因为人的味蕾总是会和一些旧时的记忆相连，当食物在口中咀嚼的时候，记忆便会随着食物在口中弥散开来。丁帆出生于20世纪50年代，他所经历的时代注定了他人生阅历的丰富性，而这些丰富的人生阅历又在无形中造就了他丰富的味觉阅历。随笔中，丁帆谈到了自己在20世纪六七十年代的一些美食体验。没有经历过这个时代的人可能难以想象在这样一个物资匮乏的时代会有着什么样的美食。殊不知越是在饥肠辘辘的年代，人的味蕾往往越会因饥饿而变得敏感，这样一来，即便是那些看似普通的食物也能咀嚼出特别的味道来。丁帆便写出了在这个饥饿的年代里的那些最令人留恋的味道，比如年少时偷偷从家里拿走跑去野外生火煮熟的嚼劲十足的香肚，比如奇芳阁楼下转弯处那咬上一口便香气四溢的鸭油烧饼，又比如六凤居的油大饼、豆腐捞，还有永和园的小笼汤包。这些已经随着时光流逝远去了的平民美食，透过作者敏感而细腻的味觉体验，又重新变得热气腾腾，飘香四溢。我相信这种味觉上的敏感与贪恋绝不仅仅只是一种个人化的味觉体验，而是已经深深地嵌入到一个时代的味觉基因之中，变成了一种味觉上的集体无意识。正如丁帆在序言中所写的：“在中国，像我们这把年纪的人，应该是经历了三个饮食文化变迁的见证人，从农耕文明的简单烧制，到现代文明的复杂烹饪，再到后现代文明的饮食文化的大交流。我们跨越了三个时代对食物的不同的尝试和理解，很难想象，如果脱离了饮食文化的具体环境，我们能否深刻地理解美食背后的所指与能指。”[①] 这种对味觉的敏感或许正是过去的历史时代在这代人身上留下的一个印记，而丁帆在随笔中所描绘的一切也为没有经历过饥饿的“后现代的都市人”奉上了宝贵的味觉体验。

从随笔中可以看出，丁帆对于历史和时代赐予自己的味觉体验是满怀自豪与留恋的，但我们又总是能够感受到其内心深处的失落与怅惘。他常常是在道出了一大篇令人垂涎的美食体验后，又在文章的结尾感叹如今再也找寻不到记忆中的味道，流露出一种怅然若失的怀旧情绪。这样的怀旧情绪在周作人、汪曾祺等人的美食散文中似乎也曾窥见。进入现代社会以后，“美食怀旧”几乎已经成为一个独特的文化现象，这实际上是现代文明进程中，人们普遍存在的一种情绪。面对西方文化的冲击和传统文化的陷落，无力逃脱的人们只能转向民间的味觉记忆去寻求最后的慰藉：“他们的美食怀旧是创伤性集体记忆的体现；无论描绘‘故乡的食物’还是追寻古籍中的美食，他们都在试图恢复或重组传统文化的断简残片。”[②] 那些远去的美食记忆，所承载的或许正是现代人对民间传统的一种文化想象与精神依恋。

三

在另一本随笔集《人间风景》中，丁帆的笔触由味觉体验转向了心灵的问寻。如果说美食唤起的是现代人对民间传统的味觉记忆，那么风景所激起的则是对现代文明和对人类自我内心世界的拷问。

---

① 丁帆：《天下美食》，译林出版社 2017 年版，第 2—3 页。

② 冯进：《中国现当代文学中的“美食怀旧”书写——以陆文夫为个案》，《复旦学报》2013 年第 4 期。

风景的社会性与自然性的辩证统一是丁帆在《人间风景》中寻觅和探索的一个核心命题。

在丁帆看来，任何自然风景背后，都离不开那个“观者”的“内在的眼睛”的解读。因此，同样的景物在不同的人群中，会呈现出不同的感觉，甚至，同样的景物在一个人处于不同的时空环境的时候也会对其有不同的理解，产生不同的心境，这就是风景的社会属性。譬如在《豁蒙楼上》一文中，丁帆由豁蒙楼之行联想到那些曾在此楼上彷徨、豁蒙过的文人墨客。他发现不同的人在不同的时代面对同样的风景，却产生了截然不同的心态，从而导致了截然不同的人生境遇。于是，他开始思索人在风景中究竟看到了什么。或许大多数人在风景中看到的都不是风景，而是自己的经历，以及自己的内心。所以，当我们面对风景时，已经不再只是欣赏风景本身，而是一种“风景的意识形态”。它不仅饱含着我们个人的生命体验，同时还有着时代和社会赋予它的人文密码和意识形态内涵。

丁帆并不否认风景的社会属性的存在，但是在他看来，风景的自然属性才是最值得人类去呵护和敬畏的。特别是在人类为了社会发展而对大自然进行大肆破坏和改造的今天，人类更应该去亲近自然，去倾听自然的倾诉，而不是对它所承受的痛苦视而不见。丁帆写道：“我反对那种无节制地践踏自然资源与风景的人类的卑鄙行径，我们要倾听自然的哭泣，擦拭山湖的泪珠，抚慰她们的心灵创伤。这也许就是一个人类与自然无法解决的悖论，但是不知道这个悖论的存在，或者处于麻木的状态，无疑就是人类的悲哀，因为我们的耳朵已经听不到上帝的哭泣和呐喊声了。”[①] 在丁帆看来，人类应该把自然当作自己永恒的爱人一样去呵护，因为“当一个人身处喧嚣的都市水泥森林之中，失去了与大自然的亲和力之后，生存的意义就少了一种原始的野性。”[②] 而一旦人类丢失了“原始的野性”，也就相当于丢失了生命力，只能彻底沦为现代文明的奴隶。

① 丁帆：《人间风景》，译林出版社 2017 年版，第 2 页。

② 丁帆：《人间风景》，第 2 页。

丁帆在随笔中几次写到了梭罗和他的瓦尔登湖，足见对其精神思想的推崇。梭罗用他的亲身经历为人类提供了一种生存方式，那就是让身体和精神远离现代文明，重回大自然的怀抱。在梭罗看来，现代文明已经彻底阉割了人类的天性和自然的野性，为了不被文明所奴役，他只有选择远离人群、远离文明，“在孤独中寻觅和倡扬那种人类的原始野性”[①]。但是，梭罗的远离并不是逃避，而是在向自然寻求一种力量来对抗现代文明的奴役，他认为这种力量就蕴藏于大自然的原始野性之中：“生命存在于野性之中。最有生命力的是最有野性的。没有被驯服过的野性能使人耳目一新。”[②]为此，他选择用一种在别人看来近乎固执的孤独方式守护着人类的野性，同时这也是在守护着自己的本心。梭罗和他的瓦尔登湖就像是一个提示，时刻提醒着人类要对自然怀有一颗虔诚与敬畏的心。人类不仅要在风景中看到自己，也要在风景中看到广阔的自然，因为那里有人类生命力量的源泉和存在的根基。

从美食的寻觅到风景的抒写，丁帆的随笔流露出一种寻味于民间、寻心于自然的趋向和态度。借助于对民间味觉记忆与自然野性的寻回，丁帆表达了他对精神彼岸的构筑，以及对现代文明的有力批判。透过对民间美食与自然风景的书写，丁帆实际上是希望现代人能够在文明进程中始终保有对外部世界的敏感与好奇，并且像原始人类一样怀有一颗对大自然敬畏之心，唯有如此人类才能在现代化进程中坚守住自己的本心，远离文明的异化与役使。对于现代文明，丁帆始终保有一种批判与反思的态度，这是丁帆散文随笔最突出的精神个性，也是当代知识分子人文情怀的典型显现。

原载《当代作家评论》2018 年第 6 期

① 丁帆：《人间风景》，第 10—11 页。

② 转引自丁帆：《人间风景》，第 10—11 页。

辑三：人生访谈

关注乡土就是关注中国

——访中国现代文学研究会会长、南京大学文学院教授丁帆

丁　帆、舒晋瑜

时光追溯到四十年前。

20 世纪 70 年代末，当《文学评论》编辑部找到丁帆，希望他能选择一位作家进行跟踪评论的时候，丁帆毫不犹豫地选择了贾平凹。他说，贾平凹是一个鬼才，这个人将来会有出息。

此后，他在《文学评论》上发表了评论贾平凹的文章。一路跟踪至今，近来也依然谈贾平凹，也依然是在《文学评论》上，丁帆再次发表关于重读贾平凹《废都》的体会，作为文学史的二次筛选。他认为，《废都》写了整个中国知识分子界的思想的裂变、精神的分裂，是用性的外衣来包裹着的作品。任何国家的文学的高度，都是由它的长篇小说来决定的，而长篇小说的好坏就决定于它对这个时代的脉搏的把握是否准确。

这篇评论稿尚未刊出，就已传到贾平凹处。贾平凹说，他读得很快，停不下来，手一直在抖，他读得很激动。

“我觉得写得好。一是他站得高，以一个文学史家的眼光，从中外古今的文学中来展开论述，立意高，故有极强的说服力。二是文章的本身，充满激情，无枯滞和硬写之痕，很有雄辩味道。三是其中许多观点是二十年来评论《废都》的文章中未出现的，独到深刻。此文虽是评我的《废都》，我读出了对我的诸多启示。”贾平凹为此感谢丁帆，也由此认识了这样一个大评论家、文学专家的真

正厉害。

其实，作为中国现代文学研究会会长、南京大学博士生导师，丁帆还有作为学者的“厉害”。从1970年代末开始学术生涯，近四十年来年，关注学术界与现实社会中的若干变迁，在历史行程中读书治学，他的个人思想与情绪和着时代的脉搏跳动，一直维系学术与现实之间的亲和感，既保持对生活的热情和对新鲜感性经验的敏感，又保持学术研究的饱满的激情和开放性。

更值得一提的是，无论是钻研学问还是率性的随笔，丁帆的文章都有一个“真实”的“我”在。“真实”不是指丁帆个人的见闻实录，“我”也未必就完全等同于丁帆本人。他在学术论文或者散文、随笔中所表现的，是各种历史的和现实的条件所造就的“我”，正如阿伦特《人的境况》一书所谓的“处境的存在者”。阿伦特指出“任何接触到或进入人类生活稳定关系中的东西，都立刻带有了一种作为人类存在境况的性质”，我个人所体认的学术和现实正是这样一种性质的存在。

他的随笔写作是和学术研究互为表里的，体现出人文知识分子的道德勇气和人生智慧。他认为，营造一个使人可以诗意栖居的人文环境是我们无可推卸的责任。

年轻的丁帆热衷于诗歌和小说创作。1978年，丁帆写过一个反映农村题材的小说《英子》。如果发表了，丁帆肯定会走上创作道路。但是因为当时《北京文学》杂志的主编认为调子过于灰暗而被毙掉，从此转向学术研究。

舒晋瑜：作家走上创作的道路并非都是一帆风顺的，退稿也属正常。为什么对于您来说，退稿有如此大的作用，竟然中断您在文学创作上继续前进的可能？

丁帆：是的，下乡插队时就开始做文学梦了。但是，我们这一代人所汲取的文学养分既是多元的，又是分裂的，一方面是红色经典的熏染，像“三红一创”（三红指《红日》《红岩》《红旗谱》，一创指《创业史》。编者注）、《三家巷》、《苦斗》、《铁道游击队》这样的国产化的小说成为正统的主菜单，但是比这个档次更高一些的红色经典则是苏联的二战题材作品，无疑，对我们那一代人影响最大的当然就是《钢铁是怎样炼成的》那样的英雄主义作品，我们的“英雄情结”就是在“战歌”声中形成的。还有一个让人习焉不察的“英雄主义情结”汲取渠道就是中国传统话本小说的滋养，《水浒传》《三国演义》《三侠五义》《七侠五义》等，江湖侠客气就是在这样的话本小说中偷来的。

而另一个启迪我们的文学意识的作品是欧美名著。说实话，“文革”前的“十七年”，我们并没有把注意力集中在这一块，因为，我们只是在小学和初中阶段，认为那些作品都是些男女卿卿我我的苟且之事的描写，与英雄无关。倒是在1966年的“破四旧”运动中，我们在轰轰烈烈焚烧“封资修”图书的火光里，隐隐约约看到了这些图书的价值所在。所以，那时“偷书”，尤其是偷这些“黄色书籍”成为我们这一代青少年的时尚风气，明目张胆在火中取书者有之，在垃圾堆里捡书者有之，然而更多的却是去图书馆资料室“窃书”，那时才是真正的“偷书不为窃”的时代呢！《牛虻》《红与黑》《茶花女》《名利场》……便是我们插队期间的精神主食。所有这些五花八门的文学营养，造就了我们这一代人价值观的分裂与悖反。

开始写诗歌和短篇小说是在插队期间，后来在扬州师范学院中文系时还创作过中篇小说。不过那时我的价值观尚处于一个混沌的状态，一方面是要迎合时代的主旋律，另一方面又得想写出一点与众不同的小说。我至今还清晰地记得，当我拿到1977年第11期《人民文学》时，上面刘心武的《班主任》让我感到十分吃惊，于是又开始写那种“灰色基调”的小说了，把六年插队生活浓缩成了一部“苦难＋恋爱”的短篇小说，投向了当时有名的《北京文学》。当然，这之前我写过许多小说投过各个省的文学杂志，换来的都是编辑一顿赞扬而不用稿的谆谆教导。而这次《北京文学》的责任编辑来信告诉我二审通过，只等主编终审了。那时我欣喜万分，激动不已，但是最后等来的却是终审判处死刑的通知。于是万念俱灰，便下定决心结合现当代文学教学做研究工作算了。

去南京大学进修一年，一年间我天天泡在图书馆资料室里，读了大量的资料，也写了好几篇评论文章，其中一篇《论峻青短篇小说的艺术风格》投给了顶级的学术刊物《文学评论》，可见当时的野心有多大了。谁知道在编辑的反复修改意见督促下，文章竟然在1979年第5期上发出来了。近四十年来，每每回想起这段文学历程，真的是十分感慨，倘若《北京文学》发表了那篇如今看来是十分幼稚的“灰色作品”，我的文学创作之路不知能够走多远？但是，自那一篇文学评论处女作发表以来，我则永不回头地走上了文学评论和文学批评的不归路，虽然我始终把自己定位在一个二流批评家和评论家的坐标位置上，但毕竟在这条道上坎坷不多。历史往往是十分吊诡的，我不知道如果走上文学创作的道路，自己有着怎样的前程。

舒晋瑜：您是1979年在《文学评论》上发表评论峻青短篇小说的艺术风格及贾平凹小说的艺术描写等文章，那个时期您的文学批评是怎样的风格？

丁帆：那个时期正处于思想解放的时间节点上，南京大学人文学科也是在“实践是检验真理标准”的思想大潮的涌动之中。我每天都与董健老师在教研室里讨论着许许多多文化和文学的思潮、现象，包括对当时许多“伤痕文学”的评价。那时出现了许多为“文革”中被打压下去的作家作品翻案的文章，我也很快写就了《论峻青短篇小说的艺术风格》一文，寄给了《文学评论》。没有想到的是责任编辑杨世伟先生亲自南下到南京大学来与我谈修改意见，让我十分激动，文章发在第5期上。那时的《文学评论》只有不到一百页，薄薄的一本杂志犹如千斤重。那时我对布封的“风格即人”的观点十分激赏，读了自亚里士多德以降的各种悲剧美学理论，包括尼采、叔本华的悲剧理论，加之以前上课学习的马克思悲剧历史观，虽然只是皮毛性的理解，但是毕竟有所启迪。总的批评风格大抵是马克思主义的批判现实主义的。

舒晋瑜：那个时期的文学氛围非常纯粹，不知道您最初写文学批评的文章，是出于怎样的心态？

丁帆：最初写批评文章，完全是因为处在高校的教学前沿。倘若想在讲台上站住脚，没有自己的评论文章为资本，不仅同事看不起你，就是学生也不服你，况且那时候的学生有的岁数比我还要大。有了文章，你站在讲坛上就有了底气，也不会仰视作家作品了。心态虽然并不高大上，但心里就是这么想的。

舒晋瑜：您受马克思和别林斯基的批判精神影响最大，能具体谈谈是怎样的影响吗？

丁帆：上大学的时候，马克思主义文学理论是我们的主干课程，许多阐释性的纯理论在十分堂奥的欧式译文语句中变得如此难懂，我们只得找到一些简洁明快的语录作为适用性的引文，有点拉大旗作虎皮的味道。当然，我更喜欢的是像《致拉斐尔·济金根》和《致玛·哈克奈斯》那样结合作品来谈理论的马恩文论。那时接受的是苏联的文学理论体系，别林斯基、车尔尼雪夫斯基、杜勃留洛波夫斯基的选文是纳入文艺理论阅读文章的。至今我保存着一本精装本的毕达柯夫的《文艺学引论》。那时我把别车杜当成一回事，认为都是一个体系的无产阶级文学理论家，后来真正接触到了“黄金时代”和“白银时代”的俄苏文学，并深入了解了那时的文化和文学背景后，才知道他们之间有着巨大的差异性。别林斯基文学评论的批判性、独特性和尖锐性，以至于那种毫不留情的追求真理与良知的价值观深深地感动着我，让我们这些所谓的批评家汗颜。

舒晋瑜：关于自己的知识系统和思想背景，您愿意如何归纳？

丁帆：我们这一代，不，应该说是几代学者的知识体系都是残缺的，是喝着“狼奶”长大的。倘若不去反思和检查自己已经获取的知识思想中的病灶，并对其进行修正，就会永远陷入在一种平面和固化的知识体系里而被历史所淘汰。所谓归纳，就是一种对格式化的旧知进行优化与重新刷新，以及对新知的鉴别与吸纳。

舒晋瑜： 您认为自己的批评思想资源有哪些？

丁帆： 马克思主义的批判哲学、中国古代和现代批评、西方古典文学批评、西方现代主义的各种新批评，以及其他人文学科的各种研究方法，尤其是社会学和心理学的方法，都是我参照的资源。尽管都是一些肤浅的认知，都是经过吸收与消化，都会成为自己文学批评的工具，当然对其方法之外的思想价值却是要进行鉴别与修正的，化为自身的批评价值观。反正对一切文学艺术思潮流派都去了解它们的方法和思想，我为博士生开的书单当中首先就是那本《西方文论关键词》，只有了解它们，你才能成竹在胸。

舒晋瑜： 早在80年代中期，您就提醒自己规避有“术”无“学”的学术研究，恪守文学批评的独立品格。这在当下文坛似乎很难做到。您是怎么要求自己，又是如何做到的？

丁帆： 所谓的“有术”就是对形式层面工具性和器物性的方法的掌握和运用。光有这样知识体系的理解和运用是远远不够的，而“有学”则是在吸收知识的过程中，将其重新锻造成具有自己独特个性的批评价值观念和话语体系，成为有自洽性的逻辑体系。这个高度十分艰难，但这是每一个批评者追求的目标，尽管我做不到，可是我努力地接近它。

舒晋瑜： 关于自己的治学道路，您愿意做怎样的阶段性划分？

丁帆： 如果进行机械的划分，似乎有点牵强，但是大体的阶段还是可以标示出来的：20世纪70年代接受的是马列文论和鲁迅文学批评思想，以及苏联的文艺理论和弗洛伊德的心理学理论；80年代开始大量吸纳西方各种各样现代文化理论和古典文学理论，尤其是对尼采的悲剧理论情有独钟；90 年代开始对后现代文化理论进行了解；新世纪以来开始对西方消费文化和商品文化理论进行了解与甄别，试图在其历史的必然性中进行批判理论的建设。

2014 年，中国现代文学研究会第十一届年会在南京召开，丁帆当选为中国现代文学研究会会长。谈到学术界的问题，他坦言急功近利、浮躁肤浅、趋名趋利是学界的普遍现象，这不仅仅是现代文学界存在的弊病。

舒晋瑜：您担任中国现代文学研究会会长之后，做了哪些事情？

丁帆：做这个会长是勉为其难的，我何德何能？但学界各位同人对我的信任，让我不得不考虑为大家做一点实际有效的工作，所以，任职以来，我规划了每年一度的中国现代（含当代）文学的研究分析报告，与我的助手（学会的副秘书长赵普光）一道撰写分析报告。这样的分析报告有助于学界同人站在一个高度来反观自己的学术研究格局，以利于适时地调整自己的研究路径。最近我们又进一步做了关于国家社科项目和教育部人文社科立项项目研究的分析报告，旨在为同人们提供一幅全国研究格局一盘棋的鸟瞰图，这些工作我们将不断地进行下去。我的脑子十分清醒，一个学术团体的存在方式就是为大家提供一个研究和交流的平台，而这个平台上的负责人要做的工作就是为大家提供服务。

舒晋瑜：您如何评价中国现代文学研究中存在的问题？

丁帆：急功近利、浮躁肤浅、趋名趋利是学界的普遍现象。这不仅仅是现代文学界存在的弊病，也不是个别学者的行为。反躬自省，包括我自己在内，似乎再也回不到80年代那种“板凳坐得十年冷”的治学境界当中去了。这种可悲的现象让我们的学术质量普遍下滑。这个关键问题不解决，什么都是空话。

丁帆认为，走向城市已经成为人在物质生存状态中的必然选择。作为一首对农耕文明礼赞的无尽挽歌，作家能够看清楚这种文明的颓势，将会给一种新的文明提供一次进步的机会，就是文学理念的巨大历史进步。

舒晋瑜：中国乡土小说研究在您的学术研究中也是一个重头项目。从1988年拿到中国乡土小说研究的国家项目，1992年初版的《中国乡土小说史论》到《中国乡土小说的世纪转型研究》，2007年修订出版了《中国乡土小说史》，2001年和2013年先后出版和再版了《中国大陆与台湾乡土小说比较史论》。持续在这一领域中钻研，最大的收获和发现是什么？

丁帆：我始终认为，要真正认识中国，认识中国文化的本质，你一定要深入农村去体会，才能从感性的经验中获得理性的归纳。六年插队的生活让我把研究的目光聚焦在这块土地上。看乡土社会的沉浮，就能够测出中国社会的温度，而百年来许许多多描摹这块土地上人和事的作家，究竟能够在思想和艺术上将它写得有多深刻，如何将此上升到哲学批判的高度，应该是从事这个领域研究的学者打开这扇重门的钥匙。关注乡土就是关注中国，我在这块土地上收获的是一个人文学者应该持守的人道主义的价值立场，以及能够用一双内在的眼睛穿透一切艺术形式看清何为伪乡土文学的本领。

舒晋瑜：您认为现代作家中乡土小说写得最好的有哪些作家？

丁帆：从1912年到1949年，最好的乡土文学作家是鲁迅、废名、沈从文、萧红、吴组缃、台静农、卢焚、李劼人、周立波等；1949年以后，应该是赵树理、柳青、刘绍棠、高晓声、古华、莫言、贾平凹、陈忠实、路遥、余华、阎连科。

舒晋瑜：为何要把赵树理归在“1949年以后”？

丁帆：毫无疑问，赵树理成名在40年代，我在拙著《中国乡土小说史论》（江苏文艺出版社 1992 年版）和《中国乡土小说史》（北京大学出版社 2007 年版）里论证得很详细。我这里是从文学史的角度去有意拔高赵树理，因为长篇小说才是代表一个国家和一个时代文学的最高水平，无疑像《三里湾》这样承上启下的作品代表的是共和国乡土文学的开山之作。我是以红色经典视角来划分作家前后期影响的。尽管 40 年代茅盾、郭沫若一批大家对《小二黑结婚》《李有才板话》等作品都有盛赞，也算是解放区文学的标志性作品，但毕竟在 1949 年的全国文学版图上，解放区文学只是地域性的一部分，并非占据主流地位，1949 年以后文学史才追诉其主流地位的。

为什么将"南周北赵"的周立波划在了 1949 年前？即便是红色经典，周立波的《暴风骤雨》得斯大林奖也是在 1948 年。我这里之所以这样说，完全是从文学史的角度来说的，而不是从作家成名先后。许多作家是跨民国与共和国两个时期的，文学史编排时可上可下，而我这里目的是想把赵树理作为共和国乡土文学创作方法和模式的祖师爷来说的。

舒晋瑜：您如何看待中国当代作家在乡土小说写作上的成就和不足？

丁帆：中国当代作家的优势和劣势是一种二律背反的吊诡现象，一方面是他们在《在延安文艺座谈会上的讲话》的工农兵方向指引下，每个人都有着一段痛苦和忧郁（也许有些作家尚未见识过外部世界时他自认为是幸福）的乡村生活，丰厚的生活积累成为他们在题材选择上的天然优势；但是当他们没有另一种文化和生活作为价值观念的参照系的时候，他们的写作是处于一种低水平的对生活的直接描摹。他们只有走出了圈养他们的那块土地时，才能在广袤无垠的天空中翱翔。生活与视界是乡土文学作家最宝贵的财富，只有同时获得这两种资源，你才能成为一流的乡土作家。

舒晋瑜：当代作家中，不同年代的作家对于乡土小说的看法和写作均有变化。孟繁华有一个论断，认为随着乡村文明的崩溃，“乡土文学的理念已经终结”。您以为呢？

丁帆：不同代际的作家对乡土题材的处理当然是不同的，因为他们生活在不同的时代里，所接受的主导性的文化密码是不同的；也就是文化基因是不相同的，当然写出来的东西也就不同，同样，生长在不同的空间中，也会造成他们的差异性。但是，乡村文明的崩溃，尤其是乡绅文化解体，并不能够充分证明“乡土文学的理念已经终结”。毫无疑问，乡土经济的溃败已经是中国社会不争的事实，农村宗法社会秩序的解体，也是显见的现象。然而，几千年的封建意识和它的隐形统治方式还在延续，只要乡与土还在，只要那个顽固的意识还在，乡土文学就未终结。我们盼望着它的终结，到了那一天，鲁迅的思想也就没有任何现实意义了。

舒晋瑜：文学从古典向现代的转变是一种进步，您认为这种进步体现在哪里？当下我们倡导的还是回归传统文化。

丁帆：我认为古典文学的受众面小，诗词歌赋这些小众的文学，是不利于大众传播的，对一个国家和民族的文学发蒙是有碍的。古典文学向现代文学的转换，标志是白话代替了文言，其受众面扩大了。其实，明清白话小说早就白话了，就是因为白话，明清文学的高峰才能形成，最重要的元素就是受众面越来越大。清末民初为什么通俗小说流行，它推动了文学的现代性转型，这些都是在形式层面的变革。真正在内容上的变革是启蒙思想的导入，先进的文化和文学观念改变的是人的精神和灵魂，所以“五四”才把立人的思想放在文学的首位，所以“五四”文学首先是人的文学。包括许许多多的世界名著的翻译进入了文学界，大大丰富了中国现代小说从形式到内容的革命。

就我的直觉判断而言，读现代文学作品的人是远远大于读古典文学作品的人的，你别以为当下什么古诗词朗读大奖赛之类的电视节目搞得轰轰烈烈、热闹非凡，其实那都是伪显学。我敢肯定人们在现代小说里汲取的营养，包括审美的需求，是远远大于古典文学的。因为现代文学中富含的大量现代性的营养是文学教育最好的资源，且古典文学已经是凝固的样态，而现代文学却是一个源源不断的资源库，它给人们提供的文学营养是永不枯竭的。

学界早有“当代不如现代，现代不如古代”的说法。丁帆认为，这种说法是不符合实际的，学科不分高低贵贱的，唯有学者的视界、学养和气度才是治学水平高下的最终衡器。无论你从事什么学科的文学研究，倘若没有文学史的意识，就不可能成竹在胸，从更高层面去解读作家作品和一切文学现象。

舒晋瑜：因为在知识分子问题上有那么深刻的认识和坚守，那么您作为批评家的时候，是否更为严苛和尖锐？

丁帆：当然，我认为马克思主义的批判哲学就是所有人文知识分子所应该秉持的价值立场，这是一个十分高的标准和要求，正因为我们太缺失了，所以，有坚守者就十分不容易了。对，作为一个批评家就应该面对一切文学现象做出最公正的独立判断，包括你身边最亲近的人，别林斯基对果戈理的严厉抨击就是知识分子良知的显现，他以公正的价值观彰显了一个文学批评家应有的立场。还有一点，就是一个批评家最难做到却又是必须面对的问题：自我反省和自我批判！我想清理自己几十年来的学术，究竟哪些错误是值得批判的，这样才能完善自我，只有不断完善自我，才能去担当批评的职责。所以，这二十年来我提倡知识分子的“自我启蒙”，否则第三次启蒙就是一个虚妄的词语。

舒晋瑜：在文学批评方面，您自己比较认可的成就有哪些？

丁帆：当我回过头来再看自己文学批评的文章，总会感觉到遗憾，总会想，倘若我现在写就会那样写，就会有更多的论据，就会有更新的论点，就会有更精彩的论证过程。可惜昔日不能重来，但是这说明我也在进步。

舒晋瑜：您认为做评论最难的是什么？觉得对自己评论形成干扰的因素有哪些？

丁帆：最难的是写自己不想写的文章。最大的干扰就是想说的话不能说。

舒晋瑜：是否也有把握不住作品的时候？不同时期对同一部作品的认识是否也会发生不同的变化？

丁帆：把握不住作品的时候，就是你没有仔细阅读作品，或者就是你瞻前顾后，不敢直言之时。当然，不同时期对一部作品的认识是在变化的，因为你和作者都受着那个“时代统治思想的统治”（马克思语），这就是历史的局限性。

舒晋瑜：您的评论所关注的领域，发生过怎样的变化？回顾多年的评论生涯，您愿意做何总结？

丁帆：我所关注的作家作品领域，因着作家创作和思想的变迁，许多作家落伍了，许多作家变异了，许多作家先锋了，许多作家突飞猛进了；我所关注的批评领域和文学史领域，更是发生了巨大的变化和分化。现在还不是总结的时候，只有待到暴风骤雨过后，我们才能清楚地看到人和事的本相。

舒晋瑜：您从事评论工作四十年，最深的感触是什么？

丁帆：作为一个批评家，最好的状态就是与作家保持距离，最好是不要交朋友，批评家最自由的状态就是按照自己的思维逻辑去批评，不受外界任何干预，但这在中国很难做到。

舒晋瑜：您认为自己的评论对作家的创作起到了怎样的作用？

丁帆：我不认为我的评论是指导作家的，至于我的批评能否给作家提供一个什么样的有参考价值的意见，那是作家自己的事情，对他的创作起不起作用，取决于这个作家自己的认知。

舒晋瑜：您如何看待当下的批评？为何有的作家对评论并不认可？您认为中国批评界出现了什么问题？

丁帆：当下的批评环境并不乐观，尤其是消费文化的魔爪伸进了批评界，许多评论文章就显得十分暧昧与可疑了。作家对评论认可与否并不重要，重要的是批评家失去了批判的锋芒，这才是最致命的问题。

舒晋瑜：如何判断一部作品的优劣？做评论，您一般从哪里切入？是否也有一套自己行之有效的方法论？

丁帆：判断一篇作品的优劣主要是看一个批评家的学养积累和价值观的正确，而非主要依傍方法的新奇。我始终认为，文学批评和文学评论只要不离开人性的母题，你的价值判断就不会出大问题。

舒晋瑜：您曾为从事批评的年轻人开具了如下书单：以赛亚·伯林的《苏联的心灵》、《西方文论关键词》、《剑桥文学史》、《论美国的民主》（托克维尔）及《20世纪外国文学史》。为什么？您认为现在青年批评家存在什么问题？

丁帆：第一本书是因为我们同样经过了那样的文化时期，苏联的文化文学史是我们的一面镜子，而我们的许多年轻人并不知道那一段历史，所以提醒知识分子不要丢失自己的良知。第二本书是让从事这个行当的学者对西方的各种文艺理论流派有个整体的轮廓性的把握，基本上是作为工具书来用的，以防出现那种天马行空、不知就里的批评错误。第三本书也是工具性的，作为一种参照系，我认为这种历史的客观陈述，留下了论述的空间，有助于启发我们的思考。第四本书是为了对读托氏的《旧制度与大革命》，因为整个一百多年来，我们的文化史和文学史都没有偏离这个中轴线，如果曲解了革命滥觞的经验和教训，尤其是英美革命与法国大革命这一对“姊妹革命”的区别，我们就不能清楚我们做过什么和我们正在做什么！第五本书原来是想开《俄罗斯“白银时代”文学史》的，但是因为难以购买，就拿这个三卷本的文学史作替代，以扩大参照系。

文学史对现代和古代的划分，分水岭是在民国的1912年。从1912年到1919年，这七年到哪里去了呢？丁帆的《新旧文学的分水岭——寻找被中国现代文学遮蔽的七年（1912—1919）》，在中国现代文学界成为热点。

舒晋瑜：在您主编的《中国新文学史》（高等教育出版社）中，对那些被认可的或者重新“发现”的作家作品做出了新的解释和评价。能否具体谈谈对哪些作家作品有颠覆性的重新发现和评价？学术界对此有何反馈？

关于现代文学史的起点有很多种说法。您追回到现代文学史最初七年（1912—1919），这样的判断对研究文学史有何意义和价值？

丁帆：这种说法最早不是我提出来的，21世纪初张福贵他们就提过，但是时机不成熟，我虽然早就想发表文章，但是卡在辛亥革命前夕发表是我的“狡猾”之处。其实这只是一个常识的问题，而最悲哀的是，我们往往把常识当作创新。

舒晋瑜：您的《新旧文学的分水岭》被《新华文摘》转载。这种大文学史观在学术界有何具体影响吗？

丁帆：是的，这篇文章反响甚大，这种断代方法其实是十分守旧的，回到了中国古代文学史依傍政治社会史的方法，按照朝代更迭纪年划分文学史断代，虽陈旧，但是也不无道理，因为每一个朝代更迭，都会有新的文学元素的植入，尤其是民国进入现代社会后，其现代性触发了五四新文化运动；而共和国文学的确立则也是意识形态的一种新的模式。当然，学术乃公器，这种说法只是其中一种而已，你不能强求别人也同意你的观点，但是有争论学术才能有进步。

舒晋瑜：您对新时期文学地图的描绘分为三种形态——前现代、现代和后现代，成为中国梯度型的文学地图，这样的分法，其合理性在哪里？

丁帆：这是二十年前写的文章，现在中国社会文化地理版图格局虽然有所变化，但是仍然有效。从表面上看，这是一个经济发展梯度的不平衡状态，其实也是文化和文学观念发展的实际状况。提供这样的一种文化地理版图的模型，主要是让大家宏观地把握三种不同的文化语境对作家和评论家的影响，让大家在对话当中清楚自己与对方的位置，有助于沟通和理解。

舒晋瑜：早在20世纪90年代初，您就参加了华东师范大学徐中玉先生主编的《大学语文》教材的编写。那个时期的编辑阵容应该是很豪华吧？您认为那时候的教材编写和现在有何不同？

丁帆：是的，那个时候我作为一个年轻教师参与编写这部集体项目很荣幸，和大师们在一起，学到了许多东西。那时候编写教材的认真是现在不能同日而语的，要经过许许多多次的讨论和修改，一篇篇过堂，一字字推敲，严谨的治学态度让人终身受益。

舒晋瑜：您后来还为外研社重编过《大学语文》，主编过《中国新文学作品选》，参与编写大学、中学语文教材。您在编选中有哪些不变的原则或标准？变化又体现在哪些方面？

丁帆：不变的原则就是坚持马克思主义的批评精神，坚守人性的价值立场，坚持独立判断的视野。变化的只是在形式与方法上吸纳新的技术。

舒晋瑜：您认为今天的大学教育存在怎样的问题？

丁帆：中国的大学教育存在的最大问题就是扼杀人的创造天赋，扼杀人的独立思考的能力。

舒晋瑜：您还主编了《中国西部现代文学史》（人民文学出版社），可否具体谈谈其价值和出版的意义？

丁帆：这部文学史是我与我的博士生和博士后在21世纪初就完成的一个课题项目，尤其是马永强担任的工作最多也最繁重，同时，他又是一个十分认真严谨的学者，因此，这次我们专门去西部进行了考察，并对原稿进行了大幅度的修改和增删。此书自出版十几年来收到了广泛的好评，尤其是对当下西部文学的创作和评价有着重要的参考价值。这次人民文学出版社组织修订再版此书，也是因为看到了它的学术含量和社会影响吧。

早在1990年代后期，丁帆就提出知识分子的自我启蒙问题，认为它的意义比启蒙更重要："目前中国知识分子应承担的最大责任是'二次启蒙'：不仅承担启蒙群众的责任，还要不间断地自我启蒙，唤醒自己的社会良心，促成人性的敏感和自知，从而避免启蒙的再次溃败。"丁帆多年来始终将批判的重心放在知识分子身上，对知识分子问题进行长期而深入的批判性反思，显然都源于这一思考。在中国文化现实中，这一思考具有充分的现实意义，也颇具前沿性。

舒晋瑜：《江南悲歌》随笔集以江南文化为中心，重点梳理了明清以来江南社会中的文化人物和文化事件，哪些文化人物可作为书写对象，您在选择上有何标准？

丁帆：那也是一部影射当下知识分子的再版书籍，虽然做了修订和增加，但是主旨不变，借旧文人的气节来嘲讽当下无行的知识分子。

舒晋瑜：《江南悲歌》可以看作一部从明清以来江南知识分子文化心灵的解剖史。您最欣赏哪些知识分子的作为？您理想中的知识分子是怎样的？

丁帆：我的意思并不是让人简单地陷入古代文人愚忠的逻辑怪圈中，而是要提醒每一个知识分子在任何外部压力面前都要保持自己内心良知的人性底线。你说是节操也好，操守也好，反正要尊重自己独立思想和人格的价值判断，尤其是那种不受外来任何干扰的第一直觉判断。做别林斯基那样的批评家，做马克思那样的永远的批判者。

舒晋瑜：在《夕阳帆影》和《枕石观云》中，您更着力于对现代知识分子的精神审视。我很想了解，您是如何做到能够如此深入鲁迅、郭沫若、茅盾、老舍、胡风等现代作家的心灵世界的？

丁帆：我对鲁迅的研究并不深刻，因为当今的知识分子谁也不能说他读通读深了鲁迅，以我的浅见，一俟鲁迅的论调过时，这个世界就太平了。我将郭沫若定为批评知识分子的靶向，就是要告诫当今的知识分子引以为戒，不要做被后人唾弃的无行文人。因为参与了《茅盾全集》的编辑工作，接触到了一个现代知识分子在历次革命洪流中内心的苦苦挣扎，眼见着这个矛盾体的沉浮与兴衰源自自己的立场“动摇”。他不想害人，也不想被人害，这是大多数知识分子明哲保身的心态，虽不能诟病，却也不能赞扬。老舍之死一直是被人们津津乐道的话题，我要探究的却是他的灵魂中尚有多少为了“配合”时政而构思的作品没有付诸实践。至于胡风，我们在赞扬他的人格操守时，切莫忘记他的文艺思想里也带有许多细菌。他们的灵魂深处都有不易让人觉察到的一些知识分子的“时代病”。

舒晋瑜：1990 年代以来，随着中国社会的转型，知识分子的生存状况也发生了复杂的变化，您对“走向颓败和萎靡的知识分子文化进行了尖锐批判，发出了对真正知识分子‘你在哪里’的急切呼唤”（贺仲明语）。感觉您在那样的环境和语境中，发出这样的声音，类似《皇帝的新衣》中的小孩。这样的发声，有认同和呼应吗？您觉得孤独吗？

丁帆：其实这是一个简单的常识性问题，但是我们往往会自设许许多多貌似自洽的逻辑，把一个简单的道理复杂化，从而逃避知识分子自身应该担当的社会责任，在一个无声的中国为自己寻觅一条精神的逃路。包括我自己在内，被许多外在的东西所羁绊和束缚，放弃了应尽的职责。当然，全国有许多像我这样的同类，即使没有，又有什么关系呢？因为你服膺的是你自己内心的不孤独，而非看能够陪你走夜路的同道者的多寡。

舒晋瑜：您曾在《读书》杂志连续四期发表关于对知识分子的价值认识的文章，在学术界引起很大反响。您认为知识分子的价值体现在哪里？

丁帆：2012 年《读书》破例连载四期发表了那组《寻觅文学艺术的灵魂和知识分子的良知》的长文，那时，我沉湎于以赛亚·伯林的理论研究，而他对苏联知识分子的摹写和灵魂的解剖，让我从这面镜子里看到了 20 世纪中国知识分子的种种行状。我认为这些文章的价值就在于给当下的知识分子，包括我自己在内的写作者浇了一盆冷水，以警惕自己的行为弊端。

舒晋瑜：与以赛亚·伯林《苏联的心灵》、拉塞尔·雅各比《最后的知识分子》、马克·里拉《当知识分子遇到政治》和阿伦特《论革命》等论知识分子和政治制度的理论著作相比，您认为自己关于知识分子的论述有何独特之处？

丁帆：与他们专长的政治理论相比，我就是一个打酱油的人，试图用他们的理论来对照当今中国的文化语境，试图寻觅符合中国国情的文化与文学理论的新路径，我没有独特之处，只不过就是用他人的文化惆怅浇自己胸中的文学块垒。要说有独特之处，那是因为发声的知识分子太少了。

舒晋瑜：您也时常将矛头对准自己，将自己作为剖析对象，不留情面地进行自我批判和反思。比如《一个亲历者的自白书》一文，以“一个从红卫兵到知识青年全部精神裂变过程”的亲历者身份，回顾和思考红卫兵和知青运动。如何做到如此清醒而深刻的反思？

丁帆：“文革”初期，我还是一个十三岁的少年，读初中二年级。从起初的狂欢到坠落红尘的反思，像我这样普普通通的人，甚至沦为“狗崽子”的人不少，并不都是那种“坏人老了”的人，在“文革”中作恶多端者毕竟是极少数人，因为那时你要有作恶的资格啊。所以，反思“文革”是我在二十几年前就开始的工作。当时有人还嘲笑我是“杞人忧天”，殊不知，这样的反思对于一个国家和民族来说是十分必要的。

舒晋瑜：虽然文章具有批判的力量和精神，但在批判方式中蕴藏着深厚的人文情怀。这种情怀来自什么？

丁帆：所谓人文情怀，无非就是人性的觉醒。当你陷入一种空洞的理论教条的时候，你不会体会到现实生活中许多让你感动的东西的；只有你在现实生活中亲身体会到人生的酸甜苦辣时，才能激活你的感性认知世界，从而将你的形而上的理论上升到一个更高的境界。你只有接触到最底层的社会生活，你才有可能从宏观上把握社会，才能具备一种超越亚里士多德“同情与怜悯”的实践性经验。而插队的生活正是我确立以人性为本的人文情怀的坐标来源。

舒晋瑜：您如何评价当下的中国知识分子？

丁帆：在一个满是浮油的河流中觅食的浮游动物，他们失去了鱼类逆流而上的习性，顺流直下，只要有所吸附，就不再思考。我和我们就是这样虚无的软体动物。

原载《中华读书报》2017年6月14日

从历史的夹缝中寻找学术良知

——丁帆教授访谈

丁　帆、施　龙

施龙（以下简称施）：丁老师，您主持编撰的《中国新文学史》出版了。作为编撰者之一，我知道这部文学史凝聚了您最近几年在文学史研究方面的思考。虽然因为一些限制，您的相关思考还无法在这部文学史中得到更为深入、系统的展现，但民国文学、共和国文学的整体架构还是基本得到了体现。在此，您能再就这两个概念及它们在百年新文学史研究中的意义做出一些阐释吗？

丁帆（以下简称丁）：按照我的观点，到今年，新文学恰好一百年多一点，有个零头。我们对这段文学发展史的研究，历经了好几个重要阶段，最近几年，我个人有一些思考。其实，首先要追问的问题是：什么是新文学？我以为，新文学指的就是民国成立以来以白话为主干但绝不排斥其他语言形式（如文言、方言）和表现方法（如说唱）的具有现代美学意味的汉语创作。新文学史就是这一时段、这一内容的文学发展历程。《中国新文学史》出版以后，陆续有一些批评，赞成的、商榷的意见都有，这很正常。但这毕竟是一部教材，有它的适用性，所以我们在编撰过程中也根据需要对相关观点做出了不少修订，虽有削足适履之感，但总体效果还算差强人意吧。

我最近在文学史方面的思考，也是构成这部新文学史的基本框架，主要就是民国文学和共和国文学。我曾经写有系列文章，此处不赘述，简要来说，新文学的准确表述是：1912—1949 年为“民国文学”的第一阶段（包含大陆与台港地区及海外华文文学）。1949年后的新文学则因为多方面的因素形成了三种不同的表述：大陆是共和国文学的表述（而非什么当代文学）；台湾仍是民国文学的表述；港澳就是港澳文学的表述（因为它的政治文化的特殊性，所以它的文学既有中华传统文化的元素，同时又有殖民文化的色彩。因此，我们只能用地区名称来表述），此外，尚有海外华文文学，由于其中西杂糅的特色，所以可以一并归入港澳文学。这里可以就1949年后台湾地区文学的特殊性稍稍阐释一下。如果说从1912年到1949年的民国文学是一个以“五四”“人的文学”传统为核心内容和主潮的文学流脉的话，那么1949年以后的台湾文学仍然处于这一流脉之中；但和1949年之前的显性表现不同，这是一个在不断抗争中发展的状态，它是一种隐性的呈现。一些对民国文学观念持保留态度的研究者，往往从政治正确的立场对其有所质疑。其实，1949年以后部分新文学作者将“五四”新文学的传统带到台湾，国民党统治当局也将其对付左翼文学的一套文学制度搬到了台湾，新文学中的民国元素——“自由、平等、博爱”的“人的文学”的理念及其反面——禁锢的、党性的、工具的文学因素都有显现，这不正是民国文学的内容和本质吗？所以，我这里需要进一步明确申明的是：作为一种文学的研究，将1949年以后的台湾文学指认为民国文学（或其流脉）是和政治上承认“中华民国”毫不相干的事情。我只是指出台湾文学在1949年以后有着一条政府背离民国文学精神，而知识分子精英和民间文学力量在努力抗争的“暗线”存在，恰恰是这条“暗线”与大陆文学发展呈大体一致的走向状态。缘此，我才采取与大陆和台湾学者不一样的视角来看问题，或许从中能够窥探到一些人们习焉不察的文学症结所在。我曾经提出过相关问题，这里不妨再次重申一下，以引起更多的关注和思考：为什么新文学原本寻觅的非贫穷、非暴力的人性主题逐渐被转换？为什么文学依附于党派政治会成为新文学一直延续的惯性？民国文学所确立的“人的文学”之价值观为什么会被颠覆？“人的文学”是如何发展到“人民的文学”

的？民国文学元素与共和国文学元素异同性如何梳理？这些都有待深入细腻的考察。

当然，采用民国文学、共和国文学的表述方式，更关键的是还和对文学本身的认识相关。我这里简单提两点。第一，我们提到新文学，习惯性地把它限定为白话文学，如此一来，我们怎么对待那些表现出现代意识而且具有审美创新意味的其他语言形式的创作？像聂绀弩，以往的文学史对他在桂林时期的杂文都有所评述，最起码是提上一笔，但平心而论，这些杂文气浮于心，笔触枝蔓，文学价值并不高，完全不能和他后来的旧诗相提并论。聂绀弩的旧诗是历经人间炼狱从而对人性、对人的存在具有深刻体悟的结晶，它如果不“新”，那么还有多少作品可以称为“新”？第二，自1935年《中国新文学大系》将创作分为小说、诗歌、散文、戏剧这四大类型以后，我们关于文学的体认似乎也就局限于这四种体裁。比如散文，周作人在“五四”时期界定为美文，那么怎么对待美文之外的具有文艺趣味的散文作品呢？一个十分有趣的现象是，周作人此后很多的散文写作并不是所谓美文，而是接近传统的文章，所谓“名师清谈”。再如鲁迅“老吏断狱”式的杂文，大陆和海外都有相当多的人认为它不是文学，只有很少一些人明确肯定它的文学性。于是我们看到，许多文学史就采取了骑墙的态度，就是不明确表示对杂文这一文体是否文学的态度，而将之置于鲁迅名下做一种概述。其实，鲁迅这些师法魏晋文章的“释愤抒情”之作究竟是不是文学创作，我们用他自己界定的两个标准，即“表现的深切”与“格式的特别”来衡量就可以。如果两方面的回答都是肯定的，那它就是文学，至于它在风格上接近新文学的某一体裁还是属于传统的文章，又有什么关系呢？所以我们可以明白，文章载道程式化，因此不是文学，美文如果程式化，同样不是文学。一句话，在文学的天平上，不应该厚此薄彼。从这个角度来看，传统文章范畴内的诸多文体，比如序言、书信、墓志铭等，只要展现出新的风采，就是文学。而文学研究界这种差不多一面倒的情形，正说明新文学在其发展过程中建立起来的话语体系有反思的必要。采纳民国文学、共和国文学作为新文学史的基本框架，在相当程度上可以有效地冲破当年所建立的文学言说的话语体系，也就在事实上转变我们的文学观念。当然，这些设想并不是要把历史上的边角料统统捡到篮里。我一贯反对那样做。这里只是强调关于新文学的基本观念有修正的必要。

施：我们谈及某一断代的文学史，总须对其审美上的共性做出概括、判断。比如，钱锺书谈唐代文学，认为“唐诗多以风情神韵擅长”，就是在承认唐诗内部丰富性的前提下，对其总体审美特征进行了有效提炼。那么，在您看来，民国文学、共和国文学的审美风格分别是什么？它们在发展过程中，分别形成了哪些有价值的审美范畴？或者降低一点看，有哪些审美对象值得关注？（这两点似乎也可以就乡土小说这一专门领域来谈）

丁：关于这个问题，我首先要强调，我们在探讨审美现代性的同时，一定不能忽略硬币的另一面，那就是社会现代性。自从卡林内斯库提出两种现代性理论并指出二者之间的内在紧张性以来，用“美学现代性”反思“资产阶级文明的现代性”的弊病即“资本主义的文化矛盾”成为影响很大的一种研究思路。有相当一部分学人受这一方法的启发，探究中国社会发展过程中因为现代化的“偏至”而出现的若干弊端，应该说是有成效的；但是不能反过来，用这些弊病去证明和它同时出现的相关文艺现象的现代性。最荒唐的例子就是一些人关于样板戏的观点。其实，审美现代性与社会现代性是一种对立共生的关系，它们之间有对立，但首先是作为一个整体对立于传统。对于中国和任何其他后发的非现代国家来说，呈现在他们眼中的西方现代性，是一个“完成”时态的现代性。它作为一个整体“对立于传统”的那一面已经成为历史的过去，进入不了他们的视野，因此才会有许多人看不到审美现代性和社会现代性面对“传统”时曾经有过的协作，误以为它们只有对立这一种绝对的关系。我认为，在灰暗传统、幽暗意识仍然十分强大的中国大陆，审美现代性与社会现代性将如同它们历史上的协作一样，在相当长的时期内主要表现为一种合作关系。也就是说，它们统一于现代性之内而对立于所谓传统。所以，谈新文学的审美特质，必须老调重弹，突出其自由、民主、平等、博爱等现代思想内核。

其次，民国文学和共和国文学虽然分属于两种不同性质的政体，但这两种政体追求的却是同一个目标，即中国的现代化，因此，民国文学、共和国文学在基本精神、气质等方面必然是相通的。这就是说，二者在一定的创作历程中所自然形成的审美范畴差不多是一致的。此外，民国文学于 1949 年后在台湾地区得以延续，虽然政治上在相当一段时期内处于隔绝状态，但因为处于同一时空之内，事实上是和共和国文学处于一种对立交融的状态，因此，二者的美学共性自然比较明显。那么，作为整体的汉语新文学具有什么样的审美风情呢？从最基本的层面来讲，优美、壮美、悲剧性、戏剧性、荒诞、丑等西方审美范畴在新文学中有不同程度的表现，而中国固有的若干传统审美范畴，如道、中和、空灵、神韵、气韵、气象、境界等也有所表现。比如，我以为“五四”时期的文学虽然在具体技巧上简单稚拙，但气象严正宏大，所以才要主张“重回五四起跑线”，而对于莫言的《红蝗》，我也是第一个从审美的角度肯定他的审丑。这些古今中外既有的审美范畴在新文学中有延续、继承，也有发展和变化，当然都应该成为我们考察的对象，但如果我们仅仅停留于此，显然就轻视了新文学的审美创造性。我个人以为，新文学的审美世界尚有待发掘，这里先提一个审美对象加以讨论，完整、系统的论述留待他日专文探讨。

我这里想谈的是乡愁，文化乡愁。中国近现代以来处于整体的转型之中，有一些学者借用雅斯贝尔斯的说法，认为“五四”时期是春秋战国之外中国的又一个“轴心时代”，这是很有见地的。当知识人脱离了旧有的文化母体，而又无法无间地融入现代体制之中，很自然地会产生一种文化乡愁。它不是对传统文化的一种简单的依恋，而是追寻生命之根的一种寄托；扩大一点讲，是体现了从传统过渡到现代这一流程之中的国人百年以来对生命存在的探究欲望、行为。民国时期中国大陆田园牧歌风的乡土小说、1980年代的寻根文学，台湾1950年代的怀乡文学，此后的留学生文学、海外华人（华裔）的离散写作，这样一些文学现象在百年当中依次出现，并不是偶然的，它们都围绕文化中国展开，表现出社会转型期的中国人特有的焦虑。因为中国的文化遗产过于庞大沉重，所以古今中外面临如许情境都会产生的文化情怀在中国来得尤其特别，而这样一种独特的中国经验正因为有文学的介入，使得我们每个人都意识到了自己的生命状态和文化责任。

和乡愁相表里的，是孤独的存在状况和精神状态。余英时曾论及近现代以来知识人的边缘化趋势，我们看到，除去战争（抗日战争、解放战争）、“文革”等非常状态，民国时期知识人漂泊零落的生活和当下所谓“蚁族”的“只争朝夕”的生存情形，都表明边缘化成为知识人百年以来的一种生活常态。在生存成为最重要的生活中心的状况下，谈论情感、精神其实是一件非常奢侈的事。不过，这种生存状况倒也催生了可以成为审美对象的精神现象，那就是个体的孤独感。这种孤独感由两方面的因素造就，一是这里提到的社会身份的边缘化，二就是上面提到的“不中不西，非古非今”的精神特质。我记得你的学位论文曾经提道：当我们说一个人处于“孤独”状态的时候，不是指他和别人在行动上不能采取合作（如果仅是不能协作行动，那是“孤立”），而是指他在心灵体验上与别人的经验因为出于某种原因处于隔绝状态。正因为如此，孤独体验往往导致两种貌似相反的选择：一是向外逃逸，“融入野地”（今天恐怕就是游戏、购物、性等欲望之海），另一则是向内逃匿，躲入私人的一方小天地。其实，这两种选择何尝相反，都不过是对自身存在状态的一种恐惧和逃避。记录这样一种特别的中国经验和这一处境中的人的精神动态，是新文学的责任，准确地讲，更是一种机遇。迄今为止，新文学不过才一百来年的历史，其整体成就不能夸大。从审美角度来看，除了几个作家为数不多的经典之作外，大部分的品格差不多就是王国维所谓“古雅”，至于“眩惑”之作，更是所在多多。就民国文学而论，它发生发展的基本条件是中国的工商文明持续发展而带来的人性的深度解放和多元呈现，正因为与全球范围内现代文明跳动的脉搏相应，所以表现在外的风貌是恢宏大气。前一段时间有人谈“民国范儿”，我想“范儿”就是这个意思。至于共和国文学，从 1949 年到 1978 年这三十年，由于自然人性遭到压制，所以是走到了以“人的文学”为主流的民国文学的反面。这种局面在 1980 年代有所改观，可以说是回到“人的文学”的故道上了，但持续时间不长，继之而来的则是变相的市场经济所带来的工业文化泡沫。这最后一点，我们在《中国新文学史》中尝试做出辨析，这里就不多谈了。

施：民国文学精神在台湾地区及离散写作中得到延续、拓展，共和国文学理念也处于不断的变化之中，特别是 1990 年代、新世纪以来，面貌有了很大不同。您能就它们各自的发展前景做出一些预测吗?

丁：1949 年无论对于台湾还是大陆，都是一个标志性年份，它意味着两岸一个新时代的开始，无论是“共和国文学”，还是“台湾文学”（抑或仍然被国民党政权称为“民国文学”），都面临并试图实施清理包括文学在内的意识形态问题。两岸政党在 1950 年代以后都不约而同地开始了政治纯化运动，文学自然也包含在其中。毫无疑问，新文学传统此时在两岸都逐渐被扭曲和边缘化，甚至被讨伐而消遁。对“五四”新文学传统的反叛，成为党派统治文学艺术的自觉行为，尤其是国民党政权，更是视“五四”新文学为“洪水猛兽”。自 1949 年至 70 年代末很长的一段时间里，两岸的文学格局都不约而同地进入了一个“为政治服务”的“党治文学”的阶段。虽然两岸的意识形态是水火不相容的，但是其思维方式却是惊人的相似。尽管政治意识形态相异，其国家与民族的认同性却是任何党派与政治力量都不可改变的事实，因为“书同文”的文学根性就决定了一个民族文学相同的基本走向。不同的是，从 1949 年至“文革”结束，三十年的大陆文学在政治的深潭里走向了“左”的极端；而台湾 1950 年代的文学却是在政治的泥淖中滑向了“右”（其实也是形“右”实“左”）的极端。

就两岸约三十年的文学状况来说，我以为起码可以得出一个结论，那就是文学在政治与社会的功能层面应当归属于国家和民族的层面，而非归属于一个国家内的某一个党派或团体。最简单的事实是，从逻辑关系上来说，民族与国家应该是至高无上的种概念，而党派与社团则是从属于国族之下的属概念。我们上面说过，作为小断代的文学史，“民国文学”在 1949 年以前的历史是容易被人所接受的，因为，它在政治意识形态的认同，在国家、民族、党派和文化层面上都是绝无问题的。相对而言，1949 年以后的“台湾文学”表述就很艰难了。因为国民党政府溃败而迁移进入该地区，不仅政治发生了巨大的变化，文学也发生了巨大的质和量的变化，以党派和政府来控制文化和文学的思维和政策也就成为试图驾驭文学和思潮走向的必然。虽然，在很长一段时间里，国民党政府还是以“民国文学”自居，但是它在国家层面上的合法性实际已不复存在。然而，从文学自身的诉求来说，对“民国文学风范”和精神层面的承传和反承传，还是一直有着连续性的。

本时期台湾地区与大陆明显不同的是，武侠文学、言情文学等通俗文学样式得到了迅速发展。通俗文学虽然在内容上还没有完全摆脱封建主义的羁绊，但是其现代性的合理存在是不容忽视的。台湾地区的相关作家不仅承续和繁荣了民初武侠与言情小说，而且也从内容与形式上深化了这个领域的创作，从而使得“民国文学风范”有效地得以延续。而乡土文学脉络更是清晰可陈，一度成为台湾地域文学的主潮。所以，1949 年后国家意义上显形的“民国文学”已经呈逐渐消亡的状态，和大陆断代后的“共和国文学”对举的应该是“台湾地区文学”。但是，作为文学本体的“民国文学”仍然是以一种潜在隐形的发展脉络前行的，它在与政治文化统治的抗争中得以延续和发展，也就在一定的时段中，在相当程度上继承了新文学的传统。此后，大陆在1980年代迎来了一个文化、文学的复苏期，台湾也在“解严”前后逐渐活跃。这里也要申明一下，我并不赞同许多学者将1980年代的大陆文学称为文学创作的“黄金时代”，因为将之置于新文学的发展流脉中观察，它不过是民国文学相关因素的再度闪现而已，虽然出于时代的原因，它吸收了许多新颖的意识和手法。1990年代以来，大陆的现代物质文明发展加速推进，于是两岸先后进入一个全新的时期，那就是随着经济的高速发展，两岸的都市文化意识和大众消费潮流开始兴起，并影响到文学。当然，就大陆来说，情况比较复杂，我在一些论文中提过，现在的中国大陆是一个前现代、现代、后现代三种文化形态同时存在的状况。在这样一个背景下谈两岸文学发展趋势，我认为还是以趋同为主。这不算预测，只是一种展望：不管以后还会出现什么样的社会思潮，文学都应该会继承民国文学奠定的基本精神，以个性化的方式表现出具有特殊文化背景或历史渊源的中国人在渐趋一体化的世界中的生存体验，创作出真正的大写的“人的文学”，使得中国文学如鲁迅所谓“外之既不后于世界之思潮，内之仍弗失固有之血脉”。这一过程需要多久，可能是没有答案的。

我们所能做的，是基于文学本身和中国经验，重新描绘一幅文学版图，尽量描摹出它的历史地理风貌。所以，《中国新文学史》在考量每一部作品经典品质的时候，都看其是否关注了深切独特的人性状貌，是否有语言形式、趣味、风格的独到之处，是否从富有意味的角度以个性化的方式表达了一种历史、现实和未来相交织的中国经验。这几点标准，也许可以为当下的文学创作提供一种有益的观照。

关于乡土文学

施：我记得当年您在给研究生开设的乡土小说史课堂上，曾经提出一个讨论题目，那就是乡土文学会不会消亡。许多同学，可能也包括我自己，都纷纷表示肯定的意见，最起码，有疑虑。您是持否定立场的。现在，您的观点有变化吗?

丁：没有，我是一直认为乡土文学不会消亡的。但自上个世纪90年代以来，的确陆续有许多人表达过这样一种疑虑，那就是随着中国城市化不断加速的进程，乡土文学必将成为一种消失的文体，有点皮之不存毛将焉附的意思。很多学者都认为，城乡二元对立的社会结构形态已经开始转变，农村、农业、农民与以前相比，发生了巨大的变迁，那么作为其镜像的乡土文学的前景在哪里？简单来说，中国自上个世纪90年代以来形成的农村人口向城市倒流的大移民运动，推进了中国的城市化和大都市化进程，农民像候鸟一样的生存状态，已然成为中国乡土文学的新的生长点，这也是中国乡土文学外延和内涵扩展的一个新的命题。看不到这一点，也就是造成人们误以为乡土文学消亡错觉的根本原因。

此外需要强调的是，我并不否认中国社会结构从20世纪90年代以来就在逐渐摆脱农耕文明的经济基础，向着工业文明和后工业文明的经济基础转型。但是，我坚持认为，由于在中国这块特殊的经济与文化的地理版图上，仍然存在三种文明形态的文化结构，即前现代式的农耕文明社会文化结构仍然存活在中国广袤的中西部的不发达地区，虽然刀耕火种式的农耕文明生产方式不复存在，但是日出而作、日落而息的农耕文明的生活方式仍旧在延续着；现代工业文明的阳光已经普照在中国沿海地区和中原大地，以及部分中西部的腹地，它是促使中国社会文化结构发生根本转型的动能；后工业文明的萌芽也已经在中国沿海的大都市与发达的中等城市出现。如果说后工业文明在技术层面上的发展是悄然而隐在地进行，不易被人察觉的话，那么，后现代文明的消费文化特征已经是十分鲜明了——它不仅存在于上述地区，而且还通过主流意识形态的默许经媒体文化的传播，大有蔓延全国之势，更重要的是它已经波及整个中国文化的深层结构。在这样一种交错复杂的社会文明形态当中来俯视中国乡土文学的变化与转型，可以得出的结论是：中国传统农耕文明形态统摄下的乡土文学创作依然存在，虽然它已经成为乡土中国农耕文明社会的“一曲无尽的挽歌”，但是它仍然成为许多保有农耕文明社会浪漫主义文学传统的旧派文人追捧的描写对象；从农耕文明向工业文明转型过程中的乡土中国中的中国乡土文学成为当下文学创作的一个主流形态，虽然作家们的价值观呈现出多元的格局，但是，其现代性的渗透却是一个不可阻挡的大趋势；后工业文明所带来的后现代的乡土文学的创作萌芽虽然还只是大多数停留在形式和技巧借鉴的工具性层面，但是，其表现出的一些前卫性的创作理念是不容小觑的，从乡土文化生态文学的兴起即可窥见一斑。所以，我们为中国乡土文学的前景担忧，只是一种杞人忧天，它非但没有消亡，而且以一种犬牙交错的、更加复杂的形态呈现出来，这就需要我们用更深刻的眼光去剖析它们。

施：说到文学发展趋势，我想您在乡土小说方面的判断可能更多的是基于实证研究。您最近在乡土小说转型研究方面有很多深入思考，刚刚也出版了《中国乡土小说的世纪转型研究》，您能谈谈乡土文学在世纪之交转型前后的差异吗？

丁：这首先要从最近二十年的社会变迁谈起。从20世纪90年代中期开始，随着中国经济资本市场在全球范围内取得了巨大的份额，消费文化开始满溢中国社会生活的各个层面之时，乡土文学就开始了结构性的变化，它表现为三个方面：首先是随着中国经济改革开放的不断深入，城市化加速，农耕土地益发减少，大量的祖祖辈辈依托土地生存的农民成为城市的游走者和异乡者，这从一个侧面反映出了中国农耕文明社会形态结构开始瓦解，乡土文学的阵地空间发生了质的偏移。也就是说，乡土文学在很大程度上是包含着大量的“移民文学”内容的，这是中国现代文学史上从未遇到过的文学潮流，它足以使中国乡土小说的内涵发生裂变，也同时给这一创作领域带来无限的生机。其次是消费文化开始大行其道，受西方和台港消费文化的影响，武侠、言情和暴力题材创作出现了井喷式的流行，传统的乡土题材连带着它的农耕文明价值理念和创作方法都遭受到了前所未有的冲击与压迫。最后就是乡土文学作家创作在面对乡土社会生活发生了巨变和主流意识形态指挥棒仍在舞动时，所呈现出的传统乡土经验的失灵而导致的价值游移与失语，成为乡土小说创作内在的巨大悖论。所以我把新世纪乡土小说的时间上限推到 20 世纪 90 年代中期前后。

毋庸置疑，随着农耕文明和游牧文明的逐渐衰减，也随着中国城市的不断扩张，农民赖以生存的土地大量流失，农民像候鸟一样飞翔在城市与乡村之间，他们不再是面朝黄土背朝天、“日出而作，日落而息”的农耕者，他们成为“城市里的异乡人”“大地上的游走者”，就像鬼子在《瓦城上空的麦田》里所描写的那个既被乡村注销了户口，又被城市送进了骨灰盒的老农民一样，他们赖以生存的“麦田”只能存在于虚无缥缈的城市天空之中。几亿农民已经成为“乡村里的都市人”“都市里的乡村人”，而这种双重身份又决定了他们在任何地方都是边缘人，都是被排斥的客体。这一没有身份认同的庞大“游牧群体”的存在，改变了中国乡土社会的结构，同时也改变了中国城市社会的结构和生产关系。因此，在中国大陆这块存在了几千年的以农耕文明为主、以游牧文明为辅的地理版图上，稳态的乡土社会结构变成了一个飘忽不定、游弋在乡村与城市之间的“中间物”。所以，表现这些新的“农民”群体的生存现实应该成为当前乡土文学不可或缺的有机组成部分。

转型后的乡土文学一个最突出的特征就是乡土小说的叙事领域超越了既有的题材阈限，以“农民进城”及其作为“他者”的“所进之城”为叙事对象的小说都可归入新世纪乡土小说的范畴中。后一点其实也很自然，因为民国文学中的乡土文学就是以城市叙事为副题、副线的，虽然那时的城市不可与当今等量齐观。就像美国的许多乡土文学是建立在移民文学之上一样，中国目前的乡土文学很大一块被这些向城市进军的“乡土移民”的现实生存状况所占据，我们没有理由不去关注和研究反映这一庞大“候鸟群”生活的文学存在。当然，二者之间的差别也是很明显的：如果说美国文学史中的乡土性的“西部文学”是从发达地区向落后的荒漠地区“顺流而下”的梯度性的“移民文学”，那么，当今中国在进入“现代性”和“全球化”的文化语境时，却是从乡村向城市“逆流而上”的反梯度性的“移民文学”。也就是说，美国乡土文学中的文化语境是城市文明冲击乡村文明，而当今中国乡土文学的文化语境却是乡村文明冲击城市文明。在农耕文明与工业文明、后工业文明的文化冲突中，中国乡土小说的内涵在扩大，反映走出土地、进入城市的农民生活，已经成为作家不可忽视的创作资源。

更重要的是，新世纪乡土叙事疆域的拓展，逐渐展露出新的“乡土经验”。20 世纪 90 年代以来，尤其是进入 21 世纪后，离乡背井进入城市的农民愈来愈多，随着职业向工业技术产业的转换，他们不仅面临身份的确认，更需要灵魂的安妥。对“城市异乡者”这一庞大群体的现实生活描写和灵魂历程的寻觅，已经成为近年来许多乡土作家关注的焦点。“城市异乡者”的生存和精神状态，因为表现出了不同于既往历史的陌生的体认与感受，正得到愈益广阔而深刻的描摹。他们进入城市，在摆脱物质贫困时，不得不吸附在城市文明这一庞大的工业机器上，而城市文明的这种优势又迫使他们屈从于它的精神统摄，将一切带着丑与恶的伦理强加给人们，从而逐渐消弭掉农耕文明长期积淀下来的传统伦理美德。于是，许多作家就陷入了两难的境地：一方面是城市文明进步的巨大诱惑；另一方面是农耕文明美德的深刻眷恋。在这里，作家们的思考不再是那些空灵的技巧问题，不再是那些工具层面的形式问题，因为生存的现实和悲剧的命运已经上升为创作的第一需要了。

施：我注意到，如果说您的《中国乡土小说史》（2007 年）及之前的乡土小说研究主要是审美研究，那么最近几年，包括《中国乡土小说的世纪转型研究》在内，关注点似乎转移到了人物的遭遇方面，类似于社会学的研究，比如影响很大的“城市异乡者”。我认为这不是研究方法的简单转变，而来源于您对“人”的当代境遇的观察和思考。您能谈谈自己在文学研究方面为什么会出现这样的变化吗？

丁：我一贯认为，文学是人学，审美研究也应以之为前提。我在此前的乡土文学研究中归纳出“三画四彩”，风景画和风情画、风俗画水乳交融，自然色彩、神性色彩也与流寓色彩、悲情色彩互为表里，一直注重审美风情与人的存在状况的结合。而最近二十年来中国社会结构发生了重大改变，动力之一也是对象之一的农民生存状况、精神状态也有重要变动，乡土文学理所当然地应当予以关注和表现。

问题在于，新世纪中国农民从乡村向城市的“移民运动”，是中国社会现代转型加剧的必然结果，所呈现的是农民和乡村被迫（或主动）逐步“城市化”的“历史进步”图景，但在乡村文明与城市文明的历史冲突中，作为乡村文明承载者和社会弱势群体的农民，在还未来得及完成自身文化人格的现代性改造之前，就承受了历史之“恶”加诸他们的全部苦难，“现代性”社会迁徙背后的深广的精神痛苦，也就有着沉郁的乡土文化色彩。面临这样一个社会现实，社会学家只从经济动态来分析新生代农村流动人口对城市文化的冲击，只站在社会发展的角度来机械地分析其社会后果，而忽略了文明冲突下的精神后果。相比之下，我们的文学评论家们又过多地关注了小说形式层面的描写，而忽略了在几种文明冲击下的人的复杂心理状态，同时流放了对几种文明形态相互撞击后果的价值评判，以及它们在历史和人类进步中的作用的哲学批判。

我对这种研究状况是不满意的。我以为，我们处于现在这种特定状况之中，一方面，应该以知识分子的担当精神直面现实；另一方面，也要加强修养、开阔眼界、丰富心灵，以个性化的方式深入探究我们这个时期特殊的中国经验，如此才能不辜负这个时代。中国“农民进城”的“移民文学”，毫无疑问是具有“现代性”的流寓色彩、悲情色彩的乡土文学，不论是社会学的研究，还是文学反映，都不能偏离“人”，不能缺乏人性和人道主义价值坐标。“城市异乡者”从生存角度来看，处于流寓之中；从精神状态来看，有一种悲情色彩。这二者在文学中的大致分野，一个近于“真”，一个近于“善”，但无论是“真”还是“善”，都可以而且应该成为审美对象。我想，我们的作家，尤其是乡土文学作家，应加强文史哲知识的储备，多读一些古今中外的学术原典，以此来点燃思想的火花，方能触发更有深度的创作灵感。

关于随笔写作

施：我一直有个疑惑，那就是您很少涉及学术史，为什么这样呢？我自己猜想，可能您更愿意亲近感性经验，特别注重鲜活的文学现场感。那么，您是怎样维系学术热情的呢？或者说，您怎样处理学术与现实之间的关系？

丁：我个人当然不排斥学术史了。作为一名学者，事实上多多少少都会和学术史发生联系，但的确如你所说，我在这方面着力不多。首先，可能正像你说的那样，我是偏爱生活的感性的。起码，自己作为芸芸众生中的一员，感受到活着的平凡与真实，每每有不能自已的喜悦或者哀痛，形之于笔墨，学术也好，随笔也好，我想里面都有一个“真实”的“我”在。当然，这里应该强调，“真实”不是我个人的见闻实录，“我”也未必就完全等同于我本人。我不惮于表达自己的价值倾向和情感倾向，但那绝不是我个人世俗的喜怒哀乐。我在学术论文或者散文、随笔中所表现的，是各种历史的和现实的条件所造就的“我”，正如阿伦特《人的境况》一书所谓的“处境的存在者”。阿伦特指出“任何接触到或进入人类生活稳定关系中的东西，都立刻带有了一种作为人类存在境况的性质”，我个人所体认的学术和现实正是这样一种性质的存在。我从 1970 年代末开始学术生涯，迄今约四十年，目睹学术界与现实社会中的若干变迁。不可否认，这期间中国在总体上是渐趋开放因而逐步融入世界现代文明发展大潮之中的，但同样不容回避的是，它基于各种原因同样存在许多弊端，这些弊端从此也构成了我们存在的具体条件、境况，而有些是当初可以避免的。在这一历史行程中读书治学，我个人的思想和情绪是应和着时代的脉搏跳动的。一方面，我不敢将自己的若干想法当作时代共有的观念，那样也太自大了；但在另一方面，我更不敢将之只简单看作我一个人所独有的感觉，那样也就太妄自菲薄，太有负于一名人文知识分子的道义责任了。我以为，虽然学术有其特殊性，但学术其实就是活生生的“现实一种”，不能把学术从生活中划出去，正如古语所云学术乃天下之公器。所以我尊重其他人对于学术的较为职业化的认知，同时保持那种纯粹的知识上的兴趣。但就我个人来说，则不想仅仅把学术看作一种职业，当成某一个圈子里知识生产的封闭体系，而宁愿维系学术与现实之间的亲和感，维持学术的开放性。

怎么维持学术热情？我个人的经验是：保持对生活的热情，注重涵养对新鲜感性经验的敏感，同时不忘自身作为社会一员的责任，特别是知识分子的道义责任。

施：我们许多人都觉得，不论是在现实中还是在学术上，您都保持着一种饱满的激情。就我个人的阅读感受而言，您的随笔写作也一直保有鲜活的现场感，特别是学者作为知识分子的临场感、介入姿态，您能在这里谈谈自己近期的随笔写作吗？

丁：我的随笔写作是和学术研究互为表里的。前面说过，不管是学术还是随笔，都是我个人与现实之间互动的一种方式。处身在当下中国，每一个人都应该对中国的前途负责，责任有大小之分，承担责任的方式也各有不同。就学者来说，仅仅扮演知识的生产者、传递者恐怕是不够的，更重要的还应具有人文知识分子的道德勇气和人生智慧。我自己写过多篇相关文章，也在许多不同的场合谈过类似问题：人文知识分子到底应该承担什么责任以及如何承担这份责任？

我认为，营造一个使人可以诗意栖居的人文环境是我们无可推卸的责任。面对物欲滔天、精神溃退的当下现实，我们多少显得无奈，因为这是权力与市场双重作用导致的后果。这里面有人为因素，也有客观因素。对前者，我们有时还可以抗争，而对后者的“无物之阵”，我们到底何去何从？扪心自问，我自己也找不到答案。但有一点可以看到，面对突破现代社会伦理底线的言行，我们究竟有几次作为社会良心有效发声？我曾在《白银时代文学》一文中提道：我们缺乏大智大勇的作家。缺“智”，就是因为我们的作家群体少有真正知识分子型的勇者；缺“勇”，则是我们的作家群体中即便有少数的知识分子精英，他们不是被阉割了，就是隐藏在所谓“明哲保身”“独善其身”的传统学说盾牌下苟且偷生、郁郁终生。其实对于学者来说何尝不是如此？现在社会中有一种知识人污名化风气，个中原因很复杂，但各种类型的知识人为权势收编、为利益收买而甘心“为王前驱”也是不争的事实。然而，在中国作家群体和知识分子群体当中，我们罕见忏悔者，即便明明是错了，且也在不承担任何历史责任的情况下，也绝不见忏悔者的身影出现——隐瞒丑行，缺乏自我反省、自我批判的精神乃是我们这个民族作家和知识分子的精神顽疾！所以知识人道德操守的败坏，事实上先于道德勇气的匮乏出现。我这里绝不是夸大个人品行问题的社会影响，而是强调，丧失了知识分子操守的人怎么可能产生知识分子的道义感、责任感呢？“为天地立心，为生民立命，为往圣继绝学，为万世开太平”，不能只是说说而已，而是要去做，首先从自我做起。

所以，我近年在许多随笔当中呼吁一切从“人”出发，认为人、人性和人道主义的价值观应当深入每一个知识分子的心灵世界。正如我读雨果的《九三年》，从年少时的懵懂，到历经世事，耳闻目睹有血有泪的教训，逐步认识到“在绝对正确的革命之上有一个绝对正确的人道主义”的简单而深刻。最近有人又用所谓的乌托邦理论颂扬《狼图腾》的狼性精神，所以我这里再次公开表明态度：我们就是要反对阶级斗争和暴力革命！同样作为从“文革”走过来的一代人，我与《狼图腾》作者姜戎的不同之处就是他的思想完全被革命的暴力锁定了；而有些更年轻的学者则完全屏蔽了20世纪中国革命的“痛史”，将其幻化为另一种嗜血的乌托邦精神，这样的理论更是舍弃了具体的文化背景，用西方后现代的空心理论来为狼性的阶级斗争张目！有革命的自由就没有非革命的自由，更没有公民的自由与羔羊的自由！这就是我读阿伦特《论革命》后疾书《谁以革命的名义绑架了法律、制度与民主、自由》那篇文章的初衷。

我这里要重新提一下“以俄为师”的问题。以前我们说的“以俄为师”，是在阶级斗争、社会激进革命等方面对俄国革命及其社会建制的模仿，而现在我所主张的是以“俄罗斯的良心”闻名于世的俄国知识分子为师。面对强权和高压，这群人始终坚守着知识分子的良知和道德底线，这是俄罗斯民族精神中最值得骄傲的地方，也是最值得我们中国知识人师法的地方。就文学来看，从新文学运动的源头开始，我们就不缺少俄罗斯文学营养的滋养，当然，也同时不缺乏其极左文学思潮的戕害，但我们对俄罗斯文学的关注在很长时期内有一个盲区，那就是“白银时代文学”。我认为，今天我们恰恰最应该关注的就是这一时期的文学，因为俄罗斯“白银时代文学”为我们提供的不仅是那些异彩纷呈、数量巨大的文学文本，更重要的是它为我们展示了一个国家与民族文学精神强大的感召力和自觉的生命力。

以赛亚·伯林1990年在俄罗斯大量的作家、艺术家身上所发现的老一代知识阶层的道德品质、正直思想、敏锐的想象力和极强的个人魅力的传承，而永远“保持着人性、内在的良知和是非感”，就是伯林在他们所有人身上所找到的“俄罗斯的文学传统”。它不仅适合于俄国（也当然包括苏联时期）作家，同样也适用于任何时空中的作家，它应该是超阶级、超国家、超民族的作家价值标准。

我希望我的这些呼吁不会落空，能够真正影响、改变一些人，吾愿足矣！

施：前面您谈了近期的一些活动，最后您可否谈谈今后的打算？

特别是学术研究方面有没有什么比较大的动作？

丁：随着精力的衰退，今后可能把笔力集中在学术随笔和散文的写作方面，这样可以更清晰地表达自己的学术观点和审美趣味。今年是法国大革命二百二十周年，我不仅重读了托克维尔的《旧制度与大革命》和《论美国的民主》，而且还参照《法国文化史》重读了雨果的《九三年》，给我心灵的震撼很大！四十年前读它的时候因为不知背景，只能看看热闹，后来作为名著重读也是囫囵吞枣，不明就里。今日再读，却不仅看出中国读者对大革命的误读，而且看到了许多人对这位伟大作家为什么要写这一部作品的误解，因为我们的教科书在阐释这部作品的时候，往往指出作者的局限性——对革命中暴力的抨击！雨果一生中最后的这部巨制正是站在世纪的制高点上来反思伏尔泰和卢梭们没有见证的这场大革命的缺陷，他要证明的恰恰就是“人性高于革命，高于一切制度”的启蒙精神！我看的是译林版1998年的精装本，中文作序者是我尊敬的老翻译家，但是，在那个年代对《九三年》的阅读尚未有新的思想开拓，的确是有所遗憾的。我正在写一篇重读《九三年》的文章，意图就在于让大家看到1793年法国大革命不为人所知、所理解的另一面。托克维尔告诉了我们，雨果更用故事情节与生动的画面告诉了我们：历史的真相往往在喧嚣的表象背后折射出它的光芒。

还有就是许多文债要还，最急的是那一篇论贾平凹作品的论文，切口乃为编辑朋友出的规定动作：从中国乡土文学发展的轨迹视角来重读《废都》。一个作家在自己的写作历史上留下了十几部长篇小说，究竟哪一部是最能够在文学史上留下痕迹的杰作，可能就是我想回答的问题，也是回应许许多多的评论家在每一个作家一出新作品就会赞颂其是当代的扛鼎之作的评论风尚。

再就是有暇时练练书法，兴之所至，也可能写一点书法评论，总之做一些自己有兴趣的事情。总脱离不了“读书写字”的活儿，直到终了。

原载《福建论坛》（人文社会科学版）2014年第9期

文学史的视界——丁帆教授访谈

丁　帆、杨　辉

文学史和文学史观

杨辉：《中国新文学史》是您以新的学术眼光，依赖新的理论资源，在文学史整体观的基础上，重新结构百年中国文学的努力的最新成果。您的“大文学史”理路，与“中国现代文学”“中国当代文学”的划分方法的区别何在？它是在何种意义上不同于钱理群等人提出的“20世纪中国文学”的说法的？

丁帆：我的意图很明确，正是中国现代文学史在几十年的编选过程中受到了各种各样的理论制约，形成了时间与空间边界模糊不清的特质，致使千种中国现代文学史呈现出表面上百花齐放、五彩缤纷，却在骨子里透露出不合逻辑、违反常理的格局现象。我的新文学史观就是试图回到治史的常识中来，使中国新文学史回到与中国古代文学史、世界文学史接轨的运行中来。只要切分出古与今、新与旧来，其他的问题就会迎刃而解。所以，我提出的“新旧文学史的分水岭”应该按照治史的惯例而行：既不能以“新民主主义论”为指南将新文学史时间延后七年，也不能随意性地将其拖入“晚清”与“近代”说不清理还乱的文化泥淖中去打滚。明明摆着一个在政体与文化上都和古代前朝相切割的新时代，我们却视而不见，这种“昼盲症”和“白日梦游症”显然是受了某种政治魔咒的影响而形成的长期规避史实的惯性所致。一部当时亚洲最有先进理念的《中华民国临时约法》就奠定了中华民国在文化和文学上的“现代性”

基础。因此，我将“民国文学史”正式纳入新文学史的叙述序列，意在表述的潜在内涵是：没有民国，何来五四？重要的问题不是哪个阶级领导的，而是它原本的主张与理念和中国古代文化和文学进行了颠覆性的切割，并付诸法律与制度。它在世界文化和文学的地理版图上已经开始了新的跋涉。就此而言，这部新文学史试图解决的根本问题就凸显出来了。但是，出于种种缘由，这一编写理念不能很好地获得统一；我们还保留了一个初始的底本，与现在面世的新文学史有着很大的差异性，其学术探究的成分更大，待日后再进行深入探讨。

杨辉：在《关于建构百年文学史的几点意见和设想》一文中，您指出：“文学的‘现代性’促成的古今之变是构成中国现代文学学科的最重要的元素。”“进入现代性文化语境的‘五四’以后，其观念革命、方法革命和语言文字革命所带来的一切文化革命，给中国现代文学与中国古代文学的承传的确带来了具有断裂性的分歧。”“正是在正视这样一个史实的前提下，我们没有理由不把它和古代文学进行本质性的切割。”这一思想理路，就建构“现代文学”区别于“古代文学”的研究的“合法性”而言，并无任何问题，但可能潜在的问题是：在自“五四”（或晚清）开显的中国文学与文化的现代性进程，以及由此形成的思想史与文学史的“古今中西之争”中传统与现代的分裂所造成的弊端已经十分明显的语境下，如再强调现代文学于传统之外别开一路的“独立”价值，会不会重新陷入“古今中西之争”的困局，从而不利于新世纪中国文学与文化的民族性建构，也不利于对中国文学做更为宽广的视域融合？您觉得有无可能综合“中国文学史”，即依照您目前的治史理路，将“中国新文学”纳入“中国文学”（包括古典与现代）之中做通盘考虑，重新看待并确认百年中国文学的价值？这样的理论拓展，是否有助于弥合古代——现代的分割状态？毕竟，这种“分割”，有可能只是文学史理论话语建构的结果，并非没有“重述”的可能。

丁帆：这个大问题，可以分为两个部分，前一个问题没有异议，主要是集中在后一个问题上，无疑，这个问题提得很尖锐，也很重要，因为也正是这个问题困扰着许多人文知识分子，当然也包括治中国古代和现代文学史的学者们。以我个人之浅见，中国古代文学和中国现代文学的切割分离是当下学术格局和学科格局所造成的，随着时间的不断推移，中国20世纪的文学史也会逐渐成为“古代文学”的“化石”，只不过由于科学技术的发达，它能够保存下来的史料远不止竹帛纸媒之范畴，但是，在未来文学史的历史长河中，20世纪以来的许多作家作品、文学现象、文学思潮和文学理论都将遭到无情的磨洗和淘汰，它就顺其自然地汇入了“中国文学史”的序列中了。于是，再回眸“古今中西之争”等细枝末节的问题研究，那就不再是个问题了，也许那时这个问题就变成了一个伪命题。

杨辉：近年来，您频频提及“风景”一词。对这个词的文学史意义的发现，在日本学者柄谷行人的《日本现代文学的起源》一书中有较为详尽的说明。依柄谷行人的意思，“风景”既非自然景观，也不是单纯意义上的历史人文景观，而是观照文学以及现实世界的一种精神视域。对“风景”的发现，因之成为突破固有的文学史局限，重新敞开另一种可能的契机。您对“风景”一词的用法，与柄谷行人有何不同？您是否在另一种知识谱系中使用这个词语？它对思考文学以及文学史的意义究竟何在？

丁帆：你抓的问题很准。柄谷行人的“风景观”与我的“风景观”不同之处就在于我是将“风景中的人”和“人眼中的风景”联系起来看的，而不是把“风景”作为一个孤立的文学现象来看待的。这一点是中国文学的传统风格，日本文学受中国文学影响很大，但是自近代以来逐渐形成它自身的独特风格。然而，“风景”是人的内心世界的折射，已经不仅是中国古代文学固有的审美特征了，而“写景寓情”也是全世界文学的共同审美守则。所以，我以为“风景即人”的定律一旦被打破，“风景”一旦变成机械的摄影，其人文意识就会递减或消逝，那么，我们眼中的“风景”和兽类看到的影像世界还有什么区别呢?

我从20世纪80年代开始研究中国乡土小说时，就注意到“风景”与人、“风景”与文学的关系问题，提出了“三画”的乡土文学范式，即风景画、风俗画和风情画。其中将“风景画”列为之首，其认知基础是：无论文学处于何种时间和空间之中，“风景”永远是文学最重要的表述元素，它是人与自然融为一体的审美通道，古今中外概莫能外。从古人对自然风景的描写所形成的浪漫主义重要元素的知识谱系，一直到后现代也逃离不了对自然“风景”的观照，“风景”已然始终定格在文学和艺术的相框之中。由1968年《寂静的春天》的发表，而逐渐形成的20世纪“生态主义”思潮也波及文学领域，其中“风景”的自然保护的元素催生了大批的“生态文学”，看似形成了新的文化知识谱系，其实，它仍然是古代文化和文学“风景”知识谱系的延展与扩张。如果，文学缺少了“风景”，就像佳肴里没有放盐一样寡味。

杨辉：对文学史家（尤其是治当代文学史的研究者）而言，可能始终存在一个知识谱系和意识形态的“边界”。这个边界不但规约着作家、批评家的文学识见，也规约着他们的审美趣味和思想理路。在这一语境下，您重提文学研究的价值立场，强调人文学者的文化批判意识，是否在有意识地矫正这一弊病，希图真正“把文学还给文学史”？

丁帆：是的。20世纪80年代我们如痴如狂、欢欣鼓舞地去迎接一个纯文学时代的到来，包括我们的学术研究也渴望进入象牙之塔中。所以我们以为脱离了社会与政治的文学才能算得上纯文学，也许这正是对长期以来文学被社会和政治压抑的反抗。但是在大量的史实研究和许多西方理论的借鉴中，在亲历了许多历史事件的实践经验中，我意识到，实际上我们渴望的纯文学境界是一个太虚幻境，任何文学都是人文意识形态的一个不可分割的有机部分，文学一旦抽取了意识形态就等于去掉了它的灵魂。没有思想的文学永远不可能有审美的高度！所以，这二十多年来无论是作家还是批评家，抑或是文学史家，其人文意识和素养的急剧下降已经是一个不争的事实，价值立场模糊成为我们的作家作品和文学理论不知所云、顾左右而言他的人文死症。所以我强调知识分子（当然包括作家在内）的价值立场倡扬，应该成为我们这个时代首要的写作目的和目标。

杨辉：您以以赛亚·伯林和汉娜·阿伦特的作品与中国文学、文化及思想史进行“对照”阅读，是否在有意识地突破思想的边界，以重新“叙述文学史”？

丁帆：是的。当我在考察中国革命与英美革命、法国大革命、俄国革命区别的时候，我发现无论是哪一个国家的革命都会给文学留下深深的烙痕，思想史与文学史是一对孪生兄弟，只有打通了它们的界限，我们才会有更伟大的作品。说一句不客气的话，为什么20世纪以来，中国出不了震惊世界的文学大师，正是我们的作家知识的贫乏和哲学的贫弱所致。所以，我在这几个国别三百多年的思想史和文学史考察中，选择了俄苏文学作为比较的切入点，因为在这个点上，我们才能找出许许多多“DNA”的相似之处。一系列的疑问都可以找到准确的答案，因为我们的思想史和他们的思想史有着血脉相连的联系，而恰恰奇怪的是：我们的文学史，尤其是20世纪文学史有许多地方几乎是重叠的，但是他们却仍然能够产生出许多伟大的作家。其答案就是：从19世纪中期的“黄金时代”到世纪之交的“白银时代”，再到苏联时期“解冻文学”前后，这个民族产生了许许多多世界顶级的文学大师，其根本原因就是他们的文脉没有断过。无论是在国内还是流亡在外，他们始终坚持的就是以赛亚·伯林所说的保持着“一个知识阶层”的风骨，这个风骨的形成源于他们的大作家都是思想家！所以我在一系列的随笔中专门列举了大量的史实来告诫和触发中国作家的思考，尽管收效甚微，但是言说是我的天职。

杨辉：在贾平凹《带灯》研讨会上，您明确表示，不赞同使用“农村题材”这样的提法。是否在有意识地清理文学史中意识形态的“话语残留”（依索绪尔的意思，特定的语汇，先验地决定了我们评判的可能性方向），以便建立新的文学史叙述？

丁帆：对！从80年代从事中国乡土小说研究以来，我一直就是把“乡土文学”和“农村题材”严格区分开来的，前者是文学史的学术话语判断词，后者是某一个历史时段中的特殊用语，不合文学史的学理评判，应该说是“十七年文学”的“话语残留”。如果不加清理，文学史就会被这一颗颗老鼠屎搅浑，失去了它作为判别这个领域文学的准确性。只有将这些“话语残留”清除掉，我们的文学史才能进入正常的学术判断轨道。

杨辉：在不同场合您曾多次表达过这样一个意思：随着大量政治文献的解密，我们的文学秩序将会发生极大的变化。的确，一时代的文学经典及其意义的生成，背后均有一套话语资源的逻辑支撑。一旦这些话语资源的基本结构发生变化，其意义也会随之变化。申明这样的观点，是否暗含着您对隐秘史料的发现和对重新解释文学史秩序的思考？

丁帆：是的。因为大量的史料被遮蔽，我们所做出的价值判断就不可能准确，一旦历史的真相被解密，我们在许多年中形成的固有的价值判断就会在一朝一夕被轰毁，这些都是与许多政治文献紧紧相连的。而文学与政治的关系是密不可分的，如果想把中国文学，尤其是20世纪以降的中国文学从政治领域里剥离出去，就像安泰拔着自己的头发上天一样可笑。一点不错，一个时代的文学经典及其意义的生成，背后均有一套话语资源的逻辑支撑。一旦这些话语资源的基本结构发生变化，其意义也会随之变化。但是，当你犹如盲人摸象那样去书写文学史的时候，我以为不如干脆辍笔不要写，等到你眼中的云翳被拨开时，一切就会迎刃而解。我是悲观主义者，在这个“集体失明”的语境中，我们能够做的事情，就是阅读大量能够阅读到的文献史料。其实在这个信息爆炸的时代，许多二手的文献史料还是能够阅读到的，但是这个害死人的消费时代“浅阅读”的风尚，养成了大家不去“深阅读”和“深思考”的惯性，这就不是客观条件的限制了，而是主观的惰性问题了。其实，我们现在急需要做的工作就是清理文献资料。

杨辉：每一部文学史均体现着编撰者独特的治史观念，以及他们的文学趣味和价值标准。不同版本的文学史之间自然也存在不同的话语体系之间的张力。您也曾指出，现行的文学史教材或未脱“十七年及文革文学”阶级斗争的分析模式，或深陷80年代框架之中难以突破。您的《中国新文学史》最为核心最为重要的价值标准是什么？与以上两种治史理路有何区别？依凭这样的标准写作文学史的原因何在？

丁帆：你提出的这个问题看似简单，其实是一个很难回答完整的问题。因为是教材，它在现行的体制中受到种种的限制，所以，我们还不能够完全脱离以往的框架。我们的摆脱方式很简单，就是做减法：剪除那些不明真相且芜杂纷乱的文学思潮和文学现象的书写；剔除那些我们认知为不可能在未来的文学史中存活下去的作家作品。这样就可以把人们的注意力集中在暂时还有文学史价值意义的作家作品上来，从作家作品的背景中透视出我们尽可能知晓的历史真相来！前面我已经说过了，许多问题的解决是在另一本学术著作中。

杨辉：您曾指出，有必要对1979—2009年这三十年的文学批评和文学研究做纠偏的工作。您能否详细解释一下，这三十年的文学及文学批评究竟在哪些方面需要纠偏？纠偏的目的和意义何在？

丁帆：是的。这种纠偏主要分为几个时段，各个时段都有不同的特征。一是对80年代启蒙文学的过分迷恋，没有总结这次启蒙失败的真正原因何在。其实与“五四”启蒙文学一样，二次启蒙我们犯的是和一次启蒙同样的错误：在知识分子的自我启蒙尚未完成的情况下，就急于自上而下地去启蒙大众，这必然导致启蒙的失败。这一点鲁迅深有感触，“两间余一卒，荷戟独彷徨”就充分表达了他对启蒙失败的悲观。所以我们对80年代文学过分地肯定，而看不到其思想的贫弱性，仅仅凭借一点皮毛的人道主义资本去演绎作品，当然难免肤浅。二是90年代的人文思想大讨论是想恶补一下知识结构的贫乏，当人们的文史哲知识积累还不足以支撑起讨论的话题时，它又遭遇突如其来的商品文化大潮的席卷，无疑是落得个“落花流水春去也”的结局。三是新世纪以来出现的乱象，其实就归结于“京派文化”与“海派文化”的沉渣泛起，人们在两种文化的夹攻之下失去了主体和自我，目迷五色，找不着北。所有这些我都在几篇文章中详细阐释过原因，此处不赘述。

杨辉：有学者将王国维视为牵起20世纪“反抗现代性”思想源头的代表人物，并进一步指出：“这一事件不仅加重了王国维在20世纪中国思想文化史上的分量，而且加深了整个中国20世纪思想文化的丰富性、复杂性和深刻性，是十分有意义的。”您如何看待这一观点？

丁帆：这是一个文化悖论的两难命题，因为我对王国维研究很肤浅，所以不敢深入谈这个问题，但是，我始终认为：在传统与现代的冲突之中，我们只有保持清醒的头脑，对传统文化采取“取其精华，去其糟粕”的态度；对现代文化站在人类进步发展的价值观上来看问题，绕过老牌资本主义发展过程中走过的弯路，创造出自己民族文化发展的独特路径。

杨辉：有学者曾撰文指出，事实上存在两个“西方”：“从19世纪末直到今天，中国人就一直在讲学习西方。似乎西方是一个整体。但事情却是复杂的。文艺复兴以后，西方一直在追求现代性的路上前行着。到19世纪末，西方人发现现代性出了问题，开始不断地反思，反抗现代性。”“因而20世纪初，中国人在文化上面对的，实际上并不是一个统一的西方，而是两个西方：一个追求现代性的西方，一个反抗现代性的西方。”近几年，甘阳、刘小枫在其编辑的“西学源流”丛书中，也在努力矫正百年来我们对西方理解的单一和褊狭。您在反思与批判新文学时，强调将新文学放置到“中国文化现代化的思潮中做通盘考虑”，但如同美国汉学家艾恺在《世界范围内的反现代化思潮》一书中表明的，在中国，也存在反思与批判现代性的作家与学人。对于文学史中面对现代性的不同表现，您是如何把握和处理其中的“矛盾”的?

丁帆：所谓“两个西方”论者，是将“西方”的差异性无限放大的结果，我毫不怀疑西方社会在现代化的进程中产生的种种弊端，甚至是难以治愈的变异性现代病毒。但是，那些视西方现代性的文明理念价值而不见，一味用显微镜去寻找其弊端的人，我怀疑其真正的动机并非在学术和学理的层面讨论问题，而是一种政治投机行为。如果艾恺这样的所谓汉学家对中国的历史和中国的现实国情是抱着隔岸观火的态度，采取隔靴搔痒的方法为中国道路开药方，还情有可原，因为他们给出的是在纸上跳舞的高蹈理论，和那些企图做中国政治文化高参和幕僚的人相比，他们的学问只能一笑而过，正如有人总结艾恺那个使人震惊的理论：持续的反现代化批评是不可或缺的，也是不会自行消失的，除非与现代化“同归于尽”。反现代化批评的贡献与意义是在批评的过程中，辨明了现代化过程的真正本质，也确定了人类应付的代价。作为一个美国历史学家、亚洲现代化问题专家，艾恺的理论的确使人难以接受，但是我从来就不把它当真，在汲取汉学家理论营养时，我往往激赏的是他们文章中那些我们看不到的史料，而并不注重他们的结论。包括艾恺的导师——美国著名中国问题专家费正清与史华兹，在他们研究中国问题的皇皇巨著中，我们能够得到什么解决中国问题的良方吗?更不必说那些胡乱吞咽下一些西方所谓“反抗理论”的“香蕉人理论”

会给中国文化带来什么样的洋垃圾了，这些人的著述往往是前后矛盾、逻辑混乱，或许只有一点是清醒的：他们知道自己的利益在哪里！

我早就说过：中国的知识分子并不缺少思想的判断力，而是缺少思考的基本材料，只要有史料解密制度的保障，许多价值判断都会形成共识，无须什么先进的方法论，人们用常识就可立辨假丑恶与真善美。如果打不开尘封历史的封条，在遮蔽错讹的二手史料中徜徉，你能做出真正有独立思想的学问来那才是怪事呢。在他人误导的文章中寻找答案是十分可悲可怜的，那些身在国外的汉学家对中国的国情文化过于隔膜，但是他们有阅读史料的自由权和优先权，却没有精准分析中国问题的能力！

其实，我在二十年前就开始写文章反思这一问题了，中国在改革开放的道路上面临的就是这样的两难命题：一方面是保守的封建专制基础显示出来的强大生命力；另一方面是在现代化进程中借鉴西方价值观念中有机的活力。两者在不断的抵牾冲突中前行，如果站在人类进步文明发展的角度来看，我们究竟选择什么样的价值观，当然对中国文化的走向是至关重要的。

杨辉：在《重回“五四”起跑线》一书的“自序”中，您开宗明义地写道：“重回‘五四’起跑线，已经成为我近年为文的潜在宗旨。”您是在何种意义上提出这个问题的？因为以不同的价值立场观察，存在不同的关于“五四”的叙事，您究竟想回到哪一个“五四”？是“启蒙”意义上的“五四”吗？

丁帆：其实这个问题在前面已经涉及了，我之所以呼吁“重回‘五四’起跑线”，就是因为我们文学的人性底线在20世纪80年代的二次启蒙中也迅速溃败，就是因为没有充分总结五四新文化运动的经验教训，看不到五四新文化运动中许多负面的问题，尤其是在盲目的革命热情下掩盖着的为日后的专制主义留下的隐患。“五四”革命所采取的方式是法国大革命式的暴力行为，更是俄国革命的无产阶级专政下阶级斗争的产物，这些弊端才是中国革命的真正源头，从这一源头来反思五四新文化运动，我们才能将中国现代思想史和文学史梳理出一个清晰的头绪来。

杨辉：竹内好、伊藤虎丸的现代文学研究在中国学人中影响颇大，他们的研究“范式”潜在地规约着一些学者的研究思路和方法。对此您如何看待?

丁帆：这些年来，随着南京大学新文学研究中心与日本东京大学、京都大学、早稻田大学等学术交往的日益频繁，我对几代日本学者的研究方法逐渐有了更深的认识。其实，说穿了就是可以用两句话概括：日本学者的治学“范式”多来自中国古代文学治学方法，不过他们更注意微观的细节分析，而中国大陆近三十年来推崇日本这种治学的“范式”，不过是因为1949年以后这种研究方法的传统被阻隔后形成了断裂层，这些年是在修复这样范式的断裂层。

关于知识分子

杨辉：法学家波斯纳在《公共知识分子——衰落之研究》一书中，曾对公共知识分子一词做过极为精到的说明。萨义德也有专论知识分子的《知识分子论》一书。您在《最后的知识分子》读札中，也对“消逝的知识分子就消逝在大学里”做过反思。您觉得目前知识分子欠缺哪些精神?

丁帆：这些年我写的十几篇关于知识分子的随笔受到了一点关注，是因为大家都在反思知识分子的问题，无疑，中国的知识分子被绑架在无产阶级革命和无产阶级专政的战车上，已经是长期存在的历史事实，不必避讳。其要害就在于其从“五四”开始就没有形成过“合力”，用伯林的话来说，它就“不是一个独立阶级”，需要反思的问题是：是什么力量取消了知识分子个人的自由独立的批判精神，阉割了群体知识分子以批判力量推动历史和社会前进的基本功能呢？除了外在的客观因素外，就没有主观世界的原因？姑且不谈萨义德所倡导的现代知识分子永远是站在“业余的”的文化批判者立场上去关注社会的病症的价值理念应该是知识分子的职责，就目前的情况来看，我们的知识分子就连古代士子的“风骨”也荡然无存了。“批判知识分子的批判”是当下必要的文化反思，尽管它是哲学层面的。

另外，我们也不能忽略后现代消费文化对知识分子的腐蚀，我强调的是：知识分子消逝了吗？这俨然是个世界性的难题。生于忧患，死于安乐。这也是知识分子生存的法则和真谛。正如拉塞尔·雅各比在其《最后的知识分子》中所阐释的那样：“不是迫害，也不是漠不关心，而是富裕威胁着知识分子。在约翰·W.奥尔德里奇看来，美国的知识分子从共产主义和欧洲精英文化的幻象中走出来，屈从于‘金钱、地位、安稳和权力’。默林·金在《新共和》中谈道：‘从经济方面来看，知识分子吃得比过去好了，住得也比过去好了，而且也比以往任何时候都受到纵容并得到满足了。’”如果说这是20世纪60年代以后美国知识分子的生存状况，那么，无疑，这样的状况今天已经轮到中国的知识分子头上了，就看你能否把持自己，永葆批判精神。

杨辉：我注意到您的专著《十七年文学：“人”与“自我”的失落》与随笔集《江南悲歌》同年出版。不知写作是否也同步进行。作为有社会良知和批判精神的知识分子，您对江南士子人格、操守、精神、气节的强调，是否在通过传统，来重建知识人的精神操守，以回应“人”与“自我”的失落问题呢？

丁帆：那是20世纪90年代中期我集中考虑的问题，为什么对“十七年文学”不能反思？就是因为在思想被奴化的过程中，看不到“十七年”与“文革”的血脉联系，更深入地追究下来，我只能从知识分子自身找原因了，所以，我写了《江南士子悲歌》（原名）随笔集，陆陆续续登在《随笔》杂志上。本是随兴而写，没有想到人们会注意这样的文字，二十年过去了，居然还有人记起，最近有个出版社要求获得再版权。在这里，我要郑重地道歉的是，书中有一处史实的错误，即将东林党人的那副读书治国的对联弄错了人名，这个教训很深刻，以为散文随笔是属于文学创作之列，就可以不严谨，终究会误人子弟。回到老问题上来，无论古今知识分子，都应该有节操，都应该忠于你的职业道德：不要忘记你是依靠批判功能生存的，批判才是你推动历史前进的唯一动力！强调一下，我是专指人文知识分子。

杨辉：近年来，您以知识分子的理性批判姿态，连续撰文对中国社会的历史、文化、思想史及文学史做了极为深入的批判性反思。论题涉及文学的政治背景和意识形态因素。这一思想理路，与您个人的学术经验有何关联？通过对“修正主义”的思想史价值的重提，您觉得文学与思想史会发生何种变化？从根本意义上而言，这种变化会给当代文学研究带来“新气象”吗？

丁帆：对一个经过历史沧桑的人来说，我对中国几十年来的历史进程有着切身的体悟，虽然这些经验是个人性的，但是不进行学理性的阐释就无法面对本学科的许多问题。从专业角度来说，有许许多多的文学问题其实十分简单，但是当我给下一代的博士生上课时就很难给出一个圆满的解答，那就是深刻地体悟到了他们对百年来的思想史、社会史和政治史背景不甚了了，其获得知识的来源出了问题，这都是我们的教育出了问题。所以，我提出的“修正主义”的口号（尽管这个词十分犯忌，但是我在这里援引时是将它作为中性词来使用的），旨在回到历史背景的真相与常识当中，否则就无法面对一切文史哲所涉及的问题。正如我说“实践是检验真理的唯一标准”是辩证唯物主义的一个常识范畴的答案，但是，我们将它作为一个尖端的人文科学的巨大发明，这是中国思想界的狂欢节呢，还是中国学术界的悲剧？

作家、作品与文学现象

杨辉：作为较早关注贾平凹写作的批评家之一，您如何看待贾平凹由《废都》到《带灯》的转变？

丁帆：说实话，从《废都》到《带灯》，虽然贾平凹历经了许多部长篇小说的蜕变，但是，我始终认为《带灯》是《废都》的延续，而《废都》却是贾平凹创作的里程碑！在《带灯》里面，贾平凹又一次介入了政治性的批判，这个批判是对社会底层的反思，对中国社会，也就是对农民，对农耕文明和生态文明的反思。贾平凹写了工业文明和农业文明之间的底层阵痛，以及底层干部两难的困境。在这点上，他的批判力度又进了一步。所以说，《带灯》虽然褒贬不一，但却是一个亮点。但是，2013 年我专门写了一篇重评《废都》的长文，我是这样概括的：回眸 20 年前的那个由一部作品所引发的文化事件，至今《废都》似乎被历史所淡忘，但是重读这部作品，本文认为它更具备了文学史的意义和价值，其理由有三：一是大凡能够流传下来的著名鸿篇巨制应该是截取动荡时代社会生活图景的历史大构架之作；二是必须折射出那个时代人性骤变的思想特征，而其性描写恰恰为《废都》展现转型期剧烈的思想动荡穿上了刺眼的商业化外衣；三是其一切的形式的运用与技巧的雕琢均应服从于思想内容之需求，而《废都》虽然采用了多种艺术形式技巧，但是其方法都归结于此，所以本文认为：《废都》正是在满足这三个条件的前提之下，深刻揭示了知识分子的自我启蒙不能完成，中国的改革将会走上思想的迷途。缘此，《废都》才成为 20 世纪能够在新文学史上立得住的灵魂救赎风俗长卷的旷世之作。

杨辉：《中国新文学史》中对贾平凹的《废都》有这样一段评价："贾平凹基于文化忧思的欲望书写，没有将审美的境界引领到灵魂言说的层次，在无道则隐的传统士大夫情怀的释放中，依然带有一种实在的社会承担。除此之外，只剩下一种士大夫趣味的深度沉迷。”这里的“灵魂言说的层次”所指究竟为何？可能以此评价为基础，该部分最后如是总结贾平凹的写作：“经过三十多年坚持不懈的文学探寻，贾平凹几乎穷尽了只有传统趣味而没有信仰的当代作家所能达到的最高美学限度。”您是在何种意义上使用“信仰”一词的？您看重的是张承志、北村的宗教皈依意义上的有“信仰”的写作（但在论及时，《中国新文学史》中对北村和张承志却有这样的评价：“写《施洗的河》的北村依赖基督教义的救赎，以至于信仰附体写出福音书《我和上帝有个约》；写出《心灵史》的张承志继续走向哲合忍耶一路的极端。作家们精神上的皈依会使其小说有一定的文化特色，却也容易使其小说趋于宣布教义的单一结局。”），还是史铁生意义上的把对生命存在价值和意义的思考上升到“宗教”的精神层次的写作（刘再复在和刘剑梅的对话中，曾强调《红楼梦》的“创教”意味，即一种无神的“第三类宗教”）？

丁帆：其实，我已经说过了，在编写教材中，许多学术性的话语是不宜渗透进去的。这段关于对贾平凹《废都》的评价，我在几次审稿时都想修改，但是囿于我的观点更加偏激，更不适宜进入教科书序列，也就同意了执笔者的观点，这样的地方甚多，只是权宜之计。我始终认为，年轻人的观点可能更适宜教材，因为阅读的对象是普通大学的本科生。所以，我才重评《废都》，以表明我真正的学术态度。

我在论文的题记当中如是说：当1993年此书刚刚出版时，我就收到了费秉勋教授的约稿信，言及相约全国十个评论家每人为此书写不少于一万字的评论。此时的《废都》瞬间已经成为出版业的一个文化事件，一时洛阳纸贵，盗印版的《废都》竟也刷新了中国出版史上的新纪录。因为评论稿要得很急，我是连夜匆匆草就一篇一万一千多字的文章。那时用的还是手写稿，第二天挂号寄出去以后，便石沉大海，杳无音讯了，那是因为众所周知的原因而至，但是，痛失自以为得意的文稿，乃为极大憾事。前些天在一次学术讨论会上与平凹重提此事，他回西安后竟然让“贾平凹艺术馆”的同人将此稿打印件翻检搜寻出来了，真是大喜过望。读毕旧作，恍如隔世，感慨万端，尤其是最后的那段预言性文字更使我增强了重评《废都》的信心：“我凭直觉来得出结论：《废都》也许不是本世纪小说的‘绝唱’，但它是一部载入史册的巨著！它是本世纪小说的最后辉煌。它能否影响到下个世纪的小说创作呢？让历史做出最公正的评价吧！一九九三年九月三日夜于紫金山麓下。”这就是我二十年后的今天试图再将此作牢牢嵌入新文学史中，并强调它的历史意义的原始冲动，当然，许多新的阅读体验显然比二十年前有了质的飞跃与提升。

为了写这篇文章，我反反复复在思考的问题是：世界文学史自启蒙时代以来遴选作家作品的标准是什么？其中最重要的因素应该是看其国家的长篇小说创作是否达到了巅峰状态，而综观世界上林林总总的长篇名著，许多巨制的产生都是瞄准了其国家和民族命运关键的历史转折的时代节点作为创作大构架的构思契合点。不要说托尔斯泰《战争与和平》和司汤达的《红与黑》那样的鸿篇巨制，即便是伏尼契那样反映动荡年代里人物命运的小制作《牛虻》也不放弃对那个革命年代背景的刻画，更不要说雨果的《九三年》直接以革命年代为题，通过两个主人公的命运激越地表达了对法国大革命的判断，凸显了一个有良知的作家对人性高于一切的创作理念的膜拜，这才是一个有正义感的大作家对人类灵魂救赎的伟大贡献。今年恰恰是法国大革命纪念二百二十年，同时也是《废都》出版二十周年，从这个历史时间的偶然巧合当中，我似乎看到了一种“历史的必然”（马克思语）——在某一个历史的节点上，一个作家如果能够迅速地对这个国家和民族的人性动荡和异化做出深刻的剖析，那他必然是抢占了文学巨制创作的制高点。当然，如果与当时的历史拉开一段距离，也许就能够站在一个更清醒的高度来描写他笔下的人物。像雨果那样，在几十年后的临终前去写《九三年》，或许比《悲惨世界》更成熟，达到了人性哲理的高度升华。但是，与亲身经历一场动荡的社会巨变不同的是，对处于极度亢奋的当事者来说，那种写作的创作灵感与冲动是任何外部力量都不可能阻挡与遏制的。从这个意义上来说，1992 年乃是中国社会转型的历史重要关口，也是作者个人生活转折的年代，在这个历史的节点上，贾平凹以一个作家敏锐的艺术感觉，嗅到了人性的巨变与畸变，作为一个历史生活的亲历者与忠实“记录员”，他为文学史打造的是从动荡历史时光隧道中各色人等，尤其是知识分子灵魂中抽绎出来的一块“心灵活化石”。今天，我们能否从中发现哪些新的文化与文学的思想价值和艺术元素呢?

以上文字才是我真实的思想。至于对张承志和北村的评价我以为是适宜的，因为张承志从原初的浪漫主义风格转变成后期的宗教迷狂是有所偏离文学的轨迹的，我不是说作家不可以写这样的题材，而是说作家一旦陷入了这种迷狂，就必然会放弃一些属于历史和美学范畴的东西。这种倾向在新世纪更加流行，北村也是一个代表性的作家。

杨辉：同样是在论及史铁生部分，《中国新文学史》中有这样一段评价：“他（史铁生）没有找到 20 世纪中国大陆精神困境的真正根源，从而没有为灵魂找到自由之境。”这也是近几年我一直苦思而不能得的问题，请问“20 世纪中国大陆精神困境的真正根源”当作何解?

丁帆：虽然史铁生是我最尊敬的作家之一，但是，他的作品里面也有灵魂无处可依的倾向，虽然他作品中所呈现的人文关怀感动了几代读者，但我还是要说一句，中国的作家之所以达不到大师的级别和水平，就是因为我们的哲学和历史的人文修养达不到托尔斯泰们的高度，托翁也写宗教，而且是一个忠实的教徒，但是他的作品中人性的深度和审美的艺术高度是这些中国作家不能企及的，因为俄罗斯的每一个大作家都是大思想家。我们为什么没有，根本问题就出在知识谱系的断裂上，一是文学教育的贫弱；二是几十年来工农兵创作方向导致的后果，所以这种精神的困境是这几代作家共同的苦闷。当然，这样的后果是不应该由这几代作家个人来承担的。

杨辉：您指出：“所谓‘多元写作’在一定程度上则是消解现实本质，消解人性和人道主义立场，用‘多元’来掩盖创作进入另外一种‘一元化’写作——物质时代的欲望化写作。”同样，有学者认为，如今强调“多元现代性”，在现代性的弊端已日渐显露的中国语境下，其实也是在消解我们对于现代性的弊端的反思与批判的立场。您是否认同这一看法？

丁帆：我所说的“多元写作”和所谓的“多元现代性”是两个论域范畴，我是特指那种在“多元写作”的旗号下，消解文学本身的人性价值判断和审美需求的做法，前者是受意识形态控制，后者是受消费文化控制。所以，当下创作的生态环境不容乐观。

杨辉：您曾指出：“文革文学”与“十七年文学”研究的问题在于“当前的研究删除了这段文学史与当时整个世界文化格局的关联性，将它与世界文学强势的反差和落差屏蔽起来，这样就很难从一个更新的角度来看清这段文学史的真实面貌和本质特征”；“只有从文化与文学结构层面入手，从思想史和文学史的关联性入手，在世界文化的进步趋向进程的格局中细心地考察和体验各种文本与文学现象，才能看出它的优劣”。目前的文学研究或许也存在同样的问题，一些批评家动辄以西方文学经典为标准（往往是19世纪或20世纪初的文学大家），完成“矮化”中国文学的目的。如果和西方文学作横向比较，您将如何评价新世纪中国文学？

丁帆：由于1949年以后的文学创作和文学理论对西方的大门关闭了，50年代也只有苏联文学进入人们的视野，到了60年代就连“苏联修正主义”的文学大门也紧闭了。在没有一个任何参照物，看不到文学灿烂星空的铁屋子里进行创作，你能指望产生出什么伟大的作品来吗？为什么王朔、冯小刚们能够在八九十年代脱颖而出，其重要的元素却恰恰在于他们先目睹到了铁屋子外面的参照物，因为作为军队大院子弟，他们可以看到“内参片”，读到“供批判用书”。所以他们成为西方文学宴席上残汤剩羹的“先食者”。因此我强调的是，如果一个国家的文学不能参与世界文学的比较行列，那它的文学创作就是无靶向无目标的盲目空射。

杨辉：方方的新作《涂自强的个人悲伤》被认为“讲述了‘徒自强’的故事，一个自强、乐观、积极向上的农村孩子，最终还是被生活拖垮了。这部小说提出了很多残酷的现实问题，这些问题没有答案，看了之后让人绝望”。对此，方方的解释是：“人是不能追问的，追问到底，便坠入虚无。包括涂自强，也是无法一直追问的。追问到最后，其实是没有办法的事。人生而平等，是我们追求的目标，但这只是一个梦想。实际上，人从来就是生而不平等的，也不可能有平等。”这种所谓的对人生“透彻”的理解，多少让人想到新写实小说的基本思想理路。而这部作品和路遥《平凡的世界》的“互文”关系不难辨识，涂自强或许也可以被视为新世纪的孙少平。以“放逐理想”“拒绝崇高”理路来逼近现实的“真实情状”，几乎成为多年来一些作家写作的基本思路。但从这样的作品中，我们似乎只能看到作家对“现实”的情绪化表达，看不到他们对于现实更为深刻的理解，他们所传达出的“经验”，也超越不了普通读者的经验范围（同样的问题，也不同程度地存在于余华、马原、阎连科近期的作品中）。您如何看待这一现象？

丁帆：对不起！方方虽然是我尊敬的一位女作家，但是她的这部作品我还没有看，所以也无法比较。倒是您说的余华、马原和阎连科这几位作家的作品则是完全不同的路数，我认为余华近些年的作品没有大家说得那么糟糕，相反，我以为他近期的作品比以前的作品人文含量更大、思考也更深刻了。马原的《牛鬼蛇神》远没有深刻地表现出那个时代的本质，无论你采取什么样的手法，我们要看到的是历史和人性中最心跳的那种东西！阎连科最近的作品对现实社会和人性异化的深刻思考已经达到了一个当下无人企及的高度，我以为一部《炸裂志》就足以说明问题了。

杨辉：在贾平凹新作《带灯》的结尾处，“危机四伏的樱镇世界”终于因一场矛盾的总爆发而几近崩溃，与这世界一同“崩溃”的，还有带灯（包括她的内心世界，她一直坚守的“原则”）。但在这个“绝望”时候，却有一个佛的意象的出现。耐人寻味的是，在阎连科的《四书》的末尾，也有一个基督教的“救赎”意象的出现。结合阎连科《四书》前后的写作，他的“神实主义”的提出，他对“发现小说”的言说，以及他在表现“现实”之时“内在的焦虑”（从《炸裂志》出版之后他对依赖想象的写作的反思不难体味出这一点），是否可以这样认为：这种带有“终极救赎”（不是简单意义上的宗教皈依）意义的意象的出现，表征着作家在既定的思想框架中解释并表现现实时的贫乏和无力，以及某种渴望突破的精神吁求？

丁帆：毋庸讳言，您说的这个问题是中国作家普遍存在的创作困惑问题，当他们无法解释一个巨大的社会问题时，他们不是求助宗教的皈依，就是蹈入虚无主义的泥淖。这种“内在的焦虑”源于大家都缺乏哲学的修养，神学只是哲学的一支，还有许多哲学的通道可以走。但是我们的作家普遍以为，作家只需具有感性的认知即可，无须理性思维的支持，殊不知，理性思维是文学创作最强大的支撑！

杨辉：在《带灯》“后记”中，贾平凹明确表示，要从《废都》以来接续明清世情小说传统转向对两汉史家传统的重启。这种重启可能不仅意味着审美趣味及写作技巧的现代延续，还意味着恢复由传统文化所开显的本民族独有的精神空间对现时代精神问题发言的能力（由《带灯》中佛的意象的出现或许可见端倪）。对贾平凹这样“以中国人的头脑（思维）写中国人”（穆涛教授语）的作家，我们建立在西学资源基础上的文学批评话语是否无法完成对他的作品的恰当阐释？他的这种写作方向，有无可能是走出目前当代作家写作困境的合适路径？

丁帆：穆涛先生所言极是，贾平凹作品的优点在于此，弱点也在于此。好的是他突出了作品的主体性，缺点是缺少了“第三只眼”，使小说创作失去了“复调”小说的意味。这是中国传统小说的弊病，试想，倘若有“第三者插足”，小说的戏份就不一样了。西学资源不是围观之物，而是拿来用的，适合自己就用，不适合就弃之，无须复杂化。

杨辉：在论及汪曾祺与“京派”之关系时，您曾指出：“汪曾祺的乡土小说之所以获得殊荣，这不仅仅是小说本身的可读性所致，更重要的是它标志着一种美学风范的回归，也就是从废名和沈从文开始的‘田园诗风’乡土情结的‘还魂’。”在时下文坛，描写日渐“崩溃”的乡土世界的作品几成潮流。您觉得乡土叙述中“田园诗风”在新世纪有无重现的可能？

丁帆：这个问题我们在《中国乡土小说的世纪转型研究》中做出了详细的阐释。可以说，这种“田园诗风”不仅在中国广袤荒芜的乡土社会里游荡，它还随着农村人口的大迁徙，漂移在“城市的麦田上空”。

杨辉：近年来，梁鸿的《中国在梁庄》《出梁庄记》在文坛及读者群中引起较大反响。这两部被冠以“非虚构”的作品以其触目惊心的“真实”（区别于叙事虚构作品的“真实”）让我们看到了“乡土”写作的另一种面相。阎连科在写完《炸裂志》之后，也表示自己或许会放弃依赖想象的写作，去写一部如《出梁庄记》这样的“非虚构”作品。如果梁鸿的作品可以归入“乡土文学”，那么她的写作会给乡土文学带来什么样的启发？

丁帆：梁鸿的非虚构作品近两年来在散文领域里引起了反响，源于人们对人的生存环境的思考，这种文学样式对乡土文学的渗透无疑是一件好事，它能够为乡土小说输入新鲜血液，不仅是形式上的，而且是内容上的。文学家直接关注人文生态要比记者的新闻报道更有思想的深度和审美的高度。我的博士生秦香丽还专门写了这方面的论文，她认为：乡土题材的“非虚构”作为一种互文性的存在，以“补白”和“镜子”的形式让我们看到新世纪乡土文学的诸种病象。可谓一语中的。

杨辉：在《高兴》一书中，贾平凹曾表达了他对农民进入城市以后的生活及出路的“忧心”和“困惑”。

丁帆：《高兴》是我读完以后印象比较深刻的一部长篇小说，记得出差途中在飞机上写了一篇评论的前半部分，后来文章丢失了。农民进城以后的生活形态描写是我一直关注的问题，《高兴》使我想起的是鬼子的《瓦城上空的麦田》，两位作家表现的深刻社会内涵就是我早就提出的概念：“城市异乡者”！即城市不是他们的天堂，他们是外来者，是闯入者，是难以融入的一群异类，所以他们的“归乡”情结很重，但是乡土社会也无法让他们有立足之地，《瓦城上空的麦田》中主人公在城市里的儿女们不认他这个活生生的父亲，而是把他作为供在灵位上的父亲，虽然作者是用一场车祸来构筑了这个荒诞的故事情节。他要回乡，而传统的乡土社会里没有他的户籍，有的只是他的一座荒冢，可谓灵魂与肉体都无处安放！而《高兴》中背尸回乡的情节令人震撼，为何要做出如此匪夷所思的壮举？我以为，这就是老一代中国儿女的“忧伤”——他们想找回属于自己的传统文化生活方式，但是商品文化主导下的现代生活又是一只无形的手，牢牢地扯住了他们的归乡之路，这就是他们的现代性“困惑”。

杨辉：有论者认为，“寻根文学”的文化寻根至今仍处于“未完成”状态，他们试图走出当时的文化困境的努力，也不可以被简单地视为“文化保守主义”。您如何看待这一说法？

丁帆：对于“寻根文学”的看法，二十年来我有两种不尽相同的评判，先是全盘肯定，后是进行反思，后者对前者进行了修正。当初由一批作家发起的这股文学思潮，因为理论素养的不足，只为照应自己写作的局限性——因为他们的生活经验就决定了他们的创作囿于本土经验，没有其他参照物，所以不能用一个历史发展的眼光去看问题。尽管我们哀叹如诗如画的农耕文明给我们的文学带来的浪漫主义和理想主义的情怀逐渐消逝，但是历史必须前行，哪怕带着污秽和血！所以我认为时过境迁，这个命题已然是一个伪命题了。

关于文学批评

杨辉：在论及文学批评的功能时，您指出：“文学批评的价值就在于批评者通过批评的言说来达到对社会和人生的文化批判，对艺术和审美的再造。”“它不是捧花的使者，也不是作家作品的臣仆，更不是为现存的政治做出伪证的阐释。在某种意义上来说，它反而应该永远和时代与社会保持着警惕和距离，用‘独立之意志，自由之精神’去直面惨淡的人生与鲜血淋漓的现实世界，用智慧与美的力量去为文学创作举起人性的火把，以此来启迪人生，与社会达成人性的契约。”若以此为参照，您觉得当下的文学批评最为欠缺的是什么？

丁帆：其实这个问题上面我已经间接回答过了，总结起来无非是：一是价值观的恒定性。我以为文学批评家的批评底线就是人性的标准，其他因素是更高的标准。一个批评家如果连这个底线都突破了，他就应该退出这个圈子，因为他已经不具备批评的道德资格。二是批评的学院化倾向。我这里所指的不是否定这个群体，而是说在这个群体中存在大量的批评垃圾。其主要表征就是评论一个作家作品首先就是搬出一大堆西方理论的术语开道，而对作家作品的具体写作背景没有进行详细的考察，对作品的感悟能力采取的是漠视的态度，这就势必形成了批评的隔膜。三是在意识形态和商业文化这两只手操纵下的那种一窝蜂式的“捧杀”和“棒杀”的批评盛行一时。还有许多现象就不一一列举了。这些都是阻碍文学批评正常发展的顽症。

杨辉：新世纪伊始，您在《21 世纪中国文学批评前瞻》一文中，对新世纪文学批评的可能做了展望。时至今日，新世纪文学批评已走过了十余个年头，如今批评的现状与您当年的说法有无差距？如有，您觉得原因何在呢？

丁帆：这个问题我已经谈得十分透彻了，2010 年我发表了《新世纪文学中价值立场的退却与乱象的形成》（《当代作家评论》第 5 期），那是根据 2010 年 7 月 12 日在复旦大学与哈佛大学共同举办的“新世纪十年文学：现状与未来国际研讨会”上的发言提纲整理而成的，指出了新世纪以来文学创作和文学批评的 22 条乱象，各 11 条。在这里就不赘述了。

杨辉：有论者认为，批评界对顾彬“当代文学垃圾论”的“过度反应”表征的，其实是批评界自身批评资源的匮乏和批评标准的“价值混乱”。进而言之，这一问题与以西学资源为基础的批评标准在解释中国文学问题的评价“优势”，以及中国批评界无从建立自身的批评标准密切相关。您如何看待这一问题？

丁帆：我以为顾彬对中国当代文学的基本估计是有道理的，不要认为是洋人指出我们头上的疮疤就不行。当然顾彬的弱点也很明显，他阅读的中国作家作品很有限，所以有些评价不够准确。但是，我以为建立所谓的中国文学批评自己的评估标准的事情却是万万不可做的，且不说无标准可言，如果有人以此来做文章，文学批评会死得更惨。

杨辉：20 世纪末，随着西方文论及批评的大量译介，文学界曾有过关于中国文论“失语”的讨论。也有一些学者力图促成中国古代文论的现代转换，以重启古代文论释读现当代文学作品的能力，惜乎收效甚微。时至今日，在以西方理论为基础的文学批评面临“困境”的情况下，在吸纳西方文学批评资源的基础上重启中国古代文论的理论价值，会不会是建立“中国的文学批评标准”的必由之路？

丁帆：我以为中国古代文论从来就没有形成过体系，因为那都是一些感性的、支离破碎的文论，哲学理性层面的逻辑性与体系性欠缺是其致命的弱点。这是我们要学西方的地方，三十多年的补课，已经有了成效，在这一点上应该坚持“拿来主义”。古代文论与西方文论杂交可以，但是千万不能搞出一个什么标准来。

杨辉：您曾把“对网络评论的忽视、恐惧和拒绝”视为“评论的失位”。您觉得，网络评论（或者说媒体批评）究竟会给文学批评带来什么？

丁帆：因网络文学的日益发达，网络评论也成为未来不可或缺的一支庞大的队伍。网络评论最大的优势就是能够局部打破文学评论的禁区，用独立批评的眼光去臧否文学。我毫不怀疑网络评论的强大的生命力，文学批评的未来是由其构建的。

杨辉：近年来，批评家李建军对贾平凹、莫言的批评引发了文坛广泛的争议。请问您如何看待李建军的批评及其所引发的争议？

丁帆：我认为李建军的批评个性十分强，这正是好批评家所必须具备的素养。你可以完全不同意他的观点，但是你一定要尊重他发声的权利！这就是批评的法则，但是许多人就不明白这个真谛。争议才是批评的活水之源，才是常态。

关于散文创作

杨辉：请问您如何看待当前的散文创作？

丁帆：当下的散文创作似乎有中兴的味道，其重要的原因，是有一批由两岸作家共同构筑的反映厚重历史内容的大散文出现了。像《古拉格群岛》《红轮》那样介于长篇小说与报告文学之间的文体的产生，为散文带来了生机。我们设计“在场主义散文大奖”的初衷即是如此，几届评审出来的作品有目共睹。

杨辉：《美文》自1992年创刊以来，秉持贾平凹主编提出的“大散文”观念，倡导“大散文”写作，至今已有二十余年。请问您如何看待“大散文”观？您对我们刊物今后的发展有什么建议？

丁帆：如上所言，我十分赞同“大散文”观念。我们的散文不乏风花雪月的美文小品，但是我们缺乏气势如虹、博大精深的恢宏大气的美文。这些审美元素不仅仅是长篇小说可以完成的，经过这些年的创作实验，已经足以证明“大散文”具有承担起鸿篇巨制的广阔内容和审美形态的能力。当然，对这种文体的批评还很有限。希望大家把精力投射到这上面来。

原载《美文》（上半月）2014年第4期

丁帆：回到时代现场体悟文学

丁　帆、卢　欢

访前语

他嗜书如命，追求知识却不屑赁于名利场，而是作为生命的升华；他下乡六年，深切了解中国的乡村与农民，对大饥荒等现实苦难难掩愤懑式怜悯；在学术界和教育界里活跃多年，他学识渊博，敢说真话，坦诚热情，以“独立之思想”感染人……

在南京大学，丁帆老师被学生们誉为“学术男神”，这并不奇怪。今年 4 月，他和作家贾平凹应华中科技大学之邀，驻校讲学两周，让武汉高校学子有机会目睹这位标举人文知识分子精神的学者风采。

在两个多小时的访谈时间里，丁帆对各种话题信手拈来，侃侃而谈。当我们停留于现代文学三十年的窠臼时，他宣称要厘清新旧文学的分水岭，要让文学史研究回到常识，这无疑显示了一个文学史家的胆识与无惧情怀。

但他并不满足做一个象牙塔里的学者，时而将目光聚焦现实，思虑着在当下社会如何推进人文进步。作为苏教版高中语文教材和《大学语文》的编写者，他坚持“走一步、退半步、再走一步”的螺旋式前进之路径，希望慢慢地给现在的文学教育注入足够的人文性，体现了一个人文知识分子的良苦用心。

流淌着俄罗斯不屈精神的以赛亚·伯林和批判东方主义者的萨义德引起他内心的强烈共鸣。他坦承自己近二十年来一直在思考着关于知识分子的良知的问题。

然而，古语有云：“世事洞明皆学问，人情练达即文章。”当市场经济大潮裹挟而来时，有多少中国知识分子能自觉把责任扛在肩上呢？

这次采访也让我记起英国哲学家、文学家罗素曾说过的一句话：“世间有三种激情，虽然简单，却异常强烈地支配着我的生命：对爱的渴望，对知识的追求，以及对人类苦难的难以遏制的怜悯。”我想，丁帆正是这样一位充满三种激情的人文知识分子，他的激情从未偏离以人为本位的轨道。

明确新旧文学的分水岭，追回现代文学史最初七年

卢欢：我们都知道，您主持编撰的《中国新文学史》对百年中国文学的发展历程进行了梳理和多维度的创新阐释。这本书与其他文学史写作的区别是什么？

丁帆：过去写文学史都是大兵团作战式的，很多老师带一大帮博士生写。这就容易造成观念不统一、语言风格差异性大的问题。我在主编《中国新文学史》时，就找了两三个年轻教师，统一编辑思想与价值理念，尽量保证风格一致，花了将近两年时间写出来了。

过去的文学史主要以社团流派作家作品为主干。在《中国新文学史》中，我们试图对那些被认可的或者重新“发现”的作家作品做出新的解释和评价。比如说，1980年代以来，现代文学史的早期作家废名、沈从文、张爱玲等被重新定位为中国文坛的大家，其中有一些客观评价，但是不是要把他们拔得那么高，我们是存疑的。至少我觉得，他们并没有达到鲁迅那样的高度。再比如，茅盾在“十七年”期间被捧得很高，《子夜》被视为他的代表作，1980年代又被贬得很低。而客观来看，茅盾最好的作品是《蚀》三部曲以及短篇小说集《野蔷薇》中的《创造》《诗与散文》《自杀》《一个女性》《陀螺》《昙》。

卢欢：书中将民国元年作为中国新旧文学的分水岭，首章着重论述了“新文学三十年的晚清因素”，这似乎体现了一种新的文学史分期理念。您是基于哪些考量做出这种重大论断的？

丁帆：我们现代文学史通行的逻辑起点都是以毛泽东的《新民主主义论》为基本准绳的，即将五四新文化运动作为现代文学的起点。即便是钱理群他们主编的《现代文学三十年》也是以此为基准的。我常想，“五四”是从何而来的呢？答案应该是从民国成立而来，因为国体政体的嬗变就决定了“五四”新文化的诞生。1912 年，中华民国成立时发布了亚洲最先进的《中华民国临时约法》，才有了言论、结社、出版自由，才有了《新青年》杂志，才给了“五四”学生运动一个爆发的契机，才有了 20 世纪 20 年代中国文学黄金时代的出现。这个逻辑链环是清晰的，写文学史就应该尊重这个理路。

不管是从 1919 年，还是 1915 年，抑或 1917 年算起，作为现代文学史的起点都是不科学的。中国文学的分期历来都是以朝代更迭来划分的，为什么在界定新旧文学的分水岭时就变了呢？实际上，现代文学史的断代是很明确的，就是从 1912 年开始，现代文学史是三十七年，我要追回现代文学史最初七年（1912—1919）的历史。还有，在写文学史时，有人将晚清和现代并联起来，统一在现代文学的时段里，这是不妥的。我觉得，文学史断代一定要切割清楚，要明确新旧文学的分水岭，不能有丝毫模糊。

卢欢：现在看来，这部书在文学观念上有哪些超越性，还存在哪些体例上的限制？

丁帆：以前谈百年文学避不开要谈民国文学。早在 2003 年，吉林大学张福贵教授就曾提出将中华民国文学作为现代文学的命名，同时主张将当代文学命名为中华人民共和国文学。显然那时候时机并不成熟。我是一直拖到 2009 年才在现代文学年会上重新提出百年文学的概念的，为迎接国内即将开始的纪念辛亥革命一百周年热潮做准备。2009 年 9 月，我在成都参加中国现代文学研究会第十届年会，做了一个《新旧文学的分水岭——寻找被中国现代文学史遗忘和遮蔽了的七年》的主题发言。当时，学术评点人赵勇就认为，这种大文学史观将在今后十年形成热点。我的这篇文章《新华文摘》2011 年第 6 期也转载了。我之所以提出大文学史观，就是希望整个学术界回到文学历史常识上来讨论问题。可悲的是，我们现在还把这个问题当作高端的学术论题来研究。

由于种种限制，这套文学史在体例上存在一定缺陷。我原本构思“大中华百年文学史（1912—2012）”，分作上下两部，上部写民国文学史，下部写共和国文学史。民国文学部分，同时将在台湾的延续、海外华文的创作等融入其中。海外华文文学史部分顶多收录两代作家的作品，再往下的“香蕉人”无法用汉语写作，自然就不能纳入中华文学范畴。但是，这些构思无法很好地呈现出来。

卢欢：在概括民国文学史的不同流派风格的作家群像时，您在书中采用“京派”与“海派”、传统与现代的审美融合、智识阶层形象谱系这样的章节来论述，给读者耳目一新的文学味。这在编撰过程中有什么具体的考虑？

丁帆：我是从中国文化特殊生态环境角度来考虑的，也就是从民国开始一直到现在，用鲁迅的两篇文章《“京派”与“海派”》《“京派”和“海派”》作为背景来考察都是恰当的。北京是文化中心，“京派”是代表着一种旧的传统观念和审美观念来写作的。这帮人同时也依附于官场，就是鲁迅说的“从官”。那么，“海派”文化在民国时期就被鲁迅批评为是“从商”的，“海派”是资本豢养的作家。上海特殊的文化背景培育了一批上海文化文人，这批人的商品意识、审美意识是大众趣味的，“鸳蝴派”只能在“海派”文化里成长，作为新文学的另一翼它是应该入史的，鲁迅的批评我们应该辩证地来看。直到今天，上海的这些文化特征仍然在延续。最典型的就是得了茅盾文学奖的《繁花》，但是我认为它尚不如当时写上海通俗文学的周瘦鹃、秦瘦鸥等大家的作品，更赶不上张恨水之作。但是它能成为热点，就是因为我们的读者、批评家割裂了历史，他们不知道以前就有这一类很精彩的作品。

20 世纪 80 年代，国内有很多作家文学素养和人文素养很差，文学史的素养也很差。汪曾祺写了《受戒》，很多作家非常吃惊，感叹小说还能这样写，说这是文化小说。他们不知道，汪曾祺跟他的老师沈从文相比，甚至跟沈从文模仿对象废名相比，并非一代强过一代。这跟我们吃惯了、咀嚼惯了"十七年"的工农兵文艺后，看到一个新鲜的馍就以为是世界上最好吃的东西一样。这就是割裂文学史后的一种美学缺失的报应。

"京派"和"海派"，这两种文化贯穿了新文学一百年，一直延续到今天。如今，比鲁迅时代又多了一种软体动物——既从官又从商的两栖文化人，也出现在北京和上海。这就是我今天对"京派"和"海派"的认识。我们只看到"京派"文学给人的新鲜感、愉悦感，没有看到背后隐藏的意识形态。"海派"文学，从"新感觉派"开始，充满着经济压榨下的感官刺激。如今生产了卫慧的《上海宝贝》这样的作品，就一点不奇怪了。后来又有人写了《北京宝贝》，我说那是赝品，只有特殊文化背景的上海才能生产《上海宝贝》，但没有形成批量生产，不知是幸还是不幸呢？

中国教育更应该强调人文性而不是工具性

卢欢：在论述新时期文学时，您没采用通用的定义，而是采用了"文革后"这样的分期概念。对于最近四十年的文学，在个人风格论的基础上，您似乎更愿意站在更宏阔的历史视角予以总体把握。您对"文革后"的文学成绩有着怎样的总体评价？

丁帆："文革后"的概念确有暗指，就是针对北京大学中文系教授张颐武提出的"后新时期"概念。"新时期"是一个临时借用的政治概念，不能长期作为文学史的概念来使用。因为新时期文学又分为伤痕文学、反思文学、改革文学，那么改革文学之后是什么呢？怎么切割呢？把时间段切割得支离破碎是不合适的。一百年以后，我们回眸新时期文学，也只是历史长河的小小浪花。

关于新时期文学，用前三十年、后三十年的表述，就是把新时期文学作为一个整体往后延伸了。但是，这里面细微的变化是有的。这四十年来，文学始终还没有完全摆脱“文革”的思维。整个中国作家的价值理念还残存着旧有的思想痕迹。所以，只要政治上有动静，文学上就一呼百应。也就是说，“文革”留下的后遗症还没有在文学本质上消失。

另外，我对先锋文学的考察也很冷静，当时就觉得先锋、新潮很快就会覆灭。我和《钟山》的主编徐兆淮当时讨论觉得应该重新审视现实主义，所以才提出新写实主义，其中“新写实大联展”的卷首语就是我和他合写的。我认为，西方的形式主义的东西可以借鉴，但是不会有长期的生命力。问题在于我们对“文革”的反思和批判还远远不够。

卢欢：除了《中国新文学史》，您还主编了《中国新文学作品选》，参与编写大学、中学语文教材。您在为这类作品遴选作品时会遵循什么样的原则与标准？

丁帆：在编作品选目时，我尽量选一些人文意识很强的作品，比如自20世纪90年代初开始我就把吴组缃的《菉竹山房》作为“五四”文学的一个典范作品选进了作品选。

当然，我想选的作品有的选不进去，这没办法。我从2004年开始介入了苏教版高中语文教材。我认为，中国教育，无论是在大学还是在中学阶段，更应该强调人文性而不是工具性。工具性只是辅助手段，汉语作为国家的母语，是融入血液之中的，无须过度训练。人文素养的塑造则不是那么容易的，也是最重要的。所以，对苏教版教材而言，我们试图在不减弱工具性的训练的前提之下，把人文性放在一个非常重要的地位，希望选择一些充满人文意识的文本来做适合教学的中外范例。当然尚有许许多多限制，我们只能妥协，一步半步地往前走。

卢欢：刘再复说过，教育在于学做人、学为人，在于帮助优秀人性的自然生成，在于培养有“生命质量”的人。在这个浮躁的时代，如何真正让文学教育在大学校园里深入人心？

丁帆：关于大学语文教材，我想再多说几句。大学语文这个概念，首先是我们南京大学老校长匡亚明在1980年代初提出来的，他试图恢复以往大学教育中不可或缺的“大学国文”课。我最早在20世纪90年代初期参加了华东师范大学徐中玉先生主编的《大学语文》教材的编写，但是那时主要篇目是古代文学的。后来，外研社在2003年找到我，我就答应再重编一种《大学语文》，以古代文学、现代文学和外国文学各占三分之一的格局面世。

在大学里，真正能够理解文学教育，把文学作为素质培养的学校和老师并不是很多的。这就是我们面临的重大问题。我一直强调，知识分子的自我觉醒、自我启蒙还没有完成，你让他们怎么去启蒙、教育学生？我的理念是，第一要强调《大学语文》的可读性。如果不能让读者产生兴趣，这个教材就不可能让读者进入。第二是强调人文，第三是强调审美。

我对《大学语文》阅读对象和教者对象有一个清醒的认识，那就是要打破那种以古代文学为主体的观念，我认为是古代文学、现代文学、外国文学三分天下的。20世纪八九十年代，教《大学语文》的教师队伍是怎样的呢？是专业不行，才发配过去教《大学语文》的。这批人退休后教《大学语文》的基本队伍是留校的博士生。他们的知识结构和学缘结构已经完全改变，他们可以根据自己的特长来选择授课的重点，这样教材的生命空间就大了，而且用起来更方便。这个理念的打破是对大学语文素质教育的有力冲击。

你讲的生命意识的问题，我在编写教材时都考虑过。1949年以来的文学强调人的牺牲精神，而不是把人的本位、人的生命作为最高人文意识来提倡。所以，我希望扭转这种理念。人的生命应该放在第一位，这种理念应该被社会普遍接受。

从“五四”开始的启蒙忽略了知识分子自我启蒙问题

卢欢：说说您的另一类写作吧。您的散文随笔集《江南悲歌》最近再版了，语言优美，史实与论理俱佳。您觉得是否应该大力提倡用优美的文学语言来写学术文章？

丁帆：说一句大实话，近四十年来，我一直用两种截然不同的写作方法在写作。其中一种是为了生存的需要。在大学里如果没有C刊、核心期刊的文章发表作为每年考核的“工分”基础，那是难以生存下去的，所以，用乾嘉学派的写作方法就成为学院派的唯一选择。当然，我是不甘心沉湎于这样的写作状态的。

其实在年轻的时候，我就开始了创作，小说、诗歌都写过的。1978年，伤痕文学兴盛之时，我写过一篇反映农村题材的小说叫《英子》。如果发表了，我肯定会走上创作道路。当时《北京文学》杂志用稿通知书都寄给我了，后来这篇小说被主编给毙了，他说小说人物、事件都写得太灰暗了。后来，我没有走上创作道路，为了谋生换了一副面孔，在高校从事文学批评工作。

在这两种语境中，创作是感性的，批评是理性的。我更喜欢用文学的语言来写作。《江南悲歌》里的文章都是我二十几年前写的随笔，是一个专栏的结集。当时我想用另外一副笔墨，用通俗的、审美的又是读者感兴趣的文学语言来表达我真实的思想，特别是用鲁迅所说的“曲笔”来表现。这类随笔将感性和理性结合起来，后来被称为学者散文或学术随笔。这些文章在湖南岳麓书社的“长河丛书”系列中出版后，很多古典文学专业的博士生看了，觉得很有意思。后来我也用这个方法继续写随笔，还写过“文革”系列的随笔，都是写我亲身经历的事件，有一些在广州《粤海风》杂志上刊发过。

对于这两副笔墨写作的问题，我写过一篇题为《文学批评考释和当代文学批评现状》的文章，讲到学院派的文学评论的弊病，也谈到非学院派批评家的弊病，并进行反思。我赞同即便是学术论文也要用优美语言来写。只有这样，才能引起读者兴趣，才能把思想传递给更多读者。

卢欢：为什么您会在20世纪末萌发写这一系列随笔文章的念头？

丁帆：20世纪90年代，我国文艺界发生了一场所谓的“人文主义精神大讨论”，我是在这样的背景下开始动笔写《江南悲歌》的。无疑，那场讨论是想解决知识分子在政治信仰崩塌后又面临新的商品文化和消费文化大潮席卷时的意识形态惶惑问题，提出了各种各样的理论主张。但是，人们似乎忽略了一个关键性的百年困惑难题，那就是从“五四”开始的启蒙就忽略了知识分子自我启蒙问题，一个尚未完成自我启蒙且没有形成一个具有共同价值底线的“知识阶层”，就仓促上阵自上而下地去启蒙所谓的普罗大众，这是注定要失败的。

仅仅是将此归为“救亡与启蒙”的悖论，显然是表象的，因为从20世纪40年代末以后的漫长时间里，中国的知识阶层非但没有形成一种合力，反而更加涣散而没有共同的价值立场了。一个没有自我与个体批判意识的单体文人，处于自我蒙蔽的失重状态，你让他怎么去启蒙？当然，有许多人会辩解，认为这是由客观的制度所造成的，但是，能够独立思考的知识分子能有几多呢？难道起码保持一个旧文人之风骨的知识分子也没有吗？我以为要唤醒知识分子的独立人格以后才能进行下一步的价值观的共同体建设。于是，我就有了动笔念头，试图用借古讽今的影射文字来讽喻当代种种无行的文人，这便是《江南悲歌》。

卢欢：董健老师在这本书初版序言中写道：“下一个世纪的人文知识分子应该而且必将摆脱作为‘工具的工具’的命运，真正建立起自身的‘人文主体性’——作为人类理性与社会良知之代表的对现实社会的超越意识与批判意识。”如今,21世纪已经走过十几年。您觉得现实与董老师的期望是离得更近了，还是更远?

丁帆：董健老师是一个乐观的理想人文学者，我却是一个不折不扣的悲观主义者。他在这篇序言里对中国的人文前景充满着希望，他像鲁迅一样，是受着进化论的影响，认为青年是中国文明进步的未来。可是进入21世纪以来，除了生态环境不断恶化外，钱理群先生描述的“精致的利己主义者”正在我们80后、90后中蔓延，人文、启蒙、良知、批判……这些词已然消失在我们社会的交互活动中，更可悲的是，它消失在我们的大学人文教育之中。

卢欢：您也说过，知识分子就消失在大学里。可见您对当前中国的知识分子现状是不满的。在您看来，理想的知识分子又是怎样的?

丁帆：理想的知识分子应该是具有批判精神的。我在二十年前看到张隆溪在《读书》杂志上发表过一篇文章，说在翻译过程中我们对萨义德的理解是完全相反的。我是深受其害者，原来认为萨义德完全是一个东方主义者。其实就是翻译的错误，把他的观点完全弄反了。实际上，他是批判知识分子的典范。他有一句话让我非常感动：“知识分子永远站在一个业余的立场上进行批判。”我想，一个人文知识分子存在的价值就在于他的批判性，用批判性推动整个社会的前进，推动整个社会的人文意识不断向前走，对于那些不合理的行为，始终保持一个批判者的角色和态度。

卢欢：您在跋里写道：“当然，原计划中还有像郁达夫、徐志摩、胡适、陈独秀、梁实秋等作家要写，只因时间关系，留待今后再续吧。即便是‘江南士子’当中，像徐文长，像唐伯虎、祝枝山，像郑板桥一类的‘扬州八怪’，像魏源……都是在可圈可点之列的人物，亦只能慢慢道来了。”这些写作计划，后来完成了吗?

丁帆：这本小书原本是想用“借钟馗打鬼”的方法不断写下去的，

但是，随着视野的扩展，我以为倘若我们对中国“士子”的考察仅仅局限于一种单一视角下，是难以看清楚他们缺钙的器质性病变的；只有将其纳入世界知识分子的文化格局下进行比较，才能真正看清楚中国现代知识分子异化的原因。所以，我首先选择了俄罗斯知识分子（当然包括他们的作家）作为自己关注的对象。

新世纪以来，我更多的是关注俄罗斯的文化和文学，以及其在“黄金时代”、“白银时代”和苏联时期（我称之为“后白银时代”）的作家与知识分子的种种行状。即便在沙俄专制时代和斯大林的大屠杀时代，俄罗斯文学都没有丧失过知识分子的人格，最严酷的苏联时期也得过三个诺贝尔文学奖，包括肖洛霍夫、索尔仁尼琴、帕斯捷尔纳克。这些文章就集成了《寻觅知识分子的良知》这本书。

人、人性、人道主义是所有文学作品最低的价值底线

卢欢：2014年年底，您当选为中国现代文学研究会会长。请谈谈您在这个研究会是怎么具体开展工作的？

丁帆：我主要是帮大家做点实事，就是开学术会议。我去年做了一件事，就是把2014年到2015年的整个中国现代文学（含当代）研究热点和冷门做了一个技术统计；然后进行分析，来看中国现代文学（含当代）研究的走向，看哪些是强项，哪些是弱项，让大家在选题中注意一些问题。这个报告在《中国现代文学研究丛刊》登出来后，还被评了个奖。我说不要奖，这只是一个工作报告，工作职责所在，严格来说都不是学术研究，当然里面也含有一些分析。我们今年正在写这个报告。

卢欢：您为什么想起来要做这项工作呢？目前学术界存在一种现象，优秀作家作品的研究已经很多了，所以一些年轻研究者只好转向三流作家作品研究，甚至自制热点，将不入流的作家捧上台专门研究，这算不算一种无效的劳动？

丁帆：我以前没有做过类似的研究。中国社科院文学所做过年鉴式的，比较粗糙。他们认为好的就选几篇，没有任何技术统计和分析。我认为，这种所谓个人喜好替代客观分析的做法是不严谨的，所以想起来做这个工作。至于那些三流作家，最后还是要被文学史淘洗掉的。只不过，一些写作者为了选题而选题，将之作为糊口工具而反复使用，这是中国文学研究的悲哀，也是一种资源浪费。

卢欢：针对当前的文艺批评生态，您也撰文提出了诸多问题，比如由学院派批评家引领，对中国作家作品进行西方文化理论名词下的外科手术式解剖，等等。造成这些问题的原因在哪儿？

丁帆：现在很多学院派批评都变工具化了，完全抹掉了自己对文学感悟的能力。做批评，好像用国外的新理论往上一套就可以了。我想追问的是，如果对整个作品没有发自内心的感受，对时代背景不了解不深究，怎么去感悟？举例来说，如果不是六年的插队生活，我自己对中国农民社会、农业和宗法制度不可能了解那么深入。我跟贾平凹的对话有很多在那个层面，基于对农村都有理解，沟通才能进行。

这种学院派的工具化的写作很普遍。在整个中国发表的论文中，百分之九十几是学院派的，作协系统的作家、评论家的只占少数。如果只能按照意识形态的口径进行评价，那种套路也是更坏的，完全是听上面指挥的，或者是持有机械唯物论的，整个按照论文的模式来套作家作品，没有自己的生命感悟，更没有对社会和生活的深切体味。我一再跟博士生说：你们在作品中阅读史料，一定要回到当时的时代现场中去体会。如今，过去农村的茅草房都消失了，那些人所受的苦难，很多人都无法体会。总之，没有体悟，写出来的文章就是干巴巴的。

卢欢：在百年新文学史上，鲁迅所开创的乡土文学传统十分重要。现在，随着城市化进程的加速推进，乡村日益受到挤压。相对于都市文学来说，乡土文学是否面临后继乏人的窘境?

丁帆：中国现代文学的起始有两大题材，即乡土题材和知识分子题材。知识分子题材是微弱的，而乡土文学在20世纪20年代被认为处在中国现代文学史上的黄金年代。那个黄金年代大多是乡土文学作家，我称之为以鲁迅为主的乡土文学派。乡土文学派主要集中于对封建文化、农业文明的批判精神，所以存活率很高。

1949年后，就不存在乡土文学了，那都是为政治服务的农村题材。有一年在一个农村题材小说研讨会上，我做主题发言时就明确地表示：我研究的是乡土文学，和你们说的农村题材小说创作是不太一样的。我说的乡土文学是客观地从社会人文层面来谈的，讲究小说的语言和小说整个形式上面的审美层面的东西，这与1949年后提倡的工农兵审美价值是不一样的。

在整个创作中，对于乡村的体验，对于中国农村底层生活的东西，一个作家如果说没有意识到马克思所说的“巨大的历史的必然性”，是不可能写好的。贾平凹讲的农村的空洞化问题，不仅是自然生态的，而且是人的意识的空洞化。如果作家意识到这一点去写乡土写人物，一定是一个大时代的作品。但是，由于大量的工农兵意识仍然渗透到今天披着知识分子外衣的作家头脑中，所以他们是不可能有突破的。乡土题材日渐式微，是因为作家的眼光出了问题，缺乏批判精神，不可能达到鲁迅的高度。

最好的小说必须经过从形而下上升到形而上的哲思过程。没有这个过程，你的作品不可能到一个大作家大作品的高度。再回到形而下的层面，这个作品具备了隐藏在背后的“巨大的历史的必然性”。有了这点，你才有资格谈它的语言和形式。语言和形式是随着内容而转换的。只要内容和哲思想好了，那么语言和形式在笔下是自然流淌的。那才是一个最高境界的审美，历史性和审美性结合得好的大作品。我重读贾平凹的《废都》时将之和《九三年》相比较，发现《九三年》比《废都》更高明的是，居然能够描写敌对的两方为了那个孩子都牺牲了自我。这些人性的东西在中国作家中尤其缺乏。

我始终坚信，文学作品的内容一定要有人文的巡视，这就是以三个元素为唯一标准：人、人性、人道主义。这是所有文学作品最低的价值底线，在中国来说也是最高的诉求。没有这样的情怀，任何题材的作品都写不好。

卢欢：前些年，80后作家韩寒曾公开说，巴金等“五四”大家的文笔很差。作为现代文学研究者，您认为年轻读者应该以什么样的态度对待“五四”新文学以来的经典作品？

丁帆：韩寒对巴金并不够了解，不了解巴金曾是一个无政府主义者，巴金的笔名就是取自无政府主义流派的两位大师巴枯宁、克鲁泡特金。巴金是一个理想主义者，在国外留学时就追随无政府主义。当然，巴金其实代表了老一代作家和新一代作家都有的毛病，就是长篇小说往往是第一部倾尽自己的所有功力，后续作品就表现出功力不足的问题。他的三部曲中，《春》《秋》远不如《家》。鲁、郭、茅、巴、老、曹都有这个问题。鲁迅是后来转向了杂文写作，一部《阿Q正传》是他拿手的小说，其他的作品都压不住。曹禺也是，只有三四部剧作是能够站得住脚的。

为什么形成这样的局面呢？第一个是因为当时中国作家的整个文学修养、人文素养都准备不足；第二个是，他们的写作兴趣刚刚要沉静下去的时候往往被政治事件和要求所打断、隔断，兴趣会被转移。

原载《长江文艺》2016年第8期

文学史也是人的精神史

——访丁帆教授

丁　帆、赵普光

一、却顾所来径

赵普光（以下简称赵）：从您在《文学评论》1979 年第 5 期上发表论文，至今已经四十个年头了，您能否先简略谈谈您是如何开始学术之路的?

丁帆（以下简称丁）：那确实是我第一篇正式的学术论文，也算是我治学之路的开始吧。其实，在学术研究生涯开始之前，我原来更大的兴趣是在创作上。从 60 年代至 70 年代，我痴迷于小说创作和诗歌创作，当然屡遭退稿。1978 年曾收到《北京文学》正式发出的“用稿通知”，但终于还是因为稿子“太灰暗”，没能刊出。渐渐地，在创作上就意兴阑珊了。1978 年秋天是我人生的一个转折。那时候，我来到南京大学中文系进修。指导老师是叶子铭先生和董健先生。入校之后，叶先生给我一个详细的进修计划表，上面列满了必读的期刊和书目。拿着这份清单，从 1978 年初秋一直到 1979 年的初秋，整整一年时间，我都泡在南大的期刊室和图书馆里。在积满灰尘的旧刊室里，通过翻阅着发黄变脆的旧籍过刊，我沉浸于历史的气息之中，逐渐触摸到了尘封于历史中的作家的灵魂，进而与他们开始了对话。现在回想起来，严格来说真正的学术训练和研究之路，大致应该是从那个时候开始的。

赵：我想，您从创作转到治学，也有一定的必然性，理性的思维、理论的追求、沉潜于历史的兴味还是最终占据了上风。后来您又参与《茅盾全集》的编辑工作，这对您的学术研究产生了怎样的影响？

丁：那是 1981 年，我随叶子铭先生参与了《茅盾全集》的编辑工作。这段日子，对我的影响很大。后来我曾撰文《书海航灯》这样说过：我“甚至常年驻在北京人民文学出版社内，权做他的一名不称职的助手吧。在许许多多不眠之夜里，叶老师可谓手把手地教我去为人为文……和他接触愈来愈密，也就愈来愈感到他的严谨，甚至有时感到他的严谨太过迂腐。但是，在我人生学术的道路上，正是他的严谨学风时时鞭挞着我，使我少走弯路，少出纰漏”。除了受到叶老师的影响，在编辑工作中，我还有了很多机会与当时学界和文坛的前辈直接接触和请益。这一过程就把此前我沉浸在旧籍中获得的历史认识大大地激活了。历史和现实互相激发，也引发我更多地关注和参与当下文学的现场中来。所以后来我通过批评和随笔来介入文学与文化现场，也就顺理成章了。

赵：据我观察，您在 1979 年至 1982 年这四年间连续在《文学评论》等刊物上发表的文章多是作家作品专论，论及茅盾、峻青、贾平凹、刘绍棠等等。而自 1983 年的《风俗画小说谈片》（《钟山》1983 年第 2 期）起，您开始从具体的文学个案跃入理论和美学的建构层面来观照文学史了。

丁：你的观察是有道理的。现在反顾那个时期，这种有意识的转变和提升确实存在。应该说，从我治学生涯来看，这种转变也是必然的。你应该能够感觉到，1983 年之前的研究，虽然都属于作家作品论，关注多位不同风格和代际的作家，但是这看似不相关的作家论之间，却有着一个一贯的线索在。那就是，我比较注重不同作家的共性和差异性问题，比如作家的美学风格的形成和变化。也就是说，面对不同的作家，我当时关注的重心期望有一贯性。而这关注的重心又是一个极重要的文学理论问题。所以，后来我从具体的作家作品论进入对文学审美问题的研究层面，就显得得心应手了。举个例子，比如在《新时期风俗画小说纵横谈》（《文学评论》1984 年第 6 期）等文中，我从理论的高度对风俗画小说进行分类并概括其美学特色就是基于这样的思考。也大致就是从那个时期开始，我在作家个案研究的基础上超越，从“世界文学”的大视野进行中国乡土小说的“三画”等理论的建构。

赵：您的理论概括，为研究乡土文学的美学研究提供了极具阐释力的范式。您一直努力地追寻从现象到本质的研究进路，从微观到宏观的研究格局。这就让我想到“新写实小说”这个概念的提出了。我看到，这个概念其实是您和徐兆淮先生最早明确提出的。早在《文学评论》杂志 1989 年第 1 期专门发表的综述《旋转的文坛（现实主义与先锋派文学研讨会纪要）》中，您和徐兆淮的发言就已经明确提出“新写实”的命名。随后《钟山》杂志推出《新写实小说大联展》，该专栏的卷首语对新写实的价值取向和特征有过这样的说明和界定：“所谓新写实小说，简单地说，就是不同于历史上已有的现实主义，也不同于现代主义‘先锋派’文学，而是近几年小说创作低谷中出现的一种新的文学倾向，这些新写实小说的创作方法仍是以写实为主要特征，但特别注重现实生活原生态的还原，真诚直面现实，直面人生，虽然从总体的文学精神来看新写实小说仍可划归为现实主义的大范畴，但无疑具有了一种新的开放性和包容性，善于吸收、借鉴现代主义各种流派在艺术上的长处。”“不仅具有鲜明的当代意识，还分明渗透着强烈的历史意识和哲学意识，但它减退了过去伪现实主义那种直露、急功近利的政治性色彩，而追求一种更为丰厚更为博大的文学境界。”这个新写实联展及卷首语，可视作您和徐兆淮两位对“新写实小说”概念内涵的清晰思考吧。

丁：你读得比较细。相比这个明确概念的首发权，我更关心的是概念提出和理论总结本身的概括力和有效性。这个口号的提出也基于我们对茅盾早期在对“自然主义”概念中与“写实主义”理论的比较。我们对历史的正确认识和对现象的理论概括，说到底，一是要基于对毛茸茸的原生态历史真相的真正把握；二是要对这种共性现象出现的背后的原因有正确判断；另外，还要对历史变迁、现实问题及此后的发展趋势能有所镜鉴。这大致也是我对80年代末期包括“新写实”文学在内的文学思潮关注并总结的最重要的原因。

作为“新写实小说”的始作俑者之一，我以为其一开始的目的就是针对“先锋小说”玩形式和“寻根小说”价值错位而生发出的一种策略性口号。为了避免和“旧现实主义”（我这里所说的“旧现实主义”是指从“左联”时期就受到的苏联“拉普”文学理论影响，而后又经1949年后几次极左思潮熏染过的“社会主义现实主义”创作方法）相混淆，当时我甚至认为可以借用一直被主流意识形态视为洪水猛兽的“自然主义”创作方法来纠正“旧现实主义”的余毒，所以才主张直接描写那种有质感的“毛茸茸的原生态生活”。这次文学思潮对创作的影响是较为深远的，它的生命力证明了它很契合中国社会生活中的生存表现与审美情趣。实际上，它是借自然主义的外壳，而走近平民的文学样式，打破了几十年来重大题材写作和伪现实主义的创作方法的桎梏，使小说创作进入了文体自由的时代。当然，对部分作品进入“鸡毛现实主义”和“照相现实主义”尚需做客观辩证的思考和分析。如何在回到自然人性和底层关怀的叙述层面的同时，又不远离现代启蒙的轨迹，走进自然主义和机械主义的泥淖，落入另一个与启蒙相抵牾的消费文化陷阱，仍然是值得思考的问题。

回到刚才你说的我的研究理路上，我在《重回“五四”起跑线》（人民文学出版社2004年版）一书的序言中对此曾有论述。这里我也重新强调一下，从侧重于微观的作家作品论起步，到追求一种建立在微观细察之上的对中国现当代文学乃至文学本体的更高远更全面的整体观照，我逐步做到了微观批评与宏观批评的合一，并在此基础上才力求立足高远、深入浅出地解析社会人生、文化文学。而具体到研究路径而言，可以这样表述：文学研究也好，其他的人文社科研究也好，创新的关键不仅仅在于角度的更新，更在于高度的提升；如果没有高度的提升，所有的研究不过是在数量上的平面展开而已。高度和格局特别重要，而高度也决定格局。

赵：您讲到高度问题，让我想到您在谈及您的著作《十七年文学：人与“自我”的失落》（与王世诚合著，河南大学出版社1999年版）时，曾经说过这样的话：“当前的研究删除了这段文学史与当时整个世界文化格局的关联性，将它与世界文学强势的反差和落差屏蔽起来，这样就很难从一个更新的高度来看清楚这段文学史的真实面貌和本质特征。只有冷峻地从文化与文学结构层面入手，从思想史和文学史的关联性入手，在世界文化的进步趋向进程的格局中细心地考察和体验各种文本与文学现象，才能看出它们之间的优劣。”我的体会是，这里面有一个学者具不具备历史意识的问题。

丁：也可以用历史意识具备与否这样的表述。关于历史意识问题，可以从三个层面来谈。

一是历史感是否具有，即一个人是否具备对历史（当然也包括现实和未来，现实和未来也会成为历史的一部分）的敏感。打个比方，今年是戊戌年，你是否会想到两甲子之前的1898年，是否会想起一甲子之前的1958年。想到与否，这其实大不一样。很敏感地想起，就说明有历史感，否则就是历史感的缺乏。然后可悲的现实是，很多人对历史是迟钝的，是漠不关心的。他们的生活是混沌一片，甚至是麻木不仁的。历史将走向何方，似乎与他们压根不相干。不仅作为一个学者，只要是一个人都应该具有起码的历史感，否则与行尸走肉无异。

二是对历史的觉悟，也就是对过往历史的正确认识。对历史本相进行严谨独立的探究，并得出经得起时间拷问的结论，这是学者的职责与本分。然而很多学者并不具备这样的觉悟，认识水平只是停留在教科书的历史知识层面的学者并不在少数。在中国现当代文学研究中，对“五四”启蒙精神的误读，对“十七年”文学、“文革”

文学的避开和漠视，都是丧失了这样的学者本分的表现。

三是知识分子自身的历史意识，也就是说知识分子对自己安身立命选择的自觉与坚持。这个问题甚为关键。我在二十年前就曾经对知识分子自身的堕落有过激烈的批判。这个判断至今并没有改变。从80年代末至今，在经济和政治意识形态的双重挤压下，商业大潮成为很多学人躲避与回旋的借口。要么学而优则仕成为学官，脱离了学者本位；要么即使不脱离本位，也是钻进“术”的故纸堆，搞远离现实的研究，或顾左右而言他。你无法指望这样的学者教授培养出像样的具有人文思想意识的学生来。从这意义上说，这何尝不是另一种误人子弟？也正是基于此，我曾不止一次地强调知识分子的自我启蒙问题。我历来认为，五四新文化运动之所以很快溃败，其主要原因就是知识分子的自我启蒙还远远没有完成；人们怀念的所谓20世纪80年代“新启蒙”也是如此，依靠一批吮吸“工农兵文学”乳汁长大的作家去启蒙大众，能够会有什么样的好结果呢？在这个精神压抑、物欲横流的时代里，人们穿越历史的暗陬，能否看到那一抹精神的微曦与犹存的风骨，决定着无声的中国是否还尚存光明的未来、知识分子的自我救赎还是否可能。说到这儿，提一句，我曾经在《中国当代文艺批评生态及批评观念与方法考释》中对“批评”一词进行详细的考源和辨析，厘清长期以来加诸其上的各种釉彩与误读，希望能重建真正具有马克思主义批判精神的文艺批评。

赵：启蒙理念和知识分子批判精神一直是您写作中的价值坚持。大概也是基于此，您写出了《江南悲歌》（岳麓书社1999年初版，安徽教育出版社2017年新版）、《寻觅知识分子的良知》（台湾新地出版社2014年版）、《知识分子的幽灵》（东方出版中心2017年版）等随笔集，而且在《读书》《随笔》等刊物上发表过一系列犀利的文字。

丁：是的。我一直强调，文学虽有其自律性，但文学绝对不是自足的，它的意义应与现实社会、道德理想乃至人类终极关怀密切相关。所以，我的文学批评有强烈的社会批判色彩，直至渗入文化批评领域。我希望不仅是文学批评体现着我的文学史判断和知识分子价值观念，我的学术随笔也同样如此。这种文体不仅是我超越文学之外思考文化、社会问题的途径，也是我介入文化现场、表达知识分子立场的通道。

赵：您在笔耕学院派的学术论文的同时，一直没有停止学术随笔和文化散文的写作。

丁：我以前说过，我的随笔写作和学术研究是互为表里的。不管是述学还是随笔，都是我个人与历史现实保持互动的一种重要方式。我尊重其他学者对于学术职业化的认知，尊重他们保持纯粹的知识上的兴趣，但我不愿意把学术单纯地视作职业化的操作，当成圈子化的知识生产的封闭体系，而是愿意通过随笔的写作保持学术思考与人文关怀之间的契合，从而保持学术研究的开放性与介入性。

除此之外，随着年岁逐增，慢慢地我对随笔这种文体的兴味又多了一重寄托，那就是随笔散文这种随性放松的写作，也是我保持生命润泽的一种方式，生命的律动尽在其中。随笔的写作能让我在进行刻板的学术研究的同时，保有对生命、文学、现实的热情和开放。

赵：所以您不仅曾经编过《江城子——名人笔下的老南京》（北京出版社 1999 年版，后以《金陵旧颜》为题由南京出版社于 2014 年重版），出版《夕阳帆影》（知识出版社 2001 年版）、《枕石观云》（经济日报出版社 2002 年版）等随笔集，2017 年又推出《人间风景》（译林出版社）、《天下美食》（译林出版社）等散文集。您不乏坐看云起的雅趣，但更多是金刚怒目的批判，与很多学者的回避、委婉相比，您的坦荡、直言和犀利一直是鲜明的。您怎么看？

丁：没什么，古今中外学者历来有狐狸型和刺猬型的区别。每个人价值观和个性不同，何能强求一致？但是，人这株芦苇，不仅仅会思想，更是有尊严的。尤其是对文学学者而言，不仅治学中需要从人性的角度观照文学，而且学者自身安身立命也要基于人性的维度，在这个基础之上，各言所言、各美其美。必须要说的是，只有在清晰而正确的价值维度上，才能获得刚才所说的高度，也才能研究真正的学术问题。

赵：这又牵涉到了“五四”以来的立人与启蒙话题了。丁老师，套用您的一篇文章的标题，其实您一直在透过“五四”启蒙知识分子的旧影追寻一种精神。关于这个话题，极为切要，可谈的太多太多。最初这个杂志约我们做访谈的初衷是想请您多谈一谈文学史写作问题。囿于此，当然还有其他种种原因，不得不暂时打住。我们接下来还是谈这个杂志更希望讨论的文学史话题，如何？

丁：好的。

二、百年中国乡土小说史研究的体系性建构

赵：那下面我们进入您作为文学史家的著史心路吧。首先，我还是想从您的乡土小说史研究问起。您的《中国乡土小说史论》（江苏文艺出版社 1992 年版）是乡土小说研究拓荒之作，也是迄今为止该领域最具代表性的成果之一。我注意到，从作家作品专论的研究到对风俗画美学风格的挎结，再到您的开山之作《中国乡土小说史论》的动笔，这中间的转换经历了哪些思考？

丁：好的。其实从个案研究再到乡土小说史写作，这中间也并不存在十分刻意的转换，而更多的是一种由点到面、由单面到纵深的过程。

赵：水到渠成？

丁：大致如此。对于一个有着可持续研究能力的学者来说，这应该是必然的。当然，这个话事后说起来容易，可是当时酝酿设计和思考写作的过程就绝不那么轻松了。其中甘苦，如人饮水，冷暖

自知。其实我早在1986年前后就开始了《中国乡土小说史论》的写作计划，真正动笔是1988年，最终赶在1992年出版。回想起来，我从个案研究到史著的酝酿，有这样几个必然因素。

首先，如你所看到的，我最初的研究，多属于乡土文学范畴，但仅仅个案研究是我不能满足的。审美眼光和理论兴趣促使自己从更高的角度和更大的视域去观察乡土小说共性的美学风格。于是，我逐渐提炼出“地方色彩”和“风俗画面”的理论概念去观照中国乡土小说。其实这也是必须和必然。因为要为乡土小说作史，那么就必须解决这一文学类型所共有的美学形态和文化内涵，通过这一形态和内涵的界定，再来反观乡土小说，则论域就变得较为清晰，从而其存在之故、变迁之由，就能进一步追寻和梳理出来。要进行理论的界定，必须将乡土小说的概念及其相关的所有衍生概念放置于整个世界文学史和世界文学研究的视域中去看待。具体的研究过程中，我不仅要详细考辨在现代文学史和现代文学理论批评史上关于乡土文学及其衍生概念的源流，更需借助西方文学史和文学理论中关于这个问题的研究。因为工业化的开始、现代化的发展，本不是中国的独有问题，而是一个世界历史的必然进程，乡土作为一个现实和学术问题才会在农业文明和工业文明的交错与冲突中凸现并不断发展和变异。可以说乡土书写是一个世界性的母题，而这一母题的背景则是现代工业文明进程大转折。

在这里我必须要指出的是，任何理论的归纳和概括，必须基于文学史事实本身，也必须是为更好地指向对文学史现象和发展的更准确和更深入的认识，而绝不是相反。文学及其变迁本身是极为复杂、丰富的存在，任何过于清晰的归纳和表述，往往都是值得怀疑的，所以在对文学史进行理论的提升和归纳时，必须警惕理论模式和体系的有效性。而这个有效性，反过来说就是理论本身的有限性和适用性问题。我在进行乡土小说史建构的过程中，尤其注意历史的复杂性和悖论性问题，并试图将这些矛盾性的现象做系统化的考量。著史过程当中，如何看待和处理复杂的悖论现象是很重要的，有时它们如陷阱般在你的研究进路上。

还应该注意到，任何宏观的判断，有可能会淹没甚至扼杀个体的特性，文学史建构也同样如此，在乡土小说史写作当中，也需时刻警惕这个问题的存在。比如在论及80年代以来乡土小说对二三十年代乡土小说的某些精神和审美回归的时候，我特别点出：虽有刘绍棠高举“乡土小说”大旗，但这个时期已呈现出多元化格局，那种作为群体性的风格一致的“流派”麇集已然不复存在了。这种论断，并非闲笔，实有远虑在焉。总之，既透视文学史变迁的内在律动，又要时刻注意其变迁背后的丰富状貌与复杂原因，才能使文学史著立得起来，经得起历史的考验。

赵：在乡土小说史的建构中，除了前述理论的追寻、世界的视域，这部著作更体现了您的历史眼光。

丁：虽然我初涉文学史时，做得并不好，但追求历史眼光的意识还是有的，这对于一部文学史的建构来说尤为重要。前面说到，我从乡土文学个案研究到乡土小说史建构，是一个逐渐发展自然而然的过程，因为在进行研究的开始，我就有意识地将具体的现象和个案放在文学史的维度来透视。比如我80年代中期写作的系列论文《中国乡土小说创作审美观念的蜕变》(《当代文坛》1988年第2期)、《论新时期文学精神的嬗变》(《钟山》1988年第4期)、《现实主义小说创作的命运与前途》(《当代文坛》1988年第6期)等，无不如此。我特别注意研究对象的历史脉络和发展趋势的纵向考察，追寻各个文学现象和文体类型的嬗变及前景。任何一个现象的出现，都不可能是一个孤立的存在，它总是与现象的周边及时代有着共振，也与此前的历史有着某种回响，就看研究者能否在这些复杂的历史血脉和文化关联中捕捉蛛丝马迹，并进行系统化和理论化的整合。而这捕捉和整合，考验的就是治史者的眼光。

赵：嗯，是的，而且您在1987、1988年前后的文章也已体现出了对生命、价值的深度追问，您此后学术研究和文学史建构的人性的维度形成，在此可以看到端倪。

丁： 文学的历史，也是人的精神史，也是人性价值观念的演变史。联系到你刚才说的历史的眼光。正是历史眼光的观照，我在对乡土文学这一类型文学历史的梳理过程中，就特别注重乡土文学自身演变的独特性。比如，文学史的断代问题，就是考验历史眼光的试金石。所以，你可以看到，1992 年版的乡土小说史论的断代问题更加切近乡土小说自身发展的内在特性。乡土小说作为一种独特的文学类型，有其自身的变迁特点，我打破了以往一些专题文学史依然依附于现当代文学通史的阶段划分方法，将 20 年代至 80 年代的乡土小说发展统而观之，打破以往按照 1949 年为断代依据的惯例。具体到乡土小说自身每个阶段的变迁起伏，我也没有按照当时和此前通行的那种一般以十年为一阶段的划分方法，而是将乡土小说变迁大刀阔斧地划分为三期：二三十年代及国统期为开端与发展阶段的第一时期；从赵树理至浩然为乡土文学的变调是第二时期；“文革”结束之后为第三时期。这种划分既是历史眼光的体现，也是对文学恒定的价值体系——人性的和审美的——坚持。

赵： 在 1992 年版的《中国乡土小说史论》之后，新世纪以来您又先后出版了《中国乡土小说史》（北京大学出版社 2007 年版）、《中国乡土小说的世纪转型研究》（人民文学出版社 2013 年版），这三部文学史著共同形成您的乡土文学史研究的宏大体系建构。《史论》所建构的乡土小说史截至 80 年代，而后来的两部则将乡土小说史的建构延续到了新世纪之后。我想这一扩展，不仅仅是时间跨度上的延伸，应该更包含着您对 90 年代以来乡土文学发展历程的新的观察与思考。

丁： 是这样的。2007 年版的《中国乡土小说史》是对 1992 年版《中国乡土小说史论》的大幅度修订。有一些新增的章节有赖于李兴阳和黄轶两位弟子的参与。北京大学出版社看中此书的学术价值和教学价值，并由此申报了国家“十一五”规划教材。所以我从 2005 年开始确定了新的提纲对 1992 年版的《史论》进行重写。除了结构调整外，新版在增加、补充、删减、修订等方面的改动程度达到了百分之四十。而《中国乡土小说的世纪转型研究》则是我们对世纪之交乡土小说转型期的全面考察。对世纪之交乡土小说的创作现象进行系统归纳，对其未来走向进行新的预测。两部著作连在一起就形成了从 20 世纪初到新世纪初这一百年间的乡土小说史的全景构建。

20 世纪 90 年代至新世纪以来的中国乡土小说是百年中国乡土小说历史发展链条上的最新环节。这既是世纪的自然更迭交替时期，也是中国社会现代转型不断加速的历史时期，全球化与市场化以不同的速率进击中国的城市和乡村，前现代、现代和后现代文化随之奇异地并置于大致相同的历史阶段，相互冲突、缠绕和交融。在如此复杂的社会历史文化语境中，中国乡土小说创作不仅从 80 年代末、90 年代初的低迷中走出，形成新的高潮，而且在形、质等方面都发生了不同的变化和转型。如何认识世纪之交中国乡土小说的转型，分析转型发生的内外成因，审视其精神向度、叙事形态、叙事类型等，同时探究乡土经验与价值理念的恒定性亦即“变”中之“常”，是新世纪乡土文学研究的迫切和重要的课题。

我们观察历史，需要一个正确的具有恒定性的价值体系，而历史本身则是不断向前流动的。这要求文学史家必须回应之。我的这后两部史著，就是一种新的回应和思考。这包括三个方面。一是对文学史本身不断出现新的变化和异动的回应，二是对不断推进的乡土文学理论研究的回应，三是对现实的回应。

先说第一个回应。20 世纪 90 年代以来乡土文学所依存的整个政治经济文化出现了大的转型，乡土文学发生了诸多新变。随着中国经济资本市场在全球范围内取得了巨大的份额，消费文化开始满溢中国社会生活的各个层面之时，乡土文学开始了结构性的变化，它表现为三个方面：一是大量的祖祖辈辈依托土地生存的农民成为城市的游走者和异乡者，这从一个侧面反映出了中国农耕文明社会形态结构开始瓦解，乡土文学的阵地空间发生了质的偏移。乡土文学在很大程度上是包含着大量的“移民文学”内容的，这是中国现代文学史上从未遇到过的文学潮流，它足以使中国乡土小说的内涵发生裂变，也同时给这一创作领域带来无限的生机。“城市异乡者”的生存和精神状态，因为表现出了不同于既往历史的陌生的体认与感受，正得到愈益广阔而深刻的描摹。他们进入城市，在摆脱物质贫困时，不得不吸附在城市文明这一庞大的工业机器上，而城市文明的这种优势又迫使他们屈从于它的精神统摄，将一切带着丑与恶的伦理强加给人们，从而逐渐消弭掉农耕文明长期积淀下来的传统伦理美德。于是，许多作家就陷入了两难的境地：一方面是城市文明进步的巨大诱惑；另一方面是对农耕文明美德的深刻眷恋。二是消费文化开始大行其道，传统的乡土题材连带着它的农耕文明价值理念和创作方法都遭受到了前所未有的冲击与压迫。三是乡土文学作家创作在面对乡土社会生活发生了巨变和主流意识形态指挥棒仍在舞动时，所呈现出的传统乡土经验的失灵而导致的价值游移与失语，成为乡土小说创作内在的巨大悖论。

第二，是对不断推进的乡土文学理论研究的回应。自 20 世纪 90 年代以后特别是新世纪以来，陆续有许多人表达过这样一种疑虑，那就是随着中国城市化不断加速的进程，乡土文学必将成为一种消失的文体。他们提出，城乡二元对立的社会结构形态已经开始转变，农村、农业、农民与以前相比，发生了巨大的变迁，作为其镜像的乡土文学前景在哪里？

我的回答是，简单来说，中国自 20 世纪 90 年代以来形成的农村人口向城市倒流的大移民运动，推进了中国的城市化和大都市化进程，农民像候鸟一样的生存状态，已然成为中国乡土文学的新的生长点。这也是中国乡土文学外延和内涵扩展的一个新的命题，看不到这一点，是造成人们误以为乡土文学消亡错觉的根本原因。

我并不否认中国社会结构从 20 世纪 90 年代以来就在逐渐摆脱农耕文明的经济基础，向着工业文明和后工业文明的经济基础转型，但是，在中国这块特殊的经济与文化的地理版图上，仍然存在三种文明形态的文化结构：前现代式的农耕文明社会文化结构仍然存活在中国广袤的中西部的不发达地区，日出而作、日落而息的农耕文明的生活方式仍旧在延续着；现代工业文明的阳光已经普照在中国沿海地区和中原大地，以及部分中西部的腹地，它是促使中国社会文化结构发生根本转型的动能；后工业文明的萌芽也已经在中国沿海的大都市与发达的中等城市蔓延。如果说后工业文明在技术层面上的发展是悄然进行，不易被人察觉的话，那么后现代文明的消费文化特征已经是十分鲜明了——它不仅仅是在上述地区蔓延，还通过主流意识形态的默许经媒体文化的传播，大有漫漶全国之势，更重要的是它已经波及整个中国文化的深层结构。在这样一种交错复杂的社会文明形态当中来俯视中国乡土文学的变化与转型，中国传统农耕文明形态统摄下的乡土文学创作依然存在，虽然它已经成为乡土中国农耕文明社会的“一曲无尽的挽歌”，但是它仍然成为许多保有农耕文明社会浪漫主义文学传统的旧派文人追捧的描写对象；从农耕文明向工业文明转型过程中的乡土中国中的中国乡土文学成为当下文学创作的一个主流形态，虽然作家们的价值观呈现出多元的格局，但其现代性的渗透却是一个不可阻挡的大趋势；后工业文明所带来的后现代的乡土文学的创作萌芽虽然还只是大多数停留在形式和技巧借鉴的工具性层面，但是，其表现出的一些前卫性的创作理念是不容小觑的，从乡土文化生态文学的勃兴即可窥见一斑。所以，我们为中国乡土文学的前景担忧，只是一种杞人忧天，它非但没有消亡，而且以一种犬牙交错的、更加复杂的形态呈现出来，这就更需要我们用更深刻的眼光去剖析它们。就乡土文学理论研究而言，我们更有必要从历史性的眼光和宏观的高度去俯瞰大动荡下乡土社会变迁给中国乡土小说创作带来的本质转型，从而更清楚地看到文学与社会的双重历史发展趋势。

第三个考虑，是对现实的回应和观照。随着农耕文明和游牧文明的逐渐衰减，也随着中国城市的不断扩张，农民赖以生存的土地大量流失，农民像候鸟一样游栖在城市与乡村之间，他们不再是面朝黄土背朝天、“日出而作，日落而息”的农耕者，他们成为“城市里的异乡人”“大地上的游走者”。几亿名农民已经成为“乡村里的都市人”“都市里的乡村人”，而这种双重身份又决定了他们在任何地方都是边缘人，都是被排斥的客体。这一没有身份认同的庞大“游牧群体”的存在，改变了中国乡土社会的结构，同时也改变了中国城市社会的结构和生产关系。他们改变了城市的容颜，城市的风花雪月也同时改变了他们的肉体容颜，更改变着他们的心理容颜；农耕文明的陋习使得城市文明对他们鄙夷不屑，而城市文明的狰狞可怖又衬托出了农耕文明的善良质朴。一方面是为了生存，他们出卖劳力、出卖肉体，甚至出卖灵魂，但是，城市给予他们的却是剩余价值中最微不足道的极小部分，然而，比起在土里刨食、刀耕火种的农耕社会生活来，他们又得到了最大的心灵慰藉。另一方面，他们在城市中是个完全边缘化的“虫豸”，是失去灵魂的“行尸走肉”，是被城市妖魔化了的“精神流浪者”，但是，一旦他们返归乡土，就又会变成一个趾高气扬的“Q 爷”，一个有血有肉的“灵魂统治者”，一个乡村的“精神富足者”……所有这些，构成了一个光怪陆离、充满着悖反的现实生活图景与精神心理光谱。

因此，我们没有理由不去关注和研究这一庞大“候鸟群”生活的文学存在。对此，文学研究不应该失语。因为，文学是社会的良心，珍视和尊重生命，同情弱者，批判社会不公，呼唤正义，本应是乡土小说叙事的应有之义。从众多的反映这一群体生活的作品来看，我们的作家仅仅站在感性的人性和人道的价值立场上，自上而下地去同情和怜悯农民工群体是远远不够的，还缺乏那种强烈的文化批判意识，那种欧洲 18 世纪批判现实主义作家清晰的理性批判眼光和锋芒。乡土小说家对平等和公平的价值尺度的来源并不完全一样，导致他们在呼唤和批判的时候出现某些价值失范。我曾经专门论述过这个问题，简单地讲只有基于现代人道主义的平等观念，才能使得创作更具坚实的价值基础，才能更具情感力量和道义力量。有些具备现实批判精神的乡土作家，虽然还不是爱德华·萨义德所说的那种“知识分子”，但他们秉承现代启蒙精神，以现代人道主义等为价值尺度进行批判，这是难能可贵的，对于转型期的中国社会、中国文学来说意义重大。

三、中国西部现代文学史的拓荒和掘进

赵：您主编的《中国西部现代文学史》（人民文学出版社 2004 年版）又是一项巨大的拓荒工程。正如有学者所说：“《中国西部现代文学史》于 2004 年出版，西部文学才拥有了自己的第一部文学史，而这个时候据不完全统计，各种文学史著作已经超过了 2885 部。”（赵学勇、孟绍勇：《革命·乡土·地域：中国当代西部小说史论》，山西教育出版社 2009 版，第 4 页）那么，如此具有创新价值和学术方法论意义的史著，编纂的缘起和考虑是怎样的？

丁：是的，这一论题首先是我的博士生马永强提议的，因为他生活在西部，其感性的认识更为深切。虽然截至 2004 年我们的现代文学史著可以说是汗牛充栋了，但由于种种原因，现行的文学史无论是在有意识层面，还是在无意识层面，都将西部文学边缘化了。换句话说，中国现代文学史的著史视角始终停滞在以农耕文明为主体的中原文学板块和以现代文明为主体的东南沿海文学板块上，虽然对西部文学的研究和关注也多有局部的设计，但是总觉得不够系统，有一种难隐的拼贴感和隔膜感。其根本原因就在于我们对大量西部文学文本读得太少；对西部文化生态——以游牧文明为主体的多民族文化形态不熟悉；对西部风土人情、风俗风景陌生；对西部作家表达情感的方式，乃至审美观念与文本的书写方式都有着天然的距离感。基于此，我们就考虑，全面系统地勾画西部现代文学史的面貌，将它置于一个独立的、自成体系的学科研究序列，迫切而必要。于是，就有了这部史著。

用新的视角去打捞钩沉被中国现代文学史忽略、遗忘乃至被淹

没的许多优秀作家作品，以新的理念去重新解读和诠释大量文本生成的意义，包括那些没有被发掘的有意味的形式，是这部《中国西部现代文学史》的编写主导思想。而在具体酝酿设计过程中，我们清楚地认识到：西部现代文学史的建构并非简单地编撰一部区域的文学门类史，它是西部独特的文明形态的象征和显现，受西部的自然环境、生产方式、社会历史进程以及民族、宗教、文化的多样性、混杂性、独特性的影响，并一直呼应着中国现代文学主潮的脉动。所以，这就要求我们必须站在历史的、多元文明形态的高度，用一种西部文化精神的整体观来统摄西部文学中的每一个文学现象、社团流派和作家作品。只有这样，我们才有可能把西部文学史的研究提升到新的理性高度。基于此，我们提出了“文化西部”的理念。

赵：作为首部西部文学史，除了学术创新的锐意、魄力和学术理念的统摄之外，应该还存在对研究对象的拓荒和占有的困难，这也是一个大挑战吧。

丁：是的，在编纂过程中，与写作以往其他的文学史相比，我们首先的难题就是史料和资料的搜集。除了现有各种资料的匮乏外，我们还必须面对正在进行的“野蛮生长”、杂乱鲜活的文学材料，对此，我们不仅如傅斯年所说的“上穷碧落下黄泉，动手动脚找东西”那样寻找各种已有资料，而且为了更全面地“竭泽而渔”，我们还发出大量的信函向个人征集资料。出乎意料的是我们接到了一捆捆书籍和雪片般的信札。许多作家积极支持并对西部文学史报以热切期待，这种诚意、热望深深打动了我们。他们的支持为此后的撰写提供了很大的帮助。

赵：那总体撰写思路和研究方法是如何的呢？

丁：对，如何确立撰写的总体思路和方法是成书的关键。首先，西部现代文学史的空间区域划分和时段上下限是个难点。在空间区域的厘定上，“文化西部”是史著划分西部边界的内在标准。这里的“西部”是一个由自然环境、生产方式以及民族、宗教、文化等因素构成的独特的文明形态的指称，是以游牧文明为背景、为主体的文明范畴（另两个中国文化发展的文明范畴是中部农耕文明、沿海都市文明）；在时段划分上，我们本着西部文学的内在逻辑线索，参照政治社会文化的变迁，但又持不唯政治标准划分切割的理念，对西部现代文学进行分期，尽力贴近历史的真实和客观。

其次，对作为文学史观照的主体对象的作家作品，我们既要用宏观的文化视野和人文理性的价值观去概括其总体特征，同时也要以微观细致的文学研究的方法去进行工具性的树立。从形而上到形而下再到形而上，成为我们内在的撰写视角。在研究中，我们着重强调的是这部文学史内在的审美逻辑线索和文化精神线索的贯穿。因此，确立了西部文学风俗画、风景画、风情画和自然色彩、神性色彩、流寓色彩、悲情色彩的研究维度，以此来获得对西部文学最准确的文学本质的美学把握。

赵：可以看出您对地域文化一直非常关注，并对文化的差序格局有着敏锐的认识，特别是您注意到前现代、现代和后现代互渗下的文化背景。这些对诸多因素的关注，应该与您开始西部文学史的研究和建构有关。

丁：是的，中国文化的差序格局存在是观察和建构西部文学史的一个重要视角，也是我计划编纂西部文学史的内在考量之一。同时，我们也受到了美国西部文化研究的影响，这也是一个重要的资源参照系。20 世纪 90 年代后期开始，全球化语境下的地域文化差异问题日益突出，我们的研究视野也拓展至全球化语境下的文明冲突和地域文化的深层，而自成格局的西部文学的美学价值的发现，使我们产生了建构中国西部文学史的最初冲动。

我以为，从文学地理的图势来看，前现代、现代和后现代的文学描写样式同时出现在中国当下的同一时空之中。即它形成了三种题材交错浮现的描写景观：农耕文明题材（含游牧文明题材）、工业文明题材和后工业文明题材（商业文明、消费文明）梯度分布于西部、中原和内陆、东部的文学差序格局。西部虽然在经济上处于落后状态，但是其自然生态和文化生态的破坏相对东部、中原和内陆而言较小，所以，它的文学地域自然条件优势就愈加明显。“大漠孤烟直，长河落日圆”的农耕文明和游牧文明的景观还能够见到，从某种意义上来说，愈是静态的、原始的、凝固的文明形态，就愈是能够突出文学的美学特征。我个人以为，文学品质的高低绝不是仅仅凭借外在的形式（所谓先锋性）取胜，而主要是看作家能否在生活中发现美（包括丑）的生活，从而将它用最高的价值理念上升到人性的层面加以表现，当然，能够找到最佳的表现方式则更好。但是，武器并不重要，因为任何武器都能够表演出它最炉火纯青的一面来，就像卖油郎也能够用油壶玩出他的绝活来一样。所以，西部文学的出路并不在于赶潮流、追先锋、玩形式，而是要脚踏实地地去发现这片广袤的土地上的生活之美。

金矿就在脚下，我们不必远行！全球化和城市化的进程在消灭文化和文学的差异性，但是，由于经济发展在各个不同地域里已经形成了梯度性的落差，所以，文学的地域色彩的差异性也就会愈加凸显，而我们的作家追求的并非趋同性，也不是追逐文学创作的GDP，而是在经济发展的落差与反差中寻觅到另一种即将失落的文明的最佳表现方式。这就是“差异性”给文学带来的最好契机，为什么20世纪30年代以后，像沈从文那样的作家能够在文坛上有一席之地，而到了80年代又成为受人追捧的“出土文物”呢？而他的学生汪曾祺也成为自80年代以来红极一时的所谓“文化小说”作家呢？这都源自他们利用了文化的“差异性”和文学的“差序格局”，将传统审美经验发挥到极致的结果。殊不知，就文学创作而言，愈是具有差异性的描写就愈加富有异域审美的神秘感和诱惑力！理解了这一文学的普遍规律，我们就可以在这块土地上发掘出让世界惊异的作品来。

然而，现实是，忽视了这块土地上的大自然生态的描写，忽视了包括留守在这块土地上的人们生活形态变化的描写，一切向城市文学和所谓的“形式创新”看齐，却成为许多生活在这块热土上的作家，尤其是年轻作家的追求。这是幸还是不幸呢？固然，其他多样的题材是值得去不断发掘和拓垦的，但是，忽略和舍弃绵长而广袤的西部土地上的金矿开拓，无疑会失去文学的根本，丰沃的文学资源——伟大的浪漫主义和现实主义的作品往往会在这样的环境中产生，尤其是在工业文明和商业文明大潮席卷下，中国浪漫主义元素的创作已经濒临消亡，我们在文学的地平线上只能看到少量的浪漫主义的作品闪现，那都是西部作家笔下的最后挣扎，他们的创作对中国文学的意义重大。无论是一个时代的悲剧还是喜剧，都将可能产生于这块丰沃的土地上。我们期待着西部的作家能够用自己的文学智慧和恒定的价值理念创作出无愧于一个大时代的大手笔的鸿篇巨制来！

赵：人民文学出版社和南京大学中国新文学研究中心于2016年6月共同举办了“中国西部文学研讨会暨《中国西部现代文学史》修订会议”，由此开始了《中国西部现代文学史》的修订工作。据悉《中国西部新文学史》即将推出，这个消息特别令人期待。那么，修订的原因是什么？新版的《中国西部新文学史》与初版相比又有了什么样的变化？

丁：在2004年版《中国西部现代文学史》“序言”的结尾，我们曾这样写道：“《中国西部现代文学史》所关注的是西部文学的进行时，因此，遗漏和局限也会随着时光流逝毕现，但我们追踪的目光不会停止。”而时过十多年的这次大规模修订和补充成书的《中国西部新文学史》，就是对这一承诺的兑现。来自全国的二十多位文学研究者进行了为时三年的修订，将西部文学史的书写时段拓展至当下，增加了三章十五节十六万字内容，还对通篇文字进行修改和补充，把西部文学的研究提升到了一个新的理性高度。正如有研究者说的，十多年前，这一部文学史的写作价值远远超越了时代的意义，而今，源自文化自觉的“重新写作”依然如此。

十余年来，西部文学涌现了大量新生代作家，部分西部作家的创作也发生了很多改变和突破。所以，此次修订的内容之一就是补充了自2003年至今出现的新晋作家作品、老作家的创新与变化，以及推动西部文学发展的现代文学制度如文学期刊、社群、文学活动对西部文学的影响等。这一次修订，在原文学史1949—1979年中还增加了“西部想象与别具一格的文学书写”一节。比如，井上靖、梁羽生、金庸三人进入西部文学史书写视域，因为西部是他们写作的重要文化符号和想象空间，具有很重要的文学史意义。

修订的另一个深刻原因在于：西部文学本身蕴含着深刻的文化象征意味。作为美学精神的内化——西部风骨，已经成为西部文学、西部文化对于中国文学和文化最大的馈赠和贡献。尤其是自20世纪80年代掀起的“西部文学热”到新世纪的今天，中国文学一直存在一个显性与潜藏着的“精神上的西进”，向西部寻找精神资源和动力，寻找生命的力和美，寻找诗性浪漫主义和梦想。因为西部是一个独特的存在，是一个精神的高地，是英雄史诗成长和流传的高地，是这个文化消费时代的“存”与“真”。西部蕴藏着最丰富的文学内容，是文学的富矿。从文明史的视角来看，西部文学具有“活化石”的意义。长期以来，这是一个被忽略的领域，理论界对此关注不够。而西部作家深陷其中，由于没有外在文明的参照，创作视野也受到极大的限制。这一现状是“文明差序格局”和中国文学的地域空间造就的。尽管如此，我们仍然呼唤并期待：西部的作家能用自己的文学智慧和恒定的价值理念创作出无愧于一个大时代的鸿篇巨制，不要忽略脚下具有世界意义的文学描写的重要元素——那个能够创造浪漫主义和现实主义的富矿——原始的、野性的自然形态和尚未被完全破坏的文化形态所给予的审美观照。

四、《中国新文学史》编纂的价值维度与现实无奈

赵：上面主要谈的是您的文学史专门史或分类史，其实您主编过更多中国现当代文学的通史著作。我注意到那些通史多数为团体作战的编写方式，而唯独您主编的这部《中国新文学史》（高等教育出版社 2013 年版）最能体现您个人的文学史观色彩，别具风格，影响也更大。您能谈谈这部特色鲜明、影响广泛的通史撰写的缘起吗?

丁：要想写一部真正能够表达自己内心世界感受的新文学史真不容易！近四十年来，我参加和主编过的中国现当代文学史已经不下七八种，除了内容和体例大同小异外，其写作风格千差万别，难以统一，这都是因为多年来我们的文学史写作采用的多为大兵团作战的方法，很难在以论带史中彰显治史者的个性。于是，我就想带两三个自己的学生一同来撰写一部新文学史，其目标就是在内容和体例上有较大的突破，在书写风格上力求统一。这就有了 2013 年版的《中国新文学史》。这部文学史经过几十次的研讨和反复打磨。尽管其中许多章节基于种种原因没有达到我们预期的设想，但这部史著也与现有的文学史教材多有不同。这部文学史自推出之后，影响颇大，不仅成为很多高校的教材，而且也是不少学者的研究参考资料，这是我很感欣慰的。《中国新文学史》收获了很多赞誉，当然也有一些商榷，这都很正常。

赵: 记得当时我初次看到这部史著，颇为诧异于“中国新文学史”之名。因为“中国新文学史”的命名不仅不新，反而极旧。继而读之，才意识到您是在“中国新文学史”的旧瓶中装了新酒。

丁：在我看来，所谓新文学史指的就是民国成立以来以白话为主干但绝不排斥其他语言形式（如文言、方言）和表现方法（如说唱）的具有现代美学意味的汉语创作史。我在一系列文章中曾逐步深入地论证新文学的起点是民国成立的观点，这是因为民国的成立确立

了以现代民主观念为价值基准、以人的解放和自由为内涵和以新的审美形式为表现方法的汉语创作。只有厘清这一点，才可论及其他。这个界定从更根本的层面把握新文学的内涵，凝聚了我一直以来的思考。

除了对“新文学”概念内涵界定外，我又对其外延进行过更加具体的说明：“新文学准确的表述应该是：1912—1949 年为新文学第一阶段（含大陆与台港地区，以及海外华文文学）。1949 年后为中国新文学的第二阶段，形成了三种不同的表述：大陆是‘共和国文学’的表述（而非什么‘当代文学’）；台湾仍是‘民国文学’的表述（它延续到何时，也是一个需要讨论的学术问题）；港澳就是‘港澳文学’的表述（因为它的政治文化的特殊性，所以它的文学既有中华传统文化的元素，同时又有殖民文化的色彩。因此，我们只能用地区名称来表述）。此外，尚有一支海外华文文学，就一并归入‘港澳文学’，应为‘港澳暨海外华文文学’。”

当然，这又涉及新文学起点问题，之所以建构以 1912 年作为起点的新文学史，我在以前的多篇文章中已有详细充分的论述，比如《新旧文学的分水岭——寻找被中国现代文学史遗忘和遮蔽了的七年（1912—1919）》《给新文学史重新断代的理由》等系列文章，会心者自然会去关注，这里不再多谈了。

赵：这部文学史有了诸多大刀阔斧式的变革和设计，体现了您对新文学史的全新构想。

丁：是这样的。第一是民国文学和共和国文学对立统一的整体构想。表面看来，作为中华民族内部在社会转型期的不同追求并分别落实为不同的两种具体发展路径，资本主义的民国与社会主义的共和国之间存在巨大的断裂，而正是这一差别决定了生长于两种母体之内的民国文学与共和国文学在主题、审美、技法等诸多方面的差异、矛盾、对抗，但就其本质而言，民国、共和国都是现代性价值体系的组成部分，它们共同分享民主、自由、平等、独立等现代价值理念，所以不论具体的文学现象如何纷扰，民国文学和共和国文学在各自的发展过程中都呈殊途同归的态势。民国文学和共和国文学之间相反相成的关系使得百年中国文学成为一个充满张力同时也充满生机的场域，我们拟采取这样的架构设置，最大限度地展现这种多元共生的文学格局。在撰述过程中，我们曾一度坚持上、下两编直接采用“民国文学”“共和国文学”的命名，但因为这两个概念尚处于学术探讨期，在出版社的要求下，我们最终还是放弃了这样的命名方法，只是最大限度地保留了这一构想的基本体系。当然，现在还是可以看到一丝痕迹，如下编第三章就是“共和国三十年的民族文学与儿童文学”。现在看来，民国文学与共和国文学的命名仍然是有充分的现实依据的。这一点我之前有专文辨析，这里也不必多谈。

第二是以审美价值为据遴选作家作品，以创作倾向为据建立体系。从局部来看，我们基本舍弃传统的文学史著述视为重点的文学思潮、文学论争等内容，将撰写的中心置于作品的分析之中，致力于以精细的辨析遴选文学经典。具体方法是：充分把握宏观的历史背景但压在纸背之下，而对某一作家的代表作品进行细致的审美分析，或肯定，或部分否定并予以置换，同时由代表作品延伸至其他作品，或以代表作品的风格诠释其他作品，或以其他作品的变奏商榷代表作品，以期阐明文学的历史状态乃是中心与边缘界限分明但两者互动频繁的共生态势。从整体来看，为体现文学生态的多元化和文学格局的丰富性，我们打破新文学史通常采用的文体分类惯例，也不过多强调文学时代演变的历史线索感，而以差不多同一时段中主题内容或审美形式相近的作家作品进行归类的方法，采取内在梳理的方式，以期更为细腻也更为准确地贴近文学脉搏跳动的起承转合，力图在内容和形式双重意义上使得文学史的书写回归文学自身。《中国新文学史》对创作倾向的突出，当然反映了我们纸背之后的治史理念，突出创作倾向，实是在探寻文学创作观念的承接和文学价值谱系的连续。

赵：这部《中国新文学史》也突破了以往通行的那种以思潮、论争、社会为文学所依和简单的按时代划界的做法，朝着文学审美特性大步趋近。

丁：说到审美的问题，还需老调重弹一遍。我一再强调：审美现代性与社会现代性是一种对立共生的关系，它们之间有对立，但首先是作为一个整体对立于传统。对于中国和任何其他后发的非现代国家来说，呈现在他们眼中的西方现代性，是一个“完成”时态的现代性，它作为一个整体“对立于传统”的那一面已经成为历史的过去，进入不了他们的视野，因此才会有许多人看不到他们面对“传统”时曾经有过的协作，误以为审美现代性只有和社会现代性的对立这一种绝对的关系。我认为，在灰暗传统、幽暗意识仍然十分强大的中国大陆，审美现代性与社会现代性将如同它们历史上的协作一样，在相当长的时期内主要表现为一种合作关系，也就是说，它们统一于现代性之内而对立于所谓传统。所以，谈新文学的审美特质，必须老调重弹，突出其自由、民主、平等、博爱等现代思想内核。

赵：包括著史在内的学术研究，不仅要“无我”，更要“有我”。“无我”，是对历史、材料的全面占有，对毛茸茸的历史的客观观察，而“有我”则是在上述基础上形成属于自己的理性判断与价值定位，更是理性判断之后的生命关怀，投射着著史者的理想与信仰。所以，文学史著作，本就应该是人性之史、生命之史的书写。这部文学史有着明确的治史理念和价值体系。

丁：是的，勃兰兑斯就提出，“文学史，就其最深刻的意义来说，是一种心理学，研究人的灵魂，是灵魂的历史”，所以他撰写《十九世纪文学主流》为的是“勾画出十九世纪上半叶的心理轮廓”。我们几位同人有这样的学术抱负，尝试勾勒近现代以来中华民族在中国社会转型期的“灵魂的历史”。一部文学史如果没有系统性的价值理念统摄，不仅在逻辑上违反同一律，而且还会成为抽取了灵魂的材料堆砌。毫无疑问，这个道理是每一个优秀的文学史专家都应该清楚的，而问题的关键是：究竟用什么样的历史观和价值观来重新审视和厘定这一段段已经沉淀了几十年但又并不遥远的文学呢？翻开现行林林总总的文学史教科书，我们不难发现，许许多多价值观念尚停留在20世纪七八十年代，甚至其中还有阶级斗争观念的影子在游荡着，尤其是近距离的文学史描述，明显带有即时性的评论色彩——文学史家和评论家的最大不同点就在于他不是平面地分析作家作品，而是站在历史的高度，将其置于文学史的长河之中进行考察，这就是我们通常所说的“文学史意识”。

治新文学史，价值标准是首要问题。如果一部文学史只是以编年或以文类的方式呈现思潮、社团、流派、作家、作品，那它就只是一本资料汇编。治新文学史，不可或缺的是研究者的价值倾向，而且，应该不惮于表明主体的价值观。比如1930年代京派、海派、左翼三足鼎立的文学格局，较早的文学史多数从迎合政治需求出发过于突出左翼文学，稍近的文学史研究又从“文学的启蒙”角度强调京派的艺术价值，另外也有一部分人因自身的文化处境而过度关注海派所展现的现代都市特质，如此纷纭凌乱，难道它们不是同处一个时空、没有共同之处？显然不是这样的。假如我们承认文学是人学，就可以看到，左翼与京派、海派在精神上其实有相通之处，那就是对人的自由的渴望与追逐，分别只在于前者落实在现实政治上，后二者更多地将之纳入现代文明本身的发展脉络之中加以追求，不过海派是正题，京派是反题而已。简而言之，人性的解放与自由应该成为研究新文学史的价值基准，民主、平等、博爱就是这种理念的具体化。

文学史家的文化批判功能只有永远朝着人性健康发展的轨迹前行，其学术和学理才能有价值体现。在我看来，在人类文化发展的任何一个历史环链中都有一个恒定的、超越一切时空的价值标准，这就是以人性与人道主义为底线的现代人文价值标准。它在人文研究领域是任何创新理论的一个支点，任何价值的位移都无法避开对这一撬动人类文化历史支点的依赖。文学不仅是人学，更是语言的艺术。所以治史者更应该注重发掘、阐释作品的美学内涵，将其在一个较长时段中的传承关系明白展现出来，然后以价值理念来观照，才可能对其在文学史上的地位有一个较为客观的判断。百年新文学作品总量空前，如何取舍是一大难题，我以为，一篇创作能否入史，主要看具体的文本在语言风格、叙述方法、结构方式等方面有否创新，表露的情感、趣味等是否充分个性化。而更为关键的则是在人类共有的人文伦理中，其整体风格对已有的审美风范有无突破、发展，乃至颠覆。新文学已经走过百年，我们对文学史的重写已经到了一个需要深度考量的关键时刻，治史者应有大气魄，经典作品要充分经典化，边角料则应毫不留情舍弃。因此，治新文学史者又必须要具备历史的眼光，这就是说，考量具体的作家作品，就要看其是否表达出一种过去、现在、未来相交织的中国经验——这里也要强调，这种中国经验应和着全球化进程又是开放的，是基于国族而又超越国族的具体的人的存在感。归结来说，人性的、审美的、历史的三种要素是本人文学史观的核心，而以思想史为骨骼、以美学风格为血肉、以历史为场域，也是我们研治新文学史的基本原则和方法。

赵：文学史写作对象是文学的历史，所以文学史著要有“文气”。“文气”，体现为生命的气息，思想的气质，体现为一种关怀——对人性的关怀。在我的一篇书评中，我认为这部史著有着“文气”的充盈和回荡。这种风格，也应是您和同人自觉的追求。

丁：是的，在逻辑清晰和表述准确之外，我们还进行文学史叙述语言方面的探索，努力将秉笔直书的史笔与富有韵味的文笔结合起来。这一点正如本书“绪论”所说，“在平实简洁的文字表达背后，尽量追求有意味、有韵味和有诗意的激情奔突的语言表达”。中国新文学史的叙述对象是中国自民国成立以来这一既定时空范围内的文学创作及相关现象，因其对象属客观存在，所以不同的文学史著述之间有着较为一致的恒定内容，虽然这些内容会因治史者的立场、观念甚至态度的不同而有所伸缩。我们的初衷是拷问新文学的经典品质，所以一个很重要的工作就是“二次筛选”，削减被文学史描述过的但不该入史的作家作品、文学社团流派、文学现象与思潮，做好去芜存菁工作之后则是细腻的辨析。众所周知，文学经典的生成是一个由具体语境选择并受后世读者检验的长期过程：既是具体语境选择，所以必须充分考虑到文学经典产生的复杂性，所有论述应当建立在扎实（绝不是繁复）的史料基础之上；既是后世读者检验，所以又应该当仁不让地贡献个人观点（也绝不是武断），具体的阐释不宜求全责备。我们一方面力求在“史”与“论”之间尽量保持一种平衡，另一方面则以锐意求新的诠释表现出鲜明的个人（同人）风格。比如对老舍、沈从文、茅盾、贾平凹等作家和对先锋小说等文学现象的评价，我以为较为鲜明地体现了这一特色。秉笔直书的治史追求并不排斥具有包容性、拓展性的语言风格，所以我们努力追求的是以少博多的文字效果，努力在平实简洁的文字之中酝酿激情奔突的诗意情境。

赵：是的，文学史建构还涉及文学史经典化这个极为重要的问题。在一代代学人长期专业化的研究过程中，现在的现当代文学研究在很多细枝末节、角角落落也都有了精耕细作甚至过度开掘，这当然说明现当代文学研究的成熟和丰富，但同时这种丰富也意味着某种贫乏。而对于文学史的著述来说，面对这样的情况，随之而来的就是一个如何去芜存菁的问题。

丁：是的。谁都不能否认中国现代文学研究已经成长为一个较为成熟的学科领域，它的研究深度和广度甚至超出了一般研究者的想象，包括海外汉学家在内，它的研究人数多达几千之众，队伍之庞大，可见一斑。但是，我们不能不看到这样一个充满危机的现状，即它的研究资源业已枯竭！资源的供给已经远远不能满足和支撑如此众多研究者的需求。于是，自20世纪90年代开始，面临资源枯竭的状况致使研究者们的研究领域在不断萎缩，研究领域和成果重复，大同小异，甚至出现抄袭现象，严重阻碍着学科的经典化，就目前的研究套路而言，不外乎以下几种。

其一，就是用西方的各种各样的研究方法对作家作品、文学现象和文学思潮进行反复重新阐释，有的甚至是过度阐释。仍然延续80年代以来用新近的西方理论与方法论来对作家作品和文学现象进行反复阐释与梳理，其分析套路的要害之处就是丧失了主体性。用诸如修辞学、语义学，甚至是病理学等理论方法来重新破译文学作品的语码，能给文学史的建构提供多少有益的东西呢？我并不否定它们对开启沉痼的阐释有着积极的意义，但是一旦陷入了这样的怪圈之中，也就证明研究走向了末路。

其二，研究的路径向着边缘拓展，不断发掘边缘作家作品和边缘史料（包括一些与作家作品有关的非文学性材料）。殊不知，这些作家作品倘若置于大文学史之中，置于文学史的长河当中，是必将遭到无情的淘汰的，我们已经到了对文学史中作家作品、文学现象，甚至是文学思潮的二次筛选的关键时刻，因此，对一些不宜入史的材料的清理成为定局后，那些无用功的研究即可终止，把精力和资源投入新的研究领域去。

其三，是近几年来逐渐走热的刊物研究，除去一些有一定价值的深度研究之外，如对通俗文学中的报刊研究应视为有意义的研究，而更多的研究却是针对无甚学术意义的盲目无效研究，尤其是一些小报小刊的研究，一旦成为风气，那只能说是对文学史研究生态的破坏。我们不能完全否定它们在历史的第一次磨洗中被淘汰的合理性，从某种意义上来说，它们在流通、被阅读与被阐释的过程中淹没在文本的汪洋大海中是自有道理的，是有其物竞天择的自然规律的。我们不能因为研究领域的缩小而去“炒米汤”。面对大量的作家作品和一些并不重要的报刊、流派与现象，在“大文学史”的框架内，我们需要的不是加法，而是减法！

赵：据悉新文学史修订版的工作正在进行中，预计将于今年推出。与上一版相比，新版的变化有哪些？这次修订，是否达到您的预期，还是仍会留下另一些遗憾和无奈？

丁：是啊，无奈的是，遗憾总是无法完全避免。《中国新文学史》甫一问世，学界同人就热心给予评议，这是我十分感念的。这种感念，出于学术同人之间的交谊，更出于大家共同表现出的对作为公器的学术的热忱。为了能使这一撰述更趋完善，我们一直欢迎更多的批评声音。距离初版已经过去五年了。五年里，这部文学史在被广泛使用的过程中，我们收到了来自多方面的反馈。这次修订，部分地吸收了建设性的意见，进行调整。比如原来个别作家作品调整到更为合适的审美形式和主题之下，比如港台和海外华文文学部分，我们在近些年掌握更全面的资料的基础上进行更具条理和系统的凝练、调适，等等。五年来，整个社会的文化、政治语境也有所变化，这也使得我们在坚持自己的治史理念和恒定价值体系的基础上，对初版的某些表述不得不进行了个别调整。当然，这些修订，总体上虽然并没有改变我们的治史理念和实施框架，但由于种种外在的原因，毕竟还是留下了另一种遗憾和无奈。至于更好的完善，我们仍然期待于将来。

赵：目前进行的和接下来您要开展的关于文学史方面的思考与研究，您能否简单透露？

丁：当然可以。一个是我领衔的国家社科基金重大项目“中国现当代文学制度史”研究。这项研究已经完成，最终成果预计于年内推出。这些年我和项目团队成员对百年来中国现当代文学制度发展历程进行立体化、系统性的考察。对中国现当代文学制度的理论审察和历史分析是复杂而庞大的工程。文学与制度的纠缠，以及制度对文学的干预与渗透比我们想象的要深刻而复杂得多。中国现代文学在其发展过程中逐渐形成了自身的文学制度，作家的创作、文学文本、读者的阅读与文学的生产、流通、消费发生着紧密联系，现代文学作家的职业性和社团归属，作品传播对报刊和出版以及文学批评、文学论争、文学审查和文学奖励的参与，就形成了中国现代文学强大的制度力量。文学制度是文学与社会关系的表征形式，它表明文学没有绝对的自由，必定受制于制度。如何在宏观理论和微观的历史细节之间把握中国现当代文学制度的变迁，是一个艰深的课题。本课题在这方面有了新的重要突破。从制度的角度研究文学，实际上是把文学社会学研究推向更深的层次，是一个相对新颖的学术领域。文学体制与文学精神，文学自律与制度权威的干预，如何保持必要的张力，是一个难题。完善的文学体制是否可以获得遏制其内在局限性的自我调节功能，是需要反思和讨论的问题。课题着重从文学制度与文学、文学制度与文学史写作、文学制度与文学理论的建构、文学制度与具体的文学现象等方面进行研究，拓展该领域的研究空间，形成新的文学研究格局。同时，这些努力，也可以看作我们对个别学者关于初版《中国新文学史》的某种意见的回应。

另一个是正在进行的教育部人文社科重点研究基地重大项目“中国宗法社会的解体与乡土文学的演变”。这个项目，对百余年来中国农村宗法社会的解体与乡土文学变迁之间的复杂关系进行系统而深入的研究。具体研究内容包含两个向度。向度之一，是拟从百余年中国农村宗法社会的变迁与解体的历史，系统研究中国乡土文学的发展演变。第二个向度，是从乡土文学的历史考察去观照文学如何书写、渗入、反映百余年中国农村社会剧变。而这两个向度的切入，都是围绕晚清以来的历时线索，从而将王朝解体、辛亥革命、五四运动、土地革命、土改运动、农业合作化以及改革开放、打工大潮等的农村社会变化、宗法文化解体与乡土文学演变之间的关系勾勒出博杂、宏大而清晰的百年历史图卷。

赵：访谈已经进行了很长时间。今天您谈了很多方面，当然还有更多重要的问题无法进一步深入展开，希望以后再有机会听您谈谈那些没有展开的话题。谢谢您。

丁：好的，不客气。

原载《大家》2018 年第 2 期

人性、历史、审美是文学史的不二选择

——专访丁帆

丁 帆、王 昉

王昉：是什么让您选择了做中国现当代文学研究？这跟中国文学七十年的发展背景有怎样的关联？

丁帆：选择这个专业源于我在大学读书的时候是班上的学习委员，并兼任现代文学的课代表，它让我能够方便近距离地接触到像曾华鹏、李关元这样的优秀学者。在他们的点拨与教诲下，我便爱上了这个专业；尽管我先前沉湎于欧美文学名著的阅读，试图闯入那片天地里驰骋，但终究还是进入了中国现当代文学专业。其中还有一个重要原因就是我可以近距离地面对活着的作家，可以触摸到真实作家的思想活体，感知他们的灵魂，并与其对话，那时我以为这很重要。我一开始接触这个专业时就下决心将中国现代文学和中国当代文学这两门学科打通研究，倘若把短短的三十年和后来的七十年相隔，我们就难以廓清这两门学科血肉相连的内在关联性，看不清楚整个“现代性”在中国百年历史中的曲线变化，意识不到中国现当代文学万变不离其宗的历史走向。所以，我开始读各种各样的文学史，1979 年便开始了 20 世纪两端作家作品的研究。感谢我的老师叶子铭先生把我引进茅盾研究领域，尤其是让我参加了《茅盾全集》的编辑工作，在卷帙浩繁的史料中爬梳出了一条史的理路，同时对老一代中国作家有了些许本质的认知。从新文学主将茅盾的研究到新鲜出炉的同龄人贾平凹的作品评论，是我在 20 世纪 70 年代末到 80 年代初做出的最正确的学科选择，两端作家作品并举研究，让我的学术视域有了不同的境界。共和国文学走过了七十年的道路，其中经历了多次大起大落的历史风云，从其发展的背景来看，前三十年与后四十年中的许多历史经验教训是值得我们深思的，尤其是中国文学在改革开放后的这四十年里所走过的曲折道路，以及抵达中国文学发展的辉煌时期，让世界有目共睹，有许多经验可以反思。作为一个直接参与和见证了这四十年中国文学发展的文学研究者，我对七十年文学发展的脉络梳理在本人新近出版的五卷本《中华人民共和国文学史论》中已经说得十分清楚了。

王昉：中国文学七十年的发展对您这样的学者最深刻的影响在哪里？

丁帆：七十年的中国文学发展于我这个前半程只是一个看客，后半程却是一个直接参与者来说，感触良多，它让一个治史的学人有机缘看到并亲历了许多惊心动魄的文学事件，并且成为历史大潮中的一个弄潮儿。幸与不幸，自己心中自然便有一杆掂量文学的秤。要说最深刻的影响，我想，就是这个时代赐予了我们更多的历史机缘，让我们这一代学者领略到了时代风云对文学的影响，当然也包括对文学研究的深刻影响。生逢这个风云变幻的伟大时代，我们遭遇的时代风云肯定比19世纪的狄更斯还要宏伟壮阔得多，它给作家提供了最好也最丰饶的创作题材；同时，也给文学研究者带来了思考整个文学的新视角，为我们人文学科的研究工作提供了一个更加广阔的历史视角。更重要的是，它让我们进一步认识到了中国当代文学中的一些本质化的东西，当然，这也是与世界文化及文学相辅相成和相反相成比较下的成果。

王昉：您一直标举学者的知识分子立场，您认为知识分子立场在中国文学七十年的发展中，与历史发展处在什么样的关系中？它的价值意义是什么？

丁帆：其实，我所标举的所谓知识分子立场就是人性的立场，这个立场不仅对知识分子重要，对一个作家来说就更加重要了。对一个人文学科的学者而言，人性的视野和社会的良知与责任是不可或缺的素质。这是一个常识性的问题，也是超越道德的哲学问题，但是在中国却是一个难以破解的命题。我始终认为，知识分子，尤其是人文学科的知识分子，最重要的学术品格就是有独立思考的能力。这个能力不仅仅是你占有大量的史料，更重要的是你对研究的对象有无怀疑和批判的勇气和力量。知识分子只有在对社会不断的怀疑和批判中才能获得其存在的价值感，否则，你还不如一个可以检索的机器人。人只有在思考中才能获得历史的进步，知识分子只有在不断对现实世界的否定中才能获得推动历史和社会进步的动力。可是，因为我们太多人都失位了，所以我们成为庸众。我们对社会的判断，我们对文学的评断，我们对真善美的认知，都出现了严重的失误。不管是有意后注意还是无意后注意，在价值立场上出了问题，我们就不可能在文学的批评过程中获得真正的审美体验。所以，我认为知识分子在整个七十年的中国文学研究中处于清醒与迷糊交替轮换的过程中，当然，清醒的时间少，糊涂的时间多。我们能够原谅一个学术大师在政治实践中的种种浅薄行为吗？当海德格尔接受纳粹胸章时，当他高呼“希特勒万岁”时，当他告发自己的学生时，甚至当他出卖自己的爱情时，我们是否可以轻轻地抹去这些历史的尘埃，就孤零零地去研究他的学术思想呢？就能像雅斯贝尔斯那样，只沉湎于昔日的友情而说出暧昧之语：“海德格尔不谙政治，更像是一个不小心将手指插入历史车轮的儿童。”用“不小心”来为貌似学术大师的精神侏儒开脱，无论如何都不是一个知识分子的所作所为。知识分子的品格是最重要的。

至于价值观与文学历史的发展处在一个什么样的关系中，说实话，我个人认为它与文学史的发展构成了同构关系，在某种规约之下，一种集体无意识主宰了知识分子的思考路向，同时在某种程度上阉割了一种独立发声的可能性，尤其是自 20 世纪 90 年代以来，由于商品文化和消费文化的介入，文学就开始向市场化倾斜，虽然它是一柄“双刃剑”，但是，作为一种精神产品，失去了其核心的价值——人性的元素，就有可能成为文学万劫不复的鸦片。同理，作为评判文学的文学批评和文学研究，倘若也随波逐流，放弃了怀疑态度和批判精神，也充当起文学思想史上的跳蚤，这就不仅仅是对文学和文学批评的亵渎，更是对自身职业操守的玷污。

知识分子自觉的独立评论和审美批判是其立足于文坛的根本，只有遵从自己内心的人性价值判断，才有可能书写有利于文学的文字；否则，屈从于某种外界的压力，你就可能坠入批评的泥淖之中，最终被无情地淹没在文学史的汪洋大海之中。

王昉：*您的学术研究聚焦于“启蒙文学”“乡土文学”，是什么决定了您的学术研究视域？在中国文学七十年的发展中，启蒙文学与乡土文学的价值究竟在哪里？*

丁帆：正因为中国新文学的起步是从“启蒙文学”开始的，那种强烈的启蒙意识已然成为我们这一代学者挥之不去的使命感，因此，中国现代文学的两大题材“乡土题材”和“知识分子题材”就成为我们阅读文本的尺度与标杆。我从20世纪80年代开始就研究中国乡土小说，其中最大的因素就是我有六年的乡村生活经历。换言之，就是做了六年的农民，深切地感受到，要了解中国社会的本质，如果没有农村生活的观察，就会流于肤浅的认知。当然，这包含了精神和物质的两个层面，观察中华儿女在旧中国、旧时代的精神状态和生活面影，虽然研究的是过去式，但是，它无疑为认识新中国、新时代的新老中华儿女提供了参照系。这不由得让人联想起一百多年来中国人的文化根性，从《阿Q正传》到《白鹿原》，我们看到的是一幕幕中国乡土文学中描摹出来的特有的人物形象和典型性格，这些预示的是什么呢？它对一个国族的文化基因的改造有何启迪作用呢？文学也许不会直接起到什么救世济民的作用，然而，一旦将其上升到一种人文科学的高度，使其成为教科书的范文，其作用就不容小觑了，而这些工作靠的就是我们这些批评家、评论家和文学史家的鉴赏能力，也就是那些披着知识分子外衣的研究者对历史的责任感和价值判断，你的认知高度是多少，你的传播力就有多广，也就决定了你对社会的贡献有多大。

启蒙精神是与知识分子的批判意识分不开的，我始终认为社会的进步是依靠批判哲学做支撑的，文学的批判功能的丧失，就意味着文学机能的衰退。批判哲学作为一个社会学、政治学的武器，显然是不可或缺的人文社会科学方法，同理，在文学创作和文学批评领域里，一旦缺少了批判哲学的元素，文学的天空就会充满雾霾。

作为启蒙主义的一支重要力量，新兴的知识精英应该如何选择自己的价值观念呢？我想还是回到康德的理论原点上去，这才是最经得起历史考验的价值观念："我们的时代是真正的批判时代，一切都必须经受批判。"我想这也是马克思主义批判哲学的理论基础。

世界启蒙运动是一个永远说不完的话题，中国的五四新文化运动也是一个可以不断深入阐释的论题，无论从哲学的层面还是历史的层面来加以解读，我们对照现实世界，总有其现代性意义。这是"启蒙与革命"双重悖论的意义所在，也是它永不凋谢的魅力所在。

经过一个世纪的启蒙，我们再看中国的乡土社会和乡土文学，我们看见了什么呢？启蒙的一缕阳光照在那亘古不变的农耕社会的土地上，尽管那里也有高楼林立的建筑，但是，那看不见的古老意识形态仍然疯长在这一片肥沃的土地上。这些人文景观正是我们审视和检验一切文学作品的坐标，所以，我们的研究仍然需要批判的元素。

马克思主义哲学批判精神应该成为每一个知识分子所坚守的价值立场！近三十年来我一直关注着知识分子自身的思想启蒙问题，我总是怀疑"五四"的启蒙运动是在中国知识分子现代性思想尚未发育健全的时候就匆匆忙忙上阵去打扫封建主义的战场，难免会使许多倒地的封建僵尸复活，使一些原就是彷徨者的战士借封建主义的回潮还魂，而更可怕的却是封建主义的幽灵在那些所谓的启蒙主义者身上附体！百年来的历史一次次地演绎着启蒙主义在中国溃败的活剧，其中最应当承担罪责的也应该是知识分子！但是我们看不见几个敢于直面惨淡的人生、进行自我灵魂解剖的知识分子。20世纪80年代“伤痕文学”消退之时我就提出了“知识分子二次启蒙”的主张，窃以为，“五四”启蒙的溃败在很大程度上就是因为知识分子的自我启蒙尚未完成，就俨然去启蒙大众，所以才导致了启蒙始终行走在忽左忽右的歧路上。

王昉：您致力于中国现当代文学的文学制度史研究，对于中国文学七十年的发展来说，文学制度具有怎样的历史功能，其对中国文学七十年发展的积极意义体现在什么方面？

丁帆：毋庸置疑，任何一个时代和任何一个国家都会有自己的文学制度，它是有效保障本国的文学运动按照自身规律运行的基础，因此，文学与制度的关系应该是一种互动的循环关系，当然，它可以是良性的，也可以是恶性的，这就要看这个制度对文学的制约是否有利于其发展，所以，在很大程度上取决于制定文学制度者是如何操纵和驾驭这一庞大机器的。

毫无疑问，这种管制是国家政权的需要，也是一种对文学意识形态的管控，我将其称为“有形的文学制度”。它是由国家的许多法规条例构成的，经由某一官方机构制定和修改成各种各样的规章与条例，用以规范文学的范畴，处理发生的各种文学事件，使文学按照预设的运行轨道前进。在一定程度上，它有着某种强制性的效应。

还有一种是“无形的文学制度”，也就是说，一种文化形态就是一只无形之手。它所规范的“文学制度”虽然是隐形的，但是其影响也是巨大的，因为它所构成的一种约定俗成的潜在元素也是一种更强大的“文学制度”构成要件。我们之所以将这部分由各种各样文化形态所组成称为“无形的文学制度”，就是因为各个时代都有其自身不同的文化形态特点，大到文化思潮、现象，小至各种时尚，都是影响“无形的文学制度”的重要因素。

基于这样一种看法，我们以为，在中国近百年的文学制度的建构和变迁史中，“有形的文学制度”和“无形的文学制度”在不同的时空当中所呈现出的形态是各不相同的。对其进行必要的厘清，是百年文学史不可或缺的一项重要任务。从时间的维度来看，随着党派与政权的更迭，在百年文学制度史的变迁中，七十年来中国文学的制度既有十分相同的“有形”和“无形”的形态特征，也有不同之处。从空间的角度来看，地域特征（不仅仅是两岸）主要是受那些“无形的文学制度”钳制，那些可以从发生学方法来考察的许多文学现象，却往往会改变“有形的文学制度”的走向。要厘清这些纷繁复杂、犬牙交错的文学制度的过程，除了阅读大量的史料外，更重要的就是必须建构一个纵向的史的体系和横向的空间比较体系，但是，这样的体系结构统摄起来的难度是较大的。

王昉：作为文学史家，您认为中国文学七十年最重要的历史遗产是什么，其走向在何方，前景又如何？

丁帆：中国文学七十年来最重要的历史遗产就是它为我们提供了共和国文学史的一面最丰富多彩的镜像，它在曲折回环的文学天路上为我们提供与积累了过去、现实和未来历史经验，以利于指导未来文学和文学研究的路向。

对于未来的研究，我以为，中国七十年来的文学从创作和研究的角度来说是没有任何“边界”可以约束的；但对于一个治史者来说，在汗牛充栋的大量史料当中必须舍弃许多不该和不能进入文学史的东西，否则其撰写的未经筛选的文学史是不能称其为文学史的，那只是资料的堆砌而已。况且，文学史还兼有教科书的功能，所以，我们只能在有局限的文化语境中戴着镣铐跳舞。

无疑，大量的作家作品和文学批评与研究的繁殖孵化，造成了七十年来，尤其是这四十年来浩如烟海的“文学产品”堆积，长时间不加清理，良莠不分，垃圾与精品共存，大家与雕虫并举，金子与泥沙俱下，可谓乱象丛生。无疑，我们的文学史不可能照单全收这些不经筛选的“产品”，这就需要我们做好两个方面的工作：一是削减以往被文学史收纳过的，但显然是不该入史的作家作品、文学社团流派、文学现象与文学思潮，这种二次筛选，既要有眼光，又要有胆识；二是新入史的作品价值标准怎么定。显然，第二个问题是第一个问题的延伸，但它是问题的关键。所以，我的回答仍然是我个人的标准：人性的、历史的、审美的排列组合是文学史的不二选择。

倘若我们站在几百年后的未来去看今天的文学史，可以肯定的是，我们当下许多教科书里的作家作品、文学现象、文学社团和文学思潮论述将会被淘汰，能够留存下来的是微乎其微的少量精品而已。须得强调的是，我并不反对大家对文学史上的许许多多“边角材料”进行研究性的发掘和阐释，即使是“过度阐释”，也是有助于文学发展的事情。但是，我绝不主张那种挖掘一个哪怕是价值不高的“边角材料”也积极要求入史的态度和行为，因为入史的标准应该是严肃的，也是严格的，那种朝三暮四、朝秦暮楚的治史态度是治史的大忌。

相对而言，即时性的文学批评和文学评论作为文学史的第一次筛选，就需要我们说出真话，以知识分子的良知作为保证，尽量以符合历史的标准去进行工作，给未来的文学一些希望，也给知识分子这个名分留一些尊严。

文学的前景是广阔的，文学研究的领域具有纵深度，关键是我们能不能找到北。

原载《文艺报》2019年9月27日第003版

辑四：研究编目

丁帆学术年谱

黄　轶[①]

丁帆，曾用笔名风舟、马风等。1952年出生在江苏省苏州市，祖籍山东烟台。父亲曾就读于燕京大学，后入读辅仁大学，1946年毕业后入“上海善后管理所”工作。

1952年，一岁。5月18日，出生于江苏省苏南人民行政公署。1954年苏南公署与苏北公署合并为江苏省政府，随父母从苏州迁居南京。

1958年，六岁。入读南京琅琊路小学。

1964年，十二岁。入读南京光华门中学。在阶级斗争日益激化的年代，“四清”运动方兴未艾。丁帆看到父亲“夜间都要在烟雾缭绕中书写到黎明”，那一份又一份的“自我检查书”“从此在我十二岁的心灵中留下了不可磨灭的创伤”[②]。

1966年，十四岁。“文革”开始，“五·一六”通知发表后，“中学面临全面停课闹革命，当选举第一批去北京天安门接受毛主席检阅名单时，有同学提了我的名，当时吓得我腿打哆嗦，因为当时检查出身是要查‘八父八母’均为无产阶级，方才能够入选，好在最后票数不够，否则一切将露馅儿了。‘大串联’时也只敢跑北京以外的地区。两年里，除在学校抄写大字报外，也参加过徒步‘长征’和‘支工、支农’”[③]。

① 黄轶，上海师范大学人文学院教授，博士生导师。

② 丁帆：《出身》，《夕阳帆影》，知识出版社2001年版，第38页。

③ 《丁帆自传》（未刊稿）。

1968年，十六岁。“当1968年‘上山下乡’的狂飙把我这个十六岁1967届初中生抛到苏北农村时，我真是带着‘为有牺牲多壮志，敢教日月换新天’的豪情去改造大自然的”，但是半年后终于明白“‘狂飙为我从天落’是一个‘太虚幻境’，‘大有作为’亦不过是一个真实的谎言而已”。在“文革”期间，“黑五类”是一个耻辱的人生标志，其子女不能加入红卫兵，不能参军、入团、入党。“人在那样的环境中度日，可谓连自卑感都不能有，有的只是低等的异类之感，只是对人类和社会的赎罪感。”带着这种原罪意识，插队知青中那些“黑五类”青年“更加安分守己地拼命劳作，而不敢像那些有巨大优越感的人那样郎当”。插队六年，进荡、犁田以致在1971年燠热难当的夏天在大田里掩粪时中了粪毒而昏厥七天，“我以一个队里不可或缺的壮劳力而闻名乡里，以血汗的代价换来知青劳模的称号，其原动力可能就是源于赎罪”[①]。苦难是人生航程的风帆，劳动之余的所有时间属于读书，带下乡来的所有书籍都被“吃”完后，北京外国语大学毕业、远在北京外文图书出版社“任编辑的婶婶开始为我提供了源源不断的‘教材’，并自觉担任了我的文学启蒙导师”。“枯灯黄卷、茅屋鸡鸣伴我度过了六年艰难岁月！”[②]插队后第一次返回省城过春节时，“父亲开始了与我的第一次人生的平等对话……多少年后，我始终把那次简短的对话作为我的‘成人仪式’”。后来省机关干部下放，“父亲将母亲和弟弟留在南京，只身来到我插队的苏北水乡”[③]。

1974年，二十二岁。在错过几次参军、招工、招生的机会后，“知青劳模”丁帆被基层干部们联名推荐获得考大学的机会。“那天，出了考场，我仰望长空，看到的是我一生当中最最湛蓝的天空。尽管那骄阳已经把大地烤得焦煳一片，耳边狂躁的蝉鸣却成为我青春

---

① 丁帆：《出身》，《夕阳帆影》，第39—40页。

② 丁帆：《“我的大学”和我的“启蒙老师”》，《夕阳帆影》，第46页。

③ 丁帆：《父与子的对话》，《夕阳帆影》，第50页。

旋律中最美妙的交响伴奏。分数出来后，我是全公社的状元。”[①]“那时也填写志愿，我想实现自己多年想当作家的美梦……但我所插队务农的苏北宝应县，那年文科中除了扬州师范学院中文系可以填报外，相近专业就是复旦大学新闻系了。可是，当我被公社革委会知青办主任告知不能填报复旦大学新闻系，且原因不得追问时，我的心就凉了一大截，看来‘文曲星’的质量要大打折扣了。直到发榜时才知道公社书记的侄儿进了复旦新闻系。说实话，对于我们这样的准‘可教育好的子女’来说，那时能够有书读就是天大的恩赐了，哪还有你挑挑拣拣的资格？何况还能读上个中文系，也就心满意足了。”[②]到扬州师范学院（现扬州大学）中文系读书，是其开始新人生的转折点，曾华鹏等一批先生成其人生新的引航人。“这个极大的偶然机缘是多么不容易，因此我才珍惜这读书的机会……每天读十五六个小时，这样不就抵得上别人的两倍了吗？我心里暗暗把三年制改成六年制来读。”当别人对这所院校表示轻蔑时，丁帆暗下决心“要为这所学校争光”。“当历史翻开新的一页，‘工农兵学员’变成了一顶学历出身的耻辱帽子，这顶帽子确实压垮了许多人……我认为，这后天的胎记是时代和社会赋予的，是任何灵魂的‘消字液’都无法涂改的，你可以换一顶桂冠，但你却抹不掉那一段历史，只有用你的加倍努力去改变世人和社会的偏见”[③]。

1978年，二十六岁。1977年从扬州师范学院中文系毕业，到扬州教育学院任教。此间开始创作，小说居多，也常常投稿。1978年曾收到《北京文学》正式发出的“用稿通知”，但因为稿子“太灰暗”，最终被主编毙了。1978年秋季，丁帆选择到南京大学中文系进修。“作为‘文革’后南京大学中文系的第一名进修教师，我很荣幸地找到了叶子铭、董健两位先生作为指导教师。……说实

① 丁帆：《为了忘却的纪念》，夏中义编《大学人文》第7辑，广西师范大学出版社2007年版。

② 丁帆：《为了忘却的纪念》，夏中义编《大学人文》第7辑。

③ 丁帆：《出身》，《夕阳帆影》，第40页。

话，那种诚惶诚恐、忐忑不安的心情始终笼罩在我的心头。”董健先生多年后这样描述当时的情景：“在思想解放的春风中，我渐渐苏醒，开始发现我的愚昧无知……正是在那些痛苦交织着兴奋的难忘的日子里，一个满身朝气、一脸稚气的圆脸、瞪着两只大眼睛像是对什么都要看个究竟的二十多岁的小伙子闯到了我的面前，他就是丁帆……我与丁帆日相处而甚相得，既是师生，又是朋友。”④叶先生给予的“见面礼”是一份列满期刊和重点书目的“进修计划安排表”，并反复叮咛怎么做读书札记、怎么注意版本和条目。“拿着这份清单，从 1978 年的初秋一直走到 1979 年的初秋，整整一年时间，我都泡在南大的期刊室和图书馆里”，当时的旧刊室积尘满满，在里边翻阅书刊，灰尘“把头发染成了花白”，但是“当我每天按时去期刊室‘上班’时，都恭恭正正地看一遍那份早已订在墙壁上的阅读计划表”。坐拥书城，其生命之火再次被点燃了，那份书单就是一盏“永远铭刻在心灵中的不灭航灯”②。

1979 年，二十七岁。在《文学评论》第 5 期发表学术论文处女作《论峻青短篇小说的艺术风格》，学术生涯就此肇端。丁帆认为峻青“以革命战争为题材，用血和泪镌刻一个个丰满的艺术雕像，成为峻青小说的常用手笔。从中我们可以清晰地看出他作品的基调——悲壮”，从其“本身的艺术风格的发展来看，还存在着各篇之间在概括生活的深度和广度、艺术表现力不够平衡的缺陷”。“拿到那份沉甸甸的杂志，我激动得心跳加快不知所以，窃以为，我没有给‘工农兵学员’抹黑，尽管那个时代一些‘工农兵学员’已经开始被高校所‘排水’，转入到政府机关去工作，但是，我暗自下决心留在这个战线上，因为我自以为我有这个能力。”该年度《人大复印资料·中国现代、当代文学研究》第 11 期全文转载了《论峻青短篇小说的艺术风格》。当其父亲在旅途中看到这期《文学评论》，

④ 董健：《人格的探索者——丁帆》，丁帆《江南文化散步》，台湾实学社出版股份有限公司 2002 年版。

② 丁帆：《书海航灯》，《夕阳帆影》，第 60—63 页。

“马上将书店仅存的几本杂志全都买下了”，“虽然他儿子的青少年时代也生活在那个读书无用的年代里，但他从儿子70年代末的些许文学才华中看到了未来的希望”[①]。

1980年，二十八岁。《谈贾平凹的描写艺术》一文载《文学评论》1980年第4期，《人大复印资料·中国现代、当代文学研究》予以转载。此文是关注到贾平凹创作并在重要刊物上发表的第一篇专论。丁帆与贾平凹同岁，当时二人在各自的道路上都还“青涩”，自此始，丁帆持续关注贾平凹的创作至今，二人也不断有书信往来探讨文学问题。[②]“他早期对于峻青、贾平凹等作家创作艺术精妙处的体察、思想深邃处的入微，充分显示出他对文学作品深刻的感悟力，更体现出他文学批评对微观批评的重视……承担起批评家作为读者与作品之中介和作家的诤友的艰巨重任。”[③]从峻青到贾平凹，丁帆学术起步选择了“乡土小说”批评的学术方向，这也成其以后终生坚守的学术领域之一。

1981年，二十九岁。《论茅盾早期的短篇小说》(《南京大学学报》第1期)是新时期以来茅盾研究的早期重要成果。该文将茅盾笔下的人物分为三类，认为作品“真实地描写了在大革命失败压抑下，小资产阶级知识分子的变态心理、思想矛盾和生活悲剧，十分深沉地表现了黑暗社会对小资产阶级知识分子心灵的摧残和时代打在他们身上的深深烙印；同时，作品未能正确地揭示出革命的必然趋势，在某种程度上带有一定的悲观主义色彩”。

同年，丁帆随叶子铭先生参与《茅盾全集》的编注工作，“甚至常年驻在北京人民文学出版社内，权做他的一名不称职的助手吧。

---

① 丁帆：《为了忘却的纪念》，夏中义编《大学人文》第7辑。

② 主要有《关于〈九叶树〉的通信》(《钟山》1984年第6期)、《浅论贾平凹的四部新作》(《当代文艺探索》1986年第1期)、《贾平凹、王安忆创作蜕变简论》(《创作评谭》1989年第1期)、《“新汉语文学”的尝试——〈怀念狼〉阅读断想》(《小说评论》2001年第1期)等。

③ 贺仲明：《玄览者的高远与细察》，《当代作家评论》1999年第6期。

在许许多多不眠之夜里，叶老师可谓手把手地教我去为人为文……和他接触愈来愈密，也就愈来愈感到他的严谨，甚至有时感到他的严谨太过迂腐。但是，在我人生学术的道路上，正是他的严谨学风时时鞭挞着我，使我少走弯路，少出纰漏”①。这种文献资料编辑整理的“童子功”对于一个学者的成长至为重要。茅盾资料整理尤其是茅盾乡土小说研究后来成为丁帆学术研究主要内容之一。②

1982 年，三十岁。在《文学评论》第 2 期发表论刘绍棠乡土创作的《试论刘绍棠近年来作品的美学追求》，指出“粉碎‘四人帮’以后的一两年中，由于多年来‘左’倾文艺思想给人们带来的痼疾尚不能根治，文学界所发表的好作品寥若晨星。而刘绍棠也没有能够摆脱陈规旧套，他的作品在艺术上非但不见长进，甚至还没能超过 50 年代的水准。他的新作《地母》《含羞草》《燕子声声里》《藏珍楼》等都存在着较浓厚的概念化倾向……”《人大复印资料 · 中国现代、当代文学研究》第 18 期转载该文。

《试论峻青散文的艺术风格》（《新文学论丛》第 1 期）、《在姜滇作品讨论会上的讲话》（《钟山》1982 年第 4 期）、《作家构思谈开去》（《文学报》12 月 9 日）多篇文章发表，学术视野逐渐开阔，文字犀利，风格俊朗，基本确立了自己的批评风格。

1983 年，三十一岁。《风俗画小说谈片》（《钟山》第 2 期）、《刘绍棠作品民族风格雏论》（《钟山》第 2 期，《人大复印资料 · 中国现代、当代文学研究》第 4 期转载）、《孙谦、西戎、曲波小传》（《当代作家研究参考资料》8 月 11 日）等文继续延展乡土小说研

① 丁帆：《书海航灯》，《夕阳帆影》，第 62 页。

② 先后发表《试论茅盾早期的自然主义主张及其创作实践》《论茅盾小说创作的象征色彩》《论〈蚀〉的人物主体性》《论茅盾早期作品的二元倾向》《中国现实主义和现代主义的交融》《茅盾与中国乡土小说》《人格的矛盾，矛盾的人格——20 世纪名作家重读之三（茅盾）》《茅盾研究的回顾与展望》等一系列茅盾研究成果。2006 年选编的《茅盾精选集》由北京燕山出版社出版。

究，并超越作家个案研究而从世界文学的大视野开始探讨乡土小说的“风俗画”特征和意义，汪曾祺、古华、叶蔚林、邓友梅、邓刚、张贤亮等均因其作品浓郁的风俗画色彩进入其论述视域。《试论茅盾早期的自然主义主张及其创作实践》（《文艺论丛》第20辑）一文进入现代文学理论话语的研究。

此年，其父去世。“父亲弥留之际，妻正要临产，……终于在父亲去世的前两天，上帝送来了一个姗姗来迟的女儿。”①

1984年，三十二岁。《峻青小评传》（《作品与争鸣》第1期）、《关于〈九叶树〉的通信》（与贾平凹，《钟山》第6期，《人大复印资料·中国现代、当代文学研究》第24期转载）、《论茅盾小说创作的象征色彩》（《茅盾研究》第2辑，与人合作）、《写出时代交汇点上的不同人物》（《文学报》11月12日）、《杂谈艺术空间之效应》（《青年评论家》3月25日）、《新时期风俗画小说纵横谈》（《文学评论》第6期，与人合作）。

“从侧重于微观的作家作品论起步，到追求一种建立在微观细察之上的对中国当代文学乃至文学本体的更高远更全面的整体观照，我逐步做到了微观批评与宏观批评的合一，并在此基础上才力求立足高远、深入浅出地解析社会人生、文化文学。”②《新时期风俗画小说纵横谈》一文，将新时期伊始的风俗画小说创作分为三种类型，即比较注重典型环境描写、注重以风俗描写来强化人物性格的类型、把风俗描写渗透到环境描写和波澜起伏的情节描写中，并批评了目前创作存在的几种偏误，引起学界瞩目。风俗画之后成为乡土小说研究的一个关键词。

1985年，三十三岁。《姜滇印象记》（《太湖》第7、8期）、《论李杭育的小说创作》（《中国》第6期）、《致力于塑造新人的形象》（《光明日报》9月14日）继续关注乡土作家。9月14日，在《文学报》发表《改革意识深处的历史惰性力》，目光进一步凝聚到文

---

① 丁帆：《父与子的对话》，《夕阳帆影》，第50页。

② 丁帆：《重回“五四”起跑线》，人民文学出版社2004年版，第2页。

学与现实的关联。开始涉足20世纪思想领域话题，以“启蒙思想”“精英意识”对知识者命运进行文化批判。或者说，这一特点的出现奠定了丁帆学术研究的思想基石，“启蒙意识”成为丁帆学术观念的不二选择，对知识分子人格和责任担当的批评渗透在其文学批评和文化批判中，二者相辅相成。

1986年，三十四岁。在《文学评论》《当代作家评论》《读书》等刊物上发表论文十六篇，体现出学术创造上惊人的开拓力。分别为《人性思索的深层意识》（《钟山》第1期）、《突破“撼”的重围》（《雨花》第2期）、《论当代中国乡土文学的现状与趋势——兼与日本学者山口守先生对话》（《新苑》第1期）、《论周梅森的创作》（《当代作家评论》第1期，与王干、费振钟合作）、《时代性·人性·个性——何士光小说创作纵横谈》（《当代作家评论》第2期，与徐兆淮合作。《人大复印资料·中国现代、当代文学研究》第6期转载）、《浅论贾平凹的四部新作》（《当代文艺探索》第1期）、《论何士光的创作进程》（《当代作家评论》第2期）、《评论家修养琐谈》（《青年评论家》2月1日）、《呼唤庄严的人性》（《文论报》3月1日）、《主题：变奏1→变奏2→变奏3……》（《文论报》5月1日）、《我与批评》（《文论报》3月1日）、《关于批评的断想》（《文学报》4月17日）、《新时期乡土小说的递嬗和演进》（《文学评论》第5期，与徐兆淮合作，《人大复印资料·中国现代、当代文学研究》第10期转载）、《对文化传统的深刻反省》（《文艺报》9月20日）、《铁凝和她未来的歌——评铁凝小说创作兼谈批评方法的多元化》（《钟山》第5期，与杨世伟合作）、《走向独立的批评》（《读书》第11期）。《新时期乡土小说的递嬗和演进》在将1985年的“寻根”运动的文化心理结构进行仔细慎重的厘定之后，从中国现代文学“走向世界”的特征出发，认为中国乡土文学“在当代意识的统摄下，在审美观念的不断更新中面临着一个向世界文学挑战的新起点”。《走向独立的批评》既是对文学批评独立品性的声言，也可解读为丁帆“风格”的文学批评的最终定型；

《对文化传统的深刻反省》是其最早涉及对传统文化认识问题的言论，“反省”和“批判”是其基本思路，文化启蒙理念越来越凸显。

加入中国作家协会。

1987年，三十五岁。发表有《批评选择随想》（《钟山》第1期）、《论〈黄泥小屋〉的总体象征》（《当代文艺探索》第1期）、《突破眩惑，创造新的心理世界——读〈眩惑〉断想》（《当代作家评论》第1期）、《民族文化心理嬗变之我见》（《文化报》4月21日）、《论〈蚀〉的人物主体性》（《茅盾研究》第3期）、《论史铁生小说的艺术变奏》（《小说评论》第4期）、《黄河精灵的艺术创造》（《文艺报》9月19日）等随笔和评论文章，并与人合作发表《建设独立的批评价值观念》（《文学自由谈》第1期）、《论新时期中篇小说的结构方式》（《当代创作艺术》第1期）、《论新时期小说中人物主体性的二度显现》（《当代文艺思潮》第3期，《人大复印资料·中国现代、当代文学研究》第10期转载）、《追求小说主体交叉——论赵本夫的创作倾向》（《钟山》第4期）等。从上一年度评论周梅森的创作到本年度评论赵本夫，对江苏本省作家开始予以更多关注。

1988年，三十六岁。发表有《审美价值取向的新视角》（《新华日报》1月13日）、《作为一次痛苦蜕变的艺术尝试》（《文学自由谈》第1期）、《新时期乡土小说与市井小说：民族文化心理结构的解构期》（《小说评论》第2期，《人大复印资料·中国现代、当代文学研究》第5期转载）、《中国乡土小说创作审美观念的蜕变》（《当代文坛》第2期）、《论新时期文学精神的蜕变》（《钟山》第4期）、《叶兆言小说的生命意义》（《文学自由谈》第5期）、《现实主义小说创作的命运与前途》（《当代文坛》第6期，《人大复印资料·中国现代、当代文学研究》第12期转载）和《关于作家的蜕变和文学嬗变的通讯》（《天津文学》第9期）、《批评家的遗憾——与刘晓波谈“寻根文学”》（《文艺报》7月2日，《人大复印资料·文艺理论》第8期转载）、《生存竞争下的生命悲剧意识》（《文艺报》9月1日）、《关于现实主义“回归”的悲剧》（《文艺报》11月25日）。《新时期乡土小说与市井小说》《中国乡土小说创作审美观念的蜕变》等文深化了在乡土小说研究方面的成果；对“现实主义”“审美价值”“生命意义”的关注是其突出面向。“经过1985年的历史性转折后，丁帆连续发表了《论当代中国乡土文学的现状与趋势》《论新时期乡土小说的递嬗和演进》《民族文化心理嬗变之我见》《新时期小说中人物主体性的二度显现》《新时期乡土小说与市井小说：民族文化心理结构的解构期》等一系列很有分量的论文，引人注目地聚焦于乡土小说和与此相关的人物塑造特别是民族文化心理结构问题。这些具有很强‘学术性’的论文学术意义和文学现实的意义自不待言，但在根本上，之所以会选择这样一些问题，我个人以为，还是由于他独特的精神关怀。”①

历经九年的工作调动，终于在1988年年底完成，丁帆正式调入南京大学中文系工作。

1989年，三十七岁。《亵渎的神话：〈红蝗〉的意义》（《文学评论》第1期，《人大复印资料·中国现代、当代文学研究》第4期转载）、《难以规范的现实主义》（《文学报》1月5日）、《贾平凹、王安忆创作蜕变简论》（《创作评谭》第1期）、《向现代悲剧迈进的新现实主义小说》（《文学自由谈》第6期），与人合作有《悲剧：矛盾的文化人格》（《光明日报》2月3日）、《新潮小说与新现实小说评述》(《文学报》7月27日,《人大复印资料·中国现代、当代文学研究》第8期转载）、《努力探索传统文化向现代化的转换》（《文论报》12月15日）、《抗争·反思·自审——评农民作家徐朝夫和他的小说创作》(《当代作家评论》第5期)、《思潮·精神·技法——新写实主义小说初探》（《小说评论》第6期）。

《抗争·反思·自审》一文着重肯定作家内心充盈的“普通农民的不平之气以及由此而产生的抗争精神”。

本年度被评为南京大学中文系副教授。

① 何言宏：《批判的学术如何可能》，《当代作家评论》2010年第1期。

1990 年，三十八岁。《新现实主义小说的挣扎》（《上海文论》第 1 期，与徐兆淮合作。《人大复印资料 · 中国现代、当代文学研究》第 7 期转载）、《论茅盾早期作品的二元倾向》（《中国现代文学研究丛刊》第 1 期）、《人的生命意识窥探和技巧转换——论赵本夫的小说创作》（《当代文坛》第 5 期，《人大复印资料 · 中国现代、当代文学研究》第 10 期转载）、《中国现实主义和现代主义的交融》（《茅盾研究》第 5 辑）、《叙述标志的转换》（《钟山》第 6 期）、《新时期中篇小说表现形态的拓展》（《江苏社会科学》第 6 期，与丁建平合作）、《在中西文化交汇点上寻觅自我——叶兆言和他的新写实小说探微》（《小说评论》第 6 期，与徐兆淮合作）。

1991 年，三十九岁。《三十年代小说中“表现”与“再现”的消长》（《安徽大学学报》第 1 期，《人大复印资料 · 中国现代、当代文学研究》第 4 期摘要）、《乡土小说概念的界定》（《文论月刊》第 2 期，《新华文摘》第 6 期摘录）、《“五四”后小说观念的二元倾向》（《南京大学学报》第 2 期，《人大复印资料 · 中国现代、当代文学研究》第 8 期摘要）、《李杭育——“最后一个”挽歌者》（《钟山》第 3 期）、《男性文化视阈的终结——当前小说创作中的女权意识和女权主义批评断想》（《小说评论》第 4 期）、《都市文明的心理交响乐章》（《文论月刊》第 9 期）、《中国乡土小说新解》（《江海学刊》第 6 期）。

与徐兆淮合作撰著的《新时期小说读解》由南京出版社出版。

1992 年，四十岁。《茅盾与中国乡土小说》（《浙江学刊》第 1 期）、《“革命文学”旗帜下的乡土小说创作》（《江苏大学学报》第 1 期）、《“民族化”“大众化”和“风格画”“风景画”（一）》（《扬州教育学院学报》第 1 期）、《“革命小说”与乡土小说》（《镇江师专学报》第 1 期）、《乡土——寻找与逃离》（《文艺评论》第 3 期）、《鲁迅乡土小说的理性批判意识和悲剧意识》（《中国现代、文学论丛》第 4 期）、《叩击死亡之门》（《读书》第 4 期）、《“乡土文学派”小说主题与技巧再认识》（《江苏社会科学》第4期，《人大复印资料·中国现代、当代文学研究》第9期转载）、《乡土小说悲喜剧的转换历程》(《福建论坛》第4期）、《静态传统文化与动态现代文化之冲突——本世纪乡土小说的情感状态》（《上海文坛》第4期，《人大复印资料·中国现代、当代文学研究》第4期转载）、《改革大潮中农民文化心态的描摹——读王剑章的三部小说》（《当代文坛》第4期）、《寻觅精神漂泊的历史足迹》（《山花》第5期）、《五四以来“乡土小说”的阈定与蜕变》（《学术研究》第5期，《人大复印资料·中国现代、当代文学研究》第12期转载）、《去影·跋》（长江文艺出版社9月版，叶兆言《去影》，《跋叶兆言的〈去影〉》载《中文自学指导》1995年第4期）。

江苏文艺出版社出版其《中国乡土小说史论》；参与著作包忠文主编《现代文学观念发展史》（江苏教育出版社）；参与著作吴宏聪、范伯群主编《中国现代文学史》（武汉大学出版社）。

《中国乡土小说史论》是20世纪乡土小说研究的代表性成果，收入1994年《中国文学年鉴》。“该部专著的一个显著特点是将‘地方色彩’与‘风俗画面’的阐发深化到了‘文化哲学’的层次。”①《史论》的“绪论”“提纲挈领地把乡土小说作为一个研究学科的有关问题率先提了出来”，而其分章论述部分的特色在于，“突破了1949年的政治界限，把现当代的乡土小说打通进行研究，做整体观”②。

本年度被评为南京大学中文系教授。

1993年，四十一岁。《新写实主义小说对西方美学观念和方法的借鉴》（《文艺研究》第2期，与徐兆淮合作。《人大复印资料·文艺理论》第5期转载）、《中国当代乡土小说的转型》（《徐州师范大学学报》第1期）、《“民族化”“大众化”和“风格画”“风景画”（二）》（《扬州教育学院学报》第1期）、《乡土文学——世纪末的回眸与前瞻》（《文艺报》4月17日，与林道立、王菊延

① 舟群：《揭开现象表述的帷幔——评丁帆著〈中国乡土小说史论〉》，《江海学刊》1994年第2期。

② 邵建：《中国乡土小说史论》，《文艺研究》1993年第6期。

合作。《人大复印资料·中国现代、当代文学研究》第5期转载）、《“新写实”四人谈》（《文论报》6月12日，与黄毓璜等合作）、《“困境”的建构——作为一种手段》（《文论报》12月4日）、《漂泊少女·序》（江苏文艺出版社6月版）、《心灵的折射》（《文艺评论》第5期）。

《新写实主义小说对西方美学观念和方法的借鉴》将“新写实主义”浪潮作为“传统现实主义文学与西方现代主义文学相互借鉴、相互融会和互补的结果”。

1994年，四十二岁。《文化的标志》（《作家》第1期）、《〈惊鸿照影〉的创新意识》（《文论报》2月15日）、《人文精神的失落与重择》（《长江经济导报》3月15日）、《双重视角：本文与女性——梁晴小说阅读札记》（《江苏社会科学》第2期）、《月亮的神话——林白小说中女性形象的“原型”解读》（《当代作家评论》第2期，与人合作。《人大复印资料·中国现代、当代文学研究》第7期转载）、《作为世界性母题的“乡土小说”》（《南京社会科学》第2期）、《人和文学的迷失》（《扬州教育学院学报》第2期）、《“T”型结构模式——〈惊鸿照影〉的故事处理》（《镇江师专学报》第3期，与人合作）、《惊鸿照影·序言》（人民文学出版社4月版）、《乡土小说的多元与无序格局》（《文学评论》第3期，《人大复印资料·中国现代、当代文学研究》第8期转载）、《永远的流浪——知识女性形象的基本心态之一》（《山东师大学报》第6期，与人合作。《人大复印资料·中国现代、当代文学研究》1995年第2期转载）、《悲剧的理性，理性的悲剧——20世纪名作家重读之一（鲁迅）》（《雨花》第6期）、《殉情的浪漫，浪漫的殉情——20世纪名作家重读之二（郭沫若）》（《雨花》第11期）、《艺术家的无奈》（《雨花》第5期，与刘醒龙合作）、《文化与生命的流动状态》（《文学世界》第5期，与叶兆言合作）、《无状态下的“新状态”呐喊》（《钟山》第5期，《人大复印资料·文艺理论》第11期转载）、《读书的境界》（《扬州日报》11月2日）、

《世纪末的辉煌会出现吗？》（《羊城晚报》12 月 3 日）、《世纪末启航·序言》（南京大学出版社）。

《乡土小说的多元与无序格局》从“走出田园风景线寻觅失落的政治问题、走出史诗的困境寻觅死亡诗意的悲喜剧、走出理性的精神家园寻觅神秘的野性旷野”等几个方面论述了乡土小说多元与困惑兼在的创作走势，“以期发现中国从农业社会向工业社会转型时的小说艺术变化”。发表《月亮的神话——林白小说中女性形象的“原型”解读》等关于女性主义文学批评和研究的作品，随后亦成为其主要研究领域之一。

开始发表“20 世纪名作家重读”之系列随笔。随笔、散文创作自此将贯穿其学术生涯，并将占有越来越重要的位置，与其纯粹的学术研究相辅相成，体现了“知识分子的批判立场与人文情怀”，“其知识分子的批判意识、责任意识和人文情怀背后，都可以看到现代启蒙思想的影子，可以看到‘五四’知识分子的精英意识，以及他们对自由个性、独立精神的倡扬和追求”[①]。“这种激愤在当代知识分子中已经被看作‘不合时宜’的气质，在学科内部，它也暗指学术思想的非科学性和非理智性。但也恰恰是这样一种气质，使得丁帆保持着独特的入场方式和思维方式。”

遴选为南京大学现当代文学专业博士生导师。

担任中文系副系主任，主持研究生与科研工作。

1995 年，四十三岁。春夏之交，大病，急性肝炎。病愈，“有一种重生的感觉”，“从久卧了三四个月的病榻上走向蓝天白云下的长街，在恍如隔世的‘天街’（街市）上彳亍漫步，真正感到了生存的美好”，“在跋涉了人生的艰难困苦之后，你就不会在乎物质上的浮华了”[②]。

发表《人格的矛盾，矛盾的人格——20 世纪名作家重读之三（茅

① 贺仲明：《知识分子的批判立场与人文情怀》，《文艺争鸣》2013 年第 3 期。

② 丁帆：《逛街的人生况味》，《夕阳帆影》，第 64 页。

盾）》（《雨花》第1期）、《失落与停顿》（《作家报》1月14日）、《冷症·热症：文为的亢奋与虚脱》（黄毓璜、丁帆、王彬彬、费振钟四人谈）（《雨花》第1期）、《茅盾研究的回顾与展望》（《中国现代文学研究丛刊》第2期，与叶子铭合作）、《“匪性”·“奴性”：文化人格的膨化与萎缩》（黄毓璜、丁帆、王彬彬、费振钟四人谈）（《雨花》第2期）、《阿Q：强者形象文学传统的颠覆》（《文艺理论研究》第2期，与王世城合作）、《重塑“娜拉”：男性作家的期盼情怀，拯救姿态和文化困惑》（《南京大学学报》第2期，与陈霖合作。《人大复印资料·中国现代、当代文学研究》第6期转载）、《浪漫主义的终结》（《文学世界》第2期，与储福全合作）、《文学精神的困惑》（《文学世界》第3期，与赵本夫合作）、《大众文化给了我们什么？》（《雨花》第3期）、《“妇女运动”与“女权主义”》（《齐鲁晚报》3月3日）、《一九九四年的女学批评》（《大众日报》3月16日）、《略论近年小说中女性形象的一种“他塑”》（《学术研究》第3期）、《寻找生命的纯净空间》（《长城》第3期，与齐红合作）、《大众文化中城市人的处境》（《雨花》第4期）、《人类的魅力》（《书与人》第4期）、《失去围墙的“城”校园文化的滑落》（《中文自学指导》第4期）、《灵与肉的分离：现代文学中女性性爱悲剧的描述》（《江苏社会科学》第4期，与齐红合作）、《女性话语的困惑》（《文学世界》第5期，与梁晴合作）、《知识分子的价值定位（四人谈）》（《文艺争鸣》第5期，与吴炫等合作。《人大复印资料·文艺理论》第12期转载）、《策划：新的文化时代的悲哀》（《上海文化》第5期，与王世城合作）、《读〈逐鹿金陵〉》（《当代文坛》第5期）、《“历史·土地·人”的恋歌》（《文学世界》第6期，与周梅森合作）、《城头变幻大王旗》（《岭南文化时报》6月18日）、《“女权主义”的悲哀——与陈染商榷“超性别意识”》（《文论报》9月1日）、《憧憬的实现》（《现代企业导报》11月5日）、《〈南京二五〉的文化批判启迪》（《长江经济导报》11月15日）、《平面化写作不是时髦》（《济南日报》

11月14日）、《拒绝尘俗：月亮与天堂——试析迟子建小说中的“梦幻”情绪》（《作家》第6期，与人合作）、《“角色反串”的文化底蕴》（《雨花》第12期）。

1996年，四十四岁。《追寻现实主义的新足迹》（《时代文学》第1期）、《放逐于世俗的文学》（《雨花》第1期，与黄毓璜、王彬彬、费振钟、王世城合作；《人大复印资料·中国现代、当代文学研究》第3期转载）、《你在哪里：精英文化的守望者》（《书屋》第3期）、《论平面的写作》（《书与人》第3期）、《五四文化批判精神可以取消吗？》（《上海文化》第3期）、《“士风”：文化反省的话题》（《岭南文化时报》6月28日，《中华读书报》9月4日）、《秦淮文化断想》（《江南文化时报》7月26日）、《南方的水果，北方的食谱》（《雨花》第4期）、《沉渣·新潮·遗老·后少》（《长城》第5期）、《从“新写实”到“后写实”：平民本位文化与反智写作》（《时代文学》第5期，与王世城、贺仲明合作。《人大复印资料·文艺理论》第12期转载）、《漫论当前乡土小说走向》（《小说评论》第6期）、《晚生代小说》（《钟山》第6期，与王世城、贺仲明合作）、《叙述颠覆》（《文艺争鸣》第6期，与王世城、贺仲明合作）、《个人化写作：可能与极限》（《钟山》1996年第6期，与人合作。《人大复印资料·中国现代当代文学研究》1997年第5期转载）、《乡土小说：多元化之下的危机》（《山西文学》第11期）、《想起了胡风》（《雨花》第9期）、《逃逸“战争”的谵语——读陈染的〈私人生活〉》（《雨花》第10期）。

文化思潮和文学现象是丁帆文学研究的重中之重。《五四文化批判精神可以取消吗？》针对学界对“五四”精神遗产的重新审视，直截了当地指出：“反思五四，总结历史，当然是无可厚非的，但是将全盘否定五四文化批判精神作为新锐理论的立论前提，则是一种非常危险的游戏，它的直接后果只能是导致几代知识分子所创建的文化精神毁于一旦。”

主编“双叶丛书”四编（“鲁迅　许广平”“徐志摩　陆小曼”“陈

西滢　凌叔华”“郁达夫　王映霞”）并分别作“前言”。参写徐中玉、齐森华主编的《大学语文》现代文学部分（普通高等教育“九五”国家级重点教材，华东师范大学出版社6月版）。主编汪曾祺《五味集》并序（台湾幼狮出版社）。

1997年，四十五岁。《对〈中国现代文学研究丛刊〉的几点建议》（《中国现代文学研究丛刊》第1期）、《文人无行：秦淮风月鉴人心》（《书屋》第1期）、《90年代“写实”小说的价值问题》（《雨花》第1期）、《晚生代：“集体失明”的状态与可疑话语的寻证人》（《文艺争鸣》第1期，与王彬彬、费振钟合作。《人大复印资料·中国现代、当代文学研究》第5期转载）、《近期小说笔谈其一：介入当下：悲剧精神的阐扬》（《钟山》第1期。《人大复印资料·中国现代当代文学研究》第4期转载）、《江南士子悲歌录·绪》（《随笔》第2期）、《90年代小说走向再认识》（《江苏社会科学》第2期）、《社会转型期知识分子的文化选择》（《粤海风》第2期）、《新时期小说三次“性高潮”》（《书与人》第2期，《新华文摘》第5期）、《论文化批判的使命——与刘醒龙的通信》（《小说评论》第3期）、《挽歌为谁而唱——〈当代女作家长篇小说丛书〉序》（《文学自由谈》第3期）、《批评的“乌托邦”构想》（《文艺争鸣》第4期）、《寻觅率真与执着的〈咿呀集〉序》（《书海》1998年第4期）、《寻找心灵的栖居地》（《书城》第5期）、《梦话扬州》（《美文》第5期）、《江南士子悲歌录》（序三）（《随笔》第5期）、《“女权”写作中的文化悖论》（《文艺争鸣》第5期，与王彬彬、费振钟合作）、《散文：多了些什么？少了些什么？》（《雨花》第5期）、《在横眉与俯首之间》（《书城》第6期）、《思想误植的背后》（《书屋》第6期）、《20世纪中国地域文化小说简论》（《学术月刊》第9期）、《悲凉的沉沦》、《寻觅精神漂泊的历史足迹》（收入《庞瑞垠研究专集》，江苏教育出版社8月版）、《艰辛的道路与瑰奇的画卷》（《青春》第8期）、《在个人道德与公众立场之间》（《东方文化周刊》第39期）、《批判精神和道德立场的确认》(《文艺报》10月4日)、《“江河水”中的牛虻》(《武汉晚报》10月18日)、《父与子的对话》(《烟台晚报》10月23日)、《叩问殉道者出窍的灵魂》(《雨花》第11期)。

《社会转型期知识分子的文化选择》一文分析90年代中国知识分子受到的多面压力，提出“文化滞差”的概念，呼唤一种新的文化蜕变。《20世纪中国地域文化小说简论》作为地域文学研究的力作，厘定了“地域文化小说”的概念，在强调地域、群种、小说三种要素的同时，更注重“小说背后的斑斓而深厚的各种各样的政治的、社会的、民族的、历史的、心理的……文化内涵”，认为地域文化小说正面临原有人文因素的崩溃和裂变。

主编“当代女作家长篇小说文库”(《随风飘逝》、《青萍之末》、《女人情感方式》，时代文艺出版社)。

1998年，四十六岁。《世纪之交社会科学研究的回顾与展望·21世纪知识分子的文化选择》(《江苏社会科学》第1期，《人大复印资料·社会科学总论》第2期转载)、《民间话语立场与“写实”的价值魔方》(《文艺争鸣》第2期，与王彬彬、费振钟合作)、《知青小说新走向》(《小说评论》第3期，《人大复印资料·中国现代、当代文学研究》第8期转载)、《两岸乡土小说的共同文化背景及异质话语的解剖》(《南京大学学报》第3期，《人大复印资料·中国现代、当代文学研究》第10期转载)、《女性小说的诱惑力》(《雨花》第8期，《文论报》5月7日)、《〈生命的摆渡——中国当代作家访谈录〉序》(陈霖，海天出版社5月版)、《论二十年来小说潮流的演进》(《文学评论》第5期，与何言宏合作。《新华文摘》1999年第2期，《人大复印资料·中国现代当代文学研究》第12期转载，收入《中国社会科学》英文版2000年第3期)、《玄览精神史的蜕变过程——〈成长如蜕〉读后札记》(《当代文坛》第4期)、《守望家园——禚洪波诗读札》(《作家报》5月28日)、《走出角色的怪圈——知青文学片论》(《作家报》8月27日)、《在客观与主观的历史话语情境之中——〈中国当代文化审美研究〉

读札》（《文艺报》11月24日）。

散文随笔则有《秦淮烟水》（《文艺报》1月15日）、《自问良知的狂郁者陈布雷》（《随笔》第1期）、《读金圣叹》（《社科信息周刊》第4期，《东方文化周刊》第9期）、《抒写吴越文化风情》（《文艺报》1月27日，与人合作）、《感受小说》（一）（《雨花》第2期，《文论报》2月19日）、《秦淮书肆》（《兰州晚报》2月24日）、《“悲歌击筑动哀者”的不仕者：归庄》（《随笔》第2期）、《“头颅早悔生平贱”的进退诗人柳亚子》（《随笔》第3期）、《想象的贫困：现时代的写作》（《长城》第3期，与王世城合作）、《豁蒙楼上话豁蒙》（随笔二题）（《钟山》第3期，《新华文摘》第5期）、《金陵古意寻踪五题》（外三篇）（《百花洲》第3期）、《玄览阳山碑材》（《齐鲁晚报》3月24日）、《“死将为厉鬼，生且做顽民”的孤独者》（《今晚报》4月1日）、《秦淮风骨的沉沦》（《文艺报》4月30日）、《“我的大学”和我的文学启蒙老师》（《今晚报》5月18日）、《为“末世之一救”的寻药者——孔尚任》（《时代文学》第4期）、《煦园、瞻园——构筑“十年壮丽”天朝的梦幻》（《山西文学》第5期）、《历史的悲剧和悲剧的历史》（《文艺报》6月23日）、《茅店月·板桥霜》（《雨花》第7期）、《误了先人清德的学术巨子——刘师培》（《当代社会》第8期）、《商业时代长篇小说创作的流行病》（《文论报》8月13日，《江苏作家》第23期）、《用心灵唤醒历史》（《扬子晚报》8月30日）、《走向壮美的悲剧》（《中国电视报》9月3日）、《浪漫悲情的抒写》（《浙江文艺报》9月28日）、《风俗画中的文化意蕴》（《光明日报》9月10日）、《反省：从红卫兵到知识青年》（《文论报》10月22日，《东方文化周刊》第47期）、《在船上：〈江河水〉和〈牛虻〉》（《东方文化周刊》第44期）、《进荡：子在湖上行》（《东方文化周刊》第45期）、《寻觅激情的火花》（《文化时报》11月20日）、《寻觅真诚的友情》（《经贸导报·生活导刊》11月24日）、《话说钟山陵寝》（《当代社会》第11月号）、《占断石城秋的扫叶者：龚贤》（《山西文学》第11期）。

出版论文集《文学的玄览（1979—1997）》（北京出版社6月版），收录其1979年登上文坛之始到1997年近二十年的批评文字。主编《新时期地域文化小说丛书》（北京出版社1998—1999年版，第1辑八种，第2辑九种，分别作“总序”。包括《天津闲人》《金龟》《古柳一景》《赌徒》《黄昏放牛》《紫雾》《欢乐家园》《野渡》《鱼渡》《空穴》《良家妇女》《寻找鸟声》《日落复日出》《胡天胡地胡骚》《你没有理由不疯》《永不回归的姑母》《风也潇潇，雨也潇潇》）。主编《金菩提系列丛书》（群众出版社1998—1999年，包括《南方故事》《鬼村》《阳光漫溢》《柯克或我经历四桩案件》）。

当选中国现代文学研究会第八届理事会理事。

1999年，四十七岁。学术论文、文学评论、序跋有《十七年文学：“人”和“自我”的失落》（《唯实》第1期，与王世城合作。收入《中国文学年鉴1999—2000》）、《女奴、女性和女权的文化选择》（《红岩》第1期）、《不可忽视的官僚资产阶级形象描写——20世纪两次资本主义语境中的文学状况》（《南方文坛》第1期）、《走出角色的怪圈——“知青文学”片论》（《文艺争鸣》第1期，《新华文摘》第5期摘要）、《“去分化”下的文化抉择——〈中国当代文化审美研究〉读札》（《出版广角》第2期）、《风俗画、风情画、风景画中的文化底蕴——漫论劭振国90年代小说创作》（《扬州教育学院学报》第3期）、《断然两截的思想和艺术——重读老舍》（《新知》第3期）、《寻找温馨的鸟声——〈寻找鸟声〉编后》（《浙江日报》3月28日）、《走出心灵的炼狱——齐红〈心灵的炼狱〉序言》（中国文联出版社）、《新时期文学》（《南方文坛》第4期，与人合作）、《近代农民革命断想》（《百花洲》第4期）、《〈新时期小说论〉序》（安徽大学出版社，1999年4月版，以《在理论与批评之间言说——序〈新时期小说论〉》为题载《清明》第6期）、《三代风流　一片辉煌——江苏中篇小说五十年》（《江苏社会科学》第5期）、《警惕当下现实主义写作的异化》（《长城》第5期）、《读〈冠军早餐〉和〈囚鸟〉》(《东方文化周刊》第20期)、《〈红颜挽歌〉的底蕴》(《散文百家》第6期)、《"生活方式"改变了一切》(《当代作家评论》第6期)、《基督的再生与永恒——读〈基督的最后诱惑〉》(《中华读书报》12月29日,2010年9月收入译林出版社"译林书评精选"《向巨人致敬》一书)、《再造生命的虹影》(《文艺报》12月29日)。

随笔散文有《出身》(《东方文化周刊》第3期)、《子在水中吟》(《美文》第10期)、《物欲时代的人性反思》(《中国妇女报》1月20日)、《历史的悲剧和悲剧的历史》(《现代语文》第2期)、《子在月下食》(《华章》第2期)、《钟山足下话明陵》(《百花洲》第3期,《随笔》第3期)、《南京的城墙》(《中华散文》第3期)、《钟山足下读明陵》(《科学时报》3月2日)、《突破文化沟通的屏障》(《文艺报》4月6日)、《文学有病,人知否?》(《江苏教育报》4月9日)、《寻觅率真与执着的土壤》(《书海》第4期)、《历史在这里沉思》(《随笔》第1期,《散文选刊》第4期,《杂文选刊》2000年第5期)、《"仿古"语言的反动和冒险的意义》(《湖南文学》第5期)、《中山陵前读陵墓》(《书与人》第6期)、《士子暮年,尚能酒否?》(《湘泉之友》9月10日)、《追逐古典的夕阳》(《新华日报》10月11日)。

出版学术专著《十七年文学:人与"自我"的失落》(与王世城合作,河南大学出版社)。该论著是新时期以来"十七年文学"研究的第一部学术专著。"十七年文学"和"文革文学"是丁帆一直所关注的研究对象。"'文革文学'和'十七年文学'落入了以阶级斗争为纲和'为政治服务'的魔圈,它们是以反人性、反人道、反文化为基础的'遵命文学'(此种'遵命文学'不能与鲁迅所倡同日而语)为荣,舍弃一切文学的艺术准则,更舍弃作家主体的思想观照的结果。但一段文学的研究价值并不取决于研究对象文本质量的优劣,而是研究对象历史内涵的多少。'文革文学'包括'十七年文学'的活化石意义并不亚于那些文学史中内在现象和精品文本研究的意义，我们可以从中寻觅到进一步推动文学史向更深层次突进的宝贵历史经验。我还想强调的是，当前的研究删除了这段文学史与当时整个世界文化格局的关联性，将它与世界文学强势的反差和落差屏蔽起来，这样就很难从一个更新的高度来看清楚这段文学史的真实面貌和本质特征。只有冷峻地从文化与文学结构层面入手，从思想史和文学史的关联性入手，在世界文化的进步趋向进程的格局中细心地考察和体验各种文本与文学现象，才能看出它们之间的优劣。”[①]

出版随笔集《江南悲歌》（岳麓出版社），为明末清初到“文革”时期的江南士子画像，“议论的重点是知识分子的气节和人格问题”，“既为知识分子的良知和浩然正气而唱，又为知识分子中那些失去了灵魂的变节者与摇摆、矛盾、苦恼的彷徨者而悲”，“丁帆写的是历史人物和事件，但他分明在塑造着他理想中的知识分子的形象”[②]。他借此呼吁当代士人少一些做人的圆滑，多一些做人的方正。与朱栋霖、朱晓进主编《中国现代文学史：1917—1997》（上下册，高等教育出版社8月版，2012年出版第2版）。与王步高主编《大学语文》（南京大学出版社6月第1版，2003年出版修订本）。主编《江城子——名人笔下的老南京》（北京出版社）。

1999—2009年，每年到新加坡南京大学硕士班讲学一次，每次十五天。

2000年，四十八岁。《从姚雪垠的受宠到老舍的“写不了”谈开去》（《随笔》第1期）、《王者霸气——小说〈白楼梦〉人物漫谈》（《小说评论》第1期，与周宪等合作）、《“走神”的沈东子：“寻找”与“溯游”的感伤行旅》（《南方文坛》第1期）、《杂谈中国大学的“学”与“术”及校制改革》（《评论》第2辑）、《我们怎

① 丁帆、黄轶：《以文化批判者的独立精神面对历史与未来》，《江苏社会科学》第2期。

② 董健：《21世纪怎样做人文知识分子——从丁帆的〈江南悲歌〉说开去》，《粤海风》1999年第6期。

样面对新世纪的人文困境》(《福建论坛》第3期)、《怎样确定历史的和美学的坐标——重读〈钢铁是怎样炼成的〉札记》(《文艺争鸣》第5期)、《中国大陆与台湾乡土小说比较论纲》(《福建论坛》第5期,《新华文摘》2001年第1期,《人大复印资料·现代、当代文学研究》2001年第1期)、《谛听玄思的天籁》(《文艺报》7月11日)。

《杂谈中国大学的“学”与“术”及校制改革》一文针对中国经济发展热潮下的大学教育改革,尤其是技术和应用学科的膨胀提出批评意见,认为“近二十年来的商业经济大潮,正好成为一大批学人躲避政治,也同时是躲避崇高、躲避人文精神的避难所,搞‘术’者登堂入室,放弃人文思想似乎当然是顺理成章的,那么,大学中的文科学者也都纷纷‘下海’,脱离本位,即使不脱离本位,也是钻进‘术’的故纸堆,搞远离现实的研究,或顾左右而言他。你还指望这样的学者教授培养出像样的具有人文思想意识的学生来吗?”

本年度参与主编的书籍有《走近南大》(与张宏生合编,四川人民出版社)、《二十世纪中国文学史》(与朱栋霖、朱晓进合编,台湾文史哲出版社)、《中国现代文学史》(与朱栋霖、朱晓进合编,台湾文史哲出版社)、《中国现当代文学》(江苏省五年制师范院校教材,与朱晓进合编,南京大学出版社出版;2007年出版第2版)。

参加韩国第二十次中国学国际学术大会。

当选中国当代文学研究会第五届理事会理事。

2001年,四十九岁。《“新汉语文学”的尝试——〈怀念狼〉阅读断想》(《小说评论》第1期)、《“文化滞差”下的创新与价值的位移》(《江苏社会科学》第1期)、《手抄本何以大行其道》(《都市文化报》1月18日)、《“费尔泼赖”的背后》(《随笔》第1期)、《民间性、宫廷性、文人性》(《书与人》第2期)、《论近二十年文学与文学史断代之关系》(《复旦学报》第2期)、《东亚酒徒》(《湘泉之友》4月10日,《美文》第7期)、《中国的女权主义文学到底能够走多远？！》（《长城》第3期，《人大复印资料·中国现代、当代文学研究》第9期）、《“现代性”与“后现代性”同步渗透中的文学》（《文学评论》第3期，《人大复印资料·文艺理论》第9期）、《〈欲望之路〉凸现出中国式的于连》（《中华时报》4月25日）、《一座充满欲望的灵魂雕塑——长篇小说〈欲望之路〉读札》（《当代作家评论》第4期）、《二十世纪后半叶中国文学研究的价值立场》（《粤海风》第4期）、《价值重建与21世纪文学笔谈·中国文学“现代性”与“后现代性”的文化背景》（《河北学刊》第4期，与人合作）、《关于中国现当代文学治史方法的对话》（合作，主持人，《福建论坛》第4期，《人大复印资料·中国现代、当代文学研究》第9期）、《关于20世纪80—90年代文学思潮的对话》（《江苏行政学院学报》第4期）、《关于知识分子价值立场的对话》（合作，主持人，《福建论坛》第5期，《中国社会科学文摘》2002年第1期转载）、《中国的黑社会究竟能走多远？！》（《钟山》第6期）、《现代性、民族性、后现代性——关于当前文化语境的对话》（丁帆等，《文艺争鸣》第6期）、《一个痛失道德与良知的新的艺术雕像——刘醒龙长篇小说〈痛失〉读札》（《小说评论》第6期）、《建立“文革学”的必要性》（《文论报》11月1日）、《破四旧》（《文论报》12月1日）、《一朵雨做的云》（《晶报》副刊12月5日）、《批评的价值与有价值的批评》（《文论报》12月15日，《人大复印资料·文摘卡》2002年第1期）、《〈走出黄土地的丹心赤子〉序》（孙卫卫《正好年轻的故事》，苏州大学出版社12月版）。

对“现代性”的关注是其本年度研究的关键词。《“文化滞差”下的创新与价值的位移》针对世界范围内现代性的发展不平衡，尤其是中国经济发展形成的空间上的“文化滞差”，提出任何创新的理论都无法排除“人性与人道主义为底线的人文价值标准”。《“现代性”与“后现代性”同步渗透中的文学》认为中国正处于前现代、现代与后现代并置的文化时空，90年代文化集中体现出“正在进行的后现代性”与“尚未终结的现代性”互渗的局面，但“用人性、人道主义和美学的眼光来治史”依然最具价值。

出版散文随笔集《夕阳帆影》（知识出版社 5 月版），内容包括四个序列：插队故事、游记与休闲、评论、序跋。《中国大陆与台湾乡土小说比较史论》（南京大学出版社 5 月版）“意在比较两岸乡土小说的异同，却在更大意义上——共时性意义上智慧地完善了‘地域中国’乡土小说史的内容”[①]。另有《综合文科教材》（第一主编，江苏省中等职业学校试用教材，江苏教育出版社）。

2002 年，五十岁。《研究“十七年文学”的悖论》（《江汉论坛》第 3 期）、《〈文艺理论的世纪风标〉读扎》（《文学评论》第 2 期）、《秋叶的视角——从〈化身〉看男性视阈的压迫》（《中华读书报》3 月 27 日，《文学报》4 月 25 日，《人大复印资料·外国文学研究》第 6 期）、《蹉跎的激情岁月》[②]（《文艺争鸣》第 3 期）、《寻觅大自然的生命》（《美文》第 5 期）、《我观女性》（《百花洲》第 2 期）、《思想的裸奔——答朱竞问》（《长城》第 3 期）、《战场·花园》（《文艺报·摄影文学导刊》）、《在文学和历史之间》（《社会科学报》6 月 6 日，与董健、王彬彬合作，《人大复印资料·中国现代、当代文学研究》第 7 期）、《历史的批斗　批斗的历史》（《粤海风》第 3 期）、《21 世纪中国文学批评前瞻》（《江海学刊》第 3 期）、《〈切·格瓦拉〉：理想、革命、戏剧及其他》（《中国文学研究》第 2 期）、《物质时代的爱情》（《钟山》第 4 期）、《人也死了！》（《随笔》第 4 期）、《“与人驳难”的批评姿态背后》（《文艺

① 王达敏：《世界文学史语中的中国乡土小说研究》，《文艺争鸣》2013 年第 3 期。

② 自《蹉跎的激情岁月》始，丁帆以九篇系列文章对“文革”进行文化反思和批判，分别是《历史的批斗　批斗的历史》《我们需要头上的灿烂星空吗？！》《血色，正淹没于浪漫——关于“联动”与“血统论”》《留在民族记忆中的“革命样板戏”》《为了忘却的纪念》《破四旧》《群舞时代的假面人》《忠诚者的悲剧》。

争鸣》第4期，《深圳特区报》6月23日文艺评论版）、《性灵的喷薄精神的外衣》(《80名家谈散文创作》，作家出版社6月第1版）、《一个美丽的错误》(《社会科学报》9月12日，《人大复印资料·中国现代、当代文学研究》第10期）、《全球化语境下的中国当代文学》[《联合早报》（新加坡）7月14日]、《颓垣残壁明故宫》（《城市博览》9月号）、《魔怔的疗救与歌唱的写法》（《安徽日报》5月14日）、《一朵雨做的云》（《百花洲》第5期）、《知识分子死了——关于知识分子问题的对话》（《黄河》5月号）、《性格分析：复杂的中产阶级情调》(《社会科学报》11月28日，与董健、王彬彬等合作）、《〈当代知识分子写作与现代性问题〉序言》（中央编译出版社5月第1版）、《〈20世纪末作家文化心态考察〉序言》(中央编译出版社5月第1版）、《特征分析：殖民化与现代性》（《社会科学报》12月12日，与董健、王彬彬等合作）。

与许志英编选《中国新时期小说主潮》（人民文学出版社5月版)，该著三层逻辑的纵深学术表达得益于主编者三个方面的追求："跨学科的学术视界的介入""先锋而切实的理论阐释""历史动态的价值判断"[①]。出版文化随笔集《枕石观云》（经济日报出版社5月版）和《江南文化散步》（台湾实学社出版股份有限公司8月版）。丁帆散文随笔在"人格审美的传承与坚持、自我人格的裸露与审视、思维方式的破立与嬗变、文体形式的解放与创新"等方面"为当前随笔创作提供了可供研究和借鉴的审美价值。而作家反复讨论的知识分子人格精神重建的理念和理想，则是超出了其随笔自身的文学价值"[②]。

应邀出席在台湾师范大学举办的中国文学研讨会。

10月，当选为中国现代文学研究会第九届理事会副会长。

① 王达敏：《逻辑构架与学术境界》，《南京师范大学文学院学报》2013年第4期。

② 张王飞、林道立、吴周文：《人格审美、忧伤情怀与悖论式思维——丁帆随笔审美意义的探索》，《南方文坛》2011年第2期。

2003年，五十一岁。《我与文学评论》（《评论》第1卷）、《简谈黄蓓佳创作的浪漫主义色彩》（《评论》第1卷）、《女性主义批评的现状与开拓·女性主义批评与男性文化视阈》（《海南师范学院学报》第1期，《人大复印资料·中国现代、当代文学研究》第5期）、《我们应该怎样重写中国当代文学史》（与董健、王彬彬合作。《江苏行政学院学报》第1期，《人大复印资料·中国现代当代文学研究》第5期）、《守望方寸之地的审美世界——读张彦如新著〈散文诗新论〉》（《唯实》第1期）、《蹉跎的激情岁月（之二）》（《文艺争鸣》第1期）、《〈文化传播与现代中国文学〉序言》（安徽大学出版社）、《论近期小说中乡土与都市的精神蜕变——以〈黑猪毛白猪毛〉和〈瓦城上空的麦田〉为考察对象》（《文学评论》第3期）、《“样板戏”能代表“公序良俗”和“民族精神”吗？——与郝银川先生商榷》（与董健、王彬彬等合作。《文艺争鸣》第4期，《人大复印资料·中国现代当代文学研究》第9期）、《推荐散文〈溪水〉》（《语文建设》第8期）、《真诚是散文的生命》（《安徽日报》8月15日）、《〈中国现代小说理论史〉序言》（安徽大学出版社9月第1版）、《〈主体的生成：50年成长小说研究〉序言》（中国戏剧出版社12月第1版）、《人的思想创新能够替代吗？》（《随笔》第6期）、《用现代和后现代文化理论解析“文革文学”的错位》（《跨文化对话》第13期）。

以《论近期小说中乡土与都市的精神蜕变》开始对新世纪乡土小说转型问题进行深入探讨。

2003年，被聘为国务院学位委员会中文学科组成员。

2004年，五十二岁。发表《扎实的学养和可靠的修正——李建军〈小说修辞研究〉读札》（《文艺争鸣》第4期）、《超越布斯》（《中华读书报》4月21日）、《现代西部文学的美学价值》（《河北学刊》第1期，与马永强合作）、《论中国现代西部文学独特的文明形态》（《福建论坛》第1期，与马永强合作）。《我们需要头上的灿烂星空吗？》（《钟山》第3期）从给博士生开设“‘文革文学’选题讨论课程”

的感受出发，回眸“文化大革命”中人与人之间互相残杀屠戮的历史，哀叹历史轻易被遗忘，所以，“不要以为我们这个时代已经完全没有‘文革’滋生的土壤了，不要以为封建主义的幽灵已经不会在中国21世纪充满经济活力的商品时代游荡了，说不准我们哪天还得从遇罗克的逻辑起点去重新对‘血统论’进行常识性的思考与批判”。

主编《中国西部现代文学史》（人民文学出版社10月版）。出版个人论文集《重回“五四”起跑线》（人民文学出版社2月版），他在该书“序言”中这样总结自己的学术道路：“从侧重于微观的作家作品论起步，到追求一种建立在微观细察之上的对中国当代文学乃至文学本体的更高远更全面的整体观照，我逐步做到了微观批评与宏观批评的合一，并在此基础上才力求立足高远、深入浅出地解析社会人生、文化文学。”并申明“文学绝对不是自足的，它的意义应与现实社会、道德理想乃至人类终极关怀密切相关。所以，我的文学批评有强烈的社会批判色彩，直至渗入文化批评领域”①。

11月，当选江苏省作家协会第六届理事会副主席。

2005年，五十三岁。《血色，正淹没于浪漫——关于“联动”与“血统论”》（《粤海风》第2期）、《“城市异乡者”的梦想与现实——关于文明冲突中乡土描写的转型》（《文学评论》第4期，《人大复印资料·中国现代、当代文学研究》第12期）、《中国乡土小说生存的特殊背景与价值的失范——论农民工生存境遇描写的两难选择》（《文艺研究》第8期）②、《文明冲突下的寻找与逃逸》（《江海学刊》第6期）、《当我们把人和人性化为上帝之时——丁帆教授访谈录》（《中文自学指导》第6期）。

与董健、王彬彬主编《中国当代文学史新稿》（人民文学出版社8月版，2007年出版修订本；2011年北京师范大学出版社出版第2版）。与朱晓进、徐兴无主编《新编大学语文》（外语教学与研

① 《重回“五四”起跑线》，人民文学出版社2004年版，第2页。

② 收入钟怡雯、陈大为编《厚土在下——当代中国乡土小说研究论集》，元智大学中国语文学系2017年6月出版。

究出版社）。

2005 年，随江苏省作协代表团访问美国，历时十五天。

本年度受聘南京大学中文系系主任。

当选江苏省现代文学学会第五届理事会会长。

2006 年，五十四岁。《关于中国当代文学史研究的思考》（《天津社会科学》第 1 期，与董健、王彬彬合作，《人大复印资料·中国现代、当代文学研究》第 5 期）、《〈中国当代文学史新稿〉绪论》（修订稿）（《当代作家评论》第 5 期，与董健、王彬彬合作）、《作家，是属于时代的——“贾平凹作品学术研讨会”发言摘要》（《当代作家评论》第 5 期，与陈思和等合作）、《留在民族记忆中的“革命样板戏”》（《粤海风》第 5 期）、《略论庞瑞垠长篇小说》（《文艺报》4 月 13 日）、《熔民间性、宫廷性、文人性为一炉的丹青妙手》（《文艺报》4 月 29 日）、《陆建华〈汪曾祺的春夏秋冬〉读札》（《文艺报》6 月 8 日，翟业军）、《经济生态中的现实图景——评长篇小说〈愤怒的烟草〉》（《啄木鸟》第 9 期，与杨琼合作）、《超越性别的性别批评——评王宇的〈性别表述与现代认同〉》（《福建论坛》第 10 期）、《知识分子的自我启蒙是匡正文学批评的本钱——关于新时期文学批评与当下文学批评的访谈》（《西湖》第 12 期，与林宁合作）。该年度 10 月，其学术上的引路人、恩师叶子铭先生离世，作《叶子铭先生的为人和为文》一文（载 2006 年《中国现代文学研究丛刊》第 3 期），追述跟随先生做学问的点滴，并表达深切缅怀。

此年“秋尽江南”时，江苏省作家协会创办《扬子江评论》杂志，丁帆出任主编、执行主编。创刊号主编《卷首语》[①] 以细腻温情的笔致表达对刊物和文学未来的期许：“诞生于此时的一个评论刊物，虽历经艰难，但有烂漫霜天的尽染与读者诸君您的护佑，想必会在点滴雨茸的滋润下慢慢成长的。”陡然话锋一转，“针对 90 年代以来文学评论的种种弊端，我们力图本着不媚俗、讲真话的办刊原则，

① 《扬子江评论》主编《卷首语》栏目保留至今，下文不再一一列出。

为改变消费时代的不良评论风气而做出努力。呈现在读者诸君眼前的创刊号里，我们在每一个栏目的设计中都进行了反复的研究，但万变不离其宗的人文元素是我们追求的宗旨”。刊物开设《焦点话题》《作家作品论》《文学现场》《思潮与现象》《旧作新读》《批评的批评》等栏目，最初的编委有丁帆、王臻中、王彬彬、王尧、许钧、朱晓进、陈思和、陈晓明、汪政、吴秉杰、吴义勤、李敬泽、张清华、南帆、费振钟、贾梦玮、黄毓璜、黄发有、阎晶明、董健、雷达等。《扬子江评论》的创刊号即引起学界极大关注，这本杂志改变了文学评论刊物与批评家的地缘格局，也极大地影响了“文学现场”，它“不媚俗”的办刊风格受到了几代学者、批评家和作家的青睐，成为展示当代作家作品研究成果的一个窗口。“中国当代文学评论家大多集中在北京、上海、南京这样的中心城市，而文学评论杂志却散布在沈阳（《当代作家评论》）、长春（《文艺争鸣》）、西安（《小说评论》）、南宁（《南方文坛》）。如此疏密有致的地缘分布，不知起源于何种文学传统？近些年，这种文化格局稍稍有所变动，主要原因是南京一地创办了文学评论杂志《扬子江评论》。”①

选编《茅盾精选集》（北京燕山出版社 1 月版），主编《中国名校优秀硕士论文丛书：文学专业卷》（山东友谊出版社）。

此年夏，随江苏教育代表团出访俄罗斯莫斯科大学，历时十三天。

10 月，当选中国现代文学研究会第十届理事会副会长。

10 月，南京大学中文系撤系建院，出任院长。

2007 年，五十五岁。《群舞时代的假面人》（《随笔》第 1 期）、《论“革命＋恋爱”式乡土小说的变异》（《广东社会科学》第 1 期）、《论孙犁与“荷花淀派”的乡土抒写》（《江汉论坛》第 1 期，与李兴阳合作）、《论“社会剖析派”的乡土小说》（《福建论坛》第 1 期）、《文、史、哲学科发展中的问题与趋势》（《中国社会科学报》1 月 25 日，与徐兴无等合作）、《人与自然交融的生命同构新视阈——石建国女裸体水墨组画管窥》（《文艺研究》第 3 期）、《论废名“田

① 杨扬：《〈扬子江评论〉五年印象》，《当代作家评论》2011 年第 6 期。

园诗风”的乡土抒写》（《湖南社会科学》第1期）、《历史微澜浮荡在现代转折点上——李劼人〈死水微澜〉论析》（《天府新论》第3期，与李兴阳合作）、《“流亡”文学群体的民族意识与生命意识——论“东北作家群”的乡土小说》（《求是学刊》第2期，与李兴阳合作）、《京派乡土小说的浪漫寻梦与田园诗抒写》（《河北学刊》第2期）、《论“七月派”的乡土小说》（《河南社会科学》第2期，与李兴阳合作）、《五四与“文革”两种革命镜像下的灵魂显影——王尧〈纸上的知识分子〉读札》（《当代作家评论》第2期）、《〈碧奴〉：一次瑰丽闪光的叙述转换》（《文艺争鸣》第4期，《人大复印资料·中国现代、当代文学研究》第6期）、《忠诚者的悲剧》（《粤海风》第5期）、《论沈从文小说超越文化和悲剧的乡土抒情诗美学追求》（《江苏社会科学》第6期，《人大复印资料·中国现代、当代文学研究》2008年第3期）、《为了忘却的纪念》（夏中义编《大学人文》第7辑，2007年8月广西师范大学出版社）、《激活文学史的经络》（《文汇读书周报》11月30日）。

1月，出版《中国乡土小说史》（“十一五”规划教材，北京大学出版社）。

应邀随教育部代表团出访欧洲几所大学，历时十四天。

本年度被聘为江苏省学位委员会委员。

2008年，五十六岁。发表《人性与生态的悖论——从〈狼图腾〉看乡土小说转型中的文化伦理蜕变》（《文艺研究》第8期，与施龙合作，《新华文摘》第24期转载，《人大复印资料·中国现代当代文学研究》第11期）、《漫谈大学语文教育中的文学教育》[《文学教育》（上）、第8期]、《加强文学评论，促进创作繁荣》（《文艺报》11月22日）。《人性与生态的悖论》一文切入新世纪以来乡土小说的新视域“生态叙事”，并以在文学界引起轰动的《狼图腾》为批评对象，严正指出“《狼图腾》所张扬的‘狼性’不同于新文化运动时期对‘兽性’的提倡，就这一股文化思潮理念的本质而言，它是反文化、反文明和反人类的。在后现代思潮的推波助澜下，它在中国文化语境里以先锋的面目出现而蛊惑人心，获得巨大反响，凸显了当下文化伦理的紊乱，并暴露出了知识价值和人文价值立场的沦丧。对转型期的中国乡土文学来说，《狼图腾》对生态问题的叙述并没有提供新的可资借鉴的经验，相反，它在价值观上的倒退则是需要特别警惕的。事实表明，乡土小说如何处理‘生态人’的‘内自然’与‘外自然’平衡，是一个不能脱离具体文化语境，也无法忽略个人生命体验的‘人’的问题”。

2007年9月14日，许志英先生与世长辞后，作《直面人生的果敢与坦然——再次与许志英先生的对话》(《钟山》2008年第4期)，以深挚情怀表达对许先生遽然辞世的痛惜与理解：“虽然我们屡屡谈及死亡的话题，尤其是叶子铭老师长达数年的病痛给我们所留下的共同心理创伤，使我们彻悟了‘生有时比死还要艰难得多’的真谛，但是面对你突然选择规避艰难而匆匆离去，我还是有些惊讶和不肯相信。”“你没有在学界留下惊天动地的轰鸣，但就是那一篇论‘五四’的雄文，就足以使你在现代文学学术史上壁立千秋了。……于是，你终于留下了一个可敬的公共知识分子的最后身影。”

与徐兴无主编《中国高校哲学社会科学发展报告：1978—2008文学》（广西师范大学出版社）。

受聘为国家社会科学基金项目评审委员会委员。

受聘为全国优秀博士论文评审委员。

2009年，五十七岁。《以文化批判者的独立精神面对历史与未来》（《江苏社会科学》第2期，与黄轶合作）、《何以对将来青史！——序李玲〈邓拓评传〉》（《文艺争鸣》第4期）、《一九四九：在“十七年文学”的转型节点上——〈中国现当代文学史与思想的关联性〉论纲》（《当代作家评论》第3期，收入《21世纪中国文学大系2009年文学批评卷》）、《怎样在现代文化语境中认识人性》（《文汇读书周报》7月24日）、《我们能寻觅到人与自然和谐的药方吗？》（《文汇读书周报》10月9日）、《钱谦益》（《苏州杂志》第5期）、《顾炎武》（《苏州杂志》第6期）。

出版《文化批判的审美价值坐标：中国现当代文学思潮、流派与文本分析》（北京师范大学出版社8月版）。

4月，至台湾东海大学为师生开设中国当代文学史课程，历时三十天。

当选江苏省现代文学学会第六届理事会会长。

当选为江苏省批评家协会主席。

连任南京大学文学院院长，至2012年到龄离任。

2010年，五十八岁。《关于建构百年文学史的几点意见和设想》（《文学评论》第1期，《新华文摘》第8期）、《乡土文学创作与中国社会的历史转型——“乡土中国现代化转型与乡土文学创作学术研讨会”纪要》（《渤海大学学报》第1期，程光炜、李锐等）、《中国乡土小说：世纪之交的转型》（《学术月刊》第1期，与李兴阳合作）、《80年代文学思潮中启蒙与反启蒙的再思考》（《当代作家评论》第1期）、《金圣叹：浩气长存的请命者》（《苏州杂志》第1期）、《再读金圣叹——咸菜煮黄豆的滋味》（《苏州杂志》第2期）、《知识分子应当承担的道义与责任》（《粤海风》第5期，《东吴学术》第2期）、《翁同龢——形出而神入的削籍臣子》（《苏州杂志》第3期）、《中国现当代文学史断代谈片》（《当代作家评论》第3期）、《对转型期的中国乡土文学的几点看法》（《文学教育》第3期）、《人·自然·神》（《中学语文教学研究》第3期）、《怎样看待知识分子与僭越政治》（《文汇读书周报》4月）、《知识分子是怎样吸食鸦片的》（《随笔》第5期）、《新世纪文学中价值立场的退却与乱象的形成》（《当代作家评论》第5期，《文艺争鸣》第19期）、《消逝的知识分子就消逝在大学里？——〈最后的知识分子〉读札》（《随笔》第6期）、《新世纪文学乱象的生成》（发言稿）、（《文艺争鸣》第10期）、《体悟“行动生命”与“沉思生命”的价值和意义——周宁〈人间草木〉读札》（《书城》第7期）、《“她世纪”的女性叙事——序〈世纪之交的女性写作〉》（《文汇读书周报》2010年3月19日）。

以《关于建构百年文学史的几点意见和设想》为开篇，提出“百年文学史”的一些构想，提出了“三个三十年”的分期意见，即“1919（亦可前推）—1949；1949—1979；1979—2009”；进而在《中国现当代文学史断代谈片》一文中对“现代文学史”的断代问题提出“再思考”，认为从“断裂性”来看，现代文学与古代文学是相分离的，而在它之后的朝代更迭却“没有在本质上改变其内在与外在特征”，所以主张现当代必须放在一个“百年”的空间框架中才能看得清。

与朱晓进、徐兴无主编《新编高职高专大学语文》（江苏教育出版社5月版）、主编《高职高专语文》（外语教学与研究出版社5月版）。

5月，为新加坡与南京大学新跃大学合办博士班授课，历时十五天。

当选中国当代文学研究会第七届理事会副会长；当选江苏省作家协会第七届理事会副主席；10月，当选中国现代文学研究会第十一届理事会副会长。

2011年，五十九岁。发表文学史史观史论研究文章《新旧文学的分水岭——寻找被中国现代文学史遗忘和遮蔽了的七年(1912—1919）》（《江苏社会科学》第1期，《新华文摘》第6期，《高等学校文科学术文摘》第2期，《人大复印资料·中国现代、当代文学研究》第5期）、《关于百年文学史入史标准的思考》（《文艺研究》第8期）、《狼为图腾，人何以堪——〈狼图腾〉的价值观退化》(《当代作家评论》第3期,《东吴学术》第2期摘要)、《“民国文学风范”的再思考》（《文艺争鸣》第13期）、《给新文学史重新断代的理由——关于“民国文学”构想及其它的几点补充意见》（《中国现代文学研究丛刊》第3期），引起反响。

《新旧文学的分水岭》《关于百年文学史入史标准的思考》《“民国文学风范”的再思考》是对此前提出的“百年文学史”相关问题的进一步挖掘和讨论，推进了“民国文学”的大讨论。《新旧文学的分水岭》一文，“主张将‘晚清文学’或‘近代文学’归于‘清代文学'，而将1912年至今的新文学归为'民国文学'和'共和国文学'，也具有非常大的启发意义"[1]。《关于百年文学史入史标准的思考》在对百年文学的边界进行厘定的基础上，提出"我们要做怎样的文学史"的问题，他认为，"在以人为本的价值观取得一致的前提下，人性的、审美的、历史的三种因素是关键。这就是说，考量每一部作品能否入史或者说是否具备经典品质，要看其是否关注了深切独特的人性状貌，是否有语言形式、趣味、风格的独到之处，是否从富有意味的角度以个性化的方式表达了一种历史、现实和未来相交织的中国经验。基于此，治中国新文学史者就应该拿出魄力，再做一番去芜存菁的工作，使中国新文学史真正具备史的品格"。

发表随笔《知识分子的权力、责任和义务——〈权力中的知识分子——批判性人文主义的谱系〉读札》（《随笔》第1期）、《文学艺术的暴力与现代乌托邦的反思——以约翰·凯里〈知识分子与大众〉为案例》（上）（下）（《当代作家评论》第4期、第5期）、《叩问大学办学怎样"杀出一条血路"》（《文汇读书周报》1月11日）、《一壶乾坤煮千古——紫砂文化》（《文汇读书周报》5月20日）、《今为辛卯，何为辛亥？》（《随笔》第5期）、《历史何以想象》（《文汇读书周报》10月14日）、《"京派"与"海派"的旧貌与新颜》（《文汇读书周报》12月23日）。

从2000年《杂谈中国大学的"学"与"术"及校制改革》到本年度《叩问大学办学怎样"杀出一条血路"》，丁帆持续关注中国大学体制改革问题，"我们不能着眼于估算在几十年的时间节点上完成改革难题，而是要看到其症结就在于教育体制，乃至于政治体制本身的改革上，这些基础不变，大学的现状就不能发生根本的改变"。王尧在对此文的回应中指出："我们其实不必讳言政治体制改革与现代大学制度的关系，因为政治体制改革一直是建设中国特色社会主义的内容之一。近年来热议的大学'去行政化'虽然有

① 吴义勤：《在期待与质疑中前行——2011年中国文学批评印象》，《文艺报》2012年2月15日。

这样那样的分歧，我仍然把‘去行政化’视为政治体制改革背景下重建现代大学制度的举措。”①

与朱晓进主编《中国现代文学史》（全国高等教育自学考试指定教材，北京大学出版社），主编《多元视野中的中国现当代文学研究》（南京大学出版社）。

7月，其母因病去世。

被聘为教育部长江学者评审委员会委员。

2012年，六十岁。发表《关于建构民国文学史过程中难以回避的几个问题》（《当代作家评论》第5期，台湾《国文天地》第329期），继续其“民国文学史”新建构的研究。

接续2011年对海外知识分子文本的关注，以国外人文社会科学论述文本《独抒己见》、《俄国思想家》和《苏联的心灵》为研究对象，发表关于“知识分子精神”的系列随笔：《一个“迷失在天国的怪人”——弗拉基米尔·纳博科夫〈独抒己见〉读札》（《文汇读书周报》4月27日）、《歌者因何而歌：赫尔岑的自由观——以赛亚·伯林〈俄国思想家〉读后》（一）（《随笔》第5期）、《民粹主义乌托邦的幻灭：车尔尼雪夫斯基的政治理想与文学批评——以赛亚·伯林〈俄国思想家〉读札》（三）（《钟山》第6期）、《寻觅文学艺术的灵魂和知识分子的良心——解读以赛亚·伯林〈苏联的心灵〉并与中国现代文化与文学平行比较》（一）（二）（《读书》第9期、第10期）、《伯林笔下的曼德斯塔尔》（《文汇读书周报》11月9日）、《“白银时代文学”的最后回望者——解读以赛亚·伯林〈苏联的心灵〉并与中国现代文化与文学作平行比较》（一）（二）（《读书》第11期、第12期），极力彰扬知识分子的独立人格，呼唤精神自由和人性真实，引起广泛关注。

另外有评论、随笔十篇：《对两种文化流派的深刻批判——重读鲁迅〈“京派”与“海派”〉》②（《东吴学术》第1期，《人

① 王尧：《让大学飞》，《文汇读书周报》2011年2月18日。

② 此文于2016年重刊于台湾《新地文学》第34卷。

大复印资料·中国现代、当代文学研究》第5期）、《在泥古与创新之间的风景描写——黄蓓佳近期长篇小说的局部嬗变》（《当代文坛》第2期）、《打开尘封的历史记忆》（《文汇读书周报》2月17日）、《钩沉被消逝掉的民族历史记忆》（《文汇读书周报》3月2日）、《新世纪中国文学应该如何表现“风景”》（《徐州师大学报》第3期，《人大复印资料·中国现代、当代文学研究》第9期）、《西部文学与东部及中原文学的差序格局》（《扬子江评论》第5期）、《谁以革命的名义绑架了法律、制度、自由与人性》（《文汇读书周报》6月15日）、《缺“骨”少“血”的中国文学批评》（《文学报》7月19日）。

国家社科基金项目研究成果《中国乡土小说的世纪转型研究》[①]入选“2012年国家哲学社会科学成果文库”。

2013年，六十一岁。在文学史史观研究方面，以《我们需要用什么样的文学史观治史》（《山东师范大学学报》第2期）、《写在〈中国新文学史〉的前面》（《中国现代文学丛刊》第5期）、《我们应该怎样书写文学史》（《名作欣赏》第22期）、《文学和文学史的制度研究——“中国现当代文学制度史”项目研究小议》（《当代作家评论》第3期）为代表，将此前几年提出的“大文学史”“民国文学”等问题进一步进行清理。在《当代作家评论》第6期发表评论文章《贾平凹长篇小说〈带灯〉学术研讨会纪要》（丁帆、陈思和、陆建德等），并与傅元峰合作发表《阎连科：〈年月日〉、〈坚硬如水〉》《贾平凹：〈废都〉等》《余华的暴力叙事》；与李兴阳合作，在《天府新论》第3期发表《新世纪乡土小说“流动农民”叙事的价值取向与叙述选择》、《福建论坛》第6期发表《新世纪乡土小说的“历史叙事”与现实诉求》（《人大复印资料·中国现代、当代文学研究》第8期全文转载）。本年度的文学教学类研究论文有《语文教师必须有文学素养》[《文学教育》第3期（上）]、《语文教育的“死穴”在哪里》（《语文学习》第9期）。

① 原题为《新世纪中国乡土小说转型研究》。

延续2011年、2012年对海外知识分子文本的解读，写作学术随笔系列，发表《“理性万岁，但愿黑暗消灭”：别林斯基的批评》（《南方文坛》第1期）、《高尔基告诉作家：“一切在于人，一切为了人！”》（《随笔》第1期）、《以革命的名义——阿伦特〈论革命〉读后》（《美文》第2期）、《〈闲话扬州〉的闲话》（《雅集》第2期）、《高尔基又告诉作家：“敌人不投降，就叫他灭亡”》（《文艺争鸣》第3期），引起强烈反响。

由南京大学文学院师生创作并公演的话剧《蒋公的面子》一年来风靡全国甚至走向海外，丁帆为其作《为何寻觅知识分子的独立人格的旧影——序〈蒋公的面子〉》（《文学报》7月18日）、《话剧的风骨》（《文汇读书周报》3月29日），借此表达对民国学者“气节”的敬意。

3月，人民文学出版社出版学术专著《中国乡土小说的世纪转型研究》（与李兴阳、黄轶合著，原为“国家社科优秀成果文库”入选成果《新世纪中国乡土小说转型研究》），与此前的《中国乡土小说史》《中国大陆与台湾乡土小说比较史论》一起“系统完整地构建了中国乡土小说‘从萌生、繁盛、蜕变、断裂、复归到再度新变’的发展史”[①]。本月，原刊于《文学评论》2010年第1期的《关于建构百年文学史的几点意见和设想》一文，获得教育部组织的“第六届高等学校科学研究优秀成果奖（人文社会科学）”二等奖。3月3日，“唐弢百年诞辰纪念座谈会暨2012年度第二届‘唐弢青年文学研究奖’”颁奖典礼在北京中国现代文学馆举行，作为终评委之一，和李敬泽、施战军、王鸿生、阎晶明等其他评委一起出席典礼，并为年轻学者颁奖。

主编的《中国新文学史》于4月由高等教育出版社出版。此著贯彻其“大文学史观”及“民国文学风范”的主张，以1912年“民国”为新文学肇始，尝试将“现代”与“民国”弥合。

① 王达敏：《世界文学视域中的中国乡土小说研究》，《文艺争鸣》2013年第3期。

5月17日，“第四届（2012）在场主义散文奖”颁奖典礼在中国海洋大学学术中心举行。此前作为“在场主义散文”评委，参与了本届在场主义散文奖的系列评审活动。9月8日，出席首届由《人民文学》杂志社和江苏省作家协会联合主办的全国性文学大奖“紫金·人民文学之星”文学奖颁奖典礼。首届评选作品征集持续一年半时间，丁帆与李敬泽、施战军等十一人出任评委。

10月，当选江苏省现代文学学会第七届理事会会长。10月26日到27日，江苏省中国现代文学学会第七次、省当代文学研究会第四次代表大会暨“中国现当代文学教材编写学术研讨会”在泰州召开，连任江苏省现代文学学会会长，即第七届理事会会长。

11月8日，第五届“中国当代文学高峰论坛：作家作品的经典化与文学史研究的创新”暨第二届“当代中国文学批评家奖”颁奖典礼在沈阳举行，被评为“当代中国文学批评家”。

12月21日至25日，出席在日本东京大学举行的“现代东亚文学史的国际共同研究”国际会议，并发表学术意见。

2014年，六十二岁。是年，发表学术论文《中国乡土小说的过去、现在与未来》[《名作欣赏》（鉴赏版）（上旬）第1期]、《有“社会良知”和深邃思想的文学批评》（《南方文坛》第1期、《人大复印资料·中国现代、当代文学研究》第3期转载）、《动荡年代里知识分子的“文化休克”：从新文学史重构的视角重读〈废都〉》（《文学评论》第3期、《人大复印资料·中国现代、当代文学研究》第7期）、《浅论鲁迅乡土小说中价值与审美的悖反现象》（《长江学术》第4期，《人大复印资料·中国现代、当代文学研究》第4期）。

发表谈书法理念和书写心得的文章有《字是会说话的》（《人民文学》第5期）、《倘若多一些书卷气》（《文艺报》11月9日）。

有三篇“文学访谈”和一篇“答记者问”，即杨辉的《文学史的视界：丁帆教授访谈》[《美文》（上半月）第4期]、王昉的《在历史的喧嚣中坚守学者的精神立场——文学史家丁帆访谈》（《文艺报》5月30日）、施龙的《从历史的夹缝中寻找学术良知——丁帆教授访谈》(《福建社会科学》第9期)和《中国知识分子的责任:答“腾讯文化”记者问》(《粤海风》第3期)。

刊出三篇书序、两篇画评,即为黄铁所著《中国当代小说的生态批判》作《生态启蒙视野下的小说研究》(《文艺争鸣》3月号)、为赵普光《书话与现代中国文学》作《从书话到文学史》(《文汇读书周报》5月2日)、为穆涛《先前的风气》作《儒风道韵点春秋》(《东吴学术》第6期)和《凌云健笔意纵横——王西京画论》(《读者欣赏》12月号,《今日中国》3月号)、《熔民间性、宫廷性、文人性为一炉的丹青妙笔:〈喻继高画集〉读札》(《东方收藏》第10期),另有《兆淮的学者梦与编辑路》(《中华读书报》9月24日)。

6月18日,“第五届(2013)在场主义散文奖”颁奖典礼在海口举行,获得本届“在场主义伯乐奖”。广东人民出版社出版的“在场主义散文奖五年”丛书,举行了首发式。

是年,出版图书有:8月,编选的《金陵旧颜》由南京出版社出版,序文于4月30日由《扬子晚报》以《我喜爱这座城池》为题刊出,并以《金陵旧颜 文化风骨》为题,发表在9月19日《文汇读书周报》上;9月,《文学史与知识分子价值观》由人民文学出版社出版,该书是其近年来有关文学史研究文章的集结,既是对其整个文学史观发展脉络的检讨,也是集中呈现其当下史观建构的读本;10月,随笔集《寻觅知识分子的良知》一书由台湾新地文化艺术有限公司出版,“序文”以《寻觅知识分子的良知》为题,发表在10月31日《文汇读书周报》和9月10日台湾《新地》季刊第29卷上。

9月,教育部“国家级教学成果奖”揭晓,丁帆、徐兴无等完成的“研究型大学中文专业低年级本科生创新意识培养途径实践”获一等奖。9日出席在北京人民大会堂举行的“庆祝第三十个教师节暨全国教育系统先进集体和先进个人表彰大会”,领奖。在南京大学召开的“庆祝第30个教师节大会暨新学期工作布置会”上,获颁“南京大学教学终身成就奖”。

10月，丁帆、李兴阳、黄轶著《中国乡土小说的世纪转型研究》获得江苏省第十三届哲学社会科学优秀成果奖。

2015年，六十三岁。

本年适逢南京大学文学院(中文系)创办一百周年。1月初，作《向面对世界的自绝者脱帽致敬——追忆两位性格迥异的先师》，追忆两位逝去多年的师长叶子铭先生和许志英先生，纪念他们为南大中文系贡献的才华，感悟他们相反相成的性格带来的启迪，刊于《钟山》第1期和《跨文化对话》第34期。

以批评意识和批判性思维参与文化事业是谱主一向主张的，5月25日发表于《文汇读书周报》的《文化批评的风骨与风格》一文，盛赞了在当下文坛拥有特色和风骨的思想文化类杂志《粤海风》。

5月6日，《朝内大街166号的个人记忆》[①]载《中华读书报》(以《那年，我的朝内大街166号》刊于《随笔》第3期和11月16日《今晚报》)，充满深情地回忆了1984年冬到1985年夏，随叶子铭前往人民文学出版社参加《茅盾全集》文论编纂工作的难忘经历。

9月底至10月初，受美方学界邀请，与陈晓明、阎连科、王尧、季进一行赴美国哈佛大学参加学术研讨会，并分别在哈佛大学和杜克大学做学术演讲。代表团在波士顿造访了因为梭罗而名扬天下的瓦尔登湖，在感受一次浪漫主义文化之旅的同时，丁帆也进一步思考了人与自然的永恒主题："无疑，人类对大自然的破坏是一种罪孽，不过人类要发展，就必须付出一定的代价，但是，如何将代价降低到最低值，让现代文明祛除污秽和血，以美好的姿态还自然和原始予人类生活，这才是梭罗作品的全部意义所在。"此次经历以《瓦尔登湖旋舞曲——一个思想旅人的归途》为题，发表在10月20日《文汇报》副刊《笔会》上。

12月，有四篇散文随笔发表，分别是《寄畅园里话沧桑》(《现代快报》12月21日)和《童年偷读文学名著·我的读书生涯》三篇(分载12月17日、24日、31日《今晚报》)。

① 此文收入《朝内166号记忆》一书，人民文学出版社2016年版。

本年度的学术论文则有与施龙合作的《〈中国新文学史〉的理念与实际的悖反》（《文艺争鸣》第 6 期），针对主编的《中国新文学史》在 2013 年问世后学界同人就其断代和分期理念、作家作品遴选标准、文学史观、价值立场等问题的评议，做了一次较为全面的回应。《中国当代文艺批评生态及批评观念与方法考释》（《文艺研究》第 10 期，《新华文摘》2016 年第 4 期要目转载，《中国社会科学文摘》2016 年第 3 期转载，《人大复印资料 · 文艺理论》2016 年第 1 期）一文，通过古今文艺批评词义的考释，对其本质进行学理性界定，从而对"批评"和"评论"做出区分，并进而强调批判性对于文艺批评的重要意义。其次，本文对中国"学院派"批评家的批评观念与方法进行分析与解剖，尤其是对近三十年来"先锋批评"理论和"泛商品化评论"现象进行反思，并提出重构多元化文艺批评格局的理想。最后，本文试图通过对中国当代文学中"颂歌"与"战歌"式的批评观念的讨论，对当下文艺批评生态乱象的描述，试图建构具有马克思主义批判精神的文艺批评。与赵普光合著《中国现代（百年）文学研究的统计与简析（2014.1—2015.7）》（《中国现代文学研究丛刊》第 12 期，《人大复印资料 · 中国现代、当代文学研究》2016 年第 3 期）。二人将以"年"为单位时间段合作系列"统计与简析"的文章。

2016 年，六十四岁。本年度，依然保持旺盛的创作力，刊出大量散文随笔，按照时间顺序，依次为：元月初，继续 2015 年"我的读书生涯"的写作，作《书荒时代的"夜航灯"》《晚上 12 点在教室读书》，分别载 1 月 7 日、14 日《今晚报》。2 月，为《文汇报》"笔会"作《下酒菜》（2 月 7 日）。5 月 2 日，《梭罗：把世界留给黑暗和我》刊于《文汇读书周报》；5 月 31 日，《阅读的真谛》刊于《今晚报》。7 月，到甘南、凤凰等地参会、文化考察，作《情迷甘南》，在 7 月 20 日《人民日报》副刊发表。8 月，有《藤井先生》（《文学报》8 月 18 日）、《饮茶小史》（《文汇报》8 月 31 日）。9 月，有《东京大学的树》（《中华读书报》9 月 21 日）、《风景：

人文与艺术的战争》（《文艺报》9 月 30 日）。11 月，《我的少年时代》刊于《金色少年》第 11 期。

本年度发表了不少谈论阅读写作、文化和教育类的文章，分别为：《如何打破“写什么”和“怎么写”的魔咒》（《文学报》7 月 14 日）、《大家读大家，推动全民阅读》（《中华读书报》8 月 10 日）、《寻找意趣与哲思之美》（《文汇读书周报》10 月 31 日）《如何建构语文教师的核心素养》（《中学语文论坛》第 6 期）、《如何看待文化产业与当代文学创作的关系》(《中华读书报》12 月 21 日）。

主要学术论文则有六篇：《在“神实主义”与“荒诞批判现实主义”之间》（《当代作家评论》第 1 期）、《中国现代文学史的断代与当下文学的现状》(《文艺争鸣》第 6 期,《人大复印资料·中国现代、当代文学研究》第 9 期全文转载）、《回到时代现场体悟文学》(《长江文艺》8 月号）、《文学制度对文学进程的影响》(《文艺报》8 月 8 日）、《亟待抢救的共和国文学史料》（《文艺争鸣》第 8 期，《新华文摘》第 22 期转载）、《文学制度与百年文学史》（《当代作家评论》第 5 期，《社会科学文摘》第 12 期转载）。

作有两篇序文，一是为中国社会科学出版社出版的《20 世纪 90 年代以来小说的“80 年代叙事”》而作，一篇为北方联合出版集团万卷出版公司出版的《汪曾祺作品精选集》而作。

本年度有一部著作再版，即与王世城合著的《十七年文学：人与“自我”的失落》[①]重新修订后，以《“颂歌”与“战歌”的时代》为题在台湾新地文化艺术有限公司出版发行。

主要学术活动，一是 4 月 11—22 日，与贾平凹一起在华中科技大学当代写作研究中心住校“春讲”，主讲“文学与知识分子的良知”，反响颇大；二是应马来西亚南方大学学院中文系的邀请，于 2016 年 11 月 18—21 日赴马来西亚参加“21 世纪世界华文文学高峰会议”。

2017 年，六十六岁。俯仰天地、纵论人生是学术研究之外的

① 河南大学出版社 1999 年出版。

一大兴趣。本年度，品评文人旧事、书写大美江河、回顾沧海人生、畅谈人间美味的散文随笔杂论有二十三篇，分别为：《六凤居》（《扬子晚报》2月8日）、《买书小史（外一篇）》[①]（《人民文学》第1期）、《青年作家的未来在哪里》（《文艺争鸣》第1期）、《蒌蒿河豚齐上时》（《文汇报》3月1日）、《寻觅原始野性的风景线》（《文学报》3月16日）、《长江四鲜漫忆》（《文汇报》3月31日，《散文》海外版第6期）、《汪曾祺："但得酒中趣，饮者留其名"的文狐》（《文汇读书周报》4月3日，为广陵书社2017年4月出版的金实秋著《泡在酒里的老头儿——汪曾祺酒事广记》书评）、《那双炯炯有神的目光》（《文学报》4月27日）、《天下美食》（《大家》第3期）、《万里江山酒一杯》（《钟山》第3期）、《文酒乎　武酒哉》（《钟山》长篇小说卷A卷）、《天下红烧肉》（《文汇报》5月29日）、《文人书法的境界——从诸荣会的书法作品谈开去》（《文艺报》7月17日）、《启蒙是启蒙者的悲剧》（《文艺争鸣》第7期，收入徐南铁《2017中国年度随笔》）、《勘破风云　宠辱不惊》（《文学报》2017年8月3日）、《在风景移动中的速度写作》（《文艺报》8月7日）、《俯仰天地　流恋人性》（《文汇读书周报》8月7日）、《你看风景　风景看你》[②]（《文汇报》8月18日）、《少年时代的美食》（《大家》第5期）、《我看风景　风景看我》（《文汇读书周报》10月16日）、《口吐珠玑　气象万千》（《人民日报》海外版10月26日）、《带着生命体温的文字》（《文艺争鸣》第5期）、《那味却在灯火阑珊处》[③]（《大家》第6期）。

学术文章则有：《中国现代（百年）文学研究现状的统计与简析（2015.8—2016.7）》（与赵普光合作，《中国现代文学丛刊》第1期，《人大复印资料·中国现代、当代文学研究》第5期转载）、《让历史的回声引导文学研究》（《社会科学报》2月9日）、《近

① 收入王蒙主编《2017年中国最佳随笔》。

② 收入《2017中国年度散文》，漓江出版社2018年版。

③ 亦见于《散文》海外版2017年第2期。

年来中国现当代文学研究立项课题的分析报告》(与赵普光合作,《当代作家评论》第3期、《人大复印资料·中国现代、当代文学研究》第9期)、《韩少功的创作何以入史》(《小说评论》第3期)、《萎缩变异文化形态的历史镌刻——〈废都〉的匆匆解读》(《文艺争鸣》第6期)、《从五四“人的文学”到“文学是人学”》(《文艺争鸣》第11期)、《“世界中”的中国现代文学史编写观念》(《南方文坛》第5期,《人大复印资料·中国现代、当代文学研究》第11期全文转载)。

2017年6月14日接受《中华读书报》舒晋瑜访谈,访谈录《关注乡土就是关注中国》发表在《中华读书报》6月14日上。

7月10—15日,应加拿大滑铁卢大学瑞森纳学院的邀请,与王彬彬一起出席“文化间性及人类命运共同体”国际学术会议,并参加“滑铁卢中国研究中心”的讨论会研究未来发展项目。其发言阐述了他对中国现代文学跨文化传播中的文化间性所进行的深入思考。

7月19日,南京大学下发《南京大学关于确定第二批人文社会科学资深教授人选的决定》,与王守仁、赵曙明三人被授予“人文社会科学资深教授”称号。早在2014年,南京大学首设“南京大学人文社会科学资深教授”和“南京大学人文五年社会科学资深教授”,当年评选首批资深教授四人、荣誉资深教授七人。

8月,《知识分子的灵魂》由东方出版中心出版;9月,《中华民国文学史论(1912—1949)》、《中华人民共和国文学史论(1949—2015)》五卷本由台湾新北花木兰出版社出版,《丁帆文学评论选》由江苏凤凰文艺出版社出版;11月,《天下美食》和《人间风景》由译林出版社出版。

12月24日,与吴义勤、范小青、韩松林等参加第二届(2015—2016)《钟山》文学奖、2017《钟山》读者年优秀读者奖颁奖典礼,为叶舟颁奖[①]。

---

① 其获奖作品为组诗《内心的水域》。

本年度，与王尧一起主编的“大家读大家丛书”，第一辑七卷由人民文学出版社出版，包括毕飞宇的《小说课》、苏童的《小说是灵魂的逆光》、叶兆言的《站在金字塔尖上的人物》、张炜的《从热烈到温煦》、马原的《模仿上帝的小说家》、王家新的《教我灵魂歌唱的大师》、李欧梵的《不必然的对等——文学改编电影》。

2018年，六十六岁。本年度的主要“文事”是在《山花》第1—12期刊出“山高水长”系列散文十二篇，分别为《先生素描——扬州师院的先生们》《先生素描——中文系三陈（程）》《先生素描——现代文学的三驾马车》《先生素描——学界双星》《先生素描——潘旭澜先生》《先生素描——章培恒先生（上）》《先生素描——章培恒先生（下）》《先生素描——告别不了的“何老别”：何西来先生》《先生素描——我的初中老师》《先生素描——乡村先生素描》《先生素描——刘绍棠先生侧记》《先生素描——你的灵魂你的外貌：“探求者”四杰素描》[①]。

在《文艺争鸣》第3期、第8期、第11期发表了三篇文章：《〈白鹿原〉评论的自我批判与修正》（《人大复印资料·中国现代、当代文学研究》第7期）、《回顾“新写实”小说思潮的前前后后》（《人大复印资料·中国现代、当代文学研究》第11期，《文艺报》7月23日刊出删节本）、《在文学的边缘处思想》。另有《我们经历了什么样的“现实主义”》（《长篇小说选刊》第5期）、《重读鲁迅的乡土小说》（《当代作家评论》第6期）、《马克思主义批判哲学与文学批评读札》（《华夏文化论坛》第1辑）刊出，合作文章有《中国乡土小说研究的百年流变》（《当代作家评论》第1期，丁帆、李兴阳），《文学史也是人的精神史（访谈）》（《大家》第2期，丁帆、赵普光）。《南方文坛》第1期傅元峰批评家小辑，为其作“批评家印象”《人生如诗　诗如人生》。

本年度有三个重要研究课题在进行或申请结项：主持的国家社科基金重大项目“中国现当代文学制度史”提交结项；主持的教育

① 此文全文版刊于2019年《美文》第1期。

部中国新文学研究中心重大项目“中国乡土小说百年流变研究”完成结项；获批南京大学百层次项目“中国宗法社会与乡土文学互动关系研究”。

6月23日至7月1日，应里约热内卢联邦大学、阿根廷作家协会、阿根廷 FUENTE GRANDE 文化商务有限公司的邀请，赴巴西、阿根廷进行交流访问。

10月26日，中国现代文学研究会第十二届年会在福建福州召开，大会选举产生了新一届理事会，连任中国现代文学研究会会长。本次会议由中国现代文学研究会、福建师范大学主办，福建师范大学文学院承办，来自全国各高校与科研院所的近三百位专家学者出席会议，是学会成立以来规模最大的一次年会。

2019年，六十七岁。年初，《我走过的四十年的文学道路》（上）、《也谈“五四新文化运动”与“五四文学”的关系》在《文艺争鸣》第1期刊载。本年度发表的学术论文和评论文章还有《书画双璧——萧平书画读札》（《人民日报》2月28日海外版）、《现实主义在中国百年历史中的命运》（《当代文坛》第2期）、《“革命的五四”与“启蒙的五四”之纠结》（《关东学刊》第2期）、《追问五四精神》（《文艺争鸣》第5期）、《批评家“再造形象”和“骑士精神”的能力》（《文学报》11月28日）、《未完稿的自我修正与续写：在苦难现实与贵族之间——三种文明冲突中的乡土描写转型》（之三）（《东吴学术》第2期）、《历史的轨迹：中国现当代文学研究七十年的实证分析》（与赵普光合著，《文艺研究》第9期，《人大复印资料·中国现代、当代文学研究》2019年第12期全文转载）。

散文随笔创作方面：1月，《先生素描》由江苏文艺出版社出版；《那味却在灯火阑珊处》收入百花出版社“散文海外版2018年精品集”《何似在人间》；《食糖小史》在《雨花》第9期、《散文》（海外版）第12期刊出；8月13日，《寻觅浪漫主义的足迹》在《北京晚报》发表；9月27日，《文艺报》登出了王昉的访谈《人性、历史、审美是文学史的不二选择》。

3月，丁帆教授荣获2018年度第五届“朱自清散文奖”，该奖项是中国散文界的最高奖项；同月，《中华人民共和国文学史论（1949—2015）》获2019年度教育部第八届高等学校科学研究优秀成果奖（人文社会科学）二等奖。

与王尧联合主编的“大家读大家”第二辑八卷由译林出版社出版，包括宇文所安《诗的引诱》、田晓菲《七发》、白先勇《文学不死》、夏志清《文本与阐释》、胡晓真《明清叙事文学中的城市与生活》、张小虹《城市是件花衣裳》、王德威《悬崖边的树》以及孙康宜《细读的乐趣》。

5月初，“大家读大家”系列荣获第九届中国出版集团出版奖暨第三届融合发展奖；同月18日，《山高水长》系列散文获得第三届“雨花文学奖·散文奖”，在颁奖仪式上，深情缅怀了故去的师友，回顾了自己的文学创作之路，诚挚深沉，令人动容。

8月，人民文学出版社出版了其主编的《中国西部新文学史》重订本。

2020年，六十八岁。本年度学术成果主要分为五类。首先是批评类，包括两篇“新人印象记”，即刊于《南方文坛》的《文学批评的个体言说——关于方岩的批评》（第1期）、《朝乾夕惕钩沉致远——金春平印象记》（第4期）；四篇书刊评论，即《为我引路的良师益友——我与〈文学评论〉》（《当代作家评论》第2期）、《谁道闲情抛掷久　寄寓人性发春华——李渔〈闲情偶记〉读札》（《四川文学》第7期）、《强向衰丛见芳意——〈秋园〉读札》（《文学报》7月12日）、《画框里的人物肖像和风景长镜头——从〈依偎〉看小说跨界叙述风格的文本组合》（《文艺争鸣》第9期）；三篇批评理论文章，即《我们需要什么样的“新批评”》（《文学报》6月25日）、《“我们的需要就是解释世界的需要”——中国现当代文学批评史中的阐释学现象》（《探索与争鸣》第5期）、《批评家与评论家的灵感》（《文艺争鸣》2020年第1期）。

本年度学术史、文学史论文章主要有《四十年来的中国文学艺术——未完成的“现代性”之悖论》（《文艺争鸣》第5期）、《现代性的延展与中国文论的“当代性”建构》（《中国社会科学》第7期）。

随笔散文则有《请等一等文火慢炖的昔日美食》（《雨花》第2期）、《饿乡记食》［《美文》第2期、《散文》（海外版）第4期］、《我在“下书房行走”》（《文汇报》6月20日）、《小城记食》（《美文》第11期）。

与王尧总主编、与陈众议主编的“大家读大家”第三辑十卷由作家出版社出版，主要聚焦解读外国经典文学中文翻译作品，包括陈众议的《说不尽的经典》、高兴的《孤独者走进梦幻共和国》、刘文飞的《追寻大师的足迹》、林丰民的《日谈天方夜谭》、程巍的《句子的手艺》、郭宏安的《和经典保持接触》、童道明的《樱桃园记》、黄燎宇的《启蒙与艺术的心灵史》、王中忱的《现代文学路上的迷途羔羊》、戴锦华的《捡拾足迹——电影课堂与激变世界》。

年底，南京大学出版社推出其总主编的“中国乡土小说百年研究丛书”（包括丁帆等合著的专著《中国乡土小说百年流变研究》，李兴阳、黄轶等主编的《中国乡土小说研究文选》四卷）。

原载《东吴学术》2014年第1期，收入本书时进行了增补

丁帆文学批评年谱

施　龙

1979 年

《论峻青小说的艺术风格》，《文学评论》第 5 期。

此文对峻青“悲”与“壮”交织的艺术风格的概况，充满激情，初步表露先生此后文学批评的一个特色，即以饱满的激情倾泻感悟至深、体察至精的审美体验。

1980 年

《谈贾平凹的描写艺术》，《文学评论》第 4 期。

本文是贾平凹研究较早的重要成果，与上篇一起成为先生作家作品研究的开端，先生从此展开了文学批评生涯。而对峻青、贾平凹等乡土作家作品的关注，也成为后来作为学术主干的乡土小说研究的重要起点。

1981 年

本年先生作有论茅盾短篇小说创作的重要论文。这是在共时状况下对文学史上名家名著的重新评论，主要在于辨析其审美价值而非历史意义。这也成为先生后来的文学史研究的一个特色。

1982 年

《试论刘绍棠近年来作品的美学追求》，《文学评论》第 2 期。

《作家构思谈开去》，《文学报》12 月 9 日。

本年先生继续发表作家作品论的文章，以关于刘绍棠的美学追求的论文为代表，对其“真朴美”有着细腻的分析，但此时眼界转为开阔，开始探索作家构思的共性问题。这是先生文学批评的一次重要提升。

1983 年

《风俗画小说谈片》，《钟山》第 2 期。

《孙谦、西戎、曲波小传》,《当代作家研究参考资料》8 月 11 日。

本年先生在一个更宏观的面向中探讨乡土小说的审美特征，并开始顾及作家的个人经历，将文学的内部研究和外部研究有机结合起来。

1984 年

《峻青小评传》，《作品与争鸣》第 1 期。

《新时期风俗画小说纵横谈》，《文学评论》第 6 期。

《关于〈九叶树〉与贾平凹的通讯》，《钟山》第 6 期。

本年先生最重要的成果是对新时期以来风俗画小说的发掘和品评，以此为基础，先生尝试对风俗画小说进行分类并概况其美学特色。此外，与贾平凹的通信也是一个新的动向，表明先生作为批评家的文学在场感和介入姿态。

1985 年

《论李杭育的小说创作》，《中国》第 6 期。

《致力于塑造新人的形象》，《光明日报》9 月 14 日。

《改革意识深处的历史惰性力》，《文学报》9 月 14 日。

本年先生的文学批评开始出现新因素，即历史的眼光。

1986 年

《论当代中国乡土文学的现状》，《新苑》第 1 期。

《论周梅森的创作》（与人合作），《当代作家评论》第 1 期。

《论何士光的创作进程》，《当代作家评论》第 2 期。

《铁凝和她未来的歌》（与人合作），《钟山》第 5 期。

《关于批评的断想》，《文学报》4 月 17 日。

《新时期乡土小说的递嬗演进》（与人合作），《文学评论》第 5 期。

《对文化传统的深刻反省》，《文艺报》9 月 20 日。

《走向独立的批评》，《读书》第 11 期。

本年先生发表论文十多篇，在具体的作家作品论、乡土小说研究等方面多有创获，特别是在后一方面，对寻根文学、先锋文学冲击下的乡土小说状态有着透辟的论述。同样重要的是，先生作为文学批评者，也在此时开始自我审视，并在反省文化传统的前提下特别强调了批评家和批评的独立性。

1987 年

《论〈黄泥小屋〉的总体象征》，《当代文艺探索》第 1 期。

《突破眩惑，创造新的心理世界——读〈眩惑〉断想》，《当代作家评论》第 1 期。

《建设独立的批评价值观念》（与人合作），《文学自由谈》第 1 期。

《民族文化心理嬗变之我见》，《文化报》4 月 21 日。

《新时期小说中人物主体性的二度显现》，《当代文艺思潮》第 3 期。

《论史铁生的小说》，《小说评论》第 4 期。

《追求小说主体交叉——论赵本夫的创作倾向》（与人合作），《钟山》第 4 期。

《论新时期中篇小说的结构方式》（与人合作），《当代创作艺术》第 1 期。

本年先生发表论文十余篇。重要的变化是，先生开始关注文学文本的形式要素，如新时期中篇小说的结构方式、《黄泥小屋》的总体象征色彩。此外，对江苏本省作家如周梅森、赵本夫等人的研究陆续展开，以批评家和作家的良性互动推进文学批评。

1988 年

《审美价值取向的新视角》，《新华日报》1 月 13 日。

《新时期乡土小说与市井小说：民族文化心理的解构期》，《小说评论》第 2 期。

《中国乡土小说创作审美观念的蜕变》，《当代文坛》第 2 期。

《论新时期文学精神的嬗变》，《钟山》第 4 期。

《现实主义小说创作的命运与前途》，《当代文坛》第 6 期。

《批评家的遗憾》，《文艺报》7 月 2 日。

《生存竞争下的生命悲剧意识》，《文艺报》9 月 1 日。

《关于现实主义“回归”的悲剧》，《文艺报》11 月 25 日。

《叶兆言小说的生命意义》，《文学自由谈》第 5 期。

《关于作家的蜕变和文学嬗变的通讯》，《天津文学》第 9 期。

本年先生的文学批评可以用“生命”和“价值”两个关键词标示。如果说先生此前集中关注的是“美”，本年前后对人物主体性、生命意义的发掘，以及对民族文化心理、审美价值取向、新时期文学精神的思考，比如《中国乡土小说创作审美观念的蜕变》一文对乡土作家“俯视”“平视”“仰视”精神姿态的嬗变分析，反映了先生文学批评继美学之后，开始凸显出又一个重大的维度，那就是人性（及其内在具有的价值尺度）。

1989 年

《亵渎的神话：〈红蝗〉的意义》，《文学评论》第 1 期。

《难以规范的现实主义》，《文学报》1 月 5 日。

《新潮小说与新现实小说评述》，《文学报》7 月 27 日。

《贾平凹、王安忆创作蜕变简化》，《创作评谭》第 1 期。

《新现实主义小说论》，《小说评论》第 1 期。

《向现代悲剧逼近的新现实主义小说》（与人合作），《文学自由谈》第 6 期。

本年先生在文学批评方面的重要动作是参与了“新写实主义”文学运动的筹划工作，而对此文学现象所展露的人生、人性的正常与不正常表征采取一种辩证的审慎态度，同时，对莫言《红蝗》的解读，则辨析了自然的与艺术的美丑之不同，鲜明地指出“审丑”就是“审美”，对这一颇有争议作品的美学肯定，显示先生不为世俗陈见所囿的批评勇气。

1990 年

《新现实主义小说的挣扎》，《上海文论》第 1 期。

《人的生命意识窥探和技巧转换——论赵本夫的小说创作》，《当代文坛》第 5 期。

《新时期中篇小说表现形态的拓展》（与人合作），《江苏社会科学》第 6 期。

本年先生在文学的内部研究与外部研究的交叉点上继续展开探索，并在当时“新潮文学”思潮的影响下，对茅盾作品中的现代主义倾向有所论析。

1991 年

《乡土小说概念的界定》，《文论月刊》第 2 期。

《男性文化视阈的终结》，《小说评论》第 4 期。

《都市文明的心理交响乐章》，《文论月刊》第 9 期。

《中国乡土小说新论》，《江海学刊》第 6 期。

本年度出版有著作《新时期小说读解》（与人合作，南京出版社 1991 年）。本年先生集中精力梳理乡土文学源流，并开始关注女权 / 女性思潮。

1992 年

《茅盾与中国乡土小说》，《浙江学刊》第 1 期。

《“革命文学”旗帜下的乡土小说创作》，《镇江师专学报》（社会科学版）第 1 期。

《乡土——寻找与逃离》，《文艺评论》第 3 期。

《鲁迅乡土小说的理性批判意识和悲剧意识》，《中国现代文学研究丛刊》第 4 期。

《“乡土文学派”小说主题与技巧的再认识》，《江苏社会科学》第 4 期。

《乡土小说悲喜剧转换的历程》，《福建论坛》第 4 期。

《五四以来“乡土小说”的阈定与蜕变》，《学术研究》第 5 期。

本年度出版有论著《中国乡土小说史论》（江苏文艺出版社 1992 年）及文学史两种、大学语文一种。

本年先生出版了学术代表作《中国乡土小说史论》。

该著作是先生十余年来在乡土小说领域辛勤耕耘的一个收获，不仅填补了学界的空白，还因此凸显出先生文学批评风格的第三个要素，即历史的眼光。到此为止，先生作为一个成熟的文学批评家，已经融合了审美的、人性的、历史的三种要素，形成了个人鲜明、独特的批评风格。

1993 年

《中国当代乡土小说的转型》，《徐州师范学院学报》第 1 期。

《“民族化”“大众化”和“风格画”“风景画”》，《扬州教育学院学报》第 1 期。

《新写实主义小说对西方美学观念和方法的借鉴》（与人合作），《文艺研究》第 2 期。

本年先生在一些序跋之外，比较重要的批评文章是关于新写实小说的。先生以近百年的西方艺术观念变迁为背景，详细论证新写实小说对主流的现实主义文学在真实性、典型性、悲剧观等方面的颠覆，并进而指出其导因于文化、社会的重要变迁，也得益于作家本人的视野拓展。在一个广阔的背景中探讨尚未远去的文学现象，大气恢宏而又精辟入微，虽观点不无值得商榷之处，但已经显示出一个成熟的批评家的气度。

1994 年

《双重视角：本文与女性——梁晴小说阅读札记》，《江苏社会科学》第 2 期。

《作为世界性母题的“乡土小说”》，《南京社会科学》第 2 期。

《乡土小说的多元与无序格局》，《文学评论》第 3 期。

《月亮的神话——林白小说中女性形象的“原型”解读》（丁帆、齐红），《当代作家评论》第 3 期。

本年先生对当代乡土小说有一个展望。《乡土小说的多元与无序格局》指出，在消解了“史诗”情结之后，多元的、无序的格局正是一个自由的格局，那正是“神秘的野性旷野”所带来的战栗的生命体验。显然并非巧合，先生此时开始陆续发表对于女性文学的一些思考——“流浪心态”也是一种形式的生命体验。另外，先生在大学任教，在此前后开始独立指导学生，此后，与学生合作撰写成为一种经常性的指导方式。

1995 年

《“匪性”·“奴性”：文化人格的膨化与萎缩》（四人谈），《雨花》第 2 期。

《文学精神的困惑》（丁帆、赵本夫），《文学世界》第 3 期。

《重塑“娜拉”：男性作家的期盼情怀、拯救姿态和文化困惑》（丁帆、陈霖），《南京大学学报》第 2 期。

本年先生与储福金、赵本夫、梁晴、周梅森等作家就创作主体存在的若干问题展开对谈，而在《雨花》展开的关于文化 / 大众文化的系列谈话，社会反响甚大，另在各类报刊上有多篇关于文化、知识分子、女权／女性主义的论文、随笔、散文。这些在人文精神讨论背景中展开的文化批判写作，显示出先生从事文学批评所具有的强烈的人文价值理念，《重塑“娜拉”：男性作家的期盼情怀、拯救姿态和文化困惑》对男性中心意识的批判，是这种价值观在具体批评中的一种表现。

1996 年

《放逐风俗的文学》，《雨花》第 1 期。

《论平面的写作》，《书与人》第 3 期。

《你在哪里——精英文化的守望者》，《书屋》第 3 期。

《五四文化批判精神可以取消吗？》，《上海文化》第 3 期。

《“士风”：文化反省的话题》，《中华读书报》9 月 4 日。

《乡土小说：多元下的危机》，《山西文学》第 11 期。

《晚生代小说》（丁帆、王世城、贺仲明），《钟山》第 6 期。

《叙述颠覆》（丁帆、王世城、贺仲明），《文艺争鸣》第 6 期。

本年先生继续以一个文化批判者的现代价值理性引导个人的文学批评。先生认为，在精英缺席、失语的状况下，这样的文学只能是“平面的写作”，病症之一，就是乡土文学的“放逐风俗”。

1997 年

《文人无行：秦淮风月鉴人心》，《书屋》第 1 期。

《论文化批判的使命——与刘醒龙的通信》，《小说评论》第 3 期。

《今天的知识分子是业余爱好者》，《书屋》第 6 期。

《在个人道德与公众立场之间》，《东方文化周刊》第 39 期。

《20 世纪中国地域文化小说简论》，《学术月刊》第 9 期。

《社会转型期知识分子的文化选择》，《粤海风》第 10 期。

本年先生仍然主要从事文化批判，作有多篇随笔、散文。与当时的文化思潮同步，先生也将目光从宽泛的文化转移（或者说落实）到知识分子身上，对作为社会良心的知识分子作家多有剀切的评判，如对“现实主义冲击波”作者的评判。同时，先生于此时从地域、群种、小说三个角度对“地域文化小说”进行界定，并佐之以文学史实，实际是延续并深化了个人的乡土小说研究。

1998 年

《知青小说新走向》，《小说评论》第 3 期。

《玄览精神史的蜕变过程——〈成长如蜕〉读后札记》，《当代文坛》第 4 期。

《两岸乡土小说的共同文化背景及异质话语的解剖》，《南京大学学报》第 3 期。

《豁蒙楼上话豁蒙》（随笔二题），《钟山》第 3 期。

《论二十年来小说潮流的演进》（丁帆、何言宏），《文学评论》第 5 期。

本年度出版有批评文集《文学的玄览（1979—1997）》。本年先生的关注广度较前更为扩张，但态度更显严峻。《知青小说新走向》突出“以历史和人性的名义来冷峻地考量在中国大地上曾经发生过的许许多多动人和并不动人的故事”，其实这也是先生这几年从事文学批评、文化批判的一个基本立场。对《成长如蜕》，先生就强调其“人的精神被物化”这一“知识分子所应关注的文化批判命题”。

1999 年

《不可忽视的官僚资产阶级形象描写》，《南方文坛》第 1 期。

《走出角色的怪圈——“知青文学”片论》，《文艺争鸣》第 1 期。

《风俗画、风情画、风景画中的文化底蕴》，《扬州教育学院学报》第 3 期。

《三代风流一片辉煌——江苏中篇小说五十年》，《江苏社会科学》第 5 期。

《“生活方式”改变了一切——〈白楼梦〉人物琐谈》，《当代作家评论》第 6 期。

本年度先生出版论著《十七年文学：人与“自我”的失落》（与王世城合作，河南大学出版社，1999年版），散文集《江南悲歌》，编著有《江城子——名人笔下的老南京》、“新时期地域文化小说丛书”九种、“金菩提系列丛书”四种，并合作主编、出版了文学史一部。

本年先生著述甚多，既有具体的人物论、作品论，又有宏观的文学史架构；既有对“学术根据地”乡土小说的进一步阐扬，又有结合时代思潮对“知青文学”的总体评判；既有个体的“江南悲歌”，也有对江苏文学的整体理性认知。所有这些论述涉及的问题，用先生的一个判断来说，是出于“价值判断的失衡”，而更深层次的原因则在于“作家过分地沉湎于自身的社会角色”。言下之意，即是缺乏超越意识，由此可见，先生的文学批评在剀切之外，也有温柔敦厚之处。

2000年

《从姚雪垠的受宠到老舍的“写不了”谈开去》，《随笔》第1期。

《我们怎样面对新世纪的人文困境》，《福建论坛》第2期。

《怎样确定历史的和美学的坐标》，《文艺争鸣》第5期。

《中国大陆与台湾乡土小说比较论纲》，《福建论坛》第5期。

本年先生发表了大陆与台湾乡土小说的比较论纲，拓展了乡土小说研究的领域（包括更晚一些的西部乡土文学）。这是先生在一个更为宏大的背景（时间与空间）中思索乡土小说之为“人的文学”的一种努力：就空间而言，先生的视野渐次扩张，由中国大陆东部而台湾而西部；就时间而言，由于台湾新文学所承载历史的特殊性（所以在地域上甚至可以拓宽至海外），先生意图在历史与现实交错、传统与现代杂糅的文化背景中推进研究的雄心可见一斑。

2001年

《“新汉语文学”的尝试——〈怀念狼〉阅读断想》，《小说评论》

第 1 期。

《“文化滞差”下的创新与价值的位移》，《江苏社会科学》第 1 期。

《论近二十年文学与文学史断代之关系》,《复旦学报》第 2 期。

《中国的女权主义究竟能够走多远？！》，《长城》第 3 期。

《“现代性”与“后现代性”同步渗透中的文学》,《文学评论》第 3 期。

《一座充满欲望的灵魂雕塑——长篇小说〈欲望之路〉读札》，《当代作家评论》第 4 期。

《一个痛失道德与良知的新的艺术雕像——刘醒龙长篇小说〈痛失〉读札》，《小说评论》第 6 期。

《20 世纪后半叶中国文学研究的价值立场》,《粤海风》第 4 期。

《晚生代：“集体失明”的“性状态”与可疑话语的寻证人》，《90 年代批评文选》（汉语大词典出版社）。

本年度先生出版论著《中国大陆与台湾乡土小说比较史论》（南京大学出版社）、散文随笔集《夕阳帆影》及中高等语文教材三种。

本年先生的力作是《“现代性”与“后现代性”同步渗透中的文学》，这是文学批评与文化批判的完美结合，更是前几年思考的一个结果。先生纵览新时期以来的文学创作，指出 1990 年代以来的文学实际处于正在进行的“后现代性”与尚未终结的“现代性”互相渗透的文化背景之中。以此观点为基础，先生对新时期以来的创作潮流的定位就显得更为公允持平，如新写实主义，先生此前曾指出其对主流现实主义的美学突破，现在则稍做“修正”，以人性的、人道主义精神为本，指出其对现代性正面价值的消解和对后现代性负面价值的应和，实际只能在文学史上居于一个“断层”的位置而无永久价值。本年先生其他批评皆是以本篇为中心的发散。

2002 年

《研究“十七年文学”的悖论》，《江汉论坛》第 3 期。

《思想的裸奔——答朱竞问》，《长城》第 3 期。

《21 世纪中国文学批评前瞻》，《江海学刊》第 3 期。

《物质时代的爱情》《消费时代的性爱与描写》，《钟山》第 4 期。

《“与人驳难”的批评姿态背后——王彬彬〈文坛三户〉读后》，《文艺争鸣》第 4 期。

《知识分子死了——关于知识分子问题的对话》，《黄河》5 月号。

《全球化语境下的中国当代文学》，《联合早报》（新加坡）7 月 14 日整版。

本年度出版论著《中国新时期小说主潮》（许志英、丁帆，人民文学出版社），文化随笔集《枕石观云》和《江南文化散步》。

本年先生重要的学术成果是与许志英先生合著的《中国新时期小说主潮》，这主要是先生此前一段时间观点的总结和集中陈述。值得强调的是，先生作为一位体制中人，表示对王彬彬批评风格的“心仪和歆羡”，认为其“大气而健康”，事实上也是个人的一种反思。先生作为批评家，时常以高亢的理想、充沛的激情大声呼吁，然而也从不缺乏自我警醒和反思；而这种警醒和反思绝不仅仅是具体观点的调整，更包括作为一名知识分子在现实中的姿态和行为。

2003 年

《简谈黄蓓佳创作的浪漫主义色彩》《我与文学评论》，《评论》第 1 卷。

《我们应该怎样重写中国当代文学史》，《江苏行政学院学报》第 1 期。

《女性批评与男性文化视阈》，《海南师范学院学报》第 1 期。

《论近期小说中乡土与都市的精神蜕变》，《文学评论》第 3 期。

本年先生关注的中心是乡土文学在新世纪的命运、走向和美学表现方式这样两个问题。

2004 年

《现代西部文学的美学价值》（丁帆、马永强），《河北学刊》第 1 期。

本年度出版论著《中国西部现代文学史》（人民文学出版社）和批评随笔集《重回“五四”起跑线》（人民文学出版社）。

本年先生的《中国西部现代文学史》是其《中国乡土小说史论》的拓展。该著作在乡土文学之“三画”论（风景画、风俗画、风情画）的基础上，进而提出“四彩”论，即自然色彩、神性色彩、流寓色彩和悲情色彩。这一论析不仅贴合西部文学的实际，也补充、丰富了先生之前对乡土小说美学特征的概况。

2005 年

《“城市异乡者”的梦想与现实——关于文明冲突中乡土描写的转型》，《文学评论》第 4 期。

《文明冲突下的寻找与逃逸——论农民工生存境遇描写的两难选择》，《江海学刊》第 6 期。

《中国乡土小说生存的特殊背景与价值的失范》，《文艺研究》第 8 期。

本年度出版文学史论著《中国当代文学史新稿》（第二主编，人民文学出版社）。

本年先生对新世纪以来乡土小说转型问题的论述引起重要关注和热烈反响。先生对相关作品中表现出来的“仅仅站在感性的人性和人道的价值立场上，自上而下地去同情和怜悯农民工群体”的创作趋向是不甚满意的，所以提出一个表现这一转型后的乡土题材的重要背景问题，即“农耕文明与城市文明的交战”，而解决之道是“在提高作家人文意识的基础上”“强化作品思辨理性的钙质”，在前现代、现代、后现代这三种文明交融的文化背景中，作家们存在的“农民工生存境遇描写的两难选择”或许赖此得以化解。

2006 年

《留在民族记忆中的“革命样板戏”》，《粤海风》第 5 期。

《超越性别的性别批评——评王宇的专著〈性别表述与现代认同〉》，《福建论坛》第 10 期。

《知识分子的自我启蒙是匡正文学批评的本钱》，《西湖》第 12 期。

本年度编选、出版有《茅盾精选集》（燕山出版社）和《中国当代文学史新稿》的修订版。

本年先生评论王宇的专著《性别表述与现代认同》时，对女性文学研究局限于其自身的格局有所批评，认为其“日益丧失应对更广泛的文化现实的能力”，所以提出“超越性别的性别批评”方法。这是先生秉持普世价值的一贯立场，更确切地说，也是一位人文知识分子应有的基本立场。

2007 年

《论“革命 + 恋爱”式乡土小说的变异》，《广东社会科学》第 1 期。

《论“社会剖析派”的乡土小说》，《福建论坛》第 1 期。

《论孙犁与“荷花淀派”的乡土抒写》（丁帆、李兴阳），《江汉论坛》第 1 期。

《论废名“田园诗风”的乡土抒写》，《湖南社会科学》第 1 期。

《人与自然交融的生命同构新视阈》，《文艺研究》第 3 期。

《京派乡土小说的浪漫寻梦与田园诗书写》，《河北学刊》第 2 期。

《论沈从文小说超越文化和悲剧的乡土抒情诗美学追求》，《江苏社会科学》第 6 期。

本年度出版有论著《中国乡土小说史》（北京大学出版社）。

本年是先生对其乡土小说研究进行整理、反思、修订的总结时期，代表成果是著作《中国乡土小说史》。

2008 年

《人性与生态的悖论——从〈狼图腾〉看乡土小说转型中的文化伦理蜕变》，《文艺研究》第 8 期。

本年先生以《狼图腾》为个案，指出乡土小说转型中出现的反文化、反文明、反人类的价值紊乱现象，对文学批评界及文化界的迷乱有重要的警示意义。

2009 年

《以文化批判者的独立精神面对历史与未来》,《江苏社会科学》第 2 期。

《一九四九：在“十七年文学”的转折节点上》，《当代作家评论》第 3 期。

本年先生接受黄铁专访，回顾了个人三十年的学术道路。就文学批评而言，作为一个坚守人文精神、恪守启蒙立场的学者，先生鲜明地表达了对当下学界的批评风气的忧虑和批判，并对文学批评的功能发表了自己的见解：“文学批评的价值就在于批评者通过批评的言说来达到对社会和人生的文化批判，对艺术和审美的再造。”

2010 年

《关于建构百年文学史的几点意见和设想》,《文学评论》第 1 期。

《乡土文学创作与中国社会的历史转型》，《渤海大学学报》第 1 期。

《中国乡土小说：世纪之交的转型》（丁帆、李兴阳），《学术月刊》第 1 期。

《中国现当代文学史断代谈片》，《当代作家评论》第 3 期。

《新世纪文学中价值立场的退却与乱象的形成》，《当代作家评论》第 5 期。

本年先生提出“民国文学”及相关设想（此后有系列深入的阐

发），在学界影响甚巨。就文学批评来说，先生针对新世纪十年文学的病症，如作家审美能力、思想能力的退化和个性的消减，创作的反智化风气，题材的琐碎化趋势，平面化写作的盛行，“屏幕情结”的大行其道，商业化考量和名利化追求，等等，以及批评界的若干不良风气，如沦为体制的、商业的吹鼓手，别有用心的极左政治化吹捧、躲进所谓纯学术小阁楼的与文学现实隔膜的逍遥派和医学解剖式的工匠化等，进行了不留情面的揭露和批判。

2011 年

《必须建构第三种批评》，《辽宁日报·文化观察》1 月 24 日。

《狼为图腾，人何以堪》，《当代作家评论》第 3 期。

《文学艺术的暴力与现代乌托邦的反思》，《当代作家评论》第 4 期、第 5 期。

本年先生对以《狼图腾》为代表的“文学艺术的暴力”有更为宏观而透辟的分析与批判，但归结起来，问题的核心还在于先生多年以来一直强调的价值标准问题。先生认为，“学院派”和“印象派”各有优劣，“第三种批评”理应超越二者，既具有鲜活的生活与作品的感受力，又具备深邃的历史感和鲜明的价值观。

2012 年

《对两种文化流派的深刻批判》，《东吴学术》第 1 期。

《在泥古与创新之间的风景描写——黄蓓佳近期长篇小说的局部嬗变》，《当代文坛》第 2 期。

《新世纪中国文学应该如何表现“风景”》，《徐州师大学报》第 3 期。

2013 年

1.《“理性万岁，但愿黑暗消灭”：别林斯基的批评》，《南方文坛》第 1 期。

2.《高尔基告诉作家："一切在于人，一切为了人！"》，《随笔》第1期。

3.《以革命的名义——阿伦特〈论革命〉读后》，《美文》第2期。

4.《〈闲话扬州〉的闲话》，《雅集》第2期。

5.《我们需要用什么样的文学史观治史》，《山东师范大学学报》（人文社会科学版）2013年第2期。

6.《高尔基又告诉作家："敌人不投降，就叫他灭亡"》，《文艺争鸣》第3期。

7.《语文教师必须有文学素养》，《文学教育》第3期（上）。

8.《文学和文学史的制度研究——"中国现当代文学制度史"项目研究小议》，《当代作家评论》第3期。

9.《新世纪乡土小说"流动农民"叙事的价值取向与叙述选择》（李兴阳、丁帆），《天府新论》第3期。

10.《话剧的风骨》《文汇读书周报》3月29日第8版。

11.《写在〈中国新文学史〉的前面》，《中国现代文学丛刊》第5期。

12.《为何寻觅知识分子的独立人格的旧影》，《文学报》7月18日第11版。

13.《文汇读书周报》5月17日12版《文化收藏》刊登一副对联。

14.《新世纪乡土小说的"历史叙事"与现实诉求》（李兴阳、丁帆），《福建论坛》第6期，《人大复印资料·中国现代、当代文学研究》第8期。

15.《我们应该怎样书写文学史》，《名作欣赏》第22期。

16.《因为没有一个"知识阶层"》，《中华读书报》9月25日第13版"思想"版。

17.《语文教育的"死穴"在哪里》，《语文学习》第9期。

2014年

1.《有"社会良知"和深邃思想的文学批评》，《南方文坛》第1期，

《人大复印资料》第 3 期。

2.《中国乡土小说的过去、现在与未来》，《名作欣赏》第 1 期。

3.《生态启蒙视野下的小说研究——黄轶〈中国当代小说的生态批判〉序》，《文艺争鸣》第 3 期。

4.《我喜爱这座城池——〈金陵旧颜〉序》，《扬子晚报》4 月 30 日 B25 版。

5.《从书话到文学史》（赵普光书序），《文汇读书周报》5 月 2 日第 8 版。

6.《文学史的视界——丁帆教授访谈》（丁帆、杨辉），《美文》第 4 期。

7.《字是会说话的》《人民文学》第 5 期。

8.《芳草》第 2 期发表书法作品。

9.《江苏文艺研究与评论》封 3 发表书法与书影。

10.《在历史的喧嚣中坚守学者的精神立场——文学史家丁帆访谈》，《文艺报》5 月 30 日。

11.《动荡年代里知识分子的“文化休克”》，《文学评论》第 3 期，《人大复印资料》第 7 期。

12.《兆淮的学者梦与编辑路》，《中华读书报》9 月 24 日第 3 版。

13.《从历史的夹缝中寻找学术良知——丁帆教授访谈》（丁帆、施龙），《福建论坛》第 9 期。

14.《倘若多一些书卷气》，《文艺报》11 月 19 日第 6 版。

15.《寻觅知识分子的良知》（书序），《文汇读书周报》2014 年 10 月 31 日，台湾《新地》季刊 29 卷 9 月 10 日出版。

16.《中国知识分子的责任》，《粤海风》第 3 期。

17.《儒风道韵点春秋》，《东吴学术》第 6 期。

18.《浅论鲁迅乡土小说中价值与审美的悖反现象》，《长江学术》第 4 期。

19.《凌云健笔意纵横——王西京画论》，《读者欣赏》12 月号、《今日中国》2015 年 3 月号。

2015年

1.《向面对世界的自绝者脱帽致敬》，《钟山》第1期，《跨文化对话》第34期。

2.《生态启蒙视野下的小说研究》，《文艺争鸣》第3期。

3.《〈中国新文学史〉的理念与实际的悖反》（丁帆、施龙），《文艺争鸣》第6期。

4.《文化批评的风骨与风格》，《文汇读书周报》5月25日。

5.《那年我的朝内大街166号》，《随笔》第3期，《中华读书报》5月6日第14版，《今晚报》11月16日13版。

6.《瓦尔登湖旋舞曲》，《文汇报·笔会》10月20日。

7.《中国当代文艺批评生态及批评观念与方法考释》，《文艺研究》第10期，《新华文摘》2016年第4期要目转载，《中国社会科学文摘》第3期转载。

8.《中国现代（百年）文学研究的统计与简析（2014.1—2015.7）》，《中国现代文学研究丛刊》第12期。

9.《寄畅园里话沧桑》，《现代快报》12月21日第16版。

10.《童年偷读文学名著·我的读书生涯之一》，《今晚报》12月17日。

11.《到图书馆里偷书·我的读书生涯之二》，《今晚报》12月24日。

12.《下乡寻找浪漫主义·我的读书生涯之三》，《今晚报》12月31日。

2016年

1.《在"神实主义"与"荒诞批判现实主义"之间》，《当代作家评论》第1期。

2.《中国当代文艺批评生态及批评观念与方法考释》，《新华文摘》第4期要目转载，《中国社会科学文摘》第3期转载。

3.《对两种文化流派的批判》，台湾《新地文学》第34卷。

4.《下酒菜》，《文汇报·笔会》2月7日第8版。

5.《书荒时代的“夜航灯”·我的读书生涯之四》，《今晚报》1月7日。

6.《晚上12点在教室读书·我的读书生涯之五》，《今晚报》1月14日。

7.《那年我的朝内大街166号》，收入《朝内166号记忆》（人民文学出版社2016年4月版）。

8.《中国现代文学史的断代与当下文学的现状》，《文艺争鸣》第6期、《人大复印资料》第9期。

9.《如何打破写什么和怎么写的魔咒》，《文学报》7月14日第8版。

10.《阅读的真谛》，《今晚报》5月31日第16版。

11.《梭罗：把世界留给黑暗和我》，《文汇读书周报》5月2日第3版。

12.《回到时代现场体悟文学》，《长江文艺》8月号上。

13.《文学制度对文学进程的影响》，《文艺报》8月8日。

14.《大家读大家，推动全民阅读》，《中华读书报》8月10日。

15.《藤井先生》，《文学报》8月18日。

16.《东京大学的树》，《中华读书报》9月21日。

17.《亟待抢救的共和国文学史料》，《文艺争鸣》第8期，《新华文摘》第22期。

18.《风景：人文与艺术的战争》，《文艺报》9月30日。

19.《饮茶小史》，《文汇报·笔会》8月31日。

20.《情迷甘南》，《人民日报·副刊》7月20日。

21.《文学制度与百年文学史》，《当代作家评论》第5期，《社会科学文摘》第12期转载。

22.《我的少年时代》，《金色少年》第11期。

23.《寻找意趣与哲思之美》，《文汇读书周报》10月31日第5版。

24.《如何看待文化产业与当代文学创作的关系》，《中华读书报》12月21日。

25.《20世纪90年代以来小说的“80年代叙事”》“序言”，中国社会科学出版社2016年版。

26.《如何建构语文教师的核心素养》，《中学语文论坛》第6期。

27.《汪曾祺作品精选集》“序言”，万卷出版公司2016年版。

2017年

1.《六凤居》，《扬子晚报》2月8日B4版。

2.《买书小史（外一篇）》，《人民文学》第1期。

3.《青年作家的未来在哪里》，《文艺争鸣》第1期。

4.《中国现代文学研究现状的统计与简析》，《中国现代文学丛刊》第1期。

5.《让历史的回声引导文学研究》，《社会科学报》2月9日。

6.《蒌蒿河豚齐上时》，《文汇报》3月1日。

7.《寻觅原始野性的风景线》，《文学报》3月16日。

8.《长江四鲜漫忆》，《文汇报·笔会》3月31日、《散文》（海外版）第6期。

9.《汪曾祺：“但得酒中趣，饮者留其名”的文狐》，《文汇读书周报》4月3日。（为金实秋著《泡在酒里的老头儿——汪曾祺酒事广记》所写序，广陵书社2017年版）

10.《那双炯炯有神的目光》，《文学报》4月27日。

11.《近年来中国现当代文学研究立项课题的分析报告》，《当代作家评论》第3期、《人大复印资料》第5期。

12.《天下美食》，《大家》第3期。

13.《万里江山酒一杯》，《钟山》第3期。

14.《文酒乎　武酒哉》，《钟山》（长篇小说卷）A卷。

15.《韩少功的创作何以入史》，《小说评论》第3期。

16.《天下红烧肉》，《文汇笔会》5月29日。

17.《启蒙是启蒙者的悲剧》，《文艺争鸣》第 7 期。收入徐南铁主编《2017 中国年度随笔》。

18.《关注乡土就是关注中国》，《中华读书报》6 月 14 日。

19.《萎缩变异文化形态的历史镌刻——〈废都〉的匆匆解读》《文艺争鸣》第 6 期。

20.《文人书法的境界——从诸荣会的书法作品谈开去》，《文艺报》7 月 17 日。

21.《勘破风云　宠辱不惊》，《文学报》2017 年 8 月 3 日。

22.《俯仰天地　流恋人性》，《文汇读书周报》8 月 7 日。

23.《在风景移动中的速度写作》，《文艺报》8 月 7 日。

24.《从五四“人的文学”到“文学是人学”》，《文艺争鸣》第 11 期。

25.《厚土在上——当代中国乡土小说研究论集》（钟怡雯、陈大为编）首篇为丁帆的《中国乡土小说生存的特殊背景与价值的失范》。

26.《“世界中”的中国现代文学史编写观念》，《南方文坛》第 5 期。

27.《你看风景　风景看你》，《文汇报》8 月 18 日。

28.《少年时代的美食》，《大家》第 5 期。

29.《我看风景　风景看我》，《文汇读书周报》10 月 16 日。

30.《口吐珠玑　气象万千》，《人民日报·海外版》10 月 26 日。

31.《带着生命体温的文字》（重新修订稿），《文艺争鸣》第 5 期。

32.《那味却在灯火阑珊处》，《大家》第 6 期。

2018 年

1.《买书小史》（原发《人民文学》2017 年第 2 期），收入王蒙主编的《2017 中国最佳随笔》，辽宁人民出版社 2018 年版。

2.《人生如诗　诗如人生》，《南方文坛》第 1 期。

3.《中国乡土小说研究的百年流变》，《当代作家评论》第 1 期。

4.《那味却在灯火阑珊处》，《散文》（海外版）第 2 期。

5.《你看风景，风景看你》收入《2017 中国年度散文》，漓江出版社 2018 年版。

6.《山高水长 1：先生素描——扬州师院的先生们》，《雨花》第 1 期。

7.《山高水长 2：先生素描——中文系三陈（程）》，《雨花》第 2 期。

8.《山高水长 3：先生素描——现代文学的三驾马车》，《雨花》第 3 期。

9.《山高水长 4：先生素描——学界双星》，《雨花》第 4 期。

10.《山高水长 5：先生素描——潘旭澜先生》，《雨花》第 5 期。

11.《山高水长 6：先生素描——章培恒先生》（上），《雨花》第 6 期。

12.《山高水长 7：先生素描——章培恒先生》（下），《雨花》第 7 期。

13.《山高水长 8：先生素描——告别不了的“何老别”：何西来先生》，《雨花》第 8 期。

14.《山高水长 9：先生素描——我的初中老师》，《雨花》第 9 期。

15.《山高水长 10：先生素描——乡村先生素描》，《雨花》第 10 期。

16.《山高水长 11：先生素描——刘绍棠先生侧记》，《雨花》第 11 期。

17.《山高水长 12：先生素描——你的灵魂你的外貌：“探求者”四杰素描》，《雨花》第 12 期。

18.《文学史也是人的精神史——访丁帆教授》（丁帆、赵普光），《大家》第 2 期。

19.《〈白鹿原〉评论的自我批判与修正》，《文艺争鸣》第 3 期。

20.《马克思主义批判哲学与文学批评读札》，《华夏文化论坛》第 1 期。

21.《回顾“新写实”小说思潮的前前后后》，《文艺争鸣》第8期、《人大复印资料》第11期。

22.《回顾“新写实”小说思潮的前前后后》（删节本），《文艺报》7月23日。

23.《我们经历了什么样的“现实主义”》，《长篇小说选刊》第5期。

24.《在文学的边缘处思想》，《文艺争鸣》第11期。

25.《重读鲁迅的乡土小说》，《当代作家评论》第6期。

26.《马克思主义批判哲学与文学批评读札》，《华夏文化论坛》2018年第1辑。

2019年

1.《你的灵魂　你的外貌》，《美文》第1期（“探求者”四杰全文，《雨花》12期只发表叶至诚一个人，《美文》全文发表）。

2.《先生素描》，江苏文艺出版社2019年1月版。

3.《那味却在灯火阑珊处》，收入《何似在人间：〈散文海外版〉2018年精品集》，百花文艺出版社2019年版。

4.《也谈“五四新文化运动”与“五四文学”的关系》，《文艺争鸣》第1期。

5.《我走过的四十年的文学道路》（上），《文艺争鸣》第1期。

6.《书画双璧——萧平书画读札》，《人民日报·海外版》2月28日第7版，《今日中国》第2期。

7.《追问五四精神》，《文艺争鸣》第5期。

8.《“革命的五四”与“启蒙的五四”之纠结》，《关东学刊》第2期。

9.《现实主义在中国百年历史中的命运》，《当代文坛》第2期。

10.《食糖小史》，《雨花》第9期、《散文》（海外版）第12期。

11.《寻觅浪漫主义的足迹》，《北京晚报》8月13日《五色土》副刊。